AF546115

Auf der Grundlage
der Bearbeitung
von Walter F. Otto,
Ernesto Grassi und
Gert Plamböck

neu herausgegeben
von Ursula Wolf

rororo

Platon

SÄMTLICHE WERKE

Band 3

Kratylos, Parmenides,
Theaitetos, Sophistes, Politikos,
Philebos, Briefe

Übersetzt von
Friedrich Schleiermacher und
Hieronymus und Friedrich Müller
(Briefe)

rowohlts enzyklopädie
im Rowohlt Taschenbuch Verlag

rowohlts enzyklopädie
Herausgegeben von Burghard König

39. Auflage Juli 2021

Erstmals erschienen in der Reihe Rowohlts Klassiker
der Literatur und Wissenschaft
Griechische Philosophie, Band 1 und 3 bis 7
Veröffentlicht im Rowohlt Taschenbuch Verlag,
Reinbek bei Hamburg, Dezember 1994

Umschlaggestaltung Jens Kreitmeyer
Satz Sabon (Linotronic 500)
Gesamtherstellung
CPI books GmbH, Leck, Germany
ISBN 978 3 499 55563 3

INHALT

VORWORT

Die neue Ausgabe der Werke Platons basiert im wesentlichen auf der von W. F. Otto, E. Grassi und G. Plamböck besorgten sechsbändigen Rowohlt-Ausgabe von 1957 bis 1959. Es liegt ihr daher nach wie vor die deutsche Übertragung von Schleiermacher zugrunde – mit den in der Ausgabe von 1957ff vorgenommenen sprachlichen Anpassungen und kleineren Korrekturen. Der Rückgriff auf diese Übersetzung geschieht nicht nur aus Gewohnheit. Für die Frühromantik, der Friedrich Daniel Schleiermacher (1768–1834) zuzurechnen ist, war die Pflege der Tradition, der Rückgang auf die Quellen in ihrer ursprünglichen Form ein wichtiges Anliegen; so verdanken wir den Vertretern dieser Richtung eine Reihe von sorgfältigen Editionen. Ein solcher hermeneutischer Zugriff hat Schleiermacher veranlaßt, die Lehre Platons aus den Verstellungen durch eine lange Interpretationsgeschichte herauszulösen im Rückgang auf den historischen Platon und die überlieferten Texte selbst. Seine Übertragung, die eine ganze Platon-Renaissance eingeleitet hat, geht aus einer intensiven Beschäftigung mit dem Wortlaut des griechischen Textes hervor und zeichnet sich durch große Genauigkeit und Textnähe aus. Angesichts dieser Verdienste läßt sich der für uns heute etwas altertümlich erscheinende deutsche Stil und Wortschatz leicht in Kauf nehmen. Man kann ihn sogar als hermeneutische Vorkehrung benutzen, die uns vor einer vorschnellen Vereinnahmung der Gedanken Platons in unsere eigenen Vorstellungen bewahrt und diejenige Frage wachhält, die hinter Schleiermachers Unternehmen stand, die Frage, was Platon wirklich sagen wollte.

Für die wenigen Texte, die Schleiermacher nicht übersetzt hat, wurde wie üblich die Übertragung von Hieronymus Müller verwendet. Da seine Übersetzungen nicht ganz dieselbe Qualität erreichen, wurden sie von den damaligen Herausgebern an einer Reihe von Stellen verändert.

Am Rand sind jeweils die Seiten- und Abschnittszahlen der Platon-Ausgabe von Henricus Stephanus (Paris 1578) angegeben, nach denen man Platon allgemein zitiert, und zwar gemäß der Oxford-Ausgabe von I. Burnet.

Die damaligen Herausgeber haben die Texte jeweils mit Gliederungen versehen. Diese wurden im wesentlichen beibehalten, jedoch in der Zählung und teilweise auch in der Formulierung vereinfacht. Dabei ist die Gliederung mit allen Ebenen den einzelnen Dialogen vorangestellt, während im Text selbst nur die Überschriften der unteren Ebene auftreten. Die Beibehaltung dieser Praxis der früheren Ausgabe erschien sinnvoll, weil es einem Platon-Dialog wenig angemessen ist, ihn als systematische Abhandlung zu präsentieren, während andererseits kleine Zwischentitel die Orientierung erleichtern, ohne den Textfluß zu sehr zu stören.

Die Neuauflage bot aber auch die Möglichkeit zu Veränderungen. So fehlten in der alten Auflage einige Texte, die durchaus zu den Werken Platons gehören könnten. Neu aufgenommen wurden Dialoge, bei denen nicht mit Sicherheit auszuschließen ist, daß sie von Platon stammen: *Alkibiades I, Theages, Kleitophon* und *Minos.* Auch hier wurde die Übersetzung von Schleiermacher gewählt.

Das Prinzip der Anordnung ist wie bei der früheren Ausgabe im wesentlichen die Chronologie. Die Abweichungen sind allerdings gering; die neuesten Computeranalysen des Platonischen Stils haben keine großen Überraschungen zutage gefördert. In der Forschung besteht weitgehend Einigkeit über die Reihenfolge von der *Politeia* an, während die Abfolge innerhalb der früheren Schriften nach wie vor nicht feststeht.

Die neue Ausgabe ist kompakter geworden und umfaßt jetzt vier Bände. Das hat u. a. den Vorteil, daß sich die chronologische Einteilung mit einer sinnvollen sachlichen Anordnung verbinden läßt, so daß alle Texte, die zu ein und demselben Themenkreis gehören, in einem Band zur Hand sind:

Band 1 enthält die gesamten frühen Dialoge, die manchmal auch als sokratische bezeichnet werden und um die Frage nach dem menschlichen Gutsein in Konfrontation mit Sophistik und Rhetorik kreisen:

1. Prozeß und Verurteilung des Sokrates (*Apologie* und *Kriton*);
2. Kritik an Dichtern und Rednern (*Ion* und *Hippias II*);
3. Frage der richtigen Erziehung (*Theages, Alkibiades I, Laches*);
4. Suche nach der Definition einzelner Tugenden (ebenfalls *Laches, Charmides, Euthyphron*);
5. Frage nach der Tugend (dem menschlichen Gutsein) allgemein und ihrer Lehrbarkeit (*Protagoras, Gorgias, Menon*);
6. Vertiefte Auseinandersetzung mit Rhetorik und Sophistik (*Hippias I, Euthydemos, Menexenos*).

Band 2 versammelt die Schriften des Höhepunkts der Ideenlehre und zugleich alles zum Thema Eros:
1. Die Liebe zum Schönen (*Lysis, Symposion*);
2. Die Seele und die Ideen (*Phaidon*);
3. Der gerechte Staat und die gute menschliche Seele im Lichte der Idee des Guten (*Kleitophon, Politeia*);
4. Die Liebe zum Schönen und die Möglichkeit von Wissen (*Phaidros*);

Band 3 enthält die späteren Dialoge, die sich mit den Problemen der Ideenlehre, den Fragen nach Sein, Wahrheit und Wissen befassen:
1. Sprache und Erkenntnis (*Kratylos*);
2. Sein, Wahrheit, Erkenntnis (*Parmenides, Theaitetos, Sophistes, Politikos*);
3. Status der Ideen. Lust und Glück (*Philebos*);
4. *Briefe*.

Band 4 schließlich besteht aus:
1. Kosmologie (*Timaios* und *Kritias*);
2. Gesetzeslehre (*Minos* und *Nomoi*).

Zugunsten dieser sachlichen Anordnung wurden zwei kleine Abweichungen von der wahrscheinlichsten Chronologie vorgenommen: Der *Lysis*, den viele eher zu den frühen Dialogen rechnen würden, steht in Band 2. Das scheint auch deswegen leicht zu rechtfertigen, weil eine solche spätere Datierung ebenfalls vertreten wird. Der *Kratylos*, der früher in der Tat gewöhnlich zu den späten unter den mittleren Dialogen gerechnet wurde, dürfte heute eher als früher mittlerer Dialog betrachtet und daher in Band 2 plaziert werden. In Band 2 hätte man auch den *Menexenos* stellen können, dessen Datierung wegen seiner Eigenart aber nach wie vor strittig ist.

Die Bibliographie wurde vollständig erneuert. Die Literatur ist so ausgewählt, daß jeweils die Standard-Kommentare und die Standard-Sekundärliteratur angeführt werden und ansonsten neue Literatur vor älterer und Bücher vor Artikeln bevorzugt werden, einfach deswegen, weil das am schnellsten zu weiterer Information und Literatur führt.

Die sprachliche Anpassung und Gliederung der neu aufgenommenen Dialoge besorgte Christiane Scherer, deren Mitarbeit in allen Bereichen des Unternehmens eine wichtige Stütze für mich war.

Für großzügige Hilfe danke ich Christian Brockmann, Christian Iber und Peter Stemmer.

Berlin, Februar 1994 *Ursula Wolf*

KRATYLOS

A. Einleitung

B. Theoretische Darlegungen über Wahrheit und Wesen des Wortes

C. Überprüfung der beabsichtigten Richtigkeit der Wörter anhand von Einzel-Etymologien

D. Vom Problem der Stammwörter ausgehende erneute Bestimmung des Wesens der Wörter

E. Erneute Überprüfung des Gesagten zusammen mit Kratylos

F. Schluß

Hermogenes. Kratylos. Sokrates

1. *Die Ansicht des Kratylos von der natürlichen Richtigkeit der Benennungen*

Hermogenes: Willst du also, daß wir auch den Sokrates zu unse- 383a
rer Unterredung hinzuziehen?

Kratylos: Wenn du meinst.

Hermogenes: Kratylos hier, o Sokrates, behauptet, jegliches Ding habe seine von Natur ihm zukommende richtige Benennung, und nicht das sei ein Name, wie einige unter sich ausgemacht haben etwas zu nennen, indem sie es mit einem Teil ihrer besonderen
Sprache anrufen; sondern es gebe eine natürliche Richtigkeit der b
Wörter, für Hellenen und Barbaren insgesamt die nämliche. Ich frage ihn also, ob denn Kratylos in Wahrheit sein Name ist, und er gesteht zu, ihm gehöre dieser Name. – Und dem Sokrates? fragte ich weiter. – Sokrates, antwortete er. – Haben nun nicht auch alle andern Menschen jeder wirklich den Namen, mit dem wir jeden rufen? – Wenigstens der deinige, sagte er, ist nicht Hermogenes, und wenn dich auch alle Menschen so rufen. – Allein wie ich ihn
nun weiter frage und gar zu gern wissen will, was er eigentlich 384a
meint, erklärt er sich gar nicht deutlich und zieht mich noch auf, wobei er sich das Ansehen gibt, als hielte er etwas bei sich zurück, was er darüber wüßte und wodurch er auch mich, wenn er es nur heraussagen wollte, zum Zugeständnis bringen könnte und zu derselben Meinung wie er. Wenn du also irgendwie den Spruch des Kratylos auszulegen weißt, möchte ich es gern hören. Oder vielmehr, wie du selbst meinst, daß es mit der Richtigkeit der Benennungen stehe, das möchte ich doch lieber erfahren, wenn es dir gelegen ist.

Sokrates: Es ist ein altes Sprichwort, Sohn des Hipponikos,
daß das Schöne schwierig ist zu lernen, wie es sich verhält; und so b

ist auch dies von den Wörtern kein kleines Lehrstück. Hätte ich nun schon bei dem Prodikos seinen Vortrag für fünfzig Drachmen gehört, den man, wie er behauptet, nur zu hören braucht, um hierüber vollständig unterrichtet zu sein, dann sollte dir nichts im Wege stehen, sogleich das Wahre über die Richtigkeit der Benennungen zu erfahren. Nun aber habe ich ihn nicht gehört, sondern nur den
c für eine Drachme, also weiß ich nicht, wie es sich eigentlich mit dieser Sache verhält. Gemeinschaftlich jedoch mit dir und dem Kratylos sie zu untersuchen bin ich gern bereit. Daß er aber leugnet, Hermogenes sei in Wahrheit dein Name, damit merke ich beinahe, daß er spöttelt. Denn er meint wohl gar, du möchtest gern reich werden, aber als nicht vom Hermes abstammend verfehltest du es immer. Allein, wie ich eben sagte, es ist schwer, dergleichen zu wissen, gemeinschaftlich aber müssen wir es vornehmen und zusehen, ob es sich so wie du meinst verhält, oder wie Kratylos.

2. *Gegenthese des Hermogenes: Die Benennungen gründen auf Vertrag und Übereinkunft*

Hermogenes: Ich meines Teils, Sokrates, habe schon oft mit diesem und vielen andern darüber gesprochen und kann mich nicht
d überzeugen, daß es eine andere Richtigkeit der Worte gibt, als die sich auf Vertrag und Übereinkunft gründet. Denn mich dünkt, welchen Namen jemand einem Dinge beilegt, der ist auch der rechte, und wenn man wieder einen andern an die Stelle setzt und jenen nicht mehr gebraucht, so ist der letzte nicht minder richtig als der zuerst beigelegte, wie wir unsern Knechten andere Namen geben. Denn kein Name irgendeines Dinges gehört ihm von Natur, sondern durch Anordnung und Gewohnheit derer, welche die Wörter zur Gewohnheit machen und gebrauchen. Ob es sich aber
e anderswie verhält, bin ich sehr bereit zu lernen und zu hören, nicht nur vom Kratylos, sondern auch von jedem andern.

385a Sokrates: Vielleicht liegt etwas in dem, was du sagst, Hermogenes. Laß uns nur zusehen. Wie jemand festsetzt jedes zu nennen, das ist denn auch eines jeden Dinges Name?

Hermogenes: So dünkt mich.

Sokrates: Nenne es nun ein einzelner so oder auch der Staat?

Hermogenes: Das behaupte ich.

Sokrates: Wie nun, wenn ich irgendein Ding benenne, wie,

was wir jetzt Mensch nennen, wenn ich das Pferd rufe und was jetzt Pferd, Mensch: dann wird dasselbe Ding öffentlich und allgemein Mensch heißen, bei mir besonders aber Pferd, und das andere wiederum bei mir besonders Mensch, öffentlich aber Pferd? Meinst du es so?

Hermogenes: So dünkt es mich. b

3. Wahrheit der ganzen Rede und ihrer Teile

Sokrates: Wohlan, sage mir dies. Nennst du etwas wahr reden und etwas falsch?

Hermogenes: O ja.

Sokrates: Also wäre auch eine Rede wahr und eine andere falsch?

Hermogenes: Freilich.

Sokrates: Und nicht wahr, die von den Dingen aussagt, was sie sind, ist wahr, die aber, was sie nicht sind, ist falsch?

Hermogenes: Ja.

Sokrates: Also findet dieses doch statt, durch eine Rede aussagen, was ist und auch, was nicht ist?

Hermogenes: Allerdings.

Sokrates: Die wahre Rede aber, ist die zwar ganz wahr, ihre c
Teile aber nicht wahr?

Hermogenes: Nein, sondern auch ihre Teile.

Sokrates: Und sind etwa nur die größeren Teile wahr, die kleineren aber nicht, oder alle?

Hermogenes: Alle, denke ich doch.

Sokrates: Und kannst du wohl einen kleineren Teil einer Rede sagen als ein Wort?

Hermogenes: Nein, dies ist der kleinste.

Sokrates: Also auch das Wort in einer wahren Rede wird gesagt?

Hermogenes: Ja.

Sokrates: Und ist dann ein wahres, wie du behauptest?

Hermogenes: Ja.

Sokrates: Und ist der Teil einer falschen Rede nicht falsch?

Hermogenes: Das behaupte ich.

Sokrates: Also kann man falsche Worte und wahre sagen, wenn auch solche Sätze und Reden.

d Hermogenes: Wie anders!

Sokrates: Und soll noch, was jeder als eines Dinges Namen angibt, auch eines jeden Name sein?

Hermogenes: Ja.

Sokrates: Etwa auch so viele Namen einer sagt, daß ein Ding habe, so viele hat es auch, und dann, wann er es sagt?

Hermogenes: Ich wenigstens, Sokrates, weiß von keiner anderen Richtigkeit der Benennungen als von dieser, daß ich jedes
Ding mit einem andern Namen benennen kann, den ich ihm beigelegt habe, und du wieder mit einem andern, den du. Und so sehe
e ich auch, daß für dieselbe Sache bisweilen einzelne Städte ihr eigenes eingeführtes Wort haben und Hellenen ein anderes als andere
Hellenen, und Hellenen auch wiederum andere als Barbaren.

4. Falschheit des Satzes des Protagoras

Sokrates: Wohlan, laß uns sehen, Hermogenes, ob dir vorkommt, daß es auch mit den Dingen ebenso steht, daß ihr Sein und
Wesen für jeden einzelnen in besonderer Weise ist, wie Protagoras
386a meinte, wenn er sagt, der Mensch sei das Maß aller Dinge, daß
also die Dinge, wie sie mir erscheinen, so auch für mich wirklich
sind, und wiederum wie dir, so auch für dich? Oder dünkt dich,
daß sie in sich eine Beständigkeit ihres Wesens haben?

Hermogenes: Ich bin wohl sonst schon in der Verlegenheit auch dahin geraten, Sokrates, auf dasselbe, was auch Protagoras sagt; ganz und gar so glaube ich jedoch nicht, daß es sich verhalte.

Sokrates: Wie aber? Bist du auch darauf schon geraten, daß
b du nicht glauben konntest, ein Mensch sei gar schlecht?

Hermogenes: Nein, beim Zeus, vielmehr ist mir schon oft begegnet, daß mir Menschen gar schlecht vorgekommen sind, und zwar recht viele.

Sokrates: Und wie? Gar gut hast du noch nicht geglaubt, daß Menschen wären?

Hermogenes: Nur sehr wenige.

Sokrates: Also doch welche?

Hermogenes: O ja.

Sokrates: Wie aber meinst du es? Etwa so, daß die gar guten auch gar vernünftig sind und die gar schlechten auch gar unvernünftig?

Hermogenes: Ich meine es gerade so. c

Sokrates: Können nun wohl, wenn Protagoras wahr redete und dies die Wahrheit ist, daß für jeden, wie ihm etwas erscheint, so es auch ist, alsdann einige von uns vernünftig sein und andere unvernünftig?

Hermogenes: Nicht füglich.

Sokrates: Auch dies, denke ich, glaubst du gar sehr, daß, wenn es Vernunft und Unvernunft gibt, es dann eben nicht sehr möglich ist, daß Protagoras recht habe. Denn es wäre ja in Wahrheit nicht einer vernünftiger als der andere, wenn, was jedem d
schiene, auch für jeden wahr wäre.

Hermogenes: Das ist richtig.

5. Dinge und Handlungen haben ihr eigenes bestehendes Wesen

Sokrates: Aber auch nicht mit dem Euthydemos, denke ich, hältst du es, daß allen alles auf gleiche Weise zugleich und immer zukommt. Denn auch so können nicht einige gut und andere schlecht sein, wenn gleichermaßen allen immer Tugend und Laster zukommt.

Hermogenes: Ganz recht.

Sokrates: Also wenn weder allen alles auf gleiche Weise zugleich und immer zukommt, noch auch jedes Ding für jeden auf eine besondere Weise da ist: so ist offenbar, daß die Dinge an und
für sich ihr eigenes bestehendes Wesen haben und nicht nur in e
Beziehung auf uns oder von uns hin und her gezogen nach unserer Einbildung, sondern für sich bestehend, je nach ihrem eigenen Wesen seiend, wie sie geartet sind.

Hermogenes: So verhält es sich meines Erachtens, Sokrates.

Sokrates: Sollen nun sie selbst zwar so geartet sein, ihre Handlungen aber nicht nach derselben Weise? Oder sind nicht auch diese eine eigene Art dessen, was ist, die Handlungen?

Hermogenes: Allerdings auch diese.

Sokrates: Also auch die Handlungen gehen nach ihrer eigenen 387a
Natur vor sich und nicht nach unserer Vorstellung. Wie wenn wir unternehmen, etwas zu zerschneiden, sollen wir dann jedes schneiden, wie wir wollen und womit wir wollen? Oder werden wir nur dann, wenn wir jedes nach der Natur des Schneidens und Geschnittenwerdens und mit dem ihm Angemessenen schneiden

wollen, nur dann es wirklich schneiden und auch einen Vorteil davon haben und die Handlung recht verrichten, wenn aber gegen die Natur, dann es verfehlen und nichts ausrichten?

b HERMOGENES: So dünkt es mich.

SOKRATES: Nicht auch, wenn wir etwas unternehmen zu brennen, müssen wir es nicht nach jeder Weise, wie sie uns zuerst einfällt, brennen, sondern nach der richtigen, und das ist die, wie eines jeden Natur ist, zu brennen und gebrannt zu werden und womit?

HERMOGENES: Gewiß.

SOKRATES: Nicht auch so in allem übrigen?

HERMOGENES: Allerdings.

6. Reden und Benennen als Handlung haben ihre eigene Natur

SOKRATES: Ist nun nicht auch das Reden eine Handlung?

HERMOGENES: Ja.

SOKRATES: Wird also wohl einer, wenn er so redet, wie er eben
c glaubt, daß man reden müsse, richtig reden, oder wird er nur dann, wenn er auf die Weise und vermittels dessen, wie es der Natur des Sprechens und Gesprochenwerdens angemessen ist, von den Dingen redet, nur dann Vorteil davon haben und wirklich etwas sagen, wenn aber nicht, dann es verfehlen und nichts damit ausrichten?

HERMOGENES: So dünkt es mich, wie du sagst.

SOKRATES: Und ein Teil des Redens ist doch das Benennen. Denn durch Benennung besteht jede Rede?

HERMOGENES: Freilich.

SOKRATES: Also ist auch das Benennen eine Handlung, wenn das Reden ein Handeln mit den Dingen war?

HERMOGENES: Ja.

d SOKRATES: Die Handlungen aber waren, wie sich gezeigt hatte, nicht nur je nachdem wir waren, sondern hatten jede ihre eigene Natur?

HERMOGENES: So ist es.

SOKRATES: Also auch benennen muß man so und vermittels dessen, wie es in der Natur des Benennens und Benanntwerdens der Dinge liegt, nicht aber so, wie wir etwa jedesmal möchten, wenn uns anders dies mit dem vorigen übereinstimmen soll, und nur so werden wir etwas davon haben und wirklich benennen, sonst aber nicht?

Hermogenes: Offenbar.

7. Bestimmung des Wortes als belehrendes Werkzeug

Sokrates: Wohlan! Was man schneiden mußte, mußte man doch, sagen wir, vermittels etwas schneiden.

Hermogenes: Ja.

Sokrates: Und was weben, vermittels etwas weben, und was e
bohren, mittels etwas bohren?

Hermogenes: Freilich.

Sokrates: Also auch was man benennen mußte, mußte man mittels etwas benennen?

Hermogenes: So ist es. 388a

Sokrates: Was ist nun jenes, womit man bohren muß?

Hermogenes: Der Bohrer.

Sokrates: Und womit man weben muß?

Hermogenes: Die Weberlade.

Sokrates: Und was, womit benennen?

Hermogenes: Das Wort.

Sokrates: Richtig. Ein Werkzeug ist also auch das Wort.

Hermogenes: Freilich.

Sokrates: Wenn ich nun fragte: Was für ein Werkzeug war doch die Weberlade? Nicht das, womit man webt?

Hermogenes: Ja.

Sokrates: Was tut man aber, wenn man webt? Nicht, daß wir b
den Einschlag und die ineinander verworrene Kette wieder sondern?

Hermogenes: Ja.

Sokrates: Und ebenso wirst du mir auch über den Bohrer und das übrige antworten können.

Hermogenes: Gewiß.

Sokrates: Kannst du mir nun ebenso auch über das Wort Rechenschaft geben? Indem wir mit dem Wort als Werkzeug benennen, was tun wir?

Hermogenes: Das weiß ich nicht zu sagen.

Sokrates: Lehren wir nicht einander etwas und sondern die Gegenstände voneinander, je nachdem sie beschaffen sind?

Hermogenes: Allerdings.

8. Der Gesetzgeber als Urheber dieses Werkzeugs

SOKRATES: Das Wort ist also belehrendes Werkzeug und ein das
c Wesen unterscheidendes und sonderndes, wie die Weberlade das
Gewebe sondert.

HERMOGENES: Ja.

SOKRATES: Und die Lade gehört zur Weberei?

HERMOGENES: Wie anders!

SOKRATES: Der Webekünstler also wird die Lade recht zu gebrauchen wissen, recht aber heißt webekünstlerisch. Und ein Lehrkünstler das Wort, und recht heißt lehrkünstlerisch.

HERMOGENES: Ja.

d SOKRATES: Und wessen Werk gebraucht dann der Weber recht, wenn er die Weberlade gebraucht?

HERMOGENES: Des Tischlers Werk.

SOKRATES: Und ist jeder ein Tischler, oder nur wer diese Kunst innehat?

HERMOGENES: Nur der letzte.

SOKRATES: Und wessen Werk gebraucht der Bohrende recht, wenn er den Bohrer braucht?

HERMOGENES: Des Kleinschmieds.

SOKRATES: Und ist jeder ein Kleinschmied, oder der die Kunst innehat?

HERMOGENES: Der die Kunst innehat.

SOKRATES: Wohl! Wessen Werk gebraucht nun aber jener Lehrkünstler, wenn er das Wort gebraucht?

HERMOGENES: Auch das weiß ich wieder nicht.

SOKRATES: Weißt du auch das nicht zu sagen, wer uns die Worte überliefert, die wir gebrauchen?

HERMOGENES: Auch nicht.

SOKRATES: Dünkt es dich nicht der Gebrauch und die eingeführte Ordnung zu sein, was sie uns überliefern?

HERMOGENES: Das scheint wohl.

e SOKRATES: Es ist also ein Werk dessen, der die Gebräuche einrichtet, des Gesetzgebers, dessen jener Belehrende sich bedient, wenn er sich der Worte bedient?

HERMOGENES: So scheint es mir.

SOKRATES: Und meinst du, daß jedermann ein Gesetzgeber ist, oder nur, der die Kunst innehat?

Hermogenes: Der die Kunst innehat.

Sokrates: Also, o Hermogenes, kommt es nicht jedem zu, Worte einzuführen, sondern nur einem besonderen Wortbildner. 389a
Und dieser ist, wie es scheint, der Gesetzgeber, von allen Künstlern unter den Menschen der seltenste.

Hermogenes: So scheint es.

9. *Verfertigung der Wörter im Hinblick auf das, was das Wort in Wahrheit ist*

Sokrates: Wohl, so betrachte nun weiter, worauf der Gesetzgeber wohl sieht, indem er die Worte bestimmt. Mache es dir nur aus dem vorigen klar. Worauf blickt wohl der Tischler, wenn er die Weberlade macht? Nicht auf so etwas, dessen Natur und Wesen eben dies ist, das Gewebe zu schlagen?

Hermogenes: Freilich.

Sokrates: Und wie? Wenn ihm die Lade während der Arbeit b
zerbricht, wird er eine andere wieder machen, indem er auf die zerbrochene sieht oder wieder auf jenes selbige Bild, nach welchem er auch die zerbrochene gemacht hatte?

Hermogenes: Auf jenes, dünkt mich.

Sokrates: Jenes also könnten wir mit Recht die wahre Weberlade nennen, das, was sie wirklich ist.

Hermogenes: Das meine ich auch.

Sokrates: Also wenn für dichtes Zeug oder für dünnes, für leinenes oder für wollenes oder wofür sonst eine Weberlade zu machen ist: so müßten diese insgesamt das Bild der Weberlade in sich haben, wie sie aber nun für jedes insbesondere am besten geeignet wäre, diese Eigenschaft müßte ebenfalls in jedes Werk hin- c
eingelegt werden.

Hermogenes: Ja.

Sokrates: Und mit allen anderen Werkzeugen auf die nämliche Weise. Das seiner Natur nach jedem angemessene Werkzeug muß man ausgefunden haben und dann in dem niederlegen, woraus es so gemacht werden soll, nicht wie es jedem einfällt, sondern wie es die Natur mit sich bringt. Denn wie für ein jedes insbesondere der Bohrer geartet sein muß, diese Art muß man wissen in das Eisen hineinzulegen.

Hermogenes: Allerdings.

SOKRATES: Also die für jedes von Natur geeignete Weberlade in das Holz?

HERMOGENES: So ist es.

d SOKRATES: Denn von Natur gehört, wie wir sahen, jeder Art von Gewebe ihre besondere Weberlade, und so in allen andern Dingen?

HERMOGENES: Ja.

SOKRATES: Also, Bester, muß wohl auch den für jedes seiner Art nach gearteten Namen jeder Gesetzgeber wissen in den Tönen und Silben niederzulegen und so, indem er auf jenes sieht, was das Wort wirklich ist, alle Worte machen und bilden, wenn er ein tüchtiger Bildner der Wörter sein will. Wenn aber nicht jeder Gesetzgeber das
e Wort in dieselben Silben niederlegt, das muß uns nicht irren. Denn auch nicht jeder Schmied, der zu demselben Zweck dasselbe Werkzeug macht, legt dasselbe Bild in dasselbe Eisen hinein. Dennoch, solange er nur dieselbe Gestalt wiedergibt, wenn auch in anderem Eisen, ist doch das Werkzeug ebenso gut und richtig gemacht,
390a mag es einer hier oder unter den Barbaren gemacht haben. Nicht wahr?

HERMOGENES: Allerdings.

SOKRATES: Ebenso wirst du auch dafür halten, daß unser Gesetzgeber, der hiesige wie der unter den Barbaren, solange er nur die Idee des Wortes, wie sie jedem insbesondere zukommt, wiedergibt, in was für Silben es auch sei, daß alsdann der hiesige kein schlechterer Gesetzgeber ist als einer irgendwoanders?

HERMOGENES: Freilich.

10. *Aufsicht und Beurteilung bei der Wortverfertigung kommen dem Dialektiker zu*

b SOKRATES: Wer wird nun aber erkennen, ob das gehörige Bild der Weberlade in irgendeinem Holz liegt? Der sie gemacht hat, der Tischler, oder der sie gebrauchen soll, der Weber?

HERMOGENES: Wohl eher, o Sokrates, der sie gebrauchen soll.

SOKRATES: Wer ist es nun, der des Kitharenmachers Werk gebrauchen soll? Ist er nicht auch der, welcher am besten bei der Verfertigung die Aufsicht führen und die verfertigten auch am besten beurteilen würde, ob sie gut gearbeitet sind oder nicht?

HERMOGENES: Gewiß.

SOKRATES: Aber wer?

Hermogenes: Der Kitharenspieler.

Sokrates: Und wer das Werk des Schiffbauers?

Hermogenes: Der Steuermann. c

Sokrates: Wer aber könnte am besten über dieses Geschäft des Gesetzgebers die Aufsicht führen und seine Arbeit beurteilen, hier sowohl als unter den Barbaren? Nicht der, der sie auch gebrauchen soll?

Hermogenes: Ja.

Sokrates: Ist das nun nicht der, welcher zu fragen versteht?

Hermogenes: Allerdings.

Sokrates: Und derselbe doch auch zu antworten?

Hermogenes: Ja.

Sokrates: Und der zu fragen und zu antworten versteht, nennst du den anders als Dialektiker?

Hermogenes: Nein, sondern so.

Sokrates: Das Zimmermanns Geschäft also wäre, ein Steuer- d
ruder zu machen unter Aufsicht des Steuermannes, wenn das Ruder gut werden soll.

Hermogenes: Richtig.

Sokrates: Des Gesetzgebers aber, wie es scheint, Wörter, wobei er zum Aufseher hätte einen dialektischen Mann, wenn er die Wörter gut bilden soll.

Hermogenes: Offenbar.

Sokrates: Also mag es doch wohl nicht so Geringes sein, wie du glaubst, Hermogenes, Worte zu bilden und Benennungen festzusetzen, auch nicht schlechter Leute Sache oder des ersten besten; sondern Kratylos hat recht, wenn er sagt, die Benennungen
kämen den Dingen von Natur zu, und nicht jeder sei ein Meister e
im Wortbilden, sondern nur der, welcher, auf die einem jeden von Natur eigene Benennung achtend, ihre Art und Eigenschaft in die Buchstaben und Silben hineinzulegen versteht.

Hermogenes: Ich weiß freilich nicht, Sokrates, wie ich dem,
was du sagst, widersprechen soll. Es mag aber wohl nicht leicht 391a
sein, auf diese Art so schnell überzeugt zu werden; allein ich glaube, so würde ich leichter überzeugt werden, wenn du mir zeigtest, worin denn jene natürliche Richtigkeit der Benennungen bestehen soll.

Sokrates: Ich, du guter Hermogenes, weiß ja von gar keiner,

sondern du hast vergessen, was ich eben noch sagte, daß ich es
nicht wüßte, aber es wohl mit dir untersuchen wollte. Nun aber ist
durch unsere Untersuchung dir und mir soviel schon klar gegen
das vorige, daß das Wort von Natur eine gewisse Richtigkeit hat
b und daß nicht jeder versteht, es irgendeinem Dinge gehörig beizulegen. Oder nicht?

HERMOGENES: Gewiß.

11. Homers Unterscheidung der Benennung durch Götter und Menschen

SOKRATES: Also nächstdem müssen wir untersuchen, wenn du es zu wissen begehrst, was nun eigentlich die Richtigkeit desselben ist.

HERMOGENES: Freilich begehre ich es zu wissen.

SOKRATES: So überlege denn!

HERMOGENES: Wie soll ich es überlegen?

SOKRATES: Die richtige Überlegung, Freund, ist, die man mit
den Sachverständigen anstellt, denen man Geld dafür zahlt und
noch Dank dazu weiß. Dies sind aber die Sophisten, denen auch
c dein Bruder Kallias so viel Geld eingebracht, daß er nun wohl für
weise gilt. Da du nun nicht im Besitz des väterlichen Vermögens
bist, so mußt du deinem Bruder schön tun und ihn bitten, daß er
dich lehre, was hierin richtig ist, wie er es vom Protagoras gelernt
hat.

HERMOGENES: Ungereimt wäre doch wohl die Bitte von mir, Sokrates, wenn ich die «Wahrheit» des Protagoras im allgemeinen gar nicht annehme, doch aber mit dem, was in Folge dieser Wahrheit gesagt wird, zufrieden sein wollte, als wäre es etwas wert.

SOKRATES: Also wenn dir das wieder nicht gefällt, so müßten
d wir es vom Homeros lernen und von den andern Dichtern.

HERMOGENES: Und was sagt denn Homeros von der Richtigkeit der Benennungen, o Sokrates, und wo?

SOKRATES: An vielen Stellen, vorzüglich aber und am schönsten da, wo er an denselben Dingen unterscheidet, welche Namen die Menschen ihnen beilegen und welche die Götter. Oder meinst du nicht, daß er an diesen Stellen vortreffliche und wunderbare Dinge sagt von der Richtigkeit der Wörter? Denn offenbar werden

doch die Götter wohl vollkommen richtig mit den Wörtern benennen, die es von Natur sind. Oder meinst du nicht? e

HERMOGENES: Soviel weiß ich ja wenigstens, daß, wenn sie etwas benennen, sie es auch richtig benennen. Aber was meinst du nur eigentlich?

SOKRATES: Weißt du nicht, daß er von dem Fluß bei Troja, welcher einen Zweikampf mit dem Hephaistos hatte, sagt: «Xanthos im Kreise der Götter genannt, von Menschen Skamandros»?

HERMOGENES: Das weiß ich; und was dann?

SOKRATES: Glaubst du nicht, daß das etwas Hochwichtiges 392a
sein muß, zu verstehen, wieso es richtiger ist, jenen Fluß Xanthos
zu nennen als Skamandros? Oder wenn du lieber willst, wegen
jenes Vogels, von dem er sagt, er werde «Chalkis von Göttern
genannt und Nachtaar unter den Menschen», hältst du es für eine
geringfügige Einsicht, wieviel richtiger es ist, daß dieser Vogel
Chalkis heiße, als Nachtaar? Oder Batieia und das Mal der
sprunggeübten Myrine und viel anderes bei diesem Dichter und b
andern? Doch dergleichen ist vielleicht zu groß, als daß ich und du
es herausbringen sollten; von Skamandrios und Astyanax aber,
welche Namen beide, wie er sagt, der Sohn des Hektor gehabt,
mag es menschenmöglicher sein, wie mich dünkt, und leichter,
aufs reine zu bringen, wie er es wohl mit ihrer Richtigkeit meint.
Du kennst doch wohl die Verse, worin das steht, was ich meine?

HERMOGENES: Allerdings.

SOKRATES: Von welchem Namen also meinst du, daß Homeros geglaubt, er sei dem Kinde richtiger beigelegt worden, Astyanax oder Skamandrios?

HERMOGENES: Das weiß ich nicht zu sagen. c

12. Die beiden Namen für Hektors Sohn

SOKRATES: Überlege es nur so. Wenn dich jemand fragte: Wer, glaubst du wohl, kann richtiger Namen beilegen, die Vernünftigeren oder die Unvernünftigeren?

HERMOGENES: Offenbar die Vernünftigeren, würde ich sagen.

SOKRATES: Scheinen dir nun wohl die Weiber die Vernünftigeren in der Stadt zu sein oder die Männer, wenn man es so im allgemeinen sagen soll?

HERMOGENES: Die Männer.

SOKRATES: Nun weißt du doch, daß Homeros sagt, das Söhn-
d chen des Hektor sei von den Troern Astyanax genannt worden; also Skamandrios wohl von den Weibern, wenn die Männer ihn Astyanax nannten?

HERMOGENES: So scheint es ja.

SOKRATES: Nun hielt doch auch Homeros wohl die Troer für verständiger als ihre Weiber?

HERMOGENES: So glaube ich wenigstens.

SOKRATES: Also glaubte er, der Knabe hieße richtiger Astyanax als Skamandrios.

HERMOGENES: Das ist deutlich.

SOKRATES: Laß uns denn zusehen, weshalb wohl. Oder gibt er uns selbst das Warum am besten an die Hand? Er sagt nämlich:
e «denn er allein beschirmte die Stadt und die türmenden Mauern». Darum mag es ganz recht sein, des Beschützers Sohn Astyanax, Stadtherrn, zu nennen dessen, was sein Vater beschützte, wie Homeros sagt.

HERMOGENES: Das leuchtet mir ein.

SOKRATES: Wieso denn? Ich selbst verstehe es ja jetzt noch nicht recht, und du verstehst es?

HERMOGENES: Nein, beim Zeus, ich auch nicht.

393a SOKRATES: Hat etwa, du Guter, auch dem Hektor selbst Homeros seinen Namen beigelegt?

HERMOGENES: Wieso?

SOKRATES: Weil es mir damit fast ebenso zu sein scheint wie mit dem Astyanax und diese Namen ganz hellenischen gleichen. Denn Anax, Herr, und Hektor, Inhaber, bedeuten fast dasselbe und scheinen beides königliche Namen zu sein. Denn worüber einer
b Herr ist, davon ist er auch Inhaber; denn offenbar beherrscht er es und besitzt es und hat es. Oder scheine ich dir nicht zu sagen und täusche mich, indem ich glaube, die Spur ausgefunden zu haben von Homeros' Meinung über die Richtigkeit der Benennungen?

HERMOGENES: Nein, beim Zeus, das nicht, wie mich dünkt, sondern du hast wahrscheinlich wohl etwas gefunden.

13. *Benennung nach der natürlichen Abstammung*

SOKRATES: Recht ist es wenigstens, wie mir scheint, eines Löwen Abkömmling Löwen zu nennen und eines Pferdes Abkömmling

Pferd. Nicht so meine ich es, wenn, als ein Wunder, einmal von
einem Pferde etwas anderes geboren würde als ein Pferd; sondern
was einer Gattung Abkömmling ist der Natur nach, das meine ich, c
so daß, wenn ein Pferd widernatürlich ein Kalb geboren hätte, was
seiner Natur nach Abkömmling eines Stieres ist, man dies auch
nicht Füllen nennen müßte, sondern Kalb. Ebensowenig, meine ich,
müßte man, wenn, was von einem Menschen geboren würde, nicht
eines Menschen Abkömmling ist, diese Ausgeburt Mensch nennen.
Und ebenso mit Bäumen und allem anderen. Oder dünkt dich nicht
so?

HERMOGENES: Mich ebenfalls.

SOKRATES: Wohl gesprochen. Hüte dich nur, daß ich dich nicht
übervorteile. Denn nach demselben Verhältnis muß nun auch, was
von einem Könige geboren wird, König genannt werden. Ob aber in d
solchen oder in anderen Silben dasselbe angedeutet wird, daran
liegt nichts, auch nicht, ob ein Buchstabe zugesetzt oder weggenommen wird, auch das ist keine Sache, so lange nur das Wesen des
Dinges mächtig ist, sich durch den Namen zu offenbaren.

HERMOGENES: Wie meinst du das?

SOKRATES: Gar nichts Besonderes, sondern wie du weißt, daß
wir auch die Buchstaben mit Namen nennen und nicht unmittelbar
sie selbst, die bekannten Selbstlauter ausgenommen; den übrigen
aber, Selbstlautern und Mitlautern, weißt du wohl, fügen wir noch e
andere Buchstaben bei und bilden einen Namen daraus. Aber solange wir nur die Eigentümlichkeit des Buchstabens mit hineinbrin-
gen und sie sich darin zeigt, ist es ganz recht, ihn bei diesem Namen
zu nennen, der ihn uns zu erkennen gibt. Wie zum Beispiel beim
Zet: du siehst wohl, daß die Hinzufügung dieses e und t keinen
Schaden tut, daß sich nicht dennoch durch den ganzen Namen die
Natur jenes Buchstaben kundgeben sollte, den der Gesetzgeber
wollte. So gut verstand er, den Buchstaben ihre Namen beizulegen.

HERMOGENES: Du scheinst mir recht zu haben.

SOKRATES: Ist es nun nicht mit dem Könige ebenso? Denn von 394a
einem Könige kommt doch ein König, von einem Guten ein Guter,
von einem Schönen ein Schöner, und so in allem übrigen, aus jedem
von einer Gattung ein ebensolcher Abkömmling, wenn kein Wunder geschieht. Also ist dieser mit demselben Namen zu benennen,
abwechseln aber kann man mit den Silben, so daß es dem Unkundi-

gen scheint, als hätte jeder einen andern Namen, ungeachtet es
dieselben sind, so wie uns die Mittel der Ärzte, durch färbende und
riechende Stoffe vermannigfaltigt, andere zu sein scheinen, ob-
b gleich sie dieselben sind; der Arzt aber, welcher nur auf die Kraft
der Mittel sieht, erkennt sie als dieselben und läßt sich nicht irre-
machen durch die Beimischungen. Ebenso sieht auch wohl, wer
sich auf die Wörter versteht, nur auf das Bedeutsame als ihre Kraft
und wird nicht irre, wenn wo ein Buchstabe hinzugetan oder weggenommen oder versetzt ist, oder wenn auch in ganz andere Buchstaben die Kraft des Wortes gelegt ist. So haben in unserm jetzigen
c Beispiel Astyanax und Hektor gar keinen Buchstaben gemein als
nur das t und bedeuten doch einerlei. Auch Archepolis, der in der
Stadt regiert, wieviel hat es wohl von den Buchstaben der vorigen,
und bedeutet doch dasselbe? Und so gibt es noch viele andere Benennungen, die alle einen König anzeigen, und wiederum andere
einen Heerführer, wie Agis, Führer, Polemarchos, Kriegsherr, Eu-
polemos, Gutkrieg. Andere sind ärztlich wie Iatrokles, Helfrich,
und Akesimbrotos, Heilmann, und so könnten wir noch mehrere
finden, die in Buchstaben und Silben ganz ungleich klingen, der
Bedeutung nach aber dasselbe aussprechen. Scheint es dir so oder
nicht?

d HERMOGENES: Allerdings.

SOKRATES: Das naturgemäß Entstandene also muß auch denselben Namen empfangen.

HERMOGENES: Freilich.

14. Die Namen des Atridenhauses und des Zeus und seiner Vorfahren

SOKRATES: Wie aber, was widernatürlich nach Art eines Wunders entstanden ist? Wie wenn von einem guten und frommen Manne ein Gottloser abstammt? Nicht so wie vorher, wenn ein Pferd geboren hätte, was eigentlich von einem Stier abstammt, uns dies nicht nach dem Erzeugenden seine Benennung erhalten durfte, sondern nach der Gattung, der es angehört?

HERMOGENES: So war es.

e SOKRATES: So auch der von dem Frommen abstammende Ruchlose muß seinen Namen erhalten von seiner Art?

HERMOGENES: Allerdings.

Sokrates: Also nicht Gottlieb, wie es scheint, auch nicht Fürchtegott oder dergleichen etwas, sondern was das Gegenteil hiervon bedeutet, wenn anders Richtigkeit in der Benennung sein soll.

Hermogenes: Auf alle Weise, Sokrates.

Sokrates: So scheint auch «Orestes», wenn du an Oreinon denkst, ganz richtig genannt zu sein, es sei nun, daß ihm ein Zufall den Namen beigelegt oder auch ein Dichter, um das Wilde, Rauhe, Rastlose seiner Gemütsart, wie durch die Ähnlichkeit mit einem rauhen Gebirge, in seinem Namen anzudeuten.

Hermogenes: So scheint es allerdings, Sokrates. 395a

Sokrates: Auch sein Vater scheint einen seiner Natur ganz angemessenen Namen gehabt zu haben.

Hermogenes: Das glaub ich wohl.

Sokrates: Denn ein solcher scheint doch «Agamemnon» zu
sein, daß, wenn er beschlossen hat, etwas durchzuführen und darauf zu bestehen, er seine Beschlüsse auch durch Tapferkeit zum
Ziele bringt. Beweis seiner Beharrlichkeit ist ja seine Ausdauer vor
Troja mit einem solchen Heer. Daß also dieser Mann bewundernswürdig ist im Ausharren, *agastos* in der *epimone*, bedeutet b
sein Name «*Agamemnon*». Vielleicht ist auch «Atreus», von *ate-
reus*, ebenso richtig. Denn die Ermordung des Chrysippos und
was er Grausames gegen den Thyestes verübte, alles dies ist doch
ganz verderblich und unverträglich, *atera*, mit sittlicher Art. Ein
wenig weicht freilich dieser Name ab und versteckt seine Bedeutung, so daß er nicht jedem gleich die Natur des Mannes kundgibt.
Aber denen, die sich auf Namen verstehen, offenbart er hinlänglich, was «Artreus» sagen will. Denn man nehme nun das *Untreue*
heraus, oder die *harte Reue* oder das *Abtrünnige*, von allen Seiten c
ist der Name richtig. Ebenso angemessen scheint auch dem «Pe-
lops» der seinige beigelegt; denn er deutet auf einen, der nur auf
das Nahe sieht, von *pelas* und *ops*.

Hermogenes: Wieso?

Sokrates: Was ja über den Mann gesagt wird wegen Ermordung des Myrtilos, wie er gar nicht fähig war vorauszusehen oder
zu ahnen, was in der Ferne lag für sein Geschlecht und wie er es mit
Unheil überlud, sondern nur das Nahe und Augenblickliche se- d
hend, und das heißt doch Pelas, als er so alles daransetzte, um nur

auf alle Weise die Ehe mit der Hippodameia zu vollziehen. – Wie richtig aber und natürlich dem «Tantalos» sein Name gegeben ist, das kann jeder sehen, wenn nämlich wahr ist, was man von ihm erzählt.

HERMOGENES: Was doch?

SOKRATES: Das vielfältige und schwere Unglück, was ihm in
seinem Leben widerfuhr und mit der gänzlichen Zerstörung seines
Vaterlandes endigte, und dann auch nach seinem Tode jenes
e Schweben, *talanteia,* des Steines über seinem Haupte stimmt wunderbar gut zu seinem Namen; und es sieht offenbar aus, als ob ihn
jemand hätte den Allerelendesten, *talantatos*, nennen wollen, statt-
dessen aber, um es zu verbergen, «Tantalos» gesagt; so etwa
scheint auch diesen Namen die Sage zufällig gebildet zu haben. –
Auch für seinen angeblichen Vater «Zeus» eignet sich offenbar
396a dessen Name gar herrlich, nur ist es nicht leicht zu merken. Nämlich
ordentlich wie eine Erklärung ist der Name des Zeus; nur haben wir
ihn geteilt, und einige bedienen sich der einen, andere der anderen
Hälfte. Die einen nämlich nennen ihn «Zeus», die anderen «Dis»;
beide aber zusammengestellt offenbaren uns das Wesen des Gottes,
welches ja eben, wie wir sagen, ein Name soll ausrichten können.
Denn keiner ist für uns und alles insgesamt so sehr die Ursache des
Lebens wie der Herrscher und König über alles. Ganz richtig also
wird dieser Gott benannt als der, durch welchen zu leben alle Le-
b bendigen sich rühmen. Nur, wie gesagt, der Name, der eigentlich
einer ist, ist geteilt in *dis*, von *durch*, und *zen* oder *zeus* von *leben*.
Daß nun dieser der Sohn des «Kronos» ist, könnte anfänglich frevelhaft scheinen, wenn man es nur schnell und obenhin hört. Natürlich ist aber doch, daß Zeus der Abkömmling eines großen Ver-
standes ist, und so bedeutet das *koros* in diesem Namen nicht Kind,
sondern das Reine und Ungetrübte des Geistes, *nus*. Dieser selbst ist
wiederum ein Sohn des «Uranos», und mit Recht wird die Hinauf-
sicht zur Höhe mit diesem Namen die himmlische, *urania*, genannt,
c welche sieht, was oben ist, *horosa ta ano*, von woher ja eben, wie die
Himmelskundigen sagen, der reine Geist herkommen soll, so daß
also Uranos seinen Namen mit Recht führt. Hätte ich nun die Ge-
schlechtsbeschreibung des Hesiodos nur im Gedächtnis, was für
Vorfahren er noch von diesen höher hinauf angibt: so würde ich
kein Ende finden, zu zeigen, wie richtig ihre Namen ihnen beigelegt

sind, bis ich diese Weisheit ganz durchversucht hätte, was sie wohl
machen, ob sie mir versagen würde oder nicht, die jetzt so plötzlich über mich gekommen ist, ich weiß nicht woher. d

HERMOGENES: Allerdings, Sokrates, scheinst du ordentlich wie ein Begeisterter auf einmal Orakel von dir zu geben.

15. Herkunft der Begeisterung des Sokrates und Plan der weiteren Untersuchung

SOKRATES: Ich vermute wohl, Hermogenes, daß sie vornehmlich
durch Euthyphron und Prospaltier über mich gekommen ist.
Denn ich war diesen Morgen viel mit ihm und hörte ihm zu. Und
so scheint es, daß er in seiner Begeisterung mir nicht nur die
Ohren angefüllt hat mit seiner herrlichen Weisheit, sondern auch
die Seele muß sie mir ergriffen haben. Mich dünkt also, wir wol- e
len es so halten, daß wir sie heute nun gewähren lassen und auch
das übrige noch durchnehmen von den Wörtern; morgen aber,
wenn ihr auch der Meinung seid, wollen wir sie feierlich fortbe-
sprechen und uns reinigen, wenn wir einen finden können, der es
versteht, uns hiervon zu reinigen, sei es nun ein Priester oder ein 397a
Sophist.

HERMOGENES: Ich bin es sehr zufrieden, denn gar gern möchte ich auch noch das Weitere über die Wörter hören.

SOKRATES: Also wollen wir es immer tun. Wobei sollen wir
nun unsere Untersuchung anfangen, da wir einmal auf eine gewisse Form geraten sind, um nun zu erfahren, ob die Benennungen selbst uns Bestätigung dafür geben werden, daß sie keineswegs nur aufs Geratewohl jedem beigelegt werden, sondern daß
sie eine gewisse Richtigkeit haben? Die üblichen Namen von b
Menschen und Heroen könnten uns nun wohl leicht hintergehen.
Viele nämlich werden beigelegt nach Benennungen der Vorfahren und sind einigen gar nicht angemessen, wie wir auch anfangs
sagten; viele wiederum teilt man aus als gute Wünsche, wie Euty-
chides gleichsam Glückskind, Sozias Wohlbehalten, Theophilos
Gottlieb, und viele andere. Dergleichen, denke ich, müssen wir
beiseite lassen und vermuten, daß wir das Richtige vornehmlich
bei demjenigen finden werden, was immer da ist und in der Natur fortbesteht; denn hierauf muß sich doch wohl die Bildung der
Namen am meisten befleißigt haben, und vielleicht sind auch c

einige von diesen durch eine göttlichere als der Menschen Kraft festgesetzt worden.

HERMOGENES: Sehr richtig scheint mir, was du sagst, Sokrates!

16. Die Bezeichnung «Götter», «Dämonen» und «Heroen»

SOKRATES: Ist es nun nicht billig, von den Göttern die Untersuchung anzufangen, wie sie wohl eben diesen Namen «Götter» mit Recht bekommen haben?

HERMOGENES: Ganz billig.

SOKRATES: Hierüber nun vermute ich dieses. Es scheint mir, daß die ältesten Bewohner von Hellas allein die für Götter gehalten
d haben, welche auch jetzt noch vielen Barbaren dafür gelten, nämlich Sonne, Mond und Erde, die Gestirne und den Himmel; wie sie nun dies alles immer in seiner Bahn sich bewegen und gehn sahen, so haben sie sie von dieser Eigenschaft des *Gehens* «Götter» genannt. Hernach, als ihnen auch die andern bekannt geworden, haben sie auch diese insgesamt mit demselben Namen angeredet. Sieht dir das aus wie etwas Wahres, was ich sage, oder nicht?

HERMOGENES: Gar sehr sieht es so aus.

SOKRATES: Was sollen wir nun nächstdem vornehmen?

e HERMOGENES: Offenbar durch die «Dämonen» und «Heroen» und «Menschen».

SOKRATES: Die «Dämonen»? Ja in der Tat, Hermogenes, was soll wohl dieser Name «Daimon» bedeuten? Sieh zu, ob dir das gefallen wird, was ich sage.

HERMOGENES: Sage nur.

SOKRATES: Du weißt doch, was Hesiodos sagt, daß die Dämonen wären.

HERMOGENES: Ich entsinne mich nicht.

SOKRATES: Auch nicht, daß er sagt, das erste Geschlecht der Menschen wäre das goldene gewesen?

HERMOGENES: Ja, das weiß ich wohl.

SOKRATES: Von diesem nun sagt er:

«Aber nachdem nun jenes Geschlecht absenkte das Schicksal,
398a Werden sie fromme Dämonen der oberen Erde genennet,
Gute, des Wehs Abwehrer, der sterblichen Menschen Behüter.»

HERMOGENES: Und wie weiter?

SOKRATES: Ich denke nämlich, er meint das goldene Geschlecht nicht so, als ob es von Gold gewesen wäre, sondern daß es gut war und edel. Beweisen kann ich das dadurch, daß er auch uns das eiserne Geschlecht nennt.

HERMOGENES: Richtig.

SOKRATES: Also glaubst du doch, er würde, wenn es auch unter
den jetzt Lebenden Gute gibt, auch von diesen sagen, daß sie zu b
dem goldenen Geschlecht gehören?

HERMOGENES: Gewiß.

SOKRATES: Und die Guten, sind die nicht vernünftig?

HERMOGENES: Vernünftig.

SOKRATES: Und dies, dünkt mich, will er eben vorzüglich sagen, sei den Dämonen begegnet, weil sie vernünftig waren. Daher sagt er ganz recht, wie auch viele andere Dichter tun, daß, wenn ein Guter stirbt, er großer Ehre und Glückes teilhaftig und ein
«Daimon» wird, vom *Daheimsein* so genannt. Eben das nun c
nehme ich an, daß jeder, der dort daheim gehört, ein Seliger ist im Leben und im Tode und mit Recht ein «Daimon» genannt wird.

HERMOGENES: Darin, o Sokrates, werde auch ich, dünkt mich, dir ganz beistimmen. – Aber ein «Heros», was bedeutet das wohl?

SOKRATES: Das ist gar nicht schwer zu sehen. Denn nur ein klein wenig ist der Name verändert und deutet darauf, daß sie ihre Entstehung dem *Eros* verdanken.

HERMOGENES: Wie meinst du das?

SOKRATES: Weißt du nicht, daß die Heroen Halbgötter sind?

HERMOGENES: Ja, und nun?

SOKRATES: Also sind sie alle entstanden dadurch, daß Eros ent- d
weder einen Gott einer Sterblichen oder eine Göttin einem Sterblichen zuführte. Du mußt nur auch dieses nach der alten attischen Mundart betrachten, um es noch leichter zu finden; denn dann wirst du sehen, daß von dem Eros, woher die Heroen entstehen, nur ein weniges abgewichen ist des Namens wegen. Also entweder will der Name dieses von den Heroen sagen, oder weil rufen und auch wohl reden ehedem *haren* hieß, sagt er, daß sie weise waren,
gewaltige Redner und dialektische Männer, so daß die «Heroen» e
Redner bedeuten und Ausfrager, so daß dieser ganze heroische Stamm ein Geschlecht von Rednern und Sophisten wird.

17. «Mensch», «Seele» und «Körper»

Dies war also nicht schwer einzusehen, weit mehr aber von wegen der Menschen, warum die doch «Menschen» heißen. Weißt du es zu sagen?

HERMOGENES: Woher doch, du Guter, sollte ich es wissen? Und wenn ich auch vielleicht imstande wäre, es zu finden, gebe ich mir doch keine Mühe darum, weil ich glaube, du wirst es weit besser finden als ich.

399a SOKRATES: Also hältst du etwas auf die Eingebung des Euthyphron, wie es scheint?

HERMOGENES: Ganz sicher.

SOKRATES: Du hast schon recht. Denn auch dies, glaube ich, habe ich gar herrlich gefaßt und werde am Ende, wenn ich mich nicht bescheide, heute noch weiser sein, als ich sollte. Sieh nur zu, was ich meine. Zuerst aber mußt du dir dieses merken wegen der Wörter, daß wir oft Buchstaben einsetzen, oft auch herauswerfen, wenn wir etwas wovon benennen wollen, und ebenso auch oft den Ton versetzen. Wie zum Beispiel: an Frieden reich, damit uns hier-
b aus ein Wort werde anstatt eines ganzen Satzes, werfen wir das Ende des einen Wortes heraus, und das andere stumpfen wir ab, daß es unbetont gesprochen wird, da es vorher betont war. Bei anderen Worten wiederum setzen wir Buchstaben dazwischen und schärfen das Unbetonte.

HERMOGENES: Richtig.

SOKRATES: Dergleichen etwas ist nun auch bei dem Worte «Mensch» begegnet, wie mich dünkt. Denn es ist ein ganzer Satz zu einem Worte geworden dadurch, daß man Anfang und Ende herausgeworfen und dafür einer stumpfen Silbe den Ton gegeben und sie geschärft hat.

HERMOGENES: Wie meinst du das?

c SOKRATES: So: Dieser Name «Mensch» bedeutet, daß die anderen Tiere von dem, was sie sehen, nichts betrachten noch vergleichen oder eigentlich *anschauen*, der Mensch aber, sobald er gesehen hat, auch *zusammenstellt* und *anschaut*. Daher wird unter allen Tieren der Mensch allein Mensch genannt, weil er *zusammenschaut*, was er gesehen hat.

HERMOGENES: Wie nun? Soll ich dir sagen, was ich nächstdem gern wüßte?

Sokrates: Allerdings.

Hermogenes: Mich wenigstens dünkt unmittelbar an diesem d
hier etwas zu hängen. Denn dem Menschen schreiben wir doch
Leib und Seele zu?

Sokrates: Wie sollten wir nicht?

Hermogenes: Versuchen wir also auch diese abzuleiten wie das vorige?

Sokrates: Du meinst, wir sollen untersuchen, woher wohl die «Seele» verständigerweise diesen Namen trägt, und dann auch der «Körper»?

Hermogenes: Ja.

Sokrates: Wenn ich nun jetzt im Augenblick etwas hierüber
sagen soll, so meine ich, diejenigen, welche die «Seele» so benannten, haben sich dieses dabei gedacht, daß sie, wenn sie sich bei
oder, wie man sonst sagte, *selb* dem Leibe *hält*, die Ursache ist, daß
er lebt, weil sie ihm das Vermögen des Atmens mitteilt und ihn e
dadurch als ein *Selbst hält*, sobald aber dieses selbige fehlt, kommt
der Leib um und stirbt; deshalb, glaube ich, haben sie sie «Seele»
genannt. Aber noch besser – warte nur, still! Denn ich glaube
etwas zu sehen, was Leuten wie Euthyphron viel wahrscheinlicher
vorkommen wird als das vorige. Denn jenes, fürchte ich, werden
sie uns verachten und für gar gemein und ungeschickt halten. Aber 400 a
dieses erwäge nun, ob es auch dir gefällt.

Hermogenes: Sage es nur.

Sokrates: Die Natur des ganzen Leibes, so daß er lebt und umhergeht, wodurch, glaubst du, wird wohl diese gehalten und geleitet als durch die Seele?

Hermogenes: Durch nichts anderes.

Sokrates: Und wie? Glaubst du nicht dem Anaxagoras, daß auch, was aller anderen Dinge Sein ordnet und leitet, Geist und Seele ist?

Hermogenes: Das glaube ich.

Sokrates: Sehr gut also schickte sich dieser Name für die b
Kraft, welche das *Sein leitet* und hält, sie *Seileit* zu nennen. Und
dann kann man es noch schön machen und «Seele» sagen.

Hermogenes: Sehr schön, und dies dünkt mich allerdings kunstreicher zu sein als jenes.

Sokrates: Das ist es auch; aber ganz lächerlich kommt offenbar das Wort heraus, wenn man es genau so nimmt, wie es heißt.

Hermogenes: Aber was sollen wir nun von dem andern sagen?

Sokrates: Dem «Körper», meinst du?

Hermogenes: Ja.

Sokrates: Auf vielerlei Weise dünkt mich dies zu gehen, wenn
c man auch nur gar wenig ändert. Denn einige sagen, die «Körper» wären die *Gräber* der Seele, als sei sie darin begraben liegend für die gegenwärtige Zeit. Und wiederum, weil durch ihn die Seele alles begreiflich macht, was sie andeuten will, auch deshalb heißt er mit Recht so gleichsam der *Greifer* und *Griffel*. Am richtigsten jedoch scheinen mir die Orphiker diesen Namen eingeführt zu haben, weil nämlich die Seele, weswegen es nun auch sei, Strafe leide und deswegen diese Befestigung habe, damit sie doch wenigstens erhalten werde wie in einem Gefängnis. Dieses also sei nun für die Seele, bis sie ihre Schuld bezahlt hat, genau was er heißt, so daß man kaum einen Buchstaben zu ändern brauche, der «Körper», ihr *Kerker*.

18. «Hestia» als das Sein der Dinge

d Hermogenes: Das scheint mir gut genug gesagt zu sein, Sokrates. Aber könnten wir auch von anderen Göttern, wie du es vorher vom Zeus erklärt hast, auf dieselbe Weise untersuchen, in welcher Beziehung wohl ihre Namen ihnen mit Recht beigelegt sind?

Sokrates: Ja, beim Zeus, Hermogenes, können wir es, wenn wir doch Vernunft haben, auf eine, und zwar die schönste Weise, daß wir nämlich von den Göttern nichts wissen, weder von ihnen selbst noch von ihren Namen, wie sie sich untereinander nennen. Denn offenbar werden sie selbst sich richtig benennen. Die nächst
e dieser am meisten richtige Art aber wäre, wie es bei den Gebeten Gebrauch ist, daß, wie und woher sie selbst begehren genannt zu werden, so auch wir sie nennen, weil wir nämlich weiter von nichts wissen. Denn das scheint mir ein sehr guter Gebrauch.
401 a Willst du also, so wollen wir den Göttern dies gleichsam vorher bedeuten, daß wir über sie gar keine solche Untersuchung anstellen wollen, denn wir bilden uns gar nicht ein, dies zu können, sondern nur über die Menschen, von was für Gedanken sie wohl ausgegangen sind bei Bestimmung ihrer Namen. Denn dies hat wohl keine Bedenken.

HERMOGENES: Das ist ja gar bescheiden gesprochen, Sokrates, und so wollen wir es demnach machen.

SOKRATES: So laß uns denn, wie es Sitte ist, von der «Hestia» b
anfangen.

HERMOGENES: Ganz recht.

SOKRATES: Was soll man also sagen, daß sich der mag gedacht haben, der die Hestia so genannt hat?

HERMOGENES: Beim Zeus, auch das scheint mir gar nicht leicht.

SOKRATES: Es mögen wohl, mein guter Hermogenes, die ersten, welche Namen festgesetzt haben, gar nicht gemeine Leute gewesen sein, sondern von den Himmelskundigen und Hochfliegenden welche.

HERMOGENES: Wieso?

SOKRATES: Mir wird es ganz klar, daß die Bestimmung der Namen von solchen Leuten herrührt; und wenn man die fremden c
Wortformen mit in Betrachtung zieht, findet man erst recht, was
jeder sagen will. So auch hierbei; das Sein, welches wir *usia* nennen, nennen einige *essia* und andere wieder *osia*. Zuerst nun nach
der einen von diesen Spracharten hat es ja ganz guten Grund, daß
das wahre Sein und Wesen der Dinge «Hestia» genannt wird; so
auch, wenn wir wiederum das, was an diesem Sein Anteil hat, *estin*
nennen, so wäre auch das in dieser Beziehung richtig, denn auch
wir mögen statt *usia* ehedem *essia* gesagt haben. Ja auch wenn
man bedenkt, wie es bei den Opfern gehalten wird, muß man glauben, bei Festsetzung dieses Namens sei hieran gedacht worden. d
Denn ganz billig opfern wohl diejenigen vor allen andern Göttern
zuerst der Hestia, welche das Wesen aller Dinge *hestia* nannten.
Die aber *osia* gesagt haben, mögen wohl, sollte man denken, mit
dem Herakleitos geglaubt haben, alles Seiende gehe, und es bleibe
nichts fest, die Ursache also und das Regierende für alles sei das
Stoßende, *othun*, woher es denn mit Recht *osia* genannt wurde.

19. «Rhea», «Kronos», «Tethys», «Poseidon» und «Pluton»

Auch das aber wollen wir nur als Nichtwissende gesagt haben. e
Nach der Hestia nun wenden wir uns billig zur «Rhea» und zum
«Kronos». Doch des Kronos Namen haben wir ja schon durchge-
nommen – aber vielleicht ist es nichts, was ich sagen will.

HERMOGENES: Was doch, Sokrates?

SOKRATES: O Guter, ich erblicke einen ganzen Schwarm Weisheit.

HERMOGENES: Was doch für einen?

402a SOKRATES: Lächerlich ist es freilich zu sagen, aber ich glaube doch, es hat seine Wahrscheinlichkeit.

HERMOGENES: In welcher Art denn?

SOKRATES: Ich glaube zu sehen, daß Herakleitos gar alte Weisheit vorbringt, offenbar dasselbe von Kronos und Rhea, wie auch Homeros schon gesagt hat.

HERMOGENES: Wie meinst du das?

SOKRATES: Herakleitos sagt doch, daß alles davongeht und nichts bleibt, und indem er alles Seiende einem strömenden Flusse vergleicht, sagt er, man könne nicht zweimal in denselben Fluß steigen.

HERMOGENES: Ganz richtig.

b SOKRATES: Wie nun? Dünkt dich der viel anders gedacht zu haben als Herakleitos, der aller andern Götter Urahnen Kronos und Rhea genannt hat? Oder meinst du, es sei von ungefähr, daß er beiden ihre Namen von Flüssen gegeben hat? Wie auch Homeros den Okeanos den Vater der Götter nennt und Tethys die Mutter; und ich glaube auch Hesiodos. Ja auch Orpheus sagt irgendwo:

Erst Okeanos selbst, der geräuschige, schreitet zur Ehe,
Der sich mit Tethys, von Mutterseit' ihm Schwester, begattet.

Betrachte nur, wie dies alles unter sich zusammenstimmt und wie
c es auch alles auf des Herakleitos Lehre sich bezieht.

HERMOGENES: Daran scheint wohl etwas zu sein, Sokrates, nur sehe ich noch nicht, was der Name der «Tethys» will.

SOKRATES: Das erklärt sich ja von selbst, daß es nur etwas versteckt der Name einer Quelle ist. Denn das Sickernde, Tanzende und Sinternde, *diattomenon* und *ethumenon*, ist das Bild einer Quelle; und aus diesen beiden Worten ist der Name «Tethys» zu-
d sammengesetzt.

HERMOGENES: Das war gar herrlich, Sokrates.

SOKRATES: Was sollte es nicht! Aber wie weiter? Den Zeus haben wir schon gehabt?

HERMOGENES: Ja.

Sokrates: Wollen wir also seine Brüder erklären, den «Poseidon» und «Pluton», nebst dem andern Namen, den man diesem beilegt?

Hermogenes: Das wollen wir.

Sokrates: Poseidon nun mag wohl deswegen so benannt worden sein von dem, der ihn zuerst so nannte, weil ihn im Ge- e
hen die Gewalt des Meeres aufhielt und ihn nicht weiter schreiten ließ, sondern ihm gleichsam eine Fessel wurde für seine Füße. Daher nannte er den diese Gewalt beherrschenden Gott «Poseidon», weil er ein *posidesmos* war, und das i ist vielleicht nur der Schicklichkeit wegen zum ei verlängert. Vielleicht aber wollte er auch das nicht sagen, sondern es waren anstatt des s zwei l, weil 403 a
nämlich der Gott ein *polla eidos* ist, vieles weiß. Vielleicht heißt er aber auch der Erschütternde, *ho seion*, und das p und d sind nur hineingesetzt. «Pluton» aber ist offenbar in Beziehung auf die Gabe des Reichtums, *plutos*, so genannt worden, weil nämlich der Reichtum von unten aus der Erde kommt. Durch den Namen «Hades» aber glauben, dünkt mich, die meisten Menschen, sei eigentlich sein Unscheinbares und sein Dunkel, *aeides* bezeichnet, darum scheuen sie auch diesen Namen und nennen ihn lieber Pluton.

Hermogenes: Was meinst aber du davon, Sokrates? b

20. Philosophisches Wesen des «Hades»

Sokrates: Mir scheinen auf gar vielerlei Art die Menschen das eigentliche Wesen dieses Gottes zu verkennen und ihn zu fürchten ohne seine Schuld. Denn daß, wer von uns einmal gestorben ist, immer dort bleibt, davor fürchten sie sich, und auch, daß die Seele vom Leibe entblößt dorthin zu ihm geht, auch das schreckt sie; mir aber scheint dies alles auf eins und dasselbe hinzuzielen, sowohl die Macht des Gottes als sein Name.

Hermogenes: Wie doch?

Sokrates: Ich will dir sagen, wie ich es mir denke. Sage mir c
nur, welches von beiden ist wohl für jedes Lebende, wenn es irgendwo bleiben soll, das stärkere Band, der Zwang oder das Verlangen?

Hermogenes: Bei weitem stärker, Sokrates, ist das Verlangen.

Sokrates: Meinst du nicht, daß dem Hades viele entfliehen

würden, wenn er nicht die dort Hingegangenen mit den stärksten Banden bände?

Hermogenes: Offenbar.

Sokrates: Also, wie es scheint, bindet er sie mit irgendeinem Verlangen, wenn er sie mit dem stärksten Bande bindet, nicht durch Zwang.

Hermogenes: Das leuchtet ein.

Sokrates: Gibt es aber nicht auch vielerlei Verlangen?

Hermogenes: Ja.

d Sokrates: Mit dem mächtigsten Verlangen also unter allen bindet er sie, wenn er sie durch das stärkste Band festhalten soll?

Hermogenes: Ja.

Sokrates: Gibt es nun wohl ein stärkeres Verlangen, als wenn jemand glaubt, durch den Umgang mit einem ein besserer Mann zu werden?

Hermogenes: Ein stärkeres auf keine Weise, Sokrates.

Sokrates: Deshalb also, das wollen wir sagen, hat keiner Lust,
von dort hierher zurückzukehren, selbst die Sirenen nicht, sondern
e diese sind ebensogut bezaubert wie alle anderen, so vortreffliche
Reden, scheint es, weiß Hades ihnen zu halten, und so wäre, wenigstens wie hieraus folgen würde, dieser Gott ein vollendeter Sophist und ein großer Wohltäter derer, die bei ihm sind; wie er denn auch denen, die noch hier leben, so großes Gut heraufschickt; so viel Überfluß hat er dort, und eben davon führt er auch den Namen «Pluton». Ferner, daß er nicht mit Menschen verkehren will, die
noch ihre Leiber haben, sondern erst dann mit ihnen umgeht, wenn
404a die Seele rein ist von allen dem Leibe anhängenden Übeln und
Begierden, dünkt dich das nicht recht eines Philosophen würdig, der sich wohl überlegt, daß er sie in diesem Zustande wohl, gebunden mit dem Verlangen nach der Tugend, festhalten könnte, daß aber, solange sie mit den Trieben und der Wut des Leibes behaftet sind, nicht einmal sein Vater Kronos sie bei sich festhalten könnte, wenn er sie auf die Art binde, die wir seine Bande nennen?

Hermogenes: Darin magst du wohl recht haben, Sokrates.

b Sokrates: Und weit gefehlt, daß der Name «Hades» von dem Dunkel, *aeides*, sollte hergenommen sein, ist der Gott vielmehr deshalb, weil er alles Schöne weiß, von dem Namengeber statt *Eidos* «Hades» genannt worden.

21. «*Demeter*», «*Hera*» *und* «*Persephone*»

HERMOGENES: Gut. Aber die «Demeter» und »Hera», den «Apollon» und die «Athene», den «Hephaistos» und «Ares» und die übrigen Götter, wie erklären wir die?

SOKRATES: Die «Demeter» scheint mir von dem Verleihen der
Nahrung, weil sie diese als Mutter gibt, *didusa meter*, «Demeter»
genannt zu sein. Die «Hera» aber als eine liebenswürdige, *erate*,
wie auch vom Zeus gesagt wird, daß er immer verliebt in sie c
bleibe. Vielleicht aber hat auch als ein Himmelskundiger der Namengeber die Luft, *aer*, «Hera» genannt, halb versteckt, indem er
den Anfang als Ende setzte, und wenn du den Namen Hera oft
hintereinander aussprichst, mußt du merken, daß es so herauskommt. Den Namen der «Pherrhephatta», den fürchten ebenfalls
viele, auch den Apollon, offenbar aus Unkenntnis der richtigen
Beziehung der Namen. Denn weil sie ihn verändern und so die
«Phersephone» betrachten, kommt er ihnen schrecklich vor. Er d
bedeutet aber nichts, als daß die Göttin weise ist. Denn wenn alle
Dinge sich bewegen, so ist doch, was sie berührt und betastet und
ihnen zu folgen vermag, Weisheit. Wegen ihrer Weisheit also, mit
der sie das Bewegliche ergreift, wegen der *epaphe* des *pherome-
non*, hieße die Göttin mit Recht Pherepapha oder so ungefähr, und
darum lebt auch der weise Hades mit ihr, weil sie eine solche ist.
Nun aber verdrehen sie ihren Namen, weil sie den Wohlklang höher achten als die Wahrheit, so daß sie sie «Pherrhephatta» nennen. Ebenso ist es mit dem «Apollon», wie ich sage; viele sind
bange vor dem Namen des Gottes, als deute er auf etwas Furcht- e
bares. Oder hast du das nie bemerkt?

HERMOGENES: Allerdings, und du hast sehr recht.

SOKRATES: Mir aber scheint er ganz herrlich sich zu schicken für die Eigenschaft des Gottes.

HERMOGENES: Wieso?

SOKRATES: Ich will versuchen, dir zu erklären, was ich meine.
Unmöglich nämlich könnte sich ein einziger Name besser schicken 405 a
zu den vier Eigenschaften des Gottes, so daß er auf alle anspielte
und gewissermaßen die Tonkunst und das Weissagen und die
Heilkunst und die Kunst des Schützen bezeichnete.

HERMOGENES: Sprich nur: Denn gar wunderbar kündigst du den Namen an.

22. *Das Wesen von «Apollon». Die «Musen», «Leto» und «Artemis»*

SOKRATES: Sehr wohl gesetzt ist er, wie es dem Gotte der Tonkunst geziemt. Zuerst nämlich das Waschen und die Reinigungen
in der Heilkunst sowohl als beim Wahrsagen und, es sei nun mit
b Arzneien oder Zaubermitteln, alle Räucherungen und Bäder und
Besprengungen, welche dabei vorgehen, diese haben alle einen
und denselben Zweck, nämlich den Menschen rein darzustellen
an Leib und Seele. Oder nicht?

HERMOGENES: Allerdings.

SOKRATES: Der reinigende und abwaschende Gott und der erlösende von solchen Übeln also wäre dieser?

HERMOGENES: Allerdings.

SOKRATES: Also in Beziehung auf die Abwaschungen und Erlö-
c sungen von solchen Übeln könnte er als Arzt mit Recht *Apolyon*
heißen. Aber wegen des Weissagens und des Wahren und Einfältigen, *haplun*, darin, denn das ist einerlei, würde er mit Recht so
heißen, wie ihn die Thessalier nennen; in ganz Thessalien nämlich
nennt man diesen Gott *aplun*. Weil er ferner als Schütze immer
seines Zieles gewiß ist, deswegen heißt er der stets Treffende, *aei
ballon*. Der Tonkunst wegen endlich muß man annehmen, daß,
wie auch sonst oftmals das A soviel bedeutet wie zugleich, so dort
sein Mitgehen, *homa polesis*, angedeutet worden ist, teils das um
den Himmel, die Pole, teils auch in jener Zusammenstimmung
d beim Gesange, welche man Harmonie nennt, wie denn auch die,
welche sich auf Tonkunst und Sternkunde verstehen wollen, behaupten, daß auch jenes alles zusammen in einer gewissen Harmonie gehe. Der Harmonie nun steht dieser Gott vor und führt so dies
alles miteinander bei Göttern und Menschen. Wie wir nun einen
Beigänger *homokeleuthos* und eine Beischläferin *homokoitis*
durch Zusammenziehung des *homo* in a *akoluthos* nennen und
e *akoitis*, so nennen wir auch jetzt den Gott, der ein Begleiter, *homopolon*, ist, «Apollon», indem wir noch ein l hineinsetzen, weil er
sonst gleichnamig würde mit dem harten Worte, welches auch jetzt
noch einige darin zu sehen glauben und darüber die eigentliche
Bedeutung des Namens unrichtig auffassen, so daß sie ihn fürchten, als bedeute er irgendein Verderben, da er vielmehr, wie eben
406a gezeigt ist, auf alle Eigenschaften des Gottes zugleich anspielt, auf

seine Wahrhaftigkeit, seine Sicherheit im Treffen, sein erlösendes Abwaschen und seine ordnende Umherführung, und also in sich enthält den *haplos, aei ballon, apolyon und homopolon.* – Die «Musen» aber und überhaupt die Musik hat er wohl offenbar vom Nachsinnen *(mosthai)*, also von der Liebe zum Nachforschen und zur Weisheit so genannt. – Die «Leto» ferner von der Gutmütigkeit der Göttin, und weil sie sich willig beweist, wenn einer etwas bedarf. Vielleicht ist es auch, wie die Ausländer sprechen, deren viele «Letho» sagen, und dann schiene sie von denen, die sie so nennen, weil sie keine rauhe Gemütsart hat, sondern eine sanfte
und zarte, *leion ethos*, deshalb «Letho» genannt zu sein. «Arte- b
mis» aber bedeutet das Unverletzte und Züchtige, *artemes*, wegen ihrer Liebe zur Jungfräulichkeit. Vielleicht wollte auch der Benennende sie eine Kennerin der Tugend *(aretes histor)* nennen. Vielleicht auch, weil sie die Beiwohnung des Mannes haßt *(aroton misusa)*, aus einer von diesen oder aus allen diesen Ursachen hat die Göttin ihren Namen bekommen.

23. *«Dionysos» und «Aphrodite», «Athene», «Hephaistos», «Ares» und «Hermes»*

HERMOGENES: Wie aber «Dionysos» und «Aphrodite»?

SOKRATES: Da fragst du schwere Dinge, Sohn des Hipponikos! Doch es gibt ja sowohl eine ernsthafte als eine scherzhafte Art, die
Namen dieser Götter auszulegen. Nach der ernsthaften frage bei c
gewissen anderen; die scherzhafte aber hindert uns nichts durchzugehen, denn diese Götter selbst lieben den Scherz. «Dionysos» nun könnte als der Geber des Weines, *didus oinon*, «Didoinysos» im Scherze genannt worden sein; und der Wein selbst, weil er vielen Trinkenden die Meinung erregt, Verstand zu haben, obschon sie ihn nicht haben, wird gewiß mit vollem Recht *oionus* genannt. Wegen der «Aphrodite» ist nicht Not, dem Hesiodos zu widersprechen, sondern man kann ihm zugeben, sie sei wegen ihrer Entstehung aus dem Schaume des Meeres, *aphros*, so genannt wor- d
den.

HERMOGENES: Aber Sokrates, du wirst doch nicht als Athener die «Athene» vergessen oder den «Hephaistos» und «Ares»?

SOKRATES: Das wäre wohl auch nicht recht.

HERMOGENES: Freilich nicht.

SOKRATES: Der eine von ihren Namen ist wohl gar nicht schwer zu erklären, woher er rührt.

HERMOGENES: Was für einer?

SOKRATES: Wir nennen sie doch «Pallas»?

HERMOGENES: Freilich.

SOKRATES: Wenn wir nun glaubten, dieser sei ihr beigelegt we-
e gen des Waffentanzes, so würden wir, denke ich, ganz recht glauben. Denn sich selbst oder etwas anderes von der Erde in die Höhe
407a heben oder in den Händen so halten, das nennen wir doch schweben und schwingen, *pallein*?

HERMOGENES: Allerdings.

SOKRATES: Also «Pallas» insofern.

HERMOGENES: Und ganz richtig. Aber den anderen Namen, wie erklärst du den?

SOKRATES: «Athene» meinst du?

HERMOGENES: Ja.

SOKRATES: Das ist schon schwieriger, Freund. Es scheinen aber
die Alten von der Athene eben das gehalten zu haben, was noch
jetzt die, welche sich auf den Homeros verstehen. Denn die mei-
b sten von diesen sagen auch bei ihren Auslegungen des Dichters, er
habe durch die Athene Verstand und Einsicht vorgestellt, und
eben dergleichen etwas scheint auch, wer die Namen bestimmt,
von ihr gedacht zu haben, nur drückte er es noch stärker aus, indem er sie gleichsam Gottes Vernunft, *theu noësis* nennt, so daß
sie *ha theonoa* ist, indem er sich nur auf ausländische Art des a
statt e bedient und das «sis» wegwirft. Doch vielleicht auch nicht
einmal so, sondern weil sie das Göttliche bedenkt, *theia nousa*, hat
er sie vorzüglich vor allen *Theonoe* genannt. Auch steht nichts im
Wege, daß er das Vernünftige in der Gesinnung, was eben diese
Göttin sein soll, habe *ethonoe* nennen gewollt, und daß nur er
c selbst oder andere nach ihm es verschönern wollten, wie sie meinten, und sie dann «Athenaa» nannten.

HERMOGENES: Wie aber mit dem «Hephaistos», wie erklärst du den?

SOKRATES: Meinst du den rechten, der sich auf das Licht versteht, *phaeos histor*?

HERMOGENES: Jawohl.

SOKRATES: Ist das nicht jedem einleuchtend, daß dieser eigentlich *Phaistos* heißt und das E nur vorgesetzt ist?

HERMOGENES: Das mag wohl sein, wenn dir nicht etwa, wie ich fast glaube, noch etwas anderes einfällt.

SOKRATES: Damit das nicht geschehe, so frage lieber gleich nach dem «Ares».

HERMOGENES: Ich frage also.

SOKRATES: Also, wenn du willst, kann dieser von dem Mann- d
haften und Tapferen, *arrhen* und *andreion*, «Ares» heißen. Oder
auch von seinem harten, unbiegsamen Wesen, was ja *arrhaton*
heißt, auch hiervon dürfte ein ganz kriegerischer Gott «Ares» genannt werden.

HERMOGENES: Freilich.

SOKRATES: Aber nun laß uns, bei den Göttern! von den Göttern aufhören, denn es ängstigt mich, von ihnen zu reden. Willst du aber irgend andere, die lege mir nur vor, damit du erkennst, wie doch Euthyphrons Rosse geübt sind.

HERMOGENES: Das will ich tun. Nur um einen frage ich dich e
noch vorher, nämlich den «Hermes», weil doch Kratylos leugnet,
daß ich ein Hermogenes sei. Versuchen wir also von dem Hermes
auch auszufinden, was sein Name bedeutet, damit wir auch sehen,
ob wohl dieser irgend recht hat.

SOKRATES: Auf alle Weise muß doch «Hermes» etwas von der
Rede bedeuten, denn daß er Dolmetscher ist und Bote, auch hin-
terlistig und betrügerisch in Reden und auf dem Markte Verkehr 408a
treibt, dieses ganze Geschäft beruht doch auf der Kraft der Rede.
Wie wir nun auch schon vorher sagten, *eirein* ist der Gebrauch der
Rede, und, was beim Homeros so oft vorkommt, *emesato* bedeutet erfinden. Aus diesen beiden zusammen, befiehlt uns also der
Namengeber gleichsam, den, welcher das Reden und die Rede er- b
funden hat, diesen Gott, ihr Leute, müßtet ihr doch billig *Eiremes*
nennen. Nun aber, wie mir scheint, putzen wir den Namen aus
und nennen in «Hermes».

HERMOGENES: So mag, beim Zeus, Kratylos wohl ganz recht gehabt haben, daß ich kein Hermogenes bin; denn keineswegs bin ich erfinderisch im Reden.

24. *«Pan» als die Rede. «Sonne», «Mond» und «Sterne»*

SOKRATES: Und daß «Pan», der Sohn des Hermes, so zwitterhaft ist, das läßt sich auch sehr gut begreifen, Freund.

c Hermogenes: Wieso?

Sokrates: Du weißt doch, daß die Rede alles, *pan*, andeutet und immer sich umherwälzt und -geht, und daß sie zwiefach ist, wahr und falsch?

Hermogenes: Allerdings.

Sokrates: Also das Wahre an ihr ist glatt und göttlich und wohnt oberhalb unter den Göttern; das Falsche aber unterhalb unter dem großen Haufen der Menschen, und ist rauh und bökkisch, was tragisch auch bedeutet, wie denn auch die meisten Fabeln und Unwahrheiten sich finden auf dem Gebiete des Tragischen.

Hermogenes: Freilich.

Sokrates: Mit Recht also ist der alles Andeutende und immer
d Wandelnde, *aei polon*, «Pan Aipolos» genannt worden, der zwitterhafte Sohn des Hermes, oberhalb glatt, unterhalb aber rauh und bocksähnlich. Und offenbar ist doch Pan die Rede oder der Bruder der Rede, wenn er ein Sohn des Hermes ist, und daß Geschwister einander ähnlich sehen, ist ganz natürlich. Aber wie ich sagte, laß uns nun machen, Bester, daß wir von den Göttern fortkommen.

Hermogenes: Von diesen wohl, Sokrates, wenn du willst. Aber was hindert dich, jene andern durchzugehen, wie Sonne, Mond und Sterne, Erde und Äther, Luft, Feuer, Wasser, Jahr und
e Jahreszeiten?

Sokrates: Gar vielerlei legst du mir da auf. Indes, wenn es dir nur recht sein wird, so will ich wohl.

Hermogenes: Sehr recht gewiß.

Sokrates: Was willst du also zuerst? Oder sollen wir, wie auch du eben, mit der «Sonne» anfangen?

Hermogenes: Ganz recht.

409a Sokrates: Diese nun könnte so heißen, weil sie, wenn sie aufgegangen ist, die Gegenstände voneinander *sondert*; auch deshalb, weil sie sich in ihrem Laufe um die Erde immer *so wendet*; auch weil sie, was aus der Erde hervorwächst, während ihres Umlaufes mit Farben schmückt, so daß das *Sehen* eine *Wonne* wird.

Hermogenes: Wie aber der «Mond»?

Sokrates: Dieser Name scheint den Anaxagoras ins Gedränge zu bringen.

Hermogenes: Wieso?

Sokrates: Er scheint kundzumachen, daß das schon etwas Älteres ist, was dieser erst neuerlich gesagt hat, daß nämlich der b
Mond sein Licht von der Sonne hat.

Hermogenes: Wie das?

Sokrates: Hell und glänzend hieß doch vor alters *mon*?

Hermogenes: Ja.

Sokrates: Und neu und alt ist dieser Schein immer am Monde, wenn anders die Anaxagoreer recht haben. Denn sooft die Sonne im Kreise um ihn herumgeht, wirft sie immer neuen Schein auf ihn; der alte aber ist der vom vorigen Monat.

Hermogenes: So ist es.

Sokrates: Weil nun der Mond immer neuen und alten Schein
hat, kann er mit Recht eigentlich *moneualt* heißen, und zusam- c
mengezogen heißt das «Mond».

Hermogenes: Das ist gar ein dithyrambischer Name, Sokrates. Aber was machst du aus dem «Monat» und den «Sternen»?

Sokrates: Der «Monat» könnte, weil ein neuer alle Morgen näherkommt, *Morgennaht* heißen, die «Sterne» aber ihren Namen von den *Strahlen* haben, die «Strahlen» selbst aber, weil den Star alle bekommen, die immer hineinsehen wollte, eigentlich *Starallen* geheißen haben, nun aber hat man das schöner gemacht und «Strahl» gesagt.

Hermogenes: Wie aber mit «Feuer» und «Wasser»?

Sokrates: Vom «Feuer» weiß ich gar nichts, und entweder d
muß mich des Euthyphron Muse verlassen haben oder dies allzu schwer sein. Sieh nun zu, welchen Kunstgriff ich anbringe bei allen dergleichen, von denen ich nichts zu sagen weiß.

Hermogenes: Was für einen?

Sokrates: Das will ich dir sagen. Antworte mir nur. Weißt du zu sagen, weshalb das Feuer so heißt?

Hermogenes: Ich, beim Zeus, gewiß nicht.

25. *Grund der Unerklärbarkeit einiger Wörter. «Luft», «Äther», «Erde», «Zeit» und «Jahr»*

Sokrates: So sieh zu, was mir davon ahnt. Ich denke nämlich,
daß die Hellenen, zumal die in der Nähe der Barbaren wohnen- e
den, gar viele Worte von den Barbaren angenommen haben.

HERMOGENES: Und was weiter?

SOKRATES: Wenn einer nun aus der hellenischen Sprache erklären will, inwiefern diese mögen richtig gebildet sein, und nicht aus jener, der das Wort wirklich angehört: so siehst du wohl, daß er nichts schaffen wird.

HERMOGENES: Ganz natürlich.

410a SOKRATES: Also sieh zu, ob nicht auch dieses Wort ein barbarisches ist. Denn einerseits ist gar nicht leicht, es an die hellenische Sprache anzuknüpfen, andererseits ist ganz bekannt, daß die Phrygier es mit einer kleinen Abweichung ebenso nennen, was auch von Wasser, Hund und vielen andern gilt.

HERMOGENES: Richtig.

SOKRATES: Solchen muß man also keine Gewalt antun, denn sonst könnte einer wohl etwas von ihnen sagen. Aus diesem Grunde nun weise ich das Feuer und das Wasser von der Hand. Die «Luft»
b aber, Hermogenes, sollte die etwa deshalb so heißen, weil sie Dinge von der Erde *lüpft*? Oder weil sie immer *läuft*? Oder weil aus ihrer Bewegung der Wind entsteht? Den Wind nämlich nennt man auch wohl dichterisch Hauch und sagt von ihm, daß er weht. Vielleicht also ist sie, als ob man sagen wollte *Lufthauch* oder *Laufweht*, daher «Luft» genannt worden. Den «Äther» aber stelle ich mir so vor: weil er die Luft selbst umfließt und sich immer dreht, konnte er sehr leicht der sich um *Allesdreher* genannt werden. Was aber «Erde» sagen will, das versteht man besser, wenn man Welt dazu-
c nimmt, wofür die Alten *werld* sagen, wodurch sich beides verwandt zeigt und offenbar wird, daß Erde eigentlich *Werde* heißt, und mit Recht die Erzeugerin so genannt wird.

HERMOGENES: Gut.

SOKRATES: Was war uns nun das nächste?

HERMOGENES: Die «Zeit» und das «Jahr».

SOKRATES: Die «Zeit» muß man nur, wie das oft in vielen Gegenden verwechselt wird, *Ziet* nennen. Denn Ziet heißt sie, weil sie dem Winter und Sommer, den Winden und den Früchten der Erde ihr *Ziel* setzt, dieser Bestimmung wegen heißt sie mit Recht «Ziet»
d oder «Zeit». «Jahr» aber und Jahreszeit scheint ganz dasselbe zu sein. Denn was alles Wachsende und Werdende an seinem Teil ans Licht bringt und durch sich selbst *Jedes gar* macht und reif, das kann mit Recht «Jahr» heißen. Und von «Jahreszeit» gälte dann das

Umgekehrte von dem, was wir vorher über den Namen Zeus sagten; wie nämlich dort eine Erklärung in zwei Namen zerteilt sich
zeigte und einige sich des einen bedienten, andere des andern, so
sind hier gleichsam zwei Erklärungen in ein und dasselbe Wort
zusammengebracht und werden von allen verbunden, wenn sie e
«Jahreszeit» sagen.

HERMOGENES: Wahrhaftig, Sokrates, du machst große Fortschritte.

SOKRATES: Offenbar ja komme ich schon weit in der Weisheit.

HERMOGENES: Allerdings.

SOKRATES: Und bald wirst du es noch mehr sagen.

26. *Die Ansicht der Alten von der Bewegung der Dinge. «Gesinnung», «Einsicht», «Verstand», das «Gute»*

HERMOGENES: Aber nächst dieser Art möchte ich nun gern jene 411 a
schönen Wörter betrachten, was für eine Richtigkeit sie wohl bei
sich führen, die auf die Tugend gehen, wie «Gesinnung», «Verstand», «Gerechtigkeit» und die übrigen hierher gehörigen.

SOKRATES: Da störst du uns keine schlechte Art von Wörtern
auf, Freund! Indes, da ich einmal die Löwenhaut umgetan habe,
darf ich ja keine Furcht zeigen, sondern muß zusehen, wie es steht
um Gesinnung, Verstand, Einsicht, Erkenntnis und die andern b
schönen Wörter, welche du meinst.

HERMOGENES: Freilich dürfen wir ja nicht eher ablassen.

SOKRATES: Und wahrlich, beim Hunde, das dünkt mich gar
keine schlechte Ahnung zu sein, was ich auch vorher schon bemerkt habe, daß die ganz Alten, welche die Benennungen bestimmt haben, gerade wie jetzt die meisten unter den Weisen, weil
sie sich so oft und vielfältig herumdrehen müssen bei der Untersuchung, wie es sich mit den Dingen verhält, immer gar sehr
schwindlig werden und ihnen dann scheint, als ob die Dinge sich
herumdrehten und auf alle Weise in Bewegung wären. Sie suchen c
aber die Schuld von dieser Erscheinung nicht innerlich in dem, was
ihnen selbst begegnet, sondern in den Dingen selbst, die eben so
geartet wären, daß nichts fest und beständig bleibe, sondern alles
fließe und sich rege und immer in voller Bewegung und Erzeugung
sei. Das sage ich mit Hinsicht auf alle die Wörter, mit denen wir
jetzt zu tun haben.

Hermogenes: Wieso das, Sokrates?

Sokrates: Du hast sie vielleicht nicht recht darauf angesehen, daß offenbar den Dingen nur unter dieser Voraussetzung, daß sie fließen und werden und sich bewegen, diese Namen sind beigelegt worden.

Hermogenes: Dessen bin ich gar nicht gewahr geworden.

d Sokrates: Gleich zuerst jenes, was wir erst nannten, hat auf
alle Weise eine solche Beziehung.

Hermogenes: Welches denn?

Sokrates: Die «Gesinnung». Denn diese ist offenbar der *Sinn*
für das Gehende und *Junge*, jung aber sind die Dinge, weil sie
immer werdend sind. Man könnte auch sagen, des *Gehenden Sein*
in uns; auf alle Weise deutet es auf Bewegung. Oder wenn du
willst, die «Einsicht» bezeichnet offenbar die *Ansicht* und das *Se-*
hen des *Eilens*, und Eilen ist doch eine Art sich zu bewegen.
Ebenso, wenn du willst, ist die «Vernunft», von *Vernehmen*, das
e *Nehmen* des *Werdens*, denn daß nach diesem die Seele trachtet,
macht der kund, der diesen Namen gleichsam *Werdnehmen* gesetzt hat. Denn Vernunft hieß es nicht vor Alters, sondern das V
muß man sich weich denken, und das D ist herausgeworfen. Die
«Besonnenheit» aber oder Besinnung ist offenbar das *Behalten*
dessen, was wir eben schon betrachtet haben, der *Gesinnung*. Die
412a «Erkenntnis» aber deutet sicher darauf, daß, indem die Dinge sich
bewegen, die Seele, die tüchtige nämlich, sie begleitet und weder
hinter ihnen zurückbleibt noch ihnen voraneilt. Darum muß man
dem Anfangsbuchstaben einen scharfen Hauch geben und hernach o lesen statt e, so bekommt man die *Herkommnis* der Seele
mit den Dingen. «Verstand» aber von den Dingen scheint das zu
sein, was man durch Folgerungen erlangt, und wenn einer Verstehen sagt mit Umkehrung zweier Buchstaben, *Werdsehen*, meint er
dasselbe wie Erkennen und deutet an, daß die Seele sehend dem
b Werden der Dinge folgt. So auch die «Weisheit» bedeutet nichts
anderes als des *Wehenden Gewißheit*, freilich etwas dunkler und
wunderlicher. Allein man muß sich nur erinnern aus den Dichtern
und ihrer Sprache, daß von allen schnellen und kaum sichtbaren
Bewegungen das Wehen gebraucht wird. Von dieser Bewegung
nun gewiß zu sein, das bedeutet die Weisheit, offenbar also unter
c Voraussetzung, daß die Dinge sich bewegen. Ebenso das «Gute»

will eigentlich dem *Gültigen* in der gesamten Natur diesen Namen geben. Wenn nämlich alle Dinge sich bewegen, so gibt es doch darin Schnelligkeit und Langsamkeit, und es ist nicht alles Schnelle und Mutige gültig und zu loben, sondern nur einiges davon ist so gültig, und eben dieses *gültig Mutige* heißt das «*Gute*».

27. Das Problem des «Gerechten» und seine Lösungsversuche
Die «Gerechtigkeit» ist nun leicht zu verstehen, daß sie auf die
Tunlichkeit des Gerechten geht. Das «Gerechte» selbst aber ist
schwer. Denn das sieht man wohl, bis zu einer gewissen Stelle sind
die meisten darüber einig, weiterhin aber ist Streit. Die nämlich, d
welche glauben, daß alles im Gange ist, denken sich das meiste so,
daß es eben nichts anderes ist als ein Fortgehen. Durch dieses alles
aber gehe ein anderes hindurch, vermittels dessen alles Werdende
werde und welches also erst das rechte Gehende sei. Dieses müsse
das Schnellste sein und das Dünnste. Denn es könne sonst nicht
durch alles Seiende hindurchgehen, wenn es nicht das Dünnste
wäre, so daß nichts es fassen und festhalten kann, und zugleich das
Schnellste, so daß dieses rechte Gehende alles andere behandelt als
Stehendes. Da es nun, durch alles hindurchgehend, über alles Auf- e
sicht führt und ihm seine Richtung gibt, so führt es wohlverdient
diesen Namen des *gehend Richtenden*, der nur des Wohlklangs
wegen in «gerecht» zusammengezogen worden. Bis hierher nun,
wie ich eben sagte, sind die meisten einig über das Gerechte. Und 413 a
ich, o Hermogenes, der ich besonders lüstern danach bin, habe
dies alles erforscht als ein Geheimnis und daß dieses Gerechte
auch das «Ursächliche» ist, denn *wodurch* etwas wird, das ist die
Durchsache oder Ursache; und es sagte mir auch einer ganz heim-
lich, deswegen hieße es eben mit Recht so. Wenn ich sie aber,
nachdem ich dies alles gehört, nichtsdestoweniger ganz sachte
weiter frage: Was, o Bester, ist doch aber nun das Gerechte, wenn
dies alles sich so verhält, dann dünkt ihnen schon, daß ich weiter
frage, als sich ziemt, und über die Schranken hinausspringe. Denn
sie meinen, ich hätte ja nun schon genug erfahren und gehört vom b
Gerechten, und wenn sie nun doch versuchen wollen, mir satt und
genug zu geben, dann spricht jeder etwas anderes und sie stimmen
nicht mehr zusammen. Der eine sagt wohl, das Gerechte sei die
Sonne, denn diese gehe durch alles hindurch, Aufsicht führend

und allem seine Richtung gebend. Wenn ich dann dies hocherfreut, als hätte ich etwas Herrliches gehört, einem anderen erzähle: so lacht mich der aus, wenn er es gehört hat, und fragt mich, ob ich denn glaube, es sei keine Gerechtigkeit zu finden unter den
c Menschen nach Sonnenuntergang? Und bin ich dann wieder lüstern danach, was der wohl meint, so sagt er, es sei das Feuer, und das ist wahrlich nicht leicht zu verstehen. Ein anderer sagt wieder, nicht das Feuer selbst, sondern die dem Feuer einwohnende Wärme. Ein anderer sagt, er lache alle diese aus, und das Gerechte sei, was auch schon Anaxagoras gesagt, die Vernunft. Denn diese sei, sagt er, selbstherrschend, und mit nichts anderem vermischt ordne sie alles, indem sie durch alles hindurchgeht. So komme ich denn in weit größere Verwirrung, Bester, als worin ich war, ehe
d ich mich bemühte zu erfahren, was das Gerechte wohl wäre. Weshalb wir aber jetzt danach fragten, der Name, der scheint ihm aus dieser Ursache zuzukommen.

HERMOGENES: Dies hast du offenbar von jemand gehört, Sokrates, und nicht jetzt aus dem Stegreif vorgebracht.

SOKRATES: Wie aber? Das andere auch?

HERMOGENES: Nein, das wohl nicht.

28. «Tapferkeit», «Mann», «Weib» und «Frau», die «Kunst»

SOKRATES: So höre denn. Vielleicht kann ich dich auch mit dem übrigen noch hintergehen, daß du glaubst, ich hätte es nicht sonstwo gehört. Also was ist uns noch übrig nach der Gerechtigkeit? Die «Tapferkeit», glaube ich, sind wir noch nicht durchge-
e gangen. Denn die Ungerechtigkeit ist ohne weiteres die Verhinderung eines gehend Richtenden. Die Tapferkeit aber zeigt, daß sie in Beziehung auf Streit so genannt worden; und Streit gibt es unter den Dingen, wenn sie sich bewegen, keinen andern als die entgegengesetzte Bewegung; und daher zeigt, wenn du nur ein weniges nachgibst, der Name *Tapferkeit*, weil doch *tappen* stark entgegentreten heißt, ihr eigentliches Wesen. Offenbar aber ist nicht die einer jeden entgegengesetzte Bewegung Tapferkeit, sondern nur
414a welche der bei dem Gerechten vorbeilaufenden sich entgegensetzt, denn sonst könnte ja die Tapferkeit nicht gelobt werden. Ebenso bedeuten «Mann» und «mannhaft», woran man doch bei tapfer denken muß, das *mächtig Angehende*. «Weib» hingegen will wohl

offenbar *Werden* und *Leib* sagen. «Frau» aber scheint von *frisch* und *saugen* benannt zu sein, frisch aber, o Hermogenes, von frei und rasch, weil das Befeuchtete und Genährte ja so wird.

Hermogenes: Das mag wohl sein, Sokrates.

Sokrates: Und so bildet das «frisch» und «erfrischen» selbst
das Wachstum der Jugend ab, daß es *rasch* und *eifrig* geschieht. b
Aber du gibst nicht gut acht auf mich, daß ich aus der Bahn springe, wenn ich auf eine glatte Stelle komme, denn es sind mir noch mehrere von jenen wichtigen Worten übrig.

Hermogenes: Ganz recht.

Sokrates: Hiervon ist nun eines auch die «Kunst», zu wissen, was die wohl sagen will.

Hermogenes: Allerdings.

Sokrates: Das ist nun wohl der *Kunde Sinn*, wenn du nur das
d wegwirfst, und statt des t das in annimmst. c

Hermogenes: Gar sehr dürftig, Sokrates.

Sokrates: Aber weißt du denn nicht, du Schwieriger, daß die ursprünglichen Namen schon ganz zusammengeschmolzen worden sind von denen, welche sie prächtig machen wollten und nun Buchstaben darum hersetzten und andere herausnahmen des bloßen Wohlklangs wegen, so daß sie auf vielerlei Weise verdreht sind teils der Verschönerung wegen, teils aus Schuld der Zeit. So wie in «Spiegel», scheint dir da nicht auch ganz ungereimt das ge hineingesetzt zu sein? Aber dergleichen, denke ich, tun die, welche
sich um die Richtigkeit nicht bekümmern, sondern nur der d
Stimme wohltun wollen und deshalb oft soviel zu den ersten Namen hinzutun, daß zuletzt kein Mensch mehr verstehen kann, was das Wort sagen will, wie sie auch eine «Spange» anstatt Spanne Spange nennen und vieles andere.

Hermogenes: Das ist freilich wohl so, Sokrates.

Sokrates: Wenn man aber wieder jeden nach Belieben Buchstaben hineinsetzen läßt in die Worte und herausnehmen, so muß es wohl sehr leicht sein, jeden Namen jeder Sache anzuspassen.

Hermogenes: Da hast du recht. e

Sokrates: Recht freilich; aber ich denke, du weiser Aufseher mußt eben acht haben, daß Maß und Billigkeit beobachtet werde.

Hermogenes: Das wollte ich wohl gern.

29. *«Tugend», «Bosheit» und «Feigheit», das «Schändliche» und das «Redliche»*

SOKRATES: Und ich will es auch mit dir, Hermogenes. Aber nimm
415a es nur nicht gar zu genau, du Wunderlicher, «daß du mir nicht entnervest den Mut». Denn ich komme jetzt zum Gipfel alles Bisherigen, wenn wir nach der Kunst erst noch das Geschick betrachtet haben. «Geschick» nämlich scheint mir dasjenige anzudeuten, wodurch man es weit bringt. Daher muß, wenn doch alles in Bewegung ist, aus diesen beiden, dem *Gehen* und dem Sich-*Schicken* in das Gehen, der Name Geschick zusammengesetzt sein. Doch wie gesagt, wir müssen nun zu dem Gipfel alles dessen, was wir jetzt vorhaben, kommen, indem wir untersuchen, was wohl die
b Namen der «Tugend» und der «Bosheit» sagen wollen. Das eine nun sehe ich noch nicht, das andere scheint mir aber deutlich zu sein; es stimmt wenigstens mit allem Bisherigen überein. Wenn nämlich alle Dinge gehen, so muß alles *bös hingehende* Bosheit sein; am meisten aber muß, was in der Seele ein solches Bös-Hingehen zu den Dingen ist, den Namen des Ganzen führen und Bosheit sein. Was aber böse gehen heißt, das, glaube ich, zeigt sich auch an der «Feigheit», welche wir nicht mitgenommen, sondern übergangen haben, obwohl wir sie nach der Tapferkeit betrachtet
c haben sollten; so haben wir wohl auch vieles andere übergangen. Die Feigherzigkeit also deutet darauf, daß sie ein festes Band für die Seele ist; denn das Ziehen ist etwas Bindendes, und die «Feigherzigkeit» ist ein *Fest-sich-Herziehn* der Seele; wie auch die Verlegenheit etwas Schlechtes ist und alles, wie es scheint, was die Bewegung und das Gehen hindert. Jenes Böse-Gehen deutet also auf eine aufgehaltene und gehinderte Bewegung, wodurch die Seele, wenn sie eine solche hat, voll Bosheit wird. Heißt nun aus dieser Ursache die Bosheit so, so muß ja die «Tugend» das Gegenteil bedeuten, nämlich eine Unbefangenheit zuerst und dann, daß
d der Fluß einer guten Seele immer frei ist, so daß also ein unaufgehaltener und *ungehinderter Gang*, wie es scheint, durch dieses Wort bezeichnet wird. Richtig also hieße sie *Tugehend*, als immerzu gehend, denn t und z werden häufig verwechselt, es wird aber zusammengeklappt und heißt Tugend. Vielleicht sagst du nun wieder, ich künstle; ich behaupte aber, daß, wenn die «Bosheit», wie ich sie vorher erklärte, richtig ist, dann auch dieses
e Wort, die «Tugend», richtig sein muß.

Hermogenes: Aber das «Böse» selbst, woraus du mehreres 416a
vorher erklärtest, was meint wohl das Wort?

Sokrates: Das scheint mir, beim Zeus, gar wunderlich und schwer zu erklären. Daher muß ich auch hierbei jenen Kunstgriff anwenden.

Hermogenes: Welchen doch?

Sokrates: Daß ich sage, auch das sei ein barbarisches Wort.

Hermogenes: Und wohl mit Recht magst du das sagen, Sokrates. Also, wenn du meinst, wollen wir dies lassen und dagegen das «Redliche» und das «Schändliche» versuchen auszufinden, worin das wohl gegründet ist.

Sokrates: Das «Schändliche» scheint mir gar sehr deutlich,
was es meint, denn auch dieses stimmt mit dem vorigen überein. b
Nämlich alles, was die Dinge am Fließen hindert und darin aufhält, scheint mir der Erfinder der Worte überall zu schmähen; daher hat er auch hier dem, was den Fluß stets hemmt, diesen Namen gegeben, das *Stethemmtliche*, nun aber ziehn sie es zusammen und nennen es «schändlich».

Hermogenes: Wie aber das «Redliche»?

Sokrates: Das ist schwerer zu entdecken. Wiewohl doch in der Aussprache nur der Wohlklang und die Länge des Tons abweicht.

Hermogenes: Wieso?

Sokrates: Es scheint mir nämlich dieses Wort eigentlich eine Bezeichnung der Vernunft zu sein.

Hermogenes: Wie meinst du das?

Sokrates: Sprich doch, was, glaubst du denn, ist Ursache da- c
für, daß von jedem Ding geredet wird? Nicht jenes, welches die Namen bestimmt?

Hermogenes: Allerdings.

Sokrates: Und dies ist doch gewiß die Vernunft der Götter oder der Menschen oder beider?

Hermogenes: Ja.

Sokrates: Also das Redende von den Dingen und das Redliche ist dieses selbige, die Vernunft.

Hermogenes: So scheint es.

Sokrates: Und nicht wahr, was Vernunft und Verstand verrichten, das ist das Löbliche, was aber nicht, das Tadelnswerte?

HERMOGENES: Freilich.

d SOKRATES: Das heilende Vermögen nun verrichtet Heilsames, und das bildende Bildnerisches? Oder wie meinst du?

HERMOGENES: Ebenso allerdings.

SOKRATES: Und das redende also Redliches?

HERMOGENES: So muß es wohl.

SOKRATES: Und das ist, wie wir sagen, der Verstand?

HERMOGENES: Freilich.

SOKRATES: Also ist ganz richtig das «Redliche» eine Benennung der Vernunft, welche ja dergleichen verrichtet, was wir als redlich loben.

HERMOGENES: So scheint es.

30. *Das «Vorteilhafte», «Gewinnvolle», «Zweckmäßige», «Nützliche»*

e SOKRATES: Was ist uns nun wohl noch übrig von dergleichen?

HERMOGENES: Dieses, was sich gleichfalls auf das Gute und
417a Redliche bezieht, das Vorteilhafte, Zweckmäßge, Nützliche, Gewinnvolle und das Gegenteil hiervon.

SOKRATES: Das «Vorteilhafte» könntest du wohl schon selbst finden aus dem vorigen, wenn du es überlegtest. Denn es scheint mir sehr verwandt mit der Erkenntnis. Es deutet nämlich auf nichts anderes als auf das *Fortgehn* der Seele mit den Dingen. Was hierdurch ausgerichtet wird, scheint vorteilhaft und Vorteil von dem zum *Heil* mit *Fortgehn* zu heißen. Das «Gewinnvolle» aber
b kommt von «Gewinn», und das Wort Gewinn wird dir, wenn du nur das n in l verwandeln willst, schon zeigen, was es bedeutet. Es bezeichnet nämlich auch das Gute, nur auf andere Weise, daß es nämlich in alles *gehen will*. Um diese Eigenschaft desselben zu bezeichnen, ist das Wort gebildet, und wird nun durch Vertauschung des l mit n Gewinn ausgesprochen.

HERMOGENES: Was ist aber das «Zweckmäßige»?

SOKRATES: Das scheint mir gar nicht so, wie etwa die Künstler und Handwerker sich dessen bedienen, für dasjenige, was zu ihrem Zweck das rechte Maß hat und ihn also erreicht, also nicht auf
c diese Weise wirklich zu verstehen zu sein; sondern weil es als das Schnellste über all die Dinge nicht stehen oder in Bewegung sich mäßigen und zu Ruhe und Stillstand kommen läßt, sondern, wenn

etwas ihr Maß verringern will, sie immer wieder weckt und sie dadurch unaufhörlich und unvergänglich macht, deswegen scheint mir das Gute als zweckmäßig dargestellt zu werden und das, was die ihr Maß verlierende *Bewegung weckt*, «zweckmäßig» zu heißen. «Nützlich» vom «Nutzen» heißt so vom *nur zu gehn*; «förderlich» aber kommt von «fördern», welches ein nicht überall sehr gewöhnliches Wort ist, das ebenfalls *forttreiben* bedeutet.

31. Das «Gefährliche», «Billige» und «Hinderliche»

HERMOGENES: Wie steht es nun aber mit dem Entgegengesetzten d
von diesen?

SOKRATES: So viele davon bloß das jetzt Gesagte verneinen, haben wir wohl nicht nötig erst durchzugehen.

HERMOGENES: Was für welche meinst du?

SOKRATES: Solche wie das Unvorteilhafte und Unnütze und Unzweckmäßige.

HERMOGENES: Du hast recht.

SOKRATES: Aber das «Gefährliche» und «Hinderliche».

HERMOGENES: Ja.

SOKRATES: Das «Gefährliche» besagt, was das *Gehen fäht*
oder fängt, «fangen» aber bedeutet *fest hängen*, und alles Befesti- e
gende, Bindende, Haltende tadelt er überall. Was nun das Gehen fäht, hieße am richtigsten das *Gehnfängliche*, verschönert aber soll es nun sein, glaube ich, indem man es «gefährlich» nennt.

HERMOGENES: Nun geraten dir die Namen gar wunderlich und bunt, Sokrates! Und recht als wolltest du das Vorspiel zu dem Gesang der Athene zwischen den Lippen brummen, so kam es mir
vor, wie du das «Gehnfängliche» herausbrachtest. 418a

SOKRATES: Ich kann nicht dafür, Hermogenes, sondern die, welche das Wort gemacht haben.

HERMOGENES: Da hast du recht. Was wäre denn aber das «Hinderliche»?

SOKRATES: Was das «Hinderliche» ist? Sieh nur, Hermogenes, wie recht ich habe, wenn ich sage, daß durch Hinzutun und Ausmerzen von Buchstaben der Sinn der Worte oft so sehr verändert wird, daß, wenn man dann nur noch ein wenig daran dreht, sie
gerade das Entgegengesetzte bedeuten können. Wie bei dem «Bil- b

ligen»; da hatte ich es schon bemerkt, und es fiel mir eben jetzt wieder ein bei dem, was ich dir sagen wollte, daß unsere neue schöne Sprache das «Billige» und das «Hinderliche» bis zur Andeutung des Gegenteils herumgedreht und ganz unkenntlich gemacht hat, was die Worte meinen; die alte aber legt deutlich zutage, was beide wollen.

HERMOGENES: Wie meinst du das?

SOKRATES: Ich will es dir sagen. Du weißt doch, daß unsere Alten sich häufig des ei und des d bedienten, wie sie auch in den
c niederen Gegenden noch tun, wo sich die alte Sprechart am längsten erhält, jetzt aber kehren sie das ei in i oder in e um, und statt des d sagen sie t, als wäre das vornehmer.

HERMOGENES: Wieso?

SOKRATES: Zum Beispiel unsere Alten sagten Dag, jetzt aber sagen sie Tag.

HERMOGENES: Das ist wahr.

SOKRATES: Nun siehst du aber doch, daß nur das alte Wort den Sinn des Wortbildners kundmacht; denn weil er den Menschen
d sagt, was da ist, indem er sie aus der Finsternis in das Licht versetzt, deshalb ist er Dag genannt worden.

HERMOGENES: Das scheint mir.

SOKRATES: Nun aber ist es so prächtig geworden, daß du gar nicht merken kannst, was «Tag» bedeutet, wiewohl einige sagen, weil der Tag den Menschen *taugt* zu ihren Verrichtungen, deshalb heiße er Tag.

HERMOGENES: Das mag wohl sein.

SOKRATES: Und das «Tor», weißt du doch, nannten die Alten Dohr und Dühre.

HERMOGENES: Freilich.

SOKRATES: «Tor» nun bedeutet gar nichts, aber «Dohr» und
e «Dühre» ist es ganz richtig von *Durchführen* genannt worden. Nun heißt es aber Tor; und so ist es mit gar vielem anderen.

HERMOGENES: Offenbar.

SOKRATES: Ebenso deutet zuerst das «Billige», wenn man es so spricht, das Gegenteil an von allen Worten, durch welche das Gute bezeichnet wird. Denn obgleich es auch eine Art des Guten ist, scheint es doch ein liegendes und ein *bindliches* für die Bewegung zu sein, als wäre es dem Gefährlichen verwandt.

Hermogenes: Allerdings, Sokrates, gar sehr scheint es so.

Sokrates: Aber gar nicht, wenn du dich des alten Wortes bedienst, welches mir weit richtiger vorkommt als das jetzige; son- 419a
dern es stimmt vielmehr mit allem bisherigen Guten überein, wenn du statt des i das ei wiederherstellst. *Beilig* nennt dann, nicht billig, das Gute der Worterfinder, wie er das immer lobt, und ist gar nicht mit sich selbst im Streite, sondern das *Beeilende* und Förderliche und Gewinnvolle und Gute und Vorteilhafte und Nützliche deutet durch verschiedene Namen dasselbe an, nämlich das Durchziehende und Fortgehende überall zu loben, das Aufhaltende und Bindende aber zu tadeln. So wird auch das «Hinderliche», wenn b
du nur bedenkst, daß dies noch von der alten Aussprache herrührt und daß sie ehedem das *hinden* nannten, was wir jetzt hinten nennen, dir ganz dieselbe Beziehung anzeigen, daß nämlich das *Hintenlegende* und Zurückhaltende das «Hinderliche» genannt wird.

32. *«Wollust» und «Schmerz», «Beschwerde» und «Vergnügen», «Fröhlichkeit», «Trieb» und «Sehnsucht», «Gedanke» und «Zwang»*

Hermogenes: Wie ist es aber mit «Wollust», «Schmerz», «Bestreben» und dergleichen Worten, Sokrates?

Sokrates: Die scheinen mir eben nicht sehr schwer, Hermogenes. Die «Wollust» nämlich ist für die zum Genuß hinstrebende Handlung der Name, man hat nur das n herausgeworfen und das t hinten angesetzt und sagt statt *Wollnuß* «Wollust». Der c
«Schmerz» aber scheint gleichsam von dem *Schmelzen* und Aufgelöstsein des *Herzens* den Namen zu haben, welches sich bei diesem Zustande vorfindet. Die «Unlust» aber ist das Verhindernde der Lust und des Genusses. Die «Angst» ist wohl etwas wunderlich gebildet von dem *Beengen* des Gehens. Die «Betrübnis» aber scheint vom *Hineingetrieben*werden des Schmerzes genannt zu sein. Die «Beschwerde» sieht wohl jeder, daß sie die *Schwierigkeit* des *Werdens* darstellen soll. Die «Freude» dagegen scheint von dem *freien* und leichten *Fluß* der Seele so zu heißen. Das «Vergnügen» aber müßte von dem *genugsamen Werden* in der Seele, was d
es bezeichnen soll, eigentlich *Werdgenügen* heißen, mit der Zeit aber hat man «Vergnügen» daraus gemacht. Die «Fröhlichkeit»

bedarf nicht erst erklärt zu werden, denn jedem muß klar sein,
daß sie von dem *Forteilen* der Seele mit den Dingen eigentlich
den Namen «Forteiligkeit» bekommen hat, doch sagen wir nun
einmal «Fröhlichkeit». Auch das «Bestreben» ist nicht schwer.
e Es hat von dem *Herbeiströmen* des Triebes den Namen, der
«Trieb» aber von dem *Treiben* und *Heben* der Seele. Ferner der
«Reiz» ist als der die Seele am stärksten ziehende Fluß so ge-
420a nannt worden. Denn weil er *rege* fließt und sich nach den Dingen
hinzieht und so die Seele heftig anzieht vermöge dieses regen Flie-
ßens, von dieser Eigenschaft ist er «Reiz» genannt worden. Die
«Sehnsucht» aber deutet durch ihren Namen an, daß sie nicht
auf ein gegenwärtiges Fließendes und Bewegliches geht, sondern
auf ein anderwärts *Gesehenes* und *Gesuchtes*, weshalb sie
«Sehnsucht» heißt, so daß das nämliche, wenn das zugegen ist,
wonach jemand strebt, Reiz heißt, wenn es aber entfernt ist, alsdann Sehnsucht. Die «Neigung» ferner, weil diese Bewegung von
b außen *hineingeht* und nicht einheimisch ist bei dem, der sie hat,
sondern erst aufgenommen wird durch die Augen, ist von diesem
Eingehen anfangs «Hineingehung» genannt worden, jetzt aber
sagt man mit Wegwerfung des Anfangs und Zusammenziehung
des letzten, und indem man das n vor dem g verschluckt, Neigung. Aber warum sagst du nicht etwas Neues, was wir vornehmen sollen?

HERMOGENES: Was meinst du also von «Gedanken» und dergleichen?

SOKRATES: «Gedanken» ist entweder nach dem *Gehen* auf
das *Denken* benannt, wodurch die Seele das Wissen sucht, oder
auch weil es der *Dank* oder Lohn ist für das *Gehen* der Seele.
c Doch gefällt mir jenes besser. Auch stimmt die «Meinung» damit überein, welche des Menschen *Einigung* mit den Dingen ist,
wodurch er erfährt, wie alles, was ist, geeignet ist; so wie auch
«Entwurf» und «Beratschlagung» von *Schlägen* und *Werfen*
und «Nachdenken» das *nach* den Dingen *Lenken* der Seele, dies
alles hiermit zusammenhängt und auf mancherlei Weise den
Wurf bezeichnet, so wie im Gegenteil der «Zweifel» bedeutet,
daß einer vom Ziel weit gefehlt und also nicht getroffen hat,
was er entwarf oder worüber er beratschlagt und nachgedacht
hatte.

Hermogenes: Nun kommt es mir fast zu dicht aufeinander, d
Sokrates.

Sokrates: Der Gott geht eben zu Ende. Nur den «Zwang»
möchte ich noch gern durchgehen, weil er doch mit dem letzten
zusammenhängt, und das «Freiwillige». Das Freiwillige wird als
das, was nicht widerstrebt, sondern sich *vereinigen will* mit dem
Eiligen, durch diesen Namen bezeichnet für das, was nach unserm
Entwurfe kommt. Der «Zwang» hingegen als widerstrebend und
gegen unsern Entwurf gehört zum Verfehlen und zur Torheit und
ist deshalb bezeichnet als das zwischen dem *Engen Durchge-
hende*, weil dies als schwierig und rauh und holperig das Gehen
aufhält. Daher heißt er vielleicht der «Zwang», weil er abgebildet e
ist als der *Gang* zwischen dem *Engen*. – Solange nun noch Kraft da
ist, wollen wir ihr nichts nachlassen; also laß du auch nicht nach,
sondern frage.

33. *Das «Wahre» und «Falsche», das «Sein» und das «Wesen». Das Problem der Stammwörter*

Hermogenes: So frage ich denn nach dem Größten und Schön- 421 a
sten, nämlich dem «Wahren» und «Falschen» und dem «Seienden», ja nach dem, wovon wir jetzt immer reden, dem «Wort»,
was das wohl für ein Wort ist.

Sokrates: Du nennst doch etwas Forschen?

Hermogenes: Allerdings, das Suchen.

Sokrates: Es mag also wohl ein aus der Erklärung zusammen-
gezogenes Wort sein, indem einer sagen wollte, es wäre das, was
man sucht. Du siehst es aber wohl leichter, wenn wir es so ausdrücken, daß es ganz bestimmt zum Vorschein kommt; es ist nämlich das, *wo*nach *geforscht* ist. Die «Wahrheit» aber ist eben wie b
die übrigen auch zusammengezogen, so daß das göttliche Ungetrübte in der Bewegung des Seienden angedeutet wird durch diesen Namen, «Wahrheit» nämlich als *heitere Währung*. Das «Falsche» aber ist das Gegenteil der Bewegung, und hier finden wir das
Stillgestellte und zur Ruhe Gezwungene schon wieder geschimpft.
Es wird nämlich hergenommen vom *Schlaf* und ist ganz dasselbe,
nur, wunderlich genug, umgekehrt, um eben die Meinung des
Wortes zu verbergen. Das «Sein» aber und das «Wesen» trifft
ganz mit der «Wahrheit» zusammen, denn es ist das in der *Zeit*

c *gehn* und das *Währen*, und ebenso im Gegenteil das «Nichts» ist
das *nie gehts*.

HERMOGENES: Das scheinst du mir sehr tüchtig zusammengeschlagen zu haben, Sokrates. Wenn dich aber nun einer fragt nach diesem «Gehen» und «Fließen» und «Binden» und «Halten» selbst, worin wohl die Richtigkeit dieser Benennungen besteht –

SOKRATES: Was ich dem antworten würde, meinst du?

HERMOGENES: Freilich.

SOKRATES: Eins habe ich schon vorher vorgebracht, was mich wohl dünkt eine gute Antwort zu sein.

HERMOGENES: Was war das?

SOKRATES: Zu sagen, wenn wir etwas nicht verstehen können,
d dies sei ein barbarisches und ausländisches Wort. Und vielleicht ist
manches unter diesen in der Tat ein solches; es kann aber auch von ihrem Alter herrühren, daß die ersten Worte uns unerforschlich sind. Denn da die Worte so nach allen Seiten herumgedreht werden, wäre es wohl nicht zu verwundern, wenn sich die alte Sprache zu der jetzigen nicht anders verhielte als eine barbarische.

HERMOGENES: Das wäre wohl gar nicht aus der Weise.

SOKRATES: Ich sage freilich, was sich hören läßt; allein unser Kampf scheint mir keine Ausrede zu gestatten, sondern wir müssen doch versuchen, die Wörter zu erklären. Laß uns nur bedenken, wenn jemand immer nach den Worten, aus welchen eine Be-
e nennung besteht, fragen will, und dann wieder nach jenen, woraus
diese herstammen, forscht, und damit gar nicht aufhören will, wird dann nicht der Antwortende zuletzt notwendig verstummen?

HERMOGENES: Das dünkt mich.

422a SOKRATES: Wann aber hätte er wohl ein Recht, sich loszusagen,
daß er nicht weiter könne? Nicht, wenn er bei jenen Wörtern angekommen wäre, welche gleichsam die Urbestandteile der übrigen sowohl Sätze als Worte sind? Denn von diesen könnte man ja wohl billigerweise nicht mehr zeigen sollen, daß sie aus andern Wörtern zusammengesetzt sind, wenn es sich wirklich wie angenommen mit ihnen verhält. So wie wir eben das «Gute» erklärt haben als zusammengesetzt aus *gültig* und *Mut*, den «Mut» aber wieder von etwas anderem herleiten können, und dies wieder von
b etwas anderem, wenn wir aber endlich eins erhalten hätten, das

nicht wieder aus irgend anderen Wörtern entsteht, dann erst mit Recht sagen könnten, daß wir nun bei einem Urbestandteil oder Stammworte wären, welches wir nicht wieder auf andere Wörter zurückführen dürften.

HERMOGENES: Du scheinst mir hierin recht zu haben.

SOKRATES: Sind nun etwa auch die Wörter, nach denen du jetzt fragst, solche Stammwörter, und müssen wir also ihre Richtigkeit schon auf eine andere Weise untersuchen, worin sie besteht?

HERMOGENES: Wahrscheinlich wohl.

SOKRATES: Wahrscheinlich freilich, Hermogenes, wenigstens scheinen doch alle vorigen auf diese zurückgekommen zu sein. c
Wenn sich nun dies so verhält, wie ich glaube, daß es sich verhalte: so komm und erwäge mit mir, worin ich sage, daß die Richtigkeit der ersten Wörter bestehen müsse, ob ich wohl irre rede.

HERMOGENES: Sprich nur; soviel es in meinen Kräften steht, will ich es mir erwägen.

34. *Das Wesen des Wortes als Nachahmung. Ihre Art und ihr Gegenstand*

SOKRATES: Daß es nun nur eine und dieselbe Richtigkeit gibt für jedes Wort, sei es ein erstes oder ein letztes, und daß in Absicht auf das Wortsein die einen sich nicht von den andern unterscheiden, das, glaube ich, ist auch deine Meinung.

HERMOGENES: Allerdings.

SOKRATES: Aber die Richtigkeit der bis jetzt von uns durchge- d
gangenen Wörter wollte doch darin bestehen, daß sie kund machte, wie und was jedes Ding ist?

HERMOGENES: Was sollte sie anders wollen?

SOKRATES: Dies also müssen die ersten nicht minder leisten als die letzten, wenn doch jene auch Wörter sein sollen.

HERMOGENES: Freilich.

SOKRATES: Die späteren oder abgeleiteten Wörter nun, wie es scheint, konnten dies vermittels der früheren bewirken.

HERMOGENES: So scheint es.

SOKRATES: Gut. Aber die ersten Wörter, denen noch nicht andere zugrunde liegen, auf welche Weise werden uns diese wohl so weit als möglich die Dinge deutlich machen, wenn sie doch Wörter e
sein sollen? – Beantworte mir nur dieses. Wenn wir weder Stimme

noch Zunge hätten und doch einander die Gegenstände kundmachen wollten, würden wir nicht, wie auch jetzt die Stummen tun, versuchen, sie vermittels der Hände, des Kopfes und der übrigen Teile des Leibes anzudeuten?

HERMOGENES: Wie sollten wir es anders machen, Sokrates?

423a SOKRATES: Wenn wir also, meine ich, das Leichte und Obere ausdrücken wollten: so würden wir die Hand gen Himmel erheben, um die Natur des Dinges selbst nachzuahmen. Wenn aber das Untere und Schwere, so würden wir sie zur Erde senken. Und wenn wir ein laufendes Pferd oder anderes Tier darstellen wollten: so, weißt du wohl, würden wir unsern Leib und unsere Stellung möglichst jenen ähnlich zu machen suchen.

HERMOGENES: Notwendig, denke ich, verhält es sich so, wie du sagst.

SOKRATES: So, denke ich, entstände wenigstens eine Darstel-
b lung, wenn der Leib das, was er darstellen will, nachahmte.

HERMOGENES: Ja.

SOKRATES: Nun wir aber mit der Stimme, dem Mund und der Zunge kundmachen wollen, wird uns nicht alsdann, was durch sie geschieht, eine Darstellung von irgend etwas sein, wenn vermittels ihrer eine Nachahmung entsteht von irgend etwas?

HERMOGENES: Notwendig, denke ich.

SOKRATES: Das Wort also ist, wie es scheint, eine Nachahmung dessen, was es nachahmt, durch die Stimme, und derjenige benennt etwas, der, was er nachahmt, mit der Stimme nachahmt?

HERMOGENES: Das dünkt mich.

c SOKRATES: Beim Zeus, mich dünkt noch nicht, daß dies gut erklärt ist, Freund!

HERMOGENES: Wieso?

SOKRATES: Wir müßten dann denen, welche den Schafen nachblöken und den Hähnen nachkrähen und so mit anderen Tieren, auch zugestehen, daß sie das benennen, was sie nachahmen.

HERMOGENES: Da hast du recht.

SOKRATES: Hältst du also das vorige für gut?

HERMOGENES: Das nicht. Aber was für eine Nachahmung wäre dann das Wort?

SOKRATES: Zuerst, wie mich dünkt, nicht, wenn wir die Dinge
d so nachahmen, wie wir sie in der Tonkunst nachahmen, wiewohl

wir sie auch dann durch die Stimme nachahmen; ferner auch nicht, wenn wir dasjenige nachahmen, was die Tonkunst auch nachahmt, auch dann, glaube ich, werden wir nichts benennen. Ich meine es nämlich auf diese Weise: Die Dinge haben doch jedes seine Gestalt und Stimme, auch Farbe wohl die meisten?

HERMOGENES: Allerdings.

SOKRATES: Mir scheint nun nicht, wenn jemand diese nachahmt, und nicht in Nachahmungen dieser Art die benennende Kunst zu bestehen. Denn diese gehören die einen zur Tonkunst, die andern zur Malerei. Nicht wahr?

HERMOGENES: Ja.

SOKRATES: Und was sagst du hierzu? Meinst du nicht auch, daß e
jedes Ding sein Wesen hat, so gut als seine Farbe und was wir sonst soeben erwähnten? Denn haben nicht zuerst gleich Farbe und Stimme selbst jede ihr Wesen und so alles, dem überhaupt diese Bestimmung, das Sein, zukommt?

HERMOGENES: Ich glaube wenigstens.

SOKRATES: Wie nun? Wenn eben dies, das Wesen eines jeden Dinges, jemand nachahmen und darstellen könnte durch Buchstaben und Silben, würde er dann nicht kund machen, was jedes ist? Oder etwa nicht?

HERMOGENES: Ganz gewiß. 424a

SOKRATES: Und wie würdest du den nennen, der dies könnte? So wie du doch die vorigen den einen Tonkünstler nanntest, den andern Maler, wie ebenso diesen?

HERMOGENES: Eben das, o Sokrates, was wir schon lange suchen, scheint mir dieser zu sein, der Benennende.

35. *Entwurf einer auf Erkenntnis der Buchstaben und Silben gegründeten Methode zur Erforschung der Stammwörter*

SOKRATES: Wenn nun dies wahr ist, so werden wir nun wohl wegen jener Worte, nach denen du fragtest, des «Flusses» und des «Gehens» und «Haltens», zusehen müssen, ob sie durch Buchstaben und Silben das Sein jener Dinge ergreifen, so daß sie ihr Wesen b
abbilden, oder ob nicht.

HERMOGENES: Das werden wir müssen.

SOKRATES: Wohlan, laß uns sehen, ob diese allein zu den Stammwörtern gehören oder ob noch viele andere?

HERMOGENES: Ich wenigstens glaube auch noch andere.

SOKRATES: Man sollte ja denken. Auf welche Art sollen wir
aber nun das einteilen, wovon der Nachahmende seine Nachahmung anfängt? Wird es nicht, da doch die Nachahmung des Wesens in Silben und Buchstaben geschieht, am richtigsten sein, zu-
c erst die Buchstaben zu bestimmen, wie diejenigen, welche sich mit
den Silbenmaßen abgeben, zuerst die Eigenschaften der Buchstaben bestimmen, dann der Silben, und so erst mit ihrer Betrachtung
zu den Silbenmaßen gelangen, eher aber nicht?

HERMOGENES: Ja.

SOKRATES: Müssen nicht ebenso auch wir zuerst die Selbstlaute
bestimmen, hernach wiederum die übrigen ihrer Art nach, die,
welche weder Laut noch Ton haben – denn so nennen sie doch die,
welche sich hierauf verstehen – und dann die, welche zwar keinen
Laut haben, aber doch nicht ganz tonlos sind? Und so auch unter
den Selbstlauten, die sich voneinander unterscheidenden Arten?
d Haben wir dann dies richtig eingeteilt, dann müssen wir wiederum
ebenso alle zu benennenden Dinge uns vornehmen und zusehen,
ob es auch hier so etwas gibt, worauf sich alle zurückbringen lassen wie die Buchstaben, woraus man sie selbst erkennen kann, und
ob es auch unter ihnen verschiedene Arten gibt auf dieselbe Weise
wie bei den Buchstaben. Haben wir nun auch diese alle wohl ken-
nengelernt: dann müssen wir verstehen, nach Maßgabe der Ähnlichkeit zusammenzubringen und aufeinander zu beziehen, sei
nun einzeln eines auf eines zu beziehen oder mehrere zusammenmischend, wie die Maler, wenn sie etwas abbilden wollen, biswei-
e len Purpur allein auftragen, und ein andermal wieder eine andere
Farbe, dann aber auch wieder viele untereinandermengen, wenn
sie zum Beispiel Fleischfarbe bereiten oder etwas anderes der Art,
je nachdem, meine ich, jedes Bild des jeweiligen Färbestoffs bedarf. So wollen auch wir die Buchstaben den Dingen auftragen,
bald einem einen, wenn uns das nötig scheint, bald mehrere zusammen, indem wir bilden, was man Silben nennt, und wiederum
Silben zusammensetzend, aus denen Wörter, Haupt- und Zeit-
425a wörter zusammengesetzt werden; und aus diesen endlich wollen
wir dann etwas Großes, Schönes und Ganzes bilden, wie dort das
Gemälde für die Malerei, so hier den Satz oder die Rede für die
Sprach- oder Redekunst, oder wie die Kunst heißen mag. Oder

vielmehr nicht wir wollen dies, denn ich habe mich zu weit verlei-
ten lassen, sondern zusammengesetzt haben sie schon, so wie wir
es bereits finden, die Alten, und wir müssen nur, wenn wir verstehen wollen, dies alles kunstgerecht zu untersuchen, ob die ursprünglichen Wörter sowohl als die späteren nach einer ordentlichen Weise bestimmt worden seien oder nicht, dies nach solcher b
Einteilung und auf diese Weise betrachten. Aufs Geratewohl aber
sie zusammenraffen möchte wohl schlecht sein und nicht nach der
Ordnung, lieber Hermogenes.

HERMOGENES: Jawohl, beim Zeus, Sokrates.

36. Schwierigkeit dieser Forschung und Unmöglichkeit der Ausflucht

SOKRATES: Wie also? Traust du dir zu, dies alles zu erklären? Denn ich keineswegs mir.

HERMOGENES: Weit gefehlt also, daß ich es sollte.

SOKRATES: Lassen wir es denn. Oder willst du, daß wir, so gut
wir es vermögen, wenn wir auch nur wenig davon einsehen können, es dennoch versuchen, indem wir vorher erklären, wie eben c
den Göttern, daß wir, ohne etwas von der Wahrheit zu wissen, nur
die Meinungen der Menschen von ihnen mutmaßlich angeben
wollten, so auch jetzt, ehe wir weitergehen, uns selbst die Erklärung tun, daß, wenn die Sache gründlich sollte abgehandelt werden, es sei nun von jemand anderm oder von uns, es allerdings so
geschehen müsse, wir aber jetzt nichts tun könnten, als nur, wie
man sagt, nach Vermögen uns daran versuchen. Ist dir das recht,
oder was meinst du?

HERMOGENES: Allerdings ist es mir gar sehr recht.

SOKRATES: Lächerlich wird es freilich herauskommen, glaube d
ich, Hermogenes, wie durch Buchstaben und Silben nachgeahmt
die Dinge kenntlich werden. Aber es muß doch so sein; denn wir
haben nichts besseres als dieses, worauf wir uns wegen der Richtigkeit der ursprünglichen Wörter beziehen könnten. Wir müßten
denn, auf ähnliche Art, wie die Tragödienschreiber, wenn sie sich
nicht zu helfen wissen, zu den Maschinen ihre Zuflucht nehmen
und Götter herabkommen lassen, uns auch hier aus der Sache ziehen, indem wir sagten, die ursprünglichen Wörter hätten die Götter eingeführt, und darum wären sie richtig. Soll auch uns dies die e

beste Erklärung dünken, oder jene, daß wir manche unter ihnen
von den Barbaren überkommen hätten, wie die Barbaren denn
allerdings älter sind als wir, oder auch die, daß ihr Alter es ebenso
426a unmöglich machte sie zu erklären, wie ihr barbarischer Ursprung?
Denn dies wären wohl sämtlich Ausreden, und zwar recht stattli-
che, für den, der nicht Rechenschaft geben wollte von den ursprünglichen Wörtern, wiefern sie richtig wären. Indes, aus welchem Grunde auch jemand die Richtigkeit der ursprünglichen
Wörter nicht verstände, es müßte ihm immer gleich unmöglich
sein, die der abgeleiteten zu verstehen, welche notwendig aus jenen erklärt werden müssen, von denen er nichts versteht. Sondern
offenbar muß, wer hierin ein Sachverständiger zu sein behauptet,
b dies an den ursprünglichen Wörtern vorzüglich und am meisten
zeigen können; oder er wisse, daß er bei den abgeleiteten nur leeres Geschwätz treiben wird. Oder dünkt es dich anders?

HERMOGENES: Keineswegs anders, o Sokrates.

SOKRATES: Was ich nun von den ursprünglichen Wörtern gemerkt habe, dünkt mich gar wild und lächerlich. Davon will ich dir also gern mitteilen, wenn du willst; weißt du aber irgendwoher etwas Besseres zu nehmen, so versuche das auch mir mitzuteilen.

HERMOGENES: Das will ich tun; sprich du nur dreist.

37. Die natürliche Bedeutung der Buchstaben

c SOKRATES: Zuerst nun scheint mir das R gleichsam das Organ
jeder Bewegung zu sein, welche wir ja selbst auch noch nicht erklärt haben, woher sie diesen Namen führt. Aber es ist wohl offenbar, daß auch er ein Gehen bedeuten will, und er kommt von Weg
her; nur daß wir kein einfaches Zeitwort «wegen» mehr haben.
Sich bewegen heißt aber soviel als sich auf den Weg machen, und
«Bewegung» also drückt das auf dem Wege sein aus; indes könnte
d man auch das «Gehen» dazunehmen und *Weggehung* sagen oder
Weggang. Das «Stehen» aber will nur ein *Stillen* des *Gehens* ausdrücken, der Verschönerung wegen aber ist es «Stehen» genannt
worden. Der Buchstabe R also, wie ich sage, schien dem, welcher
die Benennungen festsetzte, ein schönes Organ für die Bewegung,
indem er sie durch seine Rührigkeit selbst abbildet; daher bedient
er sich desselben hierzu auch gar häufig. Zuerst schon in «Strö-

men» und «Strom» stellt er durch diesen Buchstaben die Bewegung dar; ebenso in «Trotz» und in «rauh», und in allen solchen e
Zeitwörtern wie «rasseln», «reiben», «reißen», «zertrümmern»,
«krümeln», «drehen», alle diese bildet er größtenteils ab durch
das R. Denn er sah, daß die Zunge hierbei am wenigsten still
bleibt, sondern vorzüglich erschüttert wird, und daher gewiß hat
er sich dessen hierzu bedient. Das G hingegen zu allem Dünnen
und Zarten, was am leichtesten durch alles hindurchgeht; daher
stellt er das «Gehen» und das «Gießen» durch das G dar. Wie im 427a
Gegenteil durch W, S, Sch und Z, weil die Buchstaben sausend
sind, stellt er alles dergleichen dar und benennt es damit, wie
«schaudern», «sieden», «zischen», «schwingen», «schweben»;
auch wenn er das Schwellende nachahmt, scheint der Wortbildner
meistenteils dergleichen Buchstaben anzuwenden. Dagegen
scheint er das Zusammendrücken und Anstemmen der Zunge bei
d und t und der Lippen bei b und p für eine nützliche Eigenschaft b
zu halten zur Nachahmung des Bindenden, Dauernden, so wie bei
«Pech» und «Teer». Ebenso hat er bemerkt, daß bei dem l die
Zunge am behendesten schlüpft, und hat sich dieser Ähnlichkeit
bedient, um das Lose, Lockere und Schlüpfrige selbst und das Lek-
kere und Leimige und viel anderes dergleichen zu benennen. Wo
nun aber der entschlüpfenden Zunge die Kraft des G oder K zu
Hilfe kommt, dadurch bezeichnet er das Glatte, Gleitende, Gelinde, Klebrige. Von dem N bemerkte er, daß es die Stimme ganz c
nach innen zurückhält, und benannte daher damit das Innere und
Innige, um durch den Buchstaben die Sache abzubilden. Das A
widmete er dem Ganzen, Langen, das E dem Gedehnten, Ebenen,
weil die Buchstaben groß und vollständig tönen. Für das Runde
brauchte er das U als Zeichen und drängte daher in den Namen
des Kugelrunden besonders soviel davon zusammen als möglich.
Und so scheint auch im übrigen der Wortbildner sowohl durch
Buchstaben als Silben jeglichem Dinge seine eigene Bezeichnung
und Benennung angewiesen und hieraus dann das übrige ebenfalls
nachahmend zusammengesetzt zu haben. Dieses nun, o Hermogenes, scheint mir die Richtigkeit der Benennungen sein zu wollen,
wenn nicht unser Kratylos etwas anderes meint. d

38. Hinzuziehung des Kratylos und dessen These, daß niemand etwas Falsches sagt

HERMOGENES: Mir wenigstens, Sokrates, macht Kratylos oft und viel hiermit zu schaffen, wie ich auch gleich anfangs sagte, indem er zwar behauptet, es gebe eine Richtigkeit der Worte, aber gar nichts Bestimmtes darüber sagt, worin sie bestehen soll, so daß ich nicht einmal weiß, ob er mit Willen oder wider Willen jedesmal so unbestimmt darüber spricht. Jetzt also, Kratylos, sage in Gegen-
e wart des Sokrates, ob dir das gefällt, was Sokrates über die Benennung sagt, oder ob du anderswie etwas Besseres darüber zu sagen hast; und hast du das, so sage es, um entweder selbst vom Sokrates zu lernen oder uns beide zu belehren.

KRATYLOS: Wie doch, Hermogenes, denkst du, es sei so leicht, auch nur irgend etwas so in der Geschwindigkeit zu lernen oder zu lehren, viel weniger etwas so Wichtiges, daß man es wohl unter das Größte rechnen muß?

428a HERMOGENES: Das denke ich, beim Zeus, nicht! Nur scheint mir Hesiodos ganz recht zu haben, daß, wenn noch so Geringes zu noch so Geringem du legst, es immer ein Vorteil ist. Wenn du uns also nur um ein weniges weiterbringen kannst, so laß es dich nicht verdrießen, sondern tue dem Sokrates diesen Dienst, und auch mir, denke ich, bist du es wohl schuldig.

SOKRATES: Wollte doch ich selbst, Kratylos, nichts von dem beschwören, was ich gesagt, sondern ich habe die Sache nur so, wie sie mir erschien, mit dem Hermogenes durchgenommen. Deshalb also sage nur dreist, was du etwa Besseres hast, ich will es
b wohl annehmen. Und wenn du etwas Schöneres als dieses zu sagen hättest, wollte ich mich nicht wundern; denn ich merke wohl, du hast sowohl selbst hierüber nachgedacht als auch von andern gelernt. Bringst du also etwas Schöneres vor: so zeichne mich nur auch unter deine Schüler in der Sprachkunde.

KRATYLOS: Allerdings, Sokrates, habe ich mich, wie du auch sagst, viel mit diesen Dingen beschäftigt und machte dich viel-
c leicht wohl zu meinem Schüler. Ich fürchte nur, es geschieht ganz das Gegenteil, weil mir in den Sinn kommt, dir zu sagen, was Achilleus in der Bittgesandtschaft zum Aias sagt. Er sagt nämlich:

«Aias, göttlicher Sohn des Telamon, Völkergebieter,
Alles hast du beinahe mir aus der Seele geredet.»

So hast auch du, Sokrates, mir gar sehr nach meinem Sinne geweissagt, es sei nun, daß du vom Euthyphron begeistert warst oder daß eine andere Muse dir schon lange unbewußt eingewohnt hat.

SOKRATES: Ja, guter Kratylos, ich wundere mich selbst schon d
lange über meine eigene Weisheit und kann kaum daran glauben. Daher dünkt mich, ich sollte wohl noch einmal genauer zusehen, was wohl eigentlich daran ist. Denn von sich selbst hintergangen zu werden ist doch das Allerärgste. Denn wenn der Betrüger auch nicht auf ein Weilchen sich entfernt, sondern immer bei der Hand ist, wie sollte das nicht schrecklich sein? Daher muß man, denke ich, fleißig wieder umkehren zu dem Zuvorgesagten und versuchen, nach jenem Dichter, «zugleich vorwärts» zu schauen «und rückwärts». So laß uns jetzt sehen, was wir doch gesagt haben. Die Richtigkeit des Wortes, sagten wir, besteht darin, daß es anzeigt, wie die Sache beschaffen ist. Wollen wir sagen, dies sei e
gründlich gesprochen?

KRATYLOS: Mir wenigstens scheint es gar sehr, Sokrates.

SOKRATES: Also der Belehrung wegen werden Worte gesprochen?

KRATYLOS: Freilich.

SOKRATES: Sagen wir nun, daß auch dies eine Kunst ist und daß es Meister darin gibt?

KRATYLOS: Freilich.

SOKRATES: Wer sind diese?

KRATYLOS: Die auch du anfänglich nanntest, die Gesetzgeber. 429a

SOKRATES: Wollen wir nun zugeben, daß auch diese Kunst auf dieselbe Weise unter den Menschen besteht wie auch die übrigen, oder nicht? Ich will nämlich dieses sagen: Maler gibt es doch einige bessere, andere schlechtere?

KRATYLOS: Allerdings.

SOKRATES: Und, nicht wahr, die besseren machen ihre Werke, die Bilder nämlich, besser, die anderen aber schlechter? Und ebenso einige Baumeister bauen bessere Häuser, andere schlechtere?

KRATYLOS: Ja.

b SOKRATES: Fertigen so auch einige Gesetzgeber ihre Werke besser, andere schlechter?

KRATYLOS: Das möchte ich nicht mehr zugeben.

SOKRATES: Also meinst du nicht, daß einige Gesetze besser sind, andere schlechter?

KRATYLOS: Nein eben.

SOKRATES: Also auch von den Worten, wie es scheint, meinst du wohl nicht, daß einige besser beigelegt sind, andere nicht so gut?

KRATYLOS: Nein eben.

SOKRATES: Also sind alle Worte und Benennungen gleich richtig?

KRATYLOS: Was jedenfalls wirklich Benennungen sind.

SOKRATES: Wie also, was auch schon erwähnt ist, sollen wir
c sagen, unser Hermogenes hier führe diesen Namen gar nicht, wenn ihm nämlich gar nichts irgendwie von einer Abstammung vom Hermes zukommt, oder er führe ihn zwar, jedoch nicht mit Recht?

KRATYLOS: Er führe ihn auch gar nicht einmal, dünkt mich, Sokrates, sondern er scheine ihn nur zu führen, der Name gehöre aber einem andern zu, der auch eine solche Natur hat.

SOKRATES: Lügt auch etwa nicht einmal derjenige, welcher sagt, er heiße Hermogenes? Daß nur nicht am Ende auch das nicht möglich ist, zu sagen, er sei Hermogenes, wenn er es nicht ist?

KRATYLOS: Wie meinst du das?

d SOKRATES: Ob dies etwa, daß man überhaupt nichts Falsches sagen könne, ob dies der Gehalt deines Satzes ist? Denn gar manche behaupten dies, lieber Kratylos, jetzt und auch sonst schon.

KRATYLOS: Wie sollte denn auch, Sokrates, wenn einer doch das sagt, was er sagt, er nicht etwas sagen, was ist? Oder heißt das nicht eben Falsches reden, sagen was nicht ist?

SOKRATES: Dieser Satz, Freund, ist für mich und für mein Alter zu hoch. Doch aber sage mir nur dieses, hältst du etwa zwar das
e nicht für möglich, Falsches sagen, wohl aber sprechen?

KRATYLOS: Nein, dünkt mich, auch nicht sprechen.

SOKRATES: Auch nicht rufen oder anrufen? Wie wenn dir einer auf einer Reise begegnete, dich bei der Hand faßte und riefe: Willkommen, Hermogenes, athenischer Fremdling, Sohn des Smikrion, würde der dieses sagen oder sprechen oder rufen oder anreden, immer aber, wenn er es so tut, nicht dich, sondern diesen Hermogenes? Oder niemanden?

Kratylos: Mir scheint dieser dies nur unnütz zu äußern.

Sokrates: Auch damit bin ich zufrieden. Hätte nun aber, wer 430a
dies äußerte, es richtig geäußert oder falsch? Oder etwas davon richtig und anderes falsch? Denn auch daran hätte ich schon genug.

Kratylos: Ich würde sagen, ein solcher mache nur ein Geräusch und setze sich ganz unnütz in Bewegung, wie wenn einer an Metall schlägt, daß es tönen muß.

39. Beweis des Sokrates, daß es Falschheit der Rede gibt

Sokrates: Komm, laß sehen, ob wir irgendwie auseinander kommen. Du gibst doch zu, daß ein anderes das Wort ist und ein anderes das, dessen Name es ist?

Kratylos: Das tue ich.

Sokrates: Auch gestehst du, das Wort sei eine gewisse Nachahmung des Dinges? b

Kratylos: Auf alle Weise dieses.

Sokrates: Aber auch die Gemälde, sagst du, sind auf eine andere Weise Nachahmungen gewisser Dinge.

Kratylos: Ja.

Sokrates: Wohlan, so verstehe ich vielleicht nur nicht, was das ist, was du meinst, und du kannst dennoch recht haben. Kann man wohl diese beiderlei Nachahmungen, die Bilder sowohl als die Wörter, unter die Dinge verteilen und sie ihnen zuschreiben, deren Nachahmungen sie sind, oder nicht?

Kratylos: Das kann man. c

Sokrates: Zuerst bedenke dieses. Es kann doch einer das Bild des Mannes dem Manne zuteilen und das des Weibes dem Weibe, und so auch andere?

Kratylos: Allerdings.

Sokrates: Aber auch umgekehrt das Bild des Mannes der Frau und das der Frau dem Manne?

Kratylos: Auch das kann man.

Sokrates: Sind nun diese Verteilungen etwa beide richtig, oder nur eine von beiden?

Kratylos: Nur die eine von beiden.

SOKRATES: Diejenige doch, denke ich, welche jedem das ihm Zukommende und Ähnliche zuteilt.

KRATYLOS: So scheint es mir wenigstens.

d SOKRATES: Damit also Freunde wie ich und du sich nicht um
Worte streiten, so laß dir gefallen, was ich sage. Nämlich eine solche Verteilung beider Nachahmungen, der Bilder sowohl als der
Wörter, nenne ich richtig, die der Wörter aber zugleich auch
wahr; die andere aber, welche Unähnliches einander gibt und beilegt, nenne ich unrichtig, und wenn sie mit den Wörtern vorgeht,
zugleich falsch.

KRATYLOS: Aber, Sokrates, wenn nur nicht bei den Bildern
e zwar dieses stattfindet, das Unrichtig-Verteilen, bei den Wörtern
aber nicht, sondern es da immer richtig geschieht!

SOKRATES: Wie meinst du das? Worin unterscheidet sich das eine von dem andern? Kann man nicht zu einem Manne hingehen und ihm sagen, dies hier ist dein Bild, und ihm dabei, wenn es sich trifft, sein eigenes Bildnis zeigen, wenn es sich trifft, aber auch ein weibliches? Zeigen aber nenne ich, ihm vor den Sinn des Gesichtes bringen.

KRATYLOS: Freilich kann man das.

SOKRATES: Und wie, kann man nicht eben zu demselben auch
gehen und ihm sagen, das ist dein Name? Der Name ist aber doch
ebensowohl eine Nachahmung wie das Bild. Ich meine also dieses:
431 a Kann man ihm etwa nicht sagen, dies ist dein Name, und dabei
wiederum ihm vor den Sinn des Gehörs bringen bald, wie es sich
trifft, seine Nachahmung, indem man zu ihm sagt «Mann», bald
auch, wenn es sich trifft, die des weiblichen Teiles der menschlichen Gattung, indem man zu ihm sagt «Frau»? Glaubst du nicht,
daß das möglich ist und daß dergleichen bisweilen geschieht?

KRATYLOS: Ich will es dir einräumen, Sokrates, und es soll so sein.

SOKRATES: Und wohl tust du daran, Lieber, wenn es sich doch
so verhält; denn du mußt ja nun nicht den Streit darüber so weit
b treiben als möglich. Wenn also eine solche Verteilung auch hier
stattfindet: so wollen wir das eine von diesen beiden wahr reden
nennen, das andere unwahr reden. Wenn sich nun dieses so verhält und es möglich ist, auch nicht richtig die Namen oder Hauptwörter zu verteilen und nicht jedem sein Zugehöriges anzuweisen:

so muß es auch möglich sein, eben dieses mit den Zeitwörtern zu tun. Wenn man aber Zeitwörter sowohl als Hauptwörter auf diese Weise setzen kann, dann notwendig auch Sätze. Denn Sätze sind c
doch, wie ich meine, die Verbindung jener beiden. Oder was meinst du, Kratylos?

KRATYLOS: Eben das; denn das dünkt mich gut gesagt.

SOKRATES: Wenn wir nun wiederum die Stammwörter mit Zeichnungen vergleichen: so kann man doch bei Gemälden bisweilen alle dazugehörigen Farben und Züge darstellen, bisweilen auch nicht alle, sondern einige auslassen, andere hinzusetzen, bald mehr, bald weniger. Oder kann man das nicht?

KRATYLOS: Man kann es.

SOKRATES: Wer nun alle darstellt, der wird auch schöne Zeichnungen und Bilder darstellen, wer aber etwas hinzusetzt oder wegnimmt, der macht zwar auch Bilder und Zeichnungen, aber schlechte?

KRATYLOS: Ja. d

SOKRATES: Wie nun, wer in Silben und Buchstaben das Wesen der Dinge nachbildet? Wird nicht auf dieselbe Weise, wenn er alles dem Dinge Zukommende wiedergibt, sein Bild schön sein, dies ist nämlich das Wort, wenn er aber ein weniges ausläßt oder bisweilen hinzufügt, es zwar auch ein Bild werden, aber kein schönes, so daß doch wohl einige Wörter gut gebildet sein werden, andere schlecht?

KRATYLOS: Vielleicht.

SOKRATES: Vielleicht also wird auch im Wortbilden der eine e
ein guter Künstler sein, der andere ein schlechter.

KRATYLOS: Ja.

SOKRATES: Und der hieß doch der Gesetzgeber?

KRATYLOS: Ja.

SOKRATES: Vielleicht also wird, beim Zeus, wie bei den anderen Künsten, auch der eine Gesetzgeber ein guter, der andere ein schlechter sein, wenn es bei jenem vorigen bleiben soll.

KRATYLOS: So ist es freilich. Aber du siehst doch, Sokrates, wenn wir nun diese Buchstaben, das A und B und so auch die andern, den Wörtern anweisen gemäß der Sprachkunst: so kann man, wenn wir hernach einen wegnehmen oder hinzusetzen oder 432a
auch nur versetzen, nicht sagen, daß wir das Wort zwar geschrie-

ben haben, aber nur nicht richtig; sondern wir haben es ganz und gar nicht geschrieben, indem es gleich ein anderes ist, sobald ihm so etwas begegnet ist.

SOKRATES: Daß wir nur nicht die Sache unrichtig nehmen, wenn wir sie so nehmen, Kratylos!

KRATYLOS: Wieso?

SOKRATES: Vielleicht stände es um dasjenige, was notwendig
nur vermöge einer Zahl ist oder nicht ist, so, wie du sagst; zum
Beispiel die Zehn oder jede andere Zahl, welche du willst, wird
freilich, wenn du etwas hinwegnimmst oder dazutust, sogleich
b eine andere geworden sein; die Richtigkeit dessen aber, was vermöge einer gewissen Beschaffenheit ist, was es ist, und so auch
jedes Bildes, mag wohl nicht eine solche sein, sondern es wird im
Gegenteil ganz und gar nicht einmal alles einzelne so wiedergeben
dürfen, wie das abzubildende ist, wenn es ein Bild sein soll. Sieh
nur zu, ob ich recht habe. Wären dies wohl noch so zwei verschiedene Dinge wie Kratylos und des Kratylos Bild, wenn einer von
den Göttern nicht nur deine Farbe und Gestalt nachbildete, wie
die Maler, sondern auch alles Innere ebenso machte wie das deinige, mit denselben Abstufungen der Weichheit und der Wärme,
c und dann auch Bewegung, Seele und Vernunft, wie dies alles bei
dir ist, hineinlegte und mit einem Worte alles, wie du es hast, noch
einmal neben dir aufstellte; wären dies dann Kratylos und ein Bild
des Kratylos oder zwei Kratylos?

KRATYLOS: Das, dünkt mich, wären zwei Kratylos.

40. *Es muß Falschheit geben, wenn die Wörter Darstellungen von etwas sind*

SOKRATES: Du siehst also nun, Lieber, daß wir für das Bild sowohl eine andere Richtigkeit aufsuchen müssen als die der vorher
erwähnten Dinge, als auch besonders, daß wir nicht darauf beste-
d hen dürfen, daß, sobald etwas fehle oder hinzukomme, es gleich
nicht mehr ein Bild sei. Oder merkst du nicht, wieviel den Bildern
daran fehlt, dasselbe zu haben wie das, dessen Bilder sie sind?

KRATYLOS: Das merke ich wohl.

SOKRATES: Lächerliches wenigstens, o Kratylos, würde den Dingen widerfahren von den Wörtern, die ihre Benennungen sind, wenn diese in allem auf alle Weise ähnlich gemacht würden. Alles nämlich würde zweifach da sein, und man würde von keinem von beiden mehr angeben können, welches das Ding selbst wäre und welches das Wort.

Kratylos: Richtig gesprochen.

Sokrates: Wage also das nur immer zuzugeben, wackerer Freund, daß auch die Wörter teils gut abgefaßt sind, teils schlecht, e
und bestehe nicht darauf, daß sie alle Buchstaben so haben sollen, daß sie ganz und gar dasselbe seien wie das, dessen Name jedes ist, sondern laß immer auch einen nicht gehörigen Buchstaben hineinsetzen. Und wenn einen Buchstaben, dann auch ein Wort in einen Satz, und wenn ein Wort, dann auch einen Satz in eine Rede, wie es den Dingen nicht eben ganz angemessen ist, hineinsetzen und nichtsdestoweniger die Dinge noch benannt und besprochen sein, so lange nur noch die Grundzüge des Dinges darin sind, von dem eben die Rede ist, wie es der Fall ist bei den Namen der Buchsta- 433a
ben, wenn du dich noch erinnerst, was ich und Hermogenes vorhin sagten.

Kratylos: Ich erinnere mich wohl.

Sokrates: Gut also; solange nur dieses bleibt, soll uns, wenn auch nicht alles Gehörige vorhanden ist, der Gegenstand doch noch ausgesprochen sein, gut, wenn alles, schlecht, wenn nur weniges davon da ist. Immer doch wollen wir das Gesprochensein zugeben, Bester, damit wir nicht in Strafe verfallen, wie in Aegina die, welche des Nachts spät auf der Straße herumgehen, so auch wir auf diese Art in Wahrheit später als schicklich zu den Dingen b
zu kommen scheinen. Oder suche eine andere Richtigkeit und gib nicht zu, das Wort sei seines Gegenstandes Kundmachung durch Silben und Buchstaben; denn wenn du dieses und zugleich auch jenes sagst, kannst du nicht mit dir selbst einig sein.

Kratylos: Dagegen scheint nichts aufzubringen, Sokrates, und ich nehme es so an.

Sokrates: Da wir nun hierüber einig sind, so laß uns nächstdem dieses bedenken. Wenn ein Wort gut gebildet sein soll, so muß es, sagen wir, seine gehörigen Buchstaben haben.

Kratylos: Ja.

Sokrates: Es gehören aber dazu die den Dingen ähnlichen? c

Kratylos: Allerdings.

Sokrates: Die also gut gebildet sind, sind so gebildet. Wenn aber eines nicht gut abgefaßt ist, so kann es vielleicht größtenteils aus ihm gehörigen ähnlichen Buchstaben bestehen, wenn es doch ein Bild sein soll, aber auch etwas Ungehöriges haben, um dessentwillen es eben nicht gut und ein nicht recht gut abgefaßtes Wort wäre. Wollen wir so sagen oder anders?

KRATYLOS: Es hilft wohl nicht, glaube ich, weiter zu streiten, Sokrates. Denn mir gefällt es nun nicht, zu sagen, es sei etwas zwar ein Wort, es sei aber nicht recht abgefaßt.

d SOKRATES: Gefällt dir etwa das nicht, daß das Wort eine Darstellung des Gegenstandes sein soll?

KRATYLOS: Dieses, o ja.

SOKRATES: Aber daß einige Wörter aus früheren zusammengesetzt, andere aber Stammwörter sind, scheint dir das nicht richtig gesagt zu sein?

KRATYLOS: O ja.

SOKRATES: Aber wenn die Stammwörter Darstellungen von
etwas sein sollen, weiß du eine andere, bessere Art, wie sie Darstel-
e lungen sein können, als wenn man sie möglichst so macht wie
dasjenige, was sie ausdrücken sollen? Oder gefällt dir die Art besser, welche Hermogenes vorträgt und viele andere, daß die Wörter Verabredungen sind und nur darstellen für die Verabredenden, denen die Dinge vorher bekannt sind, und daß also die Richtigkeit der Wörter nur hierin liegt, im Vertrage, und es gar keinen Unterschied mache, ob jemand sie so festsetze, wie sie jetzt bestehen, oder auch ganz entgegengesetzt, was wir jetzt klein nennen, groß nenne, und was wir groß, klein? Welche von beiden Weisen gefällt dir?

434a KRATYLOS: Bei weitem und ohne Frage ist es vorzuziehen, Sokrates, durch ein Ähnliches darzustellen, was jemand darstellen will, als durch das erste beste.

SOKRATES: Wohl gesprochen. Wenn also nun das Wort dem Gegenstande ähnlich sein soll: so müssen notwendig auch von Natur den Gegenständen die Buchstaben ähnlich sein, aus denen man die Stammwörter zusammensetzen muß. Ich meine es so: Könnte wohl jemand, wovon wir auch schon sprachen, ein Gemälde
irgendeinem Dinge ähnlich ausarbeiten, wenn nicht schon von Na-
b tur die Färbemittel, aus denen das Gemälde zusammengesetzt wird,
jenen Dingen ähnlich wären, welche die Malerei nachahmt? Oder wäre das unmöglich?

KRATYLOS: Unmöglich!

SOKRATES: Ebenso demnach würden auch die Wörter nie irgendeinem Dinge ähnlich werden, wenn nicht zuvor jenes, woraus die Wörter zusammengesetzt werden müssen, eine gewisse Ähnlichkeit hatte mit dem, dessen Nachbildungen die Wörter sind. Zusammengesetzt aber müssen sie werden aus Buchstaben?

KRATYLOS: Ja.

41. *Notwendiger Beitrag der Verabredung zur Richtigkeit der Wörter*

SOKRATES: Nimm du also nun auch teil an dem, was ich vorher mit Hermogenes ausführte. Dünkt dich, daß wir recht haben zu c sagen, das R gehöre sich für den Strom und die Bewegung und das Reiten, oder nicht recht?

KRATYLOS: Recht, dünkt mich.

SOKRATES: Das T aber für das Feste und Haltende, und was wir damals mehr anführten?

KRATYLOS: Ja.

SOKRATES: Weißt du auch wohl, daß, wo wir «war» sagen, andere Gegenden sagen «was»?

KRATYLOS: Freilich.

SOKRATES: Sind nun r und s beide einem und demselben ähnlich, und stellt das Wort dasselbe dar für jene, denen es sich mit dem S, und für uns, denen es sich mit dem R endigt? Oder stellt es für den einen Teil nicht dar?

KRATYLOS: Es stellt gewiß allen beiden dar. d

SOKRATES: Etwa inwiefern r und s ähnlich sind, oder inwiefern nicht?

KRATYLOS: Inwiefern sie ähnlich sind.

SOKRATES: Sind sie das denn aber ganz und gar?

KRATYLOS: Vielleicht um die Zeitbewegung darzustellen.

SOKRATES: Ist es auch so mit dem T in Reiten? Drückt das nicht das Gegenteil der Bewegung aus?

KRATYLOS: Vielleicht ist das nicht richtig in dem Worte, und wie du auch oft, als du vorher mit dem Hermogenes sprachst, Buchstaben herausnahmst und hineinsetztest, wo es nötig war, und das dünkte mich ganz richtig, so sollte man auch dort vielleicht statt des T ein R setzen.

e SOKRATES: Wohl gesprochen. Aber wie weiter? So, wie wir jetzt sprechen, verstehen wir etwa so einander nicht, wenn einer «reiten» sagt, und verstehst du mich auch jetzt nicht, was ich meine?

KRATYLOS: Ich verstehe es wohl, weil ich es gewohnt bin, Liebster.

SOKRATES: Und wenn du Gewohnheit sagst, glaubst du etwas anderes zu sagen als Verabredung? Oder meinst du unter «Gewohnheit» etwas anderes, als daß ich, wenn ich dieses Wort ausspreche, jenes denke, und daß du erkennst, daß ich jenes denke? Meinst du nicht das?

435a KRATYLOS: Ja.

SOKRATES: Wenn du es nun, indem ich es ausspreche, erkennst, so wird es dir ja durch mich kundgemacht?

KRATYLOS: Ja.

SOKRATES: Und zwar durch das dem Unähnliche, was ich mir denke und aussprechen will, wenn doch das T dem, was du reiten nennst, unähnlich ist. Wenn sich aber dies so verhält, wie kann es anders sein, als daß du es mit dir selbst so verabredet hast, und so wird dir doch Verabredung der Grund der Richtigkeit der Wörter, da ja die unähnlichen Buchstaben nicht weniger als die ähnlichen kundmachen, sobald sie Gewohnheit und Verabredung für sich haben. Und wenn denn auch ja Gewohnheit nicht Verabredung
b ist: so ist es deshalb doch nicht richtig, zu sagen, daß in der Ähnlichkeit die Darstellung liege, sondern in der Gewohnheit, müßte man sagen, denn diese, wie es scheint, stellt dar, durch Ähnliches wie durch Unähnliches. Wenn wir dieses nun eingestehen, Kratylos, denn ich will dein Stillschweigen als ein Zugeständnis annehmen: so würden ja notwendig auch Verabredung und Gewohnheit etwas beitragen zur Kundwerdung der Gedanken, indem wir sprechen. Denn, Bester, wenn du nur an die Zahlen gehen willst, woher willst du wohl den einzelnen Zahlen lauter ähnliche Namen beizulegen haben, wenn du nicht auch deiner Übereinkunft
c und Verabredung etwas einräumen willst bei Bestimmung der Richtigkeit der Worte? Denn mir ist es auch gar recht, daß nach Möglichkeit die Namen den Dingen ähnlich sein sollen; allein wenn nur nicht in der Tat, wie Hermogenes vorher sagte, diese anziehende Kraft der Ähnlichkeit gar zu dürftig ist und es notwen-

dig wird, jenes Gemeinere, die Verabredung, mit zu Hilfe zu nehmen bei der Richtigkeit der Worte. Denn auf das bestmögliche werden sie wohl gebildet sein, wenn jedes ganz oder größtenteils aus ähnlichen Buchstaben besteht, denn das sind doch die gehörigen, und aufs schlechteste, wenn das Gegenteil eintritt. Das aber d
sage mir noch hiernächst, was für ein Vermögen die Wörter eigentlich haben und was wir sagen sollen, daß sie uns Schönes ausrichten?

42. *Bedenken gegen die Zuverlässigkeit der in den Wörtern niedergelegten Wahrheit*

KRATYLOS: Mich dünkt, daß sie lehren, Sokrates, und daß man ohne Einschränkung sagen kann, wer die Wörter verstehe, der verstehe auch die Dinge.

SOKRATES: Vielleicht meinst du das wohl so, Kratylos, daß, wenn einer ein Wort recht versteht, wie es eigentlich ist, und es ist
eben wie das Ding, er dann auch das Ding verstehen wird, da es ja e
dem Worte ähnlich ist und doch eine und dieselbe Kunst für alles gilt, was einander ähnlich ist. In dieser Beziehung dünkt mich, könntest du sagen, daß, wer die Wörter versteht, auch die Dinge verstehen werde.

KRATYLOS: Ganz vollkommen richtig.

SOKRATES: Halt aber, laß uns sehen, wie eigentlich diese Weise der Belehrung über das Seiende beschaffen ist, die du jetzt beschreibst, und ob es etwa zwar noch eine andere gibt, diese aber die bessere ist, oder ob es überhaupt nicht einmal eine andere gibt als diese. Welches von beiden glaubst du?

KRATYLOS: Das glaube ich, daß es gar keine andere gibt, son- 436a
dern nur diese eine und beste.

SOKRATES: Auch, daß nur auf diese selbe Weise die Dinge auch gefunden werden, so daß, wer die Wörter gefunden hat, auch dasjenige gefunden habe, wovon sie die Benennungen sind? Oder daß das Suchen und Finden zwar auf eine andere Weise geschehn muß, das Lernen aber auf diese?

KRATYLOS: Allerdings, auch suchen und finden muß man ebenso, ganz auf dieselbe Weise.

SOKRATES: Wohlan denn, laß uns bedenken, Kratylos, wenn
einer in seiner Forschung nach den Dingen den Worten nachgeht, b

erwägend, was jedes wohl sagen will, merkst du nicht, daß der keine kleine Gefahr läuft, irregeführt zu werden?

KRATYLOS: Wieso?

SOKRATES: Offenbar hat doch, wer zuerst die Worte festsetzte, so, wie er meinte, daß die Dinge wären, so auch die Worte festgesetzt, wie wir behaupten; nicht wahr?

KRATYLOS: Ja.

SOKRATES: Wenn nun jener nicht richtig meinte und doch die Worte so setzte, wie er meinte, was wird wohl uns, die wir ihm nachgehen, begegnen? Nicht, daß wir irregeführt werden?

KRATYLOS: Wenn das aber nur nicht gar nicht so sein kann, sondern vielmehr so sein muß, daß wer die Worte festgesetzt hat,
c ein Wissender gewesen sein muß, wenn aber nicht, wie ich schon lange gesagt habe, daß sie dann gar keine Worte sein werden! Und der beste Beweis, daß er das Rechte nicht verfehlt hat, ist der: es würde ihm nicht alles so zusammenstimmen. Oder hast du nicht bemerkt in deinem eigenen Vortrage, wie alle Worte auf dieselbe Weise und in derselben Beziehung gebildet waren?

SOKRATES: Mit dieser Verteidigung, mein guter Kratylos, ist es nun wohl nichts. Denn wenn der Wortbildner, nachdem er sich zuerst geirrt, hernach alles andere nach diesem ersten eingerichtet
d und genötigt hat, damit übereinzustimmen: so ist es wohl kein Wunder, wie auch bei Figuren bisweilen der erste nur ein kleiner und unmerklicher Fehler ist, wenn alles übrige gar viele, was aus dem ersten folgt, unter sich übereinstimmt. Daher muß eben über den Anfang jeder Sache jedermann die genaueste Überlegung anstellen und die genaueste Untersuchung, ob er richtig gelegt ist oder nicht; und dann, wenn dieser gehörig geprüft ist, das übrige
e so darstellen, wie es aus ihm folgt. Indes sollte es mich dennoch wundern, wenn die Wörter so unter sich zusammenstimmten. Darum laß uns noch einmal übersehen, was wir vorher durchgenommen haben. Als ob nämlich alles ströme und fließe und in Bewegung sei, dahin, sagten wir, deuten uns die Worte das Sein und Wesen der Dinge. Nicht wahr, so dünkt dich, stellen sie es uns dar?

437a KRATYLOS: Allerdings, und deuten es also ganz richtig.

SOKRATES: Laß uns einmal sehen, wenn wir nun wieder aufnehmen zuerst etwa das Wort «verstehen», wie zweideutig es ist

und weit eher anzudeuten scheint, daß unsere Seele bei den Gegenständen stehenbleibt, als daß sie sich mit ihnen herumbewegt, und
wie es weit richtiger ist, die Buchstaben in der Mitte so zu lassen, wie
sie sind, und anfangs nur den ganz offenen Hauch zu setzen. Dann
das «Beständige», wie es offenbar Nachbildung eines auf dem
Grunde Festen und Stehenden ist, und nicht einer Bewegung. Dann
auch die «Geschichte» deutet doch wohl an, daß sie dem *Gehen* b
Schicht macht und es also zum Stehen bringt, und ebenso «Treue»
deutet doch in jedem Fall auf *Ruhe*. Ferner die «Erinnerung» zeigt
doch offenbar, daß etwas *innerlich ruht* in der Seele, nicht aber in
Bewegung ist. Und wenn du willst, wird das «Versehen» und der
«Nachteil», wenn man so die Worte auseinanderlegt, ganz als dasselbe erscheinen mit der «Einsicht» und dem «Vorteil» und allen
übrigen Namen des Vortrefflichen. Dann auch die «Trägheit» und
die «Unbändigkeit» zeigen sich fast ebenso, denn die erste ist, was
getragen von den Dingen *geht*, und die andere ist, was sich nicht c
binden und halten *läßt*. Auf diese Weise also zeigt sich, was wir als
Benennungen des Schlechtesten ansehen, ganz ähnlich dem Vortrefflichsten; und ich glaube, es könnte einer, der sich Mühe geben
wollte, noch vielerlei anderes finden, woraus man wieder glauben
sollte, der Wortbildner habe die Dinge nicht als fließend und bewegt, sondern als bleibend und feststehend angedeutet.

KRATYLOS: Aber du siehst doch, Sokrates, daß er das meiste auf d
jene Art bezeichnet hat.

SOKRATES: Was soll nun das, Kratylos? Wollen wir die Wörter zählen, wie die Steinchen beim Stimmensammeln, und soll sich dadurch die Richtigkeit zeigen? Welches von beiden die meisten Wörter anzudeuten scheinen, das soll das Wahre sein?

KRATYLOS: Nein, das wohl nicht.

43. *Erkenntnis der Wahrheit ist weder allein noch in vorzüglicher Weise durch die Wörter möglich*

SOKRATES: Ganz gewiß nicht, Lieber. Allein dies wollen wir nun
hier gut sein lassen und wieder auf das zurückgehen, von wo aus 438a
wir hierher gekommen sind. Eben sagtest du doch im Vorigen,
wenn du dich erinnerst, der die Benennungen bestimmt habe, habe
dies notwendig getan mit Kenntnis dessen, wofür er sie bestimmte.
Bist du noch dieser Meinung oder nicht?

Kratylos: Noch.

Sokrates: Auch der die Stammwörter gebildet, glaubst du, habe es mit dieser Kenntnis getan?

Kratylos: Mit dieser Kenntnis.

Sokrates: Vermittels welcher Wörter nun hat er wohl die
Kenntnis der Gegenstände erlernt oder gefunden, wenn doch die
b ersten Wörter noch nicht gegeben waren, wir aber sagen, es sei
nicht möglich, zur Erkenntnis und zum Finden der Dinge anders
zu gelangen, als indem man die Wörter erlernt oder selbst findet,
wie sie beschaffen sind?

Kratylos: Das scheint mir etwas zu sein, Sokrates.

Sokrates: Auf welche Weise also konnten wohl jene als Erkennende Wörter festsetzen oder wortbildende Gesetzgeber sein, ehe überhaupt noch irgendeine Benennung vorhanden und ihnen bekannt war, wenn es nicht möglich ist, zur Erkenntnis der Dinge anders zu gelangen als durch die Wörter?

c Kratylos: Ich bin daher der Meinung, Sokrates, die richtigste Erklärung hierüber werde die sein, daß es eine größere als menschliche Kraft gewesen, welche den Dingen die ersten Namen beigelegt und daß sie eben deshalb notwendig richtig sind.

Sokrates: Und also sollte, wer sie bestimmt, sie mit sich selbst im Widerspruch bestimmt haben, wenn er ein Dämon oder ein Gott gewesen? Oder ist alles nicht gewesen, was wir vorher gesagt haben?

Kratylos: Aber die einen von beiden mögen wohl keine Worte sein.

Sokrates: Welche doch, Bester, die auf das Stehen oder die auf das Fließen führen? Denn nach der Menge soll das doch, wie wir eben ausgemacht haben, nicht entschieden werden?

d Kratylos: Das wäre freilich nicht recht, Sokrates.

Sokrates: Wenn also die Wörter in Streit geraten und die einen sagen, sie selbst wären die der Wahrheit ähnlichen, die andern aber, sie, wodurch sollen wir es nun entscheiden oder mit Rücksicht worauf? Doch wohl nicht wieder auf andere Wörter als diese? Denn es gibt ja keine. Sondern offenbar muß etwas anderes aufgesucht werden als Worte, was uns ohne Worte offenbaren kann, welche von diesen beiden die richtigsten sind, indem es uns nämlich das Wesen der Dinge zeigt.

KRATYLOS: Das dünkt mich auch. e

SOKRATES: Es ist also doch möglich, wie es scheint, Kratylos, die Dinge kennenzulernen ohne Hilfe der Worte, wenn sich dies so verhält.

KRATYLOS: So scheint es.

SOKRATES: Durch was anderes nun erwartest du noch, die Dinge selbst kennenzulernen? Nicht, wie es am natürlichsten und einleuchtendsten ist, durch einander, wenn sie irgend verwandt sind, und jedes durch sich selbst? Denn etwas von ihnen Unterschiedenes und Fremdartiges würde auch nur etwas Fremdes und Verschiedenes andeuten, nicht aber sie.

KRATYLOS: Das leuchtet mir ein als richtig gesagt.

SOKRATES: Wohlan denn, beim Zeus, haben wir nicht oft ein- 439a
gestanden, daß wohlabgefaßte Wörter demjenigen, welchem sie als Namen beigelegt sind, ähnlich sein müßten und also Bilder der Gegenstände?

KRATYLOS: Ja.

SOKRATES: Wenn man also zwar auch wirklich die Dinge durch die Wörter kann kennenlernen, man kann es aber auch durch sie selbst, welches wäre wohl dann die schönere und sicherere Art, zur Erkenntnis zu gelangen? Aus dem Bilde erst dieses selbst kennenzulernen, ob es gut gearbeitet ist, und dann auch das
Wesen selbst, dessen Bild es war, oder aus dem Wesen erst dieses b
selbst und dann auch sein Bild, ob es ihm angemessen gearbeitet ist?

KRATYLOS: Notwendig ja, dünkt mich, die aus dem Wesen.

SOKRATES: Auf welche Weise man nun Erkenntnis der Dinge erlernen oder selbst finden soll, das einzusehen sind wir vielleicht nicht genug, ich und du; es genüge uns aber schon, darin übereinzukommen, daß nicht durch die Worte, sondern weit lieber durch sie selbst man sie erforschen und kennenlernen muß als durch die Worte.

KRATYLOS: Offenbar, Sokrates.

44. *Ohne etwas Beständiges ist keine Erkenntnis möglich*

SOKRATES: Auch das laß uns noch bedenken, damit nicht etwa
diese vielen Worte, welche alle dieselbe Richtung haben, uns be- c
trügen, wenn in der Tat diejenigen zwar, welche sie bildeten, es in

diesem Gedanken getan haben, als ob alles immer im Fluß und in
Bewegung sei, die Sache selbst sich aber gar nicht so verhält, sondern nur sie selbst, gleichsam in einen Strudel hineingefallen, die
Besinnung verloren haben und uns nun auch mit sich hineinzie-
hen. Denn überlege nur, teuerster Kratylos, was mir oft so vor-
d schwebt im Traume, ob wir wohl sagen wollen, daß das Gute und
Schöne selbst sei und so jegliches von dem, was so ist, oder nicht?

KRATYLOS: Mir scheint es, Sokrates.

SOKRATES: Dies also selbst laß uns betrachten, nicht ob irgendein Angesicht schön ist oder etwas dergleichen; sondern das
Schöne selbst laß uns sagen, ob es nicht immer so ist, wie es ist?

KRATYLOS: Notwendig.

SOKRATES: Wäre es nun wohl möglich, wenn es uns immer unter der Hand verschwände, mit Wahrheit davon auszusagen, zuerst daß es jenes ist, und dann, daß es so und so beschaffen ist?
Oder müßte es nicht notwendig, indem wir noch reden, gleich ein
anderes werden und uns entschlüpfen und gar nicht mehr so beschaffen sein?

KRATYLOS: Notwendig.

e SOKRATES: Wie wäre das also etwas, was nie auf gleiche Weise
ist? Denn wenn es nur irgendwann sich gleich hält: so ist es doch
zu dieser Zeit in keiner Verwandlung begriffen. Wenn es aber immer sich gleich bleibt und dasselbe ist, wie könnte wohl dieses sich
verwandeln und bewegen, was aus seiner ursprünglichen Gestalt
gar nicht herausgeht?

KRATYLOS: Auf keine Weise.

SOKRATES: Ja, es könnte auch nicht einmal von jemand er-
440a kannt werden. Denn indem der, welcher erkennen wollte, hinzu-
träte, würde es schon immer ein anderes und verschiedenes, so daß
gar nicht erkannt werden könnte, wie es beschaffen wäre und wie
es sich verhielte. Keine Erkenntnis aber erkennt, was sie erkennt,
als mit gar keiner Beschaffenheit.

KRATYLOS: Das ist, wie du sagt.

SOKRATES: Ja es ist nicht einmal möglich, zu sagen, daß es eine
Erkenntnis gebe, wenn alle Dinge sich verwandeln und nichts
bleibt. Denn nur wenn dieses selbst, die Erkenntnis, von dem Er-
kenntnis-Sein nicht weicht, so bliebe sie dann immer Erkenntnis,
b und es gäbe eine Erkenntnis. Soll aber auch diese, die Erkenntnis

an und für sich selbst, sich verwandeln, so verwandelt sie sich in
etwas von anderer Art als die Erkenntnis, und es gibt dann keine
Erkenntnis. Verwandelt sie sich aber immer, so gibt es immer
keine Erkenntnis, und von diesem Satze aus gibt es weder ein Erkennendes noch ein zu Erkennendes. Ist aber immer das Erkennende und das Erkannte, ist das Schöne, ist das Gute, ist jegliches
Seiende: so scheint mir dies, wie wir es jetzt sagen, gar nicht mehr
einem Fluß ähnlich oder einer Bewegung. Ob nun dieses sich so c
verhält oder vielmehr so, wie Herakleitos mit den Seinigen und
noch viele andere behaupten, das mag wohl gar nicht leicht sein zu
untersuchen, gewiß aber mag das einem vernünftigen Menschen
gar nicht wohl anstehen, sich selbst und seine Seele lediglich den
Wörtern in Pflege hinzugeben und im Vertrauen auf sie und die,
welche sie eingeführt haben, dann seiner Sache so sicher zu sein,
als wisse er etwas, indem er über sich sowohl als alles andere, was
ist, so aburteilt, es gebe nichts Gesundes daran, sondern alles sei
zerbrechlich wie Töpferzeug, und indem er glaubt, daß, ordentlich
wie Menschen an Flüssen leiden, so auch die Dinge sich ebenso
befinden und von Reißen und Flüssen geplagt werden. Vielleicht d
nun verhält es sich so, lieber Kratylos, vielleicht auch nicht. Nachdenken aber mußt du wacker darüber und nichts leichtsinnig annehmen; denn du bist jung und hast noch Zeit; und wenn du es
durch dein Nachdenken gefunden hast, dann teile es auch mir mit.

KRATYLOS: Das will ich wohl tun. Aber glaube mir nur, Sokrates, daß ich auch jetzt schon nicht ganz neu in dieser Sache bin und
daß, wie ich auch darüber nachdenke und sie durcharbeite, es mir e
doch immer weit mehr so zu sein scheint, wie Herakleitos sagt.

SOKRATES: So unterrichte mich davon ein andermal, Freund, wenn du zurückgekehrt sein wirst; jetzt aber, wie du dich schon dazu bereitet hattest, gehe nur aufs Land, Hermogenes wird dich begleiten.

KRATYLOS: Das soll geschehen, Sokrates. Tue du nur auch das deinige, um dies noch näher zu untersuchen.

PARMENIDES

A. Einleitung

B. Die Problematik des von Sokrates angenommenen Seins für sich bestehender Begriffe

C. Zwischenstück

D. Vorführung einer dialektischen Übung über das Sein des Eins durch Parmenides

D. 1 Erste Voraussetzung: Wenn Eins ist

Kephalos erzählt

1. Überlieferung und Zustandekommen des Gesprächs

Als wir von Hause, aus Klazomenai, zu Athen angekommen, be- 126a
gegneten wir auf dem Markte dem Adeimantos und Glaukon.
Und Adeimantos reichte mir die Hand und sagte: Willkommen,
Kephalos, und wenn du hier etwas bedarfst, das in unserm Vermögen steht, so sage es. – Eben recht deshalb, erwiderte ich, bin ich
hier, euch um etwas zu bitten. – Sage nur, sprach er, deine Bitte. –
Darauf sagte ich: Wie heißt doch noch euer Halbbruder von müt- b
terlicher Seite? Denn ich entsinne mich dessen nicht, er war aber
noch ein Knabe, als ich das erste Mal aus Klazomenai herkam,
und das ist schon lange her. Sein Vater, glaube ich, hieß Pyrilam-
pes. – Ganz recht, war die Antwort, und er selbst Antiphon. Aber
weshalb fragst du eigentlich nach ihm? – Dies hier, antwortete
ich, sind Landsleute von mir, sehr philosophische Männer, und
haben gehört, jener Antiphon habe sehr viel mit einem gewissen
Pythodoros, einem Freunde des Zenon, gelebt, und er habe die c
Unterredungen, welche einst Sokrates, Zenon und Parmenides gehalten, durch oftmaliges Anhören vom Pythodoros im Gedächtnis. – Ganz richtig, entgegnete er. – Diese nun, fuhr ich fort,
wünschten wir zu hören. – Das ist nichts Schwieriges, antwortete
er. Denn noch als ein heranwachsender Knabe hat er sie sich sehr
zu eigen gemacht, jetzt hingegen beschäftigt er sich wie sein gleichnamiger Großvater vorzüglich mit der Pferdezucht. Also wenn ihr
wollt, laßt uns zu ihm gehen; denn er ging gerade eben von hier
nach Hause und wohnt ganz nahebei in Melite.

Dies gesprochen, gingen wir und trafen den Antiphon zu Hause, 127a
wie er eben dem Schmied einen Zaum zur Ausbesserung übergab.
Nachdem er nun diesen abgefertigt und die Brüder ihm gesagt,
weshalb wir kämen, erkannte er auch mich von meiner ersten

Reise her und begrüßte mich. Und als wir ihn baten, das Gespräch
zu erzählen, machte er zuerst Schwierigkeiten, weil es, sagte er,
eine gar mühsame Sache wäre; hernach jedoch erzählte er.

Also Antiphon sagte, Pythodoros habe ihm erzählt, Zenon und
Parmenides wären einst zu den großen Panathenäen gekommen.
b Parmenides nun wäre damals schon hoch bejahrt gewesen, ganz
weißhaarig, aber edlen Ansehens, wohl fünfundsechzig Jahre alt.
Zenon aber wäre etwa vierzig gewesen, wohlgewachsen und von
angenehmem Aussehen, auch hätte er dafür gegolten, des Parmenides Liebling gewesen zu sein. Gewohnt hätten sie beim Pythodo-
c ros außerhalb der Stadt im Kerameikos, wohin dann auch Sokrates gekommen wäre und einige andere mit ihm, alle begierig, die
Schrift des Zenon zu hören; denn damals wäre diese zuerst von
jenen hergebracht worden. Sokrates aber wäre damals noch sehr
jung gewesen. Vorgelesen hätte Zenon selbst, Parmenides aber
wäre eben draußen gewesen; und nur noch wenig von der Vorle-
d sung sei übrig gewesen, als er selbst, Pythodoros, wie er sagte, von
draußen hereingekommen und mit ihm Parmenides sowie auch
Aristoteles, der hernach zu den Dreißig gehört hat, und nur sehr
Weniges hätten sie noch gehört von dem Buche. Übrigens hätte er
selbst es schon früher vom Zenon gehört.

2. *Sinn und Inhalt der Schrift des Zenon: Aufzeigung der Unmöglichkeit des Seins der Vielheit*

Nachdem nun Sokrates zu Ende gehört, habe er gebeten, den ersten Abschnitt des ersten Beweisgangs noch einmal zu lesen, und
e als es geschehen, habe er gesagt: Wie, o Zenon, meinst du dieses?
Wenn das Seiende Vieles wäre: so müßte es auch ähnlich sein und
unähnlich? Dieses aber wäre unmöglich, denn weder könnte das
Unähnliche ähnlich noch das Ähnliche unähnlich sein? Meinst du
es nicht so? – Gerade so, habe Zenon gesagt. – Und also, wenn
unmöglich das Unähnliche ähnlich sein könnte und das Ähnliche
unähnlich, so könnte ja unmöglich Vieles sein. Denn wenn Vieles
wäre, würde ihm jenes Unmögliche begegnen. Ist es dieses, was
deine Beweisgänge sagen wollen, nichts anders als allem sonst Ge-
glaubten zuwider behaupten, daß nicht Vieles sei? Und hiervon
hältst du jeden deiner Beweisgänge für einen Aufweis, so daß du
auch meinst, so viele Aufweise geführt zu haben, als du Beweis-

gänge geschrieben hast, daß nicht Vieles ist? Meinst du es so,
oder habe ich es nicht recht begriffen? – Keineswegs, habe Ze- 128a
non gesagt, sondern du hast ganz richtig verstanden, was die
ganze Schrift will. – Ich merke also wohl, habe Sokrates gesagt,
daß Zenon dir, Parmenides, nicht nur im übrigen in Freundschaft
verbunden zu sein wünscht, sondern auch vermittels dieser
Schrift. Denn gewissermaßen hat er dasselbe geschrieben wie du;
indem er es aber herumdreht, versucht er uns zu hintergehen, als
sage er etwas anderes. Denn du in deinen Gedichten sagst, das
Ganze sei Eins, und stellst dafür gut und tüchtig Beweise auf. b
Dieser aber sagt wiederum, es wäre nicht Vieles, ebenfalls mit
Darlegung vieler und starker Beweisgründe. Dies nun, daß der
eine behauptet, es wäre Eins, und der andere, es wäre nicht Vieles, und jeder so redet, daß er nichts von dem gesagt zu haben
scheint, was der andere, obwohl es doch ungefähr das Nämliche
sein muß, das ist offenbar uns andern zu hoch, wie ihr es durchgeführt habt. – Ja, Sokrates, habe Zenon gesagt, so hast auch du
die eigentliche Bewandtnis dieser Schrift noch nicht durchaus
inne, obgleich du dem Inhalt wie ein spartanischer Hund sehr gut c
nachspürst und auf der Fährte bleibst. Allein zuerst schon entgeht dir dieses, daß die Schrift sich ganz und gar nicht so wichtig
macht, daß sie, obschon nichts anderes, als was du anführst, be-
sagend, dieses den Leuten zu verheimlichen suchte, als wollte sie
etwas Großes ausrichten. Sondern was du von ihr sagtest, ist
nur etwas; eigentlich aber ist diese Schrift eine Hilfe für den Satz
des Parmenides gegen diejenigen, welche sich herausnehmen, ihn
zu verspotten, als ob, wenn Eins ist, gar vielerlei Lächerliches d
und ihm selbst Widersprechendes bei dem Satz herauskäme. Es
streitet also diese Schrift gegen die, welche das Viele behaupten,
und gibt ihnen gleiches zurück und noch mehr, indem sie deutlich zu machen sucht, daß noch weit Lächerlicheres ihrem Satze,
wenn Vieles ist, als dem «wenn Eines ist» begegnet, wenn ihn jemand recht durchnimmt. Aus solcher Streitlust also habe ich sie,
als ich noch jung war, geschrieben, und nachdem sie geschrieben
war, hat sie mir jemand entwendet. So daß ich nicht einmal mit
mir selbst zu Rate gehen konnte, ob ich sie ans Licht geben sollte e
oder nicht. Insofern also irrst du dich, Sokrates, als du glaubst,
sie sei nicht mit der Streitlust eines Jünglings, sondern mit der

Ehrliebe des reiferen Alters geschrieben. Sonst, wie ich schon gesagt, hast du sie nicht übel abgeschildert. –

3. *Sokratische Ansetzung eines Seins der Begriffe selbst und das Problem, ob diese Verschiedenheit an sich nehmen*

Wohl, ich nehme das an, habe Sokrates gesagt, und glaube, daß es sich nach deiner Aussage verhält. Dies aber sage mir: setzt du
129a nicht an, daß an und für sich ein Begriff der Ähnlichkeit ist, und wiederum ein anderer diesem entgegengesetzter, welcher das Unähnliche ist, und daß an diesen beiden ich und du und alles andere, was wir Vieles nennen, Anteil nehmen? Und was die Ähnlichkeit an sich nimmt, wird ähnlich, eben dadurch und sofern es die Ähnlichkeit an sich nimmt, was aber die Unähnlichkeit, unähnlich, und was beide, beides? Wenn aber auch alles diese beiden entgegengesetzten Begriffe an sich nimmt und auch wirklich vermöge dieses Ansichhabens beider ähnlich und unähnlich mit sich ist:
b was ist doch daran Wunderbares? Denn wenn freilich jemand zeigte, die Ähnlichkeit selbst wäre unähnlich oder die Unähnlichkeit ähnlich, das wäre, denke ich, ein Wunder. Zeigt er aber, wie dem, was beides an sich hat, auch beides zukommt: so dünkt mich, o Zenon, dies gar nichts Widersinniges. Auch nicht, wenn jemand zeigt, alles sei Eins, weil es die Einheit an sich hat, und dasselbe sei auch wieder Vieles, indem es Menge an sich hat; aber wird er zeigen, was Eins ist, das selbst sei Vieles, und wiederum,
c das Viele selbst sei Eins: dieses werde ich gewiß bewundern. Und ebenso nun in Hinsicht auf alles andere: wenn jemand zeigte, daß den Gattungen und Begriffen selbst diese entgegengesetzen Beschaffenheiten zukommen, das wäre wert, es zu bewundern; wenn aber von mir jemand zeigen kann, daß ich Eins bin und Vieles, was Wunder, indem er ja nur zu sagen braucht, wenn er zuerst mich als Vieles zeigen will, daß etwas anderes mein Rechtes ist und anderes mein Linkes, anderes das Vordere und anderes das Hintere, wie auch oben und unten auf gleiche Weise: denn so, denke ich, habe ich Vielheit an mir. Wenn aber hernach als Eins, wird er
d sagen, daß unter uns sieben hier ich *ein* Mensch bin, an mir habend insofern auch Einheit, so daß er beides ganz richtig gezeigt hätte. Wenn nun jemand unternimmt, dergleichen zugleich als Eins und Vieles zu erweisen, Steine, Holz und solcherlei: so wollen

wir sagen, er habe uns etwas als Vieles und Eins gezeigt, aber
nicht, daß das Eins Vieles oder das Viele Eins ist, und er bringe also
gar nichts Wunderbares vor, sondern was wir alle gern zugeben.
Wenn aber jemand, wie ich eben sagte, zuvörderst die Begriffe
selbst aussonderte, die Ähnlichkeit und Unähnlichkeit, die Vielheit und die Einheit, die Bewegung und die Ruhe und alle von e
dieser Art, und dann zeigt, daß diese auch unter sich miteinander
vermischt und voneinander getrennt werden können, das, o Zenon, habe er gesagt, würde mir gewaltige Freude machen. Jenes
nun glaube ich hier sehr wacker durchgeführt zu sehen; weit mehr
aber, wie gesagt, würde es mich auf diese Art erfreuen, wenn jemand diese nämliche Schwierigkeit auch als in die Begriffe selbst
auf vielfache Art verflochten, wie ihr an den sichtbaren Dingen sie 130a
durchgegangen seid, ebenso auch an dem, was mit dem Verstande
aufgefaßt wird, aufzeigen könnte.

4. *Frage des Parmenides: Von welchen Gegenständen gibt es für sich bestehende Begriffe?*

Indem Sokrates dieses sprach, sagte Pythodoros, habe er seines-
teils geglaubt, Parmenides und Zenon würden über jedes fast verdrießlich sein; sie aber hätten auf seine Rede sehr genau achtgege-
ben und oftmals einander lächelnd angesehen, als freuten sie sich
sehr über den Sokrates. Welches auch, nachdem er aufgehört, Parmenides geäußert und gesagt: Wie sehr, o Sokrates, verdienst du
gerühmt zu werden wegen deines Eifers für die Forschungen. Und b
sprich, teilst du selbst so, wie du sagst, die Begriffe selbst besonders und das, was sie annimmt, wieder besonders? Und dünkt dich
etwas die Ähnlichkeit selbst zu sein, getrennt von jener Ähnlichkeit, die wir an uns haben, und so auch das Eins und das Viele und
alles, was du eben vom Zenon gehört hast? – Mich dünkt es, habe
Sokrates gesagt. – Auch etwa dergleichen, ein Begriff des Gerechten für sich und des Schönen und Guten, und von allem, was wiederum dieser Art ist? – Ja, habe er gesagt. – Und wie, auch einen c
Begriff der Menschen, getrennt von uns und allen, welche ebenso
sind wie wir, einen Begriff selbst des Menschen oder des Feuers
oder des Wassers? – Hierüber, habe er gesagt, bin ich oftmals in
Zweifel gewesen, o Parmenides, ob man auch hiervon eben das
behaupten soll, wie von jenem, oder etwas anderes. – Etwa auch

über solche Dinge, o Sokrates, welche gar lächerlich herauskä-
men, wie Haare, Kot, Schmutz und was sonst noch recht geringfügig und verächtlich ist, bist du in Zweifel, ob man behaupten solle,
d daß es auch von jedem unter diesen einen Begriff besonders gebe,
und wiederum etwas anderes ist als die Dinge, die wir handhaben,
oder ob man es nicht behaupten solle? – Keineswegs, habe Sokrates gesagt, sondern daß diese eben das sind, was wir sehen, und
daß zu glauben, es gebe noch einen Begriff von ihnen, doch gar zu
wunderlich sein möchte. Zwar hat es mich bisweilen beunruhigt,
ob es sich nicht bei allen Dingen auf gleiche Art verhalte. Dann
aber, wenn ich hier zu stehen komme, fliehe ich, aus Furcht, in eine
bodenlose Albernheit versinkend umzukommen; komme ich hingegen wieder zu jenen Gegenständen, von denen wir jetzt eben
zugaben, daß es Begriffe von ihnen gebe, so beschäftige ich mich
mit diesen und verweile gern dabei. – Du bist eben noch jung, o
e Sokrates, habe Parmenides gesagt, und noch hat die Philosophie
dich nicht so ergriffen, wie ich glaube, daß sie dich noch ergreifen
wird, wenn du nichts von diesen Dingen mehr gering achten wirst.
Jetzt aber siehst du noch auf der Menschen Meinungen deiner
Jahre wegen.

5. Einwände des Parmenides gegen die Ansicht vom Gegenwärtigsein der Begriffe selbst in den Dingen

Dieses also sage mir: glaubst du, wie du sagt, es gebe gewisse Begriffe, durch deren Aufnahme in sich diese andern Dinge den Namen von ihnen erhalten, so daß, was die Ähnlichkeit aufnimmt,
131a ähnlich, was die Größe, groß, was aber die Güte und Gerechtigkeit, gerecht wird und gut? – Allerdings, habe Sokrates gesagt. –
Also muß entweder den ganzen Begriff oder einen Teil davon jedes
Aufnehmende in sich aufnehmen? Oder kann es außer diesen
noch eine andere Aufnahme in sich geben? – Wie sollte es wohl?
entgegnete er. – Dünkt dich also der ganze Begriff in jedem einzelnen von den vielen zu sein, obgleich er einer ist, oder wie? – Was,
o Parmenides, habe Sokrates gefragt, sollte ihn denn hindern,
b darin zu sein? – Eins und dasselbe seiend also soll er in vielen
getrennt voneinander Seienden zugleich sich befinden und also
selbst von sich selbst getrennt sein? – Nicht doch, habe Sokrates
gesagt, wenn wie ein und derselbe Tag überall zugleich und den-

noch keineswegs getrennt von sich selbst ist, so auch jeder Begriff
in allen Dingen zugleich derselbe wäre. – Sehr anmutig, o Sokrates, habe Parmenides gesagt, setzt du eins als dasselbe an vielen
Orten zugleich, wie wenn du mit einem Segeltuch viele Menschen
bedeckend sagen wolltest, das eine wäre ganz über Vielen. Oder
glaubst du nicht, so etwas ungefähr zu sagen? – Vielleicht. – c

Wäre nun so das Segeltuch ganz über jeden, oder nicht vielmehr
über jedem einzelnen auch ein anderer Teil desselben? – Ein Teil
freilich. – Teilbar also, o Sokrates, sind die Begriffe selbst, und
was sie in sich hat, hätte nur einen Teil in sich, und nicht mehr
ganz wäre der Begriff in jedem, sondern nur ein Teil von jedem? –
So scheint es wenigstens. – Wirst du also, habe er gesagt, wollen,
daß der eine Begriff uns wirklich geteilt werde, und wird er dann
noch *einer* sein? – Keineswegs. – Denn sieh nur weiter, habe Parmenides gesagt, wenn du nun die Größe selbst teilen willst und
dann jedes von den vielen großen Dingen durch einen als die d
Größe selbst kleineren Teil der Größe groß sein soll, ist das nicht
offenbar unvernünftig? – Gar sehr, habe er gesagt. – Und wie,
wenn jedes einen kleinen Teil von der Gleichheit bekommt, so soll
es, weil es etwas hat, was kleiner ist als die Gleichheit, eben dadurch einem andern gleich sein? – Unmöglich. – Aber es habe
jemand von uns einen Teil der Kleinheit, so wird doch die Kleinheit selbst größer sein als dieses, welches ihr Teil ist. Die Kleinheit
selbst wird demnach größer sein: dasjenige aber, dem das Hinweggenommene beigelegt wird, wird kleiner dadurch, nicht aber e
größer als zuvor. – Dieses kann ja wohl nicht sein, habe er gesagt. –

Auf welche Weise also, o Sokrates, sollen dir dann die andern
Dinge die Begriffe aufnehmen, da sie weder teilweise sie aufnehmen können noch auch ganz? – Beim Zeus, habe er gesagt, es
scheint mir keineswegs leicht, dies irgendwie auseinanderzuset-
zen. – Wie aber nun? Was meinst du zu folgendem? – Wozu? –
Ich glaube, daß du aus folgendem Grunde annimmst, jeder Begriff 132a
für sich sei eines. Wenn dir nämlich vielerlei Dinge groß zu sein
scheinen: so scheint dir dies vielleicht eine und dieselbe Gestalt zu
sein, wenn du auf alle siehst, weshalb du dann glaubst, das Große
sei *eins*. – Ganz richtig, habe er gesagt. – Wie aber nun, das
Große selbst und die andern großen Dinge, wenn du die ebenso

mit der Seele zusammen überschaust: erscheint dir nicht wiederum *ein* Großes, wodurch notwendig ist, daß dieses alles dir
groß erscheint? – Das leuchtet sehr ein. – Noch ein Begriff der
Größe wird dir also zum Vorschein kommen außer jener ersten
Größe und den diese an sich habenden Dingen, und wiederum
b über allen diesen zusammen noch ein anderer, wodurch diese alle
groß sind, und so wird dir jeder Begriff nicht mehr eines sein, sondern ein unbegrenzt Vielfaches. –

6. Wiederlegung der Auffassung der Begriffe selbst als Gedanken oder Urbilder. Problem des Seins der Begriffe selbst

Aber, o Parmenides, habe Sokrates gesagt, ob nicht etwa jeder von
diesen Begriffen nur ein Gedanke ist, welchem nicht gebührt, irgendwo anders zu sein als in den Seelen. Denn so wäre doch jeder
eines, und es würde ihnen nicht mehr das begegnen, was eben gesagt worden ist. – Wie also, habe jener gesagt, jeder von diesen
Gedanken wäre einer, aber ein Gedanke von nichts? – Unmög-
c lich. – Also von etwas? – Ja. – Was ist oder was nicht ist? – Was
ist. – Nicht wahr, von etwas Gewissem, was eben jener Gedanke
als an allen jenen Dingen befindlich bemerkt als *eine* gewisse Gestalt? – Ja. – Und dies soll nicht der Begriff sein, was so gedacht
wird, eines zu sein, immer dasselbe seiend in allem? – Das scheint
wieder notwendig. – Wie aber weiter, habe Parmenides gesagt,
wenn du behauptest, die übrigen Dinge haben in sich die Begriffe,
mußt du nicht entweder glauben, daß jedes aus Gedanken bestehe
und daß sie alle denken, oder daß sie Gedanken seiend doch un-
denkend sind? – Allein auch das, habe Sokrates gesagt, hat ja kei-
d nen Sinn. Sondern, o Parmenides, eigentlich scheint es mir sich so
zu verhalten, daß nämlich diese Begriffe gleichsam als Urbilder
dastehen in der Natur, die andern Dinge aber diesen gleichen und
Nachbilder sind, und daß die Aufnahme der Begriffe in die andern
Dinge nichts anderes ist, als daß diese ihnen nachgebildet werden. – Wenn nun, sagte Parmenides, etwas dem Begriff ist nachgebildet worden, ist es möglich, daß der Begriff dem Nachgebildeten nicht ähnlich sei, insofern dieses ihm ähnlich gemacht worden
ist? Oder gibt es eine Möglichkeit, daß das Ähnliche einem nicht
Ähnlichen ähnlich ist? – Es gibt keine. – Und ist es nicht sehr
notwendig, daß das Ähnliche mit dem Ähnlichen eins und das-

selbe muß aufgenommen haben? – Notwendig. – Das aber, e
durch dessen Aufnahme in sich die ähnlichen Dinge ähnlich sind,
ist nicht das eben der Begriff selbst. – Auf alle Weise freilich. – Es
ist also nicht möglich, daß etwas einem Begriff ähnlich ist, noch
ein Begriff etwas anderem; wo nicht, so erscheint immer ein anderer Begriff über jenen, und wenn jener wieder ähnlich ist, noch
einer, und niemals hört dieses Erscheinen eines neuen Begriffes 133a
auf, wenn der Begriff dem, was ihn in sich aufgenommen hat, ähnlich sein soll. – Das ist sehr richtig. – Also auch nicht durch Ähnlichkeit nehmen die andern Dinge die Begriffe auf: sondern man
muß eine andere Art suchen, wie sie sie aufnehmen. – So steht
es. – Siehst du also nun, Sokrates, habe Parmenides gesagt, wie
groß die Schwierigkeit ist, wenn jemand die Begriffe als an und für
sich seiend erklärt? – Jawohl. –

Wisse demnach nur, habe er weiter gesagt, daß du, um es geradeheraus zu sagen, noch gar nicht berührt hast, wie groß die Verlegenheit ist, wenn du für jegliches jedesmal abgesondert einen Be- b
griff aufstellen willst. – Wie das? habe er gefragt. – Unter vielem
anderen, habe Parmenides gesagt, ist das größte dieses: Wenn jemand behaupten will, es käme diesen Begriffen nicht einmal zu,
erkannt zu werden, wenn sie so beschaffen wären, wie wir sagten,
daß Begriffe sein müßten, dem, der dies sagte, könnte man nicht
beweisen, daß er unrecht habe, wenn nicht der Bezweifelnde
schon sehr geübt ist und von guten Gaben, und Lust hat, dem, der
den Beweis führen will, durch viele und weit ausholende Erörterungen zu folgen; sonst wird der nicht zu überzeugen sein, welcher
behaupten will, sie wären unerkennbar. – Woher dieses, o Parme- c
nides? habe Sokrates gefragt. – Weil, glaube ich, Sokrates, du
sowohl als jeder, welcher setzt, es gebe von jeglichem Ding ein
Wesen für sich, auch zugestehen wird, daß zuerst kein einziges
hiervon bei uns sich finde? – Wie wäre es auch sonst an sich, habe
Sokrates gesagt. – Ganz recht, habe jener gesagt. Diejenigen Ideen
also, welche nur in Wechselbeziehung aufeinander sind, was sie
sind, haben auch ihr Wesen an sich nur in Beziehung auf einander
und nicht in Beziehung auf ihre unter uns befindlichen Nachbil- d
der, oder wofür man sie sonst halten will von dem, durch dessen
Aufnahme in uns wir dies und das zu sein genannt werden. Das
aber bei uns befindliche jenen Gleichnamige ist dies wiederum in

bezug auf einander und nicht auf die Begriffe, und ist es für einander und wiederum nicht für jene, die auch so genannt werden. –
Wie meinst du das? habe Sokrates gefragt. – So, habe Parmenides
gesagt, daß, wenn einer von uns des andern Herr ist oder Knecht,
so ist er nicht des Herrn an sich, welcher Herr *ist*, nicht dessen
e Knecht; noch auch des Knechtes an sich, welcher Knecht *ist*, Herr
ist der Herr; sondern als Menschen sind sie für einander dieses
beides. Die Herrschaft selbst aber ist, was sie ist, von der Knechtschaft selbst, und ebenso ist Knechtschaft selbst die Knechtschaft
von der Herrschaft selbst. Nicht aber hat, was bei uns ist, sein
Vermögen in Beziehung auf jenes, noch jenes auf uns: sondern,
134a wie ich sage, unter sich und für sich ist jenes und unseres ebenso
für sich. Oder verstehst du nicht, was ich meine? –

7. *Unerkennbarkeit der seienden Begriffe und Erkenntnislosigkeit der Götter als Folge des Ansatzes für sich bestehender Begriffe?*

Sehr gut, habe Sokrates gesagt, verstehe ich es. – Also, habe er
fortgefahren, auch die Erkenntnis an sich, was Erkenntnis *ist*,
wäre die Erkenntnis jenes an sich, was Wahrheit *ist*? – Allerdings. – Und jede einzelne Erkenntnis, welche *ist*, wäre auch nur
Erkenntnis des einzelnen Seienden, was *ist*. Oder nicht? – Ja. –
Aber die Erkenntnis bei uns, muß die sich nicht beziehen auf die
Wahrheit bei uns? Und so jede einzelne Erkenntnis bei uns wäre
b folglich nur Erkenntnis des einzelnen Seienden bei uns? – Notwendig. – Aber die Begriffe an sich haben wir weder, wie du zugibst, noch ist es möglich, daß sie unter uns angetroffen werden. –
Auf keine Weise. – Sonach werden erkannt von dem Begriff an
sich der Erkenntnis die Gattungen selbst, welche im einzelnen
sind? – Ja. – Welchen wir aber nicht haben. – Freilich nicht. –
Also wird auch von uns kein Begriff an sich erkannt, weil wir die
Erkenntnis selbst nicht haben. – Es scheint nicht. – Unerkennbar
also ist uns das Schöne an sich, was *ist*, und so auch das Gute und
c alles, was wir uns als für sich seiende Ideen vorstellen. – So scheint
es leider. – Sieh aber nun hiervon auf jenes noch Ärgere. – Auf
welches? –

Wirst du zugeben oder nicht, daß, wenn an sich eine Gattung Erkenntnis *ist*, diese weit genauer sein müsse als die Erkenntnis bei

uns, und so auch die Schönheit und alles andere auf gleiche
Weise? – Ja. – Besitzt also irgend etwas anderes diese Erkenntnis
an sich: so wirst du nicht wollen, daß irgend jemand anders mehr
als Gott die genaueste Erkenntnis habe? – Natürlich. – Wird nun
etwa Gott, die Erkenntnis selbst besitzend, wiederum vermögend d
sein, das, was bei uns ist, zu erkennen? – Warum das nicht? –
Weil, sagte Parmenides, unter uns ausgemacht ist, o Sokrates, daß
weder jene Begriffe in Beziehung auf das bei uns Befindliche dasjenige Vermögen haben, welches sie haben, noch auch das bei uns
Befindliche in Beziehung auf jene; sondern abgesondert jedes von
beiden für sich. – Das ist freilich ausgemacht. – Wenn sich also
jene genaueste Herrschaft bei Gott befindet und jene genaueste
Erkenntnis: so wird diese Herrschaft über jene niemals uns beherrschen, noch auch diese Erkenntnis uns erkennen oder irgend e
etwas bei uns. Sondern ganz auf gleiche Weise herrschen wir nicht
über jene mit unserer Herrschaft, noch erkennen wir irgend etwas
von dem Göttlichen mit unserer Erkenntnis; und auch sie sind aus
demselben Grunde nicht unsere Herren, noch erkennen sie die
menschlichen Dinge, als Götter. – Aber, sagte er, daß das nur
nicht eine allzu wunderliche Rede ist, wenn einer die Gottheit des
Wissens beraubt! –

Dennoch aber, o Sokrates, habe Parmenides gesagt, muß dies
und noch gar vieles andere von den Begriffen gelten, wenn diese 135a
Ideen Seiendes sein sollen und jemand als etwas für sich jeden Begriff setzen will. So daß, wer es anhört, bedenklich werden muß
und bestreiten, daß dergleichen überhaupt *ist*, oder wenn ja, daß
es ganz notwendig der menschlichen Natur unerkennbar sein
müßte. Und wer dies sagt, muß nicht nur glauben, etwas Rechtes
zu sagen, sondern auch, wie wir eben sagten, sehr schwer eines
andern zu überzeugen sein; und sehr wohl begabt muß der sein,
der dies soll begreifen können, daß eine Gattung jedes einzelnen *ist*
und ein Wesen an sich; noch vortrefflicher aber der, welcher es b
ausfindet und dies alles gehörig auseinandersetzend auch andere
lehren kann. – Dies, o Parmenides, räume ich dir ein, sprach Sokrates, denn du sagst es ganz nach meinem Sinn. – Dennoch aber,
o Sokrates, sagte Parmenides, wenn jemand auf der andern Seite
nicht zugeben will, daß Begriffe Seiendes sind, weil er eben auf
alles Vorige und mehr Ähnliches hinsieht und keinen Begriff für

jedes Besondere bestimmt setzen will: so wird er nicht haben, wo-
c hin er seinen Verstand wende, wenn er nicht eine Idee für jegliches
Seiende zuläßt, die immer dieselbe bleibt, und so wird er das Vermögen der Dialektik gänzlich aufheben; welche Folge du eben
vornehmlich scheinst beachtet zu haben. – Ganz richtig, habe Sokrates gesagt. –

8. Parmenides über die zum Finden der Wahrheit nötige Übung. Bitte um eine Probe

Was also willst du tun in Hinsicht der Philosophie? Wohin willst
du dich wenden, wenn du über diese Dinge keine Erkenntnis besitzt? – Das glaube ich nicht recht abzusehen für jetzt. – Allzu-
früh eben, habe Parmenides gesagt, ehe du dich gehörig geübt
hast, o Sokrates, unternimmst du zu bestimmen, was schön ist und
d gerecht und gut, und so jeden andern Begriff. Schon neulich habe
ich dies bemerkt, als ich hörte, wie du dich mit dem Aristoteles
unterredetest. Schön allerdings und göttlich, das wisse nur, ist der
Trieb, der dich treibt zu diesen Forschungen. Strecke dich aber
zuvor noch besser und übe dich vermittels dieser für unnütz gehal-
tenen und von den meisten auch nur Geschwätz genannten Wissenschaft, solange du noch jung bist: denn wo nicht, so wird dir
die Wahrheit entgehen. – Welches aber, o Parmenides, ist die Art
und Weise, sich zu üben? – Dieselbe, o Sokrates, die du eben vom
e Zenon gehört hast. Indes aber habe ich mich darüber doch gefreut
von dir, als du diesem sagtest, du gäbest ihm nicht zu, nur an den
sichtbaren Dingen und in Beziehung auf sie die Untersuchung
durchzuführen, sondern in Beziehung auf jenes, was man vornehmlich mit dem Verstande auffaßt und für Begriffe hält. – Es
schien mir eben, habe Sokrates hinzugefügt, auf jene Art nicht
schwer, von den Dingen zu zeigen, daß sie ähnlich und unähnlich
sind und daß ihnen alles, was man nur will, zukommt. – Und mit
Recht, sagte Parmenides. Außerdem mußt du aber noch dies tun,
daß du nicht nur etwas als seiend voraussetzend untersuchst, was
sich aus der Voraussetzung ergibt: sondern auch, daß jenes näm-
136a liche nicht sei, mußt du hernach zugrunde legen, wenn du dich noch
besser üben willst. – Wie meinst du das? fragte Sokrates. – Zum
Beispiel, sagte Parmenides, nach der Voraussetzung, von welcher
Zenon ausgegangen ist, wenn Vieles ist, was muß sich dann erge-

ben für das Viele selbst an sich und in Beziehung auf das Eins, und
auch für das Eins an sich und in Beziehung auf das Viele; und
ebenso mußt du dann auch untersuchen, wenn Vieles nicht ist,
was sich dann ergeben muß für das Eins sowohl als für das Viele
jedes an sich und in Beziehung auf einander. Ebenso wenn du vor-
aussetzt, wenn es Ähnlichkeit gibt oder wenn es sie nicht gibt, ist b
zu sehen, was aus jeder von beiden Voraussetzungen folgt, sowohl
für das Vorausgesetzte selbst als für das Andere insgesamt, an sich
und in Beziehung auf einander. Auch von dem Unähnlichen gilt
dasselbe und von der Bewegung und Ruhe, von dem Entstehen
und Vergehen, ja von dem Sein selbst und dem Nichtsein. Und mit
einem Worte, was du auch zugrunde legst, es als seiend und nicht
seiend oder was sonst davon annehmend, davon mußt du sehen,
was sich jedesmal ergibt für das Gesetzte selbst und für jedes an- c
dere Einzelne, was du herausnehmen willst, sowohl für Mehreres
als auch für Alles insgesamt ebenso. Ebenso auch, was sich für das
Übrige ergibt, an sich und in Beziehung auf jedes Einzelne, was du
jedesmal herausheben willst, du magst nun das, wovon du aus-
gingst, als seiend voraussetzen oder als nichtseiend, wenn du vollkommen geübt auch die Wahrheit gründlich durchschauen
willst. – Ein unendliches Geschäft, o Parmenides, beschreibst du,
sagte Sokrates, und ich verstehe es noch nicht recht. Warum aber
gehst du es nicht selbst durch, irgend etwas voraussetzend, damit
ich es desto besser begreife? – Ein großes Werk, o Sokrates, sagte d
er, legst du mir auf, und in meinem Alter. – Aber du also, habe
Sokrates gesagt, o Zenon, warum willst du nicht etwas abhan-
deln? – Darauf habe Zenon lächelnd geantwortet: Wir wollen
ihn selbst bitten, den Parmenides. Denn das ist nichts Geringes,
was er sagt; oder siehst du nicht selbst, welche Arbeit du auf-
trägst? Wären wir nun mehrere, so lohnte es nicht, ihn zu bitten:
denn unschicklich ist es, dergleichen vor Vielen zu reden, zumal
einem Manne von solchen Jahren. Denn die Menge weiß nicht,
daß, ohne so das ganze Gebiet durchzugehen und zu umwandeln, e
es nicht möglich ist, die Wahrheit treffend richtige Einsicht wirklich zu erlangen. Ich also, o Parmenides, schließe mich der Bitte
des Sokrates an, damit auch ich nach langer Zeit dich einmal wieder höre. –

9. *Einleitung zur dialektischen Übung*

Als dieses Zenon gesprochen, sagte Antiphon, habe Pythodoros selbst, wie er ihm erzählt, und so auch Aristoteles und die anderen den Parmenides gebeten, eine Probe zu geben von dem, was er meine, und ja nicht anders zu tun. – Hierauf habe Parmenides gesagt: Ich muß wohl gehorchen. Wiewohl es mir, glaube ich, wie
137a dem Rosse des Ibykos gehen wird, welchem als einem wackern zwar, aber schon bejahrten Streiter, weil es im Begriff, noch einmal den Kampf des Wagens zu bestehen, aus Kunde vor dem, was ihm bevorstand, gezittert, eben deshalb jener selbst sich vergleicht, sagend, auch er werde, wider Willen, so alt schon, gezwungen, noch einmal die Bahn der Liebe zu gehen. So fühle auch ich, wenn ich dessen gedenke, nicht wenig Furcht, wie ich wohl in solchem Alter ein so großes und schwieriges Meer von Untersuchungen durchschwimmen soll. Indessen, denn ich muß euch wohl gefällig sein, zumal auch Zenon einstimmt, wir sind ja unter uns. Von wo also fangen wir an, und was sollen wir zuerst zu-
b grunde legen? Oder wollt ihr, da doch einmal das mühsame Spiel soll gespielt werden, daß ich von mir selbst anfange und von meiner Voraussetzung, indem ich das Eins selbst zugrunde lege, wenn es ist und wenn es nicht ist, was dann sich ergeben muß? – Das tue allerdings, habe Zenon gesagt. – Wer aber, sprach Parmenides, wird mir antworten? Oder wohl der jüngste? Denn der würde am wenigsten Vorwitz treiben und gewiß antworten, was er meint, zugleich aber würde mir seine Antwort einen Ruhepunkt gewäh-
c ren. – Ich bin dir hierzu bereit, o Parmenides, habe darauf Aristoteles gesagt. Denn mich meinst du, wenn du den jüngsten meinst. Frage also, ich werde schon antworten.

10. *Erste Voraussetzung: Wenn Eins ist. Wenn* Eins *ist, so ist das Eins-Seiende weder ganz noch hat es Teile*

Wohlan, habe Parmenides gesagt, wenn *Eins* ist, so kann doch wohl das Eins nicht Vieles sein? – Wie sollte es wohl! – Weder dürfen also Teile desselben, noch darf es selbst ganz sein. – Wie das? – Der Teil ist doch wohl Teil eines Ganzen? – Ja. – Und wie das Ganze? Wäre nicht das, dem kein Teil fehlte, ganz? – Allerdings. – In beiden Fällen also wird das Eins aus Teilen bestehen, wenn es ganz ist und wenn es Teile hat? – Notwendig. – In beiden

Fällen also wäre das Eins Vieles und nicht Eins. – Richtig. – Es d
soll aber nicht Vieles sein, sondern Eins. – Das soll es. –

11. Das Eins-Seiende hat weder Anfang noch Ende noch Gestalt und ist nirgends

Weder also kann das Eins ganz sein noch Teile haben, wenn es Eins sein soll. – Freilich nicht. – Wenn es nun gar keinen Teil hat: so hat es doch auch weder Anfang noch Ende noch eine Mitte. Denn dergleichen wären doch schon Teile desselben. – Richtig. – Gewiß aber sind Anfang und Ende die Grenzen eines jeden. – Wie sonst? – Unbegrenzt also ist das Eins, wenn es weder Anfang noch Ende hat? – Unbegrenzt. – Also auch ohne Gestalt; denn es kann
weder Rund noch Gerade an sich haben. – Wieso? – Rund ist e
doch wohl das, dessen Enden überall von der Mitte gleich weit abstehen? – Ja. – Gerade aber das, dessen Mitte vor beiden Enden davor ist? – So ist es. – Also hätte das Eins Teile und wäre Vieles, es möchte nun die gerade Gestalt an sich haben oder die kreisförmige. – Allerdings. – Also ist es weder gerade noch kreis-
förmig, wenn es doch nicht einmal Teile hat. – Richtig. – 138a

Ferner, wenn es so beschaffen ist, kann es auch nirgends sein. Denn es kann weder in einem Anderen noch in sich selbst sein. – Wieso doch? – In einem Anderen seiend, müßte es von jenem, in welchem es wäre, rings umgeben sein und es vielfach an vielen Orten berühren. Dem Einen aber und Teillosen und vom Runden nichts an sich Habenden ist es unmöglich, rings herum an vielen Orten zu berühren. – Unmöglich. – Wiederum, in sich selbst seiend, wäre ihm als Umgebendes nichts anderes als es selbst, wenn
es doch in sich selbst sein soll. Denn daß etwas in etwas es nicht b
Umgebendem sei, ist unmöglich. – Unmöglich freilich. – Also wäre anderes davon das Umgebende und wieder anderes das Umgebene. Denn ganz kann nicht dasselbe beides leiden und auch tun. Und so wäre demnach das Eins nicht mehr Eins, sondern Zwei. – Freilich nicht Eins. – Also ist das Eins wohl gar nicht wo, wenn es weder sich selbst noch einem andern einwohnt. – Das ist es nicht. –

12. Das Eins-Seiende hat weder Bestehen noch Wechsel

Sieh also, wenn es sich so damit verhält, ob es wohl bestehen oder
wechseln kann. – Wieso denn nicht? – Weil, wenn es wechselt, es
sich entweder bewegt oder sich verändert. Denn dies sind die ein-
c zigen Wechslungen. – Ja. – Wird aber das Eins anders als es
selbst, so kann es ja unmöglich noch Eins sein. – Unmöglich. –
Veränderungsweise also wechselt es nicht. – Offenbar nicht. –
Ob aber durch Bewegung? – Vielleicht. – Allein, wenn das Eins
sich bewegte: so müßte es sich entweder an demselben Orte rings
herumdrehen, oder es müßte eine Stelle vertauschen mit einer andern. – Notwendig. – Nicht wahr aber, dreht es sich ringsherum,
so muß es auf seiner Mitte ruhen und andere Teile haben, welche
d sich um die Mitte herumbewegen? Dem aber weder Mitte noch
Teile zukommen, auf welche Weise soll sich das jemals um die
Mitte herumbewegen? – Auf keine Weise. – Vertauscht es aber
seinen Ort: so kommt es zu einer anderen Zeit anderswohin und
bewegt sich so? – Wenn es sich freilich bewegen soll. – Daß es
aber in etwas sei, hat sich uns als ihm unmöglich gezeigt. – Ja. –
Ist also nicht noch unmöglicher, daß es in etwas komme? – Ich
sehe nicht ein, wieso. – Wenn etwas wo hineinkommt, muß es
nicht notwendig teils noch nicht in jenem sein, da es ja erst hineinkommt, teils auch nicht ganz außerhalb desselben, da es ja schon
hineinkommt? – Notwendig. – Wenn dies also einem begegnen
e kann: so kann es nur dem begegnen, was Teile hat. Denn davon
kann einiges schon in jenem, anderes zugleich noch außerhalb desselben sein; was aber keine Teile hat, das ist nicht imstande, auf
irgendeine Weise zugleich ganz entweder innerhalb oder außerhalb von etwas zu sein. – Das ist richtig. – Was aber weder Teile
hat, noch ein Ganzes ist, kann das nicht noch weit unmöglicher
irgendwo hineinkommen, da es weder teilweise noch ganz hineinkommen kann? – Offenbar. – Weder also kann es wohin gehend
139a und in etwas hineinkommend seinen Ort vertauschen, noch durch
Herumdrehung an demselben Ort oder durch Veränderung wechseln. – Es scheint nicht. – Nach jeder Art von Wechsel also ist das
Eins unbeweglich. – Unbeweglich. – Aber wir behaupten auch,
daß es unmöglich in etwas sein kann. – Das behaupten wir. –
Also wird es auch niemals in demselben sein. – Wieso? – Weil es
ja doch in dem sein müßte, in welchem als demselben es sein

soll. – Das ist wahr. – Aber es konnte ja weder sich selbst noch
einem andern einwohnen. – Freilich nicht. – Niemals also kann
das Eins in demselben sein. – Es scheint nicht. – Was aber niemals in demselben ist, das hat keine Ruhe und besteht nicht. – b
Nein, nicht möglich. – Das Eins also, wie es scheint, besteht weder noch wechselt es. – Freilich nicht, wie wir sehen. –

13. Das Eins-Seiende ist weder einerlei, gleich, ähnlich noch verschieden, ungleich, unähnlich, weder mit sich selbst noch mit einem anderen

Aber es wird auch ferner nicht einerlei sein weder mit sich selbst
noch mit einem anderen, aber auch wiederum nicht verschieden
weder von sich selbst noch von einem andern könnte es sein. –
Wie das? – Wäre es verschieden von sich selbst: so wäre es verschieden von Eins und also nicht Eins. – Wahr. – Wäre es ferner
einerlei mit einem anderen: so wäre es jenes, es selbst aber wäre es c
nicht: So daß es auch auf diese Art nicht mehr das wäre, was es ist,
Eins, sondern ein anderes als Eins. – Freilich nicht. – Also einerlei
mit einem andern oder verschieden von sich selbst wird es nicht
sein. – Nein. – Es wird aber auch nicht verschieden sein von
einem andern, solange es Eins ist. Denn dem Eins gebührt das gar
nicht, verschieden zu sein von irgend etwas, sondern allein dem
Verschiedenen vom Verschiedenen und keinem andern. – Richtig. – Insofern es also Eins ist, wird es nicht verschieden sein. Oder
glaubst du? – Nicht doch. – Wenn aber nicht insofern, dann auch
nicht, inwiefern es Es selbst ist; und wenn nicht, inwiefern es Es
selbst ist, dann überhaupt nicht selbst. Wenn es also als es selbst
auf keine Weise verschieden ist, dann ist es auch nicht verschieden d
von etwas. – Richtig. – Aber es wird auch nicht einerlei sein mit
sich selbst. – Wie das nicht? – Die Natur des Eins ist nicht dieselbe wie die des Einerlei. – Wie doch? – Weil nicht, wenn etwas
einerlei mit etwas geworden ist, es auch Eins wird. – Aber was
denn? – Was einerlei mit dem Vielen geworden ist, das wird doch
notwendig Vieles und nicht Eins. – Das ist wahr. – Sondern nur,
wenn das Eins und das Einerlei gar nicht voneinander verschieden
wären, dann müßte, wenn etwas einerlei geworden ist, es auch
immer Eins geworden sein, und wenn Eins, einerlei. – Allerdings. – Also wenn das Eins mit sich selbst einerlei sein wird, wird e

es nicht Eins sein, insofern es Es selbst ist und so wird es Eins seiend auch wieder nicht Eins sein. – Aber das ist ja unmöglich. – Also ist auch dem Eins unmöglich, entweder verschieden zu sein von einem anderen oder einerlei mit sich selbst. – Unmöglich. – So wäre demnach das Eins verschieden oder einerlei weder mit sich selbst noch mit einem andern. – Freilich nicht. –

Es wird aber auch weder ähnlich noch unähnlich sein weder
sich selbst noch einem anderen. – Wieso? – Weil dasjenige, dem
irgend einerlei zukommt, ähnlich ist. – Ja. – Das Einerlei aber
hatte sich gezeigt, seiner Natur nach außerhalb des Eins zu sein. –
140a So zeigte es sich. – Wenn aber dem Eins noch etwas zukäme außer
dem Eins zu sein: so käme ihm zu, mehr zu sein als Eins, dies aber
ist unmöglich. – Ja. – Also kann auch niemals dem Eins einerlei
zu sein zukommen, weder mit einem andern noch mit sich
selbst. – Offenbar nicht. – Also kann es auch nicht ähnlich sein,
weder einem anderen noch sich selbst. – Es scheint nicht. –
Ebensowenig kommt auch dem Eins zu, verschieden zu sein: denn
auch so käme ihm zu, mehr zu sein als Eins. – Freilich mehr. –
Welchem nun Verschiedenes zukommt von sich selbst oder einem
anderen, das wäre sich selbst oder dem anderen unähnlich, wenn
b ja dasjenige, welchem einerlei zukommt, ähnlich ist. – Richtig. –
Das Eins also, wie es scheint, welchem auf keine Weise Verschiedenes zukommt, ist auch auf keine Weise unähnlich, weder sich
selbst noch einem anderen. – Nein allerdings. – Also weder äh-
lich noch unähnlich weder einem anderen noch sich selbst wäre
das Eins. – Offenbar nicht. –

Aber so beschaffen, wird es auch weder gleich noch ungleich
sein, weder sich noch einem anderen. – Wie doch? – Um gleich zu
sein, wird es von einerlei Maßen sein müssen als jenes, dem es
gleich ist. – Ja. – Um aber größer oder kleiner zu sein, müßte es in
c Beziehung auf gleiches Maß enthaltende Dinge mehrere Maße
halten als die kleineren und wenigere als die größeren. – Ja. – In
Beziehung auf nicht gleiches Maß enthaltende aber müßte es von
kleineren Maßen als die einen, von größeren als die anderen
sein. – Wie anders? – Ist es aber nicht unmöglich, daß dasjenige,
dem gar nicht das Einerlei zukommt, einerlei Maß oder sonst irgend etwas einerlei haben könne? – Unmöglich. – Gleich also ist
es weder sich selbst noch einem anderen, da es nicht von einerlei

Maßen ist? – Nein, wie es sich zeigt. – Soll es aber von weniger Maßen sein oder mehreren: so muß es doch von wieviel Maßen, von vielen Teilen sein, und so wäre es wieder nicht Eins, sondern soviel, als es Maße hätte. – Richtig. – Ist es aber nur von *einem* d
Maße: so wäre es dem Maße gleich. Das aber hat sich als unmöglich gezeigt, daß es irgendeinem gleich sein könnte. – So hat es sich gezeigt. – Indem es also weder *ein* Maß an sich hat noch viele noch wenige, noch überhaupt einerlei, wird es auch weder sich selbst noch einem anderen gleich sein; ebensowenig auch wiederum größer oder kleiner als es selbst oder ein anderes. – Auf alle Weise verhält es sich so. –

14. *Das Eins-Seiende ist weder älter noch jünger noch gleich alt wie es selbst oder ein anderes. Das Eins-Seiende ist nicht und kann nicht erkannt werden*

Und wie? Dünkt dich wohl das Eins älter oder jünger sein oder e
auch das nämliche Alter wie etwas haben zu können? – Warum denn nicht? – Weil es, um einerlei Alter wie es selbst oder etwas anderes zu haben, auch eine Gleichheit der Zeit und eine Ähnlichkeit an sich haben müßte, die es doch, wie wir sagten, nicht an sich hat, weder Gleichheit noch Ähnlichkeit. – Das sagten wir freilich. – Aber auch, daß es keine Unähnlichkeit und Ungleichheit an sich hätte, auch das sagten wir. – Allerdings. – Wie wird es also möglich sein, daß es älter oder jünger ist als irgend etwas oder 141 a
auch von gleichem Alter, da es so ist? – Auf keine Weise. – So ist demnach das Eins weder älter noch jünger noch von demselben Alter, weder wie es selbst noch wie etwas anderes. – Offenbar nicht. – Also kann auch wohl das Eins überhaupt nicht in der Zeit sein, wenn es so beschaffen ist? Oder wird nicht notwendig, was in der Zeit ist, immer älter als es selbst? – Notwendig. – Und das Ältere ist doch immer nur älter als ein Jüngeres? – Was sonst? – Was also älter wird als es selbst, das wird zugleich auch jünger als b
es selbst, wenn es doch etwas haben soll, als was es älter wird. – Wie meinst du dies? – So: Verschieden darf eins vom andern nicht erst werden, wovon es schon verschieden ist; sondern wovon es schon verschieden ist, davon ist es verschieden, wovon es geworden ist, davon ist es geworden, wovon es werden wird, davon wird es werden; wovon es aber verschieden wird, davon ist es noch

nicht verschieden geworden und wird es auch nicht erst werden
und ist es auch noch nicht; sondern wird es eben und ist es anders
c nicht. – Natürlich freilich. – Nun aber ist doch das Ältere eine
Verschiedenheit vom Jüngeren, und von nichts anderem. – So ist
es. – Also was älter wird als es selbst, das wird notwendig zugleich
auch jünger als es selbst. – So scheint es. – Dennoch aber muß es
auch weder mehrere Zeit werden als es selbst, noch auch wenigere, sondern gleiche Zeit mit sich selbst werden und sein und
geworden sein und sein werden. – Notwendig allerdings auch
das. – Notwendig also ist auch, wie es scheint, daß alles, was in
d der Zeit ist und dem dieses eignet, das nämliche Alter mit sich
selbst habe und zugleich auch älter sowohl als jünger werde als es
selbst. – So sieht es aus. – Aber das Eins hatte von allen diesen
Beschaffenheiten nichts an sich? – Nichts. – Also hat es auch
keine Zeit an sich und ist in keiner Zeit. – Freilich nicht, wie unsere Rede zeigt. –

Wie nun? Das War und Wurde und Istgeworden, deutet das
nicht auf ein Ansichhaben einer einmal gewesenen Zeit? – Aller-
e dings. – Und das Wirdsein und Wirdgewordensein und Wirdwer-
den auf das einer hernach kommenden? – Ja. – Und das Ist und
Wird auf das einer jetzt gegenwärtigen? – Ohne Zweifel. – Wenn
also das Eins auf keine Weise irgendeine Zeit an sich hat: so ist es
weder je geworden, noch wurde es oder war es, noch ist es jetzt
geworden oder wird oder ist, noch wird es in Zukunft geworden
sein oder wird werden oder wird sein. – Vollkommen richtig. –
Kann denn aber auf irgendeine andere Art etwas ein Sein haben als
auf eine von diesen? – Auf keine. – Also hat das Eins auf keine
Art ein Sein? – Nein, wie es aussieht. – Auf keine Weise also ist
das Eins. – Nein, wie es sich zeigt. – Es ist also auch nicht so, daß
es Eins ist. Denn alsdann wäre es doch seiend und ein Sein an sich
habend. Sondern, wie es scheint, ist das Eins weder Eins noch ist
142a es, wenn man einer solchen Rede glauben darf. – So ist es beinahe. – Was aber nicht ist, kann wohl für dieses Nichtseiende
etwas sein oder von ihm? – Wie sollte es? – Also ist auch kein
Wort für es, keine Erklärung davon, noch auch irgendeine Erkenntnis, Wahrnehmung oder Vorstellung. – Offenbar nicht. –
Also wird es auch nicht benannt, nicht erklärt, nicht vorgestellt,
nicht erkannt, noch auch etwas, was es an sich hätte, wahrgenom-

men. – Es scheint nicht. – Ist es nun wohl möglich, daß es sich mit
dem Eins so verhalte? – Nicht wohl, wie mich dünkt. –

15. Wenn Eins ist*: Das seiende Eins ist Ganzes und hat Teile*

Willst du also, daß wir noch einmal von vorn auf unsere Vor- b
aussetzung zurückgehen, ob sich uns etwas verändert darstellen
wird, wenn wir sie noch einmal durchgehen? – Das will ich sehr
gern. – Also, wenn Eins ist, sagen wir doch, was dann für dasselbe
folge, was es auch sei, das müssen wir zugestehen. Nicht wahr? –
Ja. – So sieh noch einmal von Anfang. Wenn Eins *ist*, ist es dann
wohl möglich, daß es zwar ist, aber kein Sein an sich hat? – Nicht
möglich. – Also wäre doch auch das Sein des Eins, und zwar als
nicht einerlei seiend mit dem Eins: denn sonst wäre jenes nicht
dessen Sein, und es, das Eins, hätte nicht das Sein an sich, sondern c
es wäre ganz einerlei zu sagen: Eins ist und Eins eins. Das ist aber
nicht unsere Voraussetzung, wenn Eins eins, was alsdann folgt,
sondern wenn Eins *ist*. Nicht so? – Allerdings. – So demnach,
daß das *Ist* etwas anderes bedeutet als das *Eins*? – Notwendig. –
Wird also wohl etwas anderes, als daß Eins das Sein an sich hat,
gemeint, wenn jemand zusammengefaßt sagt: Eins *ist*? – Dieses
freilich. –

Noch einmal also laß uns sagen: wenn Eins *ist*, was daraus folgen wird. Sieh also zu, ob nicht notwendig diese Voraussetzung
das Eins als ein solches zeigt, welches Teile hat? – Wie doch? – d
So. Wenn vom *Ist* des seienden Eins gesprochen wird und vom
Eins des Eins-Seienden, es ist aber das Sein und das Eins nicht
dasselbe, sondern nur desselben, eben jenes Vorausgesetzten, des
seienden Eins, ist es dann nicht notwendig als das Ganze seiendes
Eins, und werden nicht das Eins und das Sein hiervon Teile? –
Notwendig. – Wollen wir nun jeden dieser Teile nur Teil nennen,
oder müssen wir nicht den Teil Teil des Ganzen nennen? – Des
Ganzen. – Ein Ganzes ist also, was Eins ist, und es hat Teile. –
Allerdings. –

Wie nun? Wird wohl einer von diesen beiden Teilen des seienden Eins, das Eins und das Seiende, jemals ablassen, entweder das e
Eins ein Teil zu *sein* oder das Seiende *ein* Teil zu sein? – Das wird
nicht geschehen. – Also hält auch wieder jeder von diesen Teilen
das Eins fest und auch das Seiende, und so entsteht zum wenigsten

der Teil wieder aus zwei Teilen. Und so immer auf dieselbe Art,
welcher Teil gesetzt wird, hält immer diese beiden Teile. Denn das
Eins hält immer das Seiende, und das Seiende das Eins: so daß
143a notwendig das immer Zwei-Werdende niemals Eins *ist*. – Auf alle
Weise freilich. – Ist also nicht auf diese Art das seiende Eins
unendlich der Menge nach? – So scheint es wenigstens. –

16. Wenn Eins ist, *dann ist Zahl und vieles*

Sieh nun auch noch dieses. – Welches? – Das Eins, sagen wir,
habe Sein an sich, weil es ist. – Ja. – Und deshalb ist uns das seiende Eins als Vieles erschienen? – So ist es. – Wie nun? – Das
Eins selbst, welchem wir das Sein zuschrieben, wenn wir dies in
unserm Verstande allein und für sich nehmen, ohne dasjenige, was
es, wie wir sagen, an sich hat, wird es uns so wenigstens nur als
Eins erscheinen, oder auch so an sich selbst als Vieles? – Als Eins,
b glaube ich wenigstens. – Laß uns also sehen. Ist nicht notwendig
das Sein desselben etwas anderes und es selbst auch etwas anderes,
wenn doch das Eins nicht das Sein ist, sondern nur als Eins das
Sein an sich hat? – Notwendig. – Ist nun das Eins etwas anderes
und das Sein etwas anderes: so ist weder vermöge des Einsseins
das Eins von dem Sein verschieden noch vermöge des Seinsseins
das Sein von dem Eins, sondern vermöge des Verschiedenen und
Anderen sind sie verschieden voneinander. – Allerdings. – So daß
das Verschiedene weder mit dem Eins noch mit dem Sein einerlei
c ist? – Wie sollte es auch? – Wie nun, wenn wir aus diesen herausnehmen, wie du willst, das Sein und das Verschiedene, oder das
Sein und das Eins, oder das Eins und das Verschiedene, haben wir
nicht in jedem Falle herausgenommen, was wir mit Recht *Beides*
nennen können? – Wie doch? – So. Kann man sagen Sein? –
Ja. – Und hernach auch wieder sagen Eins? – Auch dieses. – Ist
nicht so jedes von ihnen besonders gesagt? – Ja. – Wie aber,
wenn ich sage Sein und Eins, ist dann nicht beides gesagt? – Freilich. – Also auch, wenn ich Sein und Verschiedenes sage oder Verschiedenes und Eins, auch so sage ich doch gewiß jedesmal bei-
d des? – Ja. – Was aber mit Recht Beides genannt wird, kann das
wohl Beides zwar sein, nicht aber Zwei? – Unmöglich. – Was
aber Zwei war, muß davon nicht jedes für sich Eins sein? – Das ist
nicht zu vermeiden. – Da also diese als je zwei zusammen sind, so

muß auch jedes für sich Eins sein. – Offenbar. – Wenn aber jedes
von ihnen Eins ist und wir dann zu irgendeiner von den Verbindungen irgendein Eins hinzusetzen, wird dann nicht das Gesamte
notwendig Drei? – Ja. – Und ist Drei nicht ungerade und Zwei
gerade? – Wie anders? – Und wie? Wenn Zwei ist, muß es dann
nicht auch notwendig zweimal geben, und wenn Drei, dreimal? e
Wenn doch in Zwei zweimal Eins steckt und in Drei dreimal
Eins? – Notwendig. – Wenn aber Zwei und zweimal ist, ist dann
nicht auch notwendig zweimal zwei? Und wenn Drei und dreimal,
dann nicht auch notwendig dreimal drei? – Wie anders? – Und
wie? Wenn drei ist und zweimal und so auch zwei und dreimal, ist
dann nicht notwendig auch zweimal drei und dreimal zwei? –
Gar sehr. – Also ist auch Gerades gerademal und Ungerades un- 144a
gerademal und Gerades ungerademal und Ungerades gerademal. – So ist es. – Wenn es sich nun so verhält, glaubst du, daß
irgendeine Zahl übrig bleibt, welche nicht notwendig sein muß? –
Keine gewiß. – Wenn also Eins *ist*, so *ist* notwendig auch Zahl. –
Notwendig. – Und wenn Zahl ist, so ist auch Vieles und eine
unendliche Menge Seiendes. Oder wird die Zahl nicht unendlich
der Menge nach und Sein an sich habend? – Freilich gewiß. –
Wenn nun jede Zahl Sein an sich hat: so muß es auch jeder einzelne Teil der Zahl an sich haben. – Ja. –

17. Das Sein und das Eins als Teile des seienden Eins sind Vieles

Unter Alles also, welches als Vieles ist, ist das Sein verteilt und b
verläßt nichts von allem Seienden, weder das kleinste noch
größte? Oder ist das wohl unvernünftig erst zu fragen? Denn wie
könnte wohl das Sein etwas Seiendes verlassen? – Auf keine
Weise. – Zerschnitten also ist es in Kleinstes und Größtes und auf
jede mögliche Art Seiendes, und es ist mehr als alles geteilt, und es
sind unzählige Teile des Seins. – So verhält es sich. – Als zahl- c
reichste also sind seine Teile? – Freilich. – Wie nun? Ist unter
diesen etwas, welches zwar Teil des Seins wäre, aber *kein* Teil? –
Wie wäre wohl so etwas möglich? – Sondern wenn er ist, ist er
notwendig, solange er ist, auch *einer*; keiner kann er unmöglich
sein. – Unmöglich. – Jedem einzelnen Teile des Seins wohnt also
das Eins bei und läßt weder von dem Kleineren noch von dem

Größeren noch von sonst einem. – So ist es. – Kann es nun wohl
d Eins seiend an vielen Stellen zugleich ganz sein? Dies beschaue. –
Ich beschaue und sehe, daß es unmöglich ist. – Geteilt also, wenn
nicht ganz. Denn anders kann es auf keine Weise zugleich allen
Teilen des Seins einwohnen als geteilt. – Ja. – Das Geteilte ist
aber doch notwendig soviel, wie der Teile sind? – Notwendig. –
Also haben wir nicht richtig gesprochen, als wir eben sagten, in die
zahlreichsten Teile wäre das Sein geteilt. Denn es ist in nicht mehr
als das Eins verteilt, sondern gleich, wie es scheint, mit dem Eins.
e Denn weder das Seiende verläßt das Eins noch das Eins das Seiende; sondern diese zwei werden immer überall in allem gleich. –
So zeigt es sich offenbar allerwärts. – Also ist auch das Eins selbst
von dem Sein zerschnitten Vieles und unbegrenzter Menge. – Offenbar. – Nicht nur also das seiende Eins ist Vieles, sondern auch
das Eins selbst ist von dem Seienden geteilt notwendig Vieles. –
Allerdings. –

18. Das seiende Eins hat Anfang, Ende und Gestalt, es ist sowohl in sich selbst als auch in einem Anderen

Ferner wohl, da Teile Teile des Ganzen sind: so ist das Eins auch
begrenzt in Beziehung auf das Ganze. Oder werden nicht die Teile
145a von dem Ganzen umfaßt? – Notwendig. – Und das Umfassende
ist doch wohl Grenze? – Wie sollte es nicht! – Das seiende Eins ist
also Eins und Vieles, Ganzes und Teile, begrenzt und unbegrenzter
Menge. – Offenbar. – Nicht auch, wenn doch begrenzt, auch
Ränder habend? – Notwendig. – Und wie, wenn es ein Ganzes
ist, wird es nicht auch Anfang haben und Mitte und Ende? Oder
ist es möglich, daß etwas ein Ganzes sei ohne diese drei? Und wem
irgendeins von diesen fehlt, wird das wohl noch ein Ganzes sein
können? – Es wird nicht können. – Also auch Anfang, wie es
b scheint, und Mitte und Ende hat das Eins. – Die hat es. – Aber die
Mitte steht doch gleich weit ab von den Rändern, sonst wäre sie
nicht die Mitte. – Freilich nicht. – Also auch irgendeine Gestalt,
wie es scheint, wird so beschaffen seiend das Eins haben, es sei nun
eine gerade oder krumme oder aus beiden gemischte? – Die muß
es haben. –

Und wird es nicht, wenn es sich so verhält, in sich selbst sein und
in einem Anderen? – Wieso? – Von den Teilen ist doch jeder im

Ganzen und keiner außerhalb des Ganzen. – Richtig. – Und alle
Teile werden von dem Ganzen umfaßt? – Ja. – Ferner sind doch c
alle seine Teile das Eins, und weder mehr noch weniger als sie
insgesamt. – Freilich nicht. – Ist nun nicht auch das Ganze das
Eins? – Wie sollte es nicht. – Wenn also alle Teile im Ganzen
sind, es sind aber sowohl alle Teile des Eins als auch das Ganze
selbst das Eins, und alle werden von dem Ganzen umfaßt: so
wird also das Eins von dem Eins umfaßt, und so wäre schon das
Eins in sich selbst. – Offenbar. – Aber das Ganze ist doch auch
wiederum nicht in den Teilen, weder in allen noch in einigen. d
Denn wenn in allen, dann auch notwendig im Eins. Denn in
irgendeinem Eins nicht seiend, könnte es auch nicht mehr in ihnen insgesamt sein, und wenn dies Eins zu ihnen insgesamt gehört, das Ganze aber in ihm ja nicht ist, wie kann es noch in ihnen allen sein? – Auf keine Weise. – Ferner auch nicht in einigen
der Teile. Denn wenn in einigen das Ganze wäre: so wäre das
Mehrere in dem Wenigeren, welches unmöglich ist. – Unmöglich
freilich. – Wenn nun weder in mehreren noch in einem noch in
allen Teilen das Ganze ist, muß es nicht notwendig entweder in
irgendeinem Andern sein oder gar nirgends sein? – Notwendig. – Und nirgends seiend wäre es ja nichts; ein Ganzes aber sei- e
end muß es, da es nicht in sich selbst ist, im Anderen sein. – Allerdings. – Inwiefern also das Eins Ganzes ist, ist es im Anderen;
insofern es aber alle seienden Teile ist, ist es in sich selbst. Und
auf diese Art ist notwendig das Eins sowohl selbst in sich selbst
als auch im Anderen. – Notwendig. –

19. *Das seiende Eins hat Bewegung und Ruhe, es ist mit sich selbst sowohl einerlei wie von sich verschieden*

Wenn aber das Eins so beschaffen ist, muß es nicht dann auch
sowohl sich bewegen als ruhen? – Wie? – Es ruht doch, sofern es
selbst in sich selbst ist. Denn indem es im Eins ist und aus diesem 146a
nicht herausgeht, ist es in demselben, in sich selbst. – So ist es
freilich. – Was aber immer in demselben ist, daß muß immer ruhend sein. – Allerdings. – Und wie? Was immer im Anderen ist,
muß das nicht im Gegenteil niemals in demselben sein? Und wenn
es niemals in demselben ist, auch nicht ruhen; und wenn es nicht
ruht, dann sich bewegen? – So ist es. – Daher muß das Eins, da es

immer sowohl in sich selbst als im Anderen ist, auch immer sowohl sich bewegen als ruhen. – Offenbar. –
Ferner muß es auch mit sich selbst sowohl einerlei sein als auch
b von sich verschieden, und ebenso mit den Anderen sowohl einerlei
als davon verschieden, wenn ihm das Vorige alles zukommt. –
Wieso? – Alles verhält sich doch zu allem und jedem so: entweder
ist es einerlei oder verschieden; oder, wenn es weder einerlei ist
noch verschieden: so muß es ein Teil dessen sein, zu dem es sich so
verhält, oder auch für dieses als für seinen Teil das Ganze. – Offenbar. – Ist nun wohl das Eins selbst sein eigner Teil? – Mitnichten. – Auch nicht also als für seinen Teil ist es selbst sein eigenes
Ganzes, indem es auch so zu sich selbst als Teil wäre. – Unmög-
c lich also, freilich. – Ist aber etwa das Eins vom Eins verschieden? – Nicht füglich. – Also ist es auch nicht von sich selbst verschieden? – Freilich nicht. – Wenn es nun weder von sich selbst
verschieden ist noch auch selbst Ganzes oder Teil von sich selbst,
muß es dann nicht mit sich selbst einerlei sein? – Notwendig. –
Und wie? Was selbst anderwärts ist als es selbst, welches in demselben mit sich selbst ist, muß das nicht notwendig verschieden
von sich selbst sein, indem es doch anderwärts sein soll? – Mich
wenigstens dünkt es. – So aber hat sich uns das Eins gezeigt, selbst
in sich selbst seiend und zugleich auch in einem Anderen. – So hat
es sich freilich gezeigt. – Verschieden also wäre, wie es scheint,
d insofern das Eins von sich selbst. – Es scheint. – Wie nun? Wenn
etwas von etwas verschieden ist, wird es nicht von einem verschieden Seienden verschieden sein? – Notwendig. –

20. *Das seiende Eins ist verschieden von den Anderen und mit ihnen einerlei*

Und nicht wahr, alles, was nicht Eins ist, ist verschieden von dem
Eins, und das Eins von den Nicht-Eins? – Wie sonst? – Verschieden also wäre das Eins von den Anderen. – Verschieden. – Sieh
nun weiter: Das Einerlei selbst und das Verschieden, sind diese
beiden nicht einander entgegengesetzt? – Wie sonst? – Kann also
wohl jemals das Einerlei in dem Verschiedenen oder das Verschiedene in dem Einerlei sein? – Es kann nicht. – Wenn also das Verschiedene niemals in dem Einerlei ist: so gibt es nichts, worin das
e Verschiedene irgend einige Zeit sein kann. Denn wenn es nur ir-

gend einige in etwas wäre: so wäre diese Zeit hindurch das Verschiedene in dem Einerlei. Ist es nicht so? – So ist es. – Da es nun
aber niemals in dem Einerlei ist: so wird auch niemals das Verschiedene in irgend etwas Seiendem sein. – Richtig. – Also wird
es auch weder in dem Eins noch in den Nicht-Eins sein? – Freilich
nicht. – Also nicht vermöge des Verschiedenen kann das Eins von
den Nicht-Eins noch die Nicht-Eins von dem Eins verschieden
sein. – Freilich nicht. – Noch auch können sie vermöge ihrer
selbst voneinander verschieden sein, wenn sie das Verschiedene
gar nicht in sich haben. – Wie sollten sie? – Wenn sie aber weder 147a
vermöge ihrer selbst verschieden sind noch vermöge des Verschiedenen, entgeht ihnen dann nicht auf alle Weise dies, daß sie voneinander verschieden sind? – Es entgeht ihnen. – Aber ferner, mit
dem Eins hat doch alles Nicht-Eins keine Gemeinschaft? Denn
sonst wäre es nicht Nicht-Eins, sondern gewissermaßen Eins. –
Wahr. – Also sind auch die Nicht-Eins keine Zahl. Denn auch so
wären sie nicht ganz und gar Nicht-Eins, wenn sie eine Zahl hätten. – Freilich nicht. – Und wie, sind etwa die Nicht-Eins Teile
des Eins? Oder würden auch so die Nicht-Eins Gemeinschaft haben mit dem Eins? – Sie würden. – Wenn also ganz und gar das
eine Eins ist und die anderen Nicht-Eins: so kann auch das Eins b
kein Teil der Nicht-Eins sein noch auch das Ganze für jene als
seine Teile; ebensowenig wiederum sind die Nicht-Eins Teile des
Eins, noch Ganzes für das Eins als ihren Teil. – Freilich nicht. –
Wir sagten aber, was von einander weder Teil noch Ganzes wäre
noch auch verschieden, das werde miteinander einerlei sein. –
Das sagten wir. – Wollen wir also auch sagen, daß das Eins, welches sich so gegen die Nicht-Eins verhält, mit ihnen einerlei ist? –
Das wollen wir sagen. – Also ist das Eins, wie es scheint, verschieden von den Anderen und von sich selbst und einerlei mit jenen
und mit sich selbst. – Das scheint wohl zu erhellen durch diese
Ausführung. –

21. *Das seiende Eins ist sich selbst und den Anderen ähnlich und unähnlich*

Ist es etwa auch ähnlich und unähnlich sowohl sich selbst als den c
Anderen? – Vielleicht. – Da es sich doch verschieden von den Anderen gezeigt hat: so sind wohl auch die Anderen verschieden von

ihm? – Wie anders? – Also verschieden ist es so von den Anderen wie die Anderen von ihm, und weder mehr noch weniger? – Wie sonst? – Wenn also weder mehr noch weniger, dann ebenso? – Ja. – Also, inwiefern ihm zukommt, verschieden zu sein von den Anderen und gleichermaßen den Anderen von ihm, insofern kommt beiden einerlei zu, dem Eins mit den Anderen und den
d Anderen mit dem Eins. – Wie meinst du das? – So: Mit jedem Worte benennst du doch etwas? – Ich gewiß. – Wie nun? Kannst du dasselbe Wort wohl mehrere Male sagen, oder nur einmal? – Ich kann jenes. – Ist es nun so, daß, wenn du es einmal aussprichst, du dann jenes damit bezeichnest, wofür es das Wort ist; wenn aber mehrmals, dann nicht jenes? Oder mußt du nicht, du magst nun dasselbe Wort einmal oder öfter aussprechen, auch immer notwendig dasselbe sagen? – Freilich. – Nun ist doch auch das Verschiedene ein Wort für etwas? – Allerdings. – Wenn du es
e also aussprichst, es sei nun einmal oder öfter, so geschieht es nicht in Beziehung auf etwas anderes, und du bezeichnest nicht etwas anderes damit als eben jenes, wofür es das Wort ist. – Notwendig. – Indem wir nun sagen, daß die Anderen verschieden vom Eins sind und das Eins auch verschieden von den Anderen: so sagen wir zwar zweimal «verschieden», gebrauchen aber den Ausdruck um nichts mehr für ein anderes Wesen, sondern immer für jenes, wofür es das Wort ist. – Allerdings. – Inwiefern also das
148a Eins von den Anderen verschieden ist und die Anderen von dem Eins; so kommt, weil beiden einerlei, nämlich Verschiedenes, zukommt, dem Eins nicht anderes, sondern dasselbe zu mit den Anderen; und wem einerlei zukommt, das ist ähnlich. Nicht wahr? – Ja. – Inwiefern also dem Eins zukommt, verschieden von den Anderen zu sein, eben insofern wäre alles und jedes allem und jedem ähnlich. Denn Jegliches ist ja von Jeglichem verschieden. – So scheint es. –

Aber das Ähnliche war doch dem Unähnlichen entgegengesetzt? – Ja. – Nicht auch das Verschiedene dem Einerlei? – Auch dieses. – Aber auch das hatte sich gezeigt, daß eben das Eins mit
b den Anderen einerlei war. – Das hatte sich gezeigt. – Und das ist doch die entgegengesetzte Beschaffenheit, einerlei mit den Anderen zu sein und verschieden von den Anderen zu sein? – Freilich wohl. – Sofern es aber verschieden war, hatte es sich als ähnlich

gezeigt. – Ja. – Sofern es also einerlei ist, wird es unähnlich sein
vermöge der Beschaffenheit, welche jener ähnlichmachenden entgegengesetzt ist. Und ähnlich machte doch die Verschiedenheit? –
Ja. – Unähnlich also wird die Einerleiheit machen; oder sie wird
der Verschiedenheit nicht entgegengesetzt sein. – So scheint es. –
Ähnlich also und unähnlich wird das Eins den Anderen sein: so- c
fern es verschieden ist, ähnlich, sofern es einerlei ist, unähnlich. –
Es hat freilich, wie es scheint, auch eine solche Bewandtnis damit. – Aber auch diese hat es. – Welche? – Daß ihm, sofern ihm
einerlei zukommt, nicht Andersartiges zukommt, und daß es, wiefern ihm nicht Andersartiges zukommt, auch nicht unähnlich ist
und daß es, wiefern nicht unähnlich, insofern ähnlich ist. Ebenso
daß es, wiefern ihm Anderes zukommt, andersartig ist und als ein
Andersartiges auch unähnlich. – Richtig gesagt. – Also als
einerlei mit den Anderen und auch, weil es verschieden ist, in beider Hinsicht und in jeder wäre das Eins den Anderen ähnlich so- d
wohl als unähnlich. – Allerdings. – Auf dieselbe Art also auch sich
selbst, da es ja auch von sich selbst sowohl verschieden als auch mit
sich selbst einerlei sich gezeigt hat, muß es in beider Hinsicht und in
jeder ähnlich und unähnlich erscheinen. – Notwendig. –

22. *Das seiende Eins berührt und berührt nicht sich selbst und die Anderen*

Wie aber wegen des Berührens, ob das Eins sich selbst und die
Anderen berührt oder nicht berührt, wie verhält es sich damit?
Betrachte es! – Ich betrachte. – Nämlich das Eins hatte sich doch
gezeigt als selbst in sich selbst als Ganzem seiend. – Richtig. – Aber
auch in den Anderen? – Ja. – Wiefern nun in den Anderen, berührt
es die Anderen; wiefern aber selbst in sich selbst, wird es abgehalten e
zwar, die Anderen zu berühren, berührt aber selbst sich selbst,
indem es in sich ist. – Offenbar. – Auf diese Art also berührt das
Eins sich selbst und die Anderen. – Es berührt. – Wie aber so?
Muß nicht jedes, was ein anderes berühren soll, dicht an jenem zu
Berührenden liegen, die Stelle einnehmend, welche neben jener ist,
in der das zu Berührende liegt? – Notwendig. – Auch das Eins
also, wenn es sich selbst berühren soll, muß dicht anliegen neben
sich selbst, die angrenzende Stelle einnehmend an jene, in welcher
es selbst ist. – Das muß es freilich. – Wäre also das Eins Zwei: so

149a könnte es dergleichen wohl tun und an zwei Stellen zugleich sein.
Solange es aber Eins ist, wird es wohl nicht können? – Nein, freilich nicht. – Dieselbe Unmöglichkeit also ist es für das Eins, Zwei
zu sein und selbst sich selbst zu berühren. – Dieselbe. – Aber
ebensowenig wird es die Anderen berühren. – Wieso? – Weil wir
doch sagen, was berühren soll, muß getrennt von, aber dicht an
dem zu Berührenden sein, und kein Drittes darf zwischen ihnen
sein. – Richtig. – Zwei also müssen aufs wenigste sein, wenn eine
Berührung sein soll. – Gewiß. – Wenn aber zu den zwei Angren-
b zenden sich ein Drittes anfügt: so werden sie selbst drei sein, die
Berührungen aber zwei. – Ja. – Und so wird mit jedem einen Hin-
zukommenden auch eine Berührung hinzukommen, und es folgt,
daß die Berührungen um Eins weniger sind als die Menge der Zahlen. Denn um wieviel die ersten zwei die Berührungen übertrafen,
so daß sie der Zahl nach mehr waren als diese, um ebensoviel wird
auch jede folgende Zahl alle Berührungen übertreffen. Denn es
c kommt nun jedesmal Eins zu der Zahl hinzu und auch eine Berührung zu den Berührungen. – Richtig. – Wieviel also der Zahl
nach die Dinge sind, soviel weniger eins sind immer ihre Berührungen. – Richtig. – Und wenn nur Eins da ist und keine Zwei ist:
so ist auch keine Berührung. – Wie auch? – Und nicht wahr, wir
sagten, die Anderen vom Eins wären weder Eins noch hätten sie
das Eins in sich, da sie ja Andere sind. – Freilich nicht. – Also ist
auch keine Zahl in den Anderen, wenn kein Eins darin ist. – Wie
sollte es? – Also sind die Anderen weder Eins noch Zwei noch
d haben sie einen Namen von irgendeiner andern Zahl. – Nein. –
Das Eins ist also allein, und eine Zwei ist nicht da. – Offenbar
nicht. – Also ist auch keine Berührung, wenn nicht Zwei da
sind. – Freilich nicht. – Weder also das Eins berührt die Anderen
noch die Anderen das Eins, wenn doch gar keine Berührung ist. –
Freilich nicht. – Auf diese Art also wird nach diesem allen das
Eins sich selbst und die Anderen berühren sowohl, als auch nicht
berühren. – So scheint es. –

23. *Das seiende Eins ist gleich und ungleich an Größe und Zahl sowohl sich selbst wie den Anderen*

Ist es etwa auch sich selbst und den Anderen gleich und ungleich? – Wieso? – Wenn das Eins größer wäre als die Anderen

oder kleiner, oder wiederum die Anderen größer als das Eins oder
kleiner: so wäre doch weder das Eins dadurch, daß es Eins ist, e
noch die Anderen dadurch, daß sie andere sind als das Eins, größer
oder kleiner in Beziehung aufeinander, eben durch dieses ihr Wesen; sondern wenn sie außerdem, daß sie dies sind, auch noch jedes von ihnen die Gleichheit hätte, so wären sie gleich gegeneinander, und wenn diese die Größe hätten und jenes die Kleinheit, oder auch Größe das Eins, Kleinheit die Andern, welchem von beiden Begriffen dann auch noch die Größe beiwohnte, der wäre größer, welchem aber die Kleinheit, der wäre kleiner? – Notwendig. – Also *sind* doch zwei solche Begriffe, Größe und Kleinheit, denn wenn sie nicht wären, so könnten sie nicht einander entgegen
sein und dem Seienden einwohnen. – Wie könnten sie? – Wenn 150a
also dem Eins Kleinheit einwohnt: so muß sie entweder in dem Ganzen oder in einem seiner Teile einwohnen. – Notwendig. – Wie nun, wenn sie in dem Ganzen wohnte? Wäre sie dann nicht entweder dem Eins gleichlaufend ganz durch dasselbe verbreitet, oder aber es umfassend? – Offenbar. – Und wäre nicht die Kleinheit, wenn sie dem Eins gleichlaufend wäre, ihm auch gleich, umfaßte sie es aber, dann größer? – Wie sonst? – Ist es nun wohl möglich, daß die Kleinheit größer als etwas sein kann oder ihm gleich, und daß sie also das Geschäft der Gleichheit oder der
Größe verrichtet und nicht ihr eigenes? – Nicht möglich. – In b
dem ganzen Eins kann also die Kleinheit nicht sein, sondern wenn ja, dann in einem Teile. – Ja. – Aber nicht in einem ganzen Teile, weil sonst dasselbe erfolgen würde, wie oben für das Ganze: sie würde dem Teile gleich sein oder größer, in dem sie sich eben befände. – Notwendig. – In keinem Seienden also kann jemals Kleinheit sein, wenn sie weder in einem Teile ist noch im Ganzen; und es wird also nichts klein sein als die Kleinheit selbst. – Es scheint nicht. – So wird aber auch nicht Größe darin sein: denn sonst müßte ein anderes Größeres sein noch außer der Größe
selbst, dasjenige nämlich, in welchem die Größe einwohnte, und c
das, obwohl für jenes ein Kleines nicht ist, worüber es doch hervorragen müßte, wenn es groß sein soll; dies aber war unmöglich, da Kleinheit nirgends einwohnt. – Richtig. – Die Größe selbst aber ist doch nur größer als die Kleinheit selbst, nicht als etwas anderes, und die Kleinheit selbst nur kleiner als die Größe selbst,

und als nichts anderes. – Freilich nicht. – Also sind auch die Anderen weder größer noch kleiner als das Eins, indem sie weder
d Größe noch Kleinheit in sich haben. Noch auch haben diese beiden selbst ihre Eigenschaft des Überragens und Überragtwerdens
für das Eins, sondern nur füreinander. Ebensowenig nun kann auch
das Eins größer oder kleiner sein als diese beiden oder als die Anderen, wenn es weder Größe noch Kleinheit in sich hat. – Offenbar wohl nicht. – Ist nun das Eins weder größer noch kleiner als
die Anderen, so ist doch notwendig, daß es diese weder überragt
noch von ihnen überragt wird? – Notwendig. – Nun aber ist
doch das weder Überragende noch Überragte notwendig ausgegli-
e chen, und wenn ausgeglichen, dann auch gleich. – Wie anders. –
Demnach muß auch das Eins sich gegen sich selbst so verhalten, da
es weder Größe an sich hat noch Kleinheit, daß es nämlich sich
selbst weder überragt noch von sich überragt wird, sondern als
mit sich ausgeglichen auch sich selbst gleich sein wird. – Allerdings. – Das Eins also wäre sich selbst und den Anderen gleich. –
Offenbar. –

Ferner aber, da es selbst in sich selbst ist: so muß es auch außer
sich herumsein und sich selbst umfassend größer sein als es selbst,
151a von sich aber umfaßt, kleiner; und so wiederum ist das Eins größer und auch kleiner als es selbst. – Das ist es. – Ist nicht auch
dieses notwendig, daß nichts ist außer dem Eins und den Anderen? – Wie auch nicht? – Aber auch irgendwo muß doch immer
das Seiende sein. – Ja. – Muß nun nicht das irgendwo Seiende in
einem Größeren sein, indem es selbst kleiner ist? Denn anderswie
kann wohl nicht eins im andern sein. – Nicht wohl. – Da nun
aber nichts weiter ist außer den Andern und dem Eins und diese
doch in etwas sein müssen: müssen sie nicht notwendig ineinander
sein, das Eins in den Anderen und die Anderen in dem Eins, oder
b nirgends sein? – Das leuchtet ein. – Inwiefern also das Eins in den
Andern ist, wären die Anderen als Umgebende größer als das Eins
und das Eins als Umgebenes kleiner als die Anderen. Inwiefern
aber die Anderen in dem Eins sind, wäre auch das Eins auf dieselbe
Art größer als die Anderen und die Anderen kleiner als das Eins. –
So scheint es. – Das Eins also ist gleich und größer und kleiner
selbst als es selbst und die Anderen. – Offenbar. – Und gewiß
doch, wenn größer und kleiner und gleich, ist es auch von gleichen

Maßen und von mehreren und wenigeren als es selbst und die c
Anderen; und wenn von Maßen, auch von Teilen. – Wie anders? – Von gleichen Maßen aber und von mehreren und wenigeren seiend, ist es doch auch der Zahl nach mehr und weniger
als es selbst und die Anderen, und auch sich selbst und den Anderen gleich in derselben Hinsicht. – Wieso? – Als was es größer
ist, als das hält es auch mehrere Maße, und wieviel Maße, soviel
auch Teile. Und ebenso mit dem Kleineren, und mit dem Gleichen gleichfalls. – Richtig. – Also, wenn es größer und kleiner
ist als es selbst und auch sich gleich: so ist es auch von gleichen
Maßen und von mehreren und wenigeren als es selbst, und wenn d
von Maßen, auch von Teilen? – Wie anders? – Ist es nun von
soviel Teilen als es selbst: so ist es auch der Menge nach sich
selbst gleich. Und wenn von wenigern, ist es auch weniger, wenn
von mehreren, mehr der Zahl nach als es selbst. – Offenbar. –
Und wird sich nicht gegen die Anderen das Eins ebenso verhalten? Inwiefern es sich größer zeigt als jene, ist es auch mehr der
Zahl nach, inwiefern aber kleiner, auch weniger, und inwiefern
es gleich ist an Größe, ist es auch gleich an Menge den Anderen? – Notwendig. – So demnach, wie es scheint, ist wiederum e
das Eins gleich und mehr und weniger an Zahl selbst als es selbst
und als die Anderen. – Das ist es. –

24. *Das seiende Eins ist und ist nicht jünger und älter als es selbst und die Anderen*

Ob nun wohl das Eins auch Zeit an sich hat und jünger und älter
als es selbst und als die Anderen ist und wird, und auch wieder
weder jünger noch älter als es selbst oder die Anderen, wenn es
Zeit an sich hat? – Wie das? – Das Sein muß ihm doch zukommen, wenn Eins *ist*. – Ja. – Ist aber das Sein wohl etwas anderes
als Teilhabung am Wesen in der gegenwärtigen Zeit, so wie das 152a
War für die vergangene und das Wirdsein für die künftige Zeit das
Ansichhaben des Wesens ist? – So ist es. – Es hat also Anteil an
der Zeit, wenn anders auch am Sein. – Allerdings. – Doch wohl,
indem die Zeit fortgeht? – Ja. – So wird es demnach immer älter
als es selbst, wenn es mit der Zeit fortgeht? – Notwendig. – Erinnern wir uns wohl noch, daß das Ältere immer älter wird als ein
Jüngerwerdendes? – Daran erinnern wir uns. – Also, wenn das

Eins älter als es selbst wird, muß es älter werden als es selbst das
b Jüngerwerdende. – Notwendig. – Es wird also jünger sowohl als
älter als es selbst auf diese Art. – Ja. –

Es *ist* aber älter, nicht wahr, wenn es werdend in der Zeit des
Jetzt ist zwischen dem War und Wirdsein? Denn es kann doch
nicht aus dem Vorher in das Nachher fortschreitend das Jetzt
überspringen. – Freilich nicht. – Hält es aber dann nicht inne mit
c dem Älterwerden, wenn es auf das Jetzt trifft, und *wird* dann
nicht, sondern *ist* schon älter? Denn fortschreitend würde es niemals von dem Jetzt ergriffen werden. Nämlich das Fortschreitende
verhält sich so, daß es beide berührt, das Jetzt und das Hernach,
das Jetzt nämlich verlassend und das Hernach ergreifend, zwischen beiden werdend, dem Jetzt und dem Hernach. – Richtig. –
Wenn es also notwendig ist, daß alles Werdende am Jetzt nicht
d vorbeigehe: so hält es auch notwendig, wenn es an diesem ist, mit
dem Werden inne, und *ist* alsdann das, in dessen Werden es eben
begriffen ist. – Das leuchtet ein. – Also auch das Eins, wenn es im
Älterwerden auf das Jetzt trifft, hält es inne mit dem Werden und
ist alsdann älter. – Allerdings. – Also als was es älter *wurde*, als
das *ist* es auch älter? Es ward aber älter als es selbst? – Ja. – Es *ist*
aber das Ältere älter als ein Jüngeres? – Das ist es. – Auch jünger
ist also dann das Eins als es selbst, wenn es älter werdend auf das
Jetzt trifft. – Notwendig. – Das Jetzt aber wohnt dem Eins bei
e sein ganzes Sein hindurch. Denn es *ist* immer *jetzt*, wenn es ist. –
Wie sollte es nicht? – Immer also *ist* sowohl als *wird* das Eins älter
und jünger als es selbst. – So scheint es. – *Ist* oder *wird* es aber
wohl mehrere Zeit als es selbst, oder die gleiche? – Die gleiche. –
Gewiß aber doch hat, was die gleiche Zeit ist oder wird, auch
einerlei Alter? – Wie anders? – Was aber dasselbe Alter hat, das
ist weder älter noch jünger. – Freilich nicht. – Das Eins also, da es
mit sich selbst gleiche Zeit ist und wird, ist und wird weder jünger
noch älter als es selbst. – Nein, dünkt mich. –

Wie aber? Etwa als die Anderen? – Das weiß ich nicht zu sa-
153a gen. – Das aber weißt du doch zu sagen, daß die Anderen vom
Eins, wenn sie doch Verschiedene sind und nicht Verschiedenes,
mehr sind als Eins. Denn wenn es Verschiedenes wäre, so wäre es
Eins: da sie aber Verschiedene sind, so sind sie mehr als Eins und
haben also Menge. – Die müssen sie haben. – Da sie aber die

Menge sind, so müssen sie auch einer größeren Zahl teilhaftig sein
als des Eins. – Wie sonst? – Und wie doch? Wollen wir sagen,
daß von der Zahl das Mehrere eher werde und geworden sei oder
das Wenigere? – Das Wenigere. – Das Wenigste also zuerst: dies
ist aber das Eins. Nicht wahr? – Ja. – Das Eins also ist zuerst b
geworden von allem, was Zahl hat. Aber auch die Anderen haben
Zahl, da sie Andere und nicht Anderes sind. – Die haben sie. –
Zuerst geworden aber ist es, glaube ich, auch früher geworden,
und die Anderen später. Das später Gewordene aber ist jünger als
das früher Gewordene; und auf diese Art also wären die Anderen
jünger als das Eins und das Eins älter als die Anderen. – Das wäre
es. –

Wie aber dieses? Wäre wohl das Eins gegen seine eigne Natur
geworden, oder ist das unmöglich? – Unmöglich. – Nun aber c
hatte sich doch das Eins gezeigt als Teile habend; wenn aber Teile,
dann auch Anfang, Mitte und Ende. – Ja. – Wird nun nicht bei
allem zuerst der Anfang, sowohl bei dem Eins als bei jedem der
Anderen, und dann nach dem Anfang auch die Anderen alle bis
zum Ende? – Wie sonst? – Aber wir wollen doch sagen, daß diese
Anderen alle Teile des Ganzen und Einen sind und daß jenes selbst
erst zugleich mit dem Ende Eins und Ganzes geworden ist? – Das
wollen wir sagen. – Das Ende aber, glaube ich, wird zuletzt, und
erst mit diesem zugleich wird seiner Natur nach das Eins. So daß, d
wenn notwendig das Eins nicht gegen seine eigne Natur wird, es
mit dem Ende zugleich später als die Anderen seiner Natur nach
werden muß. – Das leuchtet ein. – Also ist das Eins jünger als die
Anderen, und die Anderen älter als das Eins. – Jetzt freilich zeigt
es sich wieder so. –

Aber wie? Der Anfang oder irgendein anderer Teil vom Eins
oder von irgend sonst etwas, was nur ein Teil ist und nicht Teile,
muß das nicht Eins sein, wenn doch ein Teil? – Notwendig. –
Also zugleich sowohl mit dem ersten Werdenden würde das Eins
als mit dem zweiten, und verließe nichts von den andern Werden- e
den, was auch immer zu irgend etwas hinzukommen möchte, bis
es endlich zum letzten hindurchgelangt ein ganzes Eins geworden
ist, nachdem es weder Mitte noch Ende noch Anfang noch irgendein Anderes in dem Werden verlassen. – Richtig. – Mit allen Anderen also hält das Eins gleiches Alter: so daß, wenn das Eins

selbst nicht gegen seine Natur werden soll, es weder früher noch
154a später als die Anderen geworden sein kann, sondern zugleich. Und insofern also wäre das Eins weder älter noch jünger als die Anderen, noch auch diese als das Eins; auf die vorige Art aber war es älter sowohl als jünger, und ebenso auch verhielten sich die Anderen gegen jenes. – Allerdings. –

25. *Das seiende Eins wird und wird nicht älter und jünger als es selbst und die Anderen. Das seiende Eins kann erkannt werden*

So demnach *ist* es und ist geworden. Wie aber steht es mit dem Werden, ob es auch älter und jünger *wird* als die Anderen und die Anderen als jenes, und auch wiederum weder jünger noch älter? Verhält es sich etwa wie mit dem Sein, so auch mit dem Werden
b oder anders? – Ich weiß es nicht zu sagen. – Aber ist soviel wenigstens, daß, wenn eines schon älter *ist* als das andere, es nicht noch um mehreres älter werden kann, als schon bei dem ersten Gewordensein der Unterschied des Alters betrug; und ebensowenig kann das Jüngere noch jünger werden. Denn zu Ungleichem Gleiches hinzugesetzt, es sei nun Zeit oder sonst etwas, macht, daß immer derselbe Unterschied bleibt, um den beides zuerst unterschieden war. – Unumgänglich. – Keineswegs also kann ein Seiendes je-
c mals älter oder jünger *werden* als ein anderes, da es immer in gleichem Unterschiede des Alters bleibt; sondern es ist und ist geworden älter, und das andere jünger, wird es aber nicht. – Richtig. – Also auch das Eins, welches ist, wird niemals weder älter noch jünger als die Anderen, welche sind. – Freilich nicht. – Sieh aber, ob sie insofern älter und jünger gegeneinander werden. – Inwiefern? – Insofern, als das Eins sich älter gezeigt hatte als die Anderen und die Anderen als das Eins. – Wie also? – Wenn das Eins älter ist als die Anderen: so ist es doch mehrere Zeit geworden als
d die Anderen? – Ja. – Betrachte also weiter: Wenn wir zu mehrerer und wenigerer Zeit die gleiche Zeit hinzusetzen, wird dann noch immer die mehrere von der wenigeren um den gleichen Teil verschieden sein oder um einen kleineren? – Um einen kleineren. – Also wird nicht das Eins, ebenso wie es zuerst von den Anderen dem Alter nach verschieden war, auch hernach noch verschieden sein: sondern indem es um gleiche Zeit mit den Anderen

zunimmt, wird es immer um wenigeres dem Alter nach davon unterschieden sein als zuvor. Oder nicht? – Ja. – Und was weniger
dem Alter nach unterschieden ist von einem andern als vorher, das e
wird doch jünger als vorher in Beziehung auf das, als was es vorher
älter war? – Jünger. – Wird aber das Eins jünger, werden dann
nicht die Anderen älter gegen das Eins als vorher? – Freilich. –
Das jünger Gewordene wird also älter gegen das früher Gewordene und älter Seiende. Es *ist* aber niemals älter, sondern wird nur
immer älter als jenes; jenes nämlich nimmt zu im Jüngeren, dieses
aber im Älteren. Ebenso wiederum wird das Ältere jünger als das 155a
Jüngere. Denn da sie beide in das ihnen Entgegengesetzte fortschreiten: so werden sie auch das Entgegengesetzte voneinander,
das Jüngere nämlich älter als das Ältere, und das Ältere jünger als
das Jüngere; geworden sein können sie es aber niemals. Denn wären sie es geworden: so würden sie es nicht mehr, sondern wären
es. Nun aber *werden* sie älter gegeneinander und jünger. Das Eins
nämlich wird jünger als die Anderen, weil es sich gezeigt hatte als b
älter seiend und früher geworden. Und die Anderen werden älter
als das Eins, weil sie später geworden sind. Aus demselben Grunde
aber verhalten sich die Anderen auch ebenso gegen das Eins, da sie
ja auch älter als dieses uns erschienen waren und früher geworden. – So zeigt es sich. – Inwiefern also überhaupt nicht etwas
älter wird noch auch jünger als ein anderes, vermöge des der Zahl
nach immer gleichen Verschiedenseins voneinander: insofern
wird auch weder das Eins älter oder jünger als die Anderen noch
auch die Anderen als das Eins. Inwiefern aber das früher von dem
später Gewordenen notwendig immer um einen anderen Teil sich c
unterscheidet, und so auch das Spätere von dem Früheren: insofern werden die Anderen gegen das Eins und das Eins gegen die
Anderen jünger sowohl als älter. – Allerdings. – Folglich diesem
allen gemäß *ist* und *wird* das Eins älter sowohl als jünger als es
selbst und die Anderen; und ist und wird auch weder älter noch
jünger als es selbst oder die Anderen. – So ist es auf alle Weise. –
Da aber dem Eins Zeit beigelegt ist und ein Älter- und Jüngerwer- d
den, muß es nicht notwendig auch ein Vorher haben und ein
Nachher und ein Jetzt, wenn ihm doch Zeit beigelegt ist? – Notwendig. – Also war das Eins und ist und wird sein, und wurde und
wird und wird werden. – Wie sonst? – Also wäre auch wohl

etwas für es und von ihm, und war und ist und wird sein. – Freilich. – Also ist auch Erkenntnis von ihm und Vorstellung und
Wahrnehmung, da ja auch wir jetzt alles dieses in Beziehung auf
dasselbe zustande bringen. – Ganz richtig behauptest du. – Also
e ist auch ein Wort für es und eine Erklärung, und es wird benannt
und erklärt, und was überhaupt nur in dieser Art von allem andern
ist, das ist auch vom Eins. – Auf alle Weise freilich verhält es sich
so. –

26. Die Übergänge des seienden Eins

Wohlan, laß es uns noch zum drittenmal sagen: Das *Eins*, wenn es
ist, wie wir es durchgeführt haben, muß es nicht notwendig, da es
Eins ist und Vieles und auch weder Eins noch Vieles und mit der
Zeit Gemeinschaft habend, sofern es Eins *ist*, zu einer Zeit das Sein
an sich haben; und sofern es *nicht ist*, auch wiederum zu einer Zeit
das Sein nicht an sich haben? – Notwendig. – Und wird es wohl,
wann es das Sein hat, eben alsdann es auch nicht haben können?
Oder, wann es das Sein nicht hat, eben alsdann es auch haben
können? – Nicht möglich. – In anderer Zeit also hat es, und in
anderer hat es nicht das Sein. Denn einzig auf diese Art kann es
156a dasselbe an sich haben und auch nicht haben. – Richtig. – Also ist
auch eine solche Zeit, wo es das Sein annimmt und von dem Sein
abläßt. Oder wie soll es ihm möglich sein, dasselbe jetzt zu haben
und dann auch wieder nicht zu haben, wenn es nicht irgendwann
auch es erfaßt und es fahren läßt? – Keineswegs. – Und das Sein
annehmen, nennst du das nicht Werden? – Ich nenne es so. – Und
vom Sein ablassen, nennst du das nicht Vergehen? – Freilich. –
Das Eins also, wie es scheint, da es das Sein erfaßt und fahren läßt,
b wird auch und vergeht. – Notwendig. – Da es nun Eins ist und
Vieles und werdend und vergehend, wird nicht, wenn es Eins wird,
das Vielsein vergehen, wenn es aber Vieles wird, das Einssein vergehen? – Freilich. – Und indem es Eins wird und Vieles, wird es
dann nicht notwendig gesondert und vermischt? – Notwendig. –
Und indem es unähnlich wird und ähnlich, muß es doch auch sich
verähnlichen und sich verunähnlichen? – Ja. – Und wenn größer
und kleiner und gleich, muß es auch wachsen und abnehmen und
c sich angleichen. – So ist es. – Und wenn es in der Bewegung still-
steht und aus der Ruhe zur Bewegung übergeht: so muß es doch

selbst auch nicht in *einer* Zeit sein. – Wie könnte es? – Daß das
zuvor Ruhende hernach bewegt werde und das zuvor Bewegte
hernach ruhe, dies kann ihm einesteils ohne Übergang unmöglich
begegnen. – Freilich wie? – Eine Zeit aber gibt es andernteils
nicht, in der etwas zugleich weder bewegt sein noch ruhen
könnte. – Dies gibt es wohl nicht. – Aber es kann doch auch nicht
übergehen ohne Übergang. – Nicht glaublich. – Wann also geht
es über? – Denn weder in Ruhe seiend noch in Bewegung kann es
übergehen, noch in der Zeit seiend. – Freilich nicht. – *Ist* also d
etwa jenes Unfaßbare, worin es dann ist, wenn es übergeht? –
Welches denn? – Der Augenblick. Denn das Augenblickliche
scheint dergleichen zu bezeichnen, daß von ihm aus Übergehendes
sein kann in eins von beiden. Denn aus der Ruhe geht nichts noch
während des Ruhens über, noch aus der Bewegung während des
Bewegtseins; sondern dieses unfaßbare Wesen, der Augenblick,
liegt zwischen der Bewegung und der Ruhe als in keiner Zeit sei- e
end, und in ihn hinein und aus ihm hervor geht das Bewegte über
zur Ruhe und das Ruhende zur Bewegung. – So mag es wohl
sein. – Auch das Eins also, wenn es ruht und auch sich bewegt,
muß aus einem zum andern übergehen; denn nur so kann es beides
tun. Geht es aber über: so geht es im Augenblick über, und indem
es übergeht, ist es in gar keiner Zeit und bewegt sich alsdann weder noch ruht. – Freilich nicht. – Verhält es sich nun etwa ebenso
auch mit den andern Übergängen, wenn es aus dem Sein in das
Vergehen übergeht oder aus dem Nichtsein in das Werden, daß es
alsdann jedesmal auf gewisse Weise zwischen einer Bewegung und 157a
einer Ruhe ist und alsdann weder ist noch nicht ist, weder wird
noch vergeht? – So scheint es ja. – Auf eben die Weise also auch,
wenn es aus dem Eins in Vieles übergeht, oder aus Vielem in Eins,
ist es weder Eins noch Vieles, wird weder gesondert noch vermischt. Und aus dem Ähnlichen ins Unähnliche, aus dem Unähnlichen ins Ähnliche gehend, ist es weder ähnlich noch unähnlich,
weder ein Verähnlichendes noch ein Verunähnlichendes; und aus
dem Kleinen ins Große und ins Gleiche und ins Entgegengesetzte b
übergehend ist es weder klein noch groß, noch gleich, noch wach-
send, noch abnehmend, noch angleichend. – So scheint es. – Alle
diese Beschaffenheiten also kommen dem Eins zu, wenn es *ist*. –
Gewiß. –

27. *Wenn Eins* ist, *dann sind die Anderen aus Teilen und sind Ganzes, also Eins*

Wie aber den Anderen zukomme beschaffen zu sein, wenn Eins *ist*,
sollen wir nicht das erwägen? – Das wollen wir. – So laß uns
denn sagen: Wenn Eins *ist*, wie müssen die Anderen als Eins beschaffen sein? – Das laß uns sagen. – Also, wenn sie andere als
das Eins sind, so ist das Eins nicht die Anderen, sonst wären sie
c nicht andere als das Eins. – Richtig. – Ebensowenig aber sind die
Anderen des Eins gänzlich beraubt, sondern sie haben es in gewisser Weise an sich. – Wie denn? – Weil die Anderen als das Eins
doch aus Teilen bestehend andere sind. Denn wenn sie nicht Teile
hätten, so wären sie ganz und gar Eins. – Richtig. – Teile aber,
behaupten wir, sind nur von demjenigen, was ein Ganzes ist. –
Das behaupten wir. – Das Ganze aber ist doch notwendig Eins
aus Vielen, dessen Teile eben die Teile sind. Denn jeder Teil muß
nicht ein Teil von Vielen sein, sondern ein Teil vom Ganzen. –
d Wie doch das? – Wenn etwas ein Teil Vieler wäre, unter denen es
auch selbst wäre: so würde es sowohl sein eigener Teil sein, welches unmöglich ist, als auch eines jeden der anderen, wenn es doch
aller Teil sein soll. Denn wenn es von *einem* nicht Teil ist: so wird
es nur ein Teil der anderen außer diesem sein. Und so wird es eines
jeden Teil nicht sein, wenn aber nicht eines jeden, dann auch keines unter den Vielen. Was es aber von keinem ist, das doch von
allen denen zu sein, von deren keinem es, sei es nun Teil oder sonst
irgend etwas ist, das ist unmöglich. – Das leuchtet freilich ein. –
Nicht also von den Vielen oder Gesamten ist der Teil Teil, sondern
nur von *einer* gewissen Idee und einem Eins, welches, aus Allen
e insgesamt vollkommenes Eins geworden, Ganzes genannt wird;
hiervon muß der Teil Teil sein. – Allerdings freilich. – Wenn also
die Anderen Teile haben, so müssen sie auch mit dem Ganzen und
Einen Gemeinschaft haben. – Freilich. – *Ein* vollkommenes,
Teile habendes Ganzes also sind notwendig die Anderen als das
Eins. – Notwendig. – Ferner gilt aber auch dasselbe von jedem
einzelnen Teile. Denn auch dieser muß notwendig mit dem Eins
158a Gemeinschaft haben. Nämlich wenn jedes Einzelne davon Teil ist,
so bedeutet doch dieses «ein Einzelnes sein» ein Eins, nämlich daß
es ein von den Andern abgesondertes für sich Seiendes, wenn anders ein Einzelnes, ist. – Richtig. – An sich kann es also offenbar

das Eins haben, wenn es auch ein anderes als das Eins *ist*, denn
sonst hätte es das Eins nicht an sich, sondern wäre das Eins selbst.
Nun aber ist das Eins-Sein außer dem Eins selbst jedem andern
ganz unmöglich. – Unmöglich. – Das Eins aber an sich zu haben,
ist notwendig für das Ganze und für den Teil. Jenes Eins wird
nämlich als Ganzes sein, dessen Teile eben die Teile sind, und wiederum jenes Einzelne Eins als Teil des Ganzen, das eines Teiles
Ganzes ist. – So ist es. – Also als verschieden vom Eins wird, was b
das Eins an sich hat, es an sich haben. – Wie sonst? – Das Verschiedene vom Eins muß aber doch Vieles sein. Denn wenn die
Anderen als das Eins weder Eins wären noch auch mehr als Eins:
so wären sie ja nichts. – Freilich nicht. –

28. *Die Anderen haben an Unbegrenztheit wie an Begrenztheit Anteil*

Wenn aber mehr als Eins ist, was am Eins als Teil und am Eins als
Ganzen Gemeinschaft hat: sind dann nicht notwendig jene das
Eins in sich Aufnehmenden selbst unbegrenzt der Menge nach? –
Wie doch? – Laß es uns so betrachten. Ist es nicht so, daß sie zu
der Zeit, wenn sie das Eins aufnehmen, es aufnehmen als solche,
die noch nicht Eins sind und nicht Eins an sich haben? – Ganz
offenbar. – Also als Menge, worin das Eins nicht darin ist. – Als c
Menge freilich. – Wie nun? Wenn wir in Gedanken hiervon das
wenigste, was wir nur immer können, hinwegnehmen, würde
nicht notwendig auch jenes Hinweggenommene, da es das Eins
nicht an sich hat, eine Menge sein und nicht Eins? – Notwendig. – Betrachten wir also auf diese Weise immer an und für sich
die verschiedene Natur des Begriffs: so wird, wieviel immer wir
jedesmal davon sehen, ein Unbegrenztes an Menge sein. – Auf alle
Weise freilich. – Indessen, wenn Eins jeder einzelne Teil als Teil
geworden ist, dann hat er auch Begrenzung gegen die andern und d
gegen das Ganze, und das Ganze gegen die Teile. – Offenbar freilich. – Den Anderen als das Eins kommt also zu, daß aus ihnen
selbst und dem Eins, wenn beide in Gemeinschaft treten, ein Verschiedenes in ihnen selbst entsteht, welches darin Begrenzung gegeneinander bewirkt; ihre eigne Natur aber für sich gibt ihnen
Unbegrenztheit. – Das leuchtet ein. – Also sind die Anderen als
das Eins, ganz und auch ihren Teilen nach, unbegrenzt sowohl als
auch Begrenztheit an sich habend. – Allerdings. –

29. Die Anderen sind ähnlich sowohl wie unähnlich

e Nicht auch ähnlich sowohl als unähnlich untereinander und sich selbst? – Inwiefern? – Inwiefern sie doch ihrer eignen Natur gemäß alle unbegrenzt sind, insofern kommt ihnen doch allen einerlei zu. – Allerdings. – Aber auch, inwiefern sie alle der Begrenztheit teilhaftig sind, auch insofern kommt ihnen einerlei zu. – Was sonst? – Inwiefern ihnen aber Begrenztheit zukommt und auch Unbegrenztheit, kommen ihnen doch diese Beschaffen-
159a heiten zu als einander entgegengesetzte? – Ja. – Entgegengesetztes aber ist das Unähnlichste? – Wie anders? – Also nach beiderlei Beschaffenheit einzeln genommen sind sie sich selbst und untereinander ähnlich; nach beiden Beschaffenheiten zusammen sind sie auf beide Arten ganz entgegengesetzt und höchst unähnlich. – So mag es wohl sein. – Auf diese Art also sind die Anderen selbst mit sich selbst und untereinander ähnlich und unähnlich. – Das sind sie. – Also auch, daß sie einerlei sind und voneinander verschieden, bewegt und ruhend, und daß alle diese entgegengesetzen Beschaffenheiten den Anderen als das Eins zukommen, wird uns nicht mehr schwer sein zu finden, nachdem wir schon gesehen
b haben, daß ihm diese zukommen. – Richtig gesprochen. –

30. Wenn Eins *ist, dann sind die Anderen weder Eins noch Vieles*

Wie nun, wenn wir dieses als schon offenbar ließen und wiederum betrachteten: Wenn *Eins* ist, verhalten etwa die Anderen als das Eins sich zugleich auch nicht so oder nur so? – Das laß uns tun. – Gehen wir also noch einmal von Anfang an durch: Wenn *Eins* ist, was muß den Anderen als das Eins zukommen? – Das wollen wir durchgehn. – Ist nun nicht das Eins ganz abgesondert von den Anderen, und abgesondert auch die Anderen von dem Eins-Sein? – Wieso doch? – Weil außer ihnen nicht noch Verschiedenes ist, was ein anderes wäre als das Eins und zugleich auch ein anderes als die Anderen. Denn alles ist ausgesprochen, wenn man
c sagt Eins und die Anderen. – Alles freilich. – Also ist kein von diesen Verschiedenes mehr, in welchem als demselben das Eins und die Anderen sein könnten. – Nein freilich. – Niemals also werden das Eins und die Anderen in demselben sein. – Es scheint nicht. – Also abgesondert? – Ja. – Auch, daß das wahre Eins

keine Teile habe, sagen wir doch? – Wie sollte es? – Also kann
das Eins weder ganz in den Anderen sein noch auch dessen Teile,
wenn es abgesondert ist von den Anderen und gar keine Teile
hat? – Wie könnte es? – Auf keine Weise also können die Ande- d
ren das Eins an sich haben, da sie weder als Teil noch ganz es an
sich haben können. – Es scheint nicht. – Auf keine Weise also
sind die Anderen Eins, noch haben sie irgendein Eins in sich. –
Freilich nicht. – Also sind auch die Anderen nicht Vieles. Denn
wenn sie Vieles wären, so wäre Eins jedes von diesen als Teil des
Ganzen. Nun aber sind die Anderen als Eins weder Eins noch Vieles, weder ein Ganzes noch Teile, da sie auf keine Weise etwas vom
Eins an sich haben. – Richtig. – Also auch Zwei oder Drei sind
die Anderen weder selbst, noch haben sie diese Zahlen an sich,
wenn sie doch des Eins auf alle Weise beraubt sind. – So ist es. – e

31. Die Anderen sind dem Eins oder sich selbst weder ähnlich noch unähnlich

Also auch ähnlich oder unähnlich dem Eins sind die Anderen weder selbst, noch haben sie überhaupt Ähnlichkeit oder Unähnlichkeit an sich. Denn wenn sie selbst ähnlich und unähnlich wären
oder unter sich selbst die Ähnlichkeit und Unähnlichkeit hätten,
so hätten doch die Anderen als das Eins zwei einander entgegengesetzte Begriffe in sich. – Das leuchtet ein. – Unmöglich aber war
es doch, daß dasjenige Zwei an sich haben konnte, was nicht einmal Eins an sich hat. – Unmöglich. – Also auch weder ähnlich
noch unähnlich noch beides sind die Anderen. Denn wären sie
ähnlich oder unähnlich, so hätten sie *einen* von beiden Begriffen 160a
an sich; wären sie beides, dann *beide* entgegengesetzte. Dieses
aber hat sich als unmöglich gezeigt. – Richtig. –

32. Den Anderen als des Eins Beraubten kann keine Bestimmung zukommen

Ebenso sind sie weder einerlei noch verschieden, weder bewegt noch ruhend, weder werdend noch untergehend, weder größer noch kleiner noch gleich, noch kommt ihnen sonst etwas dergleichen zu. Denn wenn die Anderen vertragen könnten, daß etwas dergleichen ihnen zukäme: so müßten sie auch Eins und Zwei und Drei und Gerades und Ungerades an sich haben, welches an sich

b zu haben sich ganz unmöglich gezeigt hat für die des Eins auf alle
Weise gänzlich Beraubten. – Vollkommen wahr. – Auf diese Art
also, wenn *Eins ist*, ist das Eins Alles und auch wieder nicht einmal
Eins, sowohl für sich selbst als für die Anderen gleichermaßen. –
Vollständig erwiesen freilich. –

33. *Erläuterung der zweiten Voraussetzung: Wenn Eins nicht ist*

Wohl! Wenn aber nun das Eins *nicht ist*, was dann erfolge, müssen
wir das nicht demnächst erwägen? – Das müssen wir freilich erwägen. – Was aber ist eigentlich diese Voraussetzung: Wenn
c *Eins* nicht ist? Ist sie wohl unterschieden von der: «Wenn *Nicht-*
Eins nicht ist»? – Unterschieden allerdings. – Nur unterschieden, oder ist es nicht vielmehr ganz das Gegenteil zu sagen: Wenn
Nicht-Eins nicht ist, als: Wenn *Eins* nicht ist? – Ganz das Gegenteil. – Wie nun, wenn jemand sagt: Wenn Größe nicht ist oder:
Wenn Kleinheit nicht ist, oder etwas anderes dergleichen: so deutet er doch in jedem Falle an, daß Verschiedenes das Nichtseiende
nennt? – Allerdings. – Also auch jetzt deutet er an, daß er etwas
von den Anderen Verschiedenes das Nichtseiende nennt, indem er
sagt: Wenn *Eins* nicht ist? Und wir wissen, was er meint? – Das
wissen wir. – Erstens also meint er etwas Erkennbares, sodann
auch von den Andern Verschiedenes, wenn er sagt *Eins*, er mag
ihm nun das Sein beilegen oder das Nichtsein. Denn dasjenige,
d wovon gesagt wird, es sei nicht, wird doch nichtsdestoweniger als
etwas erkannt und auch als verschieden von den Anderen. Oder
nicht? – Notwendig. –

34. *Wenn* Eins *nicht ist, kommen ihm Verschiedenheit, Ähnlichkeit, Gleichheit zu*

Hiernach also laß uns von Anfang an sagen: Wenn *Eins* nicht ist,
was dann sein muß. Zuerst also muß ihm dieses zukommen, wie es
scheint, daß Erkenntnis davon ist, oder man müßte auch nicht
einmal verstehen, was gesagt wird, wenn jemand sagt: Wenn *Eins*
nicht ist. – Wahr. – Also auch, daß die Anderen verschieden von
ihm sind, oder auch jenes müßte nicht verschieden sein von den
Anderen genannt werden? – Allerdings. – Auch eine Verschie-
e denheit kommt ihm also zu außer der Erkenntnis. Denn man

meint doch nicht die Verschiedenheit der Anderen, wenn man sagt, das Eins ist verschieden von den Anderen; sondern eben die jenes, des Eins. – Das ist offenbar. – Also an dem Jenes und an dem Etwas und an dem Davon und Dafür und Daraus und an allem, was dem ähnlich ist, hat das Eins-Nichtseiende Anteil. Denn sonst könnte weder vom Eins auch nur die Rede sein noch von vom Eins Verschiedenen; noch auch wäre etwas für jenes oder von jenem oder könnte auch nur von ihm gesagt werden, wenn es weder an dem Etwas noch an den Anderen der Art Anteil hätte. – Richtig. – Sein also kann das Eins freilich nicht, wenn es nicht *ist*: aber vielerlei an sich zu haben, hindert es nichts; sondern dies ist
vielmehr notwendig, wenn doch jenes Eins und nicht Anderes 161 a
nicht ist. Denn wenn weder das Eins noch jenes ist, sondern auf etwas anderes die Rede gehen soll: so darf man ja überhaupt nicht einmal etwas aussagen. Wenn aber nur jenes Eins und nicht sonst etwas zugrunde liegt als nichtseiend: so muß es notwendig mit jenem und vielem anderen in Verbindung stehen. – Ganz gewiß. –

Also auch Unähnlichkeit wird es haben gegen die Anderen. Denn die Anderen als das Eins müssen als verschiedene auch verschiedenartig sein. – Ja. – Und das Verschiedenartige auch anders beschaffen? – Freilich. – Und das anders Beschaffene sollte
nicht unähnlich sein? – Unähnlich allerdings. – Und nicht wahr, b
wenn die Anderen dem Eins unähnlich sind: so sind doch offenbar die Unähnlichen einem Unähnlichen unähnlich? – Offenbar. – Also hat auch das Eins eine Unähnlichkeit, vermöge deren die Anderen ihm unähnlich sind. – Das scheint. – Wenn es nun eine Unähnlichkeit mit den Anderen hat, hat es dann nicht notwendig auch eine Ähnlichkeit mit sich selbst? – Wieso? – Wenn das Eins eine Unähnlichkeit an sich hätte mit dem Eins: so könnte von einem solchen Etwas gar nicht die Rede sein als vom Eins; sondern schon die Voraussetzung handelte nicht vom Eins, sondern von einem Andern als Eins. – Allerdings wohl. – Das soll sie aber
nicht. – Freilich nicht. – So muß als das Eins eine Ähnlichkeit mit c
sich selbst an sich haben. – Es muß. –

Aber ebensowenig ist es ja auch gleich den Anderen. Denn wäre es gleich, so wäre es ja schon, und wäre ihnen ähnlich nach Maßgabe der Gleichheit. Dieses beides ist aber unmöglich, wenn das

Eins nicht ist. – Unmöglich. – Wenn es aber den Anderen nicht gleich ist: sind dann nicht notwendig auch die Anderen ihm nicht gleich? – Notwendig. – Und ist das Nichtgleiche nicht ungleich? – Ja. – Und das Ungleiche nicht mit dem Ungleichen ungleich? – Wie sonst? – Auch eine Ungleichheit also eignet dem
d Eins, vermöge deren die Anderen ihm ungleich sind. – Die eignet ihm. – Aber zur Ungleichheit gehört doch Größe und Kleinheit? – Freilich. – Hat also ein solches Eins auch Größe und Kleinheit an sich? – Das scheint beinahe. – Größe und Kleinheit aber sind immer voneinander entfernt? – Allerdings. – Also ist immer etwas zwischen ihnen? – Das ist. – Weißt du nun etwas anderes, das zwischen ihnen wäre, als die Gleichheit? – Nein, sondern eben sie. – Was also Größe und Kleinheit hat, das hat auch die zwischen beiden seiende Gleichheit. – Das ist deutlich. –
e Das Eins-Nichtseiende hat also auch Gleichheit an sich und Größe und Kleinheit. – Das scheint. –

35. *Das Eins-Nichtseiende ist und ist nicht, wechselt und wechselt nicht*

Ja, auch ein Sein muß es irgendwie an sich haben. – Wie das? – Es muß sich doch so verhalten, wie wir sagen. Denn wenn es sich nicht so verhält: so sagen wir auch nichts Wahres, die wir sagen, das *Eins* ist nicht. Wenn wir aber etwas Wahres sagen, dann offenbar auch etwas Seiendes. Oder nicht so? – Freilich so. – Wenn wir also etwas Wahres zu sagen behaupten: so behaupten wir not-
162a wendig auch, etwas Seiendes zu sagen. – Notwendig. – Also *ist*, wie es scheint, das Eins-Nichtseiende. Denn wenn es *nicht* Nichtseiendes *ist*, sondern von dem Sein etwas nachläßt zum Nichtsein: so wird es sogleich Seiendes sein. – Auf alle Weise freilich. – Es muß also ein Band haben mit dem Nichtsein, nämlich das Nichtseiend-Sein, wenn es nichtsein soll; auf ähnliche Art, wie auch das Seiende das Nichtsein des Nichtseienden haben muß, damit es seinerseits vollständiglich sei. Denn nur so kann sowohl das Seiende recht sein, als das Nichtseiende recht nichtsein, wenn dem Seienden das Sein des Seiendseins eignet und das Nichtsein des Nichtseiendseins, wofern es vollständiglich sein soll: dem Nichtseienden
b aber das Nichtsein des Nichtseiend-Nichtseins und das Sein des Nichtseiendseins, wenn auch dieses, das Nichtseiende, vollstän-

diglich nichtsein soll. – Vollkommen richtig. – Also, da dem Sei-
enden ein Nichtsein und dem Nichtseienden ein Sein zukommt: so
eignet auch dem Eins, da es nicht-ist, notwendig ein Sein für das
Nichtsein. – Notwendig. – Auch ein Sein also zeigt sich für das
Eins, wenn es nicht-ist. – Es zeigt sich. – Und doch auch ein
Nichtsein, da es ja nicht ist. – Wie könnte das fehlen? –

Ist es nun wohl möglich, daß ein irgendwie Beschaffenes auch
nicht so beschaffen sei, ohne aus dieser Beschaffenheit überzuge-
hen? – Nicht möglich. – Auf einen Übergang also deutet alles
dergleichen, was so und auch nicht so beschaffen ist. – Wie c
sonst? – Übergang aber ist Wechsel? Oder was wollen wir behaupten? – Wechsel. – Das Eins aber zeigt sich als seiend und
nichtseiend? – Ja. – Also als so und auch nicht so beschaffen zeigt
sich das Eins? – Es scheint. – Also auch wechselnd erscheint das
Eins-Nichtseiende, da es auch einen Übergang aus dem Sein in das
Nichtsein erleidet. – Das mag wohl sein. – Aber doch, wenn es
nirgends ist, weil es ja *nicht* ist, wenn es nicht-ist: so kann es auch
nicht von irgendwoher sich wohin umstellen. – Wie könnte es? –
Nicht also durch Ortsveränderung wechselt es. – Freilich nicht. –
Ebensowenig auch kann es sich an einerlei Ort herumdrehen, d
denn das Einerlei berührt es nirgends. Denn das Einerlei ist seiend,
und das Nichtseiende kann unmöglich in irgendeinem Seienden
sein. – Unmöglich freilich. – Also kann auch nicht das Eins-
Nichtseiende sich in jenem herumdrehen, in welchem es nicht
ist. – Freilich nicht. – Und ebensowenig kann das Eins sich in sich
selbst verändern, weder es als das Seiende noch als das Nichtseiende. Denn die Rede wäre ja dann nicht mehr von dem Eins, wenn
es ein anderes geworden wäre als es selbst, sondern von einem
anderen. – Richtig. – Wenn es sich nun weder verändert noch
sich an einerlei Ort herumdreht noch von seinem Ort sich bewegt:
kann es dann noch sonstwie wechseln? – Wie wohl? – Und was e
nicht wechselt, hat doch notwendig Ruhe, und was Ruhe hat, besteht? – Notwendig. – Das Eins-Nichtseiende also, wie es
scheint, besteht sowohl als es wechselt. – So scheint es. –

Ferner aber, wenn es nun wechselt, muß es sich doch sehr notwendig verändern: denn inwiefern etwas wechselt, insofern ver- 163a
hält es sich nicht mehr so, wie es sich verhielt, sondern anders. –
Richtig. – Das wechselnde Eins also verändert sich auch. – Ja. –

Aber das auf keine Weise Wechselnde wird auch auf keine Weise
verändert. – Freilich nicht. – Inwiefern also das Eins-Nichtseiende wechselt, insofern verändert es sich; inwiefern es aber nicht
wechselt, insofern verändert es sich nicht. – Freilich nicht. – Das
Eins-Nichtseiende also verändert sich und verändert sich auch
nicht. – Das ist deutlich. – Und das Veränderte, wird das nicht
b notwendig ein verschiedenes von dem zuvor und vergeht aus der
vorigen Beschaffenheit? Das nichtveränderte aber wird weder,
noch vergeht es? – Notwendig. – Auch das Eins-Nichtseiende
also als verändertes wird und vergeht: als nichtverändertes aber
wird es weder, noch vergeht es. Und so wird sowohl als vergeht
das Eins-Nichtseiende, und wird auch so wenig als es vergeht. –
Freilich auch nicht. –

36. *Das nichtseiende Eins ist nicht, es wird weder noch vergeht es, es verändert sich nicht noch besteht es*

Noch einmal nun laß uns zum Anfang zurückkehren, um zu sehen,
ob uns noch dasselbe erscheinen wird, was auch jetzt, oder anderes. – Das laß uns. – Nicht wahr, wenn Eins *nicht ist*, so fragten
c wir, was muß sich alsdann mit ihm zutragen? – Ja. – Das Nichtist
aber, wenn wir das sagen, bedeutet es wohl etwas anderes als eine
Abwesenheit des Seins für dasjenige, wovon wir sagen, es sei
nicht? – Nichts anderes. – Wenn wir also sagen, daß etwas *nicht
sei*, meinen wir damit: es sei nur irgendwie nicht, und irgendwie
sei es? Oder bedeutet dieses Nichtist ganz einfach, daß eben das
nicht Seiende nirgend und auf keine Art ist, und auf keine Art ein
Sein an sich hat? – Auf das allereinfachste freilich. – Weder also
kann das nicht Seiende sein, noch auch irgendwie anders mit dem
d Sein Gemeinschaft haben. – Freilich nicht. –

Und das Werden und Vergehen, ist das wohl etwas anderes als,
jenes ein Ergreifen, dieses ein Fahrenlassen des Seins? – Nichts
anderes. – Was aber mit diesem gar keine Gemeinschaft hat, kann
doch auch weder es ergreifen noch es fahren lassen? – Wie könnte
es? – Das Eins also, da es auf keine Art ist, kann auch das Sein auf
keine Art weder festhalten noch fahrenlassen noch ergreifen. –
Nicht wohl. – Weder also vergeht das nichtseiende Eins, noch
wird es, da es auf keine Art mit dem Sein Gemeinschaft hat? –
e Nein, wie sich zeigt. – Noch auch wird es irgendwie verändert:

denn es würde dann schon und verginge, wenn ihm dies zukäme. – Richtig. – Wenn es aber sich nicht verändert, dann notwendig wechselt es auch wohl nicht? – Notwendig – Ebensowenig werden wir auch sagen, daß das nirgendwo Seiende bestehe. Denn das Bestehende muß in irgendeinem Selbigen ständig sein. – Wie sollte es anders? – Auf diese Art demnach werden wir von dem nicht Seienden wiederum, weder daß es bestehe, noch daß es wechsele, behaupten können. – Gewiß nicht. –

37. *Dem nichtseienden Eins kommt kein Seiendes zu, und es gibt von ihm keine Erkenntnis*

Noch auch kann ihm etwas Seiendes eignen. Denn wenn es etwas
als Seiendes an sich hätte, hätte es auch schon ein Sein irgendwie 164a
an sich. – Offenbar. – Weder Größe also noch Kleinheit noch
Gleichheit hat es an sich. – Freilich nicht. – Noch auch Ähnlichkeit oder Verschiedenheit weder mit sich selbst noch mit den Anderen kann es haben? – Nein, wie sich zeigt. – Und wie? Können wohl die Anderen irgendwie für es sein, wenn überhaupt nichts für es sein soll? – Das kann nicht sein. – Also weder ihm ähnlich noch unähnlich, noch einerlei mit ihm noch verschieden davon sind die Anderen. – Freilich nicht. – Und wie? Kann wohl ein Davon oder Dafür, ein Etwas oder Dieses oder Dessen oder Eines-
andern oder Für-ein-anderes, oder ein Je oder Hernach oder Jetzt b
oder Erkenntnis oder Vorstellung oder Wahrnehmung oder Erklärung oder Benennung, oder irgend etwas anderes Seiendes, kann dergleichen wohl für das nicht Seiende sein? – Das kann es nicht. – Auf diese Art also Eins nicht seiend, wird es sich auch auf keinerlei Weise verhalten. – Freilich scheint es sich auf keiner Weise zu verhalten. –

38. *Wenn* Eins *nicht ist, dann erscheinen die Anderen Eins, gleich und ungleich, begrenzt und unbegrenzt, ohne es zu sein*

Nun laß uns auch noch sagen: Wenn *Eins* nicht ist, was dann den Anderen zukommen muß. – Daß laß uns sagen. – Andere müssen sie doch irgendwie sein. Denn wenn sie nicht einmal Andere sind, so wäre auch gar nicht von den Anderen die Rede. – So ist es. – Und wenn von den Anderen die Rede ist, so sind die Anderen ver-

schiedene. Oder brauchst du nicht immer für dasselbe das Wort
c «Anderes» und «Verschiedenes»? – Ich gewiß. – Verschieden aber, sagen wir, ist das Verschiedene von einem Verschiedenen; also auch wohl das Andere ein Anderes von einem Anderen? – Ja. – Also auch für die Anderen, wenn sie andere sein sollen, ist etwas, als welches sie andere sind? – Notwendig. – Was denn wäre wohl dieses? Als das Eins sind sie nicht andere, da das Eins nicht ist. – Freilich nicht. – Also untereinander. Denn dieses bleibt nur noch übrig, oder sie wären andere in Beziehung auf gar nichts. – Richtig. – Als Menge genommen also wird jedes gegen das übrige anders sein. Denn als Eins genommen kann es nicht, wenn ein *Eins* nicht ist: sondern, wie es scheint, ist jede Masse
d davon unendlich der Menge nach, und wenn auch einer, was ihn das allerkleinste dünkt, davon nähme, so erscheint es doch plötzlich, wie im Traume, anstatt daß es ihn Eins zu sein dünkte, als Vieles, und anstatt sehr klein, ganz groß gegen das aus ihm noch weiter Zerteilbare. – Ganz richtig. – Als solche Massen also wären die Anderen untereinander andere, wenn sie, ohne daß *Eins* ist, andere sein sollen. – Offenbar freilich. – Also werden es viele Massen sein, jede als Eins erscheinend, es aber nicht seiend, wenn doch *Eins* nicht sein soll. – So ist es. – Auch eine Zahl von ihnen
e wird es also zu geben scheinen, wenn jede Masse als eine erscheint, da es viele sind. – Freilich. – Und einiges darunter wird Gerades, anderes Ungerades, ohne es in Wahrheit zu sein, nur scheinen, wenn doch *Eins* nicht sein soll. – Freilich ist es nicht so. –

Ja, auch ein Allerkleinstes, sagen wir, scheint darunter zu sein; dieses selbe aber zeigt sich wiederum als Vieles und Großes gegen
165a jedes unter den Vielen, die als kleine sind. – So ist es. – Auch gleich also diesen Vielen und Kleinen zu sein, wird jegliche Masse vorgestellt werden. Denn sie kann nicht scheinend aus dem Größeren ins Kleinere übergehen, ehe sie nicht auch in das zwischen beiden zu kommen scheint; und dies wäre doch der Schein der Gleichheit? – Allem Anschein nach. – Wird nicht auch jede Masse als begrenzt gegen eine andere und für sich selbst erscheinen, obwohl sie weder Anfang noch Mitte noch Ende hat? – Wie doch das? – Weil jedesmal, wenn jemand etwas davon in seinen Gedanken festhält, als wäre es eins von diesen dreien, immer vor
b dem Anfang noch ein anderer Anfang erscheint, und nach dem

Ende noch ein anderes zurückbleibendes Ende, und in der Mitte
noch eine genauere und kleinere Mitte als jene Mitte, weil man
eben nicht als Eins ein jedes von ihnen fassen kann, da das Eins
nicht ist. – Vollkommen wahr. – Und ganz zermalmt wird,
glaube ich, notwendig durch Zerstückelung alles Seiende, was nur
irgend jemand in seinem Verstande auffaßt, denn es würde immer
als Masse ohne Eins aufgefaßt. – Allerdings. – Eine solche nun
erscheint dem, der von ferne und nur mit stumpfem Blick darauf
sieht, notwendig als Eins, wer sie aber nahebei und scharf betrach- c
tet, dem erscheint jedes Einzelne als eine unendliche Menge, wenn
es doch *Eins*, welches ja nicht ist, beraubt ist. – Das ist ganz notwendig. – So müssen demnach jegliche Anderen als unbegrenzt
und als begrenzt, als Eines und Vieles erscheinen, wenn Eins nicht
ist, wohl aber die Anderen als das Eins. – So muß es sein. –

Werden sie nicht auch ähnlich und unähnlich zu sein scheinen? – Wie das? – Wie gewisse Gemälde, weil sie dem entfernt
Stehenden alle als Eins erscheinen, so auch einerlei beschaffen und
ähnlich zu sein scheinen. – Freilich. – Dem näher Hinzutretenden d
aber als viele und verschiedene und durch den Schein der Verschiedenheit verschiedenartig und einander unähnlich. – So ist es. –
Auch ähnlich also und unähnlich erscheinen notwendig die Massen sich selbst und untereinander. – Allerdings. – Also auch
einerlei und verschieden voneinander, sich berührend und außer
einander, und bewegt nach allen verschiedenen Bewegungen und
doch auch ruhend auf alle Weise, und werdend und untergehend
und keins von beiden, und alles dergleichen, was durchzugehen
uns nun schon sehr leicht sein würde, erscheinen sie, wenn, ohne
daß *Eins* ist, Vieles sein soll. – Vollkommen wahr allerdings. – e

39. *Wenn Eins* nicht ist, *dann ist Nichts*

Noch einmal also laß uns nun wiederum zu dem Anfange zurückkehrend sagen: Wenn Eins *nicht ist*, die Anderen als das Eins aber sind, was dann sein muß. – Laß es uns also sagen. – Also, Eins werden die Anderen nicht sein? – Wie sollten sie auch? – Also auch nicht Vieles. Denn unter vielen Seienden wäre allemal auch Eins. Denn wenn keins von ihnen Eins ist, so sind sie auch alle zusammen nichts, so daß sie auch nicht Viele sein können. – Richtig. – Ist also das Eins nicht in den Anderen: so sind auch

166a diese weder Vieles noch Eins. – Freilich nicht. – Und sie scheinen auch weder Eins noch Vieles. – Wie das? – Weil die Anderen nicht mit irgendeinem nicht Seienden irgendwo, irgendwie, irgendeine Gemeinschaft haben können, noch auch irgend etwas von dem nicht Seienden bei irgend etwas von den Anderen sein kann, denn das nicht Seiende hat ja keinen Teil. – Richtig. – Also auch keine Vorstellung des nicht Seienden ist bei den Anderen, noch irgendein Schein davon, und das nicht Seiende wird also auf keine Art irgendwo an den Anderen vorgestellt. – Freilich nicht. – Wenn also Eins *nicht ist*, so wird auch nicht irgend etwas von den Anderen weder Eins zu sein vorgestellt noch Vieles. Denn
b ohne Eins Vieles vorstellen ist unmöglich. – Unmöglich freilich. – Wenn also Eins *nicht ist*, so *sind* auch die Anderen weder, noch werden sie vorgestellt als Eins oder Vieles. – Es scheint nicht. – Also auch weder ähnlich noch unähnlich. – Freilich nicht. – Ebensowenig nun einerlei oder verschieden, berührend oder getrennt, noch was wir sonst alles im Vorigen als dessen Schein aufgezeigt haben, von dem Allen sind die Anderen weder etwas noch scheinen sie etwas, wenn das Eins *nicht ist*. – Wahr. – Also auch
c zusammengefaßt, wenn Eins nicht ist, so ist nichts, würden wir das mit Recht sagen? – Mit dem größten freilich. –

40. *Wenn Eins ist oder nicht ist*

So sei demnach dieses gesagt, und auch, daß, wie es scheint, ob Eins nun ist oder nicht ist, es selbst und die Anderen, und zwar für sich sowohl als in Beziehung aufeinander, alles auf alle Weise ist und nicht ist und scheint sowohl als nicht scheint. – Vollkommen wahr. –

THEAITETOS

A. Rahmengespräch

B. Die Frage des Sokrates nach der Erkenntnis

C. Erster Definitionsversuch durch Theaitetos: Erkenntnis ist Wahrnehmung

E. Dritter Definitionsversuch durch Theaitetos: Erkenntnis ist mit Erklärung verbundene richtige Vorstellung

F. Schluß

Eukleides. Terpsion

1. Preis des Theaitetos. Eukleides hat Unterredungen des Sokrates mit dem jungen Theaitetos aufgezeichnet, die vorgelesen werden sollen

EUKLEIDES: Kommst du soeben erst, o Terpsion, oder bist du schon lange vom Lande hier? 142a

TERPSION: Ziemlich lange schon. Auch habe ich dich gesucht auf dem Markte und mich gewundert, daß ich dich nicht finden konnte.

EUKLEIDES: Ich war eben nicht in der Stadt.

TERPSION: Wo denn also?

EUKLEIDES: Als ich an den Hafen hinunterging, begegnete ich dem Theaiteos, der aus dem Lager vor Korinthos nach Athen gebracht ward.

TERPSION: Lebend oder tot?

EUKLEIDES: Lebend, aber kaum noch. Denn schon von einigen b
Wunden befindet er sich übel, noch mehr aber setzt ihm die Krankheit zu, welche unter dem Heere herrscht.

TERPSION: Doch nicht die Ruhr?

EUKLEIDES: Eben sie.

TERPSION: Welch ein Mann ist da in Gefahr!

EUKLEIDES: Gewiß ein edler und trefflicher, o Terpsion! Auch jetzt gerade hörte ich einige ihn höchlich rühmen in bezug auf die Schlacht.

TERPSION: Das ist nichts Unglaubliches, sondern weit wunderbarer wäre es, wenn er sich nicht so bewiesen hätte. Jedoch, wieso ist er nicht hier in Megara eingekehrt? c

EUKLEIDES: Er eilte heimwärts. Denn gebeten habe ich ihn genug und ihm geraten, allein er wollte nicht. Als ich ihn nun begleitet, habe ich im Zurückgehen wieder des Sokrates gedacht und ihn

bewundert, wie weissagend er neben vielem anderen auch von diesem gesprochen hat. Ich glaube, es war kurz vor seinem Tode, als
er mit dem Theaitetos, der noch ein heranwachsender Jüngling
war, bekannt ward und, nachdem er mit ihm zusammengewesen
und Gespräch gepflogen, große Freude hatte an seiner Natur. Wie
ich nun nach Athen kam, erzählte er mir die Unterredungen, wel-
d che sie gehabt, welche auch sehr verdienen gehört zu werden, und
sagte, es könne nicht ausbleiben, dieser müsse ein ausgezeichneter
Mann werden, wenn er nur sein volles Alter erreichte.

Terpsion: Und ganz wahr hat er geredet, wie es scheint. Jedoch könntest du wohl erzählen, was für Unterredungen dies gewesen?

Eukleides: Beim Zeus, zum mindesten gewiß nicht so münd-
143a lich. Aber ich zeichnete mir gleich damals, als ich nach Hause
kam, etwas darüber auf, und hernach habe ich bei mehrerer Muße
nachgesonnen und sie aufgeschrieben, und sooft ich nach Athen
kam, erfragte ich vom Sokrates, wessen ich mich nicht erinnerte,
und brachte es in Ordnung, wenn ich wieder hierherkam, so daß
fast die ganze Unterredung nachgeschrieben ist.

Terpsion: Ganz recht. Auch sonst habe ich dies schon von dir
gehört und wollte dich immer bitten, sie mir mitzuteilen, es ist
aber bis jetzt dabei geblieben. Allein, was hindert uns, sie jetzt
durchzugehen? Auf alle Weise tut mir ohnedies not, mich auszu-
ruhen, da ich vom Lande komme.

b Eukleides: Auch ich habe doch den Theaitetos bis nach Eri-
neos begleitet, so daß ich ebenfalls gar nicht ungern ruhte. So laß
uns dann gehn, und indes wir der Ruhe pflegen, mag uns der
Knabe vorlesen.

Terpsion: Wohl gesprochen.

Eukleides: Dieses hier also, Terpsion, ist das Buch. Ich habe
aber das Gespräch solchergestalt abgefaßt, nicht als ob Sokrates es
mir erzählt, wie er es mir doch erzählt hat, sondern so, als ob er
wirklich mit denen redet, welche er als Unterredner nannte. Er
c nannte aber den Meßkünstler Theodoros und den Theaitetos. Damit nämlich in dem geschriebenen Aufsatz die Nachweisungen
zwischen dem Gespräch nicht beschwerlich fielen, wie wenn er
selbst, Sokrates, geredet das «Da sprach ich» oder «Darauf sagte
ich», und von dem Antwortenden «Das gab er zu», und «Darin

wollte er nicht beistimmen», deshalb habe ich geschrieben, als ob er unmittelbar mit jenen redete, mit Hinweglassung aller dieser Dinge.

TERPSION: Gar nicht übel, Eukleides.

EUKLEIDES: So nimm denn das Buch, Knabe, und lies.

SOKRATES. THEODOROS. THEAITETOS

2. *Lob des Theaitetos durch Theodoros. Ankunft des Theaitetos*

SOKRATES: Wenn mich die Kyrenaier besonders angingen, o Theo- d
doros, so würde ich dich über sie und wie es dort steht befragen,
ob es einige gibt unter den jungen Leuten dort, welche in der Grö-
ßenlehre oder in einer andern Wissenschaft Fleiß anwenden. Nun
aber, denn ich liebe jene weniger als die hiesigen und trage ein
besonderes Verlangen, zu wissen, welche von unsern Jünglingen
wahrscheinlich einmal Ehre einlegen werden, und daher suche ich
selbst dieses nach Möglichkeit zu erforschen und befrage darum
auch andere, zu denen ich die Jünglinge gern sich gesellen sehe.
Und dich umgeben nicht wenige, wie du es auch verdienst, und
zwar auch sonst, besonders aber wegen der Meßkunst. Wenn dir e
also einer aufgestoßen ist, der Erwähnung verdient: so wünschte
ich es wohl zu wissen.

THEODEROS: Allerdings, Sokrates, darf ich dir wohl gern sagen, und du wirst auch gern hören wollen, was für einen Jüngling
ich unter euren Bürgersöhnen angetroffen. Denn wäre er etwa
schön, so möchte ich wohl Furcht genug haben, es zu sagen, damit
nicht jemand meinte, ich hege eine Leidenschaft für ihn. Nun aber
– und werde mir nur nicht böse – ist er eben nicht schön, sondern
er gleicht dir mit der aufgeworfenen Nase und den heraustretenden Augen; nur hat er diese Züge nicht so stark wie du. Dreist rede
ich also, und so wisse denn, daß unter allen, mit denen ich jemals 144a
bekannt geworden, und ich habe schon sehr viele um mich gehabt,
ich noch nie einen so bewundernswürdig wohlgeartet angetroffen. Denn daß einer, welcher schnell auffaßt wie schwerlich ein
anderer, zugleich so ausgezeichnet gleichmütig ist und überdies
beharrlich mehr als jeder andere, solche habe ich nicht geglaubt

daß es gebe, auch sehe ich nicht, daß es deren sonst gibt. Sondern
die Scharfsinnigen wie dieser und die von schnellem Verstande
und gutem Gedächtnis pflegen auch zum Zorn sehr reizbar zu sein
b und werden hin und her gerissen wie Schiffe ohne Ballast, sind
auch von Natur mehr heftig als beharrlich. Die Gesetzteren aber
zeigen sich wiederum gewissermaßen träge zum Lernen und gar
sehr vergeßlich. Dieser aber schreitet so leicht und sicher und mit
Erfolg zu allen Kenntnissen und Untersuchungen und mit solcher
Ruhe gleichsam wie sich das Öl ganz geräuschlos ausgießt, daß zu
bewundern ist, wie er in diesem Alter dergleichen auf solche Art
behandeln kann.

SOKRATES: Du gibst treffliche Botschaft! Aber wem gehört er
denn an unter unsern Bürgern?

THEODOROS: Gehört habe ich zwar den Namen, ich entsinne
c mich seiner aber nicht. Allein er ist unter denen, die hier heran-
kommen, der mittlere. Denn eben hat er mit diesen, seinen Freunden sich draußen gesalbt, nun aber scheinen sie, nachdem sie sich
gesalbt, hierher zu kommen. Also sieh zu, ob du ihn kennst.

SOKRATES: Ich kenne ihn, es ist der Sohn des Euphronios von
Sunion, eines Mannes, Freund, gerade so, wie du diesen beschreibst, der auch sonst sehr wohl angesehen war und ein großes
Vermögen hinterlassen hat. Den Namen des Knaben aber weiß ich
nicht.

d THEODOROS: Dessen Name ist Theaitetos. Das Vermögen indes haben seine Vormünder, glaube ich, ziemlich herunterge-
bracht. Dennoch aber ist auch in dem, was Geld betrifft, seine edle
Gesinnung zu bewundern.

SOKRATES: Du preisest ihn ja herrlich! So heiße ihn denn sich
hierher zu uns niedersetzen.

THEODOROS: Das soll geschehen. Theaitetos, hierher zum Sokrates!

SOKRATES: Ja, auf alle Weise, Theaitetos, damit ich mich auch
einmal beschaue, was für ein Gesicht ich wohl habe. Denn Theo-
e doros sagt, es sei dem deinigen ähnlich. Jedoch, wenn wir nun
beide jeder eine Leier hätten und er sagte, sie wären gleich gestimmt: würden wir ihm das sogleich glauben, oder würden wir
erst untersuchen, ob er denn auch ein Tonkundiger wäre und so
etwas behaupten könne?

Theaitetos: Das würden wir untersuchen.

Sokrates: Also, wenn wir ihn als einen solchen fänden, würden wir ihm glauben; wenn aber von dieser Kunst verlassen, würden wir ungläubig bleiben?

Theaitetos: Richtig.

Sokrates: Nun aber, meine ich wenigstens, wenn wir über die
Ähnlichkeit unserer Gesichtszüge gewiß sein wollen, werden wir
wohl zusehen müssen, ob er auch ein Maler ist und also hierüber 145a
etwas behaupten kann oder nicht.

Theaitetos: So scheint es mir.

Sokrates: Ist nun wohl Theodoros ein Maler?

Theaitetos: Nicht, daß ich wüßte.

Sokrates: Auch kein Meßkünstler?

Theaitetos: Das freilich auf alle Weise, o Sokrates.

Sokrates: Etwa auch ein Sternkundiger, ein Rechner, ein Tonkundiger, und was sonst zu diesen Wissenschaften gehört?

Theaitetos: Ich denke wohl.

Sokrates: Wenn er also sagt, daß wir uns irgend körperlich ähnlich sind, er sage es nun lobend oder tadelnd, so ist wohl nicht viel darauf zu geben?

Theaitetos: Vielleicht nicht.

Sokrates: Wie aber, wenn er die Seele eines von uns der Tu- b
gend und Weisheit wegen lobte: sollte dann nicht einerseits, wer es
hört, sich billig Mühe geben, den Gelobten zu betrachten, dieser
aber wiederum sich bereitwillig darstellen?

Theaitetos: In aller Weise, o Sokrates.

3. *Das von Sokrates aufgestellte Thema der Untersuchung: Was ist Erkenntnis?*

Sokrates: So ist demnach, lieber Theaitetos, an dir die Reihe, dich darzustellen, an mir aber, dich zu beschauen. Denn wisse nur, daß Theodoros schon viele zwar gegen mich gelobt hat, Fremde sowohl als Bürger, noch keinen aber hat er jemals so gelobt wie dich jetzt eben.

Theaitetos: Das wäre ja herrlich, Sokrates. Aber sieh zu, daß
er es nicht etwa im Scherz gesagt hat. c

Sokrates: Das hat Theodoros nicht in der Art. Also nimm nur nicht das Eingestandene zurück unter dem Vorwande, er rede im

Scherz, damit er nicht genötigt werde, ordentlich Zeugnis abzulegen; denn es wird ihn dann gewiß niemand falschen Zeugnisses anklagen. Sondern bleibe lieber getrost bei deinem Eingeständnis.

THEAITETOS: Wohl werde ich es so halten müssen, wenn du meinst.

SOKRATES: So sage mir denn: lernst du wohl bei dem Theodoros etwas von der Meßkunst?

THEAITETOS: O ja.

d SOKRATES: Auch von der Sternkunde und der Tonkunst und den Rechnungen?

THEAITETOS: Ich befleißige mich wenigstens.

SOKRATES: Auch ich, o Jüngling, bei diesem und andern, denen ich zutraue, daß sie sich auf etwas hiervon verstehen. Dennoch aber, wiewohl ich im übrigen ziemlich Bescheid weiß, habe ich Zweifel über eine Kleinigkeit, die ich wohl mit dir und diesen untersuchen möchte. Sage mir also, heißt nicht lernen dessen kundiger werden, was man lernt?

THEAITETOS: Wie anders!

SOKRATES: Und die Kundigen, glaube ich, sind doch durch Wissenschaft kundig?

THEAITETOS: Ja.

e SOKRATES: Und das ist doch nichts anderes als Erkenntnis?

THEAITETOS: Was denn?

SOKRATES: Die Wissenschaft. Oder ist man nicht, wovon man Erkenntnis hat, dessen auch kundig?

THEAITETOS: Wie sonst?

SOKRATES: Also ist dies einerlei, Wissenschaft und Erkenntnis.

THEAITETOS: Ja.

SOKRATES: Dies ist nun eben, worüber ich zweifelhaft bin und was ich durch mich selbst nicht hinreichend ergründen kann, die Erkenntnis, was die wohl eigentlich sein mag. Sollten wir es wohl
146a bestimmen können? Was sagt ihr? Wer von uns will es zuerst erklären? Wenn er aber fehlt, und so jedesmal wer fehlt, soll, wie es die Knaben beim Ballspiel nennen, als Esel sich setzen. Wer aber, ohne zu fehlen, den Sieg davonträgt, der soll unser König sein und uns zu beantworten aufgeben, was er will. Warum schweigt ihr? Ich werde doch nicht aus Redelust überlästig, Theodoros,

indem ich es darauf anlege, daß ein Gespräch zwischen uns entstehe und wir einander freund und näher bekannt werden?

THEODOROS: Keineswegs, Sokrates, kann das überlästig sein. b
Sondern heiße einen von den Jünglingen dir antworten, denn ich bin dieser Art zu reden ungewohnt, und mich etwa noch daran zu gewöhnen, habe ich nicht mehr die Jahre. Diesen aber steht es sehr wohl an, und sie würden nur um so mehr zunehmen. Denn in der Jugend, das ist wahr, kann man in allem zunehmen. Laß also, wie du angefangen hast, nicht ab vom Theaitetos, sondern befrage ihn.

SOKRATES: Du hörst doch, Theaitetos, was Theodoros sagt,
welchem du ja, glaube ich, nicht wirst ungehorsam sein wollen; c
auch würde es wohl dem Jüngeren nicht ziemen, einem weisen Manne, wenn er etwas aufgibt, in solchen Dingen nicht zu gehorchen. So sage denn gerade und frei heraus, was denkst du, daß Erkenntnis ist?

THEAITETOS: Ich muß wohl, Sokrates, wenn ihr es doch gebietet. Denn auf jeden Fall, wenn ich auch fehle, werdet ihr es berichtigen.

SOKRATES: Allerdings, sofern wir es vermögen.

4. *Erste Antwort des Theaitetos: Aufzählung einer Reihe von Erkenntnissen*

THEAITETOS: Ich glaube also, daß sowohl dasjenige, was jemand vom Theodoros lernen kann, Erkenntnisse sind, die Meßkunst nämlich und die andern, welche du jetzt eben genannt hast, als
auch auf der andern Seite die Schuhmacherkunst und die Künste d
der übrigen Handwerker scheinen mir alle und jede nichts anderes zu sein als Erkenntnis.

SOKRATES: Gar offen und freigebig, Lieber, gibst du mir, um *eines* gefragt, vielerlei und Mannigfaltiges statt des Einfachen.

THEAITETOS: Wie? Was meinst du damit, Sokrates?

SOKRATES: Vielleicht nichts; was ich aber meine, will ich dir erklären. Wenn du sagst, die Schuhmacherkunst, meinst du damit etwas anderes als die Erkenntnis von der Verfertigung der Schuhe?

THEAITETOS: Nichts anderes.

SOKRATES: Und wenn du sagst, die Tischlerei, dann etwas an- e deres als die Erkenntnis von Verfertigung hölzerner Gerätschaften?

THEAITETOS: Auch dann nicht.

SOKRATES: Das Gefragte aber war nicht dieses, wovon es Erkenntnis gäbe, noch auch, wievielerlei sie wäre. Denn wir fragten nicht in der Absicht, sie aufzuzählen, sondern um die Erkenntnis selbst zu begreifen, was sie wohl sein mag. Oder ist das nichts gesagt?

THEAITETOS: Allerdings ist es ganz richtig.

147a SOKRATES: Erwäge auch dieses. Wenn uns jemand etwas ganz Gewöhnliches, das erste beste, fragte, etwa nach dem Lehm, was der wohl wäre, und wir antworteten ihm, es gäbe Lehm für die Töpfer und Lehm für die Puppenmacher und Lehm für die Ziegelstreicher, ob wir uns nicht lächerlich machten?

THEAITETOS: Vielleicht wohl.

SOKRATES: Zuerst nämlich schon, weil wir glauben, der Fragende könne nun aus unserer Antwort die Sache verstehen, wenn wir doch wieder sagten, der Lehm, mögen wir nun hernach hinzu-
b setzen der Puppenmacher oder welches andern Handwerkers. Oder glaubst du, daß jemand eine besondere Bezeichnung eines Dinges versteht, von dem er nicht weiß, was es ist?

THEAITETOS: Auf keine Weise.

SOKRATES: So versteht also auch «Erkenntnis von Schuhen» nicht, wer überhaupt nicht weiß, was Erkenntnis ist.

THEAITETOS: Freilich nicht.

SOKRATES: Also auch was Schuhmachen ist oder irgendeine andere Kunst, versteht der nicht, der nicht weiß, was Erkenntnis ist.

THEAITETOS: Freilich nicht.

SOKRATES: Es ist also eine lächerliche Antwort von dem, welcher gefragt wird, was Erkenntnis ist, wenn er darauf durch den Namen irgendeiner Kunst antwortet. Denn er antwortet durch
c eine Erkenntnis von etwas, ohne hiernach gefragt worden zu sein.

THEAITETOS: So scheint es.

SOKRATES: Dann auch, obwohl er schlicht und kurz antworten konnte, beschreibt er einen unendlichen Weg. So wie auch bei der Frage nach dem Lehm konnte er ganz schlicht und einfach sagen, Erde mit Feuchtigkeit gemischt wäre Lehm, für wen aber der Lehm wäre, das konnte er übergehen.

5. *Erläuterung der Frage durch ein von Theaitetos angeführtes mathematisches Beispiel*

Theaitetos: Leicht, o Sokrates, erscheint es nun. Du magst aber wohl nach etwas Ähnlichem fragen, wie uns neulich in unsern Beschäftigungen vorgekommen ist, mir und hier deinem Namensge- d
nossen, dem Sokrates.

Sokrates: Was doch war das?

Theaitetos: Von den Quadratwurzeln zeichnete uns Theodoros etwas vor, indem er uns von der dreifüßigen und fünffüßigen bewies, daß sie als Länge nicht meßbar wären durch die einfüßige. Und so ging er jede einzeln durch bis zur siebzehnfüßigen, bei dieser hielt er inne. Uns nun fiel so etwas ein, da der Quadratwurzeln unendlich viele zu sein schienen, wollten wir versuchen, sie zusammenzufassen in *eins*, wodurch wir diese alle bezeichnen könnten. e

Sokrates: Habt ihr auch so etwas gefunden?

Theaitetos: Ich denke wenigstens, betrachte du es nur auch.

Sokrates: So sprich.

Theaitetos: Wir teilten alle Zahlen insgesamt in zwei Teile. Diejenigen, welche entstehen können durch Gleiches gleichvielmal genommen, nannten wir, mit der Gestalt des Vierecks sie vergleichend, viereckige und gleichseitige.

Sokrates: Sehr gut.

Theaitetos: Die aber zwischen diesen, wozu auch drei und
fünf gehören, und jede, welche nicht aus Gleichem gleichvielmal 148a
genommen entstehen kann, sondern nur aus einer größeren Zahl wenigermal oder einer kleineren mehrmal genommen, welche also immer von einer größeren und einer kleineren Seite eingefaßt werden, diese nannten wir, mit der länglichen Gestalt sie vergleichend, längliche Zahlen.

Sokrates: Vortrefflich. Aber wie weiter?

Theaitetos: Alle Linien nun, welche ein Viereck bilden von gleichseitiger Zahl in der Fläche, nannten wir Längen, welche aber eins von ungleichseitiger, diese nannten wir Wurzeln, weil nämlich sie selbst als Längen nicht durch gleiches Maß mit jenen kön- b
nen gemessen werden, wohl aber die Flächen, welche aus ihnen zu entspringen vermögen. Ein Ähnliches findet nun statt bei den körperlichen Zahlen.

Sokrates: So vortrefflich als möglich, ihr Kinder! Nun

wird Theodoros gewiß nicht in die Strafe für falsches Zeugnis verfallen.

THEAITETOS: Doch aber, o Sokrates, kann ich, was du von der Erkenntnis fragst, nicht so beantworten wie das von den Längen und Wurzeln, obwohl du, wie es mir wenigstens scheint, etwas Ähnliches suchst, so daß Theodoros doch wieder unrecht zu haben scheint.

c SOKRATES: Wieso? Wenn er dich nun deines Laufens wegen gelobt und gesagt hätte, er habe noch nie unter den jungen Leuten einen so schnellfüßigen angetroffen, und du hernach beim Wettlauf von einem völlig Ausgebildeten und sehr Schnellen überwunden würdest, würdest du deshalb glauben, daß er dich minder mit Recht gelobt habe?

THEAITETOS: Nein, das nicht.

SOKRATES: Und glaubst du, daß die Erkenntnis, so wie ich es jetzt meinte, zu finden eine Kleinigkeit ist und nicht vielmehr unter die gar schwierigen Aufgaben gehört?

THEAITETOS: Beim Zeus, unter die allerschwierigsten, glaube ich.

SOKRATES: So sei nur guten Mutes deinetwegen und glaube,
d daß Theodoros wohl recht gehabt hat. Bestrebe dich aber, wie von andern Dingen, so besonders von der Erkenntnis die Erklärung zu finden, was sie eigentlich ist.

THEAITETOS: Sofern es nur am Bestreben liegt, soll sie wohl ans Licht kommen.

6. Sokrates kundig der Hebammenkunst. Die Art dieser Kunst

SOKRATES: So komm, denn du hast schon sehr gut vorgezeichnet, und versuche nur, deine Antwort wegen jener Seiten der Vierecke nachahmend, so wie du diese, so viele es auch sind, unter *einen* Begriff zusammengefaßt hast, so auch die vielerlei Erkenntnisse durch *eine* Erklärung zu bezeichnen.

e THEAITETOS: Wisse nur, Sokrates, ich habe oft versucht, dieses herauszufinden, da ich die von dir herumgehenden Fragen hörte: aber ich kann weder mich selbst überreden, daß ich etwas Genügendes ausgedacht hätte, noch höre ich irgendeinen andern die Sache so, wie du es forderst, erklären. Ebensowenig aber kann ich jemals ablassen, darauf zu sinnen.

Sokrates: Du hast eben Geburtsschmerzen, lieber Theaitetos, weil du nicht leer bist, sondern schwanger gehst.

Theaitetos: Das weiß ich weiter nicht; wie es mir aber ergeht, das habe ich dir gesagt.

Sokrates: Also du Lächerlicher hast wohl niemals gehört, daß 149a
ich der Sohn einer Hebamme bin, einer sehr berühmten und mannhaften, der Phainarete?

Theaitetos: Das habe ich wohl schon gehört.

Sokrates: Etwa auch, daß ich dieselbe Kunst ausübe, hast du gehört?

Theaitetos: Das keineswegs.

Sokrates: Wisse dann, dem ist so. Verrate mich aber nicht damit gegen die andern, denn es weiß niemand von mir, Freund, daß ich diese Kunst besitze. Da es nun die Leute nicht wissen: so sagen sie mir auch dieses zwar nicht nach, wohl aber, daß ich der wunderlichste aller Menschen wäre und alle in Verwirrung brächte. Gewiß hast du das auch gehört?

Theaitetos: Vielfältig. b

Sokrates: Soll ich dir davon die Ursache sagen?

Theaitetos: Allerdings.

Sokrates: Überlege dir nur recht alles von den Hebammen, wie es um sie steht, so wirst du leichter merken, was ich will. Denn du weißt doch wohl, daß keine, solange sie noch selbst empfängt und gebärt, andere entbindet, sondern nur, welche selbst nicht mehr fähig sind zu gebären, tun es.

Theaitetos: So ist es allerdings.

Sokrates: Das soll, wie sie sagen, von der Artemis herrühren, weil dieser, einer Nichtgebärenden, dennoch die Geburtshilfe zuteil geworden. Nun hat sie den ganz Unfruchtbaren zwar nicht verleihen können, Geburtshelferinnen zu sein, weil die mensch- c
liche Natur zu schwach ist, um eine Kunst zu erlangen in Dingen, deren sie ganz unerfahren ist; wohl aber hat sie diese Gabe denen, die des Alters wegen nicht mehr gebären, beigelegt, um doch der Ähnlichkeit mit ihr selbst einen Vorzug einzuräumen.

Theaitetos: Das scheint annehmlich.

Sokrates: Ist also wohl auch das annehmlich und notwendig, daß, ob eine schwanger ist oder nicht, besser von den Geburtshelferinnen erkannt wird als von andern?

THEAITETOS: Gar sehr.

SOKRATES: Ja, es können auch die Hebammen durch Arznei-
d mittel und Zaubersprüche die Wehen erregen und, wenn sie wollen, sie auch wieder lindern und den Schwergebärenden zur Geburt helfen, oder auch das Kind, wenn diese beschlossen haben,
sich dessen zu entledigen, solange es noch ganz klein ist, können
sie abtreiben.

THEAITETOS: So ist es.

SOKRATES: Hast du auch das schon von ihnen vernommen, daß sie ebenfalls die geschicktesten Freiwerberinnen sind, indem sie gründlich zu unterscheiden verstehen, was für eine Frau sich mit was für einem Manne verbinden muß, um die vollkommensten Kinder zu erzielen?

THEAITETOS: Das habe ich noch nicht so gewußt.

SOKRATES: So wisse denn, daß sie hiermit noch mehr großtun
e als mit dem Nabelschnitt. Überlege auch nur: Glaubst du, daß die
Pflege nebst Einsammlung der Früchte des Erdbodens und dann
wiederum die Einsicht, welchem Boden man jegliches Gesäme und
Gewächs anvertrauen muß, zu einer und derselben Kunst gehören
oder zu verschiedenen?

THEAITETOS: Nein, sondern zu derselben.

SOKRATES: Bei den Frauen aber glaubst du, daß dieses eine andere und das Einsammeln wieder eine andere Kunst ist?

THEAITETOS: Das ist wenigstens nicht wahrscheinlich.

150a SOKRATES: Wohl nicht, sonder nur wegen des unrechtlichen
und unkünstlerischen Zusammenführens der Männer und
Frauen, welches man das Kuppeln nennt, enthalten sich die Hebammen als ehrbare Frauen auch des Freiwerbens, aus Furcht, sie
möchten um dieser Kunst willen in jenen Verdacht geraten. Denn
eigentlich steht es den wahren Geburtshelferinnen auch allein zu,
auf die rechte Art Ehen zu stiften.

THEAITETOS: Offenbar.

SOKREATES: Soviel also hat es mit den Hebammen auf sich;
weniger aber doch als mit meinem Spiel. Denn bei den Frauen
b kommt es nicht vor, daß sie größtenteils zwar echte Kinder gebären, bisweilen aber auch Mondkälber, und daß beides schwierig
wäre zu unterscheiden. Denn wäre dies der Fall: so würde es gewiß die schönste und größte Kunst der Hebammen sein, zu unter-

scheiden, was etwas Rechtes ist und was nicht. Oder glaubst du nicht?

THEAITETOS: Das glaube ich wohl.

7. *Die höhere sokratische Hebammenkunst*

SOKRATES: Von meiner Hebammenkunst nun gilt im übrigen alles, was von der ihrigen; sie unterscheidet sich aber dadurch, daß
sie Männern die Geburtshilfe leistet und nicht Frauen, und daß sie
für ihre gebärenden Seelen Sorge trägt und nicht für Leiber. Das
Größte aber an unserer Kunst ist dieses, daß sie imstande ist zu c
prüfen, ob die Seele des Jünglings ein Trugbild und Falschheit zu
gebären im Begriff ist oder Fruchtbares und Echtes. Ja, auch hierin
geht es mir eben wie den Hebammen: Ich gebäre nichts von Weisheit, und was mir bereits viele vorgeworfen, daß ich andere zwar
fragte, selbst aber nichts über irgend etwas antwortete, weil ich
nämlich nichts Kluges wüßte zu antworten, darin haben sie recht.
Die Ursache davon ist aber diese: Geburtshilfe leisten nötigt mich
der Gott, erzeugen aber hat er mir verwehrt. Daher bin ich selbst
keineswegs etwa weise, habe auch nichts dergleichen aufzuzeigen d
als Ausgeburt meiner eigenen Seele. Die aber mit mir umgehen,
zeigen sich zuerst zwar zum Teil als gar sehr ungelehrig; hernach
aber, bei fortgesetztem Umgang, alle, denen es der Gott vergönnt,
als wunderbar schnell fortschreitend, wie es ihnen selbst und den
andern scheint; und dieses ganz offenbar ohne jemals irgend
etwas von mir gelernt zu haben, sondern nur selbst aus sich selbst
entdecken sie viel Schönes und halten es fest; die Geburtshilfe indes leisten dabei der Gott und ich. Dies erhellt hieraus: Viele schon
haben, dies verkennend und sich selbst alles zuschreibend, mich e
aber verachtend, oder auch selbst von andern überredet, sich früher, als recht war, von mir getrennt und nach dieser Trennung
dann teils infolge schlechter Gesellschaft nur Fehlgeburten getan,
teils auch das, wovon sie durch mich entbunden worden, durch
Verwahrlosung wieder verloren, weil sie die falschen und trügerischen Geburten höher achteten als die rechten; zuletzt aber sind
sie sich selbst und andern gar unverständig vorgekommen, von
welchen einer Aristides, der Sohn des Lysimachos, war, und viele 151a
andere mehr. Wenn solche dann wiederkommen, meinen Umgang
begehrend, und wunder was darum tun, hindert mich doch das

Göttliche, was mir zu widerfahren pflegt, mit einigen wieder umzugehen; bei andern dagegen läßt es das zu, und diese schreiten
wieder fort. Auch darin ergeht es denen, die mit mir umgehen, wie
den Gebärenden: sie haben nämlich Wehen und wissen sich nicht
b zu lassen bei Tag und Nacht, weit ärger als jene. Und diese Wehen
kann meine Kunst erregen sowohl als stillen. So ist es demnach mit
diesen beschaffen. Bisweilen aber, o Theaitetos, wenn einige mir
gar nicht recht schwanger zu sein scheinen, solchen, weil ich weiß,
daß sie meiner gar nicht bedürfen, bin ich ein bereitwilliger Freiwerber, und mit Gott sei es gesprochen, ich treffe es zur Genüge, wessen
Umgang ihnen vorteilhaft sein wird, wie ich denn ihrer schon viele
dem Prodikos zugeführt habe, viele auch andern weisen und gott-
begabten Männern.

Dieses habe ich dir, Bester, deshalb so ausführlich vorgetragen,
weil ich die Vermutung habe, daß du, wie du es auch selbst meinst,
etwas in dir trägst und Geburtsschmerzen hast. So übergib dich also
c mir, als dem Sohn einer Geburtshelferin und auch selbst der Geburtshilfe kundigen, und was ich dich frage, das beeifere dich so gut
du nur kannst zu beantworten. Und wenn ich bei der Untersuchung
etwas, was du sagst, für ein Mondkalb und nichts Echtes befunden
habe, also es ablöse und wegwerfe, so erzürne dich darüber nicht,
wie die Frauen es bei der ersten Geburt zu tun pflegen. Denn schon
viele, mein Guter, sind so gegen mich aufgebracht gewesen, wenn
ich ihnen eine Posse abgelöst habe, daß sie mich ordentlich hätten
beißen mögen, und wollen nicht glauben, daß ich das aus Wohlmei-
nen tue, weil sie weit entfernt sind einzusehen, daß kein Gott jemals
d den Menschen mißgünstig ist, und daß auch ich nichts dergleichen
aus Übelwollen tue, sondern mir nur eben keineswegs verstattet ist,
Falsches gelten zu lassen und Wahres zu unterschlagen.

8. Erste Definition durch Theaitetos: Erkenntnis ist Wahrnehmung. Protagoras als Vertreter dieses Satzes

Versuche also noch einmal von Anfang an, o Theaitetos, zu sagen,
was Erkenntnis ist. Daß du es aber nicht kannst, sage nur niemals.
Denn so Gott will und du wacker bist, wirst du es wohl können.

THEAITETOS: Wenn du freilich, Sokrates, solchergestalt zure-
dest, wäre es schändlich, nicht auf alle Weise mutig zu sagen, was
e einer eben hat. Mir also scheint, wer etwas erkennt, dasjenige

wahrzunehmen, was er erkennt; und wie es mir jetzt erscheint, ist Erkenntnis nichts anderes als Wahrnehmung.

SOKRATES: Gut und wacker, Jüngling! So muß sich deutlich machen, wer etwas erklärt. Wohlan, laß uns nun dieses gemeinschaftlich betrachten, ob es eine rechte Geburt ist oder ein Windei. Wahrnehmung, sagst du, sei Erkenntnis.

THEAITETOS: Ja.

SOKRATES: Und gar keine schlechte Erklärung scheinst du gegeben zu haben von der Erkenntnis, sondern eine, die auch Protagoras 152a
gibt; nur daß er dieses nämliche auf eine etwas andere Weise ausgedrückt hat. Er sagt nämlich, der Mensch sei das Maß aller Dinge,
der seienden, daß sie sind, der nichtseienden, daß sie nicht sind. Du
hast dies doch gelesen?

THEAITETOS: Oftmals habe ich es gelesen.

SOKRATES: Nicht wahr, er meint dies so, daß, wie ein jedes Ding mir erscheint, ein solches ist es auch mir, und wie es dir erscheint, ein solches ist es wiederum dir. Ein Mensch aber bist du sowohl als ich.

THEAITETOS: So meint er es unstreitig.

SOKRATES: Wahrscheinlich nun wird ein so weiser Mann doch b
nicht Torheiten reden. Laß uns ihm also nachgehen. Wird nicht
bisweilen, indem derselbe Wind weht, den einen von uns frieren,
den andern nicht? Oder den einen wenig, den andern sehr stark?

THEAITETOS: Jawohl.

SOKRATES: Sollen wir nun in diesem Falle sagen, daß der Wind an und für sich kalt ist oder nicht kalt? Oder sollen wir dem Protagoras glauben, daß er dem Frierenden ein kalter ist, dem Nichtfrierenden nicht?

THEAITETOS: So wird es wohl sein müssen.

SOKRATES: Und so erscheint er doch jedem von beiden?

THEAITETOS: Freilich.

SOKRATES: Dieses «Erscheint» ist aber eben das Wahrnehmen.

THEAITETOS: So ist es.

SOKRATES: Erscheinung also und Wahrnehmung ist dasselbe c
beim Warmen und allem, was dem ähnlich ist? Denn wie ein jeder es
wahrnimmt, so scheint es für ihn auch zu sein.

THEAITETOS: Das leuchtet ein.

SOKRATES: Wahrnehmung ist also wohl immer des Seienden und untrüglich, wenn sie ja Erkenntnis ist.

THEAITETOS: So scheint es.

SOKRATES: Nun, so war denn, bei den Chariten, Protagoras gar überweise und hat die Sache zwar uns, dem großen Haufen, nur dunkel angedeutet, seinen Schülern aber im Geheimen das Rechte gesagt?

d THEAITETOS: Wie doch, o Sokrates, meinst du dies?

SOKRATES: Ich will es dir sagen, und es ist gar keine schlechte Rede, daß nämlich ein Eins selbst für sich selbst gar nichts ist und daß du nicht ein Etwas richtig mit einem Namen oder als wiebeschaffen bezeichnen kannst, vielmehr, wenn du etwas groß nennst, wird es sich auch klein zeigen, und wenn schwer, auch leicht und so gleicherweise in allem, weil eben nichts ein Eins ist, sei es nun als etwas oder als irgendwie beschaffen; sondern durch Bewegung und Veränderung und Vermischung unter einander *wird* alles nur, wo-
e von wir sagen, daß es *ist*, es nicht richtig bezeichnend; denn niemals *ist* eigentlich irgend etwas, sondern immer nur *wird* es. Und hierüber mögen denn der Reihe nach alle Weisen, den Parmenides ausgenommen, einig sein, Protagoras sowohl als Herakleitos und Empedokles, und so auch unter den Dichtern die Anführer von beiden Dichtungsarten, Epicharmos der komischen und der tragischen Homeros; denn wenn dieser sagt

«Ursprung der Götter ist Okeanos und Tethys die Mutter»,

will er andeuten, daß alles entsprungen ist aus dem Fluß und der Bewegung. Oder scheint er dir nicht dieses zu meinen?

THEAITETOS: Allerdings auch mir.

9. *Weitere Stütze des Satzes: Die Bewegung als Ursache von allem Sein und Werden*

153a SOKRATES: Wer dürfte nun wohl gegen ein solches Heer und seinen Anführer Homeros etwas bestreiten, ohne sich lächerlich zu machen?

THEAITETOS: Leicht ist es nicht, o Sokrates.

SOKRATES: Gewiß nicht, Theaitetos. Zumal auch dies noch hinlängliche Beweise sind für diese Behauptung, daß nämlich allemal die Bewegung das scheinbare Sein und das Werden verursacht, das Nichtsein aber und den Untergang die Ruhe. Denn Wärme und Feuer, welche dann wieder die andern Dinge erzeugen und in Ordnung halten, werden selbst erzeugt durch Umschwung und Reibung, diese aber sind Bewegung. Oder sind dies nicht die Entstehungsarten des Feuers?

Theaitetos: Dies sind sie freilich. b

Sokrates: Ferner entsproßt ja auch das Geschlecht der Lebenden aus eben diesen Ursachen.

Theaitetos: Wie anders?

Sokrates: Und wie? Der ganze Zustand des Leibes, wird er nicht durch Ruhe und Trägheit zerrüttet, durch Leibesübungen aber und Bewegungen im ganzen wohl erhalten?

Theaitetos: Ja.

Sokrates: Und der Zustand der Seele ebenso; pflegt sie nicht durch Lernen und Fleiß, welches Bewegungen sind, Kenntnisse zu erwerben und festzuhalten und so besser zu werden, durch die Ruhe aber, welche sich in Gedankenlosigkeit und Trägheit zeigt, nichts zu lernen nicht nur, sondern auch das Gelernte zu vergessen? c

Theaitetos: Ganz gewiß.

Sokrates: Das Gute also ist Bewegung für Seele und Leib, und umgekehrt das Gegenteil davon?

Theaitetos: So scheint es.

Sokrates: Soll ich dir nun auch noch die Windstillen anführen und was dem ähnlich ist, wie überall die Ruhe Fäulnis und Zerstörung bewirkt, das Gegenteil aber Erhaltung? Und über dies alles nun noch den letzten Stein hinzutragend beweisen, daß unter der «goldenen Kette» Homeros nichts anderes versteht als die Sonne und also andeutet, solange *sei* auch Alles und bleibe wohlbehalten d
bei Göttern und Menschen, wenn aber dieses einmal wie gebunden stillstände, so würden alle Dinge untergehn und, wie man sagt, das Unterste zuoberst gekehrt werden?

Theaitetos: Mir, o Sokrates, scheint er das anzudeuten, was du sagst.

10. Anwendung des Satzes des Protagoras auf die Sinneswahrnehmung. Das Problem der Größenverhältnisse

Sokrates: Denke dir also, Bester, die Sache so: Zuerst in Beziehung auf die Augen, was du weiße Farbe nennst, daß dies nicht selbst etwas Besonderes ist außerhalb deiner Augen noch auch in deinen Augen, und daß du ihm ja keinen Ort bestimmst; denn e
sonst *wäre* es schon, wenn es irgendwo an einer Stelle ruhend

wäre, und würde nicht bloß im Entstehen.

Theaitetos: Aber wie denn?

Sokrates: Folgen wir nur dem eben vorgetragenen Satz, indem wir nicht an und für sich als Eins seiend setzen, und es wird uns deutlich werden, daß Schwarz und Weiß und jede andere Farbe aus dem Zusammenstoßen der Augen mit der zu ihr gehörigen
154a Bewegung entstanden ist, und wovon wir jedesmal sagen, es *sei* Farbe, das wird weder das Anstoßende sein noch das Angestoßene, sondern etwas dazwischen für jeden besonders Entstandenes. Oder möchtest du behaupten, daß jede Farbe, eben wie sie dir erscheint, auch einem Hunde oder irgendeinem andern Tiere erscheinen werde?

Theaitetos: Beim Zeus, das möchte ich nicht.

Sokrates: Aber wie? Erscheint einem andern Menschen irgend etwas gerade ebenso wie dir? Bist du davon recht gewiß, oder vielmehr davon, daß etwas nicht einmal dir selbst immer als dasselbe erscheine, da du niemals ganz auf dieselbe Weise dich verhältst?

Theaitetos: Mich dünkt dieses eher als jenes.

b Sokrates: Also, wenn das, wodurch wir messen oder womit wir berühren, groß oder rot oder warm *wäre*: so könnte es nicht dadurch, daß es mit einem andern zusammenstößt, ein anderes werden, indem es sich selbst gar nicht veränderte. Wenn aber wiederum das Gemessene oder Berührte jedes von diesen *wäre*, so könnte es nicht, wenn etwas Anderes auf es stößt oder diesem Anderen etwas begegnet, indem jedoch ihm selbst nichts widerfährt, dennoch ein anderes werden. Denn jetzt, Freund, werden wir genötigt, wunderbare und lächerliche Dinge getrost zu behaupten, wie Protagoras und jeder, der dasselbe wie er behaupten will, uns vorwerfen würde.

Theaitetos: Wie doch, und was für Dinge meinst du?

c Sokrates: Nimm nur ein kleines Beispiel, und du wirst alles wissen, was ich meine. Sechs Bohnen, wenn du vier dagegen hältst, werden mehr sein als die vier, nämlich noch ein halbes Mal soviel; wenn aber zwölf, dann weniger, nämlich die Hälfte, und man darf nicht einmal leiden, daß etwas anderes behauptet werde. Oder möchtest du es leiden?

Theaitetos: Keineswegs ich.

Sokrates: Wie nun? Wenn dich Protagoras oder ein anderer

fragte: «Ist es wohl möglich, Theaitetos, daß etwas größer oder mehr werde auf eine andere Weise, als daß es zugenommen hat?» Was wirst du antworten?

Theaitetos: Wenn ich, o Sokrates, was mir in Beziehung auf
diese Frage allein richtig scheint, antworten soll, so werde ich sa- d
gen, es ist nicht möglich: wenn aber in Beziehung auf die vorige, so werde ich, um mich zu hüten, daß ich nichts Widersprechendes sage, wohl antworten, es wäre gar wohl möglich.

Sokrates: Sehr gut, Freund, bei der Here, und ganz göttlich. Jedoch, wie mir scheint, wenn du antwortest, es sei möglich, wird dir jenes aus dem Euripides begegnen, es wird uns die Zunge freilich unwiderlegt sein, die Seele aber nicht unwiderlegt.

Theaitetos: Ganz wahr.

Sokrates: Wenn wir also von den Gewaltigen Weisen wären,
du und ich, die schon alles durchgeprüft haben in ihrem Gemüt, so
würden wir von nun an immer weiter nur zum Zeitvertreib einan- e
der versuchen und, auf sophistische Art einen eben solchen Kampf beginnend, jeder den Reden des andern mit den seinigen ausweichen. Nun wir aber nur schlichte Menschen sind, werden wir doch zuerst die Sache an sich selbst betrachten wollen, wie das wohl beschaffen ist, was wir behaupten, ob es untereinander stimmt oder vielleicht nichts weniger als das.

Theaitetos: Auf jede Weise würde ich meinesteils dieses letztere wollen.

11. Der erstaunliche Widerstreit bei Aussagen über das Sein und Werden und das Erstaunen als Anfang der Philosophie

Sokrates: Auch ich gewiß. Da es sich nun so verhält, können wir
nichts als ganz gelassen in voller Muße die Sache wieder von vorn
untersuchen, ohne verdrießlich zu werden, sondern recht aufrich- 155a
tig uns selber prüfend, was doch diese Erscheinungen in uns eigentlich sind. Von ihnen werden wir nun bei der Betrachtung, wie ich wenigstens glaube, erstens sagen, daß niemals irgend etwas weder mehr noch weniger werde, weder der Masse noch der Zahl nach, solange, als es sich selbst gleich ist. Nicht so?

Theaitetos: Ja.

Sokrates: Zweitens auch wohl, daß, wenn nichts zugesetzt noch auch abgenommen wird, dieses niemals weder wachse noch schwinde, sondern immer gleich sei.

THEAITETOS: Ganz offenbar.

b SOKRATES: Nicht auch drittens, was vorher nicht war, daß dieses dennoch sein könne, ohne geworden zu sein und zu werden, sei unmöglich?

THEAITETOS: So scheint es freilich.

SOKRATES: Diese drei Behauptungen nun streiten, glaube ich, in unserer Seele miteinander, wenn wir jenes von den Bohnen aussagen oder wenn wir behaupten, daß ich, der ich diese bestimmte Größe habe, ohne entweder zu wachsen, oder das Gegenteil zu erleiden binnen Jahresfrist, jetzt zwar größer bin als du, der Jüngere, hernach aber kleiner, obwohl ich von meiner Masse nichts
c verloren habe, sondern nur du an der deinigen gewonnen hast. Denn ich *bin* ja hernach, was ich vorher nicht war, ohne es geworden zu sein. Denn ohne das Werden ist Gewordensein unmöglich, und da ich nichts von meiner Masse eingebüßt habe, *wurde* ich ja niemals kleiner. Und mit tausend und aber tausend Sachen verhält es sich ebenso, wenn wir ja dieses wollen gelten lassen. Du kommst doch wohl mit, Theaitetos? Wenigstens scheinst du mir nicht unerfahren in diesen Dingen zu sein.

THEAITETOS: Wahrlich, bei den Göttern, Sokrates, ich erstaune ungemein, wie doch dieses wohl sein mag; ja bisweilen, wenn ich recht hineinsehe, schwindelt mir ordentlich.

d SOKRATES: Theodoros, du Lieber, urteilst eben ganz richtig von deiner Natur. Denn dies ist der Zustand eines gar sehr die Weisheit liebenden Mannes, das Erstaunen; ja es gibt keinen andern Anfang der Philosophie als diesen, und wer gesagt hat, Iris sei die Tochter des Thaumas, scheint die Abstammung nicht übel getroffen zu haben. Aber hast du schon inne, aus welchem Grunde sich diese Dinge so verhalten zufolge dessen, was, wie wir sagen, Protagoras behauptet oder nicht?

THEAITETOS: Noch nicht recht, glaube ich.

SOKRATES: So wirst du es mir wohl Dank wissen, wenn ich dir von der Meinung dieses Mannes oder vielmehr vieler berühmter
e Männer den wahren verborgenen Sinn aufspüren helfe.

THEAITETOS: Wie sollte ich dir das nicht Dank wissen, und zwar sehr vielen?

12. Der wahre Sinn der Behauptung, daß alles Bewegung ist

SOKRATES: Sieh dich aber wohl um und habe acht, daß uns nicht einer von den Ungeweihten zuhöre. Dies sind aber die, welche von nichts anderem glauben, daß es sei, als von dem, das sie recht herzhaft mit beiden Händen greifen können, das Handeln und das Werden aber und alles Unsichtbare gar nicht mit unter dem, was ist, wollen gelten lassen.

THEAITETOS: Das sind ja verstockte und widerspenstige Menschen, Sokrates, von denen du redest.

SOKRATES: Jene freilich, Kind, sind sehr roh. Viel preiswürdiger 156a
aber sind diese, deren Geheimnisse ich dir jetzt mitteilen will. Der
Anfang aber, an welchem auch, was wir vorhin sagten, alles
hängt, ist bei ihnen der, daß alles Bewegung ist und anderes außerdem nichts, von der Bewegung aber zwei Arten, beide der Menge
nach unendlich, deren eine ihr Wesen hat im Wirken, die andere
im Leiden. Aus dem Begegnen und der Reibung dieser beiden gegeneinander entstehen nun Erzeugnisse, der Anzahl nach auch
unendliche, je zwei aber immer als Zwillinge, das Wahrnehmbare b
und die Wahrnehmung, die immer zugleich hervortritt und erzeugt wird mit dem Wahrnehmbaren. Die Wahrnehmungen nun
führen uns Namen wie diese, Gesicht, Gehör, Geruch, Erwär-
mung, Erkältung, auch Lust und Unlust werden sie genannt, Begierde und Abscheu, und andere gibt es noch, von unbenannten
unzählbare, sehr viele auch noch benannte. Die Arten des Wahrnehmbaren aber sind je eine einer von jenen an- und miterzeugt,
dem mancherlei Sehen die mancherlei Farben, dem Hören glei- c
chermaßen die Töne, und so den übrigen Wahrnehmungen das
übrige ihnen verwandte Wahrnehmbare. Was besagt uns nun
diese Erzählung, Theaitetos, in Beziehung auf das vorige? Merkst
du es wohl?

THEAITETOS: Noch nicht ganz, o Sokrates.

SOKRATES: So sie zu, ob wir es irgendwie zu Ende führen. Sie
will nämlich sagen, daß alles dieses, wie wir auch sagten, sich bewegt. In dieser Bewegung aber findet sich Schnelligkeit und Langsamkeit. Soviel nun langsam ist, das hat seine Bewegung an demselben Ort und in Beziehung auf das Sichnähernde und erzeugt auf d
diese Weise. Das auf diese Weise Erzeugte aber ist schneller; denn
es geht im Raume fort, und in diesem Fortgehn besteht die Natur

seiner Bewegung. Wenn nun ein Auge und ein solches anderes ihm
Angemessenes, nachdem es sich genähert hat, die Röte erzeugen
nebst der ihr mitgeborenen Wahrnehmung, was beides nicht wäre
erzeugt worden, wenn eines von jenen beiden auf ein anderes getroffen hätte: dann wird, indem beide sich bewegen, nämlich das
e Sehen auf seiten der Augen, die Röte aber auf seiten des die Farbe
miterzeugenden Gegenstandes, auf der einen Seite das Auge erfüllt
mit der Gesichtswahrnehmung und sieht alsdann und ist geworden
nicht eine Gesichtswahrnehmung, sondern ein sehendes Auge; auf
der andern Seite wird das die Farbe Miterzeugende erfüllt mit der
Röte und ist geworden auch wiederum nicht die Röte, sondern ein
Rotes, sei es nun Holz oder Stein oder welchem Dinge sonst begegnet, mit dieser Farbe gefärbt zu sein. Ebenso ist nun alles übrige, das
Harte und Warme und alles andere, auf dieselbe Art zu verstehen,
157a daß es nämlich an und für sich nichts ist, wie wir auch vorher sagten,
sondern daß in dem einander Begegnen alles und allerlei wird
vermöge der Bewegung. Denn auch, daß das Wirkende etwas ist
und das Leidende wiederum etwas, läßt sich an *einem*, wie sie
sagen, nicht fest und sicher bemerken; denn weder *ist* etwas ein
Wirkendes, ehe es mit einem Leidenden zusammentrifft, noch ein
Leidendes, ehe mit dem Wirkenden; ja auch, was mit dem *einen*
zusammentreffend ein Wirkendes wird, zeigt sich, wenn es auf ein
anderes fällt, als ein Leidendes. So daß diesem allen zufolge, wie wir
von Anfang an sagten, nichts an und für sich ein Eins *ist*, sondern es
b immer nur *wird* für irgendein anderes, das *Sein* aber muß überall
ausgestoßen werden, wiewohl wir es auch jetzt eben aus Gewohnheit und Ungeschicktheit gar oft und viel zu gebrauchen genötigt
waren. Aber man darf nach der Rede der Weisen weder das Etwas
zugeben, noch das Es, noch Meins, noch Dieses, noch Jenes, noch
irgendeine andere Bezeichnung, die fest steht: sondern der Natur
gemäß muß man nur reden von Werdendem und Gewirktem, Ver-
gehendem und Verändertem; so daß, wenn jemand etwas als beharrlich setzt durch seine Rede, ein solcher sehr leicht zu Schanden
zu machen ist. So muß man nun sowohl von dem Einzelnen reden
als auch von dem aus vielem Zusammengefaßten, durch welches
c Zusammenfassen man Mensch sagt und Stein und jegliches einzelne Tier und jede Gestaltung. Ist dir dies nun schmackhaft, Theaitetos, und behagt es dir, so daß du davon kosten möchtest?

THEAITETOS: Ich weiß nicht recht, Sokrates. Denn auch von dir kann ich nicht innewerden, ob du es sagst als deine Meinung, oder ob du mich nur versuchst.

SOKRATES: Erinnerst du dich nicht mehr, Lieber, daß ich meinesteils dergleichen gar nicht weiß, auch nichts als das Meinige vorbringe, sondern ganz und gar unfruchtbar bin in dergleichen? Dir aber will ich Geburtshilfe leisten, und deshalb bespreche ich dich und lege dir zu kosten vor von allerlei Weisheit, bis ich end- d
lich auch deine Meinung mit ans Licht bringe. Ist sie aber ans Licht gebracht, dann will ich auch gleich sehen, ob sie sich als ein Windei oder als eine gesunde Geburt zeigen wird. Also halte nur aus und sei guten Mutes und antworte freiweg und tapfer, was dich dünkt über das, wonach ich eben frage.

THEAITETOS: So frage denn.

13. Problem von Wahrnehmungstäuschung und Traum

SOKRATES: Erkläre dich also noch einmal, ob es dir recht ist, daß nicht etwas sein, sondern immer nur werden soll Gutes und Schönes und alles, was wir eben durchgegangen sind?

THEAITETOS: Mir freilich scheint, wenn ich dich die Sache so erörtern höre, alles ganz erstaunlich gegründet zu sein, und daß es so müsse gedacht werden, wie du es auseinandersetzt.

SOKRATES: So wollen wir denn auch das nicht zurücklassen, e
was noch übrig ist davon. Es ist aber noch übrig das von den Träumen und Krankheiten, besonders auch dem Wahnsinn, und was man nennt sich verhören oder sich versehen oder sonst eine Sinnentäuschung. Denn du weißt wohl, daß es das Ansehen hat, als könne durch alle diese Fälle einstimmig der Satz widerlegt werden, den wir jetzt eben durchgegangen sind, und als wären auf alle Weise unsere Wahrnehmungen falsch in diesen Fällen und als 158a
fehlte viel daran, daß, was einem jeden erscheint, dasselbe auch sei, sondern ganz im Gegenteil, als *sei* nichts von dem, was erscheint.

THEAITETOS: Vollkommen recht, o Sokrates.

SOKRATES: Was für eine Ausrede, Jüngling, bleibt also dem noch übrig, welcher sagt, Wahrnehmung sei Erkenntnis, und was jedem erscheine, das sei auch so dem, welchem es erscheint?

THEAITETOS: Es fehlt mir der Mut, Sokrates, zu gestehen, daß ich nicht weiß, was ich sagen soll, weil du mich gerade vorhin gescholten, als ich dies sagte. Und doch wäre ich in der Tat nicht b vermögend zu bestreiten, daß die Wahnsinnigen oder die Träumenden falsche Vorstellungen haben, wenn jene Götter zu sein glauben, diese aber geflügelt und sich im Traume als fliegend vorkommen.

SOKRATES: Merkst du auch nicht diesen Einwurf dagegen, besonders was Wachen und Schlafen betrifft?

THEAITETOS: Welchen doch.

SOKRATES: Den du, meine ich, oft gehört haben wirst, wenn man nämlich die Frage aufwirft, was für ein Kennzeichen jemand wohl angeben könnte, wenn einer fragte, jetzt gleich gegenwärtig, ob wir nicht schlafen und alles, was wir vorstellen, nur träumen, c oder ob wir wachen und wachend uns unterreden?

THEAITETOS: Und wahrlich, Sokrates, es ist sehr schwierig, durch was für ein Kennzeichen man es beweisen soll. Denn es folgt ganz genau auf beiden Seiten dasselbe. Denn was wir jetzt gesprochen haben, das können wir ebensogut im Traume zu sprechen glauben; und wenn wir im Traume Träumerisches zu sprechen meinen, so ist ganz wunderbar, wie ähnlich dies jenem ist.

SOKRATES: Du siehst also, daß das Bestreiten nicht schwer ist, d wenn sogar darüber gestritten werden kann, ob Schlaf ist oder Wachen. Und da die Zeit des Schlafens der des Wachens ziemlich gleich ist und die Seele in jedem von diesen Zuständen behauptet, daß die ihr jedesmal gegenwärtigen Vorstellunen auf alle Weise wahr sind: so behaupten wir, und zwar eine gleiche Zeit hindurch, einmal, daß das eine, dann wieder ebenso, daß das andere seiend ist, und beharren beidemal gleich fest auf unserer Meinung.

THEAITETOS: Allerdings.

SOKRATES: Verhält es sich nun nicht mit Krankheiten und mit dem Wahnsinn ebenso, bis auf die Zeit, daß die nicht gleich ist?

THEAITETOS: Ganz richtig.

SOKRATES: Und wie? Soll das Wahre aus der Länge und Kürze der Zeit bestimmt werden?

e THEAITETOS: Lächerlich wäre das ja auf vielerlei Weise!

SOKRATES: Hast du aber etwas anderes, Sicheres, woran du zeigen kannst, welche von diesen Vorstellungen die wahren sind?

THEAITETOS: Mich dünkt nicht.

14. Im Sinne der Protagoreer geführter Beweis, daß das, was jeder vorstellt, auch für ihn wahr ist

SOKRATES: So höre denn von mir, was diejenigen darüber sagen würden, welche behaupten, was jeder vorstellt, sei dem, der es vorstellt, auch wahr. Sie werden aber, wie ich glaube, uns so befragen: Was ganz und gar von einem andern verschieden ist, o Theaitetos, kann das wohl irgend dasselbe Vermögen mit jenem haben? Und wir wollen nicht annehmen, daß das, wovon die Frage ist, in einer Hinsicht einerlei ist mit jenem und nur in einer andern verschieden, sondern nur, daß es ganz verschieden ist.

THEAITETOS: Es ist ja unmöglich, daß eines mit einem andern 159a
einerlei, sei es nun Vermögen oder sonst etwas habe, wenn es ganz und gar davon verschieden ist.

SOKRATES: Muß man nicht auch zugeben, daß ein solches notwendig unähnlich ist?

THEAITETOS: Mir scheint es wenigstens.

SOKRATES: Wenn sich also ereignet, daß etwas einem ähnlich wird oder unähnlich, es sei nun sich selbst oder einem andern, werden wir nicht, wenn es ähnlich wird, sagen, daß es einerlei, wenn aber unähnlich, daß es verschieden wird?

THEAITETOS: Notwendig.

SOKRATES: Haben wir nun nicht vorher gesagt, daß es vielerlei und unzähliges Wirkende gebe, und ebenso Leidendes?

THEAITETOS: Das haben wir.

SOKRATES: Und auch, daß eins mit einem andern und dann wieder mit einem andern sich vermischend nicht beidemal einerlei, sondern Verschiedenes erzeugen wird?

THEAITETOS: Allerdings. b

SOKRATES: So laß uns denn von dir und mir und allem auf dieselbe Weise sagen, der kranke Sokrates und der gesunde Sokrates, sollen wir dies jenem ähnlich nennen oder unähnlich?

THEAITETOS: Meinst du dieses Ganze, den kranken Sokrates, jenem Ganzen, dem gesunden Sokrates?

SOKRATES: Ganz recht hast du verstanden; so meine ich es.

THEAITETOS: Unähnlich dann.

SOKRATES: Auch verschieden etwa auf eben die Art wie unähnlich?

THEAITETOS: Notwendig.

c SOKRATES: Auch von dem Schlafenden also, und was wir sonst jetzt angeführt haben, wirst du das nämliche behaupten.

THEAITETOS: Ich gewiß.

SOKRATES: Wird also nicht jedes seiner Natur nach etwas Wirkende, wenn es den gesunden Sokrates trifft, mit einem verschiedenen zu tun haben, und wenn den kranken, wieder mit einem verschiedenen?

THEAITETOS: Wie sollte es nicht!

SOKRATES: Und Verschiedenes werden wir also in beiden Fällen zusammen erzeugen, ich der Leidende und jenes das Wirkende?

THEAITETOS: Wie sonst?

SOKRATES: Wenn nun ich, der Gesunde, Wein trinke: so erscheint er mir lieblich und süß?

THEAITETOS: O ja.

SOKRATES: Es haben nämlich alsdann nach dem zuvor Einge-
d räumten das Wirkende und das Leidende erzeugt die Süßigkeit und die Wahrnehmung, beide zugleich in Bewegung. Und zwar hat die Wahrnehmung, welche auf der Seite des Leidenden ist, seine Zunge wahrnehmend gemacht, die Süßigkeit aber, welche auf der Seite des Weines um ihn in Bewegung ist, hat den Wein für die gesunde Zunge süß zu sein und zu scheinen gemacht.

THEAITETOS: So waren wir allerdings vorher übereingekommen.

SOKRATES: Wenn er aber den Kranken trifft, hat er dann nicht zuerst der Wahrheit nach nicht denselben getroffen, da er zu einem dem vorigen Unähnlichen gekommen ist.

THEAITETOS: Ja.

e SOKRATES: Verschiedenes also erzeugen wiederum ein solcher Sokrates und das Trinken des Weines: An der Zunge nämlich die Wahrnehmung der Bitterkeit, an dem Wein aber die werdende und sich bewegende Bitterkeit, und machen diesen nicht zur Bitterkeit, sondern zu einem bittern, mich aber nicht zur Wahrnehmung, sondern zu einem Wahrnehmenden.

THEAITETOS: Ganz offenbar.

SOKRATES: Also werde sowohl ich nichts anderes jemals wer-
160a den, solange ich so wahrnehme – als auch jenes, das auf mich Wirkende, wird niemals, sobald es mit einem andern zusammen-

trifft, dasselbige erzeugend, ein ebensolches werden. Denn mit anderm muß es anderes erzeugend ein Verändertes werden.

THEAITETOS: So ist es.

SOKRATES: Ebensowenig aber werde ich für mich selbst ein solcher, noch jenes für sich selbst ein solches werden.

THEAITETOS: Natürlich nicht.

SOKRATES: Notwendig also muß sowohl ich, wenn ich ein Wahrnehmender werde, es von etwas werden, denn ein Wahrnehmender zwar, aber ein nichts Wahrnehmender zu werden, das ist unmöglich; als auch jenes muß, wenn es süß oder bitter oder etwas b
dergleichen wird, es notwendig für einen werden. Denn süß, aber für niemanden süß zu werden, ist unmöglich.

THEAITETOS: Allerdings muß es so sein.

SOKRATES: Es bleibt also, glaube ich, übrig, daß wir für einander etwas sind oder werden, je nachdem man nun sein oder werden sagen will, da die Notwendigkeit unser Sein zwar verknüpft, aber weder mit irgendeinem andern noch mit uns selbst. Also bleibt übrig, daß es für uns untereinander verknüpft sei. So daß, mag es nun jemand Sein nennen, er sagen muß, es sei für etwas oder von etwas oder in Beziehung auf etwas; oder nenne er es Werden, dann ebenso. Daß aber etwas an und für sich etwas entweder sei oder werde, das darf er weder selbst behaupten noch, c
wenn ein anderer dies behauptet, es annehmen, wie die Rede, welche wir durchgegangen sind, zeigt.

THEAITETOS: So ist es allerdings, Sokrates.

SOKRATES: Nicht wahr also, wenn das mich zu etwas Machende für mich ist und nicht für einen anderen: so nehme auch nur ich es wahr, ein anderer aber nicht?

THEAITETOS: Wie anders?

SOKRATES: Wahr also ist mir meine Wahrnehmung, denn sie ist die meines jeweiligen Seins. Ich also bin der Richter, nach dem Protagoras, dessen sowohl was mir ist, daß es ist, als dessen was mir nicht ist, daß es nicht ist.

THEAITETOS: So scheint es.

15. Ende der Geburt der These, daß Erkenntnis Wahrnehmung ist, und Absicht ihrer Prüfung

SOKRATES: Wie also sollte ich, da ich untrüglich bin und nie fehle d in meiner Vorstellung von dem, was ist oder wird, dasjenige nicht auch erkennen, was ich annehme?

THEAITETOS: Es läßt sich auf keine Weise anders denken.

SOKRATES: Vortrefflich also hast du ausgesprochen, daß die Erkenntnis nichts anderes ist als Wahrnehmung; und es läuft völlig auf dasselbe hinaus, daß nach dem Homeros, Herakleitos und ihrem ganzen Stamm alles sich wie Ströme bewegt, daß nach dem Protagoras, dem sehr weisen, der Mensch das Maß aller Dinge ist,
e und daß nach dem Theaitetos, wenn dieses sich so verhält, die Wahrnehmung Erkenntnis wird. Nicht wahr, o Theaitetos? Wir sagen doch, daß dies von dir gleichsam ein neugeborenes Kindlein ist, und von mir das Hebammenwerk? Oder wie meinst du?

THEAITETOS: Notwendig so; Sokrates.

SOKRATES: Dieses haben wir also recht mit Mühe endlich geboren, was es nun auch eigentlich sein mag. Nach der Geburt aber müssen wir nun das wahre Umtragen im Kreise damit vornehmen, indem wir durch weitere Untersuchung erforschen, ob nicht das Geborene, vielleicht ohne daß wir es wußten, nicht wert ist, aufer-
161 a zogen zu werden, sondern ein leeres Windei. Oder glaubst du, dein Kind müsse man auf alle Fälle auferziehen und nie aussetzen? Oder wirst du es doch ertragen, wenn du siehst, daß es die Prüfung nicht besteht, und nicht allzu verdrießlich werden, wenn es dir jemand, unerachtet es deine erste Geburt ist, wegnimmt?

THEODOROS: Er wird es ertragen, unser Theaitetos, o Sokrates, denn er ist gar nicht hartnäckig. Also, bei den Göttern, sage es, ob es sich nun wieder nicht so verhält.

SOKRATES: Offenbar hast du großes Wohlgefallen an solchen Reden, Theodoros, und bist sehr gut, daß du glaubst, ich wäre gleichsam ein Schatzkasten von Behauptungen und brauchte nur
b ohne Mühe eine herausnehmend zu sagen, daß sich dies wiederum nicht so verhielte. Wie es aber wirklich damit zugeht, merkst du nicht, daß nämlich keine dieser Behauptungen von mir ausgeht, sondern immer von dem, der sich mit mir unterredet, daß aber ich weiter nichts weiß als nur dieses wenige, nämlich die Rede eines anderen Weiseren aufzufassen und gehörig zu behandeln. Und so will ich es auch jetzt mit diesem versuchen, nicht aber selbst etwas sagen.

THEODOROS: Gut berichtigt, Sokrates, und tue nur so.

16. a) Einwand: Die ‹Wahrheit› des Protagoras nimmt sich selbst zuwider einen Unterschied in der Weisheit an

SOKRATES: Weißt du also, Theodoros, was mich wundert von deinem Freunde Protagoras?

THEODOROS: Was doch? c

SOKRATES: Das übrige hat mir alles sehr wohl gefallen, was er
sagt, daß nämlich, was jedem scheint, für ihn auch ist, nur über
den Anfang seiner Rede wundere ich mich, daß er nicht gleich
seine «Wahrheit» so beginnt: Das Maß aller Dinge ist das
Schwein oder der Affe, oder was man noch unter allem, was
Wahrnehmung hat, Unvernünftigeres nennen könnte, damit er
recht hochsinnig und herabwürdigend begönne zu uns zu reden,
indem er zeigte, daß wir zwar ihn bewunderten wie einen seiner
Weisheit wegen, er aber doch um nichts besser wäre an Einsicht
als ein unerwachsener Frosch, geschweige denn als irgendein an- d
derer unter den Menschen. Oder was sollen wir sagen, Theodoros? Denn wenn einem jeden wahr sein soll, was er mittels der
Wahrnehmung vorstellt, und weder einer den Zustand des andern
besser beurteilen kann, noch auch die Vorstellung des einen der
andere vermögender ist in Erwägung zu ziehen, ob sie wahr oder
falsch ist, sondern wenn, wie schon oft gesagt ist, jeder nur sein
Eignes für sich vorstellt und dieses alles richtig und wahr ist: wie
soll denn wohl, o Freund, nur Protagoras weise sein, so daß er mit
Recht auch von andern zum Lehrer angenommen wird, und das e
um großen Lohn, wir dagegen unwissender, so daß wir bei ihm in
die Schule gehn müssen, obwohl doch jeder Mensch das Maß seiner eignen Weisheit ist? Und wie sollen wir nicht glauben, daß
Protagoras dies bloß im Scherz vorbringt? Was nun gar mich betrifft und meine Kunst der Geburtshilfe: so schweige ich ganz davon, welches Gelächter wir billig erregen. Ich glaube aber, es wird
auch dasselbe sein mit dem ganzen Geschäft des wissenschaftlichen Unterredens. Denn gegenseitig einer des andern Vorstellungen und Meinungen in Betrachtung ziehen und zu widerlegen suchen, wenn sie doch alle richtig sind, ist das nicht eine langweilige
und überlaute Kinderei, wenn anders die Wahrheit des Protagoras 162a
wirklich wahr ist und nicht nur scherzend aus dem verborgenen
Heiligtum des Buches herausgeredet hat?

THEODOROS: Der Mann, o Sokrates, ist mein Freund, wie du

oben sagtest. Darum möchte ich weder, daß Protagoras durch
meine Eingeständnisse widerlegt würde, noch auch möchte ich dir
gegen meine eigene Meinung zuwider sein. Deshalb nimm dir nur
wieder den Theaitetos vor; schien er dir doch auch vorher sehr
aufmerksam zu folgen.

b SOKRATES: Würdest du denn auch, wenn du nach Lakedaimon
kämest, Theodoros, zu den Fechtschulen, und dort die andern entblößt sähest, einige darunter überdies gar nicht vorzügliche Leute,
dennoch lieber dich nicht neben ihnen auskleiden und ihnen deine
Gestalt zeigen?

THEODOROS: Warum meinst du, daß ich das nicht allerdings vorziehen würde, wenn sie es mir nur vergönnten und sich überreden ließen? So wie ich jetzt euch zu überreden hoffe, mich zuschauen zu lassen und mich, der ich schon ungelenker bin, nicht in den Übungsplatz hineinzuziehen, sondern lieber mit einem jüngeren und vollsaftigern zu ringen.

16. b) Einspruch des Protagoras

SOKRATES: Wenn es dir so recht ist, Theodoros, ist es mir auch
c nicht zuwider, wie man zu sagen pflegt. So muß ich denn wieder zu
dem weisen Theaitetos gehen.

Sage also, Theaitetos, zuerst was wir jetzt eben durchgegangen sind, ob du dich nicht ebenfalls verwunderst, daß sich auf einmal zeigt, du seist um nichts schlechter in der Weisheit als irgendeiner unter den Menschen oder auch unter den Göttern? Oder glaubst du, daß das Maß des Protagoras weniger von den Göttern gilt, als von den Menschen?

THEAITETOS: Beim Zeus, keineswegs, und, was du jetzt fragst,
es verwundert mich freilich sehr. Denn als wir vorher erörterten,
d weshalb sie wohl sagten, was jedem erscheine, das sei auch für
den, dem es erscheine, fand ich, daß dieses vortrefflich gesagt
wäre, nun aber ganz im Gegenteil ist es schnell umgeschlagen.

SOKRATES: Du bist eben jung, lieber Sohn, deshalb achtest du
schneller auf verfängliche Reden und gibst ihnen Eingang. Denn
Protagoras oder ein anderer für ihn würde hierauf sagen: Ihr trefflichen Knaben und Greise sitzt hier zusammen und führt verfängliche Reden, indem ihr die Götter mit hineinzieht in die Sache,
e welche ich gänzlich beiseite setze im Reden sowohl als im Schrei-

ben, ob sie sind oder nicht sind; und was auf den großen Haufen Eindruck machen würde, wenn er es hörte, dergleichen redet ihr, als wäre es nun etwas Schreckliches, wenn jeder Mensch um gar nichts besser wäre in der Weisheit, als irgendein Tier. Beweise aber und notwendige Schlußfolgen führt ihr gar nicht eine einzige an, sondern begnügt euch mit dem Scheinbaren, welches doch weder Theodoros noch irgendein anderer Meßkünstler bei seiner Meßkunst anwenden würde, oder er wäre auch gar nichts wert. So überlegt nun, du und Theodoros, ob ihr in so wichtigen Dingen solchen Reden Beifall geben wollt, die nur aus Überredungskünsten und Wahrscheinlichkeiten zusammengesetzt sind. 163a

THEAITETOS: Daß dieses billig wäre, Sokrates, würdest weder du noch auch wir sagen wollen.

SOKRATES: Auf eine andere Weise also, wie es scheint, müssen wir die Sache betrachten, wie du behauptest und Theodoros.

THEAITETOS: Allerdings auf eine andere.

SOKRATES: Laßt uns denn auf diese Weise sehen, ob wohl Erkenntnis und Wahrnehmung einerlei ist oder verschieden. Denn darauf ging doch unsere ganze Rede aus, und deshalb haben wir so vielerlei Wunderliches aufgerührt. Nicht wahr?

THEAITETOS: Allerdings.

SOKRATES: Sollen wir also eingestehen, was wir durch Sehen b
wahrnehmen oder durch Hören, daß wir alles dieses auch zugleich verstehen? Zum Beispiel, Ausländer, deren Sprache wir noch nicht gelernt haben, sollen wir leugnen, daß wir die hören, wenn sie darin sprechen? Oder sollen wir sagen, daß wir sie nicht nur hören, sondern auch das verstehen, was sie sagen? Ebenso, wenn wir Buchstaben noch nicht kennen, doch aber unsere Augen auf sie richten: sollen wir behaupten, daß wir sie nicht sehen, oder daß wir sie auch verstehen, wenn wir sie doch sehen?

THEAITETOS: Das selbst an ihnen, o Sokrates, was wir sehen und hören, werden wir auch zu verstehen behaupten, daß wir nämlich von letzteren die Gestalt und Farbe sehen und auch erkennen, von jenen aber die Höhe und Tiefe hören und auch wissen; c
daß wir aber, was von beiden die Sprachlehrer und Dolmetscher lehren, weder wahrnehmen durch das Sehen und Hören noch also auch verstehen.

SOKRATES: Vortrefflich, Theaitetos! Und es wäre nicht recht, dir dieses zu bestreiten, damit dir auch der Mut wachse.

16. c) Einwand: Auch die Erinnerung liefert Erkenntnis

Aber betrachte auch dieses andere, welches herbeikommt, und sieh zu, wie wir es abwehren wollen.

THEAITETOS: Was denn?

d SOKRATES: Dieses: Wenn jemand fragte, ob es wohl möglich wäre, daß einer etwas, wovon er einmal Erkenntnis erlangt und wovon er die Erinnerung noch unverloren bei sich bewahrt, dann, wenn er sich erinnert, eben das doch nicht erkennte, dessen er sich erinnert. Ich bin aber, wie ich merke, sehr weitläufig, da ich doch nur fragen wollte, ob jemand, was er erfahren, indem er sich dessen erinnert, doch nicht weiß.

THEAITETOS: Und auf welche Weise, Sokrates? Dies wäre ja ein Wunder, was du da sagst.

SOKRATES: Bin ich denn etwa irre? Sieh doch zu! Sagst du nicht, das Sehen sei ein Wahrnehmen und jeder Anblick eine Wahrnehmung?

THEAITETOS: So sage ich.

e SOKRATES: Wer nun etwas gesehen hat, der hat eine Erkenntnis bekommen von dem, was er gesehen hat, nach unserm jetzigen Satz?

THEAITETOS: Ja.

SOKRATES: Wie weiter? Gibst du nicht doch auch eine Erinnerung zu?

THEAITETOS: O ja.

SOKRATES: An nichts oder an etwas?

THEAITETOS: An etwas, versteht sich.

SOKRATES: Wohl, was einer erfahren und wahrgenommen hat, an etwas davon?

THEAITETOS: Woran sonst?

SOKRATES: Und was jemand gesehen hat, dessen erinnert er sich doch bisweilen?

THEAITETOS: Gewiß erinnert er sich.

SOKRATES: Auch indem er die Augen verschließt? Oder hat er es, sobald er dies tut, vergessen?

THEAITETOS: Das wäre ja arg, o Sokrates, das zu behaupten.

164a SOKRATES: Und doch müssen wir es, wenn wir nämlich den vorigen Satz retten wollen; wo nicht, so ist es vorbei mit ihm.

THEAITETOS: Auch ich, beim Zeus, merke so etwas, noch begreife ich es aber nicht ganz genau. Sage mir also wie?

SOKRATES: So: Wer sieht, sagen wir, hat Erkenntnis bekommen von dem, was er sieht. Denn Gesicht und Wahrnehmung und Erkenntnis haben wir zugegeben, ist einerlei.

THEAITETOS: Nun ja.

SOKRATES: Wer nun gesehen und Erkenntnis dessen, was er sah, bekommen hat, erinnert sich dessen zwar, wenn er auch die Augen verschließt, sieht es aber dann nicht. Nicht so?

THEAITETOS: Ganz recht.

SOKRATES: Dies «Er sieht nicht» heißt aber soviel wie «Er er- b
kennt nicht», wenn doch «Er sieht» ebensoviel ist wie «Er erkennt».

THEAITETOS: Das ist richtig.

SOKRATES: Es folgt also, daß jemand das, wovon er Erkenntnis bekommen hat, indem er sich dessen erinnert, doch nicht erkennt, weil er es nicht sieht – eben das, wovon wir gesagt haben, es würde ein Wunder sein, wenn es geschähe.

THEAITETOS: Vollkommen recht.

SOKRATES: Etwas Unmögliches scheint also zu folgen, wenn jemand sagt, Erkenntnis und Wahrnehmung sei dasselbe.

THEAITETOS: So scheint es.

SOKRATES: Man muß also sagen, jedes von beiden sei ein anderes.

THEAITETOS: So wird es sein müssen.

SOKRATES: Was ist also wohl die Erkenntnis? Wir müssen es, c
wie es scheint, noch einmal von vorne an erklären. –

17. a) Entschluß des Sokrates, die These des Protagoras zu verteidigen

Allein, Theaitetos, was sind wir doch im Begriff zu tun?

THEAITETOS: Wieso?

SOKRATES: Es kommt mir vor, als ob wir, nach Art eines schlechten Hahns, ehe wir noch gesiegt haben und von der Sache abspringend unser Siegesgeschrei anstimmten.

THEAITETOS: Wieso denn?

SOKRATES: Gerade als ob es uns nur um den Widerspruch zu tun wäre, scheinen wir bloß den Worten nachgehend unsere Gegenbehauptung aufgestellt zu haben, und indem wir durch solche Mittel den Satz überwunden, ganz zufrieden zu sein; und obwohl

wir behaupten, keine Kunstfechter zu sein, sondern Weisheits-
d freunde, tun wir dennoch unvermerkt gerade dasselbe wie jene
gewaltigen Männer.

THEAITETOS: Ich verstehe noch immer nicht, wie du es meinst.

SOKRATES: So will ich denn versuchen, dir deutlich zu machen, was ich also von der Sache merke. Wir fragten uns nämlich, ob wohl, wenn jemand etwas erfahren hat und sich dessen erinnert, er es doch nicht erkenne; und nachdem wir gezeigt hatten, daß wer etwas gesehen hat und dann die Augen verschließt, sich nun dessen erinnert, es aber nicht mehr sieht, zeigten wir, daß er sich erinnere, aber nicht mehr erkenne; dieses aber sei unmöglich, und so ging die Sache verloren, die Protagoreische sowohl als auch zugleich die deinige von Erkenntnis und Wahrnehmung, daß beides einerlei ist.

e THEAITETOS: Offenbar.

SOKRATES: Sie wäre aber, glaube ich, nicht verlorengegangen, Lieber, wenn nur der Vater der andern Geschichte noch lebte, sondern dieser würde ihr noch auf vielerlei Art zu Hilfe gekommen sein. Nun aber, da sie verwaist ist, mißhandeln wir sie, zumal auch nicht einmal die Vormünder, welchen Protagoras sie übergeben hat, ihr zu Hilfe kommen wollen, von denen auch Theodoros hier einer ist. Sondern es scheint, wir selbst werden ihr der Billigkeit wegen beistehen müssen.

THEODOROS: Nicht ich, o Sokrates, sondern vielmehr Kallias,
165a der Sohn des Hipponikos, ist Vormund für seine Angelegenheiten.
Ich aber habe mich ziemlich bald aus dem bloßen Denken in die
Meßkunst gerettet. Dennoch aber werde ich es dir Dank wissen,
wenn du ihm beistehst.

SOKRATES: Wohl gesprochen, Theodoros. So betrachte nun meine Hilfeleistung. Nämlich es muß jemand noch viel gewaltigere Dinge zugestehen als die vorherigen, wenn er nicht genau auf die Worte acht hat, so wie wir gewöhnlich pflegen zu bejahen oder zu verneinen. Soll ich dir sagen wie, oder dem Theaitetos?

THEODOROS: Beiden gemeinschaftlich, Sokrates. Antworten
b aber mag dir der jüngere; denn wenn er fehlt, wird es ihm weniger
übel anstehen.

17. b) Weitere für den Satz des Protagoras verfängliche Fragen

SOKRATES: So will ich denn gleich die gewaltigste Frage vorbringen. Das ist aber, glaube ich, eine solche: Ist es wohl möglich, daß derselbe Mensch, der etwas weiß, das, was er weiß, zugleich auch nicht wisse?

THEODOROS: Was wollen wir hierauf antworten, Theaitetos?

THEAITETOS: Ich meinesteils halte es für unmöglich.

SOKRATES: Keineswegs, wenn du nämlich sagst, das Sehen sei Erkennen. Denn was willst du mit der verfänglichen Frage machen, wenn du einmal, wie man sagt, in die Falle gegangen bist und ein zudringlicher Mensch dir mit der Hand das eine Auge zuhält und dich fragt, ob du mit dem zugehaltenen den Mantel sähest? c

THEAITETOS: Ich werde sagen, mit diesem zwar nicht, wohl aber mit dem anderen.

SOKRATES: Also siehst du doch zu gleicher Zeit dasselbe, und siehst es auch nicht.

THEAITETOS: Auf gewisse Weise wohl.

SOKRATES: Ich begehre ja gar nichts, sagt er alsdann, von der Art und Weise, habe auch danach gar nicht gefragt, sondern nur, ob, was du erkennst, du dieses auch nicht erkennst? Nun aber zeigt sich, daß du siehst, was du auch nicht siehst. Und eingestanden hast du vorher, das Sehen sei Erkennen, und das Nichtsehen Nichterkennen. So berechne nun selbst, was dir hieraus entsteht.

THEAITETOS: Ich berechne schon, das Gegenteil dessen, was d ich vorausgesetzt.

SOKRATES: Wahrscheinlich, du Wunderbarer, würde dir noch mehr dergleichen begegnen, wenn dich jemand noch außerdem fragte, ob man auch sowohl scharf erkennen könne wie stumpf, oder von nahebei zwar erkennen, von weitem aber nicht, und ebenso heftig und ruhig, und tausend dergleichen, was ein leichtbewaffneter Mann, ein Söldner in Reden, dir in den Hinterhalt legen und, wenn du Erkenntnis und Wahrnehmung als dasselbe gesetzt hast, auf das Hören und Riechen und diese Arten von Wahrnehmungen losgehend, dich widerlegen würde, nicht nachlassend, sondern immer eindringend, bis du in Bewunderung seiner verwünschten Weisheit ganz verstrickt würdest, wodurch er e dich in seine Gewalt und seinen Gewahrsam bekäme und dich dann losließe nur für soviel Geld, wie du mit ihm übereinkommen würdest. Was für eine hilfreiche Rede würde also wohl, fragst du vielleicht, Protagoras für seine Lehre herbeibringen? Sollen wir nicht versuchen, sie vorzutragen?

THEAITETOS: Auf alle Weise.

17. c) Von Sokrates vorgebrachte Verteidigung des Protagoras

SOKRATES: Dieses alles nämlich brächte er vor, was wir jetzt, um
166a ihm beizustehen, sagten, und er würde, glaube ich, ziemlich verächtlich gerade auf uns losgehen und sprechen: «Dieser ehrenwerte Sokrates, weil ein Knäblein sich erschrocken hat, als es gefragt ward, ob wohl derselbe Mensch derselben Sache sich erinnern und sie doch nicht erkennen könnte, und vor Schreck es geleugnet, weil es eben nicht voraussehen konnte, hat er einen Mann wie mich hernach zum Gelächter gemacht in seinen Reden. Die Sache aber, du völlig respektloser Sokrates, verhält sich so. Wenn du etwas von dem Meinigen durch Fragen untersuchst, und der Gefragte wird, indem er das antwortet, was ich selbst geantwortet hätte, des Irrtums überführt: dann werde ich freilich auch überführt. Antwortet er aber etwas anderes, dann geschieht es auch
b ihm, dem Gefragten, allein. So, um nur bei dem nächsten anzufangen, glaubst du denn, jemand werde dir zugeben, daß einem die Erinnerung an etwas, was ihm begegnete, einwohnt als ein ebensolcher Zustand, wie der, da es ihm begegnet? Weit gefehlt. Oder daß[1] jemand Bedenken tragen werde zu gestehen, es sei möglich, daß derselbe dasselbe wisse und auch nicht wisse? Oder wenn er auch dieses fürchten sollte, daß er jemals zugeben werde, der Veränderte sei noch derselbe, wie ehe er verändert ward? Oder vielmehr, es sei überhaupt jemand ein *Der* und nicht vielmehr *Die*, und zwar unzählig viele Werdende, solange es noch Verunähn-
c lichung gibt, wenn man sich doch hüten soll, daß nicht einer auf die Worte des andern Jagd mache. Vielmehr, du Leichtsinniger», würde er sagen, «gehe doch tapferer auf das los, was ich eigentlich behaupte, wenn du nämlich kannst, und widerlege dieses, daß nicht jedem von uns eigentümliche Wahrnehmungen entstehen, oder daß, wenn auch dieses sei, darum doch nicht das Erscheinende für jenen allein werde oder, wenn man *Sein* sagen soll, sei, dem es erscheint. Sprichst du aber von Schweinen und Affen, so beträgst du dich nicht nur selbst wie ein Schwein, sondern überre-

dest auch die, welche dir zuhören, sich ebenso gegen meine Schrift
zu betragen, woran du nicht schön handelst.

Denn ich behaupte zwar, daß sich die Wahrheit so verhalte, wie d
ich geschrieben habe, daß nämlich ein jeder von uns das Maß dessen sei, was ist und was nicht, daß aber dennoch der eine unendlich viel besser sei als der andere, eben deshalb, weil dem einen
dieses ist und erscheint, dem andern etwas anderes. Und weit entfernt bin ich, zu behaupten, daß es keine Weisheit und keinen Weisen gebe; sondern eben den nenne ich gerade weise, welcher, wenn
einem unter uns Übles ist und erscheint, die Umwandlung bewirken kann, so daß ihm Gutes erscheine und sei. Diese Rede aber
greife mir nicht wieder bloß bei dem Worte, sondern vernimm erst
folgendermaßen noch deutlicher, was ich meine. Erinnere dich e
nämlich nur, was zum Beispiel in dem Vorigen gesagt wurde, daß
dem Kranken bitter scheint und ist, was er genießt, dem Gesunden
aber ist und scheint es das Gegenteil. Weiser nun soll man freilich
keinen von beiden machen, das ist ja auch nicht möglich; auch
darf man nicht klagen, der Kranke sei unverständig, weil er dies so 167a
vorstellt, der Gesunde aber weise, weil anders; wohl aber muß
man jenem eine Umwandlung bewirken auf die andere Seite, denn
die andere Beschaffenheit ist die bessere. Ebenso ist auch in Sachen
des Unterrichts von einer Beschaffenheit eine Umwandlung durch
Arzeneien, der Sophist aber durch Reden. Und niemals hat einer
einen, der Falsches vorstellte, dahin gebracht, hernach Wahres
vorzustellen. Denn es ist weder möglich, das, was nicht ist, vorzustellen, noch überhaupt anderes, als in jedem erzeugt wird; dieses
aber ist immer wahr. Sondern nur demjenigen, der, vermöge einer b
schlechteren Beschaffenheit seiner Seele, auch ihr Verwandtes
vorstellt, kann eine bessere bewirken, daß er anderes ebensolches
vorstellte, welches dann einige aus Unkunde Wahres nennen, ich
aber nenne nur einiges besser als anderes, wahrer hingegen nenne
ich nichts. Und unter den Weisen, o lieber Sokrates, die Frösche zu
meinen bin ich weit entfernt, sondern in Beziehung auf Leiber verstehe ich darunter die Ärzte, in Beziehung auf Gewächse die Landleute. Denn ich glaube, daß auch diese den Pflanzen anstatt
schlechter Wahnehmungen, wenn sie etwa krank sind, heilsame c
und gesunde Wahrnehmungen und Wahrheiten beibringen, so
wie weise und gute Redner wiederum machen, daß den Staaten

anstatt des Verderblichen das Heilsame gerecht zu sein scheint.
Denn was jedem Staate schön und gerecht erscheint, das ist es ihm
ja auch, solange er es dafür erklärt; der Weise aber macht, daß
anstatt des bisherigen Verderblichen ihnen nun Heilsames so erscheint und ist. Auf eben diese Art nun ist auch der Sophist, der
diejenigen, welche sich unterrichten lassen, so zu erziehen versteht, allerdings weise und würdig, große Belohnungen von den
d Unterrichteten zu empfangen. Und so gilt denn beides, daß einige
weiser sind als andere, und daß doch keiner Falsches vorstellt, und
auch du, magst du nun wollen oder nicht, mußt dir gefallen lassen,
ein Maß zu sein.

Denn hierdurch wird diese Lehre aufrechterhalten, gegen welche du nun einwenden magst, wenn du aufs neue etwas einzuwenden hast, und zwar so, daß du in einer Rede das Gegenteil durch-
führst, oder willst du es lieber durch Fragen, auch so. Denn auch
das muß der Verständige nicht scheuen, sondern auf alle Weise
angreifen. Nur dieses beobachte: betrüge nicht im Fragen. Es ist ja
e auch die größte Unvernunft, wenn einer sagt, es sei ihm nur an der
Tugend gelegen, und sich dann doch nicht anders als betrügerisch
in seinen Reden beweist. Betrügen aber heißt in dieser Sache, wenn
jemand nicht dieses beides gänzlich voneinander trennt, nämlich
anders, wenn er nur streiten will, seine Unterredungen einrichtet,
anders aber wieder, wenn er untersuchen will, und im ersten Falle
zwar immerhin scherzt und überlistet, soviel er kann, bei der ordentlichen Untersuchung dagegen ernsthaft ist und den mit ihm
Untersuchenden zurechtweist, nur diejenigen Fehler ihm aufzei-
168a gend, zu denen er durch sich selbst und durch die, mit denen er
früher umging, ist verleitet worden. Wenn du es nun so machst,
werden diejenigen, welche sich mit dir unterhalten, sich selbst die
Schuld beimessen an ihrer Verwirrung und Ungewißheit, nicht
aber dir, und werden dir nachgeben und dich lieben, sich selbst
aber hassen, und von sich entfliehen in die Philosophie, damit sie
andere werden und nicht länger die bleiben, die sie vorher waren.
Wofern du aber, wie die meisten, das Gegenteil hiervon tust: so
wirst du auch das Gegenteil erfahren, und die, welche mit dir um-
b gehen, anstatt zu Philosophen vielmehr zu Feinden dieser Sache
machen, wenn sie werden älter geworden sein. Wenn du mir aber
folgst: so wirst du nicht etwas feindselig oder streitsüchtig, son-

dern zu einem gelassenen Gemüt sich bequemend wahrhaft untersuchen, wie wir es nur meinen, wenn wir behaupten, daß sich alles bewegt und daß, was ein jeder vorstellt, für ihn auch ist, den einzelnen sowohl als den Staat. Und hieraus kannst du hernach weiter folgern, ob Erkenntnis und Wahrnehmung einerlei ist oder verschieden, nicht aber wie vorher bloß aus dem gewohnten Gebrauch der Worte und Bezeichnungen, welche die Leute, wie es c
eben kommt, herumziehen und dadurch einander vielfältige Verwirrung bereiten.»

Dieses, o Theodorus, habe ich deinem Freunde zur Hilfe dargebracht, nach dem Vermögen nur weniges von wenigem; wenn er aber selbst lebte, würde er dem Seinigen weit glänzender beigestanden haben.

18. a) Hinzuziehung des Theodoros zum Gespräch

THEODOROS: Du scherzt, Sokrates; denn du hast dem Manne mit recht jugendlichem Mute beigestanden.

SOKRATES: Wohl gesprochen, Freund. Sage mir aber, hast du wohl darauf geachtet, was Protagoras eben sagte und uns zum Vorwurf machte, daß wir, an ein Knäblein unsere Rede richtend, d
die Furcht dieses Knaben mit gegen ihn gebrauchten im Streit? Nannte er nicht dies einen schlechten Scherz und wollte, wie er selbst sein Maß aller Dinge sehr tiefsinnig und gründlich behandelte, daß auch wir ernsthaft umgehen sollten mit seiner Rede?

THEODOROS: Wie sollte ich nicht darauf geachtet haben?

SOKRATES: Wie also? Rätst du an, ihm zu folgen?

THEODOROS: Gar sehr.

SOKRATES: Du siehst aber doch, daß dieses sämtlich Knaben sind, dich ausgenommen. Sollen wir also dem Manne folgen, so müssen wir beide einander fragen und anworten, um seinen Satz e
ernsthaft zu erwägen, damit er uns wenigstens das nicht vorwerfen könne, daß wir nur spielend mit den Kindern seine Rede untersucht hätten.

THEODOROS: Wie? Sollte nicht Theaitetos besser als viele, die große Bärte tragen, der Prüfung eines Satzes nachfolgen können?

SOKRATES: Doch aber nicht besser, o Theodoros, als du. Denke also nur nicht, daß ich zwar deinem verstorbenen Freunde auf alle Weise zu Hilfe kommen müsse, du aber gar nicht. Sondern komm 169a her, o Bester, und gehe ein wenig mit, nur so weit, bis wir sehen, ob du in meßkünstlerischen Zeichnungen das Maß sein sollst, oder ob alle ebensogut wie du sich selbst genügen können auch in der Sternkunde und dem übrigen, worin du den Ruf hast, dich auszuzeichnen.

THEODOROS: Es ist wahrlich nicht leicht, Sokrates, wenn man bei dir sitzt, nicht Rede stehen zu müssen, und ich habe eben gar sehr vorbeigeschossen, als ich meinte, du würdest mir wohl erlauben, mich nicht zu entkleiden, und würdest mich nicht zwingen wie die Lakedaimonier. Du aber scheinst dich gar mehr dem Ski-
b ron zu nähern. Denn die Lakedaimonier befehlen, nur entweder sich zu entfernen oder sich zu entkleiden, du aber scheinst deine Sache mehr nach Art des Antaios durchzuführen; denn wer einmal da ist, den läßt du gar nicht los, bis du ihn gezwungen hast, sich zu entkleiden und in Reden mit dir zu streiten.

SOKRATES: Vortrefflich, o Theodoros, hast du meine Krankheit durch diese Vergleichung beschrieben. Nur daß ich noch wackerer bin als jene. Denn gar mancher Herakles und Theseus, mächtig im Reden, hat sich mir schon gestellt und mich tüchtig zusammengehauen; aber ich lasse deshalb doch nicht ab, eine so gewaltige
c Liebe hat mich ergriffen zu solchen Kampfübungen. Und so mißgönne auch du es mir nicht, dich mit mir zu unterreden zu unserm beiderseitigen Nutzen.

THEODOROS: Ich widerspreche nicht länger. Führe mich also wohin du willst; auf alle Weise werde ich hierin das Schicksal, welches du mir anspinnen wirst, ertragen müssen und widerlegt werden. Weiter jedoch nicht, als du vorher bestimmt hast, werde ich mich dir hergeben können.

SOKRATES: Auch so weit ist es genug. Und gib mir nur ja darauf acht, daß wir nicht wieder unvermerkt in eine kindische Art von
d Reden hineingeraten und uns dies jemand noch einmal vorrücken könne.

THEODOROS: Ich will es wenigstens versuchen, soweit ich kann.

18. b) Protagoras selbst muß Unterschiede in der Weisheit annehmen

SOKRATES: Eben das also laß uns auch jetzt wieder zuerst vornehmen, was vorher, und laß uns sehen, ob wir mit Recht oder mit Unrecht Schwierigkeiten machten und es an dem Satze tadelten, daß er einen jeden sich selbst genügend zur Einsicht erklärte, wobei uns denn Protagoras zugab, daß in Hinsicht auf das Bessere und Schlechtere einige Vorzüge hätten, welche daher auch weise wären. Nicht so?

THEODOROS: Ja.

SOKRATES: Wenn er nun selbst gegenwärtig dieses zugestanden
hätte, und nicht bloß wir es eingeräumt, die wir ihn vertreten: so e
würde es nicht einmal nötig sein, noch einmal von vorn anzufangen, um dies zu befestigen. Nun aber könnte vielleicht jemand behaupten, wir wären nicht bevollmächtigt, für ihn etwas zuzugestehen. Daher ist es besser getan, eben dieses noch einmal genauer durchzugehen. Denn es macht keinen geringen Unterschied, ob es sich so verhält oder anders.

THEODOROS: Du hast recht.

SOKRATES: Laß uns daher nirgend anders her, sondern eben aus
seinem Satze so kurz als möglich die Zustimmung hierzu ableiten. 170a

THEODOROS: Wie aber?

SOKRATES: So: Was jeder vorstellt, so sagt er doch, das ist auch für den, der es vorstellt.

THEODOROS: Das sagt er freilich.

SOKRATES: Also, Protagoras, sprechen auch wir einen Menschen oder vielmehr aller Menschen Vorstellungen aus und sagen, daß es keinen, wer es auch sei, gebe, der nicht in einigen Dingen sich selbst für weiser halte als die andern, in andern aber auch andere als sich, und daß sie in den größten Gefahren, wenn sie in Feldzügen, in Krankheiten oder auf der See in Not geraten, sich zu denen, welche in diesen Umständen die Regierung führen, wie zu
Göttern wenden und auf sie als ihre Retter hoffen, die sich doch b
durch nichts anderes unterscheiden als durch das Wissen. Und überall im menschlichen Leben ist es voll von solchen, welche Lehrer und Gebieter suchen für sich selbst und die andern Geschöpfe und ihre Handlungen, und ebenso auch von solchen, welche glauben, daß sie imstande sind zu lehren und imstande zu gebieten. Und in allen diesen Fällen, was können wir anders sagen, als daß die Menschen selbst glauben, es gebe unter ihnen Weisheit und Unverstand?

THEODOROS: Nichts anderes.

SOKRATES: Halten sie nun nicht die Weisheit für richtige Einsicht, der Unverstand aber für falsche Vorstellung?

c THEODOROS: Wofür sonst?

SOKRATES: Was also, o Protagoras, sollen wir mit dieser Rede anfangen? Sollen wir sagen, daß die Menschen immer richtig vorstellen, oder bisweilen richtig, bisweilen falsch? Denn aus beidem ergibt sich auf jeden Fall, daß sie nicht immer richtig, sondern auf beide Weise vorstellen. Denn bedenke nur, o Theodoros, ob wohl einer von denen, die es mit dem Protagoras halten, oder du selbst behaupten wolltest, daß niemand glaube, ein anderer sei unverständig und mache sich falsche Vorstellungen?

THEODOROS: Das wäre ja unglaublich, Sokrates.

d SOKRATES: Und doch kommt in diese Not der Satz, welcher behauptet, daß der Mensch das Maß aller Dinge ist.

THEODOROS: Wie doch?

SOKRATES: Wenn du bei dir selbst etwas abgeurteilt hast und mir nun deine Vorstellung davon kundtust: so muß nach jener Behauptung dir zwar dieses Wahrheit sein; steht es aber uns andern nicht frei, auch wieder Richter zu sein über dein Urteil, oder urteilen wir, daß du immer richtig vorstellst? Und werden nicht vielmehr in jedem Fall unzählig viele gegen dich streiten, welche das Gegenteil vorstellen und glauben, daß du falsch meinst und urteilst?

e THEODOROS: Jawohl, beim Zeus, o Sokrates, «unzählig viele», wie Homeros sagt, und die mit aller Welt Händel erregen.

SOKRATES: Wie also? Willst du, wir sollen sagen, daß du dann dir selbst zwar richtig vorstellst, jenen unzähligen aber falsch?

THEODOROS: So scheint es wenigstens dem Satze nach notwendig zu sein.

SOKRATES: Wie ist es aber mit dem Protagoras selbst? Wird er nicht gestehen müssen, daß, wenn er selbst nicht glaubte, daß der Mensch das Maß ist, noch auch die Leute – wie ja diese es wirklich nicht glauben –, daß dann diese Wahrheit für niemanden wäre, die
171 a er geschrieben hat? Und wenn er es glaubt, die Leute es aber nicht mit ihm glauben: so weißt du doch zuerst, daß sie alsdann um destomehr nicht ist als ist, je mehrere nicht so vorstellen, als so vorstellen?

THEODOROS: Allerdings, da sie ja nach Maßgabe der einzelnen Vorstellungen auch sein wird und nicht sein.

SOKRATES: Hernach ist doch dieses das Schönste bei der Sache. Er gibt gewissermaßen zu, daß die Meinung der entgegengesetzt Vorstellenden über seine Meinung, vermöge deren sie dafür halten, er irre, wahr ist, indem er ja behauptet, daß alle *was ist* vorstellen.

THEODOROS: Allerdings.

SOKRATES: So gäbe er also zu, daß seine eigne falsch ist, wenn er b
eingesteht, daß die Meinung derer wahr ist, die dafür halten, er irre.

THEODOROS: Notwendig.

SOKRATES: Die andern aber geben von sich nicht zu, daß sie irren?

THEODOROS: Ganz und gar nicht.

SOKRATES: Er aber gesteht auch dieser Vorstellung wiederum zu, daß sie richtig sei, zufolge dessen, was er geschrieben hat.

THEODOROS: So scheint es.

SOKRATES: Von allen also, beim Protagoras angefangen, wird bestritten werden – oder vielmehr, von ihm jedenfalls wird es ja zugestanden, wenn er dem, der das Gegenteil von ihm behauptet,
zugibt, er stelle richtig vor –, dann muß also Protagoras selbst c
einräumen, daß weder ein Hund noch auch der erste beste Mensch das Maß ist, auch nicht für *eine* Sache, die er nicht erlernt hat. Nicht so?

THEODOROS: So ist es.

SOKRATES: Wenn dies also von allen bestritten wird: so wäre sie ja für niemanden wahr, diese Wahrheit des Protagoras, weder irgendeinem andern noch auch ihm selbst.

THEODOROS: Gar zu heftig, o Sokrates, rennen wir meinen Freund um.

SOKRATES: Aber, Lieber, es ist ungewiß, ob wir auch etwa am Richtigen vorbeirennen. Denn zu glauben ist, daß jener so viel
ältere auch weiser ist als wir, und könnte er sich jetzt hier hervor- d
arbeiten nur bis an den Hals: so würde er mich sowohl, daß ich in den Tag hineingeredet, wie sehr wahrscheinlich, hart bestrafen, als auch dich, daß du alles eingeräumt, und würde dann wieder untertauchen und davongehen. Indes werden wir uns, denke ich,

mit uns selbst begnügen müssen, wie beschaffen wir auch sind, und nur sagen, was uns jedesmal richtig scheint. So auch jetzt. Können wir etwas anderes sagen, als daß jeder, wer es auch sei, dies zugeben müsse, daß einer weiser ist als andere, und so auch unwissender?

THEODOROS: Mich zum wenigsten dünkt es so.

18. c) Das Zuträgliche und das Gerechte

SOKRATES: Auch etwa, daß der Satz am besten so bestehen werde,
e wie wir ihn, um dem Protagoras zu helfen, entworfen haben, daß vieles zwar einem jeden, wie es ihm scheint, so auch ist, das Warme nämlich, das Trockne, das Süße und alles zu dieser Art Gehörige. Wenn er aber doch einräumen soll, daß in einigen Dingen einer besser sein soll als der andere, so würde er wohl am ehesten sagen mögen, daß in Hinsicht auf das Gesunde und Ungesunde nicht jedes Weib oder Kind oder Tier imstande wäre, sich selbst zu heilen durch seine Erkenntnis dessen , was ihm gesund ist, sondern hierin, wenn irgendwo, wäre der eine besser als der andere.

THEODOROS: So wenigstens scheint es mir.

172a SOKRATES: Ebenso auch in bürgerlichen Dingen; das Schöne und Schlechte, das Gerechte und Ungerechte, das Fromme und Unfromme, was in diesen Dingen ein Staat für Meinung faßt und dann feststellt als gesetzmäßig, das ist es nun auch für jeden in Wahrheit, und in diesen Dingen ist um nichts weiser weder ein einzelner als der andere noch ein Staat als der andere. In der Festsetzung aber dessen, was ihm zuträglich ist oder nicht zuträglich, hier wiederum wird, wenn irgendwo, zugegeben werden müssen, daß ein Ratgeber sich unterscheidet von dem andern und eines Staates Vorstellung von der des andern in Hinsicht auf Wahrheit,
b und keineswegs dürfte er wagen zu behaupten, daß, was ein Staat festsetzt als nützlich für sich, dies ihm auch auf alle Weise nützen werde. Bei jenem vorher Erwähnten aber, dem Gerechten und Ungerechten, dem Frommen und Gottlosen, wollen sie behaupten, daß nichts in dieser Art schon von Natur *ist* als sein ihm eigentümliches Wesen besitzend, sondern was gemeinsam vorgestellt werde, das werde wahr zu der Zeit, wann und solange als es dafür gehalten werde. Und auch alle die, welche nicht völlig des Prota-

goras Lehre lehren, halten sich doch hierzu mit ihrer Weisheit. Aber, o Theodoros, wir kommen immer aus einer Untersuchung in die andere, und aus einer kleineren in eine größere. c

THEODOROS: Haben wir denn nicht Muße, Sokrates?

SOKRATES: Ja, so scheint es.

19. a) Die unfreie Sinnesart der Rhetoren

Deshalb, du herrlicher Mann, habe ich schon oftmals und auch jetzt wieder bedacht, wie natürlich es zugeht, daß die, welche viele Zeit mit wissenschaftlichen Dingen hinbringen, wenn sie einmal in die Gerichtshöfe kommen, als Redner sich lächerlich machen.

THEODOROS: Wie meinst du das?

SOKRATES: Mir scheint, daß diejenigen, welche sich von Jugend auf an den Gerichtsstätten oder dergleichen aufhalten, im Vergleich mit denen, welche bei den Wissenschaften und in solchen Beschäftigungen erzogen worden, wie Knechte erzogen sind im d
Vergleich mit Freien.

THEODOROS: Inwiefern doch?

SOKRATES: Insofern jenen das, was du eben nanntest, die Muße, niemals fehlt, und sie ruhig mit Muße ihre Untersuchungen anstellen, gerade wie wir jetzt schon die dritte, wie sie eine aus der andern gefolgt sind, anknüpfen; so also auch sie, wenn ihnen eine sich eben darbietende wie uns besser gefällt, als die bereits vorliegende, und es kümmert sie nichts, ob sie lange oder kurz reden, wenn sie nur das Wahre treffen. Die andern aber reden teils immer im Gedränge, denn es treibt sie zur Eile das Wasser, welches ab- e
fließt, und läßt ihnen nicht zu, worüber sie es am liebsten möchten, Untersuchungen anzustellen; sondern der Gegener steht dabei und hält sie in Zwang und liest zur Überprüfung einen Abriß der Punkte, über deren Grenzen hinaus sie nichts reden dürfen. Dann auch beziehen sich ihre Reden immer auf einen ihrer Mitknechte und sind gerichtet an einen Herrn, welcher vor ihnen sitzt und die Gewalt in Händen hat. Und der Streit geht niemals um dies oder jenes, sondern immer um einen selbst, ja oft geht es um das Leben. So daß sie durch alles dieses zwar scharfsichtig gemacht 173a
werden und gewitzigt und sich trefflich darauf verstehen, ihrem Herrn mit Worten zu schmeicheln und mit der Tat zu dienen; aber kleinlich und ungerade sind ihre Seelen. Denn die Knechtschaft

von Jugend an hat ihnen das Wachstum und das freie gerade Wesen benommen, indem sie sie nötigt, krumme Dinge zu verrichten, und die noch zarte Seele in große Gefahren und Besorgnisse verwickelt, welche sie ohne Verletzung des Gerechten und Wahren nicht überstehen können und daher, sogleich zur Lüge und zum gegenseitigen Unrechttun sich hinwendend, so verbogen und ver-
b krüppelt werden, daß schon nichts Gesundes mehr an ihren Seelen ist, wenn sie aus Jünglingen zu Männern werden, wie gewaltig und weise sie auch geworden zu sein glauben. So nun sind diese beschaffen, Theodoros. Die aber von unserer Schar, willst du, daß wir die auch beschreiben oder daß wir die lassend uns wiederum zu unserer Rede wenden, damit wir doch nicht die Freiheit und Ungebundenheit unserer Reden, von welchen ich eben sprach, allzu stark gebrauchen?

THEODOROS: Keineswegs, Sokrates, sondern beschreiben
c wolllen wir sie. Denn sehr richtig hast du dieses bemerkt, daß wir, die wir uns zu dieser Schar halten, nicht Knechte unserer Reden sind, sondern die Reden gleichsam unsere Dienstleute, welche es erwarten müssen, abgefertigt zu werden, wie es uns gefällt. Denn weder ein Richter, noch wie bei den Dichtern ein Zuschauer sitzt vor uns mit der Befugnis, uns zu strafen oder zu befehlen.

19. b) Die scheinbare Lächerlichkeit des wahren Philosophen und ihr Grund

SOKRATES: So laß uns denn, da es dir so gefällt, von denen reden, welche an der Spitze stehen. Denn was sollte man auch von denen sagen, welche sich nur auf eine schlechte Art mit der Philosophie beschäftigen? Jene nun wissen von Jugend auf nicht einmal den
d Weg auf den Markt, noch wo das Gerichtshaus, noch wo das Versammlungshaus des Rates ist, noch wo irgendeine andere Staatsgewalt ihre Sitzung hält. Gesetze aber und Volksbeschlüsse, geschriebene oder ungeschriebene, sehen sie weder noch hören sie. Das Bewerben der Brüderschaften um die obrigkeitlichen Ämter und die beratschlagenden Zusammenkünfte und die Feste mit Flötenspielerinnen, dergleichen zu besuchen fällt ihnen auch im Traume nicht ein. Ob ferner jemand edel oder unedel geboren ist in der Stadt oder was einem von seinen Vorfahren her Übles anhängt von väterlicher oder mütterlicher Seite: davon weiß er weni-

ger, wie man sagt, als wieviel es Sand am Meere gibt. Und von dem
allen weiß er nicht einmal, daß er es nicht weiß. Denn er enthält e
sich dessen nicht etwa, um sich einen Ruf damit zu machen, sondern in der Tat wohnt nur sein Körper im Staate und hält sich
darin auf; seine Seele aber, dieses alles für gering haltend und für
nichtig, schweift verachtend nach Pindaros überall umher «unter
der Erde» und was auf ihr ist messend, und «über dem Himmel»,
die Sterne betrachtend und überall jegliche Natur alles dessen, was
ist, im ganzen erforschend, zu nichts aber von dem, was in der 174a
Nähe ist, sich herablassend.

THEODOROS: Wie meinst du dies, Sokrates?

SOKRATES: Wie auch den Thales, o Theodoros, als er, um die
Sterne zu beschauen, den Blick nach oben gerichtet, in den Brun-
nen fiel, eine artige und witzige thrakische Magd soll verspottet
haben, daß er, was im Himmel wäre, wohl strebte zu erfahren,
was aber vor ihm läge und zu seinen Füßen, ihm unbekannt bliebe.
Mit diesem nämlichen Spotte nun reicht man noch immer aus gegen alle, welche in der Philosophie leben. Denn in der Tat, ein b
solcher weiß nichts von seinem Nächsten und Nachbarn, nicht
nur nicht, was er betreibt, sondern kaum, ob er ein Mensch ist
oder etwa irgendein anderes Geschöpf. Was aber der Mensch *ist*
und was einer solchen Natur ziemt anderes als alle anderen zu tun
und zu leiden, das untersucht er und läßt es sich Mühe kosten, es
zu erforschen. Du verstehst mich doch, Theodoros, oder nicht?

THEODOROS: Sehr gut; und sehr wahr ist, was du sagst.

SOKRATES: Daher auch, o Freund, ein solcher, wenn er mit jemand für sich selbst Geschäfte zu treiben hat oder auch in öffentlichen Angelegenheiten, wie ich anfangs sagte, wenn er etwa vor c
Gericht oder sonst irgendwo von dem, was vor den Füßen oder
sonst vor aller Augen ist, genötigt wird zu reden: so erregt er Gelächter, nicht nur den Thrakierinnen, sondern auch dem übrigen
Volk, indem er aus Unerfahrenheit in Gruben und in allerlei Verlegenheit hineinfällt, und seine gewaltige Ungeschicktheit erregt die
Meinung, seine Einfalt sei unverbesserlich. Denn wo es darauf ankommt, einen mit Schmähungen anzugreifen, weiß er keinen einzeln anzugreifen, indem er ja von niemand irgend etwas Übles
weiß, weil er sich nie darum gekümmert hat. Weil er nun keinen
Rat weiß, erscheint er lächerlich. Und wiederum, wo gelobt und in d

prächtigen Worten geredet werden soll von andern, da zeigt sich,
daß er lacht, nicht nur verstellterweise, sondern ganz ordentlich,
und so erscheint er albern. Denn wo er einen Tyrannen oder König
lobpreisen hört, kommt es ihm vor, als hörte er irgendeinen Hirten, einen Schweine- oder Schaf- oder einen Rinderhirten, glücklich preisen, weil er viel melkt; nur glaubt er, daß jener ein unlenk-
sameres und boshafteres Tier hütet und melkt als diese und daß
doch ungesittet und ungebildet ein solcher aus Mangel an Muße
e nicht minder sein muß als andere Hirten, eingezwängt in seine
Mauern eben wie jene in die Hürden auf den Bergen. Hört er aber
von tausend Morgen Landes oder noch mehr, als hätte, wer sie
besitzt, ein ungeheuer großes Besitztum: so dünkt ihn, er höre
einer großen Kleinigkeit erwähnen, gewohnt wie er ist, über die
ganze Erde zu schauen. Und wenn sie gar die Geschlechter besin-
gen, daß irgendein Edler sieben reiche Ahnherren aufzuweisen
habe: so dünkt ihn, ein sehr kurzsichtiges Lob zu hören von sol-
175a chen, die nur auf das Kleine merken und aus Unwissenheit nicht
vermögen, immer auf das Ganze zu blicken noch zu berechnen,
daß Großväter und Vorfahren unzählige Tausende ein jeder gehabt hat, worunter Reiche und Arme, Könige und Knechte, Ausländer und Hellenen oftmals zehntausend können gewesen sein
bei dem ersten besten. Aber ein Verzeichnis von fünfundzwanzig
Vorfahren für etwas Großes ausgeben und etwa auf Herakles, den
Sohn des Amphitryon, sich zurückzuführen, das gilt ihm für das
Ungereimteste in der Kleinlichkeit; und er lacht darüber, daß sie,
wie nun hinaufwärts vom Amphitryon der fünfundzwanzigste
b doch wieder einer war, wie es sich eben traf, jener fünfzigste von
ihm, daß sie dies nicht einmal vermögen sich vorzurechnen und
sich dadurch das aufgeblasene Wesen einer törichten Seele zu vertreiben. Wegen alles dessen nun wird ein solcher von der Menge
verlacht, indem er hier sich stolz zeigt, wie es ihnen dünkt, dort
aber wieder unwissend in dem, was vor seinen Füßen liegt, und
ratlos in allem Einzelnen.

THEODOROS: Genau wie es geschieht, stellst du es dar, Sokrates.

19. c) Die wahre Überlegenheit des Philosophen und das Wesen wahrer Einsicht und Tugend

SOKRATES: Zieht er selbst aber einen zu sich hinauf, Lieber, und
will sich einer ihm versteigen von dem «Worin tue ich dir unrecht c
oder du mir» zur Untersuchung der Gerechtigkeit und Ungerechtigkeit selbst, was jede von ihnen ist und wodurch sie unter sich
und von allem übrigen unterschieden sind, oder von dem «Ob ein
König glückselig ist und einer, der Gold besitzt» zu der Frage vom
Königtum selbst und überhaupt von menschlicher Glückseligkeit
und Elend, worin beides besteht und auf welche Weise es der
menschlichen Natur zukommt, die eine zu erlangen und dem andern zu entgehen – sobald über eins von diesen Dingen ein solcher d
Kleingeistiger, Verschmitzter, in Rechtsstreiten Gewandter Rede
stehen soll, dann bezahlt wiederum er das gleiche: wie er schwin-
delnd von der Höhe herüberhängt und von oben herabschauend
aus Ungewohntheit der Sache ängstlich und unbeholfen ist, der
Sprache nicht mächtiger als ein stammelndes Kind, erregt er den
Thrakierinnen zwar nicht Gelächter, auch sonst den Ununterrich-
teten nicht, denn sie bemerken es nicht, wohl aber allen, welche
nicht wie Leibeigene, sondern auf die entgegengesetzte Art aufge-
wachsen sind. Dies nun, o Theodoros, ist die Weise eines jeden
von beiden, die eine dessen, der wahrhaft in Freiheit und Muße
auferzogen ist, den du einen Philosophen nennst und dem es unge- e
straft hingehen mag, daß er einfältig erscheint und nichts gilt, wo
es auf knechtische Dienstleistungen ankommt, daß er etwa nicht
versteht, das Bündel zu schnüren, das nachgetragen werden soll,
oder eine Speise schmackhaft zu bereiten oder auch schmeichleri-
sche Worte; die andere dessen, der alles dieses zwar zierlich und
behende zu beschicken weiß, dagegen aber nicht einmal seinen
Mantel wie ein freier Mann zu tragen versteht, viel weniger den
Wohlklang der Rede ergreifend, würdig zu preisen das wahrhafte 176a
Leben der seligen Götter und Menschen.

THEODOROS: Wenn du, o Sokrates, alle wie mich überzeugtest von dem, was du sagst: so würde mehr Friede und des Bösen viel weniger sein unter den Menschen.

SOKRATES: Das Böse, o Theodoros, kann weder ausgerottet werden, denn es muß immer etwas dem Guten Entgegengesetztes geben, noch auch bei den Göttern seinen Sitz haben. Unter der

sterblichen Natur aber und in dieser Gegend zieht es umher jener
Notwendigkeit gemäß. Deshalb muß man auch trachten, von hier
b dorthin zu entfliehen aufs schleunigste. Der Weg dazu ist Verähnlichung mit Gott so weit als möglich, und diese Verähnlichung
besteht darin, daß man gerecht und fromm sei mit Einsicht. Allein,
o Bester, es ist gar nicht leicht, deutlich zu machen, daß nicht aus
der Ursache, weshalb die meisten sagen, daß man die Schlechtigkeit fliehen und der Tugend nachstreben solle, die eine zu suchen
ist und die andere nicht, damit man nämlich nicht böse, sondern
gut zu sein scheine. Denn dies ist nur, was man nennt der alten
Weiber Geschwätz, wie es mir scheint; das Wahre aber wollen
wir so vortragen. Gott ist niemals und auf keine Weise ungerecht,
c sondern im höchsten Maße vollkommen gerecht, und nichts ist
ihm ähnlicher, als wer unter uns ebenfalls der Gerechteste ist. Und
hierauf geht auch die wahre Meisterschaft eines Mannes, so wie
seine Nichtigkeit und Unmännlichkeit. Denn die Erkenntnis hiervon ist wahre Weisheit und Tugend, und die Unwissenheit hierin
die offenbare Torheit und Schlechtigkeit. Jegliche andere dafür
geltende Meisterschaft und Einsicht aber ist, wenn sie in der bürgerlichen Verwaltung sich zeigt, nur etwas Gemeines, wenn in den
d Künsten, etwas Unfreies und Niedriges. Wer also Ungerechtes und
Gottloses redet und tut, dem ist es bei weitem am besten, man gebe
ihm nicht zu, er habe es zur Meisterschaft gebracht mit arglistigem
Wesen; denn sie freuen sich über den Vorwurf und glauben zu
hören, daß sie nicht Toren sind, unnütze Lasten der Erde, sondern
Männer, wie die sein müssen, denen es im Staate wohlgehen soll.
So muß man ihnen demnach die Wahrheit sagen, daß sie nur um
desto mehr solche sind, wie sie nicht glauben, weil sie es nicht
glauben. Denn unbekannt ist ihnen, was am wenigsten jemandem
unbekannt sein sollte, die Strafe der Ungerechtigkeit, nämlich
nicht, was sie dafür halten, Leibesstrafe und Tod, wovon ihnen oft
e nichts widerfährt bei Unrechttun, sondern eine, welcher es unmöglich ist zu entfliehen.

THEODOROS: Welche meinst du denn?

SOKRATES: Zwei Vorbilder, o Freund, sind aufgestellt in dem
Sein, das göttliche der größten Glückseligkeit und das ungöttliche
des größten Elends; sie aber sehen nicht, daß es sich so verhält,
177a und werden aus Torheit und höchstem Unverstande unvermerkt

um der ungerechten Handlungen willen diesem ähnlich, immer unähnlicher aber jenem. Wofür sie dann die Strafe leiden, indem sie ein Leben führen dem angemessen, welchem sie ähnlich geworden. Sagen wir ihnen nun, daß, wenn sie von jener Meisterschaft nicht ablassen, dann auch nach geendetem Leben jener von allen Übeln gereinigte Ort sie nicht aufnehmen werde, sondern sie immer hier ein ihnen, wie sie sind, ähnliches Leben führen werden, als Böse im Bösen lebend: so hören sie das alles doch nur an wie Weise und Überkluge, wenn armselige Toren etwas sagen.

Theodoros: Ganz gewiß, Sokrates.

Sokrates: Ich weiß es, Freund. Eines aber begegnet ihnen b
doch, daß, wenn sie einzeln Rede stehen und Antwort geben sollen von dem, was sie tadeln, und sie wirklich tapfer lange genug aushalten und nicht unmännlich fliehen, dann, mein Guter, endet es wunderlich mit ihnen, daß sie sich selbst nicht gefallen in dem, was sie sagen, und daß ihre Redekunst gleichsam ganz zusammenschrumpft und sie nicht besser erscheinen als Kinder.

Doch laß uns hiervon, da es ohnedies nur beiläufig gesagt war, nun abstehen; wo nicht, so möchte uns immer neu Zuströmendes die erste Rede ganz verschütten. Laß uns aber zu dem Vorigen c
zurückkehren, wenn es dir so gelegen ist.

Theodoros: Mir, o Sokrates, war nicht minder angenehm, dieses zu hören, dem auch in meinen Jahren leichter ist nachzufolgen. Gefällt es dir jedoch, so laß uns wieder zurückgehen.

20. a) Unterschiede der Weisheit und Wahrheit mit Bezug auf Zukunftsaussagen

Sokrates: Waren wir nicht da etwa bei unserer Rede, wo wir sagten, daß diejenigen, welche das bewegliche Sein annähmen, und daß, was jedem jedesmal scheine, auch ihm, dem es scheint, wirklich so sei, daß diese von allem übrigen und so auch vorzüglich vom Gerechten behaupteten, was ein Staat feststellte als ihm d
annehmlich, das sei auch für ihn, welcher es feststellt, gerecht, solange er es stehen ließe; daß aber, was das Gute betrifft, doch wohl keiner von ihnen so mutig wäre, daß er sich unterstände zu behaupten, auch was ein Staat, weil er es dafür hielte, als nützlich aufstellte, das wäre ihm auch, solange er es gelten ließe, wirklich nützlich. Es müßte denn jemand nur von dem Worte reden, und

das wäre ja in Beziehung auf das, was wir meinen, nur ein Scherz. Nicht wahr?

THEODOROS: Freilich.

e SOKRATES: Man rede also nicht von dem Worte, sondern von der Sache, welche unter diesem Namen in Betrachtung gezogen wird.

THEODOROS: Freilich nicht.

SOKRATES: Was er aber so nennt, das sucht auch jeder Staat bei seiner Gesetzgebung zu treffen und richtet alle Gesetze, soviel er nämlich kann und weiß, so nützlich für sich selbst ein als möglich. Oder sieht er auf etwas anderes, indem er Gesetze gibt?

178a THEODOROS: Gewiß nicht.

SOKRATES: Erlangt er es nun auch jedesmal? Oder verfehlt nicht auch jeder gar vieles?

THEODOROS: Ich glaube, daß sie auch verfehlen.

SOKRATES: Noch mehr würde besonders hieraus gewiß jeder das nämliche zugeben, wenn man nach der ganzen Gattung fragte, worin auch das Nützliche liegt. Es bezieht sich nämlich allemal auf die künftige Zeit. Denn wenn wir Gesetze geben, so geben wir sie, weil sie nützlich sein sollen für die nachherige Zeit, und dies nennen wir doch richtig die Zukunft.

b THEODOROS: Freilich.

SOKRATES: Komm also und laß uns den Protagoras oder einen andern, der dasselbe wie er behauptet, also fragen: Der Mensch ist das Maß aller Dinge, wie ihr sagt, o Protagoras, des Weißen, des Schweren, des Leichten, kurz aller Dinge von dieser Art ohne Ausnahme. Denn er hat das Unterscheidungszeichen davon in sich selbst, indem er, sie für solches haltend, wie ihm begegnet, als wahre sie vorstellt für sich selbst und als seiende. Ist es nicht so?

THEODOROS: Völlig so.

SOKRATES: Sollen wir nun sagen, o Protagoras, daß er auch das
c Unterscheidungszeichen dessen, was sein wird, in sich selbst hat und daß, welcherlei jeder glaubt, daß für ihn sein werde, solcherlei auch ihm, dem Glaubenden, entsteht? Wie etwa mit der Wärme: Wenn irgendein Unkundiger glaubt, das Fieber werde ihn ergreifen und diese Wärme werde ihm entstehen; ein anderer aber, ein Arzt, glaubte das Gegenteil: sollen wir sagen, die Zukunft werde nach der Meinung eines von beiden ablaufen oder etwa nach bei-

der? Und wird er für den Arzt nicht warm und nicht fieberhaft werden, für sich aber beides?

THEODOROS: Lächerlich wäre das ja.

SOKRATES: So, glaube ich, ist auch über den künftigen süßen oder herben Geschmack des Weines die Meinung des Landmanns, d nicht aber die des Tonkünstlers entscheidend.

THEODOROS: Wie sonst!

SOKRATES: Ebensowenig kann wohl von dem, was gut oder übel klingen wird, ein Turnmeister eine richtigere Vorstellung haben als ein Tonkünstler, selbst von dem, was hernach auch ihm, dem Turnmeister, wohlklingend erscheinen wird.

THEODOROS: Keineswegs.

SOKRATES: So ist auch, wenn ein Mahl bereitet wird, das Urteil dessen, der bewirtet wird und der kein Speisekünstler ist, minder gültig als des Kochs Urteil über die daraus zu erwartende Sinnenlust. Denn über das Angenehme, was jedem bereits *ist* oder gewor- e den ist, wollen wir nicht weiter aufs neue einen Streit erregen, sondern nur über das, was künftig einem jeden scheinen und sein wird, ob auch da ein jeder für sich selbst der beste Richter ist; oder ob du, Protagoras, was jedem von uns vor Gericht durch Reden glaublich gemacht werden kann, besser im voraus vorstellen wirst als irgendein der Sache Unkundiger?

THEODOROS: Ei wohl, o Sokrates; hierin eben verhieß er ja vorzüglich, besser zu sein als irgendeiner.

SOKRATES: Gar recht, du Lieber. Oder es hätte ja gewiß niemand viel Geld für seine Unterhaltung bezahlt, wenn er seine Zuhörer nicht überredete, daß, was in Zukunft scheinen und sein 179a wird, weder ein Seher noch sonst ein anderer besser beurteilen könne als eben er.

THEODOROS: Vollkommen wahr.

SOKRATES: Gehen nun nicht auch die Gesetzgebungen und das Nützliche auf die Zukunft? Und muß nicht jeder gestehen, daß ein gesetzgebender Staat oft das Nützlichste verfehle?

THEODOROS: Sicher.

SOKRATES: Bescheidentlich also können wir zu deinem Lehrer sagen, daß er notwendig eingestehen muß, einer sei weiser als der b andere, und nur ein solcher sei ein Maß; ich aber, der Unwissende, könne auf keine Weise gezwungen werden, ein Maß zu sein, wie doch noch eben die für ihn gesprochene Rede mich zwang, ich mochte wollen oder nicht, ein solches zu sein.

THEODOROS: An diesem Ort, o Sokrates, scheint mir der Satz am besten gefangen zu werden, wie er auch da gefangen ist, wo er die Meinungen anderer gelten läßt, welche doch offenbar seine Sätze nicht für wahr halten wollten.

c SOKRATES: Noch an vielen andern Orten, o Theodoros, kann ein solcher Satz gefangen werden, daß jede Vorstellung eines jeden wahr sein soll. Was aber den gegenwärtigen Zustand eines jeden betrifft, woraus die Wahrnehmungen und die sich auf sie beziehenden Vorstellungen entstehen: so ist es schwerer zu zeigen, daß diese nicht wahr sind. Oder vielmehr ist das nichts gesagt, und diese sind vielleicht ganz unwiderleglich, so daß diejenigen, welche behaupten, diese wären untrüglich und Erkenntnisse, vielleicht wohl das Richtige sagen mögen und also auch unser Theai-
d tetos nicht weit vom Ziele getroffen hat, als er festsetzte, daß Wahrnehmung und Erkenntnis dasselbe wären. Wir müssen also näher darauf zugehen, wie die für den Protagoras geführte Verteidigung uns gebot, und dieses schwebende und bewegliche Sein noch einmal betrachtend daran klopfen, ob es ganz klingt oder zerbrochen. Der Streit darüber ist ja aber schon immer nicht gering gewesen, und nicht unter wenigen.

20. b) Die Lehren der Herakliteer und Parmenideer

THEODOROS: Wahrlich keineswegs gering, vorzüglich in Jonien verbreitet er sich gar sehr. Denn die Freunde des Herakleitos sind sehr tapfere Anführer bei der Verteidigung dieses Satzes.

SOKRATES: Um desto mehr, lieber Theodoros, müssen wir von
e vorn an betrachten, wie sie ihn selber vorzeichnen.

THEODOROS: Allerdings, Sokrates. Nur daß, was diese heraklitischen oder, wie du sagst, homerischen und noch älteren Lehren betrifft, mit denen selbst zu Ephesos, so viel deren der Sache kundig zu sein vorgeben, sich in ein ernsthaftes Gespräch einzulassen nicht besser angeht, als wollte man es mit solchen versuchen, die, von bösartigen Tieren zerstochen, nicht einen Augenblick stillstehen können; denn ordentlich wie es in ihren Schriften heißt, fließen auch sie, festen Fuß aber zu fassen bei einem Satz und einer
180a Frage und gelassen jeder nach seiner Ordnung zu fragen und zu

antworten, davon ist ihnen weniger verliehen als nichts. Ja, «nicht einmal nichts» ist schon zuviel gesagt, so wenig Ruhe ist in diesen Leuten. Sondern wenn du einen etwas fragst, so ziehen sie wie aus einem Köcher rätselhafte kleine Sprüchlein hervor und schießen diese ab; und willst du dann darüber wieder eine Erklärung, wie es gemeint gewesen, so wirst du von einem andern ähnlichen getroffen mit ganz neuer Wortverfertigung. Zu Ende bringen wirst du aber niemals etwas mit einem von ihnen, noch auch sie selbst untereinander. Sondern sehr genau beobachten sie dieses, daß ja nichts fest bleibe weder in der Rede noch auch in ihren eignen Seelen, indem sie, wie mich dünkt, besorgen, dies möchte etwas b
Beharrliches sein, wogegen sie eben so gewaltig streiten und es überall, wo sie nur können, vertreiben.

SOKRATES: Vielleicht, Theodoros, hast du die Männer nur gesehen, wenn sie Krieg führen, bist aber nicht mit ihnen gewesen, wenn sie Frieden halten; denn sie sind dir eben nicht freund. Dergleichen aber, glaube ich, werden sie in ruhigen Stunden ihren Schülern mitteilen, welche sie sich ähnlich zu machen suchen.

THEODOROS: Was doch für Schülern, du Wunderlicher! Bei diesen wird gar nicht einer des andern Schüler, sondern sie wach- c
sen von selbst auf, jeder, woher es ihm eben kommt, begeistert, und einer hält immer den andern für unwissend. Von diesen also wirst du, wie ich schon sagen wollte, niemals eine Antwort erhalten, weder gutwillig noch gezwungen; sondern wir müssen sie selbst, als ob wir sie wie eine Aufgabe vorgelegt bekommen hätten, in Betrachtung ziehen.

SOKRATES: Dies erinnerst du sehr richtig. Haben wir nun nicht die Aufgabe zuerst von den Alten, welche sich mit Hilfe der Dichtkunst den meisten verbargen, so empfangen, daß der Ursprung d
von allem andern Okeanos und Tethys, also Flüsse wären und daß nichts fest stehe; sodann aber von den Neueren, welche weiser sind und alles ganz offenbar vorzeigen, damit auch die Schuhmacher ihre Weisheit hören und lernen und aufhören, törichterweise zu glauben, daß einiges beharrlich sei unter dem, was ist, und anderes sich bewege, sondern von ihnen lernen und sie dafür ehren mögen, daß alles sich bewegt. Beinahe aber hätte ich vergessen, o Theodoros, daß andere wiederum das gerade Gegenteil von diesem behauptet haben, nämlich

e «Einzig als unbewegt kommt dem All der Name des Seins zu»,
und was sonst die Melissos und die Parmenides allen diesen zuwider behaupten, daß alles Eins ist und selbst in sich besteht, indem
es keinen Raum hat, worin es sich bewegen könnte. Was nun,
Lieber, sollen wir mit allen diesen beginnen? Denn allmählich vor-
rückend sind wir unvermerkt in die Mitte zwischen beide geraten,
und wenn wir uns nicht auf irgendeine Art zu helfen wissen, daß
181 a wir ihnen entfliehen, werden wir Strafe geben müssen, wie die,
welche auf dem Übungsplatz nach der Linie spielen, wenn sie nun
von beiden ergriffen nach entgegengesetzten Seiten gezogen werden. Ich denke also, wir wollen zuerst jene, auf welche wir anfänglich stießen, in Betrachtung ziehen, die Fließenden, und wenn sich
zeigt, daß sie etwas Gegründetes sagen, so wollen wir ihnen selbst
helfen, uns zu ziehen, und wollen versuchen, den andern zu entkommen. Wenn aber die, welche das Ganze feststellen, etwas
Richtigeres zu behaupten scheinen: so wollen wir im Gegenteil zu
ihnen fliehen von jenen, die auch das Unbewegliche bewegen.
b Sollte sich aber zeigen, daß beide nichts Tüchtiges vorbringen: so
würden wir ja lächerlich sein, wenn wir, die wir ganz gewöhnliche
Menschen sind, uns selbst zutrauten, etwas Rechtes zu sagen, und
darüber jenen uralten und höchst weisen Männern abfällig würden. Sieh also zu, Theodoros, ob es geraten ist, uns in eine so große
Gefahr hineinzubegeben.

THEODOROS: Auf keine Weise, o Sokrates, wäre es ja jetzt noch
zu ertragen, wenn wir nicht herausbringen wollten, inwiefern
beide Teile wohl recht haben.

20. *c) Wenn alles Bewegung ist, kann die Erkenntnis nicht Wahrnehmung sein*

SOKRATES: Wir müssen es also erforschen, da es dir so angelegen
c ist. Der Anfang der Untersuchung aber muß, wie mich dünkt, gemacht werden von der Bewegung, was doch eigentlich darunter
verstehend jene sagen, daß alles sich bewegt. Ich will nämlich dieses sagen, ob sie nur *eine* Art derselben verstehen oder, wie mir
scheint, *zwei*. Nicht mir allein aber soll es so scheinen, sondern
nimm du auch mit teil daran, damit wir hernach auch gemeinschaftlich leiden, was uns etwa begegnen soll. Und sage mir,
nennst du das Bewegung, wenn etwas einen Ort mit einem andern
vertauscht oder auch in demselben Orte sich herumdreht?

THEODOROS: Das nenne ich so.

SOKRATES: Das sei also die eine Art. Wenn aber etwas an demselben Orte zwar bleibt, dort aber altert oder schwarz wird, da es d
vorher weiß, hart, da es weich war, oder irgendeine andere Veränderung erleidet: verdient dies nicht eine andere Art der Bewegung
zu heißen?

THEODOROS: So scheint es mir.

SOKRATES: Es kann nicht anders sein. Diese zwei Arten der Bewegung meine ich also, die Veränderung und den Ortswechsel.

THEODOROS: Und ganz recht tust du daran.

SOKRATES: Ist nun diese Einteilung gemacht: so laß uns dann
mit denen reden, welche behaupten, es bewege sich alles, und sie
fragen: Sagt ihr, alles bewege sich auf beiderlei Art, sowohl durch e
Ortswechsel als durch Veränderung, oder einiges auf beiderlei,
anderes nur auf einerlei Art?

THEODOROS: Beim Zeus, ich weiß es nicht zu sagen; ich glaube aber, sie werden behaupten, auf beiderlei Art.

SOKRATES: Wenigstens wenn nicht, o Freund, so müßte ihnen ja Bewegtes erscheinen und auch Feststehendes, und es wäre ja gar nicht richtiger zu sagen, daß alles sich bewegt, als daß alles feststeht.

THEODOROS: Du sprichst vollkommen wahr.

SOKRATES: Da nun alles sich bewegen und die Unbeweglichkeit
in keinem Dinge anzutreffen sein soll, so muß alles sich immer mit 182a
jeder Bewegung bewegen.

THEODOROS: Notwendig.

SOKRATES: Ziehe nur auch dieses von ihnen in Erwägung. Sagten wir nicht, daß sie die Entstehung der Wärme oder der Röte
oder was du sonst willst, ungefähr auf diese Art erklärten, jedes
von diesen bewege sich während der Wahrnehmung zwischen
dem Wirkenden und dem Leidenden, und das Leidende werde alsdann ein Wahrnehmendes, nicht aber eine Wahrnehmung, und
das Wirkende ein Wiebeschaffenes, nicht aber eine Beschaffenheit. Doch «Beschaffenheit» ist dir vielleicht ein wunderliches
Wort und du verstehst es nicht so ganz im allgemeinen ausgedrückt. So höre es denn im einzelnen. Das Wirkende nämlich wird
weder Wärme noch Röte, sondern ein Warmes, ein Rotes und so b
auch im übrigen. Denn du erinnerst dich doch aus dem Vorigen,

daß wir so sagten, nichts sei ein Eins selbst für sich selbst, also auch nicht das Wirkende und Leidende, sondern nur, durch beider Zusammenkunft die Wahrnehmung und das Wahrnehmbare erzeugend, werde das eine ein Wiebeschaffenes, das andere ein Wahrnehmendes.

THEODOROS: Ich erinnere mich dessen; wie sollte ich auch nicht?

c SOKRATES: Das übrige wollen wir nun beiseite setzen, ob sie es so oder anders meinen, und nur das eine, weshalb wir dieses jetzt besprechen, recht festhalten, indem wir sie fragen: Es bewegt sich alles und fließt, wie ihr sagt, nicht wahr?

THEODOROS: Ja.

SOKRATES: Und zwar nach beiden Bewegungen, die wir unterschieden haben, indem es den Ort vertauscht und sich verändert?

THEODOROS: Wie sonst? Da es sich ja vollständig bewegen soll.

SOKRATES: Wenn es nun nur den Ort wechselte, sich aber nicht veränderte, dann könnten wir doch noch sagen, als was denn eigentlich das seinen Ort Wechselnde fließt. Oder wie sollen wir sagen?

THEODOROS: Gerade so.

d SOKRATES: Da aber auch dieses nicht einmal beharrt, daß das Fließende als Rotes fließt, sondern es gleichfalls wechselt, so daß es auch von eben diesem, der Röte, einen Fluß gibt und Übergang zu einer andern Farbe, damit es nicht auf diese Art als ein Beharrendes ertappt werde; ist es nun wohl möglich, daß man als ein etwas eine Farbe benennt, so daß man sie richtig benenne?

THEODOROS: Wie sollte man wohl, o Sokrates, und ebensowenig irgend etwas Ähnliches, da ja alles dem Redenden unter den Händen entschlüpft, als immer fließend.

SOKRATES: Und was sollen wir sagen von der Wahrnehmung,
e welcher Art du immer willst, wie vom Sehen oder Hören? Daß sie je darin verharre im Sehen oder Hören?

THEODOROS: Wir dürfen es nicht, weil ja alles sich bewegt.

SOKRATES: Man darf also nicht mit größerem Rechte etwas ein Sehen nennen, als ein Nichtsehen, und ebenso mit jeder andern Wahrnehmung, da ja alles auf alle Weise sich bewegt.

THEODOROS: Freilich nicht.

SOKRATES: Nun aber ist Wahrnehmung Erkenntnis, wie wir beide gesagt haben, Theaitetos und ich.

THEODOROS: So war es.

SOKRATES: Wir haben also, als wir gefragt wurden, was Erkenntnis wäre, durch etwas geantwortet, was nicht mehr und eigentlicher Erkenntnis ist als Nicht-Erkenntnis.

THEODOROS: So scheint es euch ergangen zu sein. 183a

SOKRATES: Herrlich ist uns also die Rechtfertigung unserer Antwort geraten, da wir zu zeigen suchten, es bewege sich alles, damit eben hierdurch jene Antwort als die richtige erschiene. Denn nun hat sich, wie es scheint, gezeigt, daß, wenn alles sich bewegt, jede Antwort, worauf auch jemand zu antworten habe, man sage nun, es verhalte sich so oder nicht so, gleich richtig ist oder vielmehr wird, damit wir nicht doch noch diese als beharrlich vorstellen in unserer Rede.

THEODOROS: Du sagst ganz recht.

SOKRATES: Ausgenommen, Theodoros, daß ich «So» gesagt habe und «Nicht so». Denn auch dieses «So» darf man nicht sagen, weil es als «So» sich nicht bewegt; noch auch «Nicht so», b
denn auch das wäre keine Bewegung; sondern die, welche diesen Satz behaupten, müssen eine andere Sprache dafür einführen, denn bis jetzt noch gibt es für ihre Voraussetzung keine Worte, es müßte denn etwa sein das «So-Nicht»; so möchte es ihnen noch am ehesten zusagen, als ganz unbestimmt ausgedrückt.

THEODOROS: Dies wäre freilich die ihnen angemessenste Redensart.

SOKRATES: So hätten wir also, o Theodoros, einerseits deinen Freund nun abgefertigt und geben ihm immer noch nicht zu, daß jeder das Maß aller Dinge sein soll, wenn einer nämlich nicht c
weise und verständig ist; andererseits werden wir, daß Erkenntnis Wahrnehmung sei, nicht zugeben, nämlich nach der Lehre von der Beweglichkeit aller Dinge. Es müßte denn Theaitetos hier noch etwas anderes sagen.

THEODOROS: Vortrefflich gesprochen, Sokrates. Denn da dieses zu Ende gebracht ist: so muß auch ich abgefertigt sein als Antwortender, nach dem Vertrage, wenn die Verhandlung über den Satz des Protagoras ihr Ende erreicht haben würde.

20. *d) Scheu des Sokrates, die These des Parmenides zu behandeln*

Theaitetos: Nicht eher jedoch, o Theodoros, bis Sokrates mit
d dir auch diejenigen, welche dagegen behaupten, daß das Ganze stehe, durchgegangen ist, wie ihr euch eben vorgenommen habt.

Theodoros: So jung noch, Theaitetos, und lehrst schon die Alten Unrecht tun und Verträge übertreten? Nein, sondern rüste du dich, wie du für das übrige dem Sokrates Antwort geben willst.

Theaitetos: Wenn er es so will. Am liebsten jedoch hätte ich das gehört, was ich eben sagte.

Theodoros: Das heißt Reiter in die Ebene locken, wenn man den Sokrates auf Reden herausfordert. Frage ihn nur, und du wirst es wohl erfahren.

Sokrates: Dennoch dünkt mich, o Theodoros, daß ich dem
e Theaitetos in seinem Begehren nicht willfahren werde.

Theodoros: Warum ihm nicht willfahren?

Sokrates: Den Melissos zwar und die andern, welche sagen, das Ganze sei ein unbewegliches Eins, scheue ich, daß wir sie nicht etwas täppisch mustern, minder jedoch sie scheuend, als den *einen* Parmenides. Parmenides aber ist nach dem Homeros «ehrenwert mir» und zugleich «furchtbar». Denn ich habe Gemeinschaft mit dem Manne gehabt noch ganz jung, da er schon alt war, und es
184a offenbarte sich mir in ihm eine ganz seltene und herrliche Tiefe des Geistes. Ich fürchte daher, daß wir teils, was er gesagt hat, nicht verstehen, teils, was er damit gemeint, noch viel weiter dahinten lassen werden, und was noch mehr ist, daß dasjenige, weshalb unsere Rede so weit gegangen ist, nämlich von der Erkenntnis, was sie ist, unausgemacht bleiben werde wegen aller herzuströmenden Fragen, wenn man sie hören will, zumal auch schon die unübersehlich vielfältige, die wir jetzt aufgerührt haben, wenn man sie nur beiläufig untersuchen will, Ungebühr leiden, wenn man sie aber hinreichend ausführt, die von der Erkenntnis verdrängen wird. Beides aber darf nicht sein, sondern wir müssen versuchen, den Theaitetos dessen, womit er schwanger ist über die
b Erkenntnis, durch unsere geburtshelferische Kunst zu entbinden.

Theodoros: Wohlan, wenn es dir gut dünkt, müssen wir es also tun.

21.a) Unterscheidung zwischen dem, womit man wahrnimmt, und dem, vermittels dessen man wahrnimmt

SOKRATES: So erwäge denn, o Theaitetos, was das bisher Gesagte betrifft, auch noch dieses. Wahrnehmung sei Erkenntnis, hattest du geantwortet. Nicht wahr?

THEAITETOS: Ja.

SOKRATES: Wenn nun jemand dich so fragte: Womit doch sieht der Mensch das Weiße und Schwarze, und womit hört er das Hohe und Tiefe, dann würdest du, glaube ich, sagen: Mit den Augen und Ohren.

THEAITETOS: Ich gewiß.

SOKRATES: Es mit Worten aller Art nicht so genau zu nehmen c
und sie nicht mit Spitzfindigkeit auszusondern, das ist größtenteils gar nicht unfein, sondern vielmehr das Gegenteil davon hat etwas Unfreies und Knechtisches, nur ist es bisweilen doch notwendig. So ist es auch jetzt nötig, die Antwort, die du gegeben hast, dabei anzugreifen, inwiefern sie nicht richtig ist. Denn betrachte selbst, welche Antwort richtiger ist, womit wir sehen, ob das die Augen sind, oder das vermittels dessen, und das, womit wir hören, die Ohren, oder das vermittels dessen?

THEAITETOS: Vermittels dessen wir jegliches wahrnehmen, dünkt mich besser als womit.

SOKRATES: Arg wäre es auch, Sohn, wenn diese mancherlei d
Wahrnehmungen wie im hölzernen Pferde in uns nebeneinander lägen und nicht alle in irgend*einem*, du magst es nun Seele oder wie sonst immer nennen, zusammenliefen, mit der wir dann vermittels jener, daß ich so sage, Werkzeuge wahrnehmen, was nur wahrnehmbar ist.

THEAITETOS: Darum dünkt mich auch dieses besser als jenes.

SOKRATES: Weshalb aber führe ich dich darauf so genau, ob wir mit einem und demselben in uns vermittels jetzt der Augen das
Weiße und Schwarze, dann der andern wieder anderes auffassen, e
und ob du nicht befragt alle diese auf den Körper zurückführen würdest? Doch es ist vielleicht besser, daß du selbst dies beantwortest und erklärst, als daß ich mich für dich in Weitläufigkeiten einlasse. So sage mir denn: Das, vermittels dessen du Warmes, Hartes, Leichtes, Süßes wahrnimmst, setzt du dies nicht alles als zum Leibe gehörig? Oder als zu einem andern?

THEAITETOS: Zu keinem andern.

SOKRATES: Wirst du auch wohl zugeben wollen, daß du dasjenige, was du vermittels des einen Vermögens wahrnimmst, un-
185a möglich vermittels eines andern wahrnehmen könntest; wie zum Beispiel was vermittels des Gesichtes, das nicht vermittels des Gehörs, und was vermittels des Gehörs, das nicht vermittels des Gesichtes?

THEAITETOS: Wie sollte ich nicht wollen?

SOKRATES: Wenn du also über beides etwas denkst, so kannst du dies weder mittels des einen Werkzeuges noch auch mittels des andern von beiden wahrgenommen haben?

b THEAITETOS: Freilich nicht.

SOKRATES: Von dem Tone nun und von der Farbe, denkst du nicht von diesen beiden zuerst dieses, daß sie beide *sind*?

THEAITETOS: Das denke ich.

SOKRATES: Nicht auch, daß jedes von beiden vom andern verschieden, mit sich selbst aber einerlei ist?

THEAITETOS: Freilich.

SOKRATES: Und daß sie beide zusammen Zwei sind, jedes von beiden aber Eins?

THEAITETOS: Auch dieses.

SOKRATES: Bist du nicht auch imstande, mögen sie nun einander ähnlich sein oder unähnlich, dies zu erforschen?

THEAITETOS: Vielleicht.

SOKRATES: Dieses alles nun, vermittels wessen denkst du es von ihnen? Denn weder vermittels des Gesichtes noch vermittels des Gehörs ist es dir möglich, das Gemeinschaftliche von ihnen aufzufassen. Auch dies ist noch ein Beweis mehr für das, was wir sagen. Nämlich wenn es möglich wäre zu untersuchen, ob beide salzig sind oder nicht: so weißt du doch, was du sagen würdest, womit
c du es untersuchtest, und das ist offenbar weder das Gesicht noch das Gehör, sondern etwas anderes.

THEAITETOS: Was wird es nicht, nämlich das Vermögen vermittels der Zunge.

SOKRATES: Ganz recht. Vermittels wessen wirkt denn nun dasjenige Vermögen, welches dir das in allen und auch in diesen Dingen Gemeinschaftliche offenbart, womit du von ihnen das «Es ist» oder «Es ist nicht» aussagst und das, wonach ich jetzt eben fragte? Für dies alles, was für Werkzeuge willst du annehmen, vermittels deren unser Wahrnehmendes jedes davon wahrnimmt?

THEAITETOS: Du meinst ihr Sein und Nichtsein, ihre Ähnlichkeit und Unähnlichkeit, Einerleiheit und Verschiedenheit, ferner ob sie Eins sind oder eine andere Zahl. Offenbar begreifst du dar- d
unter auch die Frage nach dem Geraden und Ungeraden und was sonst damit zusammenhängt, vermittels welcher Teile des Körpers nämlich wir dies mit der Seele wahrnehmen.

SOKRATES: Ganz vortrefflich, o Theaitetos, folgst du mir; denn dies ist es eben, wonach ich frage.

THEAITETOS: Aber, beim Zeus, Sokrates, dies wüßte ich nicht zu sagen, außer daß es mir scheint, als gäbe es überhaupt gar nicht ein solches besonderes Werkzeug für dieses wie für jenes, sondern die Seele scheint mir vermittels ihrer selbst das Gemeinschaftliche e
in allen Dingen zu erforschen.

SOKRATES: Schön bist du, Theaitetos, und gar nicht, wie Theodoros sagt, häßlich; denn wer so schön spricht, der ist schön und gut. Außer dem aber, daß dieses schön gesagt war, hast du auch mir eine große Wohltat erwiesen, indem du mir über vieles Reden hinweggeholfen hast, wenn es dir einleuchtet, daß einiges die Seele selbst vermittels ihrer selbst erforscht, anderes aber vermittels der verschiedenen Vermögen des Körpers. Denn eben dieses war es, was ich selbst meinte, und wovon ich wünschte, du möchtest es auch meinen.

THEAITETOS: Gar sehr leuchtet es mir ein. 186a

21. *b) Endgültige Widerlegung der These, daß Erkenntnis Wahrnehmung ist*

SOKRATES: Zu welchem von beiden rechnest du nun das Sein? Denn dies ist es doch, was am meisten bei allem vorkommt?

THEAITETOS: Zu dem, was die Seele selbst durch sich selbst aufsucht.

SOKRATES: Wohl auch so die Ähnlichkeit und Unähnlichkeit, das Einerleisein und das Verschiedensein?

THEAITETOS: Ja.

SOKRATES: Und wie das Schöne und Schlechte, das Gute und Böse?

THEAITETOS: Auch hiervon besonders dünkt mich die Seele in

b ihrem Verhältnis gegeneinander das Sein zu erforschen, indem sie bei sich selbst das Geschehene und Gegenwärtige in Verhältnis setzt mit dem Künftigen.

SOKRATES: Wohlan denn! Wird sie nicht die Härte des Harten und die Weichheit des Weichen vermittels des Getastes wahrnehmen?

THEAITETOS: Ja.

SOKRATES: Aber das Sein von beiden und, was sie sind, und ihre Gegensetzung gegeneinander und das Sein dieser Entgegensetzung, dies versucht also unsere Seele selbst durch Betrachtung und Vergleichung zu beurteilen.

THEAITETOS: In aller Weise.

SOKRATES: Nicht wahr, jenes wahrzunehmen, was irgend für
c Eindrücke durch den Körper zur Seele gelangen, das eignet schon Menschen und Tieren von Natur, sobald sie geboren sind. Allein zu den Schlüssen hieraus auf das Sein und den Nutzen gelangen nur schwer mit der Zeit und durch viele Mühe und Unterricht die, welche überhaupt dazu gelangen?

THEAITETOS: So ist es allerdings.

SOKRATES: Kann man nun wohl die Wahrheit von etwas erreichen, wovon man nicht einmal das Sein erreicht?

THEAITETOS: Unmöglich.

SOKRATES: Wovon man aber die Wahrheit nicht erreicht, kann man davon Erkenntnis haben?

d THEAITETOS: Wie könnte man doch, Sokrates.

SOKRATES: In jenen Eindrücken also ist keine Erkenntnis, wohl aber in den Schlüssen daraus. Denn das Sein und die Wahrheit zu erreichen, ist, wie es scheint, nur durch diese möglich, durch jene aber unmöglich.

THEAITETOS: Das leuchtet ein.

SOKRATES: Willst du nun jenes und dieses dasselbe nennen, da beides so große Verschiedenheiten zeigt?

THEAITETOS: Das scheint wohl nicht billig.

SOKRATES: Welchen Namen nun legst du jenen bei, dem Sehen, Hören, Riechen, Frieren, Warmsein?

e THEAITETOS: Wahrnehmen nenne ich es. Denn wie anders?

SOKRATES: Insgesamt also nennst du dies Wahrnehmung.

THEAITETOS: Natürlich.

SOKRATES: Welcher, wie wir gesagt haben, nicht verliehen ist, bis zur Wahrheit zu gelangen, da sie ja auch nicht bis zum Sein gelangt?

THEAITETOS: Nicht verliehen.

SOKRATES: Also auch nicht zur Erkenntnis?

THEAITETOS: Nicht füglich.

SOKRATES: Auf keine Weise also, o Theaitetos, wäre Wahrnehmung und Erkenntnis dasselbe.

THEAITETOS: Es scheint nicht; vielmehr ist es jetzt vollkommen deutlich geworden, daß die Erkenntnis etwas anderes ist als die Wahrnehmung.

SOKRATES: Aber wir haben ja doch nicht deshalb angefangen, 187a
uns zu unterreden, um zu finden, was die Erkenntnis nicht ist, sondern was sie ist. Indes sind wir doch nun wenigstens so weit vorgeschritten, daß wir sie ganz und gar nicht unter der Wahrnehmung suchen wollen, sondern unter demjenigen Namen, den die Seele führt, wenn sie sich für sich selbst mit dem, was ist, beschäftigt.

THEAITETOS: Dieses, o Sokrates, wird ja, glaube ich, das Vorstellen genannt.

SOKRATES: Ganz recht glaubst du, Lieber, und nun sieh wieder
von vorn nach Auslöschung alles Vorigen, ob du nun mehr siehst, b
da du doch bis hierher vorgedrungen bist, und sage noch einmal, was wohl die Erkenntnis ist?

22. *Zweite Definition durch Theaitetos: Erkenntnis ist richtige Vorstellung*

THEAITETOS: Zu sagen, daß alle Vorstellung es sei, o Sokrates, ist unmöglich, indem es auch falsche Vorstellungen gibt. Es mag aber wohl die richtige Vorstellung Erkenntnis sein; und dieses will ich nun geantwortet haben. Denn sollte es uns, wenn wir weitergehen, nicht mehr so scheinen, so wollen wir, wie jetzt auch, dann versuchen, etwas anderes zu sagen.

SOKRATES: Das ist recht, Theaitetos, und so muß man mutiger reden, als wie du anfänglich nur allzu bedenklich warst zu antworten. Machen wir es so, so werden wir eins von beiden, entweder c
das finden, worauf wir ausgehen, oder nicht so sehr glauben, dasjenige zu wissen, was wir keineswegs wissen. Und auch ein solcher Preis wäre schon nicht zu verschmähen. Wie meinst du es aber

jetzt? Von zwei Arten der Vorstellung, deren die eine die wahre ist, die andere die falsche, erklärst du die wahre für die Erkenntnis?

THEAITETOS: Das tue ich; denn dies leuchtet mir für jetzt ein.

SOKRATES: Sollen wir über die Vorstellung noch einmal weiter zurückgehen?

THEAITETOS: Worauf meinst du nur?

d SOKRATES: Es beunruhigt mich, jetzt sowohl als auch sonst schon oft, so daß ich in großer Verlegenheit deshalb bei mir selbst und auch vor andern gewesen bin, daß ich nämlich nicht zu sagen weiß, was für ein Ereignis doch dieses in uns ist und wie es uns entsteht.

THEAITETOS: Welches denn?

SOKRATES: Daß jemand falsch vorstellt. Und auch jetzt überlege ich noch zweifelhaft, ob wir es so lassen, oder ob wir es auf eine andere Art als vor kurzem nochmals in Erwägung nehmen.

THEAITETOS: Warum nicht, Sokrates, wenn es dir nur im mindesten nötig scheint. Denn gar nicht schlecht habt ihr vorher über die Muße geredet, du und Theodoros, daß uns nichts drängt in dergleichen Dingen.

e SOKRATES: Ganz recht erinnerst du mich. Vielleicht ist es nicht übel getan, die Spur noch einmal zu verfolgen. Denn es ist besser, ein Weniges gut, als vieles ungenügend zu vollbringen.

THEAITETOS: Allerdings.

23. *Frage des Sokrates nach der Möglichkeit falscher Vorstellung*

SOKRATES: Wie nun? Was sagen wir eigentlich? Behaupten wir, daß je eine Vorstellung wirklich falsch sei, und daß der eine von uns falsch vorstelle, der andere richtig, so daß sich dies in der Natur so verhalte?

THEAITETOS: Das behaupten wir freilich.

188a SOKRATES: Nun findet sich doch dies bei uns in allen Dingen und in jedem einzelnen, daß wir darum wissen oder daß wir nicht darum wissen. Denn das Lernen und Vergessen als zwischen beiden befindlich will ich für jetzt liegenlassen, weil es uns jetzt nicht zur Sache gehört.

THEAITETOS: Dann freilich, Sokrates, bleibt nichts übrig für jede Sache, als darum zu wissen oder nicht darum zu wissen.

Sokrates: Ist es nun nicht notwendig, daß, wer vorstellt, entweder von dem etwas vorstelle, wovon er weiß, oder wovon er nicht weiß?

Theaitetos: Notwendig.

Sokrates: Daß aber, wer etwas weiß, dasselbe auch nicht wisse, oder wer nicht weiß wisse, ist doch unmöglich. b

Theaitetos: Wie sollte es nicht.

Sokrates: Also, wer das Falsche vorstellt, wovon er weiß, der glaubt wohl, daß es nicht dieses ist, sondern etwas anderes, um welches er auch weiß, und um beides wissend, kennt er auch wieder beides nicht?

Theaitetos: Aber das ist ja unmöglich.

Sokrates: Oder das, wovon er nicht weiß, hält er wohl für irgend anderes, wovon er ebenfalls nicht weiß, und das hieße, jemandem, der weder vom Sokrates weiß noch vom Theaitetos, käme in den Sinn, Sokrates wäre Theaitetos oder Theaitetos Sokrates.

Theaitetos: Aber wie ginge das? c

Sokrates: Doch wird auch niemand glauben, etwas, wovon er weiß, sei etwas, wovon er nicht weiß, noch auch auf der anderen Seite, wovon er nicht weiß, das sei etwas, wovon er weiß.

Theaitetos: Ein Wunder wäre ja das.

Sokrates: Wie soll also noch einer Falsches vorstellen? Denn außer diesem ist es doch unmöglich, etwas vorzustellen, da wir ja von allem entweder wissen oder nicht wissen, und hierin scheint es unmöglich, irgendwie Falsches vorzustellen.

Theaitetos: Sehr wahr.

Sokrates: Wollen wir nun etwa lieber nicht auf die Art dem nachdenken, was wir suchen, daß wir auf das Wissen oder Nichtwissen gehen, sondern auf das Sein oder Nichtsein? d

Theaitetos: Wie meinst du das?

Sokrates: Ob nicht etwa schlechthin, wer von irgendeiner Sache das, was nicht ist, vorstellt, auf jeden Fall Falsches vorstellt, wie es auch übrigens in seiner Seele stehen mag.

Theaitetos: Das hat wieder einen guten Anschein, Sokrates.

Sokrates: Wie aber? Was werden wir sagen, Theaitetos, wenn uns jemand fragt: Ist das auch irgendeinem möglich, was ihr sagt, und kann wohl einer das, was nicht ist, vorstellen, sei es nun an

und von irgend etwas oder an und für sich selbst? Darauf werden wir, wie es scheint, sagen müssen, wenn er nicht das Wahre
e glaubt, indem er etwas glaubt. Oder was wollen wir sagen?

THEAITETOS: Eben dies.

SOKRATES: Findet denn aber auch anderwärts dieses nämliche statt?

THEAITETOS: Was denn?

SOKRATES: Ob wohl jemand sieht, und doch nichts sieht?

THEAITETOS: Wie könnte er?

SOKRATES: Wenn er nun aber ein Eins sieht, so sieht er auch ein Seiendes. Oder glaubst du, das Eins könne je zu dem Nichtseienden gehören?

THEAITETOS: Ich keineswegs.

SOKRATES: Wer also ein Eins sieht, der sieht auch ein Seiendes.

THEAITETOS: So scheint es.

189a SOKRATES: Und ebenso, wer hört, hört ein Eins und ein Seiendes?

THEAITETOS: Ja.

SOKRATES: Und wer betastet, der betastet ein Eins, und wenn ein Eins, auch Seiendes.

THEAITETOS: Auch das.

SOKRATES: Und wer vorstellt, der sollte nicht ein Eins vorstellen?

THEAITETOS: Notwendig.

SOKRATES: Und wer ein Eins vorstellt, nicht ein Seiendes?

THEAITETOS: Ich gebe es zu.

SOKRATES: Wer also vorstellt, was nicht ist, der stellt nichts vor?

THEAITETOS: So scheint es.

SOKRATES: Wer aber nichts vorstellt, der wird gewiß überhaupt gar nicht vorstellen?

THEAITETOS: Offenbar, wie wir sehen.

b SOKRATES: So ist es demnach nicht möglich, das Nichtseiende vorzustellen, weder von etwas, das ist, noch auch an und für sich?

THEAITETOS: Es scheint nicht.

SOKRATES: Also muß Falsches vorstellen etwas anderes sein als Nichtseiendes vorstellen.

Theaitetos: Etwas anderes, so scheint es.

Sokrates: Weder auf diese Art also noch so, wie wir es vorher aufgefaßt hatten, gibt es eine falsche Vorstellung in uns.

Theaitetos: Nein, freilich nicht.

24. *Die falsche Vorstellung kann keine verwechselte Vorstellung sein*

Sokrates: Sondern etwa so wollen wir aussagen, daß dieses geschehe?

Theaitetos: Wie denn?

Sokrates: Als eine verwechselte Vorstellung finde falsche Vorstellung statt, wenn jemand etwas Seiendes mit einem andern Sei- c
enden in Gedanken vertauschend sagt, jenes sei dieses. Denn so stellt er immer Seiendes vor, aber eines statt des andern, und indem er das verfehlt, worauf er zielte, kann man mit Recht sagen, daß er Falsches vorstellt.

Theaitetos: Jetzt scheinst du mir vollkommen richtig gesprochen zu haben. Denn wenn sich jemand etwas anstatt schön als häßlich oder anstatt häßlich als schön vorstellt, dann hat er wirklich Falsches vorgestellt.

Sokrates: Offenbar, Theaitetos, behandelst du mich sehr obenhin und fürchtest mich gar nicht.

Theaitetos: Wieso denn?

Sokrates: Du glaubst gar nicht, denke ich, daß ich dieses «wirklich Falsche» aufgreifen und dich fragen werde, ob es wohl d
möglich ist, daß langsam Schnelles oder Leichtes schwer, oder irgendeines von zwei entgegengesetzten nicht nach seiner eignen, sondern nach der Natur seines Gegensatzes und sich selbst entgegengesetzt werden könne. Doch dieses will ich gehen lassen, damit du nicht vergeblich furchtlos gewesen bist. Es gefällt dir aber, wie du sagst, daß Falsches vorstellen ein verwechseltes Vorstellen sein soll?

Theaitetos: Mir ja.

Sokrates: Es ist also deiner Meinung nach möglich, etwas als ein anderes und nicht als jenes in Gedanken zu setzen.

Theaitetos: Das ist es auch.

Sokrates: Wenn dies nun jemandes Seele tut, so muß sie doch e
notwendig entweder beides oder das eine denken.

THEAITETOS: Notwendig, und zwar entweder zugleich oder nacheinander.

SOKRATES: Sehr schön. Und Denken, verstehst du darunter eben das, was ich?

THEAITETOS: Was verstehst du darunter?

SOKRATES: Eine Rede, welche die Seele bei sich selbst durchgeht
über dasjenige, was sie erforschen will. Freilich nur als ein Nichtwissender kann ich es dir beschreiben. Denn so schwebt sie mir
vor, daß, solange sie denkt, sie nichts anderes tut als sich unterre-
190a den, indem sie sich selbst fragt und antwortet, bejaht und verneint.
Wenn sie aber langsamer oder auch schneller zufahrend nun etwas
feststellt und auf derselben Behauptung beharrt und nicht mehr
zweifelt, dies nennen wir dann ihre Vorstellung. Darum sage ich,
das Vorstellen ist ein Reden, und die Vorstellung ist eine gesprochene Rede, nicht zu einem andern und mit der Stimme, sondern
stillschweigend zu sich selbst. Wie aber du?

THEAITETOS: Ich auch so.

SOKRATES: Wenn also jemand eins als das andere vorstellt; so sagt er auch, wie es scheint, zu sich selbst, das eine sei das andere?

b THEAITETOS: Wie sonst?

SOKRATES: So erinnere dich doch, ob du wohl jemals zu dir selbst gesagt hast, das Schöne sei doch ganz gewiß häßlich und das Ungerechte gerecht. Oder auch, welches die Summe von allem ist, bedenke, ob du wohl jemals auch nur versucht hast, dich selbst zu überreden, das eine sei doch gewiß das andere, oder ob nicht vielmehr ganz im Gegenteil dir nicht einmal im Schlaf eingefallen ist, zu dir selbst zu sagen, daß doch ganz gewiß das Ungerade gerade wäre oder etwas dergleichen?

THEAITETOS: Du hast recht.

c SOKRATES: Und glaubst du, daß irgendein anderer bei gesundem Verstande oder auch nur ein Wahnwitziger das Herz habe, ausdrücklich zu sich selbst zu sagen, daß der Ochse doch gewiß ein Pferd wäre, oder zwei eins?

THEAITETOS: Beim Zeus, ich nicht.

SOKRATES: Wenn also das zu sich selbst Reden Vorstellen heißt: so wird keiner, der beides aussagt und vorstellt und mit seiner Seele beides aufnimmt, jemals sagen und vorstellen, daß eins das andere wäre. Und auch du mußt jenes Wort von dem

einen anstatt des andern fahren lassen; denn ich meine es so, niemand stelle vor, daß das Häßliche schön sei oder etwas derglei- d
chen.

Theaitetos: Ich lasse es fahren, und es dünkt mich so, wie du sagst.

Sokrates: Wer also beides vorstellt, dem ist es unmöglich, eins als das andere vorzustellen.

Theaitetos: So scheint es.

Sokrates: Wer aber nur das eine von beiden vorstellt, das andere aber ganz und gar nicht, der kann doch gewiß niemals vorstellen, daß das eine das andere sei.

Theaitetos: Du hast recht. Denn er müßte sonst etwas zugleich mit aufnehmen, was er gar nicht vorstellt.

Sokrates: Weder also wer beides, noch wer nur das eine vorstellt, kann verwechselt vorstellen; so daß, wenn einer die Erklä- e
rung geben will, falsche Vorstellungen wären verwechselte Vorstellungen, der hat nichts gesagt. Denn weder auf diese noch auf
die vorher erwähnte Art scheint eine falsche Vorstellung in uns
sein zu können.

Theaitetos: Es scheint nicht.

25. a) Einführung des Bildes vom Wachsblock in der Seele

Sokrates: Jedoch, Theaitetos, wenn sich diese gar nicht zeigen will als wirklich: so werden wir gezwungen werden, sehr viel unstatthafte Dinge zuzugeben.

Theaitetos: Was für welche doch?

Sokrates: Das will ich dir nicht eher sagen, bis ich auf jede
mögliche Art versucht habe, die Sache zu erforschen. Denn ich
würde mich schämen für uns, wenn wir während dieser Verlegenheit gezwungen würden einzuräumen, was ich meine. Werden wir 191 a
es aber gefunden und uns frei gemacht haben, dann wollen wir,
selbst in Sicherheit gestellt gegen das Gelächter, davon reden in
Beziehung auf die andern, wie es denen dabei ergehen muß. Müssen wir aber jede Hoffnung aufgeben, dann wollen wir, meine ich,
demütig dem Satz zugeben, wie Seekranke uns zu treten und mit
uns zu machen, was er will. So höre denn, was für einen Ausweg
ich noch sehe bei unserer Frage.

Theaitetos: Sage nur.

SOKRATES: Ich will leugnen, daß wir recht hatten, als wir einräumten, wovon jemand wisse, davon sei ihm unmöglich vorzustellen, daß es etwas sei, wovon er nicht weiß und sich so zu täu-
b schen; sondern dies ist allerdings auf gewisse Weise möglich.

THEAITETOS: Meinst du etwa das, wovon auch ich damals, als wir dies abhandelten, vermutete, es gehöre hierher, daß bisweilen ich, der ich den Sokrates kenne, von fern bei Erblickung eines andern, den ich nicht kenne, glauben kann, es sei Sokrates, von dem ich doch weiß? Denn in diesem Falle geschieht, was du sagst.

SOKRATES: Waren wir aber nicht davon abgestanden, weil daraus folgt, daß wir etwas, wovon wir wissen, indem wir davon wissen, zugleich auch nicht wissen?

THEAITETOS: Allerdings.

SOKRATES: Laß es uns also nicht so aufstellen, sondern so. Viel-
c leicht wird man es uns so zugeben, vielleicht auch sich wieder dagegen sträuben; allein wir sind in einem solchen Gedränge, daß
wir notwendig jede Rede noch einmal umdrehen und prüfen müssen. Sieh also zu, ob ich etwas sage. Ist es möglich, etwas, was man
vorher nicht weiß, nachher zu lernen?

THEAITETOS: Das ist es freilich.

SOKRATES: Also auch ein andermal anderes und wieder anderes?

THEAITETOS: Wie sollte es nicht!

SOKRATES: So setze mir nun, damit wir doch ein Wort haben, in
unsern Seelen einen wächsernen Guß, welcher Abdrücke aufnehmen kann, bei dem einen größer, bei dem andern kleiner, bei dem
einen von reinerem Wachs, bei dem andern von schmutzigerem,
d auch härter bei einigen und bei andern feuchter, bei einigen auch
gerade, wie er sein muß.

THEAITETOS: Ich setze ihn.

SOKRATES: Dieser, wollen wir sagen, sei ein Geschenk von der Mutter der Musen, Mnemosyne, und wessen wir uns erinnern wollen von dem Gesehenen oder Gehörten oder auch selbst Gedachten, das drücken wir in diesen Guß ab, indem wir ihn den Wahrnehmungen und Gedanken unterhalten, wie beim Siegeln mit dem Gepräge eines Ringes. Was sich nun abdrückt, dessen erinnern wir uns und wissen es, solange nämlich sein Abbild vorhanden ist. Hat man aber dieses ausgelöscht oder hat es gar nicht

abgedrückt werden können: so vergessen wir die Sache und wis- e
sen sie nicht.

THEAITETOS: So soll es sein.

SOKRATES: Wer nun auf diese Art weiß und dann etwas betrachtet, was er sieht oder hört, sieh zu, ob der nun auf folgende Weise Falsches vorstellen kann.

THEAITETOS: Auf welche denn?

SOKRATES: Indem er etwas, wovon er weiß, bisweilen für etwas hält, wovon er weiß, bisweilen für etwas, wovon er nicht weiß. Denn daß dies unmöglich sei, haben wir im vorigen nicht recht gehabt einzuräumen.

THEAITETOS: Was sagst du denn jetzt davon?

SOKRATES: So muß man davon reden, indem man die Sache von 192a
Anfang an näher bestimmt: Wovon jemand weiß, indem er dessen
Denkzeichen in der Seele hat, es aber nicht wahrnimmt, dieses für
ein anderes zu halten, wovon er ebenfalls weiß, indem er auch
dessen Abdruck hat, es aber ebenfalls nicht wahrnimmt, dies ist
unmöglich. Und auch wiederum etwas, wovon er weiß, für etwas
zu halten, wovon er nicht weiß noch auch dessen Gepräge hat;
ebenso, wovon er nicht weiß, für ein anderes, wovon er nicht
weiß, oder etwas, wovon er nicht weiß, für etwas, wovon er weiß.
Ferner etwas, das er wahrnimmt, für ein anderes zu halten, das er
ebenfalls wahrnimmt, oder was er wahrnimmt, für etwas, das er
nicht wahrnimmt, oder was er nicht wahrnimmt, für ein anderes, b
was er auch nicht wahrnimmt, oder auch, was er nicht wahrnimmt, für etwas, das er wahrnimmt. Ferner auch das, wovon er
weiß und es wahrnimmt, indem er zugleich der Wahrnehmung
gemäß das Denkzeichen hinhält, dieses für ein anderes zu halten,
wovon er ebenfalls weiß und es wahrnimmt, indem er ebenfalls
zugleich der Wahrnehmung gemäß das Zeichen davon hält, das
ist, wenn es sein kann, noch unmöglicher als jenes. Ferner, was er
weiß und wahrnimmt, das Denkzeichen davon richtig haltend, für
ein anderes zu halten, wovon er weiß, ist ebenfalls unmöglich; und
wovon er weiß und es wahrnimmt, indem er ebenso hinhält, für
ein anderes, das er wahrnimmt. Ebenso, wovon er weder weiß c
noch es wahrnimmt, dies für ein anderes, wovon er weder weiß
noch es wahrnimmt; oder wovon er weder weiß noch es wahrnimmt, für etwas, wovon er nicht weiß; oder etwas, wovon er

weder weiß noch es wahrnimmt, für etwas, das er nicht wahrnimmt. – In allen diesen Fällen ist ein Übermaß von Unmöglichkeiten, daß jemand darin Falsches vorstellen sollte. Es bleibt also nur übrig, wenn irgendwo, daß in folgenden Fällen so etwas geschehe.

THEAITETOS: In welchen nur wohl? Ob ich vielleicht durch sie der Sache besser innewerde: denn jetzt freilich folge ich gar nicht.

SOKRATES: Daß er das, wovon er weiß, für etwas anderes halte, wovon er auch weiß und was er eben wahrnimmt; oder auch für etwas, wovon er nicht weiß, das er aber wahrnimmt; oder endlich
d etwas, das er wahrnimmt und wovon er weiß, für ein anderes, das er auch wahrnimmt und wovon er weiß.

THEAITETOS: Nun bleibe ich noch viel weiter zurück als vorher.

25. *b) Erläuterung der falschen Vorstellung durch das Bild vom Wachsblock*

SOKRATES: So höre es noch einmal auf diese Art. Ich, der ich vom Theodoros weiß und mich bei mir selbst erinnere, wie er beschaffen ist, und ebenso auch vom Theaitetos, sehe sie doch nur bisweilen und dann wieder nicht, betaste sie und dann wieder nicht? Ebenso, bisweilen höre ich euch oder nehme euch auf eine andere Art wahr, dann aber habe ich auch wieder ganz und gar keine Wahrnehmung von euch, erinnere mich aber eurer nichtsdestoweniger und kenne euch bei mir selbst?

e THEAITETOS: So ist es allerdings.

SOKRATES: Merke also von dem, was ich sagen will, zuerst dieses, daß man dasjenige, wovon man bereits weiß, bisweilen nicht wahrnimmt, bisweilen auch wieder wahrnimmt.

THEAITETOS: Richtig.

SOKRATES: Kann man nicht auch ebenso das, wovon man nicht weiß, bisweilen auch nicht einmal wahrnehmen, dann wieder wahrnehmen allein?

THEAITETOS: Auch das verhält sich so.

SOKRATES: So sieh nur, ob du mir jetzt besser folgst. Sokrates
193a kennt den Theodoros und Theaitetos, sieht aber keinen von beiden, noch auch kommt ihm irgendeine andere Wahrnehmung von ihnen zu; niemals wird er sich in diesem Falle vorstellen, daß Theaitetos Theodoros wäre. Habe ich recht oder nicht?

THEAITETOS: O ja, ganz recht.

SOKRATES: Dies war das erste unter dem, was ich aufgestellt habe.

THEAITETOS: So war es.

SOKRATES: Das zweite nun war, daß, wenn ich den einen von euch kenne, den andern aber nicht kenne, und keinen von beiden wahrnehme, ich dann nie auf den Gedanken kommen kann, der, von dem ich weiß, sei der, von dem ich nicht weiß.

THEAITETOS: Richtig.

SOKRATES: Das dritte war, daß, wenn ich von keinem von bei- b
den weiß noch auch sie wahrnehme, ich ebenfalls nicht glauben kann, der eine, von dem ich nicht weiß, sei der andere, von dem ich ebenfalls nicht weiß. Und so nimm an, du habest der Reihe nach noch einmal auf diese Art gehört alle die vorigen Fälle, in denen ich auf keine Weise in Hinsicht auf dich und den Theodoros falsch vorstellen kann sowohl unter der Voraussetzung, daß ich euch beide kenne, als unter der, daß ich euch beide nicht kenne, und unter der, daß ich den einen von euch kenne, den andern aber nicht. Ebenso nun mit den Wahrnehmungen, wenn du jetzt folgst.

THEAITETOS: Jetzt folge ich.

SOKRATES: Es bleibt also übrig Falsches vorzustellen in dem Falle, wenn ich, den Theodoros sowohl als dich kennend und
von euch beiden wie von Siegelringen in jenem Wachs die Ab- c
drücke habend, euch dann von weitem und nicht deutlich genug sehe, und indem ich mir Mühe gebe, das einem jeden zugehörige Zeichen mit der ihm zugehörigen Gesichtswahrnehmung so zu vereinigen, daß ich diese gleichsam in ihre vorigen Spuren wieder einzuführen suche, damit eine Wiedererkennung erfolge, ich dann dies verfehle und, wie beim Wiederanlegen der Schuhe, beide vertauschend die Anschauung eines jeden zu dem fremden Abdruck hinwerfe, oder ebenso fehle, wie es mit dem Sehen in
den Spiegeln ergeht, wo, was rechts ist, auf die linke Seite hin- d
überfließt: dann entsteht die Verwechslung der Vorstellung und das falsch Vorstellen.

THEAITETOS: Es ist gar nicht zu sagen, Sokrates, wie sehr, was bei der Vorstellung vorkommt, dem gleicht, was du anführst.

SOKRATES: Ebenso auch ferner wenn ich, beide kennend, den einen außer dem Kennen auch wahrnehme, den andern aber nicht, wenn ich nämlich meine Kenntnis des einen nicht der Wahrnehmung entsprechend hinhalte, welches ich vorher ebenso sagte und du damals nicht verstandest.

THEAITETOS: Ich verstand es nicht.

SOKRATES: Ich sagte nämlich dieses, daß, wer den einen kennt
e und wahrnimmt und der Wahrnehmung entsprechend die Kennt-
nis von ihm hält, gewiß niemals glauben wird, dieser sei ein anderer, den er auch kennt und wahrnimmt, und von dem er ebenfalls der Wahrnehmung entsprechend die Kenntnis hält. So war es doch?

THEAITETOS: Ja.

SOKRATES: So blieb also eben das jetzt Angeführte übrig, wobei
wir behaupten, daß eine falsche Vorstellung entstehen könne, daß
194a nämlich, wer beide kennt und beide sieht oder sonst eine Wahr-
nehmung von ihnen hat, die Abdrücke von beiden nicht der Wahrnehmung entsprechend hinhält und so wie ein schlechter Schütze anderswohin treffen und sein Ziel verfehlen kann, welches demgemäß falsch genannt wird.

THEAITETOS: Und ganz mit Recht.

SOKRATES: Also auch, wenn nur zu dem einen Abdruck die Wahrnehmung hinzukommt, zu dem andern aber nicht, und sie den der abwesenden Wahrnehmung dann der anwesenden zuschreibt, in dem allen kann die Seele sich irren. Und mit einem
Worte, in dem, wovon jemand nicht weiß noch es jemals wahrge-
b nommen hat, findet, wie es scheint, das Irren nicht statt und die
falsche Vorstellung, wenn wir anders jetzt irgend etwas Vernünftiges gesagt haben. In dem aber, wovon wir wissen und was wir wahrnehmen, darin dreht und wendet sich die Vorstellung, bald richtig, bald falsch geratend; wenn sie nämlich gerade gegenüber geht und zusammengehörige Abbilder und Urbilder miteinander verbindet, wird sie wahr, wenn sie aber verdreht und kreuzweise verbindet, wird sie falsch.

THEAITETOS: Das ist vortrefflich gesagt, Sokrates.

c SOKRATES: Hast du erst auch dieses gehört: so wirst du es noch
mehr sagen. Das richtig Vorstellen ist doch etwas Schönes, das sich Irren aber etwas Schlechtes?

THEAITETOS: Wie sollte es nicht.

SOKRATES: Dieses nun, sagt man, entstehe daher. Wenn jemandes Wachs in der Seele stark aufgetragen ist und reichlich und glatt

und gehörig erweicht, dann und bei solchen Menschen sind alle aus
den Wahrnehmungen kommenden und in dieses Mark der Seele,
wie Homeros, die Ähnlichkeit mit dem Wachs andeutend, sagt,
eingezeichneten Abdrücke, da sie rein sind und Tiefe genug haben, d
auch dauerhaft, und solche Menschen selbst sind zuerst gelehrig,
dann auch von gutem Gedächtnis, ferner verwechseln sie nicht die
Abdrücke der Wahrnehmungen, sondern stellen immer richtig vor.
Denn sie können ihre deutlichen und geräumig gelegenen Abbilder
leicht an das ihnen Zugehörige verteilen, was das Seiende heißt, und
solche Menschen selbst heißen weise. Oder dünkt dich das nicht?

THEAITETOS: Überaus sehr.

SOKRATES: Wenn nun jemandes Mark rauh ist, welches der in e
allen Dingen weise Dichter gar loben will, oder wenn es schmutzig
ist und nicht von reinem Wachs, oder auch zu feucht oder zu hart:
so sind die mit dem feuchten gelehrig zwar, aber auch vergeßlich,
die mit dem harten aber das Gegenteil. Die aber haariges und rauhes
und steiniges oder mit Erde und Schmutz vermischtes haben, die
haben auch undeutliche Abdrücke; undeutliche auch, die zu hartes
haben, denn sie sind nicht tief genug; undeutliche auch, die feuch- 195a
tes, denn weil sie sich verlaufen, werden sie bald unkenntlich. Sind
sie nun überdies noch aus Mangel an Raum übereinander gedrängt,
wenn jemandes Seelchen nur klein ist: so werden sie noch undeutli-
cher als jene. Alle diese nun werden falsch vorstellende; denn wenn
sie etwas sehen oder hören oder überdenken, so können sie nicht
schnell jedem das Seinige zuweisen, sondern sind langsam, und weil
sie falsch anweisen, so versehen und verhören und verdenken sie
sich oftmals, und diese heißen unverständig, und man sagt, daß sie
sich um das Seiende immer betrügen.

THEAITETOS: Vortrefflich über alle Maßen, o Sokrates. b

SOKRATES: Wollen wir also sagen, daß es falsche Vorstellungen in uns gibt?

THEAITETOS: Ganz stark.

SOKRATES: Und auch richtige?

THEAITETOS: Auch richtige.

SOKRATES: Sollen wir also endlich glauben, hinlänglich bewiesen zu haben, daß es diese beiden Arten von Vorstellungen ganz gewiß gibt?

THEAITETOS: Vollkommen hinreichend.

25. c) Ungenügen dieser Erklärung der falschen Vorstellung

SOKRATES: Nun wahrlich, Theaitetos, so ist es doch ein böses und höchst widriges Ding um einen Menschen, der nicht von der Stelle zu bringen ist mit seinen Reden.

THEAITETOS: Wieso? Weshalb sagst du das?

c SOKRATES: Aus Verdruß über meine Ungelehrigkeit und mein in der Tat gar nicht zu beschwichtigendes Geschwätz. Denn wie soll man es anders nennen, wenn ein Mensch aus Stumpfsinnigkeit alle seine Reden immer wieder nach oben und unten umdreht und sich nicht überzeugen läßt und gar nicht wieder fortzubringen ist von jedem Satz.

THEAITETOS: Aber du, worüber bist du denn verdrießlich?

SOKRATES: Nicht nur verdrießlich bin ich, sondern auch in Angst, was ich antworten soll, wenn mich jemand fragt: «O Sokrates, du hast also die falsche Vorstellung gefunden, daß sie nicht in den Wahrnehmungen untereinander noch auch in den
d Gedanken, sondern in der Verbindung der Wahrnehmungen mit den Gedanken liegt?» Ich werde es bejahen, glaube ich, nicht ohne mich ein wenig zu brüsten, als hätten wir etwas sehr Schönes gefunden.

THEAITETOS: Auch mir, o Sokrates, scheint es gar nichts Schlechtes zu sein, was wir jetzt eben gezeigt haben.

SOKRATES: «Nicht wahr, Sokrates», wird er sagen, «du meinst, daß wir von dem Menschen, den wir uns nur denken, nicht aber ihn sehen, niemals glauben werden, er sei ein Pferd, welches wir auch jetzt weder sehen noch betasten, sondern es nur denken, sonst aber nichts von ihm wahrnehmen?» Ich werde, glaube ich, bejahen, daß wir dieses meinen.

THEAITETOS: Und zwar mit Recht.

e SOKRATES: «Wie nun», wird er sagen, «die Elf, die jemand nur denkt, wird er wohl diesem zufolge niemals für Zwölf halten können, welche er sich auch nur denkt?» Komm nur und antworte du.

THEAITETOS: Ich werde antworten, daß im Sehen und Betasten wohl jemand die Elf für Zwölf halten kann; von denen aber, welche er nur in Gedanken hat, könnte er sich wohl dies niemals so vorstellen.

SOKRATES: Wie aber? Glaubst du wohl, es habe einer einmal

bei sich selbst etwa Fünf und Sieben, ich meine aber nicht, er habe sich sieben und fünf Menschen vorgenommen zu betrachten oder 196a
dergleichen etwas; sondern die Fünf und Sieben selbst, welche wir als Denkzeichen in jenem Wachsguß angenommen und von ihnen gesagt haben, es sei unmöglich, in Hinsicht ihrer falsch vorzustellen. Wenn also diese selbst einmal der und jener bei sich betrachtet hat, zu sich selbst sprechend und sich fragend, wieviel sie wohl sind, und der eine nun seine Meinung dahin gegeben, sie machten elf, der andere aber zwölf – oder werden sie alle glauben und sagen, daß sie zwölf machen?

THEAITETOS: Nein, beim Zeus, sondern viele auch werden elf b
glauben. Und wenn es einer gar bei einer größeren Zahl versucht, irrt er sich noch leichter; und ich glaube doch, du sprichst eigentlich von jeder Zahl.

SOKRATES: Woran du ganz recht glaubst. Und so überlege dir nun, ob dies etwas anderes sagen will, als daß er diese Zwölf selbst, die im Wachsguß, für Elf hält.

THEAITETOS: So scheint es wenigstens.

SOKRATES: Kommt es also nun nicht auf die vorige Rede zurück? Denn der, welchem dieses begegnet, hält etwas, wovon er weiß, für etwas anderes, wovon er ebenfalls weiß, welches wir als unmöglich annahmen und eben dadurch bewiesen, daß es keine falsche Vorstellung geben, damit man nicht annehmen müßte, daß c
derselbe dasselbe wisse und zugleich auch nicht wisse.

THEAITETOS: Ganz richtig.

SOKRATES: Wir werden also zeigen müssen, daß das falsch Vorstellen etwas anderes ist als eine Verwechslung der Gedanken und der dazugehörigen Wahrnehmungen. Denn wenn es dies wäre: so würden wir uns nicht in den Gedanken selbst irren. Nun aber gibt es entweder keine falsche Vorstellung, oder es ist möglich, daß jemand das, wovon er weiß, zugleich auch nicht wisse. Welches von beiden wählst du nun?

THEAITETOS: Eine schwierige Wahl legst du mir vor, o Sokrates!

SOKRATES: Beides zugleich aber will doch, wie es scheint, un- d
sere Rede nicht verstatten. Doch aber, denn man muß ja alles wagen, wie wäre es, wenn wir uns erdreisteten, ganz unverschämt zu sein?

THEAITETOS: Wieso?

SOKRATES: Wenn wir sagen wollten, worin wohl eigentlich das Wissen besteht.

THEAITETOS: Und was ist dies Unverschämtes?

SOKRATES: Du scheinst nicht zu bedenken, daß unsere ganze Unterredung von Anfang an eine Frage nach der Erkenntnis gewesen ist, als ob also wir nicht wüßten, was sie ist.

THEAITETOS: Ich bedenke es wohl.

SOKRATES: Und es scheint dir dennoch nicht unverschämt, daß wir, die wir nicht wissen, was Erkenntnis ist, dennoch das Wissen
e zeigen wollen, worin es besteht? Aber, Theaitetos, schon seit langer Zeit sind wir ganz tief darin verstrickt, daß wir gar nicht rein und tadellos das Gespräch führen. Denn tausendmal haben wir schon gesagt «wir kennen» und «wir kennen nicht», «wir wissen davon» und «wissen nicht davon», als ob wir einander hierüber verständen, während wir noch immer nicht wissen, was Erkenntnis ist. Ja, auch jetzt wieder haben wir uns der Worte bedient «nicht wissen» und «verstehen», als ob es uns ziemte sie zu gebrauchen, wenn uns doch noch die Erkenntnis mangelt.

THEAITETOS: Auf welche Art aber willst du denn reden, Sokrates, wenn du dich ihrer enthältst?

197a SOKRATES: Ich auf gar keine, da ich bin, wie ich bin, wohl aber, wäre ich ein Streitlustiger; wie denn ein solcher, wenn er jetzt auch hier wäre, allerdings behaupten würde, er enthielte sich derselben, und uns, was ich sage, gar sehr verweisen würde. Da wir nun aber geringe Leute sind, willst du, daß ich es wage zu sagen, worin wohl das Wissen besteht? Denn es scheint mir gar sehr zur Sache zu führen.

THEAITETOS: So wage es also, beim Zeus! und kannst du dich dieser Worte nicht enthalten, das soll dir gern verziehen sein.

26. a) Einführung des Bildes vom Taubenschlag in der Seele

SOKRATES: Hast du wohl gehört, wie sie jetzt das Wissen erklären?

THEAITETOS: Vielleicht; indes im Augenblick erinnere ich mich dessen nicht.

b SOKRATES: Man sagt nämlich, es sei das Haben der Erkenntnis.

THEAITETOS: Richtig.

SOKRATES: Wir nun wollen eine kleine Veränderung machen und sagen, der Besitz der Erkenntnis.

THEAITETOS: Auf welche Weise meinst du denn, daß dieses von jenem unterschieden sei?

SOKRATES: Vielleicht ist es gar nichts. Höre aber, was mir scheint, und prüfe es mit mir.

THEAITETOS: Wenn ich nur dazu imstande sein werde.

SOKRATES: Mir also scheint Besitzen und Haben nicht einerlei zu sein. Wie wenn jemand ein Kleid, das er gekauft und nun allerdings in seiner Gewalt hat, nicht trüge; so werden wir nicht sagen, daß er es an sich habe, sondern daß er es besitze.

THEAITETOS: Und mit Recht.

SOKRATES: Sieh also zu, ob es möglich ist, auch die Erkenntnis c
auf diese Art zu besitzen zwar, aber nicht zu haben; sondern wie
wenn jemand wilde Vögel, Tauben oder von anderer Art, gejagt
und zu Hause einen Taubenschlag bereitet hat, worin er sie hält.
Denn auf gewisse Weise würden wir dann sagen können, daß er sie
immer hat, da er sie ja besitzt. Nicht wahr?

THEAITETOS: Ja.

SOKRATES: In einem andern Sinne aber auch, daß er gar keine
hat, sondern daß ihm nur eine Gewalt über sie zukommt, indem er
sie in einem ihm eigenen Behältnis sich unterwürfig gemacht, sie
zu nehmen und zu haben, wann er Lust hat, indem er fangen und d
wieder loslassen kann, welche er jedesmal will, und dieses ihm
freisteht zu tun, sooft es ihm nur gefällt.

THEAITETOS: So ist es.

SOKRATES: Wie wir also in dem Vorigen, ich weiß nicht mehr was für ein wächsernes Machwerk in der Seele bereiteten, so laß uns jetzt in jeder Seele einen Taubenschlag von mancherlei Vögeln anlegen, einige, die sich in Herden zusammenhalten und von andern absondern, andere, die nur zu wenigen, noch andere, welche einzeln unter allen, wie es kommt, umherfliegen.

THEAITETOS: Er sei angelegt. Was wird nun aber daraus? e

SOKRATES: In der Kindheit, muß man sagen, sei dieses Behältnis leer, und statt der Vögel muß man sich Erkenntnisse denken. Welche Erkenntnisse nun einer in Besitz genommen und in seinen Schlag eingesperrt hat, von denen sagt man, er habe die Sache, deren Erkenntnis dies war, gelernt oder gefunden, und dies sei eben das Wissen.

Theaitetos: So soll es sein.

198a Sokrates: Daß er aber, welche von diesen Erkenntnissen er will, jagt und greift und sie dann festhält und wieder losläßt: siehe nun zu, welchen Namen dieses wird führen müssen, ob denselben wie zuvor, da er sie in Besitz nahm, oder einen andern? Du kannst aber hieraus noch deutlicher abnehmen, was ich will. Du nimmst doch eine Rechenkunst an?

Theaitetos: Ja.

Sokrates: Diese denke dir nun als die Jagd nach allen Erkenntnissen vom Geraden und Ungeraden.

Theaitetos: So denke ich sie.

Sokrates: Vermittels dieser Kunst nun, meine ich, hat jemand
b sowohl für sich die Erkenntnis der Zahlen in seiner Gewalt, als
auch überträgt sie vermittels ihrer auf andere, wer dies tut.

Theaitetos: Ja.

Sokrates: Und wir sagen, wer sie übergibt, der lehre, und wer sie überkommt, der lerne, wer sie aber hat, indem er sie besitzt in jenem Taubenschlage, der wisse.

Theaitetos: Sehr wohl.

Sokrates: Nun merke schon auf das Folgende. Wer nun vollkommen ein Rechenkünstler ist, weiß der nicht alle Zahlen? Denn die Erkenntnisse von allen Zahlen sind in seiner Seele.

Theaitetos: Wie sonst?

c Sokrates: Nun rechnet ein solcher doch wohl einmal etwas bei sich, entweder Zahlen selbst oder auch etwas anderes außer ihnen, was Zahl an sich hat.

Theaitetos: Wie sollte er nicht.

Sokrates: Und das Rechnen selbst wollen wir doch als nichts anderes setzen als das Suchen, die wievielte Zahl eine ist.

Theaitetos: Dafür.

Sokrates: Was er also weiß, scheint er zu suchen als ein Nichtwissender, da wir doch eingeräumt haben, daß er alle Zahlen wisse. Denn du hörst doch von solchen Streitfragen?

Theaitetos: O ja.

26. b) Erklärung der falschen Vorstellung nach dem Bild vom Taubenschlag und erneutes Scheitern

d Sokrates: Werden wir nun nicht, dies mit dem Besitz der Tauben und mit der Jagd auf sie vergleichend, sagen, daß es eine doppelte Jagd gibt, die eine vor dem Besitz, des Besitzes wegen, die andere für den Besitzer, wenn er greifen und in Händen haben will, was er schon lange besessen hat. Ebenso auch kann jemand dieses nämliche, wovon er durch Lernen schon seit langer Zeit Erkenntnis hatte und es wußte, doch sich vergegenwärtigen, indem er dieselbe Erkenntnis einer Sache wieder aufnimmt und festhält, welche er zwar schon lange besaß, sie aber nicht bei der Hand hatte in Gedanken.

Theaitetos: Sehr richtig.

Sokrates: Danach nun fragte ich eben vorher, mit was für e
Worten man dies ausdrücken soll, wenn der Rechenkünstler
darangeht, etwas auszurechnen, oder der Sprachkundige, etwas
zu lesen; als ein Wissender also geht er in diesem Fall wieder, um
von sich selbst zu lernen, was er weiß?

Theaitetos: Aber das ist ja ungereimt, o Sokrates.

Sokrates: Sollen wir also sagen, er lese oder rechne, was er
nicht wisse, nachdem wir jenem doch zugeschrieben haben, daß er 199a
alle Buchstaben, diesem, daß er alle Zahlen wisse?

Theaitetos: Aber auch das ist ja unvernünftig.

Sokrates: Willst du also, daß wir sagen, um die Worte bekümmern wir uns nichts, wohin jeder das Wissen und das Lernen nach seinem Belieben ziehen will; nachdem wir aber festgesetzt, etwas anderes sei die Erkenntnis besitzen, etwas anderes sie haben: so behaupten wir, es sei zwar unmöglich, daß, was jemand besitzt, er auch nicht besitze, so daß dies freilich sich niemals ereigne, daß jemand, was er weiß, nicht wisse; eine falsche Vorstellung davon zu haben sei jedoch möglich, indem es möglich sei, daß er nicht
diese, sondern eine andere Erkenntnis statt dieser gefaßt hätte, b
wenn, indem er auf eine von seinen Erkenntnissen Jagd macht, diese durcheinanderfliegen und er dann sich vergreift und anstatt der einen eine andere bekommt; dann also glaubt er, Elf sei Zwölf, indem er die Erkenntnis der Elf anstatt der der Zwölf gegriffen, gleichsam seine Holztaube statt seiner Kropftaube.

Theaitetos: Dies läßt sich annehmen.

Sokrates: Greift er aber die, welche er greifen wollte, dann irre
er sich nicht, sondern stelle vor, was ist, und das nun sei die wahre
und die falsche Vorstellung; und worüber wir vorher verdrießlich c

wurden, das stehe uns gar nicht entgegen? Vielleicht wirst du mir beistimmen, oder was wirst du tun?

THEAITETOS: Beistimmen.

SOKRATES: So wären wir demnach das Nichtwissen dessen, was man weiß, glücklich los. Denn daß wir nicht besäßen, was wir besitzen, das ereignet sich nun nicht mehr, es mag sich jemand irren oder nicht. Allein es scheint mir jetzt ein noch ärgeres Ereignis sich zu zeigen.

THEAITETOS: Was denn?

SOKRATES: Wenn das Verwechseln der Erkenntnisse die falsche Vorstellung sein soll.

THEAITETOS: Wieso?

d SOKRATES: Zuerst schon dieses, daß jemand eine Erkenntnis von etwas haben und doch dieses selbst nicht kennen soll, und zwar nicht durch Unwissenheit, sondern eben vermittels seiner Erkenntnis; ferner ein anderes als dieses vorstellen und dieses als ein anderes: wie wäre dieses nicht ganz widersinnig, daß, indem ihr Erkenntnis einwohnt, die Seele doch gar nichts erkenne, sondern alles verkennen sollte. Denn nach demselben Verhältnis hindert nichts, daß nicht auch eine ihr beiwohnende Unwissenheit machen könnte, daß sie etwas wisse, und eine Blindheit, daß sie etwas sehe, wenn sogar eine Erkenntnis machen kann, daß sie etwas nicht weiß.

e THEAITETOS: Vielleicht, Sokrates, haben wir eben die Vögel nicht richtig angenommen, indem wir sagten, sie wären sämtlich Erkenntnisse. Wir hätten vielmehr auch Unkenntnisse annehmen sollen, welche in der Seele mit herumfliegen, und daß der Jagende, indem er bald die Erkenntnis, bald die Unkenntnis ergreift, über denselben Gegenstand vermittels der Unkenntnis Falsches, vermittels der Erkenntnis aber Richtiges vorstelle?

SOKRATES: Es ist nicht leicht, Theaitetos, dich nicht zu loben. Allein, was du jetzt gesagt hast, das besieh dir doch noch einmal. Es sei nämlich, wie du sagst: so wird, wer die Unkenntnis ergriffen
200a hat, wie du behauptest, Falsches vorstellen. Nicht wahr?

THEAITETOS: Ja.

SOKRATES: Er wird aber doch wohl nicht glauben, Falsches vorzustellen?

THEAITETOS: Wie sollte er?

SOKRATES: Sondern Richtiges, und wird sich verhalten wie ein Wissender dessen, worin er sich doch irrt.

THEAITETOS: Wie anders?

SOKRATES: Eine Erkenntnis wird er also glauben gegriffen und in der Hand zu haben, und nicht eine Unkenntnis.

THEAITETOS: Offenbar.

SOKRATES: Nach einem langen Umwege also befinden wir uns
wieder in unserer ersten Verlegenheit. Denn lachend wird jener
uns verfolgende Tadler sagen: «Wie doch, ihr trefflichen Männer, b
von beiden wissend, der Erkenntnis und der Unkenntnis, hält er
die eine, um welche er weiß, für die andere, um welche er ebenfalls
weiß? Oder von keiner von beiden wissend stellt er die eine, um
die er nicht weiß, als eine von jener Art vor, um welche er ebenfalls
nicht weiß? Oder indem er von der einen weiß, von der andern
aber nicht, die eine, um die er weiß, als die andere, um die er nicht
weiß? Oder hält er die, um welche er nicht weiß, für die, um welche er weiß? Oder werdet ihr mir wieder sagen, es gebe von den
Erkenntnissen und Unkenntnissen wiederum Erkenntnisse, welche der Besitzer in irgendeinem andern lächerlichen Taubenschlag
oder Wachstafel eingesperrt hat und sie weiß, solange er sie be- c
sitzt, auch wenn er sie nicht bei der Hand hat in Gedanken? Und
so werdet ihr genötigt sein, tausendmal denselben Kreis zu durch-
laufen, ohne etwas damit zu gewinnen.» Was werden wir hierauf
antworten, Theaitetos?

THEAITETOS: Ja, beim Zeus, Sokrates, ich weiß nicht, was darauf zu sagen ist.

SOKRATES: Macht uns also unsere Rede nicht ganz mit Recht
einen Vorwurf und zeigt uns, daß wir unrecht taten, die falsche
Vorstellung eher zu suchen als die Erkenntnis und diese dagegen d
fahrenzulassen? Und daß es unmöglich ist, jene zu verstehen, ehe
jemand die Erkenntnis hinlänglich aufgefaßt hat, was sie ist?

THEAITETOS: Notwendig, Sokrates, muß man für jetzt glauben, was du sagst.

27. *Widerlegung des Satzes, daß Erkenntnis richtige Vorstellung ist*

SOKRATES: Was soll man also wieder von vorne sagen, daß die Erkenntnis sei? Denn wir wollen es doch noch nicht aufgeben?

Theaitetos: Gewiß nicht, wenn du es mir nicht aufkündigst.

Sokrates: So sprich denn, wie sollen wir sie endlich erklären, um am wenigsten uns selbst zu widersprechen?

e Theaitetos: Wie wir es in dem Vorigen versucht haben, Sokrates; ich wenigstens weiß nichts anderes zu sagen.

Sokrates: Welches meinst du denn?

Theaitetos: Daß richtige Vorstellung Erkenntnis ist. Denn ohne Fehl ist das richtige Vorstellen, und was daraus hervorgeht, das geht alles schön und gut hervor.

Sokrates: Wer ins Wasser vorangeht, o Theaitetos, sagt, es
werde sich ja von selbst zeigen. So auch, wenn wir weitergehen
201 a und diesem nachspüren, wird es uns vielleicht, wenn es uns vor
die Füße kommt, das Gesuchte auch zeigen. Bleiben wir aber stehen, so wird uns nichts deutlich werden.

Theaitetos: Du hast recht. Laß uns also gehen und untersuchen.

Sokrates: Dies wohl ist eine kurze Untersuchung; denn eine ganze Kunst beweist dir schon, daß dies nicht die Erkenntnis ist.

Theaitetos: Wieso, und was für eine?

Sokrates: Die Kunst der Vornehmsten an Weisheit, die man
Redner und Sachwalter nennt. Denn diese überreden vermittels
ihrer Kunst nicht, indem sie lehren, sondern indem sie bewirken,
daß man sich vorstellt, was sie eben wollen. Oder hältst du sie für
b so bewundernswürdige Meister im Lehren, daß sie, wenn jemand, ohne daß welche dabei waren, seines Geldes beraubt ward
oder sonst Unrecht erlitt, solchen verständen, während ein weniges Wasser abläuft, die wahre Beschaffenheit dessen, was diesem
geschehen ist, gründlich zu beweisen?

Theaitetos: Keineswegs glaube ich das, sondern daß sie nur überreden.

Sokrates: Heißt aber nicht überreden bewirken, daß etwas auf eine gewisse Art vorgestellt werde?

Theaitetos: Was anders?

Sokrates: Wenn also Richter so, wie es sich gehört, überredet
worden sind in bezug auf etwas, das nur, wer es selbst gesehen
hat, wissen kann, sonst aber keiner: so haben sie dieses, nach
c dem bloßen Gehör urteilend, vermöge einer richtigen Vorstellung, aber ohne Erkenntnis abgeurteilt, so jedoch, daß die Über-

redung richtig gewesen, wenn sie nämlich als Richter gut geurteilt haben?

THEAITETOS: So ist es allerdings.

SOKRATES: Nicht aber, o Freund, könnte jemals, wenn richtige Vorstellung und Erkenntnis einerlei wären, auch der beste Richter und Gerichtshof etwas richtig vorstellen ohne Erkenntnis. Nun aber scheint beides verschieden zu sein.

28. *Dritte Definition durch Theaitetos: Erkenntnis ist richtige Vorstellung verbunden mit Erklärung*

THEAITETOS: Was ich auch schon einen sagen gehört und es nur vergessen habe, mich aber dessen jetzt wieder erinnere. Er sagte nämlich, die mit ihrer Erklärung verbundene richtige Vorstellung wäre Erkenntnis, die unerklärbare dagegen läge außerhalb der Er- d
kenntnis. Und wovon es keine Erklärung gebe, das sei auch nicht erkennbar, und so benannte er dies auch, wovon es aber eine gebe, das sei erkennbar.

SOKRATES: Gewiß schön gesagt. Dies Erkennbare aber und nicht Erkennbare, sage an, wie er es unterschied, ob wir es etwa auf gleiche Weise gehört haben, du und ich.

THEAITETOS: Ich weiß nicht, ob ich es herausfinden werde; trüge es aber ein anderer vor, so würde ich, wie ich glaube, wohl folgen.

29. *Traum des Sokrates von einer Theorie über das Erklärbare und das Unerklärbare*

SOKRATES: Höre also einen Traum für den andern. Mich nämlich
dünkt, daß ich von einigen gehört habe, die ersten gleichsam Urbe- e
standteile, aus denen wir sowohl als alles übrige zusammengesetzt sind, ließen keine Erklärung zu; sondern man könne nur jedes von ihnen als selbst für sich selbst bezeichnen, nicht aber irgend etwas anderes davon aussagen, weder daß sie seien, noch daß sie nicht
seien; denn alsdann würde ihnen doch ein Sein oder Nichtsein 202a
schon beigelegt, man dürfe ihnen aber nichts weiter zusetzen, wenn man doch jenes nur als es selbst aussagen wolle. Daher man ihnen weder das «selbst», noch das «jenes», noch das «jedes», noch das «nur», noch «dieses» noch viel anderes dergleichen zusetzen dürfe. Denn eben diese Begriffe laufen überall umher und

werden mit allen zusammengefügt, immer aber als verschieden
von denen, welchen sie beigelegt würden. Jene Dinge müßten
aber, wenn es möglich wäre, sich über sie zu erklären, und jedes
seine eigentümliche Erklärung hätte, ohne alle andern erklärt werden. Nun aber sei es unmöglich, daß irgendeins von den ersten
b Dingen durch eine Erklärung ausgedrückt werde; denn es gebe für
sie nichts als nur genannt zu werden, sie hätten eben nur einen
Namen. Was aber schon aus diesen zusammengesetzt wäre, dessen Name wäre, so wie es selbst aus mehreren zusammengeflochten ist, ebenfalls zusammengeflochten und zu einer Erklärung
geworden. Denn Verflechtung von Namen sei das Wesen der Erklärung. Auf diese Art also wären die Urbestandteile unerklärbar
und unerkennbar, aber wahrnehmbar; die Verknüpfungen hingegen erkennbar und erklärbar und durch richtige Vorstellung vor-
stellbar. Wenn nun jemand ohne Erklärung eine richtige Vorstellung von etwas empfinge: so sei zwar seine Seele darüber im Besitz
c der Wahrheit; sie erkenne aber nicht. Denn wer nicht Rede stehen
und Erklärung geben könne, der sei ohne Erkenntnis über diesen
Gegenstand. Wer aber auch die Erklärung dazu habe, der sei des
allen mächtig und habe alles vollständig zur Erkenntnis beisam-
men. Hast du diesen Traum ebenso gehört oder anders?

THEAITETOS: Ebenso ganz und gar.

SOKRATES: Gefällt es dir auch, und setzt du dieses, daß richtige
Vorstellung mit Erklärung Erkenntnis ist?

THEAITETOS: Offenbar, versteht sich.

d SOKRATES: Also hätten wir auf diese Art am heutigen Tage erreicht, was seit langer Zeit viele Weisen gesucht und, ohne es zu
finden, alt geworden sind?

THEAITETOS: Mir scheint doch, Sokrates, das jetzt Vorgetra-
gene sehr schön gesagt zu sein.

SOKRATES: Es ist auch ganz wahrscheinlich, daß sich die Sache
selbst so verhalte. Denn was sollte auch eine Erkenntnis sein ohne
Erklärung und richtige Vorstellung? Nur eins will mir an dem Gesagten mißfallen.

THEAITETOS: Was denn?

SOKRATES: Gerade was das Herrlichste zu sein scheint, daß
e nämlich die Urbestandteile unerkennbar wären, alle Arten von
Verknüpfungen aber erkennbar.

Theaitetos: Ist dies nicht richtig?

Sokrates: Man muß zusehn. Haben wir doch zu Geiseln für diesen Satz die Beispiele, von denen offenbar, wer dieses alles sagte, ausgegangen ist.

Theaitetos: Was für welche?

Sokrates: Die Urbestandteile der Schrift und deren Verknüpfungen. Oder glaubst du, daß, wer aufgestellt, wovon wir reden, auf etwas anderes dabei gesehen hat als hierauf?

Theaitetos: Nein, sondern hierauf.

30. Sind Verknüpfungen erkennbar, wenn ihre Urbestandteile es nicht sind?

Sokrates: Prüfen wir es also noch einmal von vorn, oder viel- 203 a
mehr uns selbst, ob wir so oder nicht so lesen gelernt haben. Wohlan, zuerst: haben also die Silben eine Erklärung, die Buchstaben aber keine?

Theaitetos: Wahrscheinlich.

Sokrates: Vollkommen leuchtet es auch mir ein. Wenn zum Beispiel jemand so nach der ersten Silbe von Sokrates fragte: «O Theaitetos, sprich, was ist So?» Was wirst du antworten?

Theaitetos: Es ist S und O.

Sokrates: Hier hast du also die Erklärung der Silbe.

Theaitetos: So ist es.

Sokrates: So komm denn und sage ebenso auch die Erklärung b
des S.

Theaitetos: Und wie sollte wohl jemand Bestandteile eines Urbestandteils angeben können? Denn überdies ist das S ein stummer Buchstabe, nur ein Geräusch, als wenn jemand mit der Zunge zischt. Das B aber hat gar weder ein Geräusch noch einen Laut, und ebenso die meisten Buchstaben. So daß hiernach gar sehr gut gesagt ist, daß sie unerklärbar sind, da selbst die deutlichsten unter ihnen nur einen Laut haben, ganz und gar aber keine Erklärung.

Sokrates: Dieses, Freund, hätten wir also in Ordnung gebracht von der Erkenntnis.

Theaitetos: Wir scheinen ja.

Sokrates: Wie aber? Daß der Urbestandteil nicht erkennbar c
ist, wohl aber die Verknüpfung, haben wir denn das auch mit Recht angenommen?

THEAITETOS: Mich dünkt es doch.

SOKRATES: Gut denn. Wollen wir sagen, die Silbe sei die zwei Buchstaben, und, wenn sie aus mehr als zweien besteht, die sämtlichen, oder sie sei *eine* bestimmte Gestalt geworden vermöge der Zusammensetzung von jenen?

THEAITETOS: Sie sei die sämtlichen, dünkt mich, werden wir sagen.

SOKRATES: So betrachte es einmal an jenen zweien, dem S und O. Beide machen die erste Silbe meines Namens. Wird nun nicht, wer diese Silbe kennt, auch jene beiden Buchstaben kennen?

d THEAITETOS: Wie anders?

SOKRATES: Er kennt also das S und O?

THEAITETOS: Ja.

SOKRATES: Wie aber? Jeden von beiden erkennt er also nicht, und so, obschon er keinen von beiden erkennt, erkennt er doch beide?

THEAITETOS: Das wäre ja toll und unvernünftig, Sokrates.

SOKRATES: Allein wenn es notwendig ist, daß er jeden erkennt, um beide zu erkennen: so muß ja notwendig die Buchstaben schon vorher erkennen, wer jemals die Silbe erkennen will, und so wird uns diese schöne Erklärung wieder entschlüpfen und verschwinden.

e THEAITETOS: Und das ja sehr schnell.

SOKRATES: Wir bewachen sie eben nicht gut. Denn wir sollten vielleicht gesagt haben, die Silbe wäre nicht die Buchstaben, sondern aus jenen entstanden als *eine* besondere Bildung, welche selbst *eine* ihr eigne Gestalt für sich hätte und verschieden wäre von den Buchstaben.

THEAITETOS: Ganz gewiß, und es mag sich wohl eher so verhalten als anders.

SOKRATES: Wir müssen zusehen, und nicht unmännlicherweise einen so großen und herrlichen Satz verraten.

THEAITETOS: Keineswegs.

204a SOKRATES: Es sei also, wie wir jetzt sagen, die Verknüpfung *eine* aus den jedesmal sich zusammenfügenden Bestandteilen entstehende eigne Gestalt, auf gleiche Weise bei den Buchstaben und auch sonst überall.

THEAITETOS: Allerdings.

Sokrates: Also Teile darf es von ihr nicht geben?

Theaitetos: Wieso nicht?

Sokrates: Weil, was Teile hat, dessen Ganzes ist auch notwendig die sämtlichen Teile. Oder sagst du, auch das Ganze sei aus den Teilen entstanden als *eine* eigene Bildung, verschieden von den sämtlichen Teilen?

Theaitetos: Das will ich.

Sokrates: Das Gesamte aber und das Ganze, verstehst du darunter dasselbe oder unter jedem etwas anderes? b

Theaitetos: Dessen bin ich nicht gewiß. Weil du aber immer befiehlst, herzhaft zu antworten: so will ich es wagen und sagen, etwas anderes unter jedem.

Sokrates: Die Herzhaftigkeit, o Theaitetos, ist gut, ob aber auch die Antwort, das müssen wir sehen.

Theaitetos: Das müssen wir allerdings.

31. *Keine Verknüpfung kann erkennbar und erklärbar sein, wenn es ihre Urbestandteile nicht sind*

Sokrates: So wäre also der jetzigen Erklärung zufolge das Ganze verschieden von dem Gesamten.

Theaitetos: Ja.

Sokrates: Wie aber, die Sämtlichen und das Gesamte, ist dies auch verschieden? Wie wenn wir sagen Eins, Zwei, Drei, Vier, Fünf, Sechs, und wenn zweimal drei oder dreimal zwei oder vier c
und zwei oder drei und zwei und eins, sagen wir in allen diesen Fällen dasselbe oder in jedem etwas anderes?

Theaitetos: Dasselbe.

Sokrates: Etwas anderes als Sechs?

Theaitetos: Nichts anderes.

Sokrates: In allen diesen Formeln also haben wir als sämtliche die Sechs ausgesagt?

Theaitetos: Ja.

Sokrates: Und wiederum, bezeichnen wir nicht ein Eins, wenn wir die Sämtlichen angeben?

Theaitetos: Notwendig doch.

Sokrates: Ein anderes, etwa als die Sechs?

Theaitetos: Kein anderes.

Sokrates: In allem also, was aus Zahlen besteht, nennen wir d
dasselbe das Gesamte und die Sämtlichen.

THEAITETOS: So scheint es.

SOKRATES: Nun laß uns weiter dieses davon sagen. Die Zahl einer Hufe Landes und die Hufe ist einerlei?

THEAITETOS: Ja.

Sokrates: Und mit dem Stadion ebenso?

THEAITETOS: Ja.

SOKRATES: Und ebenso wohl auch die Zahl eines Heeres und das Heer, und mit allen ähnlichen Dingen auf gleiche Art? Denn ihre gesamte Zahl ist auch das gesamte Sein eines jeden von ihnen.

THEAITETOS: Ja.

e SOKRATES: Nun, und die Zahl der einzelnen, ist die etwas anderes als seine Teile?

THEAITETOS: Nichts.

SOKRATES: Und was Teile hat, das ist aus Teilen?

THEAITETOS: Offenbar.

SOKRATES: Eingestanden ist aber, daß die sämtlichen Teile das Gesamte sind, wenn die gesamte Zahl das Gesamte ist.

THEAITETOS: So ist es.

SOKRATES: Das Ganze besteht also nicht aus Teilen. Denn so wäre es ein Gesamtes, wenn es die sämtlichen Teile wäre.

THEAITETOS: Es scheint nicht.

SOKRATES: Kann aber ein Teil von irgend etwas anderem sein, was er ist, als von einem Ganzen?

THEAITETOS: Von einem Gesamten.

205a SOKRATES: Recht mannhaft, o Theaitetos, wehrst du dich. Das Gesamte aber, ist das nicht eben dieses, ein Gesamtes, wenn ihm nichts abgeht?

THEAITETOS: Allerdings.

SOKRATES: Ist aber nicht eben dieses ein Ganzes, dem nirgends etwas abgeht? Dem aber etwas abgeht, dieses ein weder Ganzes noch Gesamtes, zugleich in bezug auf beides aus demselben dasselbe geworden?

THEAITETOS: Jetzt scheint mir das Ganze und das Gesamte in nichts mehr verschieden zu sein.

SOKRATES: Sagten wir nun nicht, wo Teile seien, da sei das Ganze und gesamte die sämtlichen Teile?

THEAITETOS: Allerdings.

SOKRATES: Wiederum, was ich eben wollte, muß nicht die

Silbe, wenn sie nicht die Buchstaben ist, dann auch die Buchstaben b
nicht als ihre Teile haben, oder, wenn sie dasselbe ist mit ihnen, dann auch auf gleiche Art wie jene erkennbar sein?

THEAITETOS: So ist es.

SOKRATES: Und damit dies nicht erfolgen möchte, setzten wir, sie sei etwas von ihnen Verschiedenes?

THEAITETOS: Ja.

SOKRATES: Wie aber? Wenn die Buchstaben nicht Teile der Silbe sind, kannst du etwas anderes anführen, was Teil der Silbe wäre, jedoch nicht die Buchstaben derselben?

THEAITETOS: Auf keine Weise, o Sokrates! Denn soll ich einmal Teile von ihr zugeben, dann wäre es lächerlich, die Buchstaben fahrenzulassen und andere aufzusuchen.

SOKRATES: Nach dieser Rede also, Theaitetos, wäre die Silbe c
ganz und gar *eine* ungeteilte Gestalt.

THEAITETOS: So scheint es.

SOKRATES: Erinnere dich nun, Freund, daß wir vor nicht gar langer Zeit zufrieden gewesen sind und geglaubt haben, es sei richtig gesagt, daß von dem Ersten, woraus das andere bestände, sich keine Erklärung geben ließe, weil jedes nur selbst für sich selbst wäre und unzusammengesetzt, und man könne nicht einmal das «Sein» hinzufügen und mit Recht davon aussagen noch das «Dieses», weil dies alles schon etwas anderes und fremdes wäre, und aus dieser Ursache nun war das Erste unerkennbar und unerklärbar.

THEAITETOS: Ich erinnere mich.

SOKRATES: Gibt es nun wohl eine andere als diese Ursache da- d
für, daß es eingestaltig und unteilbar ist? Ich wenigstens sehe keine andere.

THEAITETOS: Es zeigt sich auch wohl keine.

SOKRATES: Also fällt die Silbe unter dieselbe Gattung mit jenem, wenn sie keine Teile hat und als *eine* Gestalt ist?

THEAITETOS: Auf jede Weise.

SOKRATES: Ist nun also die Silbe die vielen Buchstaben und ein Ganzes, und diese ihre Teile: so müssen auf gleiche Art die Silben erkennbar und erklärbar sein wie die Buchstaben, da die sämtlichen Teile sich als einerlei gezeigt haben mit dem Ganzen.

THEAITETOS: Freilich wohl. e

SOKRATES: Ist sie aber *eins* und unteilbar: so ist auch die Silbe ebensowohl wie der Buchstabe unerklärbar und unerkennbar. Denn dieselbe Ursache wird beide zu demselben machen.

THEAITETOS: Ich weiß nichts anderes zu sagen.

SOKRATES: Mit dem also wollen wir es nicht halten, welcher sagt, die Verknüpfung sei erkennbar und erklärbar, der Bestandteil aber sei das Gegenteil.

THEAITETOS: Freilich nicht, wenn wir unserer Rede folgen.

206a SOKRATES: Wie aber? Wenn einer das Gegenteil behauptete, würdest du dem nicht lieber beistimmen nach allem, dessen du dir von Erlernung der Buchstaben her bewußt bist?

THEAITETOS: Was meinst du?

SOKRATES: Daß du beim Lernen nichts anderes tatest als dir Mühe geben, die Buchstaben dem Gesicht nach zu unterscheiden und ebenso auch durch das Gehör, jeden selbst für sich selbst, damit nicht ihre Stellung verwirre, wenn sie gesprochen und geschrieben wurden.

THEAITETOS: Vollkommen richtig.

SOKRATES: Und bei den Kitharisten vollkommen gelernt zu ha-
b ben, heißt das etwas anderes, als jedem Ton folgen zu können, welcher Saite er angehöre, wovon jeder zugeben wird, daß man es die Urbestandteile der Tonkunst nennen kann?

THEAITETOS: Nichts anderes.

SOKRATES: Wenn man nun von den Urbestandteilen und Verknüpfungen, in denen wir selbst erfahren sind, auch auf die andern schließen darf: so werden wir sagen müssen, daß die Erkenntnis der Urbestandteile viel deutlicher sei und viel wirksamer, als die der Verknüpfungen, um jegliche Sache vollkommen zu erlernen. Und wenn jemand sagt, die Verknüpfung sei ihrer Natur nach erkennbar, der Urbestandteil aber nicht: so wollen wir dafür halten, er treibe Scherz, es sei nun wissentlich oder unwissentlich.

THEAITETOS: Offenbar.

32. *Zwei Bedeutungen von «Erklärung» und ihre Nichtanwendbarkeit beim Satz des Theaitetos*

c SOKRATES: Doch hiervor ließen sich noch andere Beweise anführen, wie mich dünkt. Laß uns aber nicht vergessen, unsern vorliegenden Gegenstand danach zu betrachten, was es doch wohl sagen soll, daß die zu der richtigen Vorstellung hinzukommende Erklärung die vollkommenste Erkenntnis ist.

THEAITETOS: So laß uns denn sehen.

SOKRATES: Wohlan, in welchem Sinne will er wohl hier eigentlich «die Erklärung» gemeint haben. Eines von dreien nämlich muß er, wie es mir scheint, sagen wollen.

THEAITETOS: Von welchen dreien?

SOKRATES: Das erste wäre dieses, daß man überhaupt seine Ge- d
danken durch die Stimme vermittels der Haupt- und Zeitwörter deutlich macht, indem man seine Vorstellung, wie im Spiegel oder im Wasser, so in dieser Ausströmung des Mundes ausdrückt. Oder scheint dir dies nicht «Erklärung» zu sein?

THEAITETOS: Mir allerdings. Von dem jedenfalls, welcher dies tut, sagen wir, daß er sich über etwas erklärt.

SOKRATES: Dieses ist nun aber jeder zu tun imstande, schneller oder langsamer, zu äußern, was er von jeder Sache meint, wer nur nicht ganz und gar taub oder stumm ist. Und auf diese Art werden
alle, so viele nur etwas richtig vorstellen, es auch «mit Erklärung» e
verbinden, und es wird also nirgends mehr eine richtige Vorstellung sein ohne Erkenntnis.

THEAITETOS: Richtig.

SOKRATES: Laß uns aber deshalb nicht leichtsinnigerweise den verurteilen, daß er nichts gesagt habe, welcher von der Erkenntnis die Erklärung gegeben hat, welche wir jetzt untersuchen. Denn wahrscheinlich hat er nicht dieses gemeint, sondern daß, wer gefragt wird, was jedes ist, dem Fragenden auf Grund der Urbestandteile der Sache Rechenschaft geben müsse. 207a

THEAITETOS: Wie meinst du das, Sokrates?

SOKRATES: Wie Hesiodos vom Wagen sagt, «die hundert Hölzer des Wagens», die ich freilich nicht zu nennen wüßte, und ich glaube auch du nicht, sondern wir würden uns begnügen, wenn wir gefragt würden, was ein Wagen ist, daß wir zu antworten wüßten, Räder, Achsen, Obergestelle, Sitz, Joch.

THEAITETOS: Sehr zufrieden.

SOKRATES: Jener aber würde uns, als wenn wir nach deinem Namen gefragt würden und nur silbenweise antworteten, auslachen, daß wir zwar richtig vorstellten und sagten, was wir sagen, b
uns aber sehr mit Unrecht einbildeten, Sprachkundige zu sein und

von dem Namen Theaitetos die sprachkundige Erklärung zu besitzen und zu geben. Mit Erkenntnis aber spreche man nicht eher über etwas, bis man imstande sei, neben der richtigen Vorstellung alles nach seinen ersten Bestandteilen zu beschreiben, wie es auch schon oben irgendwo gesagt worden ist.

Theaitetos: Das ist gesagt worden.

Sokrates: So hätten auch wir zwar eine richtige Vorstellung
vom Wagen, der aber das ganze Wesen desselben nach jenen hun-
c dert Hölzern beschreiben könne, der habe, eben weil er dies noch
dazu habe, auch noch die Erklärung zu der richtigen Vorstellung
und sei anstatt eines bloß Vorstellenden auch ein Kunstver-
ständiger und Wissender in Beziehung auf das Wesen des Wagens,
indem er das Ganze nach seinen Bestandteilen durchgehen könne.

Theaitetos: Scheint dir dieses nun gut, Sokrates?

Sokrates: Ob es dir so scheint, Freund, und du annimmst, daß
die Beschreibung eines jeden auf Grund seiner Urbestandteile Erklärung sei, die aber nach den nächsten oder nach größeren Ver-
d knüpfungen Fehlerklärung, dies sage mir, damit wir es in Erwägung ziehen.

Theaitetos: Ich nehme es gänzlich an.

Sokrates: Und glaubst etwa, daß jemand von etwas Erkenntnis habe, wenn dasselbe bald hierzu ihm zu gehören scheint, bald dazu, oder auch, wenn er von demselben Dinge bald dieses vorstellt, bald jenes?

Theaitetos: Beim Zeus, ich gewiß nicht.

Sokrates: Und erinnerst du dich nicht, daß dieses beim Lernen der Buchstaben dir und andern im Anfange begegnet ist?

Theaitetos: Meinst du, daß wir derselben Silbe bald diesen,
e bald einen andern Buchstaben zugeschrieben und denselben Buchstaben bald in die gehörige, bald in eine andere Silbe gesetzt haben?

Sokrates: Eben dies meine ich.

Theaitetos: Dessen erinnere ich mich sehr wohl, beim Zeus, und glaube, daß derjenige bei weitem noch nicht eigentlich weiß, mit dem es sich so verhält.

Sokrates: Wie nun? Wenn bei solcher Gelegenheit einer, indem
er ‹Theaitetos› schreibt, ein Th und ein E schreiben zu müssen
208a glaubt und auch wirklich schreibt, wenn er aber ‹Theodoros›
schreiben will, ein T und ein E schreiben zu müssen glaubt und auch

wirklich schreibt: soll man sagen, daß er die erste Silbe eures Namens wisse?

THEAITETOS: Wir haben ja gerade eben eingestanden, daß der, mit welchem es sich so verhält, noch nicht wisse.

SOKRATES: Hindert nun etwas, daß es ihm bei der zweiten, dritten und vierten Silbe auf ähnliche Art gehe?

THEAITETOS: Nicht daß ich wüßte.

SOKRATES: Wird er nicht alsdann, die Beschreibung nach den Bestandteilen innehabend, den Namen ‹Theaitetos› mit richtiger Vorstellung schreiben, wenn er ihn in der gehörigen Ordnung schreibt?

THEAITETOS: Offenbar.

SOKRATES: Und dies, ohne noch Erkenntnis zu haben, aber b
richtig vorstellend?

THEAITETOS: Ja.

SOKRATES: Er hat aber doch die Erklärung nebst richtiger Vorstellung; denn er hatte ja beim Schreiben die ganze Reihe der Bestandteile, welches wir eben Erkenntnis genannt haben.

THEAITETOS: Richtig.

SOKRATES: So gibt es also, Freund, eine mit der richtigen Vorstellung verbundene Erklärung, welche man noch nicht Erkenntnis nennen darf.

THEAITETOS: So scheint es.

33. *Scheitern der These des Theaitetos auch bei einer dritten Bedeutung von «Erklärung»*

SOKRATES: Nur im Traume sind wir also reicher geworden, indem wir glaubten, die richtigste Erklärung der Erkenntnis gefunden zu haben. Oder sollen wir noch nicht aburteilen? Denn vielleicht möchte einer die «Erklärung» nicht so verstehen, sondern nach c
der noch übrigen von jenen drei Bedeutungen, wovon eine, wie wir sagten, derjenige annehmen müsse, welcher die Erkenntnis beschriebe als eine richtige Vorstellung mit der Erklärung verbunden.

THEAITETOS: Ganz recht erinnerst du. Denn eine ist noch übrig; die erste war gleichsam ein Bildnis des Gedankens durch die Stimme; das eben Durchgegangene war der Weg zum Ganzen durch die Bestandteile. Was meinst du aber mit der dritten?

SOKRATES: Was die meisten sagen würden, daß man könne ein Merkmal angeben, wodurch sich das Gefragte von allen übrigen Dingen unterscheide.

THEAITETOS: Was für eine Erklärung kannst du mir in diesem Sinne von irgend etwas geben?

d SOKRATES: Wie zum Beispiel, wenn du willst, von der Sonne würde es dir, glaube ich, genügen anzunehmen, daß sie das Glänzendste ist von allem, was am Himmel um die Erde geht.

THEAITETOS: Vollkommen.

SOKRATES: Merke auch recht, weshalb es gesagt ist. Nämlich, wie wir eben sagten, wenn du das Unterscheidende eines Dinges auffaßt, wodurch es von den übrigen verschieden ist, so behaupten einige, du habest seine Erklärung aufgefaßt. Solange du aber noch etwas Gemeinschaftliches triffst, so würde deine Erklärung auf dasjenige gehen, was zu dieser Gemeinschaftlichkeit gehört.

e THEAITETOS: Ich verstehe, und es dünkt mich sehr richtig, dieses die Erklärung zu nennen.

SOKRATES: Wer also nun bei richtiger Vorstellung von irgend etwas auch seinen Unterschied von dem übrigen aufgefaßt hat, der wird dann Erkenntnis von demjenigen erlangt haben, wovon er vorher nur Vorstellung hatte.

THEAITETOS: So behaupten wir freilich.

SOKRATES: Jetzt freilich, Theaitetos, da ich zu dem Gesagten näher hinzutrete, verstehe ich wie bei den großen, auf die Entfernung berechneten Gemälden auch nicht mehr das mindeste davon. Solange ich aber ferne stand, schien mir etwas damit gesagt zu sein.

THEAITETOS: Wieso kommt das?

209a SOKRATES: Ich will es dir deutlich machen, wenn es mir gelingen wird. Vorausgesetzt, ich habe eine richtige Vorstellung von dir, so erkenne ich dich doch nur, wenn ich auch noch deine Erklärung dazu auffasse, wofern aber nicht, so stelle ich dich nur vor.

THEAITETOS: Ja.

SOKRATES: Deine Erklärung aber war die Bezeichnung deiner Verschiedenheit.

THEAITETOS: So war es.

SOKRATES: Als ich dich nun nur vorstellte, nicht wahr, so traf ich mit meinen Gedanken nichts von dem, wodurch du dich von andern unterscheidest?

Theaitetos: Es scheint nicht.

Sokrates: Ich dachte also nur etwas Gemeinschaftliches, was du um nichts mehr an dir hast als irgendein anderer.

Theaitetos: Notwendig.

Sokrates: Wohlan denn, beim Zeus, wie habe ich doch auf b
diese Art mehr dich vorgestellt als irgendeinen andern? Denn setze, ich dächte mir, derjenige wäre Theaitetos, der ein Mensch wäre und Nase, Mund und Augen hätte, und so jedes der übrigen Glieder; wird nun dieser Gedanke machen, daß ich mir mehr den Theaitetos denke als den Theodoros oder, wie man zu sagen pflegt, den letzten der Myser?

Theaitetos: Wie sollte er?

Sokrates: Allein, wenn ich mir auch nicht bloß einen Nase
und Augen Habenden denke, sondern auch wohl einen Krumm- c
nasigen und mit heraustretenden Augen, werde ich dann mehr dich vorstellen als mich selbst und wer sonst noch so beschaffen ist?

Theaitetos: Um nichts mehr.

Sokrates: Sondern nicht eher, glaube ich, wird Theaitetos in mir vorgestellt werden, bis diese Krummnasigkeit selbst ein sie von andern Krummnasigkeiten, die ich auch schon gesehen, unterscheidendes Merkmal in mir abdrückt und zurückläßt, und so alles übrige, woraus du bestehst, was mich, auch wenn ich dir morgen begegne, erinnern und machen wird, daß ich mir Richtiges über dich vorstelle.

Theaitetos: Ganz recht.

Sokrates: Also auch die richtige Vorstellung von einem jeden d
geht schon auf die Verschiedenheit.

Theaitetos: So scheint es ja.

Sokrates: Zur richtigen Vorstellung noch die Erklärung hinzufügen, was hieße das also? Denn heißt dies, sich noch dasjenige dazu vorstellen, wodurch etwas sich von dem übrigen unterscheidet: so ist das ja eine lächerliche Vorschrift.

Theaitetos: Wieso?

Sokrates: Wovon wir schon eine richtige Vorstellung haben, inwiefern es sich von dem übrigen unterscheidet, davon sollen wir nun noch eine richtige Vorstellung hinzunehmen, inwiefern es sich von dem übrigen unterscheidet; und so will alles andere Herume drehen im Kreise, ohne daß etwas von der Stelle komme, nichts sagen gegen diese Vorschrift. Man könnte es aber mit mehrerem Recht das Zureden eines Blinden nennen, denn uns zureden, daß wir doch nehmen möchten, was wir schon haben, um das zu erfahren, was wir schon vorstellen, das schickt sich ganz vortrefflich für einen Geblendeten.

Theaitetos: Sprich aber, was wolltest du vorher noch herausbringen mit deiner Frage?

Sokrates: Daß, wenn auf der andern Seite mit dem Hinzufügen der Erklärung ein Einsehen der Verschiedenheit gemeint wäre, nicht nur ein Vorstellen derselben, es dann eine gar herrliche Sache wäre um diese schönste von den Erklärungen der Erkenntnis.
210a Denn Einsehen heißt doch Erkenntnis haben? Nicht wahr?

Theaitetos: Ja.

Sokrates: Wer also gefragt wird, was Erkenntnis ist, der soll, wie es scheint, antworten, richtige Vorstellung mit Erkenntnis der Verschiedenheit verbunden. Denn das wäre nun nach jenem das Hinzufügen der Erklärung.

Theaitetos: So scheint es.

Sokrates: Und das ist doch auf alle Weise einfältig, denen, welche die Erkenntnis suchen, zu sagen, sie sei richtige Vorstellung verbunden mit Erkenntnis, gleichviel ob des Unterschiedes oder sonst etwas andern. Weder also die Wahrnehmung, o Thea-
b tetos, noch die richtige Vorstellung, noch die mit der richtigen Vorstellung verbundene Erklärung kann Erkenntnis sein.

Theaitetos: Es scheint nicht.

Sokrates: Sind wir nun noch mit etwas schwanger, Freund, und haben Geburtsschmerzen in Sachen der Erkenntnis? Oder haben wir alles ausgeboren?

Theaitetos: Ich, beim Zeus, habe vermittels deiner Hilfe sogar mehr herausgesagt, als ich in mir hatte.

Sokrates: Und unsre Geburtshelferkunst hat von diesem allen gesagt, es wären nur Windeier und nicht wert, daß man sie aufziehe?

Theaitetos: Auf alle Weise ja.

34. *Schlußworte des Sokrates über das Vermögen seiner geburtshelferischen Kunst*

SOKRATES: Gedenkst du nun, Theaitetos, nach diesem wiederum
mit anderem schwanger zu werden: so wirst du, wenn du es wirst, c
dann Besseres bei dir tragen vermöge der gegenwärtigen Prüfung,
wenn du aber leer bleibst, dann denen, welche dich umgeben, weniger beschwerlich sein und sanftmütiger und besonnenerweise nicht glauben zu wissen, was du nicht weißt. Denn nur soviel vermag diese meine Kunst, mehr aber nicht, noch verstehe ich so etwas wie die andern großen und bewunderten Männer von jetzt und ehedem. Diese geburtshelferische Kunst aber ist meiner Mutter und mir von Gott zugeteilt worden, ihr nämlich für die Frauen d
und mir für edle und schöne Jünglinge. Jetzt nun muß ich mich in der Königshalle einstellen wegen der Klage, welche Meletos gegen mich angestellt hat. Morgen aber, Theaitetos, wollen wir uns wieder hier treffen.

SOPHISTES

A. Einleitung

B. Suche nach dem Sein des Sophisten und Antreffen seiner Erscheinungsweisen

C. Aufhellung des Gebietes des Scheins: das Sein des Nichtseienden

D. Entdeckung des Seins des Sophisten

THEODOROS. SOKRATES.
FREMDER AUS ELEA. THEAITETOS

1. *Einführung des eleatischen Fremdlings und Frage des Sokrates nach dem Sophisten, Staatsmann und Philosophen*

THEODOROS: Der gestrigen Verabredung gemäß, o Sokrates, stel- 216a
len wir selbst uns gebührend ein und bringen auch hier noch einen Fremdling mit, seiner Abkunft nach aus Elea, und einen Freund derer, die sich zum Parmenides und Zenon halten, einen gar philosophischen Mann.

SOKRATES: Solltest du etwa, Theodoros, dir unbewußt nicht einen Fremdling, sondern einen Gott mitbringen nach der Rede
des Homeros, welcher ja sagt, daß sowohl andere Götter solche b
Menschen, die an Recht und Scham festhalten, als auch besonders der gastliche Gott, zu geleiten pflegen, um den Übermut und die Frömmigkeit der Menschen zu beschauen: Vielleicht also begleitet auch dich auf dieselbe Art dieser, einer der Höheren, um uns, die wir noch so gering sind im Reden, heimzusuchen und zu überführen, ein überführender Gott?

THEODOROS: Nicht ist dieses die Weise des Fremdlings, o Sokrates; sondern bescheidener ist er als die, welche sich auf das Streiten gelegt haben. Und es dünkt mich der Mann ein Gott zwar
keineswegs zu sein, göttlich aber gewiß; denn alle Philosophen c
möchte ich so benennen.

SOKRATES: Und mit Recht, o Freund. Nur mag wohl dieses Geschlecht in gewisser Beziehung nicht viel leichter zu erkennen sein als das der Götter. Denn in gar mancherlei Gestalten erscheinen, wegen der Unwissenheit der anderen, diese Männer, die nicht angeblichen, sondern wahrhaften Philosophen, und «durchgehn die Gebiete der Menschen», betrachtend von oben her der Niedern Leben, und einigen scheinen sie gar nichts wert zu sein, anderen

über alles zu schätzen, und sie werden bald für Staatsmänner an-
d gesehen, bald für Sophisten; ja bisweilen sind sie einigen schon vorgekommen als gänzlich Verwirrte. Von unserem Fremdling nun möchte ich gern vernehmen, wenn es auch ihm gelegen wäre,
217a was doch die dortigen Ortes hiervon hielten und sagten.

THEODOROS: Wovon denn?

SOKRATES: Vom Sophisten, Staatsmann, Philosophen.

THEODOROS: Was doch eigentlich? Und was für Ungewißheit hast du hierüber, so daß dir dies zu fragen eingefallen ist?

SOKRATES: Diese: Ob sie dies alles für einerlei hielten oder für zweierlei, oder ob sie, so wie die drei Wörter, so auch drei Gattungen unterscheidend, nach der Zahl der Namen mit jedem auch einen besondern Begriff verknüpften?

THEODOROS: Er wird ja, wie ich meine, kein Bedenken haben, dies durchzugehen. Oder was, o Fremdling, wollen wir sagen?

b FREMDER: Eben dies, Theodoros. Denn weder habe ich ein Bedenken, noch ist es schwer zu sagen, daß sie es ja wohl für dreierlei hielten. Einzeln aber genau zu bestimmen, was jedes ist, das ist kein kleines noch leichtes Geschäft.

THEODOROS: Recht glücklich, o Sokrates, hast du einen ganz dem verwandten Gegenstand ergriffen, über welchen wir, schon ehe wir hierher gingen, mit diesem in Befragung standen. Er aber hat dasselbe, was jetzt gegen dich, auch vorher gegen uns vorgeschützt. Denn genug darüber gehört zu haben bekennt er, und auch, daß es ihm nicht entfallen ist.

2. *Entscheidung über Art und Weise der Darlegung und Wahl des Mitunterredners*

c SOKRATES: Also, o Fremdling, bescheide uns ja nicht abschlägig, da wir eben die erste Gunst von dir erbitten. Sondern nur dies sage uns zuvor, ob du gewohnt bist, lieber für dich allein in fortlaufender Rede sprechend dasjenige durchzuführen, was du jemandem darstellen willst, oder in Fragen; welcher Art und Weise ich einst den Parmenides sich bedienen und treffliche Sachen durchführen hörte in meinem Beisein, als ich noch ein junger Mensch, er aber schon ziemlich bei Jahren war.

d FREMDER: Mit einem, o Sokrates, der ohne Verdruß und lenksam mitzusprechen weiß, leichter so, gesprächsweise; wenn aber das nicht, dann allein.

SOKRATES: Demnach nun steht dir frei, von den Anwesenden welchen du willst auszuwählen; denn alle werden dir willig folgen. Nimmst du aber meinen Rat an, so wirst du einen von den Jünglingen wählen, etwa hier den Theaitetos, oder welcher von den andern nach deinem Sinne sein mag.

FREMDER: O Sokrates, eine gewisse Scham ergreift mich doch, daß ich, jetzt zum ersten Male unter euch, nicht kurzes Gespräch Wort um Wort mit euch führen soll, sondern mich ausbreitend e
eine zusammenhängende Rede durchführen, geschehe es nun allein oder mit einem andern, als ob ich mich vor euch zeigen wollte. Denn das Aufgegebene ist in der Tat nicht so kurz, wie einer, wenn es so gefragt ist, erwarten könnte; sondern es bedarf einer gar langen Auseinandersetzung. Auf der andern Seite aber dir nicht gefällig zu sein und diesen, zumal nach dem, was du gesagt, scheint mir ungastlich zu sein und ungesittet. Denn daß Theaitetos der Gesprächsgenosse sei, ist mir auf alle Weise genehm, 218a
sowohl infolge dessen, was ich schon selbst vorher mit ihm gesprochen, als auch, weil du ihn jetzt dazu empfiehlst.

THEAITETOS: Tu also, so, o Fremdling, und du wirst, wie Sokrates sagte, allen gefällig sein.

FREMDER: Hierüber scheint nichts mehr zu sagen nötig, Theaitetos, und an dich soll von nun an, wie es scheint, meine Rede ergehen. Wenn es dich aber auf die Länge anstrengt und dir beschwerlich wird: so gib die Schuld davon nicht mir, sondern diesen deinen Freunden.

THEAITETOS: Ich hoffe ja, daß ich jetzt gerade nicht so ermüden b
werde. Sollte mir aber dergleichen begegnen, so wollen wir auch diesen Sokrates dazunehmen, der dem Sokrates dem Namen, mir dem Alter nach gleich ist und mein Übungsgenosse, und dem daher mancherlei mühsam mit mir zu bestehen nicht ungewohnt ist.

3. *Vorschlag, das Verfahren zur Bestimmung des Sophisten am Beispiel des Angelfischers zu üben*

FREMDER: Wohl gesprochen, und hierüber magst du selbst mit dir zu Rate gehen im Verlauf unserer Rede. Jetzt aber mußt du gemeinschaftlich mit mir zur Untersuchung schreiten, zuerst beginnend, wie mich dünkt, vom Sophisten zu suchen und durch die c
Rede aufzuhellen, was er wohl ist. Denn jetzt haben ich und du

von ihm nur erst den Namen gemeinsam, die Sache aber, der wir ihn beilegen, mag vielleicht jeder von uns bei sich selbst auf eigne Art vorstellen. Immer aber muß man in allen Dingen mehr über die Sache selbst durch Erklärungen sich verständigen als nur über den Namen ohne Erklärung. Der ganze Stamm aber, den wir jetzt vorhaben zu suchen, ist wohl nicht eben am leichtesten zu ergreifen, was er wohl ist, der Sophist. Was aber Großes wohl gelingen soll,
d darüber sind alle von jeher einig, daß man es zuvor an Kleinem und Leichterem üben müsse, ehe an dem Größten selbst. So auch jetzt, o Theaitetos, rate ich wenigstens uns beiden, weil wir die Art des Sophisten für mühsam und schwer einzufangen halten, zuvor an etwas anderem Leichterem, das Verfahren zu versuchen, wenn du nicht etwa anderswoher einen anderen, leichteren Weg anzugeben hast.

Theaitetos: Den habe ich nicht.

Fremder: Sollen wir uns also etwas ganz Geringes holen und daran versuchen ein Vorbild aufzustellen für das Größere?

e Theaitetos: Ja.

Fremder: Was sollen wir also vornehmen als leicht zu erkennen und klein, dennoch aber nicht kürzerer Erklärung bedürfend als das Größere? Etwa der Angelfischer: ist der nicht etwas allen Bekanntes und viel Mühe auf ihn zu wenden gar nicht wert?

Theaitetos: So ist er.

219a Fremder: Ein Verfahren aber soll er uns, hoffe ich, zeigen und eine Erklärung, gar nicht unangemessen für das, was wir wollen.

Theaitetos: Das wäre ja vortrefflich.

4. *Unterscheidung zweier Künste, der hervorbringenden und der erwerbenden*

Fremder: Wohlan denn, laß uns so mit ihm beginnen. Sage mir, wollen wir ihn als einen Künstler setzen oder als einen Kunstlosen, dem aber irgendein anderes Vermögen zukommt?

Theaitetos: Keineswegs doch als einen Kunstlosen.

Fremder: Für alle Künste aber gibt es doch zwei Begriffe.

Theaitetos: Wie das?

Fremder: Der Ackerbau nämlich und jegliche Bemühung um einen sterblichen Körper, und wiederum, was sich auf das Zusammengefügte und Gestaltete bezieht, was wir Gerätschaft nennen,

dann die nachahmende Kunst, alles dieses kann mit Recht durch b
eine Benennung bezeichnet werden.

THEAITETOS: Wie und durch welche?

SOKRATES: Wo nur immer jemand, was zuvor nicht war, hernach zum Dasein bringt, da sagt man, daß der Bringende es mache, das Gebrachte aber gemacht werde.

THEAITETOS: Richtig.

FREMDER: Was wir nun eben angeführt haben, hatte sämtlich hierin seine Kraft.

THEAITETOS: Hierin allerdings.

FREMDER: So könnte man demnach dies alles zusammenfassend die *hervorbringende* Kunst nennen.

THEAITETOS: So sei es. c

FREMDER: Alle Arten des Erlernens aber auf der andern Seite und der Erkenntnis, alles Geldverdienen ferner und Kämpfen und Jagen, da keine davon etwas verfertigt, sondern nur das bereits Vorhandene und Gewordene teils durch Worte und Taten in ihre Gewalt bringt, teils es denen, welche es in ihre Gewalt bringen, nicht vergönnt: so könnte deshalb am besten eine Kunst, welche man die *erwerbende* nennte, alle diese Abteilungen beschreiben.

THEAITETOS: Ja, das ginge wohl.

5. Zweiteilung der Künste bis zur Gewinnung der Hakenfischerei

FREMDER: Wenn nun alle Künste zur erwerbenden oder hervor- d
bringenden gehören, unter welche, o Theaitetos, wollen wir den Angelfischer setzen?

THEAITETOS: Unter die erwerbende offenbar.

FREMDER: Gibt es aber von der erwerbenden nicht zwei Gattungen, deren eine die jegliches auf beiden Seiten gutwillig *umsetzende* ist, durch Geschenk sowohl als Kauf oder Miete; das übrige insgesamt aber, das jegliche Bezwingung, geschehe sie nun durch Worte oder durch Taten, in sich schließt, hieße die *bezwingende*.

THEAITETOS: Es ist deutlich aus dem Gesagten.

FREMDER: Wie aber? Sollen wir die bezwingende nicht wieder in zwei zerschneiden?

THEAITETOS: Auf welche Art?

FREMDER: Indem wir nämlich alles offenbare Bezwingen als e

Kampf setzen, das heimliche in ihr aber insgesamt als *Nachstellung.*

THEAITETOS: Gut.

FREMDER: Die Nachstellung nun wäre es unvernünftig nicht wieder in zwei zu teilen.

THEAITETOS: Sage wie?

FREMDER: Die eine für das *Leblose* absondernd, die andere für das *Belebte.*

THEAITETOS: Warum sollte man nicht, wenn es doch beides gibt?

220a FREMDER: Wie gäbe es das nicht! Und die des Leblosen, welche bis auf einige Teile der Taucherkunst und andere dergleichen kleinere unbenannt ist, müssen wir liegen lassen, die des Belebten aber, welche nun die Nachstellung gegen Tiere ist, die Tiernachstellung oder die Jagd nennen.

THEAITETOS: So sei es.

FREMDER: Von der Jagd aber könnte man nicht eine zwiefache Art mit Recht anführen? Eine, welche auf die Gattung der Landtiere gehend in viele Arten und Namen geteilt ist, die Landjagd, die andere, ganz auf die schwimmenden Tiere gehend, die Jagd im Flüssigen.

THEAITETOS: Allerdings.

b FREMDER: Von den schwimmenden Tieren aber sehen wir ein befiedertes Geschlecht und ein im Wasser lebendes?

THEAITETOS: Wie sollten wir nicht?

FREMDER: Und die gesamte Jagd auf das befiederte Geschlecht heißt doch wohl die Vogeljagd?

THEAITETOS: So heißt sie allerdings.

FREMDER: Und die auf das im Wasser Lebende insgesamt die Fischerei?

THEAITETOS: Ja.

FREMDER: Und wie? Möchten wir nicht auch diese Jagd wiederum in zwei große Teile teilen?

THEAITETOS: In was für welche?

FREMDER: Inwiefern der eine durch Gehege allein den Fang vollbringt, der andere durch Verwundung.

THEAITETOS: Wie meinst du das, und wonach trennen sich beide?

FREMDER: Die einen, weil alles, was etwas, um es zurückzuhal- c
ten, umgibt, wohl ein Gehege heißen muß.

THEAITETOS: Freilich.

FREMDER: Reusen also und Schlingen und Hamen und Grundnetze und dergleichen, soll man das anders als Gehege nennen?

THEAITETOS: Nicht anders.

FREMDER: Netzfang also würden wir diesen Teil der Jagd nennen, oder so ungefähr.

THEAITETOS: Ja.

FREMDER: Der aber mit Haken und Harpunen durch Verwundung geschieht, den würden wir von jenem unterscheidend jetzt d
mit einem Worte die Wundfischerei nennen müssen. Oder wie, Theaitetos, könnte man sie besser benennen?

THEAITETOS: Laß es sein mit dem Namen; denn auch dieser ist gut genug.

FREMDER: Die nächtliche Art Wundfischerei nun, die beim Scheine des Feuers getrieben wird, heißt bei denen, die ihr obliegen, schon der Fackelfang.

THEAITETOS: Freilich.

FREMDER: Die aber bei Tage, weil Haken an der Spitze auch die Harpunen haben, heißt im allgemeinen die Hakenfischerei.

THEAITETOS: So heißt sie. e

6. *Auffindung der Angelfischerei*

FREMDER: Was nun bei dieser zur Wundfischerei gehörigen Hakenfischerei von oben nach unten geschieht, das wird, weil man sich der Harpunen vornehmlich auf diese Art bedient, die Harpunenfischerei genannt.

THEAITETOS: So nennen sie einige.

FREMDER: Das übrige ist nun nur noch *eine* Art.

THEAITETOS: Was für eine?

FREMDER: Die durch den ganz entgegengesetzten Zug mit dem
Angelhaken getrieben wird und die Fische nicht gleichviel an welchem Teile des Leibes trifft, wie mit der Harpune, sondern allemal 221 a
am Kopf und Munde, und den gefangenen Fisch dann mittels Rute und Rohr von unten heraufzieht. Und wie sollen wir sagen, Theaitetos, daß diese müsse genannt werden?

THEAITETOS: Mich dünkt, was wir uns eben vorgesetzt hatten zu finden, nun wirklich vollbracht zu sein.

7. Zusammenfassung des Ergebnisses

FREMDER: Nun also sind wir, du und ich, von der Angelfischerei
b nicht nur über den Namen einig, sondern haben auch die Erklärung über die Sache selbst zur Genüge erlangt. Denn von der gesamten Kunst war die eine Hälfte die erwerbende, von der erwerbenden die bezwingende, von der bezwingenden die nachstellende, von der nachstellenden die jagende, von der jagenden die im Flüssigen jagende, von der im Flüssigen jagenden war der ganze untere Abschnitt die Fischerei, von dieser ein Teil die verwundende, von der verwundenden die Hakenfischerei; und von dieser
c hat uns die Art vermittels einer von unten nach oben gezogenen und den Fisch daran *hängenden* Wunde, den der Tat selbst nachgebildeten Namen der *Angel*fischerei erhalten.

THEAITETOS: Auf alle Weise ist dies nun hinreichend aufgehellt.

8. a) Der Sophist als ein Jäger zu Lande und auf zahme Tiere

FREMDER: Wohlan denn, wollen wir nach eben diesem Muster wie hier auch den Sophisten versuchen aufzufinden, was er wohl ist?

THEAITETOS: Allerdings freilich.

FREMDER: Jenes war also doch die erste Frage, ob wir den Angelfischer sollten als einen Unwissenden oder als eine Kunst besitzend ansehen?

THEAITETOS: Ja.

d FREMDER: So auch jetzt, Theaitetos, wollen wir diesen als einen Unwissenden setzen oder auf alle Weise doch als einen wirklich klugen?

THEAITETOS: Keineswegs als unwissend, denn ich verstehe, was du meinst, daß auf alle Weise von der letzten Art sein muß, wer diesen Namen führt.

FREMDER: Also als im Besitz einer Kunst müssen wir ihn auf alle Weise setzen.

THEAITETOS: Aber was für einer wohl?

FREMDER: Ist etwa gar, bei den Göttern, uns unbewußt der Mann mit dem andern verwandt?

THEAITETOS: Wer mit wem?

FREMDER: Der Angelfischer mit dem Sophisten?

Theaitetos: Wieso?

Fremder: Jäger scheinen sie mir ganz bestimmt beide zu sein.

Theaitetos: In welcher Jagd der eine? Denn von dem andern e
haben wir es gesagt.

Fremder: Haben wir nicht eben die gesamte Jagd in zwei Teile geteilt, den einen für die schwimmenden Lebewesen abschneidend, den andern für die gehenden?

Theaitetos: Ja.

Fremder: Und sind von dem einen durchgegangen, was sich auf die im Wasser schwimmenden bezog, die Landjagd aber haben wir ungespaltet gelassen und nur erwähnt, sie wäre sehr vielartig?

Theaitetos: So geschah es. 222a

Fremder: Bis hierher nun sind der Sophist und der Angelfischer von der erwerbenden Kunst aus miteinander gegangen.

Theaitetos: So scheinen sie wenigstens.

Fremder: Sie trennen sich aber bei der Tiernachstellung, der eine nach dem Meere und den Strömen und Seen hin, um den dort befindlichen Tieren nachzustellen.

Theaitetos: Offenbar.

Fremder: Der andere aber aufs Land und zu ganz anderen Strömen, nämlich des Reichtums und der Jugend, daß ich so sage, üppigen Wiesen, um der hier befindlichen Geschöpfe sich zu bemächtigen.

Theaitetos: Wie meinst du das? b

Fremder: Von der Landjagd gibt es zwei ganz große Teile.

Theaitetos: Welche sind die beiden?

Fremder: Die der zahmen und die der wilden Tiere.

8. b) Einteilung der Jagd auf Zahmes bis zum Erscheinen des Sophisten

Theaitetos: Gibt es denn eine Jagd auf zahme Tiere?

Fremder: Wenn anders der Mensch ein zahmes Tier ist! Setze aber, was dir gefällt, entweder daß es gar keine zahmen Tiere gebe oder daß es deren zwar gebe, der Mensch aber ein wildes sei, oder du magst auch den Menschen zwar ein zahmes nennen, aber nicht glauben, daß es eine Nachstellung auf den Menschen gebe; was du hiervon am liebsten möchtest behauptet haben, darüber erkläre dich nur.

c THEAITETOS: So halte ich denn uns für ein zahmes Tier, o Fremdling, und sage auch, daß es eine Nachstellung auf Menschen gebe.

FREMDER: Zwiefach, sagen wir nun auch wieder, sei die zahme Jagd.

THEAITETOS: Weshalb sagen wir das?

FREMDER: Die Räuberei, die Sklavenfängerei, die Tyrannei und die gesamte Kriegskunst, dies sämtlich bestimmen wir als die gewaltsame Nachstellung.

THEAITETOS: Schön.

FREMDER: Die sachwalterische aber und die volksrednerische und die umgängliche, insgesamt als *eins*, wollen wir *eine* Kunst, die *überredende*, nennen.

d THEAITETOS: Richtig.

FREMDER: Von der Überredungskunst aber setzen wir zwei Gattungen.

THEAITETOS: Was für welche?

FREMDER: Eine die unter einzelnen, die andere die öffentlich getriebene.

THEAITETOS: Beide Arten gibt es allerdings.

FREMDER: Von der nicht öffentlichen nun ist wiederum die eine die *lohnfordernde*, die andere die *geschenkbringende*.

THEAITETOS: Das verstehe ich nicht.

FREMDER: So scheinst du auf die Nachstellung der Liebenden wohl noch nie gemerkt zu haben.

THEAITETOS: Wieso?

e FREMDER: Wie sie den Gefangenen noch Geschenke dazu geben.

THEAITETOS: Du hast ganz recht.

FREMDER: Diese Art sei also die der Liebeskunst.

THEAITETOS: Ganz wohl.

FREMDER: Von der lohnfordernden aber gibt es zunächst eine Art, welche immer lieblich redend und die Lust überall als Lockspeise brauchend als einzigen Lohn Nahrung fordert, welche wir,
223 a glaube ich, als die einschmeichelnde alle für eine *ergötzliche* Kunst erklären würden.

THEAITETOS: Wie denn anders?

FREMDER: Die andere aber, welche um der Tugend willen Umgang zu pflegen verheißt und sich Geld zum Lohne reichen läßt, lohnt es nicht, daß wir diese Art mit einem andern Namen benennen?

THEAITETOS: Allerdings.

FREMDER: Aber mit welchem wohl, das versuche ich zu sagen.

THEAITETOS: Es ist klar. Denn den Sophisten haben wir, dünkt mich, gefunden. Ich wenigstens glaube, indem ich ihn für dieses erkläre, ihn mit dem schicklichsten Namen zu benennen.

9. a) Der Sophist als ein Händler mit Kenntnissen

FREMDER: Nach dieser jetzigen Rede also, o Theaitetos, wäre die b
von der nachstellend bezwingenden aneigenden Kunst, und zwar
von der Tiernachstellung zu Lande auf Menschen, nämlich der
nicht öffentlichen Überredungskunst lohnforderndem, für Geld
sich verkaufendem, scheinbar belehrendem Teil auf reiche angesehene
Jünglinge angestellte Jagd, wie diese Rede uns ausgegangen
ist, die sophistische Kunst zu nennen.

THEAITETOS: So ist es allerdings.

FREMDER: Auch so laß uns aber noch zusehen. Denn nicht c
einer geringen Kunst ist teilhaftig, was wir jetzt suchen, sondern
einer gar mannigfaltigen. Denn auch aus dem vorher Gesagten
ergibt sich ein Schein, als sei es nicht das, was wir jetzt sagen,
sondern noch eine andere Gattung.

THEAITETOS: Wieso doch?

FREMDER: Von der erwerbenden Kunst gab es doch zwei Arten, indem sie sowohl einen nachstellenden Teil hat als einen umsetzenden.

THEAITETOS: So war es.

FREMDER: Dem Umsatz wollen wir nun wieder zwei Arten geben, die eine das Schenken, die andere das Kaufen oder den Handel.

THEAITETOS: Das soll gelten.

FREMDER: Weiter wollen wir sagen, daß auch der Handel in zwei Teile zerfalle.

THEAITETOS: Wie? d

FREMDER: Absondernd den Eigenhandel der Selbstverfertiger von dem Zwischenhandel derer, welche fremde Arbeit umtauschen.

THEAITETOS: Sehr wohl.

FREMDER: Wie aber? Was von dem Zwischenhandel städtischer Verkauf ist, gewiß fast die Hälfte desselben, nennt man das nicht Krämerei?

THEAITETOS: Ja.

FREMDER: Den Handel aber, welcher von einer Stadt zur andern durch Kauf und Verkauf getrieben wird, nennt man das nicht Großhandel?

THEAITETOS: Freilich.

e FREMDER: Und haben wir etwa nicht bemerkt, daß dieses Großhandels einer Teil das, wovon der Leib sich nährt und Gebrauch macht, der andere das, wovon die Seele, im Verkauf gegen Geld umsetzt?

THEAITETOS: Wie meinst du dies?

FREMDER: So ist uns wohl das von der Seele unbekannt, denn das andere verstehen wir doch.

THEAITETOS: Ja.

224a FREMDER: Die gesamte Musenkunst, wollen wir also sagen, indem sie von einer Stadt zur andern, hier eingekauft und dort hingeführt und verkauft wird, und die Malerei und die Taschenspielerei und vieles andere der Seele Angehörige, was teils der Ergötzung, teils auch ernstlicher Beschäftigung wegen verfahren und verkauft wird, verschafft denen, die es verfahren und verkaufen, mit nicht minderem Recht den Namen eines Kaufmannes als der Handel mit Getreide oder Wein.

THEAITETOS: Du hast ganz recht.

b FREMDER: Willst du also nicht auch den, welcher Kenntnisse zusammenkauft und sie von einer Stadt zur andern wieder umsetzt gegen Geld, mit demselben Namen benennen?

THEAITETOS: Ganz stark.

9. b) Weitere Teilung des Seelenhandels bis zum Sophisten als Zwischenhändler mit Kenntnissen von der Tugend

FREMDER: Von diesem Seelengroßhandel nun könnte man mit Recht den einen Teil die Schaustellung heißen, dem andern aber, obgleich nicht minder lächerlich als das Vorige, muß man dennoch als einem Handel mit Kenntnissen einen dem Geschäft verschwisterten Namen beilegen.

THEAITETOS: Allerdings.

FREMDER: Von diesem Kenntnisverkauf nun wollen wir den
Teil, der die Kenntnis der andern Künste betrifft, mit einem, den c
aber auf die Tugend sich beziehenden mit einem andern Namen
benennen.

THEAITETOS: Wie sollten wir nicht.

FREMDER: Der Name Kunstverkauf möchte für jenes Übrige wohl angemessen sein, diesem aber versuche du den Namen zu geben.

THEAITETOS: Und welchen Namen könnte man, ohne zu fehlen, der Sache geben, außer wenn man sagt, sie sei das eben jetzt von uns Gesuchte, das sophistische Geschlecht?

FREMDER: Nicht anders. Komm also, laß uns das Ganze zusammenstellen und sagen, es sei als des der erwerbenden Kunst
umsetzenden kaufmännischen Zweiges, und zwar des Zwischen-
handels mit Seelengütern, nämlich als Reden und Kenntnisse über d
die Tugend verkaufender Teil zum zweitenmal nun erschienen die
sophistische Kunst.

THEAITETOS: Vortrefflich.

FREMDER: Drittens denke ich auch, wenn jemand in der Stadt selbst sich gänzlich niederlassend Kenntnisse über eben diese Gegenstände, teils einkaufend, teil auch selbst zuschnitzend, wiederum verkaufte und davon zu leben sich vorsetzte: so würdest du ihn mit keinem andern Namen nennen als dem eben jetzt genannten.

THEAITETOS: Wie sollte ich auch.

FREMDER: So würdest du also auch des der erwerbenden Kunst e
umsetzenden kaufmännischen Zweiges Krämerei und Selbstver-
kauf, beides, sobald es nur in diesen Gegenständen zur kenntnis-
verkaufenden Art gehört, allemal, wie es scheint, Sophistik nennen.

THEAITETOS: Notwendig; denn wo die Rede hingeht, muß ich folgen.

10. Der Sophist als ein Streitkünstler

FREMDER: Laß uns denn noch sehen, ob etwa auch diesem noch die jetzt verfolgte Art gleicht.

THEAITETOS: Wem denn? 225a

FREMDER: Ein Teil der erwerbenden Kunst war uns doch die Kampfgeschicklichkeit?

THEAITETOS: Allerdings.

FREMDER: Nicht uneben wäre es nun, diese auch wieder zwiefach zu teilen.

THEAITETOS: Auf welche Weise?

FREMDER: Der eine sei Wettkampf, der andere Gefecht.

THEAITETOS: Gut.

FREMDER: In welchem Gefechte nun Leib gegen Leib steht, dem dürften wir natürlich und schicklich einen solchen Namen geben, daß wir es etwa das gewalttätige nennten.

THEAITETOS: Ja.

FREMDER: In welchem aber Wort gegen Wort, o Theaitetos,
b wie sollte man das anders nennen als Streit?

THEAITETOS: Gar nicht anders.

FREMDER: Was aber unter den Streit gehört, ist wieder zwiefach zu setzen.

THEAITETOS: Wiefern?

FREMDER: Sofern er nämlich mit langen Reden gegen lange über das Recht und Unrecht öffentlich geführt wird, ist er der Rechtsstreit.

THEAITETOS: Ja.

FREMDER: Den in Fragen und Antworten zerschnittenen aber unter einzelnen, sind wir den anders zu nennen gewohnt als Wortwechsel?

THEAITETOS: Nicht anders.

FREMDER: Was nun wortwechselnd im Handel und Wandel
c gestritten wird durcheinander und kunstlos, dies muß man zwar als die eine Art setzen, da die Erklärung es als ein Verschiedenes anerkennt, aber einen Namen hat es weder von den Früheren erhalten, noch verdient es, einen durch uns zu erlangen.

THEAITETOS: Gewiß nicht. Auch ist es gar zu sehr ins Kleine und Vielfache geteilt.

FREMDER: Den kunstgerechten Wortwechsel aber, sowohl über Recht und Unrecht als über andere Dinge, sind wir nicht gewohnt, den das Streitgespräch zu nennen?

THEAITETOS: Wie auch anders?

d FREMDER: Das Streitgespräch aber ist teils geldverzehrend, teils geldbringend.

THEAITETOS: Ganz gewiß.

FREMDER: So laß uns also den Beinamen, mit dem wir beides bezeichnen müssen, zu bestimmen versuchen.

THEAITETOS: Das ist nötig.

FREMDER: Mir scheint das Streitgespräch, das aus reiner Lust an solcher Verhandlung mit Vernachlässigung eigner Angelegenheiten geschieht, in Hinsicht auf den Vortrag aber von den meisten Hörern nicht mit Vergnügen angehört wird, nach meiner Meinung nicht anders als das geschwätzige genannt werden zu können.

THEAITETOS: So pflegt man es ja zu nennen.

FREMDER: Wer aber im Gegenteil aus dem Streitgespräch mit e
einzelnen Geld erwirbt, diesen versuche du deinerseits mir zu nennen.

THEAITETOS: Und was sollte man wohl, ohne fehlzugehen, anders sagen, als daß schon wiederum herauskomme jener wunderbare, von uns nun schon zum viertenmal eingeholte Sophist?

FREMDER: So wäre also nichts anderes als die geldbringende 226a
Art der streitsprecherischen Kunst, welche von dem Wortwechsel, also der streitenden, fechtenden, kampfgeschickten und so erwerbenden Kunst ein Teil ist, wie die Rede uns jetzt gezeigt hat, der Sophist.

THEAITETOS: Ganz offenbar.

11. Entwicklung einer aussondernden Reinigungskunst

FREMDER: Siehst du also, wie richtig das gesagt ist, daß dies ein gar schlaues Tier ist, und, wie man sagt, nicht mit *einer* Hand zu fangen?

THEAITETOS: Also müssen wir beide dazu nehmen.

FREMDER: Das müssen wir, und zwar aus allen Kräften, tun, b
indem wir auch noch dieser Spur von ihm nachgehen. Sage mir nämlich, wir haben doch gewisse von knechtischen Diensten gebrauchte Ausdrücke?

THEAITETOS: Gar viele; aber nach welchen von diesen vielen fragst du?

FREMDER: Solche meine ich wie durchseihen, durchsieben, ausschwingen und verlesen.

THEAITETOS: Wie werde ich die nicht kennen!

FREMDER: Und außer diesen noch krämpeln, spinnen, schlagen mit der Weberlade, und tausend ähnliche Verrichtungen wissen wir, daß es auch in anderen Gewerben gibt. Nicht wahr?

c THEAITETOS: Aber um was doch an ihnen allen deutlich zu machen, hast du diese als Beispiele aufgestellt und danach gefragt?

FREMDER: Aussonderndes ist doch das Angeführte insgesamt.

THEAITETOS: Ja.

FREMDER: So laß uns ihm auch nach meiner Weise als *einer* Kunst zu diesem Behuf in allen Dingen *einen* Namen erteilen.

THEAITETOS: Und wie wollen wir sie nennen?

FREMDER: Die Aussonderungskunst.

THEAITETOS: So soll es ein.

FREMDER: Sieh nun zu, ob wir auch von dieser wiederum zwei Arten erblicken können?

THEAITETOS: Zu schnell für mich trägst du mir die Untersuchung auf.

d FREMDER: Von den genannten Aussonderungen war doch die eine ein Ausscheiden des Schlechteren vom Besseren, die andere des Ähnlichen vom Ähnlichen?

THEAITETOS: Nun es gesagt wird, kommt es auch mir ebenso vor.

FREMDER: Von der einen nun weiß ich keinen üblichen Namen; von jener Aussonderung aber, welche das Bessere zurückläßt und das Schlechte wegwirft, weiß ich einen.

THEAITETOS: Sage, welchen.

FREMDER: Eine jede solche Aussonderung wird, soviel ich verstehe, von jedermann eine Reinigung genannt.

THEAITETOS: Das ist richtig.

e FREMDER: Und sollte nicht jeder sehen, daß auch das Reinigen ein zwiefaches ist?

THEAITETOS: Bei Muße vielleicht, jetzt sehe ich wenigstens es noch nicht.

12. Zwei Arten der Reinigung, die des Körpers und die der Seele

FREMDER: Die vielen Arten der Reinigungen der Körper sollten wir unter *einem* Namen zusammenfassen.

THEAITETOS: Was für welche und unter welchem?

FREMDER: Zuerst die der Lebendigen, wie sie innerlich von der
Kunst der Leibesübung und der Heilkunst durch richtige Ausson- 227a
derung gereinigt werden, und dann auch von außen, was – geringfügig zu sagen – die Badekunst leistet. Dann auch die der unbelebten Körper, welchen die Walkerkunst und die gesamte Putz- und Glättkunst ihre kleinen Dienste leistet unter vielen lächerlichen Namen, wenn man sie alle nennen wollte.

THEAITETOS: Gewiß nicht wenig.

FREMDER: Freilich wohl, o Theaitetos. Allein, dem erklärenden Verfahren liegt nicht mehr noch minder an der Kunst der Badegerätschaften zum Beispiel als an der der Arzneibereitung, wenn auch jene uns nur geringen, diese aber großen Nutzen gewährt durch ihre Reinigung. Denn indem sie, nur um Einsicht zu b
erwerben, das Verwandte und nicht Verwandte in den Künsten zu entdecken sucht, ehrt sie alle gleichermaßen, und der Ähnlichkeit gemäß hält sie keine vor der andern für lächerlich. Für höher und würdiger aber wird sie den, welcher die nachstellende Kunst als Feldherrnkunst äußert, nicht halten als den, der sie als Kammerjägerei ausübt, sondern meistens nur für großsprecherischer. So auch jetzt bei dem, was du fragtest, mit welchem Namen wir diese sämtlichen Verrichtungen, welchen obliegt, einen sei es belebten oder unbelebten Körper zu reinigen, benennen sollen, wird ihr
nichts daran gelegen sein, welcher ihnen etwa als der zierlichste c
könnte beigelegt werden; er halte nur, die Reinigung der Seele ausgenommen, alles zusammen als verbunden, was sonst irgend etwas reinigt. Denn das Reinigen an der Seele sollte eben jetzt von allem andern abgesondert werden, wenn wir anders verstehen, was unser Verfahren wollte.

THEAITETOS: Wohl, ich habe es begriffen und gebe zwei Arten der Reinigung zu, von denen die eine für die Seele ist, abgesondert von der für den Leib.

FREMDER: Sehr schön. So höre nun mein nächstes und versuche, auch das eben Gesagte entzweizuschneiden. d

THEAITETOS: Wie du mich führen willst, will ich versuchen dir nachzuschneiden.

13. *Die zwei Arten von Schlechtigkeit in der Seele: Krankheit und Häßlichkeit*

FREMDER: Bösartigkeit ist uns doch etwas anderes als Tugend in der Seele?

THEAITETOS: Wie sollte sie nicht!

FREMDER: Und Reinigung war uns doch, das andere zurücklassen, wo es aber irgend etwas Untaugliches gibt, dies herauswerfen?

THEAITETOS: Das war die Sache.

FREMDER: Auch bei der Seele, wo wir eine Hinwegräumung der Schlechtigkeit antreffen, werden wir, wenn wir das Reinigung nennen, wohl gesprochen haben.

THEAITETOS: Gar sehr.

FREMDER: Zwei Arten von Schlechtigkeit in der Seele sind aber anzuführen.

THEAITETOS: Was für welche?

228a FREMDER: Die eine wohnt ihr ein wie dem Leibe die Krankheit, die andere wie die Häßlichkeit.

THEAITETOS: Das habe ich nicht verstanden.

FREMDER: Vielleicht hältst du Krankheit und Aufruhr nicht für einerlei?

THEAITETOS: Auch darauf weiß ich noch nicht, was ich antworten soll.

FREMDER: Siehst du Aufruhr für etwas anderes an als für einen in dem von Natur Verwandten durch irgendein Verderben entstandenen Zwist?

b THEAITETOS: Für nichts anderes.

FREMDER: Und Häßlichkeit für etwas anderes als für das überall, wo es auch sei, widerliche Geschlecht der Ungemessenheit?

THEAITETOS: Keineswegs für etwas anderes.

FREMDER: Wie nun? Merken wir nicht, daß in der Seele das Urteil mit den Begierden, das Gemüt mit den Lüsten, die Vernunft mit der Unlust und dies alles unter sich bei untauglichen Menschen im Streit liegt?

THEAITETOS: Gar sehr gewiß.

FREMDER: Und verwandt ist doch notwendig dies alles unter sich?

THEAITETOS: Wie sollte es nicht.

Fremder: Wenn wir also die Bösartigkeit Aufruhr und Krankheit der Seele nennen, werden wir uns richtig ausdrücken?

Theaitetos: Vollkommen richtig gewiß.

Fremder: Wie aber? Wenn etwas, dem Bewegung zukommt c
und das ein vorgesetztes Ziel zu ereichen versucht, bei jedem Anlauf daran vorbeigeht und es verfehlt, sollen wir sagen, daß dem dieses aus Wohlgemessenheit beider gegeneinander oder aus Ungemessenheit widerfahre?

Theaitetos: Offenbar aus Ungemessenheit.

Fremder: Aber überall irrt die Seele, das wissen wir, nur unfreiwillig.

Theaitetos: Gar sehr.

Fremder: Das Irren ist ja doch nichts anderes als einer nach
Wahrheit ausgehenden, bei der Einsicht aber vorkommenden d
Seele Vorbeidenken.

Theaitetos: Unbedenklich.

Fremder: Eine unverständige Seele also ist als eine häßliche und ungemessene zu setzen.

Theaitetos: So scheint es.

Fremder: Es gibt also, wie sich zeigt, diese zwei Gattungen des Schlechten in ihr; die eine, gemeinhin Bösartigkeit genannt, ist offenbar ihre Krankheit.

Theaitetos: Ja.

Fremder: Die andere nennen sie Unverstand, daß sie aber allein eine Schlechtigkeit in der Seele sei, wollen sie nicht eingestehen.

Theaitetos: Offenbar muß man einräumen, was ich, als du es e
vorher sagtest, noch bezweifelte, daß es zwei Arten der Schlechtigkeit in der Seele gibt, und daß Feigheit, Unbändigkeit, Ungerechtigkeit insgesamt für Krankheit in uns zu halten ist, die oftmaligen und mannigfaltigen Erscheinungen des Unverstandes aber als Häßlichkeit zu setzen.

14. *Die beiden Künste für die Schlechtigkeiten der Seele und die zwei Arten des Unverstandes*

Fremder: Für den Leib gibt es doch dieser zwei Zustände wegen zwei gewisse Künste?

Theaitetos: Welche sind diese?

229a FREMDER: Für die Häßlichkeit die Gymnastik, für die Krankheit die Heilkunst.

THEAITETOS: Offenbar.

FREMDER: So ist auch wohl für Üppigkeit, Ungerechtigkeit und Feigheit unter allen Künsten die Bändigungskunst am meisten angemessen dem Recht.

THEAITETOS: Wahrscheinlich ist es, wenigstens menschlichem Urteil nach.

FREMDER: Wie aber? Für den sämtlichen Unverstand, könnte man wohl eine andere richtiger nennen als die belehrende?

THEAITETOS: Keine.

b FREMDER: Wohl denn! Ob wir sagen sollen, daß es nur eine Art der Belehrung gebe oder mehrere, und vornehmlich zwei wichtigste, das erwäge.

THEAITETOS: Ich erwäge.

FREMDER: Und ich denke, so werden wir es am schnellsten finden.

THEAITETOS: Wie?

FREMDER: Wenn wir den Unverstand betrachten, ob er selbst etwa einen Einschnitt in der Mitte hat. Denn wenn er zweifach ist, wird offenbar die Belehrung auch zwei Teile haben müssen, für jede Art von jenem einen.

THEAITETOS: Wie also? Zeigt sich dir etwa schon, was wir jetzt suchen?

c FREMDER: Ich glaube eine sehr große und bedeutende Art des Unverstandes abgesondert zu sehen, welche allen andern Teilen derselben das Gleichgewicht hält.

THEAITETOS: Was für eine?

FREMDER: Wenn man, was man nicht weiß, zu wissen glaubt; woraus wohl alles, was unserer Seele mißlingt, allen entstehen mag.

THEAITETOS: Richtig.

FREMDER: Und diese Art des Unverstandes, denke ich, wird allein Torheit genannt.

THEAITETOS: Freilich.

FREMDER: Wie nun sollen wir den hiervon uns befreienden Teil der Belehrung benennen?

d THEAITETOS: Ich denke wenigstens, o Fremdling, daß das übrige nur Lehren im Sinne der Handwerker ist, dieses aber, hier wenigstens unter uns, eigentlich Erziehung genannt wird.

Fremder: Auch wohl bei allen Hellenen, o Theaitetos. Aber uns ist noch nachzusehen, ob nun schon alles unteilbar ist oder ob es noch eine Einteilung gibt, welche genannt zu werden verdient.

Theaitetos: So laß uns denn zusehen.

15. Zwei Weisen der Erziehung. Die prüfende Zurechtweisung als vollkommenste Reinigung

Fremder: Mir scheint auch dies noch wie gespalten zu sein.

Theaitetos: Wie denn?

Fremder: Es scheint in der Belehrung durch Reden *ein* Weg e
rauher zu sein, der andre glatter.

Theaitetos: Welches soll jeder von beiden sein?

Fremder: Der eine ist die altväterliche Weise, wie sie mit ihren Söhnen sonst umgingen, viele auch noch jetzt mit ihnen umgehen,
wenn sie in etwas fehlen, bald sie heftig anlassend, bald wieder 230a
ihnen sanftmütiger zusprechend; das Ganze nennt man am füglichsten das Ermahnen.

Theaitetos: Ich verstehe.

Fremder: Der andere aber, da viele, die es sich recht überlegt haben, zu glauben scheinen, daß alle Torheit unwillkürlich wäre und daß keiner, der weise zu sein meint, darin, worin er schon stark zu sein glaubte, noch etwas würde lernen wollen, und daß nach vieler Arbeit die ermahnende Art der Erziehung doch nicht viel ausrichten würde.

Theaitetos: Woran sie auch wohl ganz recht glaubten.

Fremder: So schicken sie sich denn zur Vertilgung dieser Mei- b
nung auf eine andere Weise an.

Theaitetos: Auf welche doch?

Fremder: Sie fragen sie aus in dem, worüber einer etwas Rechtes zu sagen glaubt, der doch nichts sagt. Dabei forschen sie der unsicher Schwankenden Meinungen leichtlich aus, welche sie dann in der Rede zusammenbringen und nebeneinander stellen, durch diese Zusammenstellung selbst zeigend, daß sie eine der andern zugleich über dieselben Gegenstände in denselben Beziehungen nach demselben Sinn widersprechen. Jene nun, wenn sie dies wahrnehmen, werden unwillig gegen sich und milder gegen die

c andern, und auf diese Weise ihrer hohen und hartnäckigen Vorstellungen von sich selbst entledigt, welches die erfreulichste aller
Entledigungen ist für den, der es mit anhört, und dem, welchem sie
begegnet, die zuverlässigste. Denn, lieber Sohn, die Reinigenden,
da sie glauben – so wie die Ärzte des Leibes der Meinung sind, der
Leib könne die ihm beigebrachte Nahrung nicht eher nutzen, bis
jemand die Hindernisse in ihm selbst weggeschafft habe –, denken
ebenso dasselbe von der Seele, daß sie nicht eher von den ihr beige-
d brachten Kenntnissen Vorteil haben könne, bis durch prüfende
Zurechtweisung einer den Zurechtweisenden zur Scham bringt,
die den Kenntnissen im Wege stehenden Meinungen ihm benimmt
und ihn rein darstellt, nur, was er wirklich weiß, zu wissen glau-
bend, mehr aber nicht.

THEAITETOS: Die vorzüglichste wenigstens und weiseste Gemütsbeschaffenheit ist diese.

FREMDER: Deshalb nun, Theaitetos, müssen wir auch sagen,
daß die prüfende Zurechtweisung die herrlichste und vortrefflichste aller Reinigungen ist, und müssen den Ungeprüften, wenn er
e auch der Großkönig wäre, für höchst unrein halten und für ungebildet und häßlich gerade da, wo, wer wahrhaft glückselig sein
will, am reinsten und schönsten sein muß.

THEAITETOS: Auf alle Weise.

16. Ist der Sophist jener Reinigungskünstler?

FREMDER: Wie nun? Die diese Kunst ausüben, wie sollen wir die
231a nennen? Denn ich fürchte mich, sie Sophisten zu nennen.

THEAITETOS: Wieso?

FREMDER: Damit wir ihnen nicht zu große Ehre erweisen.

THEAITETOS: Aber das eben Gesagte gleicht doch einem solchen ziemlich.

FREMDER: Auch dem Hunde der Wolf, das wildeste dem zahm-
sten Tier. Der Vorsichtige aber muß sich am meisten mit den Ähn-
lichkeiten in acht nehmen; denn es ist eine gar zu gefährliche Art.
Dennoch mögen sie es sein. Denn um kleiner Bestimmungen wil-
b len, denke ich, wird sich der Streit nicht entspinnen, wenn man sie
nur recht in acht nimmt.

THEAITETOS: Nein, sollte man denken.

FREMDER: So sei denn ein Teil der sondernden Kunst die reinigende, von der reinigenden werde der Teil für die Seele abgesondert; von diesem die Belehrung und von der Belehrung die Erziehung, und von der Erziehung, werde gesagt, sei die auf leere Scheinweisheit gerichtete Prüfung nach der jetzt nebenbei erschienenen Erklärung nichts anderes als die edle und vornehme Sophistik.

THEAITETOS: Gesagt werde dies zwar; aber ich bin nun schon ganz bedenklich, weil er uns als so vieles erschienen ist, was man denn nun, wenn man es ernsthaft meint und behauptet, sagen soll, c
daß der Sophist in Wahrheit sei.

FREMDER: Mit Recht bist du bedenklich. Aber auch jenem, muß man glauben, sei es nun schon ganz bedenklich, wohinaus er wohl unserer Untersuchung entkommen wolle. Denn richtig ist das Sprichwort: Vielen ist nicht leicht ausweichen; jetzt also müssen wir ihm erst am meisten zusetzen.

THEAITETOS: Wohl gesprochen.

17. *Feststellung, daß das Wesen der sophistischen Kunst noch nicht entdeckt ist*

FREMDER: Zuerst laß uns etwas stillstehen und ausruhen, und laß
uns bei uns selbst zusammenrechnen, indem wir ausruhen, als wie d
vielerei uns der Sophist erschienen ist. Ich glaube, zuerst wurde er gefunden als reicher Jünglinge wohlbelohnter Nachsteller.

THEAITETOS: Ja.

FREMDER: Zweitens war er ein Großhändler in Kenntnissen für die Seele.

THEAITETOS: Richtig.

FREMDER: Und zeigte er sich nicht drittens als ein Krämer mit eben diesen?

THEAITETOS: Ja, und viertens war er uns doch ein Eigenhändler mit Kenntnissen.

FREMDER: Richtig erinnert. Das fünfte will ich versuchen anzuführen. Aus der Kampfgeschicklichkeit wurde er nämlich als ein e
Kunstfechter im Streitgespräch abgesondert.

THEAITETOS: Das war er.

FREMDER: Das sechste war freilich zweifelhaft; doch aber haben wir es ihm eingeräumt und sagen, er sei einer, der von Meinungen, welche in der Seele den Kenntnissen im Wege stehen, reinigt.

THEAITETOS: Auf alle Weise.

232a FREMDER: Merkst du nun nicht, daß, wenn einer als vieler Dinge kundig sich zeigt und doch nur mit dem Namen *einer* Kunst benannt wird, dies nicht eine gesunde Vorstellung sein kann, sondern daß offenbar der, dem dies mit einer Kunst begegnet, dasjenige an ihr nicht zu entdecken weiß, worauf alle jene verschiedenen Kenntnisse abzwecken, weshalb er auch mit vielen Namen statt eines den, der sie besitzt, benennt?

THEAITETOS: Hiermit mag es wohl diese Bewandtnis eigentlich haben.

18. Der Sophist als Streitkünstler erzeugt den Schein, über alles zu wissen, ohne es zu wissen

b FREMDER: Nicht also soll uns dies bei unserer Untersuchung aus Trägheit begegnen; sondern laß uns zuerst etwas von dem über den Sophisten Gesagten wieder aufnehmen, denn *eines* hat mir eingeleuchtet als ganz vorzüglich ihn bezeichnend.

THEAITETOS: Welches denn?

FREMDER: Wir sagen doch, er sei ein Künstler im Streitgespräch.

THEAITETOS: Ja.

FREMDER: Nicht auch, daß er eben hierin ein Lehrer werde für andere?

THEAITETOS: Unbedenklich.

FREMDER: So laß uns denn sehen, worin denn solche Leute sich rühmen, andere streitbar zu machen im Gespräch. Unsere Unter-
c suchung gehe aber von Anfang an so: Zuerst über göttliche Dinge, wie sie den meisten verborgen sind, setzen sie sie doch instand sich zu streiten?

THEAITETOS: Gesagt wird das ja von ihnen.

FREMDER: Und was offenbar ist auf der Erde und am Himmel, auch darüber?

THEAITETOS: Allerdings.

FREMDER: Aber auch in geselligen Versammlungen, wenn vom Werden und Sein im allgemeinen gesprochen wird, wissen wir doch, daß sie selbst gewaltig sind im Widersprechen und daß sie auch die andern tüchtig machen in dem, was sie selbst sind.

THEAITETOS: Auf alle Weise.

Fremder: Und über Gesetze und alle Staatsangelegenheiten d
versprechen sie nicht sie streitbar zu machen?

Theaitetos: Niemand würde ja wohl, daß ich es gerade heraussage, mit ihnen reden, wenn sie dies nicht versprächen.

Fremder: Und wiederum in allen und jeden einzelnen Künsten, wie jeder Meister selbst darin widersprechen muß, das liegt öffentlich bekanntgemacht und niedergeschrieben da für jeden, der es lernen will.

Theaitetos: Du meinst wohl die Protagoreischen Sachen über
das Ringen und die andern Künste? e

Fremder: Und ähnliches, o Trefflicher, von vielen andern. Aber scheint nun nicht diese Kunst des Widerspruchs im allgemeinen über alles hinreichendes Geschick zu besitzen zum Streit?

Theaitetos: Man sieht ja fast nicht, daß sie etwas übrig ließe.

Fremder: Du aber, Kind, bei den Göttern, hältst du das für möglich? Denn vielleicht seht ihr Jüngeren hierin schärfer und wir stumpfer!

Theaitetos: Was doch, und worin meinst du? Denn ich ver- 233a
stehe noch nicht, was du jetzt fragst.

Fremder: Ob es wohl möglich ist, daß irgendein Mensch alles weiß.

Theaitetos: Glückselig, o Fremdling, wäre dann unser Geschlecht.

Fremder: Wie könnte also wohl je im Widerspruch gegen den Kundigen ein selbst Unkundiger etwas Gesundes vorbringen?

Theaitetos: Auf keine Weise.

Fremder: Was wäre also eigentlich das Geheimnis in diesem sophistischen Kunststück?

Theaitetos: In welchem doch?

Fremder: Auf welche Weise sie wohl imstande sind, den Jüng- b
lingen die Meinung beizubringen, daß in allen Dingen unter allen sie die kundigsten wären? Denn offenbar, wenn sie weder bündig widersprachen noch jenen es zu tun schienen, oder auch, wenn sie es schienen, aber wegen dieses Streitens um nichts mehr für weise gehalten würden: dann könnten sie, wie du vorher sagtest, lange warten, bis ihnen jemand Geld gäbe, um eben hierin ihr Schüler zu werden.

Theaitetos: Gewiß, sie könnten lange warten.

Fremder: Nun aber wollen sie es doch?

Theaitetos: Gar sehr.

c Fremder: Also haben sie, denke ich, den Schein, dessen kundig zu sein, worüber sie sich streiten?

Fremder: Wie sollten sie nicht!

Fremder: Sie tun das aber über alles. Sagen wir so?

Theaitetos: Jawohl.

Fremder: In allen Dingen also scheinen sie ihren Schülern weise zu sein.

Theaitetos: Unbedenklich.

Fremder: Ohne es doch zu sein; denn das hatte sich als unmöglich gezeigt.

Theaitetos: Wie sollte es auch nicht unmöglich sein!

19. *Erläuterung der sophistischen Kunst des Scheins durch die nachahmende Darstellung*

Fremder: Eine scheinbare Erkenntnis also von allen Dingen, nicht aber die Wahrheit besitzend zeigt sich der Sophist.

d Theaitetos: Auf alle Weise, und das jetzt von ihm Gesagte scheint unter allem das Richtigste zu sein.

Fremder: Laß uns nur ein noch anschaulicheres Beispiel hierzu vorzeichnen.

Theaitetos: Was für eines?

Fremder: Dieses. Suche aber ja wohl achtzugeben und zu antworten.

Theaitetos: Was nur?

Fremder: Wenn jemand weder das Sprechen noch das Widersprechen behauptet zu verstehen, wohl aber durch *eine* Kunst alle
e Dinge insgesamt zu machen und hervorzubringen.

Theaitetos: Wie meinst du «alle»?

Fremder: Also gleich den Anfang des Gesagten verstehst du nicht. Wie es scheint nämlich, weißt du nicht das «alle insgesamt»?

Theaitetos: Freilich nicht.

Fremder: Ich meine eben dich und mich unter dem «alles insgesamt», und außer uns noch alle Tiere und Pflanzen.

Theaitetos: Wie meinst du das?

Fremder: Wenn jemand dich und mich und alles, was lebt und wächst, machen zu wollen behauptete.

Theaitetos: Was für ein Machen soll das doch sein? Du 234a
meinst doch wohl nicht die Landleute irgendwie, denn du sagtest ja, jener brächte auch die Tiere hervor.

Fremder: Das sage ich, und dazu Meer und Erde und Himmel und Götter und alles insgesamt. Und wenn er in der Geschwindigkeit dies alles verfertigt hat, gibt er es für ein geringes Geld weg.

Theaitetos: Du meinst irgendeinen Scherz.

Fremder: Und wie? Wenn einer sagt, er wisse alles und wolle dies auch andern um ein weniges in weniger Zeit lehren, soll man das nicht für Scherz halten?

Theaitetos: Freilich wohl.

Fremder: Und kennst du vom Scherz eine kunstreichere und b
anmutigere Art als die nachahmende?

Theaitetos: Keineswegs. Denn gar vieles hast du hiermit ausgesprochen, alles zusammenfassend in eine und wohl die reichhaltigste Gattung.

20. Der Sophist als Zauberer und Nachahmer des Seienden

Fremder: Von dem nun, welcher verheißt, imstande zu sein, durch *eine* Kunst alles zu machen, wissen wir doch, daß er durch Verfertigung gleichnamiger Nachbildungen des Seienden vermittels der Malerkunst imstande sein wird, unnachdenkliche junge Knaben, wenn er ihnen von fern das Gemalte vorzeigt, zu täuschen, als ob er, was er nur machen wollte, vollkommen geschickt wäre auch wirklich und in der Tat hervorzubringen.

Theaitetos: Das freilich. c

Fremder: Wie nun aber? Können wir nicht erwarten, daß es auch in Worten eine andere ähnliche Kunst gebe, vermöge deren es möglich wäre, Jünglinge und solche, die noch in weiter Ferne stehen von dem wahren Wesen der Dinge, durch die Ohren mit Worten zu bezaubern, indem man gesprochene Schattenbilder von allem vorzeigt, so daß man sie glauben macht, es sei etwas Wahres gesagt, und der, welcher es sagt, der weiseste unter allen in allen Dingen?

Theaitetos: Wie sollte es nicht eine andere solche Kunst ge- d
ben?

Fremder: Werden aber nicht die meisten, o Theaitetos, von denen, welche dies einst hörten, wenn ihnen hinlängliche Zeit dar-

über vergangen ist und sie bei reiferem Alter in der Nähe mit dem
Seienden zusammentreffen, so daß sie durch unmittelbare Einwirkungen gezwungen werden, sich deutlich in Berührung mit dem
Seienden zu setzen, alsdann notwendig alle ihre damals entstandenen Vorstellungen umwandeln, so daß ihnen das Kleine groß und
das Schwere leicht erscheint und überall jene Trugbilder aus Wor-
e ten zerstört werden, wenn die Dinge selbst in den Geschäften her-
beikommen?

THEAITETOS: Soweit ich in meinen Jahren es beurteilen kann, gewiß. Aber auch ich glaube noch von den weiter entfernt Stehenden einer zu sein.

FREMDER: Darum werden auch wir alle versuchen, wie wir es
auch jetzt schon tun, dich auch ohne jene Einwirkungen so nahe
als möglich hinzubringen. Wegen des Sophisten aber sage mir die-
235a ses, ob soviel schon gewiß ist, daß er als ein Nachahmer des Seienden zu den Zauberern gehört, oder ob wir noch zweifelhaft sind,
daß er nicht etwa doch von allem, worin er zu widersprechen geschickt ist, davon auch die Erkenntnis in der Tat besitzen möchte.

THEAITETOS: Wie sollten wir wohl, o Fremdling? Vielmehr ist das ja gewiß aus dem Gesagten, daß er von denen einer ist, welche sich eine Art des Scherzes zugeeignet.

FREMDER: Als einen Zauberer und Nachbildner müssen wir ihn also setzen?

THEAITETOS: Wie sollten wir nicht!

21. Die zwei Arten der Nachahmungskunst: Ebenbildnerei und Trugbildnerei

FREMDER: Wohlan also! Denn jetzt ist es unsere Sache, von dem
b Wilde nicht mehr abzulassen. Auch haben wir ihm wohl das, was
unter dem Jagdzeug für Reden ein wahres Fangnetz ist, glücklich
umgeworfen, so daß er dem wenigstens nicht mehr entkommen
wird.

THEAITETOS: Welchem doch?

FREMDER: Daß er nicht vom Geschlecht der Taschenspieler einer ist.

THEAITETOS: Auch mir scheint dies gar sehr von ihm.

FREMDER: Ich schlage daher vor, aufs schnellste die nachbildnerische Kunst zu teilen, und wenn uns gleich, sobald wir hinein-

gestiegen, der Sophist standhält, ihn dann zu fangen nach den Vorschriften des königlichen Gesetzes, und diesem dann den Fang c
überreichend vorzulegen; wenn er sich aber wieder in Teile der
nachahmenden Kunst versteckt, ihm dann nachsetzend immer wieder den Teil, der ihn aufgenommen hat, abzuteilen, bis er gefangen
ist. Auf alle Weise soll weder er noch irgendein anderes Geschlecht
sich jemals rühmen, dem Verfahren derer entkommen zu sein, welche so verstehen, das Einzelne und das Allgemeine zu behandeln.

Theaitetos: Wohl gesprochen, und so müssen wir dies nun machen.

Fremder: Nach der bisherigen Weise der Einteilung glaube ich
nun, auch wieder zwei Arten der Nachahmungskunst zu sehen; in d
welchem von beiden sich uns aber die gesuchte Gestalt befinde, das
halte ich mich noch nicht imstande zu bestimmen.

Theaitetos: So sage nur zuvor und teile uns ab, welche zwei Teile du meinst.

Fremder: Die eine, welche ich in ihr sehe, ist die ebenbildnerische Kunst der Ebenbilder. Diese besteht eigentlich darin, wenn
jemand nach des Urbildes Verhältnissen in Länge, Breite und Tiefe,
und dann auch jeglichem seine angemessene Farbe gebend, die e
Entstehung einer Nachahmung bewirkt.

Theaitetos: Wie aber? Suchen nicht alle etwas Nachahmenden eben dieses zu tun?

Fremder: Wenigstens diejenigen nicht, welche von jenen großen Werken eines bilden oder malen. Denn wenn diese die wahren
Verhältnisse des Schönen wiedergeben wollten, so, weißt du wohl,
würde das Obere kleiner als recht und das Untere größer erschei- 236a
nen, weil das eine aus der Ferne, das andere aus der Nähe von uns
gesehen würde.

Theaitetos: Allerdings.

Fremder: Lassen also nicht die Künstler das Wahre gut sein und suchen nicht die als seiend bestehenden Verhältnisse, sondern die, welche als schön erscheinen werden, in ihren Nachbildern hervorzubringen?

Theaitetos: Freilich wohl.

Fremder: Ist es also nicht billig, das eine, da es doch ähnlich ist, ein Ebenbild zu nennen?

Theaitetos: Ja.

b FREMDER: Und der hiermit beschäftigte Teil der nachahmenden Kunst ist, wie wir auch vorher sagten, der ebenbildnerische zu nennen.

THEAITETOS: So ist er zu nennen.

FREMDER: Wie aber? Was nur, weil es gerade vom nicht gehörigen Orte aus betrachtet wird, dem Schönen zu gleichen scheint, wenn es aber jemand genau betrachten könnte, dem gar nicht gleichen würde, dem es zu gleichen behauptet, wie wollen wir das nennen? Nicht eben, weil es zu gleichen scheint und doch nicht gleicht, ein Trugbild?

THEAITETOS: Unbedenklich.

FREMDER: Und sehr bedeutend ist dieser Teil sowohl in der
c Malerei als in der gesamten nachbildenden Kunst.

THEAITETOS: Wie sollte er nicht?

FREMDER: Und die ein Trugbild, nicht ein Ebenbild hervorbringende Kunst, werden wir die nicht am richtigsten die trugbildnerische nennen?

THEAITETOS: Bei weitem am richtigsten.

FREMDER: Diese beiden Arten nun, meinte ich, gäbe es von der bildermachenden Kunst: die ebenbildnerische und die trugbildnerische.

THEAITETOS: Richtig.

FREMDER: Was ich aber damals noch unentschieden ließ, in
welche von beiden der Sophist zu setzen sei, das kann ich auch
d jetzt noch nicht deutlich sehen. Aber der Mann ist eben wahrlich
rätselhaft und schwer zu erkennen; denn auch jetzt ist er gar schön
und schlau in einen höchst schwierig zu erforschenden Begriff hineingeschlüpft.

THEAITETOS: Das scheint er.

FREMDER: Bejahst du das aus eigner Einsicht, oder hat dich nur gleichsam die Welle der Rede, wie du es schon gewohnt bist, mit fortgerissen, so schnell beizustimmen?

THEAITETOS: Wieso, und weshalb fragst du das?

22. *Die Schwierigkeit der Bestimmung des Scheins und des Falschen. Zusammenhang mit dem Satz des Parmenides vom Nichtsein des Nichtseienden*

FREMDER: In Wahrheit, du Guter, wir befinden uns in einer

höchst schwierigen Untersuchung. Denn dieses Erscheinen und dieses Scheinen, ohne zu sein, und dies Sagen zwar, aber nicht Wahres, alles dies ist immer voll Bedenklichkeiten gewesen schon ehedem und auch jetzt. Denn auf welche Weise man sagen soll, es gebe wirklich ein falsches Reden oder Meinen, ohne doch schon, indem man es nur ausspricht, auf alle Weise in Widersprüchen befangen zu sein, dies, o Theaitetos, ist schwer zu begreifen. e 237a

THEAITETOS: Wieso?

FREMDER: Diese Rede untersteht sich ja vorauszusetzen, das Nichtseiende sei. Denn sonst gäbe es auf keine Weise Falsches als seiend. Parmenides der große aber, o Sohn, hat uns als Kindern von Anfang an und bis zu Ende dieses eingeschärft, indem er immer ungebunden sowohl als in seinen Gedichten so sprach:

«Nimmer vermöchtest du ja zu verstehn», sagt er, «Nichtseiendes seie,
sondern von solcherlei Weg halt fern die erforschende Seele.»

So wird es von ihm bezeugt, vor allem aber muß es gewiß die Rede selbst zeigen bei gehöriger Prüfung. Dies also laß uns zuerst betrachten, wenn es dir nichts verschlägt. b

THEAITETOS: Mir, glaube nur, sei alles genehm, wie du willst, und wie die Rede sich am besten durchführen läßt, so gehe du bei der Untersuchung und führe auch mich desselben Weges.

23. *Das in keiner Weise Seiende bezeichnet nicht irgend etwas*

FREMDER: Das soll geschehen. Sage mir also: Das auf keine Weise Seiende, das unterstehen wir uns ja doch irgend auszusprechen.

THEAITETOS: Warum denn nicht?

FREMDER: Nicht meine ich Streitens wegen oder zum Scherz, sondern wenn einer von den Zuhörern ernsthaft überlegend zeigen sollte, wo man dieses Wort anzubringen hat, das Nichtseiende, glauben wir, daß er selbst, wozu und wobei er es zu gebrauchen habe, wissen und es dem Fragenden würde zeigen können? c

THEAITETOS: Schweres fragst du und was zu sagen für einen wie mich wohl ganz und gar unerfindlich ist.

FREMDER: Soviel also ist doch gewiß, daß irgendeinem Seienden das Nichtseiende nicht kann beigelegt werden.

Theaitetos: Wie ginge das wohl!

Fremder: Wenn also nicht dem Seienden, würde es auch, wer es dem Etwas beilegte, nicht richtig beilegen.

Theaitetos: Wie das?

d Fremder: Das ist uns doch wohl deutlich, daß wir dieses Wort «Etwas» jedesmal von einem Seienden sagen. Denn allein es zu sagen, gleichsam nackt und von allem Seienden entblößt, ist unmöglich. Nicht wahr?

Theaitetos: Unmöglich.

Fremder: Und gibst du wohl mit Hinsicht hierauf zu, daß, wer etwas sagt, jedenfalls ein *Eins* sagt?

Theaitetos: Gewiß.

Fremder: Denn das «Etwas», wirst du sagen, ist das Zeichen des Eins, das «etwelche» oder «Einige» dagegen des Vielen.

Theaitetos: So ist es.

e Fremder: Wer daher nicht einmal etwas sagt, muß ganz notwendig, wie es scheint, ganz und gar nichts sagen.

Theaitetos: Ganz notwendig freilich.

Fremder: Dürfen wir nun etwa auch das nicht einmal zugeben, daß ein solcher zwar rede, er rede aber eben nichts, sondern müßten sogar leugnen, daß er rede, der sich unterfängt, das Nichtseiende auszusprechen?

Theaitetos: Dann hätte doch alle Not mit dieser Sache ein Ende.

24. *Das in keiner Weise Seiende ist ohne Widerspruch nicht denkbar*

238a Fremder: Noch tue nicht groß. Denn es ist noch eine Not hierin zurück, und zwar leicht die erste und größte, denn sie betrifft den ersten Anfang der Sache selbst.

Theaitetos: Wie meinst du? Sprich, und halte nichts zurück.

Fremder: Einem Seienden könnte wohl ein anderes Seiendes zukommen.

Theaitetos: Unbedenklich.

Fremder: Wollen wir aber auch zugeben, es sei möglich, daß dem Nichtseienden irgend Seiendes zukäme?

Theaitetos: Wie sollten wir!

Fremder: Alle Zahl insgesamt setzen wir doch als seiend?

THEAITETOS: Wenn anders irgend etwas als seiend zu setzen ist. b

FREMDER: So dürfen wir denn nicht wagen, weder eine Mehrheit von Zahl, noch auch die Eins dem Nichtseienden beizulegen.

THEAITETOS: Freilich täten wir nicht recht daran, wie es scheint, dies zu wagen nach dem, was unsere Rede aussagt.

FREMDER: Wie könnte nun wohl jemand ohne Zahl das Nichtseiende auch nur mit dem Munde aussprechen oder überhaupt in seinen Gedanken auffassen?

THEAITETOS: Woher das?

FREMDER: Wenn wir Nichtseiende sagen, legen wir da nicht eine c
Mehrheit der Zahl hinein?

THEAITETOS: Allerdings.

FREMDER: Und wenn Nichtseiendes, dann wiederum die Eins?

THEAITETOS: Ganz gewiß.

FREMDER: Und wir sagen doch, es sei weder recht noch billig, daß man Seiendes mit dem Nichtseienden zusammenzufügen suche.

THEAITETOS: Du sprichst vollkommen wahr.

FREMDER: Siehst du also, wie ganz unmöglich es ist, richtig das Nichtseiende auszusprechen, oder etwas davon zu sagen oder es auch nur an und für sich zu denken; sondern wie es etwas Undenkliches ist und Unbeschreibliches und Unaussprechliches und Unerklärliches?

THEAITETOS: Auf alle Weise freilich.

FREMDER: Habe ich mich aber etwa eben geirrt, als ich sagte, ich d
wollte nun die größte Schwierigkeit in dieser Sache vortragen?

THEAITETOS: Wieso? Ist noch eine andere größere anzuführen?

FREMDER: Wie doch, du Wunderbarer, merkst du denn nicht eben an dem Gesagten, daß auch den Gegner das Nichtseiende in Not bringt, so daß, wie auch jemand versuche es zu widerlegen, er gezwungen wird, ihm selbst Widersprechendes davon zu sagen?

THEAITETOS: Wie meinst du das? Sage es mir noch deutlicher.

FREMDER: Es braucht gar nicht, daß man es noch deutlicher an
mir sehe! Denn ich, der ich festsetzte, das Nichtseiende dürfe weder e
an der Eins noch an der Vielfalt teilhaben, habe es doch vorher und
jetzt geradezu *eins* genannt. Denn ich sage, das Nichtseiende.
Merkst du was?

THEAITETOS: Ja.

FREMDER: Ja, noch ganz vor kurzem wiederum sagte ich, es sei ein Unaussprechliches und Unbeschreibliches und Unerklärliches. Folgst du?

THEAITETOS: Ich folge. Wie sollte ich nicht?

FREMDER: Indem ich ihm also das Sein zu verknüpfen suchte,
239a sagte ich dem Vorigen Widersprechendes.

THEAITETOS: Offenbar.

FREMDER: Und zugleich, indem ich ihm dieses zuschrieb, sprach ich davon als von *einem*?

THEAITETOS: Ja.

FREMDER: Und auch, indem ich es ein Unerklärliches nannte und Unbeschreibliches und Unaussprechliches, richtete ich doch meine Rede so ein, als ob es *Eins* wäre?

THEAITETOS: Offenbar.

FREMDER: Und wir behaupteten doch, wer richtig reden solle, dürfe es weder als eins noch als vieles bestimmen, noch es überhaupt auch nur *es* nennen; denn schon durch diese Angabe würde er es als Eins angeben.

THEAITETOS: Allerdings.

25. *Die Unüberwindlichkeit des Nichtseienden. Was ist ein Bild?*

b FREMDER: Was soll man also nun von mir sagen? Denn schon von lange her und auch jetzt fände man mich überwunden in der Widerlegung des Nichtseienden. Daher laß uns an meiner Rede, wie ich auch schon sagte, nicht länger den richtigen Ausdruck suchen über das Nichtseiende; sondern komm, an dir wollen wir ihn nun betrachten.

THEAITETOS: Wie meinst du?

FREMDER: Komm her, und wacker, wie Jünglinge sind, strenge dich an, was du kannst, und versuche, ohne entweder Sein oder Einheit oder Mehrheit der Zahl dem Nichtseienden beizulegen, nach der Richtigkeit etwas davon auszusagen.

c THEAITETOS: Gar große und ungereimte Dreistigkeit müßte mich führen zu dieser Unternehmung, wenn ich, wissend, wie es dir damit ergangen ist, sie selbst unternähme.

FREMDER: Willst du also, so wollen wir dich und mich gehen lassen; aber bis wir auf einen treffen, der dieses leisten kann, bis dahin wollen wir gestehen, daß höchst listigerweise der Sophist in einen höchst schwierigen Ort entschlüpft ist.

THEAITETOS: Das zeigt sich gar sehr.

FREMDER: Also, wenn wir behaupten, er besitze eine trugbildnerische Kunst: so wird er uns gar leicht bei diesem Gebrauch der d
Worte fassen und die Rede zum Gegenteil herumdrehen, indem er uns fragt, wenn wir ihn einen Bildmacher nennen, was wir denn überhaupt unter einem Bild meinen. Wir müssen also zusehen, o Theaitetos, was man wohl dem jungen Manne auf die Frage antworten soll.

THEAITETOS: Offenbar werden wir ihm anführen die Bilder im Wasser und in den Spiegeln, und dann die gemalten und die geformten und was für andere es noch gibt.

26. Das Bild und das Problem der Verknüpfung des Nichtseienden mit dem Sein

FREMDER: Nun sieht man recht, Theaitetos, daß du noch keinen e
Sophisten gesehen hast.

THEAITETOS: Wieso?

FREMDER: Du wirst glauben, er blinzle oder er habe ganz und gar keine Augen.

THEAITETOS: Wie das?

FREMDER: Wenn du ihm eine solche Antwort gibst und ihm von Spiegeln und Schnitzwerken sagst, wird er dich auslachen mit deiner Rede, wenn du redest, als sähe er, und wird dich anstellen, als wisse er weder von Wasser noch Spiegeln etwas noch über- 240a
haupt vom Gesicht, und wird dich immer nur aus den Erklärungen fragen.

THEAITETOS: Was nur?

FREMDER: Das Allgemeine in dem allen, was du eben, da du von vielen sprachst, mit *einem* Namen bezeichnen wolltest, indem du zu allem «Bild» sagtest, was doch *eins* ist. So sprich nun und verteidige dich, ohne dem Manne irgend zurückzuweichen.

THEAITETOS: Was sollten wir also anders sagen, daß ein Bild sei, o Fremdling, als das einem Wahren ähnlich gemachte Andere solche?

FREMDER: Ein anderes solches Wahres meinst du, oder worauf ziehst du das «solches»? b

THEAITETOS: Keineswegs doch ein Wahres, sondern ein Scheinbares gewiß.

FREMDER: Und meinst du unter dem «Wahren» das wirklich Seiende?

THEAITETOS: So meine ich es.

FREMDER: Und wie? Unter dem «Nichtwahren» also das Gegenteil des Wahren?

THEAITETOS: Was sonst?

FREMDER: Also für nicht wirklich nicht seiend erklärst du das Scheinbare, wenn du es doch als das Nichtwahre beschreibst.

THEAITETOS: Aber es *ist* ja doch irgendwie.

FREMDER: Nicht jedoch wahrhaft, meinst du.

THEAITETOS: Das freilich nicht. Aber Bild ist es doch wirklich.

FREMDER: Nichtseiend also nicht wirklich *ist* wirklich das, was wir ein Bild nennen?

c THEAITETOS: In einer solchen Verflechtung scheint freilich das Nichtseiende mit dem Seienden verflochten zu sein, die ganz ungereimt ist.

FREMDER: Wie sollte sie auch nicht ungereimt sein? Und du siehst nun doch, wie durch dieses Schnellwechseln der vielköpfige Sophist uns genötigt hat, dem Nichtseienden wider Willen zuzugestehen, daß es irgendwie sei.

THEAITETOS: Das sehe ich nur zu gut.

FREMDER: Wie nun weiter? Als was können wir endlich seine Kunst bestimmen, um mit uns selbst einig zu werden?

THEAITETOS: Wieso und aus welcher Besorgnis sagst du dies?

d FREMDER: Wenn wir nun sagen, er täusche mit Trugbildern und seine Kunst sei eine täuschende, sagen wir dann, unsere Seele stelle Falsches vor vermittels seiner Kunst? Oder was sagen wir?

THEAITETOS: Dieses, denn was sollten wir anderes sagen?

FREMDER: Falsche Vorstellung ist aber, die das Entgegengesetzte von dem, was ist, vorstellt, oder wie?

THEAITETOS: Das Entgegengesetzte.

FREMDER: Also sagst du, die falsche Vorstellung stelle Nichtseiendes vor?

THEAITETOS: Notwendig.

e FREMDER: Etwa, daß das Nichtseiende nicht sei, stellt sie vor, oder daß das auf keine Weise Seiende doch irgendwie sei?

THEAITETOS: Notwendig doch wohl, daß das Nichtseiende irgendwie sei, wenn sich doch einer auch nur im geringsten täuschen soll.

FREMDER: Kann er nicht auch vorstellen, daß das auf alle Weise Seiende in keiner Weise sei?

THEAITETOS: Ja.

FREMDER: Auch das also ist falsch?

THEAITETOS: Auch das.

FREMDER: Und dies beides ist, glaube ich, auf gleiche Weise für eine falsche Rede zu halten, die, welche sagt, das Seiende sei nicht, 241 a
und welche sagt, das Nichtseiende sei.

THEAITETOS: Wie könnte eine solche wohl auch anders sein!

FREMDER: Wohl schwerlich! Aber dies wird der Sophist nicht zugeben. Und wie könnte auch wohl jemand bei gesunden Sinnen es einräumen, wenn das vorher ist zugestanden worden, wovon vor diesem die Rede war. Wir verstehen doch, Theaitetos, was er meint?

THEAITETOS: Wie sollten wir nicht verstehen, daß er sagen wird, wir behaupteten das Gegenteil von dem Vorigen, wenn wir wagten zu sagen, Falsches *sei* in Vorstellungen und Reden? Denn b
wir würden dadurch gar vielfältig genötigt, mit dem Nichtseienden das Seiende zu verknüpfen, nachdem wir noch eben eingestanden, dies sei das allerunmöglichste.

27. *Übergang zur Prüfung des parmenideischen Satzes vom Nichtsein*

FREMDER: Richtig erinnert. Aber nun ist Zeit zu beratschlagen, was zu machen ist mit dem Sophisten. Denn wie die Einwendungen und die Schwierigkeiten, wenn wir ihn aufspüren wollen, indem wir ihn in die Kunst der Betrüger und Zauberer setzen, uns leicht und zahlreich zuströmen, das siehst du.

THEAITETOS: Gar sehr.

FREMDER: Und wir haben nur einen kleinen Teil davon durchgenommen, da sie geradezu unendlich sind. c

THEAITETOS: So würde es denn, wie es scheint, unmöglich sein, den Sophisten zu fangen, wenn sich dies so verhält.

FREMDER: Wie also? Wollen wir also weichlich sein und ablassen?

THEAITETOS: Nein, sage ich, das dürfen wir nicht, solange wir noch imstande sind, den Mann auch nur im mindesten zu fassen.

FREMDER: Wirst du also Nachsicht haben und dich, wie du jetzt sagtest, begnügen, wenn wir irgendwie auch nur ein Weniges von einem so starken Satze abreißen können?

THEAITETOS: Wie sollte ich das nicht?

d FREMDER: So erbitte ich mir nun weiter auch noch dieses von dir.

THEAITETOS: Was?

FREMDER: Daß du mich nicht für einen ansiehst, der seinem Vater Gewalt tut.

THEAITETOS: Warum das?

FREMDER: Weil wir den Satz des Vaters Parmenides notwendig, wenn wir uns verteidigen wollen, prüfen und erzwingen müssen, daß sowohl das Nichtseiende in gewisser Hinsicht ist als auch das Seiende wiederum irgendwie nicht ist.

THEAITETOS: Es leuchtet ein, daß dies muß durchgefochten werden in unsern Reden.

FREMDER: Wie sollte das nicht einleuchten, sogar, wie man zu
e sagen pflegt, dem Blinden. Denn wenn jenes nicht widerlegt und dies nicht zugestanden wird, so wird im Leben niemand imstande sein, von falschen Reden und Vorstellungen zu reden, es sei nun von Schatten und Ebenbildern und Nachahmungen und Truggestalten selbst oder von den sich damit beschäftigenden Künsten, ohne sich lächerlich zu machen, indem er genötigt ist, sich selbst zu widersprechen.

THEAITETOS: Vollkommen wahr.

242a FREMDER: Darum nun müssen wir wagen, jenen väterlichen Satz anzugreifen, oder wir müssen die Sache gänzlich unterlassen, wenn uns irgendeine Bedenklichkeit hiervon abhält.

THEAITETOS: Uns soll doch nichts davon irgend abhalten.

FREMDER: So will ich denn drittens noch eine Kleinigkeit von dir erbitten.

THEAITETOS: Sage nur.

FREMDER: Ich sagte doch eben, daß ich von dieser Widerlegung schon immer habe ablassen müssen, und so auch jetzt.

THEAITETOS: Das sagtest du.

FREMDER: Dies macht mich nun eben bange vor dem, was ich

gesagt, daß ich dir nicht etwa ganz wild vorkomme, wenn ich auf der Stelle umwende von unten nach oben. Denn deinetwegen wol- b
len wir noch einmal darangehen, den Satz zu widerlegen, wenn es uns anders gelingt.

THEAITETOS: Mir wirst du nicht scheinen irgend Unrecht zu begehen, wenn du noch einmal zu diesem Beweise und dieser Widerlegung schreitest, deshalb also gehe nur ungescheut zu.

28. Die Geschichten der alten Philosophen vom Seienden und ihre Unverständlichkeit

FREMDER: Wohlan, womit soll man nun diese gewagte Rede beginnen? Mich dünkt, Kind, diesen Weg müssen wir ganz notwendig einschlagen.

THEAITETOS: Welchen doch?

FREMDER: Was wir jetzt glauben ganz sicher zu haben, das laß
uns zuerst nachsehen, ob wir nicht daran irre sind und uns nur c
leichtsinnigerweise zugestehen, wir hätten es aufs genaueste überlegt.

THEAITETOS: Sage nur deutlicher, was du meinst.

FREMDER: Etwas obenhin scheint Parmenides mit uns umgegangen zu sein und wohl alle, die jemals zu jener Scheidung schritten, welche im Bestimmen der Seienden besteht, welcherlei und wievielerei sie sind.

THEAITETOS: Weshalb?

FREMDER: Jeder, scheint es, hat uns eine Geschichte erzählt wie Kindern: Der eine, dreierlei wäre das Seiende, es läge aber bisweilen einiges davon miteinander im Streit, dann jedoch wieder sei d
alles freund, da es dann Hochzeiten gibt und Zeugungen und Auferziehungen des Erzeugten. Ein anderer beschreibt es als zwiefach, feucht und trocken oder warm und kalt, und bringt beides zusammen und stattet es aus. Unser eleatisches Volk aber, vom Xenophanes und noch früher her beginnend, trägt seine Geschichte so vor, als ob das, was wir *Alles* nennen, nur *Eins* wäre. Gewisse ionische und sizilische Musen aber haben späterhin gemerkt, es
wäre sicherer, beides zusammenflechtend zu sagen, das Seiende sei e
Vieles und auch *Eines* und werde durch Feindschaft und Freundschaft zusammengehalten. Denn als sich veruneinigend vereinige es sich immer, sagen die strengeren Musen; die weicheren aber

lassen nach, daß sich dies immer so verhalten solle, und sagen,
abwechselnd sei das Ganze bisweilen *Eins* und durch Aphrodite
243a befreundet, dann wieder *Vieles* und sich selbst feindselig, erregt
durch den Streit. Ob nun an dem allen einer von ihnen etwas Wahres gesagt hat oder nicht, das ist schwierig, und es ist wohl auch frevelhaft; so hochberühmten Männern des Altertums Vorwürfe zu machen; soviel aber kann man doch, ohne sich irgend zu vergeben, behaupten.

THEAITETOS: Was doch?

FREMDER: Daß sie uns andere allzusehr übersehen und geringschätzig behandelt haben. Denn ohne danach zu fragen, ob wir
b ihnen folgen in ihren Reden oder zurückbleiben, bringen sie jeder
das Seinige zu Ende.

THEAITETOS: Wie meinst du das?

FREMDER: Wenn einer von ihnen spricht und behauptet, es *sei* oder *sei geworden* oder *werde* Vieles oder Zwei oder Eines, und wiederum Warmes mit Kaltem vermischt ein anderer angibt, indem er Trennungen und Verbindungen annimmt, verstehst denn du, Theaitetos, bei den Göttern, jemals etwas hiervon, was sie meinen? Ich wenigstens, als ich jünger war, glaubte auch das, was uns jetzt so schwierig ist, das Nichtseiende, wenn jemand davon sprach, genau zu verstehen, jetzt aber siehst du, in welcher Not wir damit sind.

c THEAITETOS: Ich sehe es.

FREMDER: Vielleicht aber begegnet uns in unserer Seele dasselbe nicht weniger auch mit dem Seienden, daß wir von diesem glauben, es hätte damit keine Not und wir verständen, was jemand davon sagt, von jenem aber nicht, obwohl wir uns gegen beides ganz gleich verhalten.

THEAITETOS: Vielleicht.

FREMDER: Und von dem übrigen vorher Erwähnten soll uns dasselbe gelten.

THEAITETOS: Allerdings.

29. *Was bedeutet «seiend» bei denen, für die das All vieles ist?*

FREMDER: Das vielerlei andere nun wollen wir in der Folge erwä-
d gen, wenn du meinst, wegen des Größten aber und ersten Urhebers müssen wir jetzt zusehen.

THEAITETOS: Welches meinst du? Oder du willst offenbar, wir sollen zuerst das Seiende erforschen, nämlich was doch die, welche davon reden, eigentlich damit zu bezeichnen meinen?

FREMDER: Beim rechten Ort, o Theaitetos, hast du es ergriffen.
Ich meine nämlich, wir müssen dieses Verfahren anwenden, sie,
als ob sie selbst zugegen wären, so auszufragen: «Wohlan alle, die
ihr sagt, alles *sei* Warmes und Kaltes oder zwei andere dergleichen,
chen, was sagt ihr doch nun eigentlich aus von diesen beiden, e
wenn ihr sagt, daß sie beide und jedes von beiden *sind*? Was sollen
wir uns unter diesem eurem *Sein* denken? Sollen wir es denken als
ein drittes außer jenen beiden, und also das Ganze als drei und
nicht länger als zwei nach euch setzen? Denn nennt ihr eines von
diesen beiden Seiendes, so sagt ihr nicht mehr, daß beide auf gleiche
Weise sind, und so *wäre* auf beiderlei Weise nur Eins und nicht
Zwei.»

THEAITETOS: Ganz richtig.

FREMDER: «Ihr wollt aber doch beide Seiendes nennen.»

THEAITETOS: Vielleicht.

FREMDER: «Aber ihr Lieben», wollen wir dann sagen, «auch 244a
so würdet ihr ganz deutlich sagen, daß die zwei *eins* sind.»

THEAITETOS: Ganz richtig gesprochen.

FREMDER: «Da nun wir keinen Rat wissen, so macht doch ihr
selbst uns recht anschaulich, was ihr denn andeuten wollt, wenn
ihr *Seiendes* sagt. Denn offenbar wißt ihr doch dies schon lange,
wir aber glaubten es vorher zwar zu wissen, jetzt aber stehen wir
ratlos. Lehrt uns also zuerst dieses, damit wir uns nicht einbilden
zu verstehen, was ihr sagt, indes uns ganz das Gegenteil hiervon b
widerfährt.» Wenn wir so sprechen und das von diesen sowohl als
allen andern fordern, welche sagen, das All *sei* mehr als Eins, werden
wir dann wohl großes Unrecht begehen, Kind?

THEAITETOS: Gewiß gar nicht.

30. *Was bedeutet «seiend» für die, welche das All als Eins annehmen?*

FREMDER: Wie nun? Sollen wir von denen, welche das All als *Eins* angeben, etwa nicht nach Vermögen erforschen, als was sie wohl das Seiende bezeichnen?

THEAITETOS: Unbedenklich.

FREMDER: Dies also mögen sie uns beantworten. «Ihr sagt, es sei nur *Eins*?» – «Das sagen wir», werden sie sagen. – Nicht wahr?

THEAITETOS: Ja.

FREMDER: «Und wie? *Seiendes* nennt ihr etwas?»

THEAITETOS: Ja.

FREMDER: «Dasselbe, was *Eins*, und bedient euch für dasselbe
c zweier Benennungen? Oder wie?»

THEAITETOS: Was sollen sie nun wohl hierauf, o Fremdling, antworten?

FREMDER: Offenbar, o Theaitetos, ist es dem von dieser Voraussetzung Ausgehenden gar nicht leicht, auf das jetzt Gefragte und auf jegliches andere irgend zu antworten.

THEAITETOS: Wieso?

FREMDER: Zu gestehen, es gebe zwei Namen, wenn man nichts gesetzt hat als *eins*, ist doch ganz lächerlich.

THEAITETOS: Wie sollte es nicht?

FREMDER: Ja, überhaupt es sich gefallen zu lassen, wenn man sagt, es gebe einen Namen, der ja doch keine Erklärung zuließe.

d THEAITETOS: Weshalb?

FREMDER: Denn setzte er zuerst den Namen als ein von der Sache Verschiedenes, so nennt er doch zwei.

THEAITETOS: Ja.

FREMDER: Setzt er aber den Namen als einerlei mit ihr: so wird er entweder genötigt sein zu sagen, er sei Name von nichts, oder wenn er sagen will, von etwas, so wird herauskommen, der Name sei des Namens Name und sonst keines andern.

THEAITETOS: So ist es.

FREMDER: Und auch das Eins sei nur des Einen Eins, und zwar als selbst jenes Namens Eins.

THEAITETOS: Notwendig.

FREMDER: Und wie? Das Ganze sei verschieden von dem seienden Einen, werden sie sagen, oder einerlei damit?

THEAITETOS: Wie sollten sie nicht letzteres jetzt und immer
e sagen?

FREMDER: Wenn es nun ganz ist, wie ja auch Parmenides sagt:

«Ähnlich von überall her der schönstgerundeten Kugel,
Gleich von der Mitte heraus sich verbreitend; denn größer nach hierhin,
Kleiner nach dorthin sein, das darf es sich nimmer vergönnen»,

so hat das Seiende als ein solches ja Mitte und Enden, und dies habend hat es ja wohl ganz notwendig Teile. Oder wie?

THEAITETOS: So allerdings.

FREMDER: Allein, dem Geteilten kann zwar in Beziehung auf 245a
die Gesamtheit seiner Teile die Eins zukommen, und nichts steht im Wege, daß es auf diese Art als ein Ganzes und All auch Eins sei.

THEAITETOS: Woher auch?

FREMDER: Aber ist es nicht unmöglich, daß dieses, dem dies alles zukommt, das Eins selbst sei?

THEAITETOS: Wieso?

FREMDER: Vollkommen unteilbar muß doch wohl das wahre Eins nach der richtigen Erklärung angenommen werden.

THEAITETOS: Das muß es freilich.

FREMDER: Ein solches aber als aus vielen Teilen seiend stimmt b
nicht mit dieser Erklärung.

THEAITETOS: Ich verstehe.

FREMDER: Soll nun das Seiende in der Weise, daß ihm die Eigenschaft des Eins zukommt, Eins und ganz sein, oder sollen wir ganz und gar nicht sagen, daß das Seiende ganz sei?

THEAITETOS: Eine schwere Wahl legst du mir vor.

FREMDER: Ganz richtig bemerkt. Denn wenn das Seiende nur die Eigenschaft hat, auf gewisse Weise Eins zu sein: so zeigt es sich ja als nicht dasselbe seiend mit dem Eins, und so wird doch alles mehr sein als Eins.

THEAITETOS: Ja.

FREMDER: Wenn aber dagegen das Seiende nicht, weil ihm die c
Eigenschaft von jenem zukäme, ganz ist, das Ganze selbst aber ist auch, so wird ja das Seiende sich selbst fehlen.

THEAITETOS: Freilich.

FREMDER: Und wenn es diesem zufolge sich selbst fehlt, so wird ja das Seiende nicht seiend sein.

THEAITETOS: Allerdings.

FREMDER: Und wiederum wird alles mehr als Eins, wenn das Seiende und das Ganze abgesondert jedes sein eigenes Wesen bekommen.

THEAITETOS: Ja.

FREMDER: Ist hingegen das Ganze selbst ganz und gar nicht: so d begegnet dem Seienden nicht nur das nämliche wie vorher, sondern außer dem, daß es nicht ist, kann es auch nicht einmal geworden sein.

THEAITETOS: Warum nicht?

FREMDER: Das Gewordene ist immer ein Ganzes geworden. So daß weder ein Sein noch ein Werden als seiend anzunehmen ist, wenn man das Ganze nicht unter das Seiende setzt.

THEAITETOS: Auf alle Weise scheint sich dies so zu verhalten.

FREMDER: Aber auch überhaupt nicht irgendwie groß darf das nicht Ganze sein. Denn ist es irgendwie groß, so ist es doch, wie groß es auch sei, so groß notwendig ganz.

THEAITETOS: Offenbar ja.

FREMDER: Und es wird sich zeigen, wie ebenso jedes tausend
e andern, nicht zu beseitigenden Schwierigkeiten ausgesetzt ist für
den, welcher sagt, das Seiende sei nur Zwei oder nur Eins.

THEAITETOS: Das offenbart sich schon durch das jetzt zum Vorschein Kommende. Denn an jedes knüpft sich immer ein anderes und bringt größere und schwierigere Irrung in jedes vorher Gesagte hinein.

31. Der Riesenkampf zwischen denen, die das Sein in die Ideen setzen, und denen, die allein das Körperliche als seiend annehmen

FREMDER: Die nun, welche sich so genau einlassen über das Seiende und Nichtseiende, haben wir ganz zwar noch gar nicht durchgenommen. Doch es sei schon genug. Aber die sich anders
erklären, müssen wir nun auch in Betrachtung ziehen, um an allen
246a zu sehen, daß es um nichts leichter ist, das Seiende als das Nichtseiende zu erklären, was es *ist*.

THEAITETOS: So laß uns denn auch an diese gehn.

FREMDER: Zwischen diesen scheint mir nun ein wahrer Riesenkrieg zu sein wegen ihrer Uneinigkeit untereinander über das Sein.

THEAITETOS: Wieso?

FREMDER: Die einen ziehen alles aus dem Himmel und dem Unsichtbaren auf die Erde herab, mit ihren Händen buchstäblich Felsen und Eichen umklammernd. Denn an alles dergleichen halten sie sich und behaupten, das allein *sei*, woran man sich stoßen
b und was man betasten könne, indem sie Körper und Sein für einerlei

erklären; und wenn von den andern einer sagt, es *sei* auch etwas, was keinen Leib habe, achten sie darauf ganz und gar nicht und wollen nichts anderes hören.

THEAITETOS: Ja, arge Leute sind das, von denen du sprichst, denn ich bin auch schon auf mehrere solche getroffen.

FREMDER: Daher auch die gegen sie Streitenden sich gar vorsichtig von oben herab aus dem Unsichtbaren verteidigen und behaupten, gewisse denkbare und unkörperliche Ideen wären das wahre Sein, die Körper jener aber und was sie das Wahre nennen, stoßen
sie ganz klein in ihren Reden und schreiben ihnen statt des Seins nur c
ein bewegliches Werden zu. Zwischen ihnen aber, o Theaitetos, ist hierüber ein unermeßliches Schlachtgetümmel immerwährend.

THEAITETOS: Wahr.

FREMDER: Laß uns also von beiden Teilen nacheinander Erklärung fordern über das Sein, welches sie annehmen.

THEAITETOS: Wie sollen wir das aber machen?

FREMDER: Von denen, die es in Ideen setzen, ist es leichter, denn sie sind zahmer; von denen aber, die mit Gewalt alles in das Körperliche ziehen, ist es schwerer, vielleicht wohl gar unmöglich. Aber so, d
glaube ich, müssen wir es mit ihnen machen.

THEAITETOS: Wie?

FREMDER: Am liebsten, wenn es möglich wäre, sie in der Tat besser machen; wenn aber dies nicht angeht, dann wenigstens in unserer Rede, indem wit voraussetzen, daß sie uns rechtlicher, als sie jetzt wohl zu tun pflegen, antworten. Denn was von Besseren eingestanden wird, ist ja wohl mehr wert, als was von Schlechteren. Und wir kümmern uns ja nicht um sie, sondern suchen nur das Wahre.

THEAITETOS: Ganz richtig. e

32. *Eingeständnis derer, die nur Körper annehmen, daß auch Unkörperliches ist. Bestimmung des Seins als Vermögen*

FREMDER: So laß denn die als Bessergewordene dir antworten und dolmetsche uns, was sie sagen.

THEAITETOS: Dies soll geschehen.

FREMDER: Mögen die dann sagen, ob sie annehmen, es gebe sterbliches Lebendiges?

THEAITETOS: Wie sollten sie das nicht!

FREMDER: Und ob sie eingestehen, dies sei ein beseelter Leib?

THEAITETOS: Ganz gewiß.

FREMDER: Daß sie also die Seele unter das Seiende setzen?

247a THEAITETOS: Ja.

FREMDER: Und wie? Nehmen sie nicht an, eine Seele sei gerecht, die andere ungerecht, und die eine vernünftig, die andere unvernünftig?

THEAITETOS: Unbedenklich.

FREMDER: Nicht auch, daß jede durch Anwesenheit der Gerechtigkeit eine solche werde und durch die des Gegenteils eine entgegengesetzte?

THEAITETOS: Ja, auch das geben sie zu.

FREMDER: Aber daß, was bei einem anwesend sein kann und abwesend, doch auf alle Weise etwas *sei*, werden sie wohl auch sagen?

THEAITETOS: Sie sagen es also.

b FREMDER: Wenn also Gerechtigkeit und Vernünftigkeit und die übrige Tugend und das Entgegengesetzte, und so auch die Seele, in welcher dies alles einwohnt, *ist*: behaupten sie denn etwa, daß irgend von dem allen etwas sichtbar sei und greiflich oder alles unsichtbar?

THEAITETOS: Nichts ist wohl von dem allen sichtbar.

FREMDER: Und wie? Sagen sie, daß etwas hiervon einen Leib habe?

THEAITETOS: Das werden sie wohl nicht mehr ganz auf einerlei Weise beantworten, sondern die Seele selbst schiene ihnen einen Leib zu besitzen, von der Gerechtigkeit aber und wonach du sonst fragtest, werden sie sich wohl der Kühnheit schämen sowohl zu
c behaupten, daß alles dieses gar nicht sei, als auch darauf zu bestehen, daß es ganz leiblich sei.

FREMDER: Offenbar, Theaitetos, sind uns ja die Männer besser geworden. Denn auch nicht eins von allem diesen würden die echten Ausgesäten und Erdgeborenen unter ihnen scheuen, sondern darauf beharren, daß, was sie nicht imstande sind in den Händen zu zerdrücken, auch ganz und gar nichts *ist*.

THEAITETOS: Geradeso denken sie, wie du sagst.

FREMDER: Laß sie uns also nochmals fragen; denn wenn sie

auch nur ein Weniges von dem Seienden als unkörperlich zugeben d
wollen, das reicht schon hin. Denn was nun diesem zugleich und auch jenem, was Körper hat, eignet, worauf sie ja eben sehen, indem sie sagen, beides *sei*, das müssen sie dann angeben. Vielleicht nun würden sie dabei verlegen sein; und wenn ihnen dergleichen begegnete, so sieh zu, ob sie wohl, wenn wir es ihnen vorhielten, annehmen und eingestehen würden, das Seiende sei solcherlei etwas.

Theaitetos: Was denn? Sprich, und wir wollen gleich sehen.

Fremder: Ich sage also, was nur irgendein Vermögen besitzt,
er sei nun, ein anderes zu irgend etwas zu machen, oder, wenn e
auch nur das mindeste von dem allergeringsten zu leiden, und wäre es auch nur einmal, das alles *sei* wirklich. Ich setze nämlich als Erklärung fest, um das Seiende zu bestimmen, daß es nichts anderes ist als Vermögen, Kraft.

Theaitetos: Wohl, da sie selbst vor der Hand nichts besseres als dieses zu sagen haben, so nehmen sie dieses an.

Fremder: Schön. Denn in der Folge wird es sich vielleicht uns
ebensogut wie ihnen anders zeigen. Mit ihnen bleibe uns also nun 248a
dieses gemeinschaftlich festgestellt.

Theaitetos: Es bleibt.

33. *Notwendigkeit für die Ideenfreunde, dem wahrhaft Seienden Bewegung, Vernunft und Leben zuzuschreiben*

Fremder: Und nun laß uns zu den andern gehen, den Freunden der Ideen. Du aber dolmetsche uns auch das Ihrige.

Theaitetos: Das soll geschehen.

Fremder: Also das Werden und das Sein nehmt ihr getrennt voneinander an. Nicht wahr?

Theaitetos: Ja.

Fremder: Und mit dem Leibe hätten wir durch die Wahrnehmung Gemeinschaft an dem Werden, durch den Gedanken aber mit der Seele an dem wahrhaften Sein, welches, wie ihr sagt, sich immer auf gleiche Weise verhält, das Werden aber immer anders.

Theaitetos: Das sagen wir allerdings. b

Fremder: Aber dieses Gemeinschaft-Haben, ihr Allerbesten, was sollen wir doch sagen, daß ihr damit an beiden eigentlich meint? Nicht das eben von uns Gesagte?

THEAITETOS: Welches denn?

FREMDER: Ein Leiden oder eine Einwirkung, aus irgendeiner Kraft in dem, was miteinander zusammentrifft, entstehend. Vielleicht aber, o Theaitetos, kannst du ihre Antwort hierauf nicht recht vernehmen, ich aber etwa aus alter Bekanntschaft.

THEAITETOS: Wie erklären sie sich also?

c FREMDER: Sie räumen uns das nicht ein, was wir eben vorher zu den Erdgeborenen über das Sein gesagt haben.

THEAITETOS: Welches?

FREMDER: Wir setzten das als eine hinreichende Erklärung des Seienden, wenn einem auch nur im geringsten ein Vermögen beiwohnte zu leiden oder zu tun?

THEAITETOS: Ja.

FREMDER: Hierauf nun erwidern sie dieses, daß dem Werden allerdings das Vermögen zu leiden und zu tun eigne, dem Sein aber, behaupten sie, sei keines von diesen beiden Vermögen angemessen.

THEAITETOS: Da sagen sie wohl etwas.

FREMDER: Worauf wir jedoch entgegnen müssen, daß wir noch
d bestimmter von ihnen zu erfahren wünschen, ob sie darüber mit uns einig sind, daß die Seele erkenne und das Sein erkannt werde.

THEAITETOS: Das bejahen sie doch gewiß.

FREMDER: Und wie? Das Erkennen oder Erkanntwerden, nennt ihr das ein Tun oder ein Leiden oder beides? Oder das eine ein Tun und das andere ein Leiden? Oder meint ihr, keines habe mit keinem von beiden irgend etwas zu schaffen?

THEAITETOS: Gewiß doch keines mit keinem; denn sonst widersprächen sie dem Vorigen.

FREMDER: Ich verstehe: Dieses nämlich, daß, wenn das Erken-
e nen ein Tun ist, so folgt notwendig, daß das Erkannte leidet, daß also nach dieser Erklärung das Sein, welches von der Erkenntnis erkannt wird, inwiefern erkannt, insofern auch bewegt wird vermöge des Leidens, welches doch, wie wir sagen, dem Ruhenden nicht begegnen kann.

THEAITETOS: Richtig.

FREMDER: Aber wie, beim Zeus! Sollen wir uns leichtlich überreden lassen, daß in der Tat Bewegung und Leben und Seele und Vernunft dem wahrhaft Seienden gar nicht eigne? Daß es weder

lebe noch denke, sondern hehr und heilig, der Vernunft entbeh- 249a
rend, unbeweglich stehe?

Theaitetos: Eine arge Behauptung, o Fremdling, würden wir da einräumen.

Fremder: Oder sollen wir, daß es Vernunft habe, bejahen, daß aber Leben, leugnen?

Theaitetos: Wie nun?

Fremder: Oder sollen wir sagen, dies beides wohne ihm zwar ein, nur wollen wir behaupten, in einer Seele habe es dieses nicht?

Theaitetos: Aber auf welche andere Weise sollte es dies wohl haben können?

Fremder: Also wollen wir sagen, es habe Vernunft und Seele und Leben, nur daß es, obwohl belebt, ganz unbewegt dastehe?

Theaitetos: Dies alles scheint mir ganz unvernünftig zu sein. b

Fremder: Also auch Bewegtes und Bewegung muß eingeräumt werden als seiend?

Theaitetos: Unbedenklich.

Fremder: Denn es folgt ja, o Theaitetos, daß, wenn alles unbewegt ist, niemand irgendwo von irgend etwas könne Verstand haben.

Theaitetos: Offenbar ja.

Fremder: Allein, wenn wir wiederum einräumten, daß alles bewegt und verändert werde: so würden wir durch diese Behauptung gleichfalls eben dasselbe aus dem Seienden ausschließen.

Theaitetos: Wieso?

Fremder: Das «auf gleiche Weise» und «ebenso» und «in
derselben Beziehung», dünkt dich denn das ohne Ruhe stattfinden c
zu können?

Theaitetos: Keineswegs.

Fremder: Und siehst du etwa, daß ohne dieses von irgend etwas eine Erkenntnis sein oder entstehen kann?

Theaitetos: Nichts weniger.

Fremder: Und gegen den ist doch auf alle Weise zu streiten, der Wissenschaft, Einsicht und Verstand beiseiteschafft und dann noch irgend worüber etwas behaupten will.

Theaitetos: Gar sehr.

Fremder: Und der Philosoph also, der gerade dies am höchsten schätzt, ist, wie es scheint, deshalb auf alle Weise genö-

tigt, weder von denen, welche das All es sei nun als Eins oder als
d viele Ideen setzen, es als ruhend anzunehmen, noch auch wie-
derum auf die, welche das Seiende durchaus bewegen, auch nur im mindesten zu hören, sondern, wie die Kinder zu begehren pflegen, muß er beides von dem Seienden und All, daß es unbewegt und daß es bewegt sei, sagen.

THEAITETOS: Vollkommen waler.

34. *Bewegung und Ruhe als vom Sein verschieden. Feststellung der Verlegenheit über das Seiende*

FREMDER: Wie nun? Kommt es dir nicht vor, als ob wir das Seiende jetzt recht ordentlich mit unserer Erklärung umfaßt hätten?

THEAITETOS: Allerdings.

FREMDER: O weh, Theaitetos! Wie deutlich sehe ich, daß wir
nun erst richtig davon erkennen werden die Schwierigkeit dieser
e Untersuchung!

THEAITETOS: Wieso, und was hast du nur schon wieder?

FREMDER: Du Glücklicher, siehst du nicht ein, daß wir nun eben in der größten Unwissenheit darüber sind und uns nur einbilden, etwas gesagt zu haben?

THEAITETOS: Ich bilde mir es noch ein. Und wie es uns unbewußt wieder so um uns stehen sollte, begreife ich gar nicht.

250a FREMDER: Sieh nur genauer zu, ob, nachdem wir dies alles zu-
gestanden, wir mit Recht eben das könnten gefragt werden, was wir vorher die fragten, welche sagten, das All *sei* Warmes und Kaltes.

THEAITETOS: Erinnere mich doch, was?

FREMDER: Gern, und ich will dies so zu tun suchen, daß ich dich frage wie damals jene, damit wir zugleich etwas weiterkommen.

THEAITETOS: Gut.

FREMDER: Wohl denn, hälst du Bewegung und Ruhe nicht für einander ganz entgegengesetzt?

THEAITETOS: Wie könnte ich anders?

FREMDER: Aber du sagst doch, daß beide und jede gleich sehr
b *sind*.

THEAITETOS: Das sage ich freilich.

FREMDER: Meinst du nun, daß beide und jede bewegt werden, wenn du einräumst, daß sie *sind*?

Theaitetos: Keineswegs.

Fremder: Sondern daß sie ruhen, willst du andeuten, wenn du sagst, daß sie beide *sind*?

Theaitetos: Wie doch das?

Fremder: Also setzt du doch das Seiende in deiner Seele als ein drittes außer diesen, indem du Ruhe und Bewegung als von jenem umschlossen zusammenfassend und auf ihre Gemeinschaft in dem Sein Hinsicht nehmend, beiden das Sein beilegst.

Theaitetos: Wir mögen wohl in der Tat das Seiende als ein c
drittes andeuten, wenn wir sagen, daß Bewegung und Ruhe *sind*.

Fremder: Nicht also Bewegung und Ruhe zusammengenommen ist das Seiende, sondern ein von diesen Verschiedenes.

Theaitetos: So scheint es.

Fremder: Also vermöge seiner eigenen Natur wird das Seiende weder ruhen noch sich bewegen.

Theaitetos: Schwerlich.

Fremder: Wohin soll also seine Gedanken noch wenden, wer etwas Deutliches darüber bei sich festsetzen will?

Theaitetos: Wohin wohl auch?

Fremder: Nirgends hin wohl so leicht, denke ich. Denn wenn
sich etwas nicht bewegt, wie sollte es nicht ruhen? Oder was auf d
keine Weise ruht, wie sollte sich das nicht bewegen? Das Seiende hat sich uns aber jetzt außerhalb beider gezeigt. Ist das nun wohl möglich?

Theaitetos: Gewiß das allerunmöglichste.

Fremder: Daran müssen wir uns aber hierbei wohl erinnern.

Theaitetos: Woran doch?

Fremder: Daß, als wir über das Nichtseiende gefragt wurden, wo man dieses Wort wohl anbringen müßte, wir auch in gänzlicher Verlegenheit befangen waren. Erinnerst du dich dessen?

Theaitetos: Wie sollte ich nicht?

Fremder: Sind wir nun wohl in geringerer Verlegenheit über e
das Seiende?

Theaitetos: Mir, o Fremdling, scheinen wir womöglich in noch größerer.

Fremder: Dies liege also hier so unentschieden. Da nun aber das Seiende und das Nichtseiende zu ganz gleichen Teilen gehen in dieser Verlegenheit: so ist doch nun Hoffnung, daß gerade wie das

eine von ihnen sich uns, sei es nun dunkler oder bestimmter, dar-
251a stellt, auch das andere ebenso sich darstellen werde; und wenn wir keines von beiden sehen sollten, wollen wir wenigstens die Erklärung beider zugleich auf die anständigste Weise, wie wir nun können, weiterbringen.

THEAITETOS: Schön.

FREMDER: Erklären wir denn, auf welche Weise wir doch jedesmal eine und dieselbe Sache mit vielen Namen benennen.

THEAITETOS: Wie was doch? Gib mir ein Beispiel.

35. *Unausweichlichkeit, eine Verbindung des Seienden anzunehmen*

FREMDER: Wir sagen doch von einem Menschen gar vielerlei, indem wir ihn danach benennen, wenn wir ihm Farbe beilegen und Gestalt und Größe, auch Fehler und Tugenden, in welchen sämtlichen Fällen und hunderttausend anderen wir dann nicht nur sa-
b gen, daß er ein Mensch ist, sondern auch, daß er gut ist und unzähliges andere, und ebenso verhält es sich mit allen andern Dingen, daß wir jedes als Eins setzen und es hernach doch wieder Vieles nennen und mit vielerlei Benennungen erklären.

THEAITETOS: Wahr gesprochen.

FREMDER: Wodurch wir nun Jünglingen und schwerköpfigen Alten, denke ich, ein Mahl bereitet haben. Denn das hat ja jeder leicht bei der Hand aufzugreifen, daß es unmöglich ist, daß Vieles Eins und Eins Vieles sei, und sie haben zumal ihre Freude daran,
c nicht zu leiden, daß man einen Menschen gut nenne, sondern das Gute gut und den Menschen Mensch. Du triffst gewiß oft, denke ich, Theaitetos, solche, die sich auf dergleichen gelegt haben, alte Leute bisweilen, die aus Geistesarmut dergleichen bewundern oder auch selbst meinen, Wunder was für Weisheit daran erfunden zu haben.

THEAITETOS: Allerdings.

FREMDER: Damit wir uns also an alle wenden, die jemals was
d auch immer über das Sein vorgetragen haben: so sei zu diesen sowohl als zu den übrigen, mit denen wir vorher schon uns unterredeten, noch dieses frageweise gesprochen.

THEAITETOS: Was also?

FREMDER: Ob wir weder das Sein der Ruhe und Bewegung ver-

knüpfen sollen noch überhaupt irgendeines mit dem andern, sondern als unvermischbar und unfähig, eines an dem andern teilzuhaben, alles in unsern Reden setzen? Oder sollen wir alles in Eins zusammenbringen als der Gemeinschaft unter sich fähig? Oder einiges zwar, anderes aber nicht? Welches hiervon, o Theaitetos,
werden wir sagen, daß diese vorziehen? e

Theaitetos: Ich weiß für sie nichts hierauf zu antworten.

Fremder: Warum willst du also nicht einzeln jedes beantwortend zusehn, was aus jedem folgt?

Theaitetos: Wohl gesprochen.

Fremder: Setzen wir also zuerst, wenn du willst, den Fall, sie sagten, *nichts* habe irgendein Vermögen mit irgendeinem zu irgend etwas in Gemeinschaft zu treten. Dann werden also Bewegung und Ruhe nirgendwie am Sein Anteil haben.

Theaitetos: Freilich nicht. 252a

Fremder: Und wie? Wird dann wohl eine von ihnen *sein* können, wenn sie mit dem Sein gar keine Gemeinschaft hat?

Theaitetos: Keine wird sein.

Fremder: Plötzlich also gerät durch diese Annahme alles in Aufruhr, wie es scheint, sowohl bei denen, die das All bewegen, als bei denen, die es als Eins hinstellen, und denen, die nach Ideen das Seiende als immer auf gleiche Weise sich verhaltend annehmen. Denn sie alle verknüpfen doch das Sein, indem die einen sagen, es sei wirklich bewegt, die andern, es sei wirklich ruhig.

Theaitetos: Offenbar freilich.

Fremder: Ebenso auch die, welche das All bald zusammenset- b
zen und bald teilen, es sei nun, daß sie es in das Eine und Unendliche aus dem Einen, oder daß sie es in endliche Bestandteile teilen und aus diesem zusammensetzen, und gleichviel ob sie annehmen, dies geschehe abwechselnd, oder auch, es geschehe immer, auf jede Weise sagen sie doch alle nichts, wenn es keine Vermischung gibt.

Theaitetos: Richtig.

Fremder: Und weiter müssen die selbst am allerlächerlichsten ihre eigne Rede strafen, welche nicht leiden wollen, daß man irgend etwas nach einem andern, ihm durch Gemeinschaft Zukommenden benenne.

Theaitetos: Wie das? c

Fremder: Sie sind doch überall genötigt, das «*Sein*» zu gebrauchen und das «Ohne» und das «andere» und das «An sich» und tausenderlei anderes, dessen sie nicht vermögend sind, sich zu enthalten und es nicht in ihren Reden zu verknüpfen, und bedürfen daher nicht, daß jemand sonst sie widerlege, sondern, wie man zu sagen pflegt, von Hause her bringen sie sich ihren Gegner und Widerpart mit, der ihnen von innen her zuraunt wie der närrische Eurykles, und führen ihn überall mit sich herum.

d THEAITETOS: Das ist recht ähnlich und wahr!

FREMDER: Wie aber, wenn wir nun *alles* ließen ein Vermögen haben, sich untereinander zu verbinden?

THEAITETOS: Das aber kann ich sogar widerlegen.

FREMDER: Wie?

THEAITETOS: Weil die Bewegung selbst dann auf alle Weise ruhen würde und die Ruhe selbst wiederum sich bewegen, wenn diese beiden zusammenkämen.

FREMDER: Aber das ist doch aus allen Gründen unmöglich, daß die Bewegung ruhe und die Ruhe sich bewege?

THEAITETOS: Unbedenklich.

36. Nicht alle Begriffe verbinden sich

FREMDER: Das dritte bleibt uns also allein übrig.

THEAITETOS: Ja.

e FREMDER: Aber eines von diesen ist doch notwendig, daß entweder alles, oder nichts, oder einiges zwar, anderes aber nicht sich vermischen könne?

THEAITETOS: Ganz gewiß.

FREMDER: Und zwei sind doch als unmöglich erfunden.

THEAITETOS: Ja.

FREMDER: Jeder also, der richtig antworten will, muß das Übrige von den dreien annehmen.

THEAITETOS: Offenbar.

FREMDER: Wenn nun einiges sich hierzu versteht, anderes
253a nicht: so geht es damit fast wie mit den Buchstaben. Denn auch von diesen lassen sich einige nicht zusammenstellen miteinander, andere einigen sich wohl.

THEAITETOS: Das ist sicher.

FREMDER: Die Selbstlauter aber gehen vorzüglich vor den übrigen wie ein Band durch alle hindurch, so daß es ohne einen von ihnen auch für die übrigen nicht möglich ist, daß einer sich mit einem andern verbinde.

Theaitetos: Ganz unmöglich.

Fremder: Weiß nun jeder, welche mit welchen in Gemeinschaft treten können? Oder gehört dazu eine Kunst, wenn man es recht machen will?

Theaitetos: Eine Kunst.

Fremder: Was für eine?

Theaitetos: Die Sprachkunde.

Fremder: Und ist es nicht, was die hohen und tiefen Töne be- b
trifft, ebenso? Der, welcher die Kunst besitzt einzusehen, welche sich miteinander vermischen lassen und welche nicht, ist der Tonkünstler, wer dies aber nicht versteht, der Untonkünstlerische?

Theaitetos: Eben so.

Fremder: Und bei jeder anderen Kunst und jedem unkünstlerischen Verfahren werden wir anderes Ähnliche finden.

Theaitetos: Unbedenklich.

37. *Die dialektische Wissenschaft als Wissen von der Verbindung und Trennung der Begriffe*

Fremder: Da wir nun zugestanden haben, daß auch die Begriffe sich gegeneinander auf gleiche Weise in Hinsicht auf Mischung verhalten: muß nicht auch mit einer Wissenschaft seine Reden durchführen, wer richtig zeigen will, welche Begriffe mit welchen zusammenstimmen und welche einander nicht aufnehmen? Und wiederum, ob es solche sie allgemein zusammenhaltende gibt,
daß sie imstande sind, sich zu vermischen? Und wiederum in c
den Trennungen, ob andere durchgängig der Trennung Ursache sind?

Theaitetos: Wie sollte es hierzu nicht einer Wissenschaft bedürfen und vielleicht wohl der größten!

Fremder: Und wie, Theaitetos, sollen wir diese nennen? Oder sind wir, beim Zeus, ohne es zu bemerken, in die Wissenschaft freier Menschen hineingeraten und mögen wohl gar, den Sophisten suchend, zuerst den Philosophen gefunden haben?

Theaitetos: Wie meinst du das?

Fremder: Das Trennen nach Gattungen und daß man weder d
denselben Begriff für einen andern noch einen andern für densel-

ben halten, wollen wir nicht sagen, dies gehöre für die dialektische Wissenschaft?

THEAITETOS: Das wollen wir sagen.

FREMDER: Wer also dieses gehörig zu tun versteht, der wird *eine* Idee als durch *viele*, die einzeln voneinander gesondert sind, nach allen Seiten sich hindurch erstreckend genau bemerken, und *viele* voneinander verschiedene als von *einer* äußerlich umfaßte, und wiederum *eine* als durch *viele*, die insgesamt miteinander verbunden sind, im Eins verknüpfte, und endlich viele als gänzlich
e voneinander abgesonderte. Dies heißt dann, inwiefern jedes in Gemeinschaft treten kann und inwiefern nicht, der Art nach zu unterscheiden wissen.

THEAITETOS: Auf alle Weise gewiß.

FREMDER: Aber dies dialektische Geschäft wirst du, hoffe ich, keinem andern anweisen als dem rein und recht Philosophierenden?

THEAITETOS: Wie sollte man es wohl einem andern anweisen!

FREMDER: In dieser Gegend herum werden wir also jetzt sowohl als hernach, wenn wir ihn suchen, den Philosophen finden,
254a als schwer freilich auch ihn genau zu erkennen, nur von ganz anderer Art ist die Schwierigkeit des Sophisten und die seinige.

THEAITETOS: Wieso?

FREMDER: Der eine, in die Dunkelheit des Nichtseienden entfliehend, mit der er aus unkünstlerischer Übung Bescheid weiß, ist wegen der Dunkelheit des Ortes schwer zu erkennen. Nicht wahr?

THEAITETOS: So scheint es.

FREMDER: Der Philosoph hingegen, in vernunftmäßigem Verfahren mit der Idee des Seienden stets beschäftigt, ist wiederum wegen der Helligkeit der Gegend keineswegs leicht zu erblicken.
b Denn die Geistesaugen der meisten sind in das Göttliche ausdauernd hineinzuschauen unvermögend.

THEAITETOS: Auch dieses ist nicht minder als jenes einleuchtend, daß es sich so verhalte.

FREMDER: Dieses nun werden wir hernach wohl noch genauer betrachten, wenn wir noch Lust haben; von dem Sophisten aber dürfen wir offenbar nicht ablassen, bis wir ihn hinlänglich beschaut haben.

THEAITETOS: Wohl gesprochen.

38. Die fünf Hauptbegriffe und ihre Beziehungen

FREMDER: Da wir nun übereingekommen sind, daß einige Begriffe Gemeinschaft miteinander haben wollen, andere nicht, und einige wenig, andere viel, andere auch überhaupt nichts hindert, mit allen Gemeinschaft zu haben: so laß uns nun das Weitere in c
unserer Rede so nachholen, daß wir nicht etwa an allen Begriffen betrachten, damit wir nicht durch die Menge in Verwirrung geraten, sondern an einigen der wichtigsten vorzugsweise, zuerst was jeder *ist*, und dann, wie er sich verhält in Hinsicht des Vermögens der Gemeinschaft mit andern, damit, wenn wir auch das Seiende und Nichtseiende nicht mit völliger Deutlichkeit aufzufassen vermögen, es uns wenigstens an einer Erklärung darüber nicht fehle, soweit es die Art der jetzigen Untersuchung zuläßt, wenn es uns etwa möglich wäre, indem wir von dem Nichtseienden sagen, es *sei* wirklich nichtseiend, unbeschädigt davonzukommen. d

THEAITETOS: Das müssen wir freilich.

FREMDER: Die wichtigsten unter den Begriffen, welche wir vorher durchgingen, sind doch wohl das Seiende selbst und Ruhe und Bewegung?

THEAITETOS: Bei weitem.

FREMDER: Und die zwei, sagen wir doch, sind miteinander ganz unvereinbar?

THEAITETOS: Völlig.

FREMDER: Das Seiende aber vereinbar mit beiden. Denn sie *sind* doch beide?

THEAITETOS: Wie sollten sie nicht!

FREMDER: Das wären also drei.

THEAITETOS: Freilich.

FREMDER: Deren doch jedes verschieden ist von den andern beiden, mit sich selbst aber dasselbe?

THEAITETOS: So ist es. e

FREMDER: Was haben wir nun aber jetzt wieder gesagt, das Selbe und Verschiedene? Sind dies selbst auch zwei von jenen dreien verschiedene, sich aber notwendig immer mit ihnen vermischende Begriffe, und müssen wir also auf fünf und nicht auf drei unsere Aufmerksamkeit richten? Oder haben wir mit diesem Selben und Verschiedenen nur eines von jenen bezeichnet, ohne es zu 255a
wissen?

THEAITETOS: Vielleicht.

FREMDER: Aber Bewegung und Ruhe sind doch gewiß weder das Selbe noch das Verschiedene.

THEAITETOS: Wieso?

FREMDER: Was wir der Bewegung und der Ruhe gemeinschaftlich beilegen, das kann unmöglich eine von ihnen beiden selbst sein.

THEAITETOS: Warum nicht?

FREMDER: Die Bewegung wird dann ruhen und die Ruhe hingegen sich bewegen. Denn da alsdann das eine von ihnen, welches du auch wählen wolltest, von *beiden* gelten müßte: so würde dadurch das andere genötigt sein, sich in den Gegensatz seiner Natur
b zu verwandeln, weil es ja an diesem Gegensatz Anteil hätte.

THEAITETOS: Offenbar freilich.

FREMDER: Nun aber haben doch am Selben und Verschiedenen beide Teil.

THEAITETOS: Ja.

FREMDER: Also wollen wir nicht sagen, die Bewegung sei etwa das Selbe oder das Verschiedene, noch auch die Ruhe.

THEAITETOS: Freilich nicht.

FREMDER: Vielleicht aber ist uns das *Seiende* und das Selbe als eines zu denken?

THEAITETOS: Vielleicht.

FREMDER: Aber wenn Seiendes und Selbes nicht Verschiedenes bedeuteten, so würden wir wiederum, indem wir sagen, daß Bewe-
c gung und Ruhe beide *sind*, beide als *seiend* für dasselbe ausgeben!

THEAITETOS: Allein, das ist ja unmöglich.

FREMDER: Also ist auch unmöglich, daß Selbes und Seiendes eins sind.

THEAITETOS: Beinahe.

FREMDER: Als einen vierten Begriff zu jenen dreien müssen wir also das Selbe setzen.

THEAITETOS: Allerdings.

FREMDER: Und wie? Sollen wir das *Verschiedene* als einen fünften setzen? Oder soll man etwa dieses und das Seiende als zwei Namen für *einen* Begriff denken?

THEAITETOS: Das mag wohl sein.

Fremder: Allein, ich glaube, du wirst zugeben, daß von dem Seienden einiges an und für sich und einiges nur in Beziehung auf anderes immer so genannt werde.

Theaitetos: Wie sollte ich nicht!

Fremder: Das Verschiedene jedoch immer in Beziehung auf d
ein anderes. Nicht wahr?

Theaitetos: So ist es.

Fremder: Nicht aber könnte dies so sein, wenn nicht das Seiende und das Verschiedene sich sehr weit voneinander entfernten; sondern wenn das Verschiedene ebenfalls an jenen beiden Arten teilhätte wie das Seiende, so gäbe es auch Verschiedenes, was nicht in Beziehung auf ein anderes verschieden wäre. Nun aber ergibt sich doch offenbar, daß, was verschieden ist, dies, was es ist, notwendig in Beziehung auf ein anderes ist.

Theaitetos: Es verhält sich, wie du sagst.

Fremder: Als den fünften müssen wir also die Natur des
Verschiedenen angeben unter den Begriffen, die wir gewählt ha- e
ben.

Theaitetos: Ja.

Fremder: Und durch sie alle, müssen wir sagen, gehe sie hindurch, indem jedes einzelne *verschieden* ist von den übrigen, nicht vermöge seiner Natur, sondern vermöge seines Anteils an der Idee des Verschiedenen.

Theaitetos: Offenbar allerdings.

39. Wie Nichtseiendes sein kann: Nichtsein als Verschiedenheit

Fremder: Dies also laß uns behaupten von den fünfen, indem wir das einzelne wiederholen.

Theaitetos: Was doch?

Fremder: Zuerst, daß die Bewegung ganz und gar verschieden ist von der Ruhe. Oder wie sagen wir?

Theaitetos: Nur so.

Fremder: Sie *ist* also *nicht* Ruhe?

Theaitetos: Keineswegs.

Fremder: Sie *ist* aber doch wegen ihres Anteils am Seienden. 256a

Theaitetos: Sie ist.

Fremder: Wiederum aber ist die Bewegung auch verschieden von dem Selben.

Theaitetos: Beinahe.

Fremder: Sie *ist* also *nicht* das Selbe.

Theaitetos: Nein freilich.

Fremder: Aber auch sie *war* doch mit sich selber Selbes, weil hieran ja alles teilhat.

Theaitetos: Gewiß.

Fremder: Daß also die Bewegung Selbes *sei* und auch nicht
Selbes, muß man gestehen und darüber nicht schwierig sein. Denn
wenn wir sagen, sie ist Selbes und sie ist nicht Selbes, meinen wir es
b doch nicht auf gleiche Art; sondern wenn Selbes, so sagen wir dies
von ihr wegen der Teilnahme am Selben, wenn aber nicht Selbes,
dann wegen ihrer Gemeinschaft mit dem Verschiedenen, durch
welche als von dem Selben abgesondert sie nicht jenes, sondern
Verschiedenes wird, so daß sie auch wiederum richtig nicht Selbes
genannt wird.

Theaitetos: Allerdings.

Fremder: So wäre, wenn irgendwie auch die Bewegung selbst Anteil hätte an der Ruhe oder dem Feststehen, es nichts Wunderliches, sie eine feststehende zu nennen.

Theaitetos: Ganz richtig, da wir doch zugeben, daß einige Begriffe sich miteinander vermischen wollen, andere aber nicht.

c Fremder: Hierüber haben wir ja den Beweis schon früher als
den jetzigen geführt, als wir zeigten, daß dies natürlich so sein
müsse.

Theaitetos: Allerdings.

Fremder: Wiederum nun sagen wir, die Bewegung *ist* von dem Verschiedenen verschieden, wie sie auch ein anderes war als das Selbe und als die Ruhe.

Theaitetos: Notwendig.

Fremder: Als nicht verschieden ist sie also in gewisser Weise auch verschieden nach der vorigen Rede.

Theaitetos: Richtig.

Fremder: Wie nun weiter: Sollen wir sagen, sie sei von den
dreien verschieden, von dem vierten aber es leugnen, obwohl wir
d doch zugestanden haben, es wären fünf, an welchen und über welche wir die Untersuchung anstellen wollten?

Theaitetos: Wie sollten wir? Denn unmöglich können wir doch die Zahl geringer angeben, als sie sich uns eben gezeigt hat.

Fremder: Ohne Furcht also wollen wir aussagen und verfechten, die Bewegung *sei* als verschieden von dem Seienden.

Theaitetos: Ohne die mindeste Furcht.

Fremder: Also *ist* ja ganz deutlich die Bewegung als wesentlich nichtseiend doch auch seiend, inwiefern sie am Seienden Anteil hat.

Theaitetos: Ganz deutlich ist ja das.

Fremder: Also *ist* ja notwendig das Nichtseiende seiend, sowohl an der Bewegung als in Beziehung auf alle anderen Begriffe.
Denn von allen gilt, daß die Natur des Verschiedenen, welche sie e
verschieden macht von dem Seienden, jedes nichtseiend macht, und alles insgesamt können wir also gleichermaßen auf diese Weise mit Recht nichtseiend nennen und auch wiederum seiend, indem wir sagen, daß es sei, weil es Anteil hat am Seienden.

Theaitetos: So mag es wohl sein.

Fremder: An jedem Begriff also ist viel Seiendes, unzählig viel aber Nichtseiendes.

Theaitetos: So scheint es.

Fremder: Muß man nicht auch von dem Seienden selbst sa- 257a
gen, daß es verschieden ist von dem übrigen?

Theaitetos: Notwendig.

Fremder: Auch das Seiende also ist, wieviel das übrige *ist*, soviel selbst nicht. Denn indem es jenes nicht ist, *ist* es selbst *Eins*, das unzählig viele übrige aber *ist* es *nicht*.

Theaitetos: Beinahe so verhält es sich wohl.

Fremder: Auch darüber also ist keine Schwierigkeit zu machen, wenn doch die Begriffe ihrer Natur nach Gemeinschaft miteinander haben. Will aber jemand dies nicht zugeben, der überrede erst unsere vorigen Reden und dann überrede er uns zum Weiteren.

Theaitetos: Das ist nach strengstem Recht gesprochen.

Fremder: Laß uns nun auch dieses sehen. b

Theaitetos: Welches doch?

Fremder: Wenn wir Nichtseiendes sagen, so meinen wir nicht, wie es scheint, ein Entgegengesetztes vom Seienden, sondern nur ein Verschiedenes.

Theaitetos: Wie das?

Fremder: Wie, wenn wir etwas nichtgroß nennen, meinst du,

daß wir dann durch dies Wort mehr das Kleine als das Gleiche andeuten?

Theaitetos: Keineswegs.

Fremder: Wir wollen also nicht zugeben, wenn eine Verneinung gebraucht wird, daß dann Entgegengesetztes angedeutet
c werde, sondern nur soviel, daß das vorgesetzte «Nicht» etwas von den darauf folgenden Wörtern, oder vielmehr von den Dingen, deren Namen das nach der Verneinung Ausgesprochene ist, Verschiedenes andeute.

Theaitetos: Auf alle Weise freilich.

40. *Das Nichtseiende* ist *ebenso wie das Seiende*

Fremder: Auch dies laß uns ferner bedenken, ob es dir ebenso scheint.

Theaitetos: Was doch?

Fremder: Das Wesen des Verschiedenen scheint mir ebenso ins Kleine zerteilt zu sein wie die Erkenntnis.

Theaitetos: Wie das?

Fremder: Auch jene ist zwar nur eine, aber jeder auf einen andern Gegenstand sich beziehende Teil wird abgesondert und
d mit einem eigenen Namen benannt, weswegen es so viele Künste und Wissenschaften gibt.

Theaitetos: Ganz richtig.

Fremder: Geht es nun nicht auch den Teilen des Verschiedenen, obgleich dies eines ist, ebenso?

Theaitetos: Vielleicht, aber sage doch, wiefern.

Fremder: Ein Teil des Verschiedenen ist doch dem Schönen entgegengestellt.

Theaitetos: Ja.

Fremder: Ist dieser nun ohne Beinamen oder hat er einen?

Theaitetos: Er hat einen. Denn was wir jedesmal das Nichtschöne nennen, das ist von nichts anderem das Verschiedene als von der Natur des Schönen.

Fremder: Wohl, so sage mir denn dies.

e Theaitetos: Was doch?

Fremder: Kam nicht dadurch, daß es von *einer* bestimmten Gattung des Seienden erst abgesondert und dann wieder zu etwas von dem Seienden entgegengestellt wurde, so das Nichtschöne zum Sein?

Theaitetos: So allerdings.

Fremder: Also eines Seienden Gegensatz gegen ein anderes, wie es scheint, ist das Nichtschöne.

Theaitetos: Ganz richtig.

Fremder: Gehört nun wohl nach dieser Erklärung das Schöne mehr unter das Seiende und das Nichtschöne weniger?

Theaitetos: Mitnichten.

Fremder: Ebensogut also, muß man sagen, *ist* das Nichtgroße 258a
wie das Große selbst.

Theaitetos: Ebensogut.

Fremder: So ist auch das Nichtgerechte dem Gerechten gleichzusetzen darin, daß das eine nicht weniger *ist* als das andere.

Theaitetos: Unbedenklich.

Fremder: Und von den übrigen ist dasselbe zu sagen, wenn doch die Natur des Verschiedenen (die Verschiedenheit) sich als unter dem Seienden gezeigt hat. Denn *ist* sie, so sind notwendig auch ihre Teile nicht minder als seiend zu setzen.

Theaitetos: Wie sollten sie nicht?

Fremder: Also *ist* auch der Gegensatz der Natur eines Teils
des Verschiedenen und der des Seienden, wenn diese einander ge- b
genübergestellt werden, nicht minder Sein, wenn man es sagen
darf, als das Seiende selbst, und keineswegs das Gegenteil von jenem bedeutend, sondern nur soviel, ein Verschiedenes von ihm.

Theaitetos: Ganz gewiß.

Fremder: Wie sollen wir nun dieses nennen?

Theaitetos: Offenbar ja ist das Nichtseiende, was wir des Sophisten wegen suchten, eben dieses.

Fremder: Steht es also, wie du sagtest, keinem von den andern
nach in Hinsicht auf das Sein? Und darf man schon herzhaft sagen, daß das Nichtseiende unbestritten seine eigene Natur hat und
daß, gerade wie das Große groß und das Schöne schön war und c
das Nichtgroße und Nichtschöne nichtgroß und nichtschön,
ebenso auch das Nichtseiende *war* und *ist* nichtseiend und mit zu
zählen als *ein* Begriff unter das viele Seiende? Oder haben wir hiergegen noch irgendeinen Zweifel, o Theaitetos?

Theaitetos: Gar keinen.

41. *Zusammenfassung über die Natur des Nichtseienden und die Notwendigkeit seines Seins*

FREMDER: Weißt du auch wohl, daß wir dem Parmenides noch über sein Verbot hinaus sind unfolgsam gewesen?

THEAITETOS: Wieso?

FREMDER: Noch weiter, als er es uns zu untersuchen verboten hat, sind wir vorwärts gegangen in der Untersuchung und haben es dargestellt.

THEAITETOS: Wie das?

d FREMDER: Er sagt doch:
«Nicht vermöchtest du ja zu verstehn, Nichtseiendes seie,
Sondern von solcherlei Weg halt fern die erforschende Seele.»

THEAITETOS: So sagt er allerdings.

FREMDER: Wir aber haben nicht nur gezeigt, daß das Nichtseiende *ist*, sondern auch, als was der Begriff des Nichtseienden sich seiend findet, haben wir aufgewiesen. Denn nachdem wir gezeigt, daß die Natur des Verschiedenen *ist* und daß sie verteilt ist
e unter alles Seiende gegeneinander, so haben wir von jedem dem Seienden entgegengesetzte Teile derselben zu sagen gewagt, daß eben er in Wahrheit das Nichtseiende sei.

THEAITETOS: Und auf jeden Fall, glaube ich, haben wir vollkommen richtig erklärt.

FREMDER: Also sage uns niemand nach, wir hätten das Nichtseiende als das Gegenteil des Seienden dargestellt und dann zu behaupten gewagt, es sei. Denn von einem Gegenteil desselben haben wir ja lange jeder Untersuchung den Abschied gegeben, ob
259a es ist oder nicht ist und erklärbar oder auch ganz und gar unerklärbar. Was wir aber jetzt beschrieben haben, daß das Nichtseiende sei, widerlege uns entweder einer auf überzeugende Art, daß es unrichtig gesagt ist, oder, solange er das nicht vermag, sage auch er, wie wir, daß die Begriffe sich untereinander vermischen. Und da das Sein und das Verschiedene durch alles und auch durch einander hindurchgehen: so wird nun das Verschiedene als an dem Seienden Anteil habend freilich *sein* vermöge dieses Anteils, nicht aber jenes, woran es Anteil hat, sondern verschieden; als verschie-
b den aber von dem Seienden seiend, ist es ja offenbar ganz notwendig nichtseiendes Sein. Wiederum nun das Seiende, als am Verschiedenen Anteil habend, *ist* ja verschieden von allen andern Gat-

tungen, und als von ihnen insgesamt verschieden *ist* es ja eine jede von ihnen *nicht*, noch auch alle andern insgesamt, sondern nur es selbst. So daß das Seiende wiederum ganz unbestritten tausend und zehntausenderlei nicht ist, und so auch alles andere einzeln und zusammengenommen auf gar vielerlei Weise ist und auf gar vielerlei nicht ist.

THEAITETOS: Wahr.

FREMDER: Und wenn diesen Gegensätzen jemand nicht glauben will, der sehe zu und trage etwas Besseres vor als das jetzt
Dargestellte; wenn er aber nur, um wunder was Schwieriges aus- c
gedacht zu haben, seine Freude daran hat, die Rede bald hierhin, bald dorthin zu ziehen: so hat er sich eine Mühe genommen, die nicht sehr der Mühe wert ist, wie unsere jetzige Rede besagt. Denn dies ist weder sehr herrlich noch eben schwer zu finden, jenes aber ist ebenso schwer und zugleich auch schön.

THEAITETOS: Welches?

FREMDER: Das vorher Erklärte, nämlich dies lassend soviel wie möglich dem Gesagten im einzelnen prüfend nachzugehen, wenn jemand, was in gewissem Sinne ein Verschiedenes ist, auch wieder
als ein Selbes setzt, und was ein Selbes ist, als verschieden, in dem d
Sinn und in der Beziehung, in welcher er sagt, daß ihm eins von beiden zukomme. Aber von dem Selben, ganz unbestimmt wie, behaupten, es sei auch verschieden, und das Verschiedene dasselbe und das Große klein und das Ähnliche unähnlich, und sich freuen, wenn man nur immer Widersprechendes vorbringt in seinen Reden, das ist teils keine wahre Untersuchung, teils offenbar eine ganz unreife von einem, der das Seiende eben erst angerührt hat.

THEAITETOS: Ganz offenbar.

42. *Notwendigkeit, zur Auffindung des Sophisten das Problem des Falschen zu lösen*

FREMDER: Aber auch, o Bester, alles von allem absondern zu wollen, schickt sich schon sonst nirgend hin und gehört denn auch auf e
alle Weise nur zu einem von den Musen Verlassenen und ganz Unphilosophischen.

THEAITETOS: Wie das?

FREMDER: Weil es die völligste Vernichtung alles Redens ist, jedes von allem übrigen zu trennen. Denn nur durch gegenseitige Verflechtung der Begriffe kann uns ja eine Rede entstehn.

THEAITETOS: Allerdings.

260a FREMDER: Überlege nun, wie zu gar rechter Zeit wir jetzt gegen solche gestritten und sie genötigt haben zuzugeben, daß eines sich mit dem anderen mische.

THEAITETOS: In welcher Hinsicht denn?

FREMDER: Weil doch die Rede auch ein Eins von den seienden Gattungen ist. Denn ihrer beraubt, wären wir, was das größte ist, auch der Philosophie beraubt, überdies aber müssen wir uns auch jetzt darüber einigen, was eine Rede *ist*. Wollten wir sie nun ganz ausschließen, so daß sie überhaupt nicht *sein* soll: so vermöchten wir nicht weiter etwas zu sagen. Wir schlössen sie aber aus, wenn
b wir einräumten, es gäbe gar keine Verknüpfung für irgend etwas mit irgend etwas.

THEAITETOS: Ganz richtig ist dies wohl; warum wir aber jetzt die Rede erklären müssen, das habe ich noch nicht verstanden.

FREMDER: Vielleicht, wenn du mir folgen willst, wirst du es ganz leicht fassen.

THEAITETOS: Wie doch?

FREMDER: Das Nichtseiende hat sich uns doch als *eine* Gattung unter den übrigen seiend gezeigt und als durch alles Seiende zerstreut.

THEAITETOS: Richtig.

FREMDER: Nun laß uns zunächst zusehen, ob es sich wohl mit Vorstellung und Rede verbindet?

THEAITETOS: Weshalb?

c FREMDER: Verbindet es sich mit diesen nicht, so ist notwendig alles wahr; verbindet es sich aber, so entsteht falsche Vorstellung und Rede. Denn Nichtseiendes vorstellen oder reden, das ist doch das Falsche, was in Gedanken und Reden vorkommen kann.

THEAITETOS: Allerdings.

FREMDER: Und *ist* Falsches, so ist auch Täuschung.

THEAITETOS: Ja.

FREMDER: Und *ist* Täuschung, dann ist doch gewiß notwendig alles voll Schattengestalten und Abbildern und trüglichen Scheines.

THEAITETOS: Wie könnte es anders sein.

FREMDER: Und der Sophist, sagten wir, hätte sich in diese Gegend zwar geflüchtet, dabei aber gänzlich geleugnet, daß Irrtum d
überhaupt sei. Denn das Nichtseiende könne man weder denken
noch sagen. Am Sein nämlich habe das Nichtseiende nirgendwie
Anteil.

THEAITETOS: So war es.

FREMDER: Nun aber hat sich allerdings gezeigt, es habe Anteil
am Seienden. So daß er mit uns auf dieser Seite vielleicht nicht
mehr streiten möchte, wohl aber sagen, nur einige Arten hätten
Anteil am Nichtseienden, andere nicht, und Rede und Vorstellung
gehörten zu denen, die ihn nicht hätten; so daß er die Bildmacherei
und Trugbildnerei, worin wir sagen, daß er sich befindet, immer
noch bestreitet, als ob sie überhaupt nicht ist, weil nämlich Vor- e
stellung und Rede keine Gemeinschaft hat mit dem Nichtseienden; denn es gebe gar keinen Irrtum, sobald diese Gemeinschaft
nicht bestehe. Darum müssen wir nun zuerst Rede und Meinung
und Vorstellung recht erforschen, was dieses ist, damit, wenn es
sich uns gezeigt, wir auch dessen Gemeinschaft mit dem Nichtseienden ersehen, und wenn wir diese ersehen, den Irrtum als seiend 261 a
aufzeigen, und wenn wir diesen aufgezeigt, dann den Sophisten
darin festbinden, hat er dies so verdient, sonst aber ihn loslassen
und in einer andern Gattung aufsuchen.

THEAITETOS: Offenbar, o Fremdling, ist doch das wahr, was
vom Sophisten anfänglich gesagt worden, daß es ein schwer zu
fangendes Geschlecht ist. Denn man sieht ja, welchen Überfluß er
hat an Verschanzungen, von denen er eine nach der andern aufwirft, die man dann notwendig erst erobern muß, um zu ihm selbst
zu kommen. Denn kaum haben wir uns jetzt durch das Nichtseiende, was er aufgeworfen hatte, als ob es nicht wäre, durchge-
schlagen, so hat er schon etwas anderes aufgeworfen, und wir b
müssen nun erst zeigen, daß es Falsches gibt in der Rede und in der
Vorstellung, und nach diesem vielleicht etwas anderes, und dann
wieder ein anderes nach jenem, und niemals, wie es scheint, wird
sich ein Ende zeigen.

FREMDER: Guten Mutes muß man sein, o Theaitetos, wenn
man immer auch nur ein Weniges vorwärtskommen kann. Denn
wer in solchen Fällen schon mutlos wird, was will der anderwärts
tun, wo er vielleicht gar nichts ausrichtet oder wohl gar wieder

c zurückgetrieben wird? Gute Wege hat es, wie man im Sprichwort sagt, daß ein solcher jemals eine Stadt erobern sollte. Nun aber, du Guter, nachdem, was du sagtest, schon glücklich zu Ende gebracht ist, haben wir gewiß die stärkste Mauer eingenommen, und das andere wird schon leichter und geringer sein.

THEAITETOS: Das ist ein gutes Wort.

43. Die Rede als Kundmachung. Die Form des einfachsten Satzes

FREMDER: Rede und Vorstellung laß uns also, wie gesagt, jetzt vornehmen, damit wir desto untrüglicher berechnen können, ob das Nichtseiende sie erreicht oder ob beide in aller Weise wahr sind und keine von ihnen jemals falsch.

THEAITETOS: Richtig.

d FREMDER: Wohlan denn, wie wir uns über die Begriffe und Buchstaben erklärten, ebenso laß uns auch wegen der Worte nachsehen; denn auf diese Art wird sich wohl das jetzt Gesuchte zeigen.

THEAITETOS: Worauf sollen wir eigentlich bei den Worten acht haben?

FREMDER: Ob alle sich miteinander zusammenfügen oder keines, oder ob einige wollen, andere aber nicht.

THEAITETOS: Offenbar wollen doch einige, andere aber nicht.

FREMDER: Du meinst es vielleicht so, daß die, welche nachein-
e ander ausgesprochen auch etwas kundmachen, sich zusammenfügen, die aber in ihrer Zusammenstellung nichts bedeuten, sich nicht fügen.

THEAITETOS: Wie meinst du dies eigentlich?

FREMDER: So, wie ich glaubte, du hättest es dir auch gedacht, als du mir beistimmtest. Es gibt nämlich für uns eine zwiefache Art von Kundmachung des Seienden durch die Stimme.

THEAITETOS: Wie das?

262a FREMDER: Das eine sind die Benennungen oder Hauptwörter, das andere die Zeitwörter.

THEAITETOS: Beschreibe mir beide.

FREMDER: Die Kundmachungen, welche auf Handlungen gehen, nennen wir Zeitwörter.

THEAITETOS: Ja.

FREMDER: Die Zeichen aber, die dem, was jene Handlungen

verrichtet, durch die Stimme beigelegt werden, sind die Hauptwörter.

THEAITETOS: Offenbar freilich.

FREMDER: Und nicht wahr, aus Hauptwörtern allein, hintereinander ausgesprochen, entsteht niemals eine Rede oder ein Satz, und ebensowenig auch aus Zeitwörtern, die ohne Hauptwörter ausgesprochen werden?

THEAITETOS: Das habe ich nicht verstanden.

FREMDER: Offenbar also hast du etwas anderes in Gedanken b
gehabt, als du mir eben bestimmtest. Denn eben dies wollte ich sagen, daß aus diesen so hintereinander ausgesprochen keine Rede wird.

THEAITETOS: Wieso?

FREMDER: Wie etwa «geht läuft schläft», und so auch die andern Zeitwörter, welche Handlungen andeuten, und wenn man sie auch alle hintereinander hersagte, brächte man doch keine Rede zustande.

THEAITETOS: Wie sollte man auch!

FREMDER: Und ebenso wiederum, wenn gesagt wird «Löwe Hirsch Pferd» und mit was für Benennungen sonst, was Handlungen verrichtet, pflegt benannt zu werden, auch aus dieser Folge c
kann sich nie eine Rede bilden. Denn weder auf diese noch auf jene Weise kann das Ausgesprochene entweder eine Handlung oder eine Nichthandlung oder ein Sein eines Seienden oder Nichtseienden darstellen, bis jemand mit den Hauptwörtern die Zeitwörter vermischt. Dann aber fügen sie sich, und gleich ihre erste Verknüpfung wird eine Rede oder ein Satz, wohl der erste und kleinste von allen.

THEAITETOS: Wie meinst du nur dieses?

FREMDER: Wenn jemand sagt, «der Mensch lernt»: so nennst du das wohl den kürzesten und einfachsten Satz.

THEAITETOS: Das tue ich. d

FREMDER: Denn hierdurch macht er schon etwas kund über Seiendes oder Werdendes oder Gewordenes oder Künftiges und benennt nicht nur, sondern bestimmt auch etwas, indem er die Hauptwörter mit Zeitwörtern verbindet. Darum können wir auch sagen, daß er redet und nicht nur nennt, und wir haben ja auch dieser Verknüpfung eben den Namen Rede beigelegt.

THEAITETOS: Richtig.

44. *Erklärung der falschen Rede*

FREMDER: Wie also die Dinge teils sich ineinander fügen, teils auch nicht, so fügen sich auch die Zeichen vermittels der Stimme
e zum Teil nicht, die sich aber fügen, bilden eine Rede.

THEAITETOS: So ist es auf alle Weise.

FREMDER: Nun noch dieses Wenige.

THEAITETOS: Welches?

FREMDER: Daß eine Rede, wenn sie ist, notwendig eine Rede von etwas sein muß, von nichts aber unmöglich.

THEAITETOS: So ist es.

FREMDER: Und auch von einer gewissen Beschaffenheit muß sie sein.

THEAITETOS: Unbedenklich.

FREMDER: Nun laß uns recht aufmerksam sein bei uns selbst.

THEAITETOS: Das wollen wir.

FREMDER: Ich will dir also eine Rede vortragen, indem ich eine Sache mit einer Handlung durch Hauptwort und Zeitwort verbinde, wovon aber die Rede ist, sollst du mir sagen.

263a THEAITETOS: Das soll geschehen nach Vermögen.

FREMDER: «Theaitetos sitzt.» Das ist doch nicht eine lange Rede?

THEAITETOS: Nein, sondern sehr mäßig.

FREMDER: Deine Sache ist also nun, zu erklären, wovon sie ist und was sie beschreibt.

THEAITETOS: Offenbar von mir und mich.

FREMDER: Wie aber diese wiederum?

THEAITETOS: Was für eine?

FREMDER: «Der Theaitetos, mit dem ich jetzt rede, fliegt.»

THEAITETOS: Auch von dieser würde wohl niemand etwas anderes sagen, als sie rede von mir und über mich.

FREMDER: Und irgendeine Beschaffenheit, sagen wir, habe notwendig jede Rede?

b THEAITETOS: Ja.

FREMDER: Wie wollen wir also sagen, daß jede von diesen beschaffen sei?

THEAITETOS: Die eine doch falsch, die andere wahr.

FREMDER: Und die wahre sagt doch das Seiende von dir, daß es ist?

THEAITETOS: Ja.

FREMDER: Und die falsche von dem Seienden Verschiedenes?

THEAITETOS: Ja.

FREMDER: Also das Nichtseiende sagt sie aus als seiend?

THEAITETOS: Beinahe.

FREMDER: Nämlich Seiendes, nur verschieden von dem Seienden in bezug auf dich. Denn in bezug auf jedes, sagten wir doch, gebe es viel Seiendes und viel Nichtseiendes.

THEAITETOS: Offenbar freilich.

FREMDER: Die letzte Rede nun, welche ich von dir ausgesagt, c
war nach unserer vorigen Bestimmung darüber, was eine Rede ist, zuvörderst ganz notwendig eine der kürzesten.

THEAITETOS: So waren wir eben wenigstens darüber einig geworden.

FREMDER: Dann redete sie doch von etwas.

THEAITETOS: Gewiß.

FREMDER: Und wenn nicht von dir, dann gewiß von niemand anderem.

THEAITETOS: Freilich nicht.

FREMDER: Und redete sie von nichts: so wäre sie ganz und gar keine Rede. Denn wir haben gezeigt, es sei ganz unmöglich, daß, was eine Rede ist, eine Rede von nichts sein sollte.

THEAITETOS: Vollkommen richtig.

FREMDER: Als von dir also aussagend, aber aussagend Ver- d
schiedenes als Selbes und Nichtseiendes als seiend, wird eine solche aus Zeitwörtern und Hauptwörtern entstehende Zusammenstellung wirklich und wahrhaft eine falsche Rede.

THEAITETOS: Vollkommen wahr.

45. Falsche Meinung und falsche Vorstellung

FREMDER: Und wie steht es mit Denken, Meinung und Vorstellung? Ist nicht schon deutlich, daß auch diese alle in unsern Seelen wahr und falsch vorkommen?

THEAITETOS: Wie das?

FREMDER: So wirst du es wohl leichter sehen, wenn du zuerst feststellst, was sie sind und wie sich jedes von den übrigen unter- e
scheidet.

THEAITETOS: Gib es mir nur an.

FREMDER: Also Denken und Rede sind dasselbe, nur daß das innere Gespräch der Seele mit sich selbst, was ohne Stimme vor sich geht, Denken genannt worden ist.

THEAITETOS: Richtig.

FREMDER: Der Ausfluß von jenem aber vermittels des Lautes durch den Mund heißt Rede.

THEAITETOS: Wahr.

FREMDER: Und in Reden, wissen wir doch, kommt dieses vor.

THEAITETOS: Was denn?

FREMDER: Bejahung und Verneinung.

THEAITETOS: Das wissen wir.

264a FREMDER: Wenn dies nun der Seele beim Denken vorkommt, stillschweigend, weißt du es wohl anders zu nennen als Meinung?

THEAITETOS: Wie wohl?

FREMDER: Wie aber, wenn jemandem nicht aus sich allein, sondern vermittels der Wahrnehmung ein solches Ergebnis zukommt, wird es möglich sein, es auf eine andere Art richtig zu benennen als Vorstellung?

THEAITETOS: Nicht anders.

FREMDER: Da nun doch die Rede wahr sein konnte und falsch, und von dem übrigen das Denken sich zeigte als das innere Ge-
b spräch der Seele mit sich selbst, die Meinung aber als Vollendung des Gedankens, und wovon wir sagen «es erscheint uns», das als Vereinigung der Wahrnehmung und der Meinung, so werden notwendig auch von diesen, da sie der Rede verwandt sind, bisweilen einige falsch sein.

THEAITETOS: Wie sollten sie nicht?

FREMDER: Siehst du nun wohl, daß falsche Meinung und Rede sich williger haben finden lassen als nach unserer Erwartung, die uns in Furcht setzte, wir möchten ein unausführbares Werk angreifen, wenn wir sie suchten?

THEAITETOS: Das sehe ich.

46. *Teilung der hervorbringenden Kunst in einen göttlichen und einen menschlichen Teil*

FREMDER: Laß uns also auch wegen des Übrigen nicht verzagen,
c sondern, nachdem sich uns dieses gezeigt hat, uns auch unserer vorigen Einteilungen erinnern.

Theaitetos: Welcher doch?

Fremder: Wir trennten in der Bildnerei zwei Arten, die Kunst der Ebenbilder und die der Trugbilder.

Theaitetos: Ja.

Fremder: Und vom Sophisten, sagten wir, wären wir zweifelhaft, in welche von beiden er zu setzen sei.

Theaitetos: So war es.

Fremder: Und während dieser Verlegenheit goß sich über uns jene noch größere Finsternis aus bei Erscheinung des alles bestreitenden Satzes, daß es kein Ebenbild noch Bild noch Truggestalt überhaupt gebe, weil es niemals irgendwo Falsches gebe. d

Theaitetos: Richtig gesagt.

Fremder: Nun aber falsche Rede und Meinung sich als seiend gezeigt haben, findet auch statt, daß Nachbildungen des Seienden sind und aus diesem Verhältnis entstehe eine täuschende Kunst.

Theaitetos: Das findet statt.

Fremder: Und daß hierher der Sophist gehöre, war uns doch schon entschieden in dem Vorigen?

Theaitetos: Ja.

Fremder: So laß uns also noch einmal versuchen, durch Spaltung der vorliegenden Gattung in zwei, immer auf der rechten e
Seite des Zerschnittenen weiterzugehen, das, in dessen Gemeinschaft sich der Sophist befindet, festhaltend, bis wir endlich nach Absonderung alles dessen, was ihm mit anderen gemeinschaftlich ist, seine eigentümliche Natur übrigbehalten, um sie vornehmlich 265a
uns selbst darzustellen, dann aber auch denen, welche von Natur diesem Verfahren zunächst verwandt sind.

Theaitetos: Richtig.

Fremder: Damals fingen wir doch an mit Unterscheidung der hervorbringenden Kunst und der erwerbenden.

Theaitetos: Ja.

Fremder: Und er erschien uns in der Nachstellung, dem Kampf, dann dem Handel und einigen solchen Arten der erwerbenden Kunst.

Theaitetos: Allerdings.

Fremder: Da nun aber die nachbildende Kunst ihn aufgenommen hat, müssen wir zuerst die hervorbringende Kunst selbst zwiefach teilen. Denn die Nachbildung ist doch eine Hervorbrin- b gung, von Bildern nämlich, sagen wir, nicht aber von den Dingen selbst. Nicht wahr?

THEAITETOS: Auf alle Weise.

FREMDER: Zuerst also sollen sein zwei Teile der hervorbringenden Kunst.

THEAITETOS: Was für welche?

FREMDER: Ein göttlicher und ein menschlicher.

THEAITETOS: Noch habe ich es nicht verstanden.

47. *Erläuterung der göttlichen und menschlichen Hervorbringung. Erneute Zweiteilung*

FREMDER: Hervorbringend, sagten wir doch, wenn wir uns des anfänglich Gesprochenen erinnern, sei jede Kraft, welche dem vorher nicht Seienden Ursache wird, daß es hernach werde.

THEAITETOS: Ich erinnere mich.

c FREMDER: Alle sterblichen lebendigen Wesen nun und auch die Gewächse, die auf der Erde aus Samen und Wurzeln erwachsen, und die unbeseelt in der Erde sich findenden schmelzbaren und unschmelzbaren Körper, sollen wir sagen, daß dies alles durch eines andern als Gottes Hervorbringung hernach werde, da es zuvor nicht gewesen? Oder sollen wir uns der gewöhnlichen Lehre und Redensart bedienen?

THEAITETOS: Welcher?

FREMDER: Daß wir sagen, die Natur erzeuge dies kraft einer von selbst gedankenlos wirkenden Ursache? Oder kraft einer göttlichen mit Vernunft und Erkenntnis, die von Gott kommt?

d THEAITETOS: Ich zwar wende mich sonst oft, vielleicht meiner Jugend wegen, von einer dieser Vorstellungen zur andern, nun ich aber auf dich sehe und vermute, du glaubest, daß dies auf eine göttliche Art entstehe, nehme auch ich dasselbe an.

FREMDER: Sehr gut, o Theaitetos, und gewiß, wenn wir dich für einen von denen hielten, die in Zukunft anders denken werden, so würden wir jetzt gleich unternehmen, in unserer Rede durch dringende Beweise dich zur Einstimmung zu bringen. Da ich aber
e deine Natur dafür ansehe, daß sie auch ohne unsere Reden selbst sich dahin neigt, wohin du jetzt gezogen zu werden bekennst, so lasse ich es; denn die Zeit wäre verschwendet. Sondern ich setze fest, was man der Natur zuschreibt, das werde durch göttliche

Kunst hervorgebracht, was aber hieraus von Menschen zusammengebracht werde, durch menschliche, und nach dieser Erklärung also zwei Arten der hervorbringenden Kunst, die eine menschlich, die andere göttlich.

THEAITETOS: Richtig.

FREMDER: Schneide nun von diesen zweien jede wiederum in zwei Teile.

THEAITETOS: Wie das?

FREMDER: Wie wenn du damals die gesamte Hervorbringung 266a
hättest der Länge nach zerschnitten, und du zerschnittest sie nun der Breite nach.

THEAITETOS: So sei sie denn zerschnitten.

FREMDER: Vier Teile derselben entstehen also hieraus überhaupt, zwei menschliche bei uns, zwei göttliche bei den Göttern.

THEAITETOS: Ja.

FREMDER: Von dieser anderweitigen Einteilung ist das eine Glied für jeden der beiden vorigen Teile die eigentlich hervorbringende, die beiden übrigbleibenden aber könnten am füglichsten die nachbildenden heißen, und auf diese Weise ist wiederum die gesamte hervorbringende Kunst in zwei Teile geteilt.

THEAITETOS: Sage nur noch, wie eigentlich jede. b

48. Die zwei Arten der hervorbringenden Kunst

FREMDER: Wir und die andern Lebewesen und das, woraus alles Wachsende besteht, Feuer und Wasser und was hierhin gehört, das sind, wie wir wissen, insgesamt Erzeugnisse Gottes, nämlich jedes Hervorgebrachte selbst. Oder wie?

THEAITETOS: Nicht anders.

FREMDER: Jegliches von diesen nun begleiten Bilder, welche nicht die Sache selbst sind, aber auch durch göttliche Veranstaltung entstanden.

THEAITETOS: Was für welche?

FREMDER: Die in den Träumen und auch, was wir bei Tage natürlichen Schein nennen, wie der Schatten, wenn in das Helle Finsternis eintritt, und der Doppelschein, wenn an glänzenden c
und glatten Dingen eigentümliches Licht und fremdes zusammenkommend ein Bild hervorbringen, welches einen dem vorigen, gewohnten Anblick entgegengesetzten Sinneseindruck gibt.

Theaitetos: Dies also seien die zweierlei Werke göttlicher Hervorbringung, die Sache selbst und das eine jede begleitende Bild.

Fremder: Und *unsere* Kunst? Werden wir nicht sagen, daß sie das Haus selbst durch die Baukunst hervorbringt, durch die Zeichenkunst aber noch ein anderes, gleichsam als einen menschlichen Traum für Wachende verfertigtes?

Theaitetos: Ganz gewiß.

d Fremder: Und werden wir nicht so auch in allem andern zweierlei als zwiefache Werke unserer hervorbringenden Kunst anführen, eins, die Sache selbst, durch die eigentlich hervorbringende, dann das Bild durch die nachbildende?

Theaitetos: Nun habe ich es besser verstanden und setze auf zwiefache Weise zwei Arten der hervorbringenden Kunst, eine göttliche und eine menschliche nach der einen Teilung, und nach der andern eine, durch welche die Sachen selbst, und eine, durch welche etwas denselben Ähnliches entsteht.

49. *Der nachahmende Teil der Trugbildnerei und seine zwei Arten*

Fremder: Von der bildnerischen Kunst nun wollen wir uns erinnern, daß eine Art sich mit den Ebenbildern, die andere mit den Trugbildern beschäftigen sollte, wenn nämlich das Falsche als wirklich falsch seiend und als ein Eins des Seienden von Natur sich
e zeigen würde.

Theaitetos: So war es.

Fremder: Nun hat es sich aber gezeigt, weshalb wir denn jetzt ohne Streit jene zwei Arten aufzählen.

Theaitetos: Ja.

Fremder: In der trugbildnerischen Kunst nun machen wir
267a wieder zwei Abteilungen.

Theaitetos: Wieso?

Fremder: Die eine gebraucht Werkzeuge, in der andern gibt sich, wer das Trugbild macht, selbst zum Werkzeug her.

Theaitetos: Wie meinst du das?

Fremder: Wenn jemand, meine ich, seines eigenen Leibes sich bedienend, deine Gestalt oder deine Stimme mittels der seinigen ganz ähnlich erscheinen macht, so heißt dieser Teil der Trugbildnerei gewöhnlich die Nachahmung.

THEAITETOS: Ja.

FREMDER: Dieses also wollen wir von dem Ganzen abteilen und die nachahmende Kunst nennen, das übrige aber übergehen, um es uns bequem zu machen, einem andern überlassend, es in *eins* zu- b
sammenzufassen und ihm einen schicklichen Namen beizulegen.

THEAITETOS: So sei dieses abgeteilt, das andere losgelassen.

FREMDER: Auch dieses aber, o Theaitetos, lohnt sich noch als zwiefach anzusehen. Sieh zu, weshalb.

THEAITETOS: Sage nur.

FREMDER: Die Nachahmenden tun dieses teils kennend, was sie nachahmen, teils ohne es zu kennen. Und was für einen größeren Unterschied könnte man wohl setzen als zwischen Unkenntnis und Kenntnis?

THEAITETOS: Keinen gewiß.

FREMDER: Das eben Angeführte nun war Nachahmung eines Wissenden. Denn nur, wer deine Gestalt und dich kennt, kann sie nachahmen.

THEAITETOS: Unbedenklich. c

FREMDER: Wie aber die Gestalt der Gerechtigkeit und der gesamten Tugend überhaupt? Gibt es nicht gar viele, die sie eigentlich nicht kennen, sondern sie nur ungefähr vorstellen, sich aber gar sehr darauf legen, das, was sie dafür halten, als ihnen einwohnend erscheinen zu machen, indem sie es soviel nur irgend möglich in Handlungen und Reden nachahmen?

THEAITETOS: Gar sehr viele.

FREMDER: Und verfehlen etwa alle dieses, gerecht zu scheinen, obwohl sie es doch keineswegs sind? Oder nicht vielmehr ganz das Gegenteil?

THEAITETOS: Ganz und gar.

FREMDER: Diesen Nachahmer also werden wir doch für ver- d
schieden erklären müssen von jenem, von dem Wissenden diesen Nichtwissenden.

THEAITETOS: Ja.

50. Abschließende Festlegung des Sophisten

FREMDER: Woher nimmt man also für jeden von ihnen einen schicklichen Namen? Oder ist das nicht offenbar schwer, und zwar deshalb, weil in Hinsicht auf Teilung der Gattungen in Arten

die Früheren eine alte gedankenlose Trägheit hatten, so daß keiner
eine solche Einteilung auch nur versuchte, weshalb ich denn mit
den Namen notwendig nicht gar leicht daran bin. Dennoch, wenn
es auch kühner gesprochen sein sollte, wollen wir der Unterschei-
e dung wegen jene von einer bloßen Meinung ausgehende Nachahmung die Dünkelnachahmung nennen, die aber von der Erkenntnis, die kundige Nachahmung.

THEAITETOS: So sei es.

FREMDER: Mit jener haben wir es also zu tun. Denn unter den
Wissenden war der Sophist nicht, wohl aber unter den Nachahmenden.

THEAITETOS: Gar sehr.

FREMDER: Den Dünkelnachahmer laß uns also beschauen wie
ein Eisen, ob er aus einem Stück ist oder ob er noch irgendwo eine
Spur zeigt, daß er aus zweien zusammengeschlagen ist.

THEAITETOS: Das wollen wir tun.

FREMDER: Und die zeigt er recht sichtlich. Der eine nämlich ist
268a einfältig und glaubt wirklich, das zu wissen, was er sich vorstellt.
Des anderen Benehmen aber, weil er sich so gar sehr in seinen
Reden hin und her dreht, zeigt, daß er selbst großen Verdacht und
Argwohn hegt, das nicht zu wissen, was zu wissen er sich gegen
andere das Ansehen geben will.

THEAITETOS: Gewiß gibt es deren von beiden Arten, wie du sie
beschreibst.

FREMDER: Wollen wir nun den einen als den einfältigen Nachahmer setzen, den andern als den, der sich verstellt?

THEAITETOS: Das geht wohl.

FREMDER: Und gibt es von diesem wieder nur eine Art oder
zwei?

THEAITETOS: Sieh du zu.

b FREMDER: Ich sehe schon, und mir erscheinen allerdings deren
zwei: der eine, der öffentlich und in langen Reden vor dem Volke
sich zu verstellen versteht; der andere, der unter wenigen und in
kurzen Sätzen seinen Mitunterredner zwingt, sich selbst zu widersprechen.

THEAITETOS: Vollkommen richtig gesagt.

FREMDER: Wer wollen wir nun nachweisen, daß der Lang-
redende sei? Der Staatsmann oder der Volkssprecher?

THEAITETOS: Der Volkssprecher.

FREMDER: Und wie wollen wir den anderen nennen, den Weisen oder den Sophisten?

THEAITETOS: Weise wohl unmöglich, da wir ihn ja als nicht-
wissend gesetzt haben; da er aber ein Nachahmer des Weisen ist, c
so muß er doch wohl von diesem etwas in seinen Beinamen bekommen, und ich verstehe nun wohl, wir müssen eben diesen wahrhaft bezeichnen als jenen auf alle Weise wirklich seienden Sophisten.

FREMDER: Wollen wir nun wie vorher seinen Namen festknüpfen und von Anfang bis zu Ende zusammenflechten?

THEAITETOS: In aller Weise.

FREMDER: Also die Nachahmerei in der zum Widerspruch
bringenden Kunst des verstellerischen Teiles des Dünkels, welche
in der trügerischen Art von der bildnerischen Kunst her nicht als d
die göttliche, sondern als die menschliche tausendkünstlerische Seite der Hervorbringung in Reden abgesondert ist; wer «von diesem Geschlecht und Blute» den wahrhaften Sophisten abstammen läßt, der wird, wie es scheint, das richtigste sagen.

THEAITETOS: Auf alle Weise gewiß.

POLITIKOS

A. Einleitung

B. Bestimmung des Staatsmannes als Hüter der menschlichen Herde

C. Mythos über die zwei verschiedenen Weltperioden

D. Darlegung der begangenen Fehler und Erläuterung der Methode

SOKRATES. THEODOROS. DER FREMDE.
SOKRATES DER JÜNGERE

1. Anstalten zum Gespräch, Wahl des Mitunterredners und Festsetzung des Themas: der Staatsmann

SOKRATES: Wahrlich vielen Dank bin ich dir schuldig, o Theodo- 257a
ros, für die Bekanntschaft mit dem Theaitetos, und auch für die mit dem Fremden.

THEODOROS: Und dreifachen wirst du bald schuldig sein, wenn sie dir erst den Staatsmann fertig gemacht haben werden und den Philosophen.

SOKRATES: Wohl! Sollen wir sagen, lieber Theodoros, daß wir dieses so gehört haben von dem größten Meister in den Rechnungen und in der Meßkunst?

THEODOROS: Wieso, Sokrates? b

SOKRATES: Daß er diese Männer alle gleich geschätzt hat, die doch ihrem Werte nach weiter voneinander abstehen als nach dem von eurer Kunst benannten Verhältnis?

THEODOROS: Gar schön bei unserem Gott, dem Ammon, o Sokrates, und sehr recht und gut hast du das erinnert und mir meinen Rechnungsfehler vorgeworfen. Und dich will ich ein andermal schon dafür heimsuchen; du aber, Fremdling, laß ja noch nicht ab, uns gefällig zu sein, sondern wie es dir lieber ist, sei es zuerst den Staatsmann oder den Philosophen, nimm uns nachein- c
ander durch.

FREMDER: Das müssen wir wohl tun, Theodoros; weil wir es einmal unternommen haben, dürfen wir nicht eher ablassen, bis wir mit ihnen zu Ende gekommen sind. Allein wie soll ich es mit unserem Theaitetos halten?

THEODOROS: Weshalb?

Fremder: Sollen wir ihn nun ausruhen lassen und diesen seinen Mitschüler Sokrates zuziehen? Oder was rätst du?

Theodoros: Wie du sagtest, ziehe diesen zu. Denn jung wie sie sind, werden sie jede Anstrengung leichter tragen, wenn sie dazwischen ruhen.

d Sokrates: Mit mir, o Fremdling, scheinen ja beide eine gewisse Verwandtschaft zu haben. Denn von dem einen sagt ihr, ihr fändet seine Gesichtszüge den meinigen ähnlich, und an dem an-
258a dern stellt schon der gleichlautende Name und die Anrede eine Angehörigkeit dar. Und Verwandte muß man allewege auch im Gespräch gern kennenlernen. Mit dem Theaitetos nun bin ich selbst gestern im Gespräch begriffen gewesen, und jetzt habe ich ihn dir antworten gehört; den Sokrates aber keines von beiden, und ich muß doch auch diesen in Augenschein nehmen. Mir also soll er ein andermal, dir aber jetzt antworten.

Fremder: So sei es. Und du, o Sokrates, hörst du, was Sokrates sagt?

Sokrates d. J.: Ja.

Fremder: Und stimmst auch ein zu dem, was er sagt?

Sokrates d. J.: Allerdings.

b Fremder: Von deiner Seite scheint also nichts im Wege zu stehen, und noch weniger soll wohl von der meinigen im Wege stehen. Also nach dem Sophisten ist nun notwendig, wie mir scheint, daß wir den Staatsmann aufsuchen. Und sage mir, ob wir ihn auch als einen Kundigen setzten wollen, oder wie?

Sokrates d. J.: Allerdings so.

2. *Einteilung der Erkenntnisse in handelnde und einsehende*

Fremder: Also müssen wir die Erkenntnisse einteilen, wie da wir den ersten betrachteten.

Sokrates d. J.: Freilich wohl.

Fremder: Aber nicht, wie mich dünkt, Sokrates, nach demselben Schnitt.

Sokrates d. J.: Wie sonst?

c Fremder: Nach einem anderen.

Sokrates d. J.: Das läßt sich hören.

Fremder: Wo findet nun aber wohl einer den Pfad der Staatskunst? Denn wir müssen ihn finden und ihm dann ausgesondert von den übrigen *eine* eigne Idee einprägen, und die übrigen Ausgänge auch mit *einem* andern Begriff bezeichnend bewirken, daß unsere Seele sich alle Erkenntnisse in zwei Arten denke.

SOKRATES D. J.: Das wird nun schon, denke ich, dein Geschäft, Fremdling, und nicht das meinige.

FREMDER: Es muß ja doch, o Sokrates, auch deines sein, wenn d
es uns klargeworden ist.

SOKRATES D. J.: Schön gesagt.

FREMDER: Ist nun nicht die Rechenkunst, und einige andere ihr verwandte Künste, ganz kahl von Handlung und bewirkt uns bloß eine Einsicht?

SOKRATES D. J.: So ist es.

FREMDER: Die Tischlerei aber und alle anderen Handwerke haben die Erkenntnis in Handlungen einwohnend als mit ihnen zusammengewachsen, und gemeinschaftlich bringen sie zustande e
die durch sie entstehenden körperlichen Dinge, welche vorher nicht waren.

SOKRATES D. J.: Wie sonst?

FREMDER: Auf diese Art also teile uns sämtliche Erkenntnisse, und nenne die eine handelnd, die andere lediglich einsehend.

SOKRATES D. J.: Wohl, diese sollen uns bestehen als der einen gesamten Erkenntnis beide Arten.

FREMDER: Setzen wir nun den Staatsmann, den König, den Herrn und noch den Hauswirt alles als *eins* unter eine Benennung, oder sollen wir sagen, dies wären soviel Künste, als wir Namen genannt haben? Doch folge mir lieber hierher.

SOKRATES D. J.: Wohin?

FREMDER: So: Wenn einen von den öffentlich angestellten Ärz- 259a
ten einer gut zu beraten weiß, der selbst kein solcher ist, muß man ihm nicht dennoch den Namen derselben Kunst beilegen, wie dem, welchem er Rat erteilt?

SOKRATES D. J.: Ja.

FREMDER: Und wie? Wer den Beherrscher eines Landes zurechtzuweisen versteht, werden wir nicht sagen, daß der, wenngleich er nur für sich lebt, die Erkenntnis hat, die der Regierende selbst besitzen sollte?

SOKRATES D. J.: Das werden wir sagen.

FREMDER: Aber die Erkenntnis und Kunst des wahren Königs b
ist doch die königliche?

SOKRATES D. J.: Ja.

FREMDER: Und wer diese besitzt, wird der nicht, er mag nun ein Herrscher sein oder nicht, doch seiner Kunst nach mit Recht ein Herrscher genannt werden?

SOKRATES D. J.: Billig wäre es wohl.

FREMDER: Und Hausvater und Herr ist doch dasselbe?

SOKRATES D. J.: Wie anders?

FREMDER: Und wie? Sollten wohl ein Hauswesen von weitläufigem Umfang und eine Stadt von geringem Belang sich bedeutend voneinander unterscheiden, was die Regierung derselben betrifft?

SOKRATES D. J.: Wohl gar nicht.

c FREMDER: Also ist, was wir eben in Erwägung zogen, deutlich, daß es nur *eine* Erkenntnis für dies alles gibt. Diese mag nun einer die königliche Kunst oder die Staatskunst oder die Wirtschaftskunst nennen, wir wollen nicht mit ihm darüber streiten.

SOKRATES D. J.: Wozu auch?

3. *Die Herrscherkunst als einsehende Erkenntnis. Aufteilung der einsehenden in beurteilende und gebietende Erkenntnis*

FREMDER: Allein, soviel ist doch gewiß, daß jeder König mit den Händen und mit dem ganzen Leibe gar wenig zur Befestigung seiner Herrschaft vermag in Vergleich mit der Einsicht und der Stärke der Seele.

SOKRATES D. J.: Gewiß.

FREMDER: Mehr der einsichtigen, wollen wir also doch lieber
d sagen, als der handarbeitenden und überhaupt verrichtenden sei der König angehörig?

SOKRATES D. J.: Wie anders?

FREMDER: Also die Staatskunst und den Staatsmann und die Herrscherkunst und den Herrscher, dies alles wollen wir als dasselbe in *eins* zusammenstellen.

SOKRATES D. J.: Gewiß.

FREMDER: Würden wir nun nicht weiter kommen, wenn wir nächst diesem die einsichtige Erkenntnis trennten?

SOKRATES D. J.: Freilich wohl.

FREMDER: Gib also recht acht, ob wir irgendwo an ihr ein Gelenk bemerken.

SOKRATES D. J.: Sage nur, was für eins.

FREMDER: Ein solches. Wir hatten doch eine Rechenkunst. e

SOKRATES D. J.: Ja.

FREMDER: Die doch auf alle Weise zu den einsichtigen Künsten gehörte?

SOKRATES D. J.: Wie sollte sie nicht?

FREMDER: Und wenn nun die Rechenkunst den Unterschied in den Zahlen eingesehen, schreiben wir ihr noch ein anderes Werk zu, als nur das Eingesehene zu beurteilen?

SOKRATES D. J.: Woher wohl?

FREMDER: Aber jeder Baumeister ist doch auch nicht selbst Arbeiter, sondern gebietet nur den Arbeitern.

SOKRATES D. J.: Ja.

FREMDER: Und gibt also doch seine Einsicht dazu her, nicht seiner Hände Arbeit.

SOKRATES D. J.: So ist es.

FREMDER: Mit Recht also würde man sagen, er habe teil an der 260a
bloß einsichtigen Erkenntnis.

SOKRATES D. J.: Freilich

FREMDER: Diesem nun, meine ich, liegt doch ob, nicht nach abgeurteilter Sache am Ende zu sein und sich loszusagen, wie der Rechner sich lossagte, sondern allen und jeden Arbeitern das Zweckdienliche anzugeben, bis sie das Aufgegebene vollendet haben.

SOKRATES D. J.: Richtig.

FREMDER: Einsehende sind also sowohl diese insgesamt als auch jene, die der Rechenkunst folgen, und nur durch Beurteilung und Anordnung unterscheiden sich diese beiden Arten voneinander. b

SOKRATES D. J.: Das scheinen sie.

FREMDER: Wenn wir also, die gesamte einsichtige Erkenntnis teilend, das eine Glied die beurteilende, das andere die gebietende nennten: so könnten wir sagen, das sei ganz angemessen geteilt.

SOKRATES D. J.: Nach meiner Meinung wenigstens.

FREMDER: Aber die etwas gemeinschaftlich Verrichtenden können immer zufrieden sein, wenn sie unter sich übereinstimmen.

SOKRATES D. J.: Wie sollten sie nicht?

FREMDER: Solange es also uns beiden hieran nicht fehlt, wollen wir uns unbekümmert darum lassen, was andere meinen.

SOKRATES D. J.: Gern.

4. *Die Herrscherkunst als Teil der gebietenden Art, und zwar der selbstgebietenden*

c FREMDER: Wohlan denn, in welche von diesen beiden Künsten
sollen wir den Herrscher stellen? Etwa in die beurteilende, wie einen Zuschauer, oder sollen wir lieber sagen, daß er zu der gebietenden Kunst gehöre, da er ja doch Herr ist?

SOKRATES D. J.: Wie sollten wir nicht lieber dies?

FREMDER: Die gebietende Kunst müssen wir also nun wieder betrachten, ob sie sich wo trennt. Und mich dünkt allerdings, so ungefähr wie die Kunst der eigentlichen Kaufleute sich absondert
d von der Kunst der Eigenhändler, so auch das Geschlecht der Herrscher von dem der Herolde sich auszusondern.

SOKRATES D. J.: Wie das?

FREMDER: Fremde Arbeiten, die ihnen zuvor verkauft worden, nehmen doch die Kaufleute und verkaufen sie zum zweiten Male wieder?

SOKRATES D. J.: Freilich.

FREMDER: So auch die vom Stamm der Herolde lassen sich fremde Gedanken auftragen und tragen sie selbst zum zweiten Male andern auf.

SOKRATES D. J.: Ganz richtig.

FREMDER: Wie also? Wollen wir die Herrscherkunst in *eins*
e vermengen mit der dolmetschenden, Befehle ausrufenden, oder mit der Wahrsagekunst und Heroldskunst und vielen andern verwandten Künsten, denen ebenfalls ein Gebieten zukommt? Oder sollten wir dem, womit wir die Sache eben verglichen, auch den Namen nachbilden, da ohnedies fast unbenannt ist die Gattung der Eigengebietenden, und also auf diese Weise teilen, daß wir das ganze Geschlecht der Könige in die selbstgebietende Kunst stellen, um die übrigen aber uns gar nicht weiter bekümmern und andern überlassen, ihnen einen Namen beizulegen? Denn nur auf den
261a Herrscher ging unsere Untersuchung, nicht auf das Entgegengesetzte.

SOKRATES D. J.: Allerdings.

5. Aufteilung der gebietenden Erkenntnis in die Sorge um das Unbeseelte und das Beseelte. Aufteilung der letzteren in Einzelzucht und Herdenzucht

FREMDER: Also da sich dies ziemlich von jenem unterscheidet, ausgesondert durch das Verhältnis der Fremdheit zur Eigentümlichkeit, so müssen wir auch dieses wiederum trennen, wenn es irgendwo nachgeben will, so daß wir durchschneiden können.

SOKRATES D. J.: Freilich.

FREMDER: Und das scheint es ja zu wollen. Folge mir nur und schneide mit.

SOKRATES D. J.: Wo denn?

FREMDER: Wen wir uns nur immer als Herrscher denken, der ein Gebieten anwendet, werden wir nicht immer finden, daß der, b
damit irgend etwas entstehe, gebietet?

SOKRATES D. J.: Weshalb sonst?

FREMDER: Alles Entstehende aber in zwei Teile zu sondern, ist gar nicht schwer.

SOKRATES D. J.: Wie doch?

FREMDER: Nimmst du es nämlich insgesamt, so ist einiges davon beseelt, anderes unbeseelt.

SOKRATES D. J.: Ja.

FREMDER: Und eben hiernach laß uns der einsichtigen Erkenntnis gebietenden Teil, wenn wir ihn zerschneiden wollen, zerschneiden.

SOKRATES D. J.: Wonach?

FREMDER: Indem wir einiges davon den Entstehungen des Unbeseelten zueignen, anderes denen des Beseelten, und so wird das c
Ganze in zwei Teile geteilt sein.

SOKRATES D. J.: Allerdings.

FREMDER: Den einen Teil davon lassen wir liegen, den anderen nehmen wir auf, und nachdem wir ihn aufgenommen, teilen wir ihn wieder in zwei Teile.

SOKRATES D. J.: Welchen von beiden, meinst du aber, sollen wir aufnehmen?

FREMDER: Offenbar doch den über das Lebendige gebietenden. Denn die königliche Kunst hat ja nicht etwa Unbeseeltes anzuordnen wie die Baukunst: sondern sie ist edlerer Art und besitzt
an dem Lebendigen und über dieses immer ihre Macht. d

SOKRATES D. J.: Richtig.

FREMDER: Und die Entstehung und Ernährung des Lebendigen könnte man ansehn teils als vereinzelte, teils als gemeinschaftlich über das in Herden lebende Vieh sich erstreckende Sorgfalt.

SOKRATES D. J.: Richtig.

FREMDER: Aber den Staatsmann werden wir doch nicht mit wenigen Einzelnen beschäftigt finden wie den Ochsenjungen oder Reitknecht, sondern mehr gleicht er einem, der Pferdezucht und Rindviehzucht im großen treibt.

SOKRATES D. J.: Das leuchtet mir ein, nun es gesagt ist.

e FREMDER: Wollen wir also von Aufziehung des Lebendigen die gemeinsame Wartung vieler zugleich die Gemeinzucht oder Herdenzucht nennen?

SOKRATES D. J.: Wie sich beides in der Rede am besten treffen mag.

6. Jeder Teil muß seinen eigenen Begriff haben

FREMDER: Sehr gut, Sokrates. Und wenn du dich davor hütetst, es zu ernsthaft zu nehmen mit den Worten, wirst du, wenn du älter wirst, reicher sein an Einsicht. Jetzt also wollen wir es, wie du rietest, machen. Die Herdenzucht aber siehst du leicht, wie die
262a einer als zwiefach darstellen und das jetzt im Doppelten Gesuchte uns dann nur in der Hälfte wird suchen lassen.

SOKRATES D. J.: Ich will es versuchen, und mich dünkt eine andere zu sein die Auferziehung der Menschen und eine andere die der Tiere.

FREMDER: Recht wacker und frisch hast du das geteilt. Aber daß uns doch dies womöglich nicht noch einmal begegne.

SOKRATES D. J.: Was doch?

FREMDER: Daß wir nicht ein kleines Teilchen allein von vielen
b und großen anderen aussondern, und nie ohne einen Begriff; sondern jeder Teil habe zugleich seinen eignen Begriff. Denn am schönsten ist das freilich, aus allem übrigen gleich das Gesuchte herauszusondern, wenn es sich richtig damit verhält; gerade wie du eben, im Glauben, daß die Einteilung sich so verhalte, uns die Rede beschleunigt hast, weil du sahst, daß sie auf den Menschen losging. Aber, Lieber, schnitzeln ist hier nicht sicher, sondern weit

sicherer mitten durchschneiden. So trifft man auch mehr auf Begriffe, und darauf kommt doch alles an bei Untersuchungen. c

SOKRATES D. J.: Wie meinst du das nur, Fremdling?

FREMDER: Ich will versuchen, es noch deutlicher zu erklären,
Sokrates, aus Wohlgefallen an deiner Gemütsart. An dem jedoch,
was uns jetzt vorliegt, ist unmöglich, es ohne Mangel deutlich zu
machen; laß uns aber versuchen, die Sache noch um ein klein weniges weiter vorwärtszubringen der Deutlichkeit wegen.

SOKRATES D. J.: Was, meinst du also, hätten wir eben bei unserer Einteilung nicht recht gemacht?

FREMDER: Dieses, wie wenn zum Beispiel jemand das menschliche Geschlecht in zwei Teile teilen wollte und täte es, wie hier bei d
uns die meisten zu unterscheiden pflegen, daß sie das Hellenische
als *eines* von allem übrigen absondern für sich, alle anderen
unzähligen Geschlechter insgesamt aber, die gar nichts untereinander gemein haben und gar nicht übereinstimmen, mit einer
einzigen Benennung Barbaren heißen und dann um dieser *einen*
Benennung willen auch voraussetzen, daß sie *ein* Geschlecht seien.
Oder wenn einer glaubte, die Zahl in zwei Arten zu teilen, wenn er
aus dem Ganzen eine Myriade herausschnitte, die er als *eine* Art
absonderte, und dann alles übrige ebenfalls mit einem Worte be- e
zeichnen und wegen dieser Benennung hernach glauben wollte,
dieses sei nun mit Ausnahme von jenem die andere *eine* Art davon.
Besser aber und mehr nach Arten und in die Hälften hätte er sie
geteilt, wenn er die Zahl in Gerades und Ungerades zerschnitten
und so auch das menschliche Geschlecht in Männliches und Weibliches. Lydier aber und Phrygier und so mehrere allen übrigen ent-
gegenstellen und abschneiden könnte er dann, wenn er aufgeben
müßte, als Art zugleich und Teil zu finden jedes der beiden Zer- 263 a
schnittenen.

7. *Verhältnis von Art zu Teil. Aufweis des begangenen Fehlers*

SOKRATES D. J.: Ganz richtig. Aber eben dieses, Fremdling, wie kann einer das recht deutlich einsehen, daß Teil und Art nicht dasselbe sind, sondern jedes etwas anderes?

FREMDER: O bester Mann, das ist keine schlechte Aufgabe. Wir aber sind schon jetzt weiter als billig von unserer vorgesetzten Rede abgeschweift, und du verlangst, wir sollen noch weiter ab-

schweifen. Daher laß uns jetzt nur, wie es sich gehört, zurückkeh-
b ren; dieser Spur aber wollen wir ein andernmal mit Muße nachgehen. Nur das nimm gar sehr in acht, daß du nicht etwa meinst,
hierüber etwas genau Bestimmtes von mir gehört zu haben.

Sokrates d. J.: Worüber denn?

Fremder: Daß Art und Teil voneinander verschieden sind.

Sokrates d. J.: Aber wie?

Fremder: Daß nämlich, wenn es eine Art von etwas gibt, eben dieses notwendig auch ein Teil desselben Gegenstandes sein wird, wovon es eine Art genannt wird; daß aber, was ein Teil sei, auch eine Art sein müsse, gar nicht notwendig ist. *So* sage immer lieber, daß ich mich erklärt hätte, als anders.

Sokrates d. J.: Das will ich tun.

c Fremder: Sage mir nun aber auch das nächste.

Sokrates d. J.: Was doch?

Fremder: Wegen der Abschweifung, von wo sie uns hierher geführt hat. Ich glaube nämlich, es war eigentlich, als du, befragt, wie die Herdenzucht wohl zu teilen wäre, so rasch antwortetest, es gebe zwei Gattungen des Lebendigen, eine die menschliche, und die aller übrigen Tiere insgesamt die andere.

Sokrates d. J.: Richtig.

Fremder: Und damals schienst du mir wenigstens, obschon du
nur einen Teil herausgenommen, zu glauben, daß du alles übrige
auch wieder als *eine* Art zurückließest, weil du für alle einerlei
d Namen hattest, sie damit zu benennen, und sie Tiere hießest.

Sokrates d. J.: So war es auch.

Fremder: Allein, so würde vielleicht, mein wackerster Sokrates, wenn es noch ein anderes verständiges Tier gäbe, wie man die
Kraniche dafür hält oder irgendein anderes solches, dieses auf gleiche Weise seine Benennungen bilden wie du, so daß es die Kraniche als *eine* Gattung allem übrigen Lebendigen entgegensetzte und
sich selbst rühmend heraushöbe, alle übrigen aber mit Inbegriff
des Menschen in *eins* zusammenfaßte und ebenfalls nicht besser
e als etwa Tiere nennte. Deshalb wollen wir uns bemühen, dergleichen alles zu vermeiden.

Sokrates d. J.: Wie doch?

Fremder: Indem wir nicht gleich alles Lebendige insgesamt teilen, damit uns das weniger begegne.

SOKRATES D. J.: Das darf es freilich nicht.

FREMDER: Aber auch jenes Mal schon war auf dieselbe Art gefehlt worden.

SOKRATES D. J.: Wie das?

FREMDER: Unser gebietender Teil der Einsicht hatte es doch in der Gattung der Auferziehung des Lebendigen mit dem in Herden lebenden zu tun. Nicht wahr?

SOKRATES D. J.: Ja.

FREMDER: Also war uns schon damals das gesamte Lebendige 264 a
eingeteilt in Zahmes und Wildes. Denn die es in der Art haben,
sich aufziehen und bändigen zu lassen, nennen wir zahme, die dieses nicht haben, wilde.

SOKRATES D. J.: Schön.

FREMDER: Die Erkenntnis nun, der wir nachspüren, hatte es und hat es noch mit den Zahmen zu tun und muß unter den geselligen Geschöpfen gesucht werden.

SOKRATES D. J.: Ja.

FREMDER: Laß uns also nicht so teilen wie damals, daß wir auf
das Ende sehen oder eilen, um nur geschwind zur Staatskunst zu
kommen. Denn deshalb ist es uns auch jetzt nach dem Sprichwort b
ergangen.

SOKRATES D. J.: Nach welchem?

FREMDER: Daß, weil wir uns nicht genug verweilt und gut eingeteilt haben, wir später fertig geworden sind.

SOKRATES D. J.: Da ist es uns ganz recht ergangen, Fremdling.

8. *Einteilung der Herdenzucht in Schwimmtierzucht und Landtierzucht. Weitere Teilung: Geflügelte und zu Fuß gehende Landtiere.*

FREMDER: Gut denn, so laß uns noch einmal anfangen, die Gemeinzucht einzuteilen; vielleicht wird auch das, worauf du ausgehst, die gehörig durchgeführte Rede selbst dir nur noch schöner herausbringen. Sage mir also.

SOKRATES D. J.: Was denn?

FREMDER: Dieses, ob du wohl schon von jemand gehört hast –
denn ich weiß, daß du selbst nicht dabei gewesen bist –, wie die c
Fische im Nil gefüttert werden und in den Teichen des Großkönigs. In Quellen aber hast du es vielleicht selbst gesehen?

SOKRATES D. J.: Allerdings habe ich dies gesehen und jenes von vielen gehört.

FREMDER: Und wie Gänse und Kraniche zusammen weiden, hast du, wenn du auch nicht die Thessalischen Ebenen durchstreift hast, doch wohl erfahren und glaubst es.

SOKRATES D. J.: Wie sollte ich nicht!

d FREMDER: Deshalb aber habe ich dich dies alles gefragt, weil es Herdenzucht gibt auf dem Wasser und auch auf dem Trockenen.

SOKRATES D. J.: Das gibt es allerdings.

FREMDER: Dünkt dich also nicht auch, daß wir so die Wissenschaft der Gemeinzucht teilen sollten, um jedem von diesen beiden seinen eignen Teil anzuweisen, den einen die Schwimmtierzucht nennend, den andern die Landgängerzucht?

SOKRATES D. J.: Mich auch.

FREMDER: Zu welchem nun von beiden die Herrscherkunst ge-
e höre, brauchen wir nicht erst zu fragen; denn das sieht ja jeder.

SOKRATES D. J.: Freilich.

FREMDER: Diesen Zweig der Herdenzucht aber, die Landgängerzucht, kann wohl jeder teilen.

SOKRATES D. J.: Wie?

FREMDER: Wenn er Geflügeltes und zu Fuß Gehendes voneinander trennt.

SOKRATES D. J.: Vollkommen richtig.

FREMDER: Und wie? Ob es die Staatskunst mit dem zu Fuß Gehenden zu tun hat, fragen wir danach erst? Oder meinst du nicht, daß auch der Unverständigste dies bejahen würde?

SOKRATES D. J.: Gewiß.

FREMDER: Die Zucht des auf dem Lande Gehenden nun muß wieder, wie eben die Zahl, wenn sie zerschnitten wird, in zwei Teilen erscheinen.

SOKRATES D. J.: Offenbar.

265a FREMDER: Nach der Seite nun, wohin unsere Rede sich wendet, glaube ich zwei gebahnte Wege zu sehen, einen schnelleren, wenn man einem großen Teil einen kleineren gegenüberstellt; einen anderen aber, der davon, was wir vorher sagten, daß man mitten durchschneiden müsse, mehr an sich hat, doch länger ist er freilich. Es steht also bei uns, welchen von beiden wir gehen wollen.

SOKRATES D. J.: Können wir denn nicht beide?

FREMDER: Zugleich wenigstens nicht, du Wunderlicher, aber nacheinander können wir es freilich.

SOKRATES D. J.: Ich wähle also nacheinander beide. b

FREMDER: Das geht auch leicht; denn nur weniges ist uns noch übrig. Im Anfang freilich, und als wir noch auf der Hälfte des Weges waren, wäre die Aufgabe schwierig gewesen. Nun aber, da es dir so gefällt, wollen wir den längeren zuerst gehen. Denn solange wir noch frischer sind, werden wir leichter darauf fortkommen. Die Einteilung nun siehe.

SOKRATES D. J.: Sprich.

9. *Teilung des zahmen Fußvolks in Gehörntes und Ungehörntes. Weitere Teilung in Zweifüßiges und Vierfüßiges und weiter in Gefiedertes und Ungefiedertes*

FREMDER: Das Fußvolk unter den Zahmen, das in Herden lebt, ist schon von Natur in zwei Teile geteilt.

SOKRATES D. J.: Wohnach?

FREMDER: Daß einige ihrer Art nach ungehörnt sind, andere hörnertragend.

SOKRATES D. J.: Das ist deutlich. c

FREMDER: Teile also die Zucht des Fußvolkes so, daß du jedem einen Teil gibst, und bediene dich dabei der Erklärung; denn wenn du sie benennen willst, wird es dir verwickelter geraten, als gut ist.

SOKRATES D. J.: Wie soll man also erklären?

FREMDER: So: nachdem der gehenden Tiere Pflegekunst in zwei Teile geteilt worden ist, wird der einen Abteilung der gehörnte Teil des Herdenviehes angewiesen, der anderen der ungehörnte.

SOKRATES D. J.: Dies sei nun so erklärt, denn es ist gewiß hinreichend deutlich gemacht.

FREMDER: Dem Könige aber sehen wir doch gewiß an, daß er eine abgestutzte Herde ohne Hörner weidet.

SOKRATES D. J.: Wie sollten wir das nicht sehen!

FREMDER: Auch diese wollen wir also durchzureißen versuchen, um ihm das Seinige zu geben.

SOKRATES D. J.: Freilich.

FREMDER: Sollen wir sie nun nach dem gespaltenen und ungespaltenen Hufe teilen oder nach der reinen und vermischten Begattung? Du verstehst doch wohl?

Sokrates d. J.: Wie denn?

d Fremder: Die Pferde und Esel haben es doch in der Art, sich miteinander zu begatten?

Sokrates d. J.: Ja.

Fremder: Was aber dann noch übrig ist von der einen Herde der Zahmen, vermischt sich nicht miteinander.

Sokrates d. J.: Richtig.

Fremder: Scheint dir nun die Sorgfalt des Staatsmannes auf Naturen von solcher vermischten Begattung zu gehen oder von reiner?

Sokrates d. J.: Von unvermischter offenbar.

Fremder: Diese müssen wir nun wie das vorige ebenfalls in zwei Hälften zerlegen.

Sokrates d. J.: Das müssen wir.

266a Fremder: Nun aber ist uns schon das Lebendige, sofern es zahm und gesellig ist, bis auf zwei Gattungen etwa ganz zerteilt; denn die Hunde lohnt es kaum als eine eigene Gattung unter den geselligen Tieren aufzuführen.

Sokrates d. J.: Freilich nicht. Wonach aber wollen wir die beiden scheiden?

Fremder: Wonach ihr beide, Theaitetos und du, billig teilen müßt, da ihr euch mit der Meßkunst befaßt habt.

Sokrates d. J.: Wonach also?

Fremder: Nach der Diagonale und wiederum nach der Diagonale der Diagonale.

Sokrates d. J.: Wie meinst du das?

b Fremder: Die Natur, welche unserer Gattung eignet, ist die wohl für den Gang anders eingerichtet als die Diagonale, welche das zweifüßige Viereck bildet?

Sokrates d. J.: Nicht anders.

Fremder: Die Natur der übrigbleibenden Gattung aber vermag wiederum dasselbe wie die Diagonale unseres zweifüßigen Vierecks, wenn sie doch auf zweimal zwei Füße eingerichtet ist.

Sokrates d. J.: Das ist sie freilich, und nun verstehe ich auch, was du sagen willst.

Fremder: Überdies aber sehen wir nicht, daß uns etwas ande-
c res, recht als käme es von solchen, die im Lächerlichen Meister
sind, begegnet ist mit dem Eingeteilten?

SOKRATES D. J.: Was doch?

FREMDER: Daß unsere menschliche Gattung gleichen Teil erhalten hat und also gemeinschaftlich läuft mit der edelsten unter allen und zugleich der anspruchslosesten?

SOKRATES D. J.: Ich sehe wohl, wie das gar närrisch herauskommt.

FREMDER: Ist es denn aber nicht natürlich, daß das Langsamste zuletzt kommt?

SOKRATES D. J.: Das freilich wohl.

FREMDER: Und das bemerken wir nicht, daß noch viel lächerlicher unser König erscheint, indem er samt seiner Herde umher-
läuft und gleichen Schritt hält mit dem auf ein anspruchsloses Le- d
ben am meisten Eingeübten?

SOKRATES D. J.: Allerdings freilich.

FREMDER: Aber nun eben, Sokrates, wird uns das noch besser deutlich, was damals bei der Untersuchung über den Sophisten gesagt ward.

SOKRATES D. J.: Was doch?

FREMDER: Daß nämlich diesem Verfahren in der Rede weder an dem Vortrefflicheren mehr liegt als an dem andern, noch sie das Kleinere hintansetzt wegen des Größeren, sondern immer ganz für sich die Sache zu Ende bringt, wie es am richtigsten ist.

SOKRATES D. J.: So scheint es.

FREMDER: Nach diesem nun, damit du mir nicht zuvorkommst
durch die Frage, welches doch damals der kürzere Weg gewesen e
zur Erklärung des Königs, will ich selbst gleich vorangehen.

SOKRATES D. J.: Sehr wohl.

FREMDER: Ich meine nämlich, wir sollten gleich die Landgänger eingeteilt haben in zweifüßige und vierfüßige; und da wir dann die menschliche Gattung nur allein noch mit dem Federvieh zusammen die zweibeinige Herde bildend gefunden hätten, diese dann zerschneiden in einen nackten und einen gefiedererzeugenden Teil. Wäre sie nun so geteilt und dadurch die menschenhütende Kunst deutlich gezeigt worden, dann hätten wir unsern Staatsmann und König gebracht und wie den Wagenführer in den Staat hineingestellt, die Zügel desselben ihm übergebend, da hierin doch seine eigentümliche Kunst besteht.

SOKRATES D. J.: Sehr schön hast du mir wie die Hauptschuld 267a die Erklärung ausgezahlt und mir noch diesen Nebenweg wie die Zinsen beigelegt, wodurch sie nun ganz vollendet ist.

10. *Zusammenfassung und Zweifel am Ergebnis*

FREMDER: Wohlan denn, fassen wir nun, vom Anfang bis zum Ende alles noch einmal durchgehend, die Erklärung des Namens der Kunst des Staatsmannes zusammen.

SOKRATES D. J.: Wohl.

FREMDER: Von der einsehenden Erkenntnis hatten wir also zuerst einen gebietenden Teil; von diesem nannten wir ferner, durch
b Vergleichung darauf gebracht, einen Teil den selbstgebietenden. Von dieser selbstgebietenden ward nun gar nicht als die kleinste Gattung die, welche das Lebendige aufzieht, von uns abgeschnitten. Von dieser war eine Art die Herdenzucht, von der Herdenzucht wiederum die Hütung der zu Fuß Gehenden, und von dieser schnitten wir uns wieder besonders ab die Auferziehung der ungehörnten Gattung. Den nächsten Teil von dieser müßte nun einer wenigstens dreifach zusammenflechten, wenn er ihn in *einen* Namen befassen wollte, und müßte sie die Kunst der Hütung des
c Unvermischtbegatteten nennen. Von dieser ist nun der Abschnitt für die zweifüßige Herde der letzte übrigbleibende menschenhütende Teil, und er ist selbst eben dieses Gesuchte, was sowohl königliche als Staatskunst heißt.

SOKRATES D. J.: Vollkommen richtig.

FREMDER: Aber, Sokrates, ist uns dies so, wie du eben sagtest, auch wirklich verrichtet?

SOKRATES D. J.: Wie doch?

FREMDER: Daß unser Gegenstand vollkommen richtig und befriedigend ausgeführt worden ist? Oder fehlt nicht eben darin unsere Untersuchung, daß die Erklärung zwar irgendwie gegeben,
d aber keineswegs vollkommen gründlich ausgeführt worden ist?

SOKRATES D. J.: Wie meinst du das?

FREMDER: Ich will versuchen, uns beiden, was ich denke, jetzt noch deutlicher zu machen.

SOKRATES D. J.: Das tue nur.

FREMDER: Nicht wahr, unter vielen hütenden Künsten, die sich uns eben gezeigt hatten, war *eine* die Staatskunst, die Sorgfalt für *eine* gewisse Herde?

SOKRATES D. J.: Ja.

FREMDER: Und unsere Erklärung bestimmte, sie wäre nicht die Zucht der Pferde noch anderer Tiere, sondern die Wissenschaft der Gemeinzucht der Menschen?

SOKRATES D. J.: So war es.

11. *Die Erklärung schließt die Mithüter der menschlichen Herde nicht aus*

FREMDER: Laß uns nun den Unterschied zwischen allen übrigen e
Hütern und den Königen betrachten.

SOKRATES D. J.: Was für einen?

FREMDER: Ob einer, der von einer anderen Kunst den Namen hat, mit irgendeinem der andern zugleich an der Aufziehung der Herde Anteil zu haben behauptet und sich anmaßt.

SOKRATES D. J.: Wie meinst du das?

FREMDER: Wie die Kaufleute, Ackerbauer, alle Speisebereiter, und außer diesen die Vorsteher der Leibesübungen und das ganze Geschlecht der Ärzte, diese, weiß du wohl, würden sämtlich gegen jene Hüter der menschlichen Dinge, welche wir Staatsmänner genannt haben, mit Gründen verfechten, daß sie für die Erhaltung 268a
der Menschen sorgen, und zwar nicht nur der zur Herde gehörigen Menschen, sondern auch der Herrscher selbst.

SOKRATES D. J.: Und täten sie daran nicht recht?

FREMDER: Vielleicht, und das wollen wir eben sehen. Das aber wissen wir doch, daß mit dem Ochsenhirten sich über dergleichen niemand in einen Streit einläßt; sondern er selbst der Hirte ist auch der Ernährer der Herde, er ist ihr Arzt, er ist gewissermaßen ihr Freiwerber, und der gesamten Hebammenkunst bei der Schwangerschaft und der Geburt der Jungen ist er allein kundig. Ja, auch b
was Spiel und Tonkunst betrifft, soweit sein Vieh deren von Natur empfänglich ist, versteht niemand besser als er, es aufzumuntern und anlockend zu besänftigen, indem er auf Instrumenten sowohl als mit dem bloßen Munde die seiner Herde angemessene Tonkunst ausübt. Und mit den übrigen Hütern ist es dasselbe. Nicht wahr?

SOKRATES D. J.: Ganz richtig.

FREMDER: Wie kann also unsere Erklärung des Königs sich richtig und untadelhaft erweisen, wenn wir ihn den Hüter und c

Auferzieher der menschlichen Herde nennen, ihn allein heraushebend aus zehntausend anderen, die sich mit ihm darum streiten?

Sokrates d. J.: Auf keine Weise.

Fremder: Also war unsere Besorgnis vorher gegründet, als wir argwöhnten, wir möchten zwar wohl einige Züge des Herrschers angeben, keineswegs aber könnten wir den Staatsmann genau dargestellt haben, bis wir alle, welche sich um ihn herdrängen und auf das Mithüten Anspruch machen, weggeräumt und ihn, abgesondert von jenen, ganz rein für sich allein hinstellen.

d Sokrates d. J.: Vollkommen gegründet freilich.

Fremder: Dies also, o Sokrates, müssen wir bewerkstelligen, wenn wir nicht unsere Erklärung zuletzt zuschanden machen wollen.

Sokrates d. J.: Das darf ja auf keine Weise geschehen.

12. Rückgriff auf alte Erzählungen. Einleitung

Fremder: Also müssen wir wiederum von einem andern Anfang aus einen andern Weg gehen.

Sokrates d. J.: Was doch für einen?

Fremder: Wo wir auch wohl Scherz einmischen. Denn wir
müssen einen ziemlichen Teil einer großen Geschichte zu Hilfe
e nehmen und hernach eben wie vorher, indem wir einen Teil nach
dem andern wegnehmen, zu dem eigentlich Gesuchten selbst gelangen. Sollen wir das?

Sokrates d. J.: Allerdings.

Fremder: Aber auf die Geschichte sei mir ja recht aufmerksam, wie die Kinder. Du bist ja doch erst seit wenigen Jahren über die Kinderspiele hinaus.

Sokrates d. J.: Sage nur.

Fremder: Solche alten Erzählungen also gab es und wird es auch noch geben gar viele andere, und so auch die Erscheinung bei dem Streit, welcher vorgefallen sein soll zwischen Atreus und Thyestes. Denn du hast doch gehört und erinnerst dich, was sich damals ereignet haben soll?

Sokrates d. J.: Das Zeichen von dem goldenen Lamme meinst du vielleicht.

269a Fremder: Nein, das nicht, sondern das von der Änderung im
Auf- und Untergang der Sonne und der anderen Gestirne, daß sie

nämlich, von wo sie jetzt aufgehen, dorthin damals untergingen und aufgingen auf der entgegengesetzten Seite. Damals aber gab Gott dem Atreus ein Zeugnis und wendete sie um in die gegenwärtige Ordnung.

SOKRATES D. J.: Erzählt wird freilich auch das.

FREMDER: Und auch von der Herrschaft, welche Kronos führte, haben wir von vielen gehört.

SOKRATES D. J.: Von sehr vielen. b

FREMDER: Und wie? Daß vorher die Menschen als Erdgeborene entstanden und nicht erzeugt wurden einer von dem andern?

SOKRATES D. J.: Auch das ist eine von den alten Sagen.

FREMDER: Dies nun rührt insgesamt von demselben Umstande
her, und außerdem tausenderlei anderes, noch Wunderbareres,
wovon aber durch die Länge der Zeit sich einiges ganz verlöscht
hat und das übrige zerstreut erzählt wird, jedes einzelne abgerissen
von dem übrigen. Den Umstand aber, der von all diesem Ursache
ist, hat noch niemand erzählt. Jetzt aber muß er berichtet werden, c
denn zur Darstellung des Königs wird er sich uns wohl schicken,
wenn er erzählt ist.

13. Die beiden entgegengesetzten Umläufe der Welt

SOKRATES D. J.: Wohl gesprochen! Erzähle also, ohne etwas zu übergehen.

FREMDER: Höre denn. Dieses Ganze hilft auf seiner Bahn bisweilen Gott selbst mitführen und drehen, bisweilen läßt er es wieder los, wenn seine Umläufe das ihm gebührende Zeitmaß schon
erlangt haben. Dann aber wendet es sich von selbst wieder um
nach der entgegengesetzten Seite, als ein Lebendiges, dem auch d
Vernunft zugeteilt ist von dem, welcher es ursprünglich zusam-
menfügte. Dieses Rückwärtsgehen aber ist ihm notwendig aus folgender Ursache eingewachsen.

SOKRATES D. J.: Aus welcher denn?

FREMDER: Sich immer einerlei und auf gleiche Weise zu verhalten und dasselbe zu sein, das kommt nur dem Göttlichsten unter
allem allein zu; körperliche Natur aber steht nicht in dieser Ordnung. Was wir nun Himmel und Welt genannt haben, hat freilich
Vieles und Herrliches von seinem Erzeuger empfangen; indes ist es
auch des Körpers teilhaftig geworden, daher ihm denn aller Ver- e

änderung schlechthin entledigt zu sein unmöglich ist. Nach Vermögen jedoch wird es immer in demselben auf gleiche Weise nach *einer* Richtung bewegt. Daher ist es der Kreisbewegung teilhaftig als der kleinstmöglichen Abweichung von der Selbstbewegung. Sich selbst aber immer zu drehen ist keinem wohl leicht möglich außer dem alles Bewegte Anführenden. Diesem ist aber nicht statthaft, jetzt so, dann wieder entgegengesetzt zu bewegen. Nach diesem allen also darf man von der Welt weder behaupten, daß sie immer sich selbst drehe, noch daß sie immer ganz von Gott gedreht werde, zumal es nach zweierlei und entgegengesetzten Richtungen geschieht, noch auch, daß etwa irgend zwei Göt-
270a ter von einander entgegengesetzter Gesinnung sie drehen; sondern was eben gesagt ist und allein übrig bleibt, daß sie zu einer Zeit von einer andern, göttlichen Ursache mitgeführt wird, das Leben aufs neue erwerbend und eine von dem Werkmeister ihr zubereitete Unsterblichkeit empfangend, dann aber, wenn sie losgelassen ist, von sich selbst geht, in einem solchen Zustande sich selbst überlassen, daß sie wiederum viele Myriaden von Umläufen rückwärts durchwandern kann, weil sie bei vollständigster Größe und Gleichgewicht auf dem kleinsten Fuß einherschreitend geht.

b SOKRATES D. J.: Sehr einleuchtend ist alles gesagt, was du bis jetzt ausgeführt hast.

14. Die größte Veränderung im Lauf der Welt und ihre Folgen

FREMDER: So laß uns zusammenrechnend den Umstand betrachten, der sich aus dem Gesagten ergibt und von uns als die Ursache alles Wunderbaren angegeben wurde. Dies ist nämlich folgender.

SOKRATES D. J.: Was für einer?

FREMDER: Daß nämlich die Bewegung des Ganzen bisweilen nach der Seite, wohin es sich jetzt dreht, sich bewegt, bisweilen nach der entgegengesetzten.

SOKRATES D. J.: Wie doch eigentlich?

FREMDER: Diese Veränderung muß man von allen Umwen-
c dungen, welche sich am Himmel ereignen, für die größte und vollständigste halten.

SOKRATES D. J.: Das scheint allerdings.

FREMDER: Daher ist auch zu glauben, daß alsdann die größten

Veränderungen entstehen für uns, die wir innerhalb desselben wohnen.

SOKRATES D. J.: Auch das ist wahrscheinlich.

FREMDER: Viele wichtige und mannigfaltige Veränderungen aber welche zusammentreffen, wissen wir nicht, daß die Natur der Lebenden diese nicht leicht erträgt?

SOKRATES D. J.: Wie sollten wir das nicht?

FREMDER: Die größten Vernichtungen also entstehen alsdann
notwendig sowohl unter den anderen Tieren, als auch von dem
menschlichen Geschlecht bleibt nur wenig übrig. Und für diese d
Überreste treffen dann viele andere wunderbare und neue Ereignisse zusammen; dieses aber ist das größte und begleitet die Umwälzung des Ganzen notwendig alsdann, wenn die der bisher bestehenden entgegengesetzte Richtung eintritt.

SOKRATES D. J.: Was für eines denn?

FREMDER: Welches Alter jedes lebende Wesen hatte, dies blieb
ihm zuerst stehen, und alles Sterbliche hörte auf, je länger je älter
auszusehen, vielmehr wendete es sich auf das Entgegengesetzte
zurück und wurde gleichsam jünger und zarter. Und die weißen e
Haare der Alten schwärzten sich, die Wangen der Bärtigen aber
glätteten sich wieder und brachten jeden zu seiner schon vorübergegangenen Blüte zurück; ebenso glätteten sich die Leiber der
mannbaren Jugend und wurden jeden Tag und jede Nacht kleiner,
bis sie wieder die Natur der kleinen Kinder annahmen und ihnen
an Leib und Seele ähnlich wurden. Nach diesem aber welkten sie
dann zusehends und verschwanden gänzlich. Ja auch die Leichname der zur selbigen Zeit gewaltsam Verstorbenen trafen die
nämlichen Zufälle insgesamt, so daß sie sich in der Schnelligkeit in 271a
wenigen Tagen verzehrten.

15. Die einstige Entstehung des Lebendigen und das Leben unter Kronos

SOKRATES D. J.: Was für eine Entstehung des Lebendigen gab es aber damals, o Fremdling, und auf welche Weise erzeugte es sich aus sich?

FREMDER: Offenbar, o Sokrates, gab es auf diese Weise Erzeugtes in der damaligen Natur gar nicht; sondern das Geschlecht, wovon erzählt wird, es sei ehedem ein Erdgebornes gewesen, das

waren eben die damals aus der Erde Zurückkehrenden, und es
wurde so im Gedächtnis bewahrt von unsern ersten Vorfahren,
b welche noch der auf Endigung des ersteren Umlaufes folgenden
Zeit Grenze erreichten und am Anfange des jetzigen geboren wurden. Denn diese sind uns eben die Verkündiger geworden aller
jener Geschichten, welche jetzt mit Unrecht von vielen ungläubig
verworfen werden. Das können wir, glaube ich, hieraus sehen.
Denn damit, daß die Alten wieder zur Natur der Kinder zurückkehren, hängt ja zusammen, daß auch von den Verstorbenen und
in der Erde Liegenden alle diejenigen wieder dort sich zusammen-
fügend und auflebend jener allgemeinen Umwendung folgten, als
die gesamte Entstehung sich in die entgegengesetzte Richtung her-
umdrehte, und daß sie als Erdgeborne nach eben diesem Verhält-
c nis notwendig hervorwachsend hiervon ihren Namen und ihre Erklärung erhielten, soviele von ihnen Gott nicht schon zu einem
andern Geschick erhöht hatte.

SOKRATES D. J.: Offenbar folgt ja dies aus dem vorigen. Allein,
das Leben, welches während der Gewalt des Kronos, wie du sagst,
gewesen ist, war dies zur Zeit jener Bewegungen oder der jetzigen?
Denn die Veränderung an der Sonne und den Gestirnen muß offenbar mit beiden Bewegungen zusammentreffen.

FREMDER: Sehr gut bist du der Rede gefolgt. Das aber, wonach
d du fragst, daß nämlich den Menschen alles von selbst geworden,
gehört wohl keineswegs zu der jetzt bestehenden Bewegung, sondern auch dieses war offenbar in der vorigen. Denn damals
herrschte zuerst, für die ganze Umwälzung Sorge tragend, der
Gott, wie jetzt aber waren strichweise die verschiedenen Teile der
Welt gänzlich unter herrschende Götter verteilt. So auch die lebendigen Wesen nach ihren verschiedenen Gattungen und Herden
hatten als göttliche Hüter unter sich verteilt die Dämonen, deren
e jeder jedem, welches er beherrschte, für alles genügte, so daß keines wild war, noch auch sie einander zur Speise dienten; und Krieg
oder Zwiespalt schon gab es ganz und gar nicht unter ihnen, wie
man auch unzählig viel anderes mit dieser Anordnung Zusammenhängendes noch anführen könnte. Was aber von der Menschen mühelosem Leben gerühmt wird, wird aus folgendem
Grund erzählt. Gott selbst hütete sie und stand ihnen vor, wie jetzt
die Menschen, als ein anderes göttlicheres Lebendiges, andere

Gattungen des Lebenden geringer als sie selbst hüten. Unter seiner Hut aber gab es keine bürgerliche Verfassungen noch auch häusliche, daß man Weiber und Kinder hatte; denn aus der Erde lebten 272a
sie alle auf, ohne sich des Vorherigen zu erinnern. Sondern dergleichen fehlte ihnen alles, Früchte aber hatten sie reichlich von Bäumen und vielen anderen Gewächsen, nicht durch Ackerbau gezogene, sondern welche die Erde ihnen von selbst gab. Auch unbekleidet und ohne Lagerdecken weideten sie größtenteils im Freien; denn die Witterung war beschwerdenlos für sie eingerichtet, und weich war ihr Lager genug, weil reichliches Gras aus der Erde hervorwuchs. Wie also das Leben unter dem Kronos gewesen, o b
Sokrates, hörst du; das jetzige aber unter dem Zeus, wie es heißt, kennst du selbst. Könntest du nun wohl und wolltest entscheiden, welches von beiden das glückseligere ist?

Sokrates d. J.: Keineswegs.

Fremder: Willst du also, daß ich es dir auf gewisse Weise entscheide?

Sokrates d. J.: Gar sehr will ich das.

16. *Lauf der sich selbst überlassenen Welt und damit verbundene Verwandlung der Menschen*

Fremder: Wenn also die Pfleglinge des Kronos, da sie so vieler Muße genossen und auch des Vermögens, nicht nur mit Menschen, sondern auch mit Tieren vernünftigen Umgang zu pflegen, dies alles recht gebrauchten zur Philosophie in ihren Unterredun- c
gen mit den Tieren und unter sich, von jedem Wesen erforschend, ob es, im Besitz irgendeines besonderen Vermögens, etwas von den andern Verschiedenes wahrgenommen habe zur Vermehrung der Einsicht: dann ist wohl leicht zu entscheiden, daß die damaligen Menschen tausendmal glückseliger daran waren als die jetzigen. Wenn sie aber reichlich mit Speise und Trank gesättigt sich untereinander und den Tieren solche Geschichten erzählten, wie auch jetzt von *ihnen* erzählt werden: so ist auch so die Sache we- d
nigstens nach meiner Meinung gar leicht zu entscheiden. Doch lassen wir das jetzt, bis einer kommt, der uns gründlich berichte, auf welche von beiden Seiten sich die Lust jenes Geschlechtes neigte in Beziehung auf Erkenntnis und Gebrauch der Rede. Weshalb wir aber diese Geschichte in Anregung gebracht, das muß

jetzt erklärt werden, damit wir nächstdem zum folgenden fortschreiten können.

Als nämlich alles dieses seine Zeit erfüllt hatte und eine Umkehrung erfolgen mußte, da auch das aus der Erde gekommene Ge-
e schlecht ganz aufgerieben war, nachdem jegliche Seele alle ihre
Entstehungen durchgemacht hatte, nämlich, wie viele ihr bestimmt waren, in so vielen Aussaaten in die Erde gefallen war;
alsdann ließ der Steuermann des Ganzen gleichsam den Griff des
Ruders fahren und zog sich in seine Warte zurück. Die Welt aber
bewegte nun wiederum rückwärts das Geschick und die ihr einge-
pflanzte Begierde. Alle also an ihren Orten mit dem höchsten Geist
mitherrschenden Götter, als sie bemerkten, was geschah, ließen
273a gleichfalls die Teile der Welt los von ihrer Aufsicht und Besorgung. Sie aber, die sich umkehrte und, des Endes und des Anfangs
entgegengesetzten Schwung empfangend, einen Stoß erlitt, richtete nun, indem sie in sich selbst große Erschütterungen erregte,
dadurch wieder anderes Verderben an unter allerlei Arten des Lebendigen. Als aber, nachdem eine geraume Zeit vergangen war,
Getümmel und Verwirrung nachließen und von den Erschütterungen eine Stille eintrat, ging sie nun zu ihrem gewohnten eignen
Lauf wohl geordnet und bereitet über, selber Aufsicht und Macht
ausübend über alles in ihr und über sich selbst, ihres Werkmeisters
b und Vaters Lehren dabei sich nach Kräften erinnernd. Anfänglich
nun führte sie dies genauer aus, zuletzt aber lässiger. Und hieran
ist das Körperliche in ihrer Mischung schuld, dieses noch von der
ehemaligen Natur her mit ihr Aufgezogene, weil es mit großer Un-
ordnung behaftet war, ehe es zu der jetzigen Weltordnung ge-
langte. Denn von dem, welcher sie eingerichtet, besitzt sie alles
c Schöne; alles aber, was Widerwärtiges und Unrechtes unter dem
Himmel geschieht, stammt ihr selbst von ihrer vorigen Beschaffenheit her, und auch in die Lebendigen bringt sie es mit hinein.
Solange sie daher unter Aufsicht des Steuermannes ihre lebendigen Bewohner ernährt, erzeugt sie in ihnen nur wenig Schlechtes
und viel dagegen Gutes. Ist sie aber von jenem getrennt, so besorgt
sie in der nächsten Zeit nach ihrer Freilassung noch alles aufs herrlichste; je weiter aber die Zeit vorrückt und Vergeßlichkeit sich
einschleicht bei ihr, um so mehr nimmt auch überhand der Zu-
d stand der alten Verwirrung, welcher am Ende der Zeit vollkom-

men aufblüht, so daß sie, nur aus wenig Gutem und einem großen
Anteil des Entgegengesetzten jede Mischung zusammensetzend, in
Gefahr des Verderbens gerät, sie selbst und alles in ihr. Weshalb
denn alsdann schon der Gott, welcher sie eingerichtet hat, wenn er
sie in diesen Nöten erblickt, aus Besorgnis, daß sie nicht zertrüm-
mere und durch die Zerrüttung gänzlich aufgelöst in der Unähnlichkeit unergründliches Meer versinke, sich selbst wiederum an e
das Ruder stellend, alles, was erkrankt und aufgelöst ist, durch
Umwendung in den früheren, ihm selber gemäßen Umlauf wieder
in Ordnung bringt und so alles wieder ausbessernd die Welt un-
sterblich und alterslos herstellt.

Dieses nun ist nur als das Ende von allem Bisherigen gesagt; was
uns aber zur Darstellung des Königs dient, finden wir hinreichend,
wenn wir uns nur an das vorige der Rede halten. Nämlich, sobald
die Welt sich wiederum in die Bahn für das jetzige Werden hinein-
drehte, stand zuerst wiederum das Alter still, und Neues, dem
damaligen Entgegengesetztes brachte sie demnächst hervor. Nämlich die vor Kleinheit fast schon verschwindenden Leiber der lebendigen Wesen wuchsen wieder und die neu aus der Erde schon
als alt und grau hervorgegangenen kehrten sterbend wieder in
die Erde zurück, und alles andere veränderte sich, den Zustand 274a
des Ganzen nachahmend und ihm folgend. Ebenso also auch, was
zur Empfängnis, Geburt und Ernährung gehört, folgte als Nachbildung dem Ganzen notwendig nach. Denn nun durfte nicht
mehr in der Erde, indem andere es zusammenfügten, ein Lebendiges gebildet werden; sondern so, wie der Welt aufgegeben war,
selbstherrschend ihre Bahn zu leiten, auf dieselbe Weise war auch
ihren Teilen, aus sich selbst, soviel als möglich wäre, sich zu bilden, zu erzeugen und zu ernähren, durch dieselbe Anordnung aufgegeben. Und nun sind wir eben bei dem angekommen, worauf
diese ganze Rede ausging. Von den übrigen Tieren nämlich wäre b
es lang und weitläufig zu erzählen, woher sich jedes und weshalb
verwandelt, von den Menschen aber ist es kürzer zu fassen und
mehr zur Sache gehörig. Denn von der Sorgfalt des uns beherrschenden und hütenden Dämons verlassen, erfuhren die Menschen, da die meisten Tiere von irgend rauherer Natur ganz ver-
wildert, sie selbst aber schwach und schutzlos geworden waren,
von diesen vielerlei Leides und waren in den ersten Zeiten völlig c

hilflos und kunstlos, weil die von selbst sich darbietende Nahrung
ihnen ausgegangen und sich selbst welche zu verschaffen sie noch
nicht kundig waren, indem keine Art des Mangels sie vorher dazu
genötigt hatte. Alles dieses nun brachte sie in große Not. Weshalb
denn die in alten Sagen schon gerühmten Gaben uns von den Göttern mit der nötigen Belehrung und Unterweisung geschenkt wurden, das Feuer nämlich vom Prometheus und die Künste vom He-
d phaistos und seiner Kunstverwandtin, Saat und und Gewächse
wiederum von anderen; und alles, was zur Ausstattung des
menschlichen Lebens beigetragen, ist uns hieraus geworden, weil
nämlich, wie gesagt ist, die Obhut der Götter den Menschen fehlte
und sie nun sich selbst führen und selbst für sich Sorge tragen
mußten eben wie die ganze Welt, welche wir zu aller Zeit nachahmen und ihr nachfolgen, weshalb wir jetzt so und dann wieder auf
e andere Weise leben und entstehen. Und hiermit soll die Geschichte
ein Ende haben. Zu Nutz aber wollen wir sie uns machen, um zu
sehen, wie sehr wir gefehlt haben bei Darstellung des Herrschers
und Staatsmannes in unserer vorigen Rede.

17. Aufweis der begangenen Fehler und Bestimmung der Kunst der Hüter als Herdenwartung

SOKRATES D. J.: Wieso, und was für ein großer Fehler meinst du, daß uns begegnet wäre?

FREMDER: Auf der einen Seite ein kleinerer, auf der andern ein gar starker und weit mehr und größer als damals.

SOKRATES D. J.: Wieso?

FREMDER: Daß wir nämlich, gefragt nach dem Herrscher und
König aus der gegenwärtigen Umkreisung und Art des Werdens,
275a vielmehr aus dem entgegengesetzten Zeitlauf den Hirten der damaligen menschlichen Herde beschrieben haben und also einen
Gott statt eines Sterblichen, daran haben wir gar sehr gefehlt. Daß
wir ihn aber als den Herrscher des gesamten Staates angegeben
haben, ohne zu bestimmen auf welche Weise, daran haben wir
zwar an sich selbst ganz wahr geredet, aber wir haben es weder
ganz noch deutlich genug ausgedrückt und deshalb hierbei auch
weniger als an jenem gefehlt.

SOKRATES D. J.: Richtig.

FREMDER: Wir dürfen also, wenn wir nun noch die Art und

Weise des Herrschens im Staate bestimmt haben, alsdann, wie es scheint, hoffen, daß der Staatsmann uns vollständig erklärt sei.

Sokrates d. J.: Sehr schön.

Fremder: Deshalb nun haben wir auch die Erzählung beige- b
bracht, damit sie zeigen sollte von der Herdenzucht nicht nur
überhaupt, wie sich alle darum streiten mit dem jetzt Gesuchten,
sondern auch, damit wir eben jenen selbst deutlicher erblickten,
welchem, weil er allein nach Art und Weise der Hirten und Hüter
für die menschliche Erhaltung Sorge trägt, auch allein dieser
Name gebühren kann.

Sokrates d. J.: Richtig.

Fremder: Und ich meines Teils wenigstens denke, Sokrates,
daß diese Abzeichnung eines göttlichen Hüters auch den Vergleich c
mit einem Könige noch weit hinter sich läßt, dahingegen unsere
jetzigen Staatsmänner hier weit mehr den Beherrschten ihrer Natur nach ähnlich sind und auch an ihrer Bildung und Nahrung bei
weitem mehr teilnehmen.

Sokrates d. J.: Freilich wohl.

Fremder: Suchen müssen wir sie aber doch um nichts mehr oder minder, sie mögen nun so oder anders geartet sein.

Sokrates d. J.: Was sollten wir nicht!

Fremder: So laß uns denn so wieder zurückgehen. Die wir die
selbstgebietende Kunst über Lebendige genannt haben, und zwar
nicht über einzelne, sondern die eine gemeinsame Sorgfalt ausübt d
über viele, und die wir doch auch dort gleich die Herdenzucht
nannten – du erinnerst dich doch?

Sokrates d. J.: Ja.

Fremder: Diese nun haben wir schon um etwas verfehlt. Denn wir haben den Staatsmann gar nicht mit befaßt und benannt, sondern unvermerkt ist er uns durch die Benennung entwischt.

Sokrates d. J.: Wie das?

Fremder: Daß jeder seine Herde aufzieht und ernährt, dies
kommt wohl allen andern Hütern zu, dem Staatsmann gerade
kommt es aber nicht zu, und doch haben wir eben davon den Namen hergenommen, obwohl wir ihn von etwas allen insgesamt e
Gemeinschaftlichem hergenommen haben sollten.

Sokrates d. J.: Ganz wahr sprichst du, wenn es so etwas gab.

FREMDER: Wie sollte nicht jedenfalls das Pflegen etwas allen Gemeinschaftliches gewesen sein, wobei weder Fütterung noch irgendein anderes einzelnes Geschäft ausgeschlossen ist, und wir also, wenn wir sie Herdenwartung oder Pflege oder Besorgung insgesamt nannten, alsdann den Staatsmann mit unter den übrigen verstecken konnten, da doch die Rede darauf deutete, daß dies geschehen müsse?

18. Die Kunst des Staatsmanns als freiwillige Herdenwartung über freiwillige Menschen

276a SOKRATES D. J.: Richtig; aber die weitere Einteilung, wie wäre die gegangen?

FREMDER: Ebenso, wie wir voher die Herdenzucht weiter teilten für zu Fuß Gehendes und Unbefiedertes und für Reinbegattendes und Ungehörntes, ebenso würden wir auch die Herdenwartung geteilt und unter dieser Erklärung dann die jetzige und die unter der Regierung des Kronos gleichermaßen mit begriffen haben.

SOKRATES D. J.: Das ist deutlich. Ich sinne aber, wie nun weiter?

FREMDER: Haben wir nun den Namen der Herdenwartung so
b bestimmt: so wird offenbar keiner kommen und uns bestreiten, daß sie überhaupt eine Besorgung wäre, so wie damals mit Recht bestritten wurde, daß es eine Kunst unter uns gebe, die diesen Beinamen der aufziehenden und ernährenden verdiente, und wenn es eine gäbe, viele andere weit eher und mehr dazu gehören würden als irgendein Herrscher.

SOKRATES D. J.: Richtig.

FREMDER: Und Besorgung der gesamten menschlichen Gemeinschaft wird doch wohl keine andere Kunst mehr und eher als
c die königliche behaupten wollen, daß sie es sei, und Kunst der über alle Menschen sich erstreckenden Herrschaft.

SOKRATES D. J.: Richtig gesagt.

FREMDER: Nächstdem aber, o Sokrates, merken wir nicht etwa, daß auch gegen das Ende wiederum beträchtlich gefehlt ist?

SOKRATES D. J.: Worin doch?

FREMDER: Darin, daß, wenn auch noch so bestimmt gesehen hätten, es gebe allerdings eine aufziehende Kunst für die zweibeinige Herde, wir sie doch nicht gleich sollten die königliche und Staatskunst genannt haben, als wäre sie bereits völlig fertig.

SOKRATES D. J.: Warum nicht?

FREMDER: Zuerst, wie schon gesagt, war der Name zu verändern und mehr auf die gesamte Besorgung als auf die bloße Zucht d
zu beziehen. Dann war auch diese noch zu zerschneiden; denn sie hat wohl nicht wenig Einschnitte noch.

SOKRATES D. J.: Was für welche?

FREMDER: Wie wir ja schon den göttlichen Hüter und den menschlichen Fürsorger voneinander getrennt haben.

SOKRATES D. J.: Richtig.

FREMDER: Aber auch diese abgeteilte fürsorgende Kunst war notwendig wieder entzweizuschneiden.

SOKRATES D. J.: Und wie das?

FREMDER: In gewaltsame und freiwillige.

SOKRATES D. J.: Wieso?

FREMDER: Auch darin hatten wir vorher gefehlt und einfältiger e
als billig König und Tyrann in *eins* zusammengestellt, obwohl doch sie selbst und die Art eines jeden von ihnen zu herrschen einander ganz unähnlich sind.

SOKRATES D. J.: Richtig.

FREMDER: Nun also wollen wir auch dies berichtigend die menschliche Fürsorgekunst in zwei Teile teilen, nachdem Gewaltsames darin ist oder Freiwilliges.

SOKRATES D. J.: Allerdings.

FREMDER: Und die der Gewalttätigen nennen wir die tyrannische, die freiwillige Herdenwartung aber über freiwillige zweibeinige lebende Wesen als Staatskunst bezeichnend, wollen wir nun den, der diese Kunst und Besorgung ausübt, als den wahrhaften und wirklichen König und Staatsmann aufstellen.

19. Der noch bestehende Mangel an Deutlichkeit

SOKRATES D. J.: Und hiermit, o Fremdling, wird uns nun doch 277a
wohl die richtige Darstellung des Staatsmannes ganz vollendet sein.

FREMDER: Sehr schön, o Sokrates, stände es dann um uns. Aber das mußt nicht nur du allein, sondern auch ich muß es gemeinschaftlich mit dir glauben. Nun aber scheint mir wenigstens der

König noch nicht seine völlige Gestalt zu haben, sondern wie die
Bildhauer bisweilen, wenn sie zur Unzeit eilen, ihre Werke größer
b anlegen als nötig und sie dadurch verzögern: so haben auch wir,
um nicht nur schnell, sondern auch auf eine prächtige Art den
Fehler unserer ersten Ausführung ans Licht zu bringen, und in der
Meinung, es gezieme sich, dem König auch große Beispiele beizu-
fügen, eine wundergroße Masse von Geschichte zusammengebracht und uns dann eines größeren Teiles derselben als nötig
bedienen müssen. Darum ist unsere Darstellung gar lang geraten,
und wir haben nicht einmal die Geschichte zu Ende gebracht. Sondern an unserer Rede mögen wohl, wie an einem Gemälde, die
c Umrisse gut genug gezeichnet sein, aber gleichsam die Deutlichkeit, welche durch die Pigmente und durch die richtige Mischung
der Farben entsteht, ihr noch gefehlt haben. Und doch soll man
noch besser als durch Malerei oder jede andere Handarbeit alles
Lebendige durch Vortrag und Rede denen darstellen, die es fassen
können, und nur den anderen durch Nachbildung mit Händen.

SOKRATES D. J.: Das ist wohl richtig. Wie du aber meinst, daß
wir noch nicht hinlänglich erklärt hätten, das mache mir deutlich.

d FREMDER: Es ist schwer, Bester, wenn man nicht ein Beipiel zur
Hand nimmt, irgend etwas Größeres recht deutlich zu machen.
Denn sonst mag wohl jeder von uns erst wie im Traume alles wis-
sen und dann wieder gleichsam wachend alles nicht wissen.

SOKRATES D. J.: Wie meinst du das?

FREMDER: Gar wunderlich scheine ich gegenwärtig aufzure-
gen, was bei dem Wissen in uns verkommt.

SOKRATES D. J.: Woher das?

FREMDER: Eines Beispiels hat mir ja nun wieder auch das Beispiel selbst bedurft.

e SOKRATES D. J.: Was nun weiter? Sage es nur, und meinet-
wegen trage gar kein Bedenken.

20. Erläuterung des Wesens des Beispiels

FREMDER: So will ich es denn sagen, da ja auch du bereit bist zu folgen. Von den Kindern wissen wir doch, wenn sie eben lesen lernen, –

SOKRATES D. J.: Was denn?

FREMDER: Daß sie jeden Buchstaben in den kürzesten und

leichtesten Silben bald genug bemerken und fähig werden, das
Wahre über sie deutlich zu machen.
Sokrates d. J.: Das gewiß. 278a
Fremder: Daß sie diese selben aber in anderen wieder verken-
nen und dann fehlen in ihrer Vorstellung und Rede.
Sokrates d. J.: Allerdings.
Fremder: Ist es nun nicht so am leichtesten und schönsten, sie
zu dem zu führen, was sie noch nicht erkennen?
Sokrates d. J.: Wie?
Fremder: Daß man sie erst zu dem zurückführe, wo sie dasselbe richtig vorgestellt haben, und dann dieses neben das noch
nicht von ihnen Erkannte stelle, um ihnen durch Vergleichung die- b
selbe Gestaltung und Beschaffenheit in beiden Verknüpfungen zu
zeigen, bis das richtig Vorgestellte neben alles noch Unbekannte
gestellt aufgezeigt ist und so aufgezeigt Beispiele abgibt, welche
bewirken, daß von allen Buchstaben in allen Silben jeder, wenn er
verschieden ist, auch als verschieden, wenn er aber derselbe ist,
auch als derselbe immer auf gleiche Weise benannt werde. c
Sokrates d. J.: Allerdings freilich.
Fremder: Das also haben wir zur Genüge gefaßt, daß ein Beispiel alsdann entsteht, wenn etwas, was als dasselbe in einem andern Getrennten richtig vorgestellt und an etwas herangebracht
wird, von jedem von beiden als gleichen eine und dieselbe richtige
Vorstellung bewirkt.
Sokrates d. J.: Das leuchtet ein.
Fremder: Sollen wir uns also wundern, wenn unsere Seele, der
es von Natur mit den Bestandteilen der Dinge überhaupt ebenso d
ergeht, jetzt von der Wahrheit geführt über jeden einzelnen in einigen Gegenständen Festigkeit gewinnt, dann aber wieder über alle
in anderen schwankt, und wenn sie einige von ihnen doch in manchen Verbindungen richtig vorstellt, versetzt aber in weitläufige
und nicht leichte Verknüpfungen und gleichsam Silben von Gegenständen, eben dieselbigen wieder nicht erkennt?
Sokrates d. J.: Gar nicht ist das zu verwundern.
Fremder: Denn von einer falschen Vorstellung anfangend
könnte einer wohl auch nicht zum kleinsten Teile der Wahrheit e
gelangen und so irgend Einsicht gewinnen.
Sokrates d. J.: Gewiß auf keine Weise.

FREMDER: Also wenn dies so beschaffen ist: so würden wir wohl nichts versehen, ich und du, wenn wir zuerst versuchten, die Natur des ganzen Beispiels an einem kleinen, auf das Einzelne gehenden Beispiel zu erkennen, und uns dann daran gäben, indem wir zu dem Könige als dem größten schon den selbigen Begriff aus kleineren Dingen irgendwoher hinzubrächten, vermittels des Beispiels auch zu versuchen, die Besorgung derer in der Stadt nach der Kunst zu erläutern, damit wir nun statt im Traume es auch wachend haben.

SOKRATES D. J.: Vollkommen richtig.

279a FREMDER: So laß uns denn unsere vorige Rede wieder aufnehmen, daß nämlich, weil mit dem königlichen Geschlecht so viele andere um die Besorgung im Staate sich streiten, wir diese alle absondern müssen, um jenen allein zu behalten, und eben hierzu, sagten wir, bedürften wir eines Beispiels.

SOKRATES D. J.: Und das gar sehr.

21. Das Beispiel der Weberei. Ihre Bestimmung als Kleidermacherkunst

FREMDER: Was für ein recht kleines Beispiel, welches aber doch mit der Staatskunst dieselbe Verrichtung in sich schlösse, könnte einer nun wohl beibringen, um das Gesuchte danach genau genug
b zu finden? Oder beim Zeus, Sokrates, sollen wir, wenn wir nichts anderes bei der Hand haben, ebensogern die Weberei nehmen, und auch die, wenn du meinst, nicht ganz? Vielleicht nämlich wird uns schon die hinreichen, welche in Wolle arbeitet. Denn wenn wir auch nur diesen Teil von ihr herausnehmen, wird er uns wohl schon nachweisen, was wir wollen.

SOKRATES D. J.: Warum also nicht?

FREMDER: Und warum wollten wir nicht, wie wir vorher von jedem Teil wieder Teile abschneidend alles zerlegt haben, auch
c jetzt bei der Weberei dasselbe tun, und wenn wir alles so kurz als möglich schnell durchgegangen sind, wieder zu dem, was uns jetzt brauchbar ist, zurückkehren?

SOKRATES D. J.: Wie meinst du das?

FREMDER: Ich will dir durch die Ausführung selbst antworten.

SOKRATES D. J.: Sehr gut gesagt.

FREMDER: Alle Dinge also, welche wir verfertigen oder erwer-

ben, dienen uns teils um etwas zu tun, teils sind sie, um etwas nicht
zu leiden, Schutzwehren. Und von diesen Schutzwehren sind
einige Heilmittel, sowohl göttliche als menschliche, andere Ab- d
wehrungsmittel. Und von den Abwehrungsmitteln sind einige Rü-
stungen für den Krieg, andere sind Einhegungen. Von diesen Einhegungen sind einige Vorbauungen gegen den Anblick, andere
sind Sicherungen gegen Hitze und Ungewitter. Von diesen Sicherungen sind einige, was wir Obdach, andere, was wir Hülle nennen. Die Hüllen sind wieder teils Unterdecken, teils Anzüge. Von
den Anzügen sind einige aus einem Stück, andere zusammengesetzt, die zusammengesetzten teils durchlöchert, teils ohne Durch- e
löcherung verbunden; und von den undurchlöcherten einige aus
dem Baste der Pflanzen, andere von Haaren, und die härenen teils
mit Wasser und Erde geklebt, teils durch sich selbst verbunden.
Eben diese nun aus durch sich selbst Verbundenem gefertigten Ab-
wehrungen und Hüllen nennen wir Kleider; und die diese Kleider
vorzüglich besorgende Kunst wollen wir, wie wir dort die den
Staat vorzüglich besorgende die Staatskunst nannten, so auch 280a
diese von der Sache selbst die Kleidermacherkunst nennen. Und
wollen auch sagen, daß die Weberei, inwiefern sie bei Verfertigung der Kleider bei weitem das wichtigste Stück ist, gar nicht als
nur dem Namen nach von dieser Kleidermacherkunst unterschieden ist, so wie dort die königliche von der Staatskunst.

SOKRATES D. J.: Vollkommen richtig.

FREMDER: Und nun laß uns das weitere bedenken, daß nämlich
diese so beschriebene Weberei der Kleider einer wohl für hinläng- b
lich erklärt halten würde, der nämlich nicht bemerken könnte,
daß sie von ihren nächsten Gehilfinnen noch nicht ausgeschieden,
wenngleich von vielen Verwandten abgeteilt ist.

SOKRATES D. J.: Von was für Verwandten, sage.

22. *Unvollständigkeit der gegebenen Bestimmung*

FREMDER: Du bist dem Gesagten nicht gefolgt, wie es scheint. Also müssen wir wohl noch einmal zurückgehen, vom Ende anfangend, ob du etwa das Verwandte gewahr wirst, was wir jetzt eben von ihr abgeschnitten haben, nämlich die Verfertigung der Teppiche, welche wir absonderten, inwiefern sie untergelegt, jene aber angelegt werden.

SOKRATES D. J.: Ich verstehe.

c FREMDER D. J.: Auch jede Bereitung aus Lein und Hanf und allem, was wir in der Erklärung Pflanzenbast nannten, haben wir weggenommen; auch alles Filzen haben wir ausgeschieden und was mittels Durchbohrung und Naht die Teile verknüpft, wovon das meiste die Lederarbeit ist.

SOKRATES D. J.: Allerdings.

FREMDER: Ebenso die Bearbeitung der Häute zu Bedeckungen aus einem Stück und alle Arten von Obdach, sowohl welche die
d Baukunst und die Tischlerei errichten, um Strömungen abzuhalten, als auch was andere einhegende Künste hervorbringen, um gegen Diebereien und gewalttätige Handlungen zu schützen, und alle, welche sich damit beschäftigen, Kisten und Deckel zu verfertigen und die Befestigungen der Türen, und alle, welche sich abteilen lassen als Teile der Kunst, die sich der Nägel bedient. Ferner haben wir die Verfertigung der Waffen abgeschnitten als einen
e Ausschnitt der großen und mannigfaltigen Kunst der Abwehrungsmittel; ja auch jene Kocherei, welche es mit den Arzneimitteln zu tun hat, haben wir gleich anfangs gänzlich abgeschieden und haben, wie wir denken sollten, nur eben die gesuchte, gegen die Witterung schützende und wollene Umwürfe verfertigende allein übriggelassen, welche die Weberei genannt wird.

SOKRATES D. J.: So scheint es allerdings.

FREMDER: Aber vollständig ist dies noch gar nicht erklärt, Kind. Denn wer ganz zuerst an Verfertigung der Kleider Hand
281a anlegt, scheint doch ganz das Gegenteil des Webens zu verrichten.

SOKRATES D. J.: Wieso?

FREMDER: Das Weben ist doch ein Zusammenflechten?

SOKRATES D. J.: Ja.

FREMDER: Jenes aber ist vielmehr eine Trennung des Zusammenhängenden und Zusammengefilzten.

SOKRATES D. J.: Welches denn?

FREMDER: Das Geschäft des Wollkämmers. Oder sollen wir wagen, dies Weberei und den Wollkämmer wirklich Weber zu nennen?

SOKRATES D. J.: Keineswegs.

FREMDER: Und wenn jemand wiederum das Spinnen des Fadens zur Kette sowohl als zum Einschlag Weberei nennen wollte:

so würde der sich auch eines ungewöhnlichen und falschen Na- b
mens bedienen.

SOKRATES D. J.: Freilich wohl.

FREMDER: Und wie? Alles Walken und Ausbessern, sollen wir das gar nicht als eine Besorgung und Pflege der Kleider setzen oder auch dies als Weberei aufstellen?

SOKRATES D. J.: Keineswegs.

FREMDER: Aber doch werden diese alle die Besorgung und Entstehung der Kleider wohl der Weberei streitig machen, den größten Teil freilich ihr überlassend, aber auch einen großen sich zuschreibend.

SOKRATES D. J.: Freilich. c

FREMDER: Überdies ist noch zu glauben, daß dann auch die Künste, welche die Werkzeuge verfertigen, mit denen die Geschäfte bei dem Gewebe verrichtet werden, auch Miturheberinnen werden sein wollen bei jedem Gewebe.

SOKRATES D. J.: Ganz recht.

FREMDER: Wird nun wohl die Erklärung der Weberei, nämlich des Teils, den wir als den vorzüglichsten gewählt, hinlänglich bestimmt sein, wenn wir sie unter allen Besorgungen für die wollenen Gewänder nur als die schönste und größte angeben? Oder d
würden wir dann zwar wohl etwas Richtiges sagen, Bestimmtes und Vollendetes aber nicht, bis wir auch diese alle abgesondert haben?

SOKRATES D. J.: Gewiß.

23. *Vollkommene Bestimmung der Weberei durch Teilung in mitverursachende und verursachende, trennende und verbindende Künste*

FREMDER: Dies ist also nun zu verrichten, was wir eben sagen, damit uns die Rede weiter gedeihe.

SOKRATES D. J.: Freilich.

FREMDER: Zuerst also laß uns zweierlei Künste bei allem, was gemacht wird, betrachten.

SOKRATES D. J.: Was für welche?

FREMDER: Die eine ist an einem Entstehen Mitursache, die andere die Ursache selbst.

SOKRATES D. J.: Wie das?

e FREMDER: Solche Künste, welche die Sache nicht selbst verfertigen, den verfertigenden aber Werkzeuge darreichen, ohne deren Anwendung das jeder Kunst Anheimfallende nicht könnte verfertigt werden, diese nenne ich mitverursachend, die aber, welche die Sache selbst verfertigen, verursachend.

SOKRATES D. J.: Das hat freilich Grund.

FREMDER: Demnächst also wollen wir die, von denen die Spinnrocken und Weberladen herrühren, und was für Werkzeuge sonst noch an der Entstehung der Bekleidungen teilhaben, alle mitverursachend nennen, die aber sie selbst behandeln und verfertigen, verursachend.

SOKRATES D. J.: Ganz richtig.

282a FREMDER: Von denen nun, welche verursachend sind, wollen wir das Waschen und Ausbessern und alle ähnlichen Besorgungen, weil die schmückende Kunst sehr ausgebreitet ist, als den hierhergehörigen Teil derselben zusammenfassend und alle zusammen benennen nach der Walkerei.

SOKRATES D. J.: Gut.

FREMDER: Wiederum das Kämmen und Spinnen und alle Teile der Verfertigung des Kleides selbst, wovon wir reden, diese alle bilden *eine* Kunst von den allgemein genannten, die Wollzeugbereitung.

SOKRATES D. J.: Wie sollte sie auch anders!

b FREMDER: Die Wollzeugbereitung habe uns aber wieder zwei Abschnitte, deren jeder zugleich ein Teil von zwei Künsten ist.

SOKRATES D. J.: Wie das?

FREMDER: Das Kämmen und die eine Hälfte der Bearbeitung auf dem Webstuhl, und was sonst das Vereinigte trennt, alles dies gehört, wenn man es in eines zusammenfassen will, freilich zur Zeugbereitung selbst; aber dann gibt es doch auch noch zwei sehr weit über alles verbreitete Künste, die verbindende und die trennende?

SOKRATES D. J.: Ja.

FREMDER: Das Kämmen also und das eben erwähnte alles gehört zur trennenden. Denn das Trennen der Wolle und der Fäden,
c welches mit der Weberlade auf eine Art geschieht, mit den Händen auf eine andere, dies führt eben die jetzt genannten Namen.

SOKRATES D. J.: Allerdings.

FREMDER: Ebenso werden wir wiederum einen Teil der verbindenden Kunst und zugleich der Wollbereitung in ihr finden, und wollen nun, was dort zur trennenden gehört, alles fallen lassen, indem wir die Wollbereitung zerschneiden in einen trennenden und einen verbindenden Abschnitt.

SOKRATES D. J.: So sei sie denn geteilt.

FREMDER: Aber auch den verbindenden und zugleich zur Wollbereitung gehörigen Teil, o Sokrates, wirst du teilen müssen, wenn d
wir recht genau die vorbeschriebene Weberei finden wollen.

SOKRATES D. J.: So müssen wir es denn.

FREMDER: Wir müssen es freilich und sagen, der eine Teil sei der drehende, der andere der flechtende.

SOKRATES D. J.: Verstehe ich recht? Mich dünkt nämlich, du nennst den, der es mit Verfertigung des Fadens zur Kette zu tun hat, den drehenden.

FREMDER: Nicht zur Kette allein, sondern auch zum Einschlag. Oder werden wir irgend finden, daß dieser ohne Drehen entstehe?

SOKRATES D. J.: Gewiß nicht.

FREMDER: Teile aber auch wieder jeden von diesen; denn diese e
Teilung könnte dir sehr zustatten kommen.

SOKRATES D. J.: Wie denn?

FREMDER: Von den Werken des Wollkämmers nennen wir das in die Länge und in die Breite Gezogene den Wocken.

SOKRATES D. J.: Ja.

FREMDER: Was nun hiervon mit der Spindel zu einem festen Faden gedreht wird, das nenne das Gespinst zur Kette, und die Kunst, die dieses sauber anfertigt, die feste Spinnerei.

SOKRATES D. J.: Richtig.

FREMDER: Was aber nur lose zusammengedreht wird und durch Einflechtung der Kette bei der Bearbeitung des Walkers die gehörige Weichheit erhält, dies Gespinst ist das für den Einschlag, und die Kunst, der es anheimfällt, wollen wir die weiche Spinnerei 283a
nennen.

SOKRATES D. J.: Ganz richtig.

FREMDER: Und nun ist der Teil der Weberei, den wir bestimmen wollten, schon jedem klar. Wenn nämlich der in der Wollbereitung sich findende Teil der verbindenden Kunst durch gerades Einschießen des Einschlags in die Kette ein Geflecht hervorbringt, so wird nun das sämtliche Geflecht das wollene Gewand sein, und die hierzu gesetzte Kunst nennen wir die Weberei.

SOKRATES D. J.: Ganz richtig.

24. *Mehr und Weniger bezogen aufeinander und bezogen auf das Angemessene*

b FREMDER: Gut. Warum haben wir aber nicht gleich geantwortet, die Weberei sei die Verflechtung des Einschlags und der Kette, sondern sind in einem weiten Kreise herumgegangen, gar vieles unnützerweise beschreibend?

SOKRATES D. J.: Unnützerweise scheint mir wenigstens nichts gesagt zu sein von dem, was wir gesagt haben.

FREMDER: Das ist wohl auch kein Wunder, aber es könnte dir doch so erscheinen. Gegen dieses Übel nun, wenn es dir vielleicht in Zukunft öfter wiederkommen sollte – denn auch das wäre kein
c Wunder –, höre eine Rede, die auf alles dergleichen angewendet zu werden wohl verdient.

SOKRATES D. J.: Sage sie nur.

FREMDER: Zuerst also laß uns überhaupt sehen, was Übermaß und Mangel ist, damit wir mit Grund loben und tadeln, was in solchen Unterhaltungen ausführlicher als billig gesagt wird und was entgegengesetzt.

SOKRATES D. J.: Das wollen wir dann.

FREMDER: Wenn also unsere Rede auf diese Dinge selbst ginge, würde sie den rechten Weg einschlagen.

SOKRATES D. J.: Auf welche?

FREMDER: Auf Länge und Kürze und überhaupt auf jedes Her-
d vorragen oder Zurückbleiben. Auf alles dies geht aber doch eben die Meßkunst?

SOKRATES D. J.: Ja.

FREMDER: Laß sie uns also in zwei Teile teilen, denn dessen bedürfen wir zu unserm jetzigen Zweck.

SOKRATES D. J.: Sage nur, wie die Teilung geschehen soll.

FREMDER: So: der eine bezieht sich auf ihr Teilhaben an Größe und Kleinheit im Verhältnis zueinander, der andere auf der Entstehung notwendiges Sein.

SOKRATES D. J.: Wie meinst du das?

FREMDER: Dünkt dich nicht natürlich, daß man sagen müsse,

das Größere sei als nichts anderes größer denn nur als das Kleinere, und das Kleinere wiederum kleiner als das Größere und als e
nichts anderes?

Sokrates d. J.: Das dünkt mich allerdings.

Fremder: Wie aber? Was die Natur des Angemessenen übertrifft oder davon übertroffen wird, in Reden oder auch in Handlungen, müssen wir das nicht auch beschreiben als ein wirklich Entstehendes, wodurch ja auch vorzüglich die Guten und Bösen unter uns sich voneinander unterscheiden?

Sokrates d. J.: Offenbar.

Fremder: Diese zwei Arten des Seins und der Beurteilung müssen wir also annehmen für das Große und Kleine, und nicht, wie wir vorher sagten, sie dürften nur in Beziehung auf einander sein; sondern vielmehr, wie es jetzt erklärt worden, ist die eine Art in Beziehung beider auf einander, die andere in ihrer Beziehung auf das Angemessene zu setzen. Weshalb aber, wollen wir das wohl sehen?

Sokrates d. J.: Warum nicht?

Fremder: Wenn jemand nicht zugeben will, daß der Begriff 284a
des Größeren sich auf etwas anderes beziehe als auf das Kleinere,
so wird er sich nie auf das Angemessene beziehen. Nicht wahr?

Sokrates d. J.: Gewiß.

Fremder: Und würden wir nicht die Künste selbst und alle ihre
Werke zerstören durch diese Rede, und wird uns nicht eben auch
die jetzt gesuchte Staatskunst und die vorher erklärte Weberkunst
verschwinden? Denn alle solche suchen das im Verhältnis zum
Angemessenen Größere oder Geringere nicht als nichtseiend, sondern als für ihr Geschäft verderblich seiend zu vermeiden; und b
nur, indem sie auf diese Weise das Angemessene bewahren, vollbringen sie alles Gute und Schöne.

Sokrates d. J.: Wie könnten sie anders?

Fremder: Machen wir aber, daß die Staatskunst uns verschwindet, so bleibt unsere Untersuchung der königlichen Wissenschaft ohne Ausgang.

Sokrates d. J.: Gewiß.

Fremder: Sollen wir nun, wie wir bei dem Sophisten durchsetzten, das Nichtseiende sei, weil dahin sich uns die Rede entzog, so auch jetzt durchsetzen, das Mehr und Weniger müsse meßbar

sein nicht nur gegeneinander, sondern auch gegen die Entstehung
c dessen, was angemessen ist? Denn unmöglich kann weder ein Staatsmann noch irgendein anderer von denen, die es mit Handlungen zu tun haben, unbestritten ein wahrhaft Kundiger sein, wenn dies nicht zugestanden wird.

SOKRATES D. J.: Also müssen wir auf alle Weise auch jetzt dasselbe tun.

25. Die zwei Arten der Meßkunst

FREMDER: Nur noch größer ist diese Arbeit, o Sokrates, als jene und wir erinnern uns doch noch an jene, wie lang sie währte. Aber ansetzen können wir darüber wohl dieses mit allem Recht.

SOKRATES D. J.: Was doch?

d FREMDER: Daß allerdings das jetzt Angeführte einmal nötig sein wird zur Darlegung des Genauen selbst. Daß es aber zu unserm jetzigen Bedarf schön und genügend gezeigt ist, dazu scheint dieser Satz uns reichlich zu helfen, daß man also in gleicher Weise annehmen muß, daß alle Künste sind, und zur selben Zeit, daß Größeres und Kleineres meßbar ist nicht nur gegen einander, sondern auch gegen die Entstehung des Angemessenen. Denn wenn dieses *ist*, dann *sind* auch jene, und sind jene, so muß auch dieses *sein*; ist aber eines von beiden nicht, so kann auch keines von beiden jemals *sein*.

e SOKRATES D. J.: Das ist richtig; allein was folgt weiter?

FREMDER: Offenbar werden wir nun die Meßkunst auf die Art, wie jetzt erklärt ist, teilen, indem wir sie in zwei Teile zerschneiden, als den einen Teil derselben alle Künste setzend, welche Zahlen, Längen, Breiten, Tiefen und Geschwindigkeiten gegen ihr Gegenteil abmessen; als den andern aber alle, die es tun gegen das Angemessene und Schickliche und Gelegene und Gebührliche und alles, was in der Mitte zwischen zwei äußersten Enden seinen Sitz hat.

SOKRATES D. J.: Gar groß ist jeder von diesen Abschnitten und gar weit unterschieden einer vom andern.

FREMDER: Denn was bisweilen, o Sokrates, viele preiswürdige
285a Männer sagen in der Meinung, etwas recht Weises vorgetragen zu haben, daß nämlich die Meßkunst auf alles Entstehende geht, das ist eben dies jetzt erklärte. Denn Messung findet gewissermaßen bei allem Kunstmäßigen statt. Weil sie aber nicht gewöhnt sind,

was sie betrachten, nach Arten einzuteilen: so werfen sie diese so
sehr voneinander verschiedenen Dinge in *eins* zusammen und halten sie für ähnlich; ebenso tun sie dann auch wieder das Gegenteil,
indem sie anderes gar nicht nach einer ordentlichen Teilung voneinander trennen, obwohl doch, wer zuerst die Gemeinschaft zwi- b
schen vielen bemerkt, nicht eher ablassen sollte, bis er alle Verschiedenheiten in derselben gesehen hat, soviele jedenfalls auf Begriffen beruhen; und wiederum, wenn die mannigfaltigen Unähn-
lichkeiten an einer Mehrheit erschienen sind, dann sollte man
nicht imstande sein, eher sich zu scheuen und aufzuhören, bis man
alles Verwandte innerhalb *einer* Ähnlichkeit eingeschlossen und
unter das Sein einer Gattung befaßt hat. Dies sei nun aber hierüber
und über Mangel und Übermaß zur Genüge gesprochen. Nur dies
laß uns in acht nehmen, daß wir zwei Arten der Meßkunst dafür c
gefunden haben, und laß uns erinnern, worin wir sagten, daß
beide beständen.

SOKRATES D. J.: Das wollen wir erinnern.

26. Steigerung der dialektischen Fähigkeit als Ziel

FREMDER: Nach dieser Erklärung nun laß uns eine andere hinzufügen über das Gesuchte selbst und über jede Beschäftigung mit solchen Reden.

SOKRATES D. J.: Was doch für eine?

FREMDER: Wenn uns jemand fragte über die Zusammenkünfte
derer, welche die Buchstaben lernen, ob, wenn einer nach irgendeinem Worte gefragt wird, aus was für Buchstaben es bestehe, wir
dann sagen wollen, die Frage geschehe mehr wegen des *einen* Auf- d
gegebenen, oder vielmehr, damit er in allem, was aufgegeben werden kann, sprachkundiger werde?

SOKRATES D. J.: Deshalb offenbar, damit er es in allem werde.

FREMDER: Und wie? Unsere Frage über den Staatsmann, ist sie uns mehr um seinetwillen selbst aufgegeben worden oder damit wir in allem dialektischer werden?

SOKRATES D. J.: Offenbar auch dies, um es in allem zu werden.

FREMDER: Gewiß wird doch wenigstens kein irgend vernünftiger Mensch die Erklärung der Weberei um ihrer selbst willen suchen wollen. Aber das, glaube ich, merken die meisten nicht, daß
einige leicht zu erkennende Dinge gewisse wahrnehmbare Ähn- e

lichkeiten an sich tragen, welche es dann gar nicht schwer ist aufzuzeigen, wenn jemand einem, der Rechenschaft über etwas verlangt, nicht auf eine mühsame Weise, sondern ohne Erklärung leicht etwas darüber deutlich machen will; daß aber von den größ-
286a ten und schätzbarsten es kein handgreifliches Bild für die Menschen gibt, durch dessen Aufzeigung, wer die Seele eines Forschenden befriedigen will, wenn er es etwa irgendeinem der Sinne vorhielte, sie hinlänglich befriedigen könnte. Deshalb muß man darauf bedacht sein, von jedem Erklärung geben und auffassen zu können. Denn das Unkörperliche als das Größte und Schönste wird nur durch Erklärung und auf keine andere Weise deutlich gezeigt. Und hierauf bezieht sich alles jetzt Gesagte; aber die
b Übung ist in allen Stücken leichter am Geringeren als am Größeren.

SOKRATES D. J.: Sehr schön gesagt.

FREMDER: Weshalb wir nun dieses alles vorgetragen, laß uns ja nicht vergessen.

SOKRATES D. J.: Weshalb also?

FREMDER: Zunächst und gar nicht am wenigsten wegen eben jener Beschwerde über jene Weitläufigkeit in der Erklärung der Weberei, die wir gar beschwerlich empfunden haben, und in der von der Umwälzung des Ganzen und in der über das Sein des Nichtseienden beim Sophisten, indem wir bemerkten, wie sehr lang dies alles war. Und über alles dieses haben wir uns Vorwürfe
c gemacht, besorgend, daß wir außer dem Langen auch ungehörig sprächen. Damit uns also dieses in Zukunft nicht wieder begegne, deshalb, sage, hätten wir alles Bisherige erörtert.

SOKRATES D. J.: Das soll geschehen; sprich nur weiter.

FREMDER: Ich sage demnach, daß wir, du und ich, uns des jetzt Gesagten zu erinnern und immer Lob und Tadel über Länge und Kürze, wovon wir auch jedesmal reden mögen, zu erteilen haben nicht nach Beurteilung der Längen in Vergleich miteinander, son-
d dern zufolge jenes Teiles der Meßkunst, welchen wir uns damals merken wollten, nach dem Schicklichen.

SOKRATES D. J.: Richtig.

FREMDER: Aber auch nicht nach diesem alles. Denn weder der zum bloßen Vergnügen angemessenen Länge werden wir anders bedürfen als nur sehr nebenbei. Und ebenso auch die für die Unter-

suchung des unmittelbar Aufgegebenen, um es aufs leichteste und
schnellste zu finden, gebietet unsere Rede uns nicht als das erste,
sondern nur als das zweite zu lieben, am meisten aber und zuerst
das Verfahren selbst in Ehren zu halten, daß man der Teilung nach
Arten mächtig sei, und daher auch eine Rede, wenn sie gleich noch e
so lang müßte gesprochen werden, um den Hörer erfinderischer
zu machen, dennoch zu verfolgen und über die Länge nicht unwillig zu sein, und wiederum, wenn sie nur kurz sein darf, ebenso.
Ferner auch, daß wer in solchen Verhandlungen die Länge der
Reden tadelt und das Herumgehen im Kreise sich nicht will gefallen lassen, daß der keineswegs nur so geradezu das Gesprochene
abzutun und zu tadeln habe, daß es zu lang sei, sondern auch zu 287a
bedenken, daß er zeigen müsse, wie es kürzer könnte gewesen sein
und doch die Unterredenden dialektischer gemacht haben und erfinderischer in der Kundmachung der Dinge durch die Rede; und
daß wir auf anderes Lob und Tadel, wobei auf etwas anderes gesehen wird, uns gar nicht zu bekümmern haben, vielmehr tun können, als ob wir solche Reden ganz und gar nicht hörten. Und hiervon sei es nun genug, wenn auch du so meinst. Sondern laß uns
jetzt wieder zum Staatsmann gehen und das vorher durchgeführte b
Beispiel der Weberei an ihm versuchen.

SOKRATES D. J.: Wohl gesprochen, und laß uns tun, was du sagst.

27. *Abtrennung der mitverursachenden Künste, und zwar für Werkzeuge, Gefäße und Fahrzeuge*

FREMDER: Nicht wahr, von vielen Künsten, welche ebenfalls Hüterinnen sind, oder vielmehr von allen, welche mit Herden zu tun haben, ist der König uns schon abgesondert? Nur sind uns noch übrig, müssen wir sagen, die in dem Staate selbst zu den Mitursachen und Ursachen gehören, welche wir zuerst voneinander trennen müssen.

SOKRATES D. J.: Richtig.

FREMDER: Nun weißt du wohl, daß es schwer ist, sie in zwei
Teile zu teilen; und auch die Ursache davon wird uns, denke ich, c
wenn wir weiter gehen, nicht minder deutlich werden.

SOKRATES D. J.: So wollen wir es denn so tun.

FREMDER: Gliederweise wollen wir sie also wie die Opfer zerteilen, da es in die Hälften nicht gehen will. Denn in die möglichst nächste Zahl von dieser muß man immer zerschneiden.

SOKRATES D. J.: Wie wollen wir das also jetzt machen?

FREMDER: Wie vorher, wo wir doch alle, welche nur Werkzeuge für die Weberei hergaben, als mitverursachend setzten.

SOKRATES D. J.: Ja.

FREMDER: Dasselbe müssen wir nun auch jetzt, und zwar noch
d mehr als damals tun. Die nur irgendein, sei es nun kleines oder großes Werkzeug im Staat verfertigen, diese müssen wir insgesamt als mitverursachend setzen. Denn ohne diese könnte weder ein Staat noch eine Staatskunst jemals bestehen, aber keines davon können wir doch als ein Werk der königlichen Kunst ansehen.

SOKRATES D. J.: Freilich nicht.

FREMDER: Allein etwas Schwieriges unternehmen wir zu tun durch Absonderung dieser Gattung von den übrigen. Denn von welchem Dinge man auch sagt, daß es Werkzeug für ein gewisses
e anderes sei, wird das immer ganz glaubhaft gesagt scheinen. Dennoch aber wollen wir von einer andern Sache im Staate folgendes behaupten.

SOKRATES D. J.: Was doch meinst du?

FREMDER: Daß sie nicht dieselbe Eigenschaft hat. Denn nicht, um Ursache zu sein, daß etwas entstehe, wird sie zusammengeschlagen, wie ein Werkzeug, sondern zu des bereits Verfertigten Erhaltung.

SOKRATES D. J.: Was meinst du doch für eine?

FREMDER: Was für Trocknes und Nasses, für im Feuer Gewesenes und nicht darin Gewesenes auf mannigfaltige Weise verfertigt und mit *einem* Namen Gefäß genannt wird, ein gar weitläufi-
288a ger Begriff, der mit unserer gesuchten Wissenschaft, wie ich glaube, gar nichts zu schaffen hat.

SOKRATES D. J.: Wie sollte er auch?

FREMDER: Ferner ist eine dritte von diesen verschiedene Art von Sachen häufig zu sehen zu Land und zu Wasser, teils weit umherirrend, teils nicht, teils kostbar, teils geringgeschätzt, *einen* Namen aber führend, weil es ingesamt, um etwas bei sich aufzunehmen, ein Sitz für etwas wird.

SOKRATES D. J.: Was doch meinst du?

FREMDER: Was wir Fahrzeug nennen, und was gar nicht der

Staatskunst Werk ist, sondern weit mehr des Zimmermanns und Töpfers und Metallarbeiters.

Sokrates d. J.: Ich verstehe.

28. *Abtrennung der Künste für Bedeckung, Spielwerk, ursprünglichen Besitz und Nahrung*

Fremder: Und wie? Sollen wir nicht als eine andere vierte Art b
diejenige angeben, wozu das meiste von dem vorher schon Erwähnten gehört, alles, was Kleidung ist, und die meisten Waffen und Mauern, und alles, was aufgeworfen wird von Erde und Steinen, und tausenderlei anderes? Da es aber ingesamt, um etwas zu umgeben und zu decken, verfertigt wird, könnte man es im allgemeinen und mit allem Recht Bedeckung nennen und es bei weitem mehr für das Werk der Baukunst und der Weberei größtenteils und richtiger halten, als der Staatskunst.

Sokrates d. J.: Allerdings.

Fremder: Wollen wir nun etwa als das Fünfte alles, was zum c
Schmuck gehört, aufstellen und die Malerkunst, und was durch Anwendung dieser Kunst und der Tonkunst als Nachbildung nur zu unserem Vergnügen hervorgebracht und mit Recht unter *einem* Namen begriffen wird?

Sokrates d. J.: Unter welchem?

Fremder: Spielwerk nennt man doch etwas?

Sokrates d. J.: Wie sollte man nicht!

Fremder: Und das wird sich eben als gemeinschschaftlicher Name für dies alles schicken. Denn nie wird etwas davon eines Geschäftes wegen, sondern nur zum Spiel gemacht.

Sokrates d. J.: Auch das verstehe ich wohl. d

Fremder: Was nun aber dem allen Körper gibt, woraus und womit alle erwähnten Künste arbeiten, und was wiederum als mannigfaltige Gattung ein Erzeugnis vieler anderen Künste ist, sollen wir das nicht als das Sechste setzen?

Sokrates d. J.: Was meinst du wohl?

Fremder: Gold und Silber, und was sich sonst hämmern läßt, und was die Holzschläger und Scherer abschneidend den zimmernden und flechtenden Künsten liefern, und die Baumschäler, welche den Gewächsen, so wie die Lederarbeiter, welche den be- e
lebten Körpern die Haut abziehen, und alle Künste, welche sich

mit dergleichen abgeben, wie auch die den Kork und die Schreiberrollen und die Riemen verfertigenden, was diese alle liefern, um Zusammengesetztes verschiedener Art aus allen Arten des Nichtzusammengesetzten zu verfertigen: dies alles nennen wir als eins, den ursprünglichen und unzusammengesetzten Besitz für die Menschen, keineswegs aber ein Werk der königlichen Kunst.

SOKRATES D. J.: Schön.

FREMDER: Dann wieder das Gewinnen der Nahrung, und was in den Leib eingemischt durch seine Teile die Teile des Leibes ir-
289a gend zu stärken ein Vermögen besetzt, dies nennen wir insgesamt als das Siebente die Nahrung, wenn wir nicht einen anderen schöneren Namen haben. Und wenn wir dies der Kunst des Landbaues und der Jagd und der Leibesübungen und der Heilkunst und Kochkunst anweisen, werden wir es richtiger stellen als unter die Staatskunst.

SOKRATES D. J.: Das gewiß.

29. *Aussonderung der Knechte, Kaufleute, Söldner, Herolde, Wahrsager und Priester*

FREMDER: Nun glaube ich, daß fast alles, was man besitzen kann, außer den zahmen Tieren in diesen sieben Arten zu finden ist. Sieh nur zu. Eigentlich nämlich sollte zuerst obenan stehn die ur-
b sprüngliche stoffliche Art, nächst dieser das Werkzeug, das Gefäß, das Fahrzeug, die Bedeckung, das Spielwerk, die Nahrung. Was wir aber übergehen, wenn uns etwa manches Unwichtige entgangen ist, das läßt sich in eines von diesen größeren schlecht und recht fügen, wie die Gestalt des Geldes, der Insiegel und aller aufgedruckten Zeichen. Denn für diese ist keine unter jenen großen Gattungen ganz angemessen, sondern einiges davon würde sich zum Schmuck, anderes zu den Werkzeugen, mit Gewalt zwar, aber doch ganz gewiß ziehen lassen und zusammenstimmen. Was aber zum Besitz der zahmen Tiere gehört, wenn man die Knechte
c ausnimmt, das wird die Herdenzucht, wie wir sie vorher eingeteilt haben, wohl ganz in sich befassen.

SOKRATES D. J.: Allerdings.

FREMDER: Nun sind also noch die Knechte und alle anderen Diener übrig, unter denen ich wohl ahne, daß sich uns auch die zeigen werden, die sich um das Geflechte selbst mit dem Könige

streiten, wie vorher mit dem Weber die, welche das Spinnen und Wollkämmen und anderes Erwähnte treiben. Die übrigen alle sind, als mitverursachend bezeichnet, schon mit den eben erwähnten Werken drauf gegangen und von dem königlichen und staats- d
künstlerischen Geschäft abgesondert.

Sokrates d. J.: Das scheinen sie wenigstens.

Fremder: Laß uns also die noch übrigen betrachten, und zwar nahe hinzutretend, damit wir sie fester ins Auge fassen.

Sokrates d. J.: Das müssen wir freilich.

Fremder: Bei den hauptsächlichsten Dienern, von hier aus gesehen, werden wir freilich ein ganz entgegengesetztes Geschäft und Leben finden, als uns jetzt ahnte.

Sokrates d. J.: Welche meinst du?

Fremder: Die für Geld gekauften und auf diese Art erwerblichen, welche wir ohne Widerrede Knechte nennen und von ihnen e
sagen dürfen, daß sie am wenigsten Anspruch machen auf die königliche Kunst.

Sokrates d. J.: Wie sollten wir das nicht?

Fremder: Und wie? Diejenigen Freien, welche sich den eben erwähnten freiwillig zugesellen in der Dienstbarkeit, des Ackerbaues und der andern Künste Erzeugnisse einander zutragend und gegeneinander ausgleichend, die einen auf dem Markte, die andern von Stadt zu Stadt ziehend über See und zu Lande und Geld gegen Waren oder auch gegen sich selbst umsetzend, welche wir Geldwechsler und Kaufleute und Schiffsherren und Krämer nen- 290a
nen, sollten die sich wohl irgend dazu drängen, zur Staatskunst zu gehören?

Sokrates d. J.: Vielleicht wohl zu der der Kaufleute.

Fremder: Niemals aber werden wir doch, die wir als Söldner dienen sehen und als jedem bereitwillige Tagelöhner, zugleich als solche finden, die auf die königliche Kunst Anspruch machen.

Sokrates d. J.: Wie sollten wir wohl!

Fremder: Und wie? Etwa diejenigen, welche uns dergleichen Dienste zu leisten pflegen?

Sokrates d. J.: Wen? Und was für Dienste meinst du?

Fremder: Die, zu denen das Geschlecht der Herolde gehört, b
und die sich auf öffentliche Schriften verstehen und uns damit oft Dienste leisten, und manche andere, die vielerlei anderes für die

öffentlichen Gewalten mühsam auszurichten gar trefflich sind, wie sollen wir die nennen?

SOKRATES D. J.: Wie du schon sagtest, Diener, nicht selbst Herrscher in den Staaten.

FREMDER: Aber ich habe doch wohl nicht ein Traumgesicht gesehen, als ich sagte, hier würden sich uns wohl die zeigen, welche ganz vorzüglich mit der königlichen Kunst im Streit begriffen wären? Wiewohl es freilich ganz ungereimt scheinen kann, diese in
c irgendeinem dienenden Zustande suchen zu wollen.

SOKRATES D. J.: Freilich wohl.

FREMDER: Laß uns also noch näher an die noch nicht Geprüften uns heranmachen. Da sind zuerst die, welche an der Wahrsagekunst einen Teil einer dienenden Wissenschaft besitzen. Denn für Dolmetscher der Götter bei den Menschen werden sie ja gehalten?

SOKRATES D. J.: Ja.

FREMDER: Ebenso dann auch das Geschlecht der Priester, das kundig ist, wie die bestehende Meinung sagt, von unserer Seite
d Geschenke an Opfern für die Götter nach ihrem Sinne zu schenken und von ihrer Seite uns durch Gebete den Besitz des Guten zu erflehen. Und dies sind doch wohl beides Teile einer dienenden Kunst?

SOKRATES D. J.: Offenbar ja wohl.

30. Die gewählten Könige und Priester

FREMDER: Endlich also scheinen wir nun doch eine Spur, der wir nachgehen können, gefaßt zu haben. Denn Priester und Wahrsager geben sich ja ein sehr verständiges Ansehen und genießen einer hohen Achtung wegen der Wichtigkeit ihres Geschäftes. So daß in Ägypten kein König ohne Priestertum regieren darf, sondern
e wenn auch etwa einer aus einem andern Geschlecht die Regierung gewaltsam an sich gerissen hat, so muß er doch notwendig noch nachher in dies Geschlecht eingeweiht werden. Auch unter den Hellenen findet man häufig, daß den höchsten obrigkeitlichen Personen die wichtigsten solcher Opfer zu verrichten übertragen sind. Ja, auch bei euch liegt ja dies nicht weniger zutage. Denn wen das Los zum Archon, der König genannt wird, macht, dem, sagt man, wären hier die feierlichsten und altväterlichsten Opfer übertragen.

Sokrates d. J.: Allerdings.

Fremder: Diese also, die durchs Los ernannten Könige und 291 a
Priester, und ihre Diener und noch eine große Menge anderer, die uns jetzt erschienen sind, müssen wir betrachten, nach gänzlicher Absonderung aller vorigen.

Sokrates d. J.: Welche meinst du nur?

Fremder: Einige gar wunderliche.

Sokrates d. J.: Wieso?

Fremder: Ein gar vielstämmiges Geschlecht, wie sich gleich auf den ersten Anblick zeigt. Denn viele der Männer gleichen den
Löwen und Kentauren und anderen der Art; gar viele aber auch b
den Satyrn und den schwächeren, aber gewandteren Tieren; oft verwandeln sie sich auch aus einer Gestalt und Eigenschaft in die andere. Kurz: jetzt, o Sokrates, glaube ich die Männer endlich erblickt zu haben.

Sokrates d. J.: Sprich nur. Denn du scheinst etwas gar Wunderliches zu sehen.

Fremder: Freilich; denn Wunderliches kommt allen aus der Unwissenheit her. Ist mir doch noch jetzt dasselbe begegnet. Denn sogleich kam ich in Zweifel, als ich den Chor, der mit den Staatsangelegenheiten sich beschäftigt, erblickte. c

Sokrates d. J.: Welchen doch?

Fremder: Den größten Tausendkünsler unter allen Sophisten und den erfahrensten in diesen Künsten, den wir, wie schwer er auch von den wahrhaft königlichen und Staatsmännern abzusondern sein mag, dennoch absondern müssen, wenn wir das Gesuchte recht klar sehen wollen.

Sokrates d. J.: Davon dürfen wir aber doch auf keine Weise ablassen.

Fremder: Gewiß nicht, wenn es nach mir geht. Sage mir also dieses.

31. Die fünf Regierungsformen. Die Königskunst als Erkenntnis

Sokrates d. J.: Was doch?

Fremder: Ist nicht die Monarchie eine von den Regierungen d
des Staates?

Sokrates d. J.: Ja.

FREMDER: Und nach der Monarchie würde einer, glaube ich, die Obergewalt der Wenigen anführen.

SOKRATES D. J.: Wie sollte er nicht?

FREMDER: Und die dritte Gestalt der Staatsverfassung, ist das nicht die Regierung der Menge, welche Demokratie genannt wird?

SOKRATES D. J.: Allerdings.

FREMDER: Und werden diese nicht gewissermaßen aus dreien fünf, wenn zwei davon sich aus sich selbst andere Namen hervorbringen?

SOKRATES D. J.: Was für welche doch?

e FREMDER: Wenn man doch auf das Gewaltsame und Freiwillige sieht, auf Armut und Reichtum, auf Gesetz und Gesetzlosigkeit, welche darin statthaben: so teilt man jede von den beiden in zwei und benennt die Monarchie, als begriffe sie zwei Arten, mit zwei Namen, die Tyrannei die eine, die andere das Königtum.

SOKRATES D. J.: Richtig.

FREMDER: Und so auch den von Wenigen beherrschten Staat mit zwei Namen, Aristokratie und Oligarchie.

SOKRATES D. J.: Allerdings.

FREMDER: In der Demokratie aber, mag nun mit Gewalt oder
292a mit ihrem guten Willen die Menge über die, welche das Vermögen in Händen haben, regieren, und mag sie die Gesetze genau beobachten oder auch nicht: so pflegt sie doch niemals jemand mit einem anderen Namen zu benennen.

SOKRATES D. J.: Das ist wahr.

FREMDER: Wie nun? Glauben wir nun, irgendeine von diesen Staatsverfassungen sei auf Grund dieser Bestimmungen eine richtige, nämlich als bestimmt durch die Anzahl, ob es einer ist oder wenige oder viele, oder durch Armut und Reichtum, oder nach dem Gewaltsamen und Freiwilligen, und danach, ob sie schriftliche Satzungen hat oder ohne Gesetze besteht?

SOKRATES D. J.: Warum nicht, und was sollte doch dagegen sein?

b FREMDER: Betrachte es nur genauer, indem du mir so folgst.

SORKATES D. J.: Wie doch?

FREMDER: Ob wir bei dem anfänglich Gesagten bleiben oder davon abgehen wollen?

SOKRATES D. J.: Von welchem meinst du?

FREMDER: Die königliche Regierung, sagten wir, sei eine Erkenntnis.

SOKRATES D. J.: Ja.

FREMDER: Und nicht nur so eine aus allen, sondern eine sondernde und vorstehende nahmen wir erst aus den anderen heraus?

SOKRATES D. J.: Ja.

FREMDER: Und aus der vorstehenden wiederum eine für unbeseelte Werke und eine für lebendige Wesen, und so sind wir im- c
mer weiter teilend bis hierher gekommen, ohne je die Erkenntnis fahren zu lassen, nur was für eine sie wäre, konnten wir immer noch nicht recht ausmitteln.

SOKRATES D. J.: Richtig gesagt.

FREMDER: Das sehen wir also doch, daß weder das Viele noch das Wenige noch das Freiwillige oder Unfreiwillige noch Reichtum oder Armut die Bestimmung darüber enthalten darf, sondern eine Erkenntnis muß es sein, wenn wir anders dem Vorigen folgen wollen.

SOKRATES D. J.: Daß wir das aber nicht tun sollten, ist ganz d
unmöglich.

32. *Die Erkenntnis als einzig möglicher Bestimmungsgrund bei der Regierung*

FREMDER: Notwendig also müssen wir jetzt darauf acht haben, in welcher von diesen nun wohl eine Erkenntnis sich finden kann über die Beherrschung der Menschen, die gewiß fast die schwierigste ist wie die wichtigste zu erwerben. Denn sie müssen wir sehen, um zu wissen, was für Leute wir zu trennen haben von dem vernunftmäßigen Könige als solche, die sich zwar dafür ausgeben, Staatsmänner zu sein, auch viele dessen überreden, es aber keineswegs sind.

SOKRATES D. J.: Das müssen wir allerdings tun, wie auch unsere Rede uns schon vorher angedeutet hat.

FREMDER: Meinst du nun etwa, die Menge im Staate sei im- e
stande, diese Erkenntnis zu erlangen?

SOKRATES D. J.: Wie sollte sie wohl!

FREMDER: Aber in einer Stadt von tausend Männern könnten

doch wohl hundert oder wenn auch nur fünfzig imstande sein, sie gründlich zu erwerben?

SOKRATES D. J.: Die leichteste wäre sie dann wohl unter allen Künsten. Denn wir wissen ja, daß unter tausend Männern nicht so viele vor den übrigen in Hellas sich auszeichnende Brettspieler gefunden werden, geschweige denn Könige. Denn wer die königliche Kunst besitzt, den müssen wir, er mag nun regieren oder nicht,
293a auch nach unserer vorigen Rede doch immer König nennen.

FREMDER: Sehr gut erinnert. Und daraus, meine ich, folgt, daß man die richtige Regierung bei einem oder zweien oder gar wenigen suchen muß, wenn es eine richtige gibt.

SOKRATES D. J.: Wie sollte man anders!

FREMDER: Von diesen aber – mögen sie nun mit dem guten Willen der Beherrschten regieren oder wider ihren Willen, und nach geschriebenen Satzungen oder ohne solche, und dabei reich sein oder arm – müssen wir glauben, wie wir jetzt meinen, daß sie jegliche Regierung, welche es auch sei, nach einer Kunst verwalten
b werden; so wie wir die Ärzte nicht weniger dafür halten, sie mögen uns nun mit oder wider unsern Willen heilen, und dabei schneiden, brennen oder welchen Schmerz sonst uns zufügen, und mögen es nach geschriebenen Vorschriften tun oder ohne solche, und arm oder reich sein, in allen Fällen werden wir ihnen nichtsdestoweniger zugestehen, daß sie Ärzte sind, solange sie nur kunstgerecht dem Leibe vorstehn und ihn reinigen oder sonst irgendwie magerer machen oder auch fleischiger, wenn es nur zum besten des Leibes geschieht, um ihn besser zu machen aus einem
c schlechteren, und sie ihn – wie jeder, der etwas pflegt, sein zu Pflegendes – erhalten. So, werden wir sagen, denke ich, und nicht anders ergebe sich allein die richtige Bestimmung der ärztlichen und jeder anderen Aufsicht und Regierung.

SOKRATES .D .J: Offenbar freilich.

33. Vorzug einer auf Erkenntnis beruhenden Regierung

FREMDER: Notwendig ist also auch unter den Staatsverfassungen, wie es scheint, diejenige die richtige vor allen andern und allein eine Staatsverfassung, in welcher man bei den Regierenden wahrhafte und nicht nur eingebildete Erkenntnis findet, mögen sie nun nach Gesetzen oder ohne Gesetze regieren und über Gutwil-

lige oder Gezwungene und arm sein oder reich: denn hiervon ist d
gar nichts jemals irgendwie für die Richtigkeit mit in Anschlag zu
bringen.

Sokrates d. J.: Schön.

Fremder: Und wenn sie auch einige töten oder verjagen und so
zu seinem Besten den Staat reinigen, oder auch Kolonien wie die
Schwärme der Bienen anderwärts hinsenden und ihn kleiner machen, oder andere von außen her unter die Bürger aufnehmen und
ihn größer machen: solange sie nur Erkenntnis und Recht anwen-
dend ihn erhalten und aus einem schlechten möglichst besser machen, werden wir immer nach diesen Bestimmungen diese Staats- e
verfassung für die einzig richtige erklären müssen. Die wir aber
sonst so nennen, dürfen wir gar nicht für echte und wahrhafte
angeben, sondern für Nachahmerinnen jener, von denen die wohl-
geordneten sie besser, die anderen schlechter nachahmen.

Sokrates d. J.: Das übrige, o Fremdling, scheint ganz untadelig gesagt, daß sie aber auch ohne Gesetze herrschen sollen, ist hart anzuhören.

Fremder: Du bist mir um ein weniges zuvorgekommen durch
deine Frage, o Sokrates. Denn eben wollte ich dich dasselbe fra- 294a
gen, ob du mit allem zufrieden wärest oder ob dir doch etwas
zuwider sei von dem Gesagten. Nun liegt ja schon zutage, daß wir
werden durchgehen müssen, wie es wohl damit stehen mag, daß
auch ohne Gesetze könne richtig regiert werden.

Sokrates d. J.: Freilich.

Fremder: Auf gewisse Weise nun ist wohl offenbar, daß zur königlichen Kunst die gesetzgebende gehört; das beste aber ist, wenn nicht die Gesetze Macht haben, sondern der mit Einsicht königliche Mann. Weißt du weshalb?

Sokrates d. J.: Sage, weshalb du meinst.

Fremder: Weil das Gesetz nicht imstande ist, das für alle Zu-
träglichste und Gerechteste genau zu umfassen und so das wirk- b
lich Beste zu befehlen. Denn die Unähnlichkeit der Menschen und
der Handlungen, und daß niemals irgend etwas sozusagen Ruhe
hält in den menschlichen Dingen, dies gestattet nicht, daß irgendeine Kunst in irgend etwas für alle und zu aller Zeit Einartiges
hinstelle. Das geben wir doch wohl zu?

Sokrates d. J.: Wie sollten wir nicht!

FREMDER: Das Gesetz aber sehen wir doch, daß es eben hier-
c nach strebt, wie ein selbstgefälliger und ungelehriger Mensch, der
nichts will anders als nach seiner eigenen Anordnung tun und
auch niemanden weiter anfragen lassen, auch nicht, wenn für jemanden etwas Neues etwa besser ist außer der Ordnung, die er selbst festgestellt hat.

SOKRATES D. J.: Richtig. Genauso, wie du jetzt gesagt hast, macht es das Gesetz uns allen.

FREMDER: Unmöglich also kann sich zu dem niemals Einartigen das richtig verhalten, was durchaus einartig ist.

SOKRATES D. J.: So scheint es.

34. *Notwendigkeit der Gesetze und Freiheit des Gesetzgebers*

FREMDER: Weshalb es nun aber doch notwendig ist, Gesetze zu
d geben, wenngleich das Gesetz nicht das richtigste ist, wollen wir
davon die Ursache aufspüren?

SOKRATES D. J.: Allerdings.

FREMDER: Es gibt doch auch bei euch, wie auch in anderen Städten, Übungen vieler Menschen zusammen, im Lauf oder sonst worin, aus Wetteifer.

SOKRATES D. J.: Gar viele freilich.

FREMDER: Wohl! Wiederholen wir uns also, was die, welche diese Übungen kunstmäßig verstehen, darüber anordnen, wo sie zu gebieten haben.

SOKRATES D. J.: Was doch?

FREMDER: Sie glauben doch, es sei nicht möglich, sie ganz genau im einzelnen auszuarbeiten, so daß sie jedem besonders das
für seinen Leib Angemessenste aufgäben; sondern etwas mehr aus
e dem Groben, glauben sie, müsse man im allgemeinen für viele die
Anordnung des dem Leibe Zuträglichen abfassen.

SOKRATES D. J.: Schön.

FREMDER: Daher messen sie denn allen insgesamt gleiche Anstrengungen zu und lassen sie zugleich anfangen und zugleich auch wieder aufhören mit Laufen, Ringen und den übrigen Leibesübungen.

SOKRATES D. J.: So ist es.

FREMDER: So laß uns denn auch vom Gesetzgeber glauben, der seinen Herden vorstehen soll in Sachen des Rechtes und ihres gegenseitigen Verkehrs, daß er nicht imstande sein werde, indem er allen insgesamt gebietet, jedem einzelnen genau das Gebührende anzuweisen. 295a

SOKRATES D. J.: Wahrscheinlich ist es wohl.

FREMDER: Sondern nur das dem Haufen insgemein und im ganzen genommen Gebührende; und mithin wird er den einzelnen nur gewissermaßen aus dem Groben Gesetze geben, sowohl wenn er sie schriftlich abfaßt, als auch wenn er in ungeschriebenen, aber von den Vätern ererbten Gebräuchen gesetzgebend ist.

SOKRATES D. J.: Richtig.

FREMDER: Richtig freilich. Denn wie wäre einer wohl imstande, o Sokrates, sein ganzes Leben lang für jeden einzelnen b
dazusitzen, um ihm mit aller Genauigkeit das Gebührliche anzuordnen? Denn könnte das freilich einer von denen, welche die königliche Kunst besitzen: so würde er wohl bleiben lassen, meine ich, sich selbst Schranken zu setzen, indem er diese sogenannten Gesetze schriebe.

SOKRATES D. J.: Nach dem vorhin Gesagten freilich, Fremdling.

FREMDER: Und noch mehr wohl, o Bester, nach dem, was wir noch sagen wollen.

SOKRATES D. J.: Und was wäre das?

FREMDER: Dieses: Laß uns zu uns selbst sprechen, wenn ein
Arzt oder einer, der den Leibesübungen vorsteht, verreisen wollte c
und, wie er glaubte, geraume Zeit von denen, die er zu besorgen hat, abwesend sein, und dabei nicht glaubte, daß die Übenden oder die Kranken seine Anordnungen im Gedächtnis behalten würden: so würde er sie ihnen ja wohl lieber aufschreiben? Oder wie?

SOKRATES D. J.: Gewiß.

FREMDER: Und wie, wenn gegen seine Meinung die Reise kürzer währte und er wiederkäme, dann sollte er es nicht wagen, gegen dieses Aufgeschriebene anderes anzuordnen, wenn sich für die
Kranken etwas anderes besser eignete, etwa der Winde wegen, d
oder weil sonst etwas in der Witterung über Erwarten anders als gewöhnlich erfolgt wäre? Sondern sollte dabei beharren und meinen, das ehemals gesetzlich Vorgeschriebene dürfe nicht übertreten werden, weder von ihm, indem er anderes verordnete, noch von

dem Kranken, indem der etwas anderes, als aufgeschrieben ist, zu tun wagte, weil dies nämlich das Heilkundige und Gesunde wäre, was aber davon abwiche, schädlich sein müßte und nicht kunstmäßig? Oder würde nicht in jeder Wissenschaft und wahren
e Kunst, welche es auch sei, auf alle Weise das größte Gelächter entstehen über solche Gesetzgebungen?

SOKRATES D. J.: Auf alle Weise freilich.

FREMDER: Wenn aber, was gerecht ist und ungerecht, schön und häßlich, gut und böse, einer aufgezeichnet oder auch unaufgezeichnet den Herden der Menschen vorgeschrieben hat, wie sie eben staatenweise geweidet werden nach den Gesetzen derer, die dies aufgeschrieben, dem sollte es, wenn er selbst, der es kunstgemäß abgefaßt hat, oder ein anderer ähnlicher wiederkäme, nicht
296a freistehn, anderes von diesem Abweichendes zu verordnen? Oder müßte nicht auch dies Verbot nicht minder als jenes in Wahrheit lächerlich erscheinen?

SOKRATES D. J.: Wie sollte es nicht?

35. Rechtfertigung auch aufgezwungener Gesetze, wenn sie besser sind

FREMDER: Weißt du auch, was hierüber die meisten zu sagen pflegen?

SOKRATES D. J.: Ich entsinne mich wenigstens dessen jetzt gleich nicht so.

FREMDER: Es klingt gar schön. Sie sagen nämlich, wer bessere als die bisherigen Gesetze wisse, der solle Gesetze geben, wenn er nämlich seinen Staat dazu überreden kann, sonst aber nicht.

SOKRATES D. J.: Wie nun? Ist das nicht recht?

b FREMDER: Vielleicht. Wenn aber nun einer, ohne zu überreden, das Bessere erzwingt, beantworte mir doch, wie dieser Zwang heißen soll? Doch lieber noch nicht, sondern zuvor in dem vorigen.

SOKRATES D. J.: Was meinst du doch?

FREMDER: Wenn einer, der seinen Kranken nicht überredet, aber die Kunst recht innehat, ihn Besseres als das Geschriebene zu tun nötigt, sei es nun ein Kind oder ein Mann oder ein Weib, welchen Namen soll dieser Zwang erhalten? Nicht jeden andern eher als den, womit das gegen die Kunst Gefehlte genannt wird, das
c Ungesunde? Und kann nicht, wer hierzu gezwungen worden ist,

alles eher mit Recht sagen, nur nicht, daß ihm Ungesundes und Kunstwidriges widerfahren sei von dem zwingenden Arzte?

Sokrates d. J.: Du hast vollkommen Recht.

Fremder: Wie heißt uns nun das gegen die Staatskunst Gefehlte? Nicht das Schändliche, das Böse, das Ungerechte?

Sokrates d. J.: Allerdings.

Fremder: Die nun gezwungen werden, gegen das Geschriebene und Hergebrachte anderes Gerechteres, Besseres und Schöneres als das bisherige zu tun; sprich, wenn diese sich nun über d
solchen Zwang beklagen wollen, und ihre Klage soll nicht die allerlächerlichste unter allen sein, muß sie nicht eher jedes andere aussagen, als daß den Gezwungenen Schändliches und Ungerechtes und Böses widerfahren wäre von den Zwingenden?

Sokrates d. J.: Vollkommen richtig.

Fremder: Oder ist etwa, wenn der Zwingende reich ist, dann das Erzwungene recht, wenn aber arm, dann ungerecht? Oder muß nicht vielmehr, habe einer nun mit Überredung oder ohne Überredung, Reicher oder Armer, nach den Schriften oder gegen
die Schriften das Zuträgliche getan, dies auch hier die richtigste e
Bestimmung sein für die rechte Einrichtung des Staates, wie der weise und gute Mann die Angelegenheiten der Beherrschten einrichten wird? So daß, wie der Steuermann immer des Schiffes und
der Schiffsgesellschaft Bestes wahrnehmend, ohne Schriften aus- 297a
zustellen, sondern seine Kunst zum Gesetz machend seine Mitschiffenden erhält, so auch auf die nämliche Weise bei denen, die so zu regieren verstehen, diese die rechte Staatsverfassung sein wird, welche die Kraft der Kunst höher stellt als die Gesetze? Und was auch die mit Einsicht Regierenden tun, das ist ohne Fehl, solange sie nur das *eine* Große bewahren, daß sie, nach Vernunft b
und Kunst denen im Staate immer das Gerechteste austeilend, imstande sind, sie zu erhalten und immer zum Besseren vom Schlechteren hinzuführen nach Vermögen.

Sokrates d. J.: Es ist nichts einzuwenden hiergegen.

36. *Die Nachahmung der richtigen Staatsverfassung als zweitbeste Möglichkeit*

Fremder: Aber auch wohl dagegen wird nichts aufzubringen sein?

SOKRATES D. J.: Wogegen meinst du?

FREMDER: Daß nie eine Menge, von was für Menschen es auch sei, zu dieser Erkenntnis gelangen und imstande sein kann, ver-
c nunftmäßig einen Staat zu verwalten; sondern nur unter wenigen und bei geringer Zahl oder dem einen muß man jene *eine* richtige Staatsverfassung suchen, die übrigen aber nur als Nachahmungen setzen, wie auch vorher gesagt wurde, deren einige besser, andere schlechter jene nachahmen.

SOKRATES D. J.: Wie meintest du doch das? Denn ich habe auch vorher das von den Nachahmungen nicht recht verstanden.

FREMDER: Und es wäre fürwahr auch gar nichts Geringes, wenn jemand einen solchen Gegenstand aufregte und dann wieder hinwürfe, ohne ihn durchzuführen, bis er den jetzt darin begange-
d nen Fehler aufzeigte.

SOKRATES D. J.: Welchen doch?

FREMDER: Einen solchen haben wir zu suchen, der uns gar nicht gewohnt ist noch auch leicht zu sehen; dennoch müssen wir versuchen, ihn zu fassen. Wohlan denn, wenn uns dies die einzige richtige Staatsverfassung ist, die wir beschrieben haben, so weißt du wohl, müssen sich die übrigen dadurch erhalten, daß sie sich der Schriften von jener bedienen, indem sie das beobachten, was jetzt gelobt wird, wiewohl es nicht das richtigste ist.

SOKRATES D. J.: Was doch?

e FREMDER: Daß keiner im Staate sich untersteht, irgend etwas gegen die Gesetze zu tun, und der es sich untersteht, mit dem Tode und auf das allerhärteste bestraft wird. Und dies ist auch wirklich das richtigste und schönste als das zweite, nämlich wenn man das erste Vorherbeschriebene beiseite setzt. Wie nun aber dieses geworden ist, was wir als das zweite angenommen haben, das laß uns nun zu Ende bringen. Nicht wahr?

SOKRATES D. J.: Allerdings.

37. *Das Bild verkehrt betriebener Arznei- und Steuermannskunst*

FREMDER: Kehren wir also zu jenen Bildern zurück, mit denen wir notwendig immer die königlichen Herrscher vergleichen.

SOKRATES D. J.: Zu was für welchen?

FREMDER: Zu dem edlen Steuermann und dem Arzte, der

«wert wie viele zu achten». An diesen nämlich wollen wir uns einen Entwurf davon bilden und den betrachten.

Sokrates d. J.: Wovon doch?

Fremder: Davon, als wenn wir alle von ihnen dächten, daß sie 298a
uns aufs ärgste mitspielten. Wem sie nämlich eben helfen wollten,
dem hülfen sie, wen sie aber verstümmeln wollten von uns, den
verstümmelten sie durch Schneiden und Brennen und ließen sich
noch Kosten dafür bezahlen wie Abgaben, von denen sie wenig
oder nichts auf den Kranken verwenden und das übrige selbst mit
ihren Leuten verbrauchten. Ja, am Ende ließen sie sich gar noch von
Verwandten oder Feinden des Kranken Geld geben und brächten b
ihn um. Und die Schiffer wiederum täten tausenderlei anderes dergleichen, ließen einen arglistigerweise an den Landungsplätzen einsam zurück und würfen, wenn sie Unglück auf dem Meere hätten,
die Waren über Bord oder verursachten anderen Schaden. Wenn
wir also in dieser Meinung einen solchen Rat über sie pflögen, es
solle keiner von diesen Künsten länger gestattet sein, umum- c
schränkt zu regieren, weder über Knechte noch Freie, sondern wir
wollten eine Versammlung aus uns selbst zusammenberufen, entweder das gesamte Volk oder die Reichen allein, wo es auch denen,
die nichts von der Sache verstehn, und Arbeitern anderer Art freistehn solle, ihre Meinung über Schiffahrt und Krankheit mit dazu-
zugeben, wie wir uns der Arzneimittel und der heilkünstlerischen
Werkzeuge bei den Kranken zu bedienen hätten und ebenso der
Schiffe selbst und des Schiffgerätes zum Besten der Schiffe, und über d
die Gefahren bei der Schiffahrt selbst von Wind und Wellen und
auch bei dem Zusammentreffen mit Seeräubern, und so auch, wenn
große Schiffe ein Gefecht auszuhalten haben mit anderen solchen.
Was dann den meisten gut dünkt über diese Dinge, mögen nun
Ärzte und Schiffer oder mögen Unkundige dabei geraten haben, das
schrieben wir auf spitzige Tafeln oder auf Säulen, oder auch unge- e
schrieben würde es als wohlhergebrachter Gebrauch festgestellt,
und hiernach müßte dann von nun an die Schiffahrt betrieben und
die Pflege der Kranken eingerichtet werden.

Sokrates d. J.: Offenbar gar wunderliche Dinge erzählst du.

Fremder: Und jährlich würden Herrscher über die Menge bestellt entweder aus den Reichen oder aus dem gesamten Volke, wen eben das Los träfe, und die bestellten Gewalthaber herrschten dann nach diesen Schriften, die Schiffe steuernd und die Kranken heilend.

SOKRATES D. J.: Das ist noch ärger.

38. Gesetze über Rechenschaftsforderung und Verbot der Forschung

FREMDER: Sieh auch noch, was nächstdem folgt. Wenn nämlich das Jahr eines Gewalthabers um ist, dann muß ein Gericht bestellt werden von Männern, die entweder vorzugsweise aus den Rei-
299a chen oder aus dem gesamten Volk gewählt sind, und vor diese muß man diejenigen, welche an der Regierung gewesen, führen und sich Rechenschaft ablegen lassen; und wer Lust hätte, könnte einen anklagen, daß er nicht nach den Vorschriften dieses Jahr über die Schiffe gesteuert hätte und nicht nach alter urväterlicher Sitte. Und ebenso mit denen, welche die Kranken geheilt haben. Und welche dann für schuldig erkannt, denen bestimmte man, was einigen zugefügt werden sollte oder was sie bezahlen müßten.

SOKRATES D. J.: Freilich; wer sich freiwillig dazu verstände, unter solchen zu regieren, dem geschähe recht, was er auch immer
b erleiden oder bezahlen müßte.

FREMDER: Dann müßte noch ein Gesetz gegeben werden außer allen diesen, wenn von jemand herauskäme, daß er die Steuermanns- und Schiffahrtskunst oder das Heilsame und die eigentlichen Lehren der Heilkunde von Luft und Wärme und Kälte zu erforschen suchte anders als aus den Vorschriften und irgend etwas über diese Dinge erklügelte, daß der zuerst ja nicht ein Heilkundiger oder Schiffahrtskundiger heißen solle, sondern ein eingebildeter und sophistischer Schwätzer, und dann, daß ihn als
c einen Verderber der Jugend und der sie überredete, sich der Steuermannskunst und der Heilkunst nicht nach den Gesetzen zu befleißigen, sondern unumschränkt über Schiffe und Leute regieren zu wollen, daß ihn als einen solchen jeder, der Lust hätte, verklagen und, wohin er gehört, vor Gericht laden könne. Und ergibt sich dann, daß er den Gesetzen und Vorschriften zuwider Junge oder Alte überredet habe, daß man ihn auf das äußerste bestrafe. Denn man dürfe nicht weiser sein als die Gesetze. Denn es brauche ja auch niemand unwissend zu sein in dem Arzneikundigen und Heilsamen und in dem Steuermannskundigen und zur Schiffahrt

Gehörigen; sondern wer Lust habe, könne ja die niedergeschriebe-
nen Gesetze und die bestehenden väterlichen Gebräuche erlernen. d
Wenn man nun so, wie wir es jetzt beschreiben, in allen diesen
Künsten verführe, o Sokrates, und mit der Kunst des Feldherrn
und der gesamten Nachstellung jeder Art und mit jedem Teil der
sämtlichen Malerei oder der Nachahmung oder der Baukunst
oder alles dessen, was irgend zur Verfertigung der Gefäße gehört,
oder des Landbaues und der gesamten Kunst, mit den Gewächsen
umzugehen; oder wenn wir auch eine Pferdezucht oder sämtliche
übrige Viehzucht nach Vorschriften betrieben sähen oder die
Wahrsagekunst, oder was sonst für Teile die dienende Kunst umfaßt, oder auch die Kunst des Brettspiels oder die gesamte Rechen- e
kunst mit bloßen Zahlen und mit Flächen, Tiefen und Geschwindigkeiten, – was würde wohl werden aus allem, was so betrieben
würde nach Vorschriften und nicht mit Kunst?

SOKRATES D. J.: Offenbar würden uns alle Künste gänzlich untergehen und könnten sich auch in Zukunft gar nicht wieder erzeugen wegen des das Forschen untersagenden Gesetzes; so daß das Leben, welches jetzt schon schlecht genug ist, zu einer solchen Zeit gar nicht würde zu leben sein.

39. *Schädlichkeit der Gesetzesveränderung für diejenigen Staatsverfassungen, die Nachahmungen der wahren sind*

FREMDER: Wie aber dann? Wenn wir dies nun durchsetzten, daß 300a
alles Erwähnte nach Vorschriften geschehe und über die Vorschriften uns ein durch Stimmenmehrheit Erkorener oder einer,
den es zufällig träfe, die Aufsicht führte, dieser aber unterstände
sich dann, ohne sich um die Vorschriften zu bekümmern, aus Ei-
gennutz oder aus besonderer Gunst abweichend von ihnen anders
zu handeln ohne alle Einsicht: würde daraus nicht noch ein weit
größeres Übel entstehen als das vorige?

SOKRATES D. J.: Vollkommen wahr.

FREMDER: Denn wer, meine ich, gegen die Gesetze, die doch b
auf langer Erfahrung beruhen und bei denen immer einige Ratgeber verständig geraten und die Menge mit überredet haben, sie so
festzusetzen, wer so gegen diese zu handeln wagt, der werde statt
eines Fehlers einen noch viel größeren Fehler machen und uns alles
Handeln noch weit ärger zerstören als die Vorschriften selbst.

Sokrates d. J.: Wie sollte er nicht?

c Fremder: Daher ist dies nun für alle, welche über irgend etwas
einmal Gesetze und Vorschriften aufgestellt haben, der zweite
Weg nach dem besten, daß sie hiergegen weder einen einzelnen
noch die Menge jemals das mindeste tun lassen.

Sokrates d. J.: Richtig.

Fremder: Nun sind das doch überall nur Nachbildungen des Wahren, was so von den Wissenden nach Vermögen aufgezeichnet ist.

Sokrates d. J.: Wie anders?

Fremder: Aber von dem Wissenden, dem wahrhaften Staatsmann, sagten wir doch, wenn wir uns recht erinnern, daß er mit
Kunst gar vieles in seinem Geschäft vornehmen werde, ohne sich
um das Geschriebene zu bekümmern, wenn ihm etwas anderes
d besser scheint als das, was er selbst aufgeschrieben und etwa Entfernten geschickt hat.

Sokrates d. J.: Das sagten wir freilich.

Fremder: Wenn also auch ein einzelner oder eine Menge, die ihre bestehenden Gesetze hat, gegen diese irgend etwas anderes einzurichten wagt, als wäre es so besser: so tun sie daran, so gut sie können, dasselbe, was jener wahre tut.

Sokrates d. J.: Allerdings.

Fremder: Wenn sie aber nun Unkundige sind und doch dergleichen tun, so versuchen sie freilich, das Wahre nachzuahmen,
e sie werden aber gar schlecht nachahmen. Sind sie aber Kunstver-
sändige, dann wäre es nicht mehr Nachahmung, sondern eben
jenes Wahrste und Richtigste selbst.

Sokrates d. J.: Allerdings wohl.

Fremder: Von vorher aber steht uns doch fest, daß nirgends der große Haufen irgendeiner Kunst sich zu bemächtigen imstande ist.

Sokrates d. J.: Das steht fest.

Fremder: Gibt es also eine königliche Kunst, so kann der Haufe der Reichen und das Volk insgesamt diese Staatswissenschaft doch niemals besitzen.

Sokrates d. J.: Wie sollte das auch gehn!

Fremder: Also müssen jene Staaten, wie es scheint, wenn sie
301 a jenen wahren Staat des *einen* kunstmäßig Herrschenden aufs beste

nachahmen wollen, wenn ihre Gesetze einmal bestehen, niemals etwas tun, weder gegen die geschriebenen noch gegen die väterlichen Gebräuche.

SOKRATES D. J.: Das hast du sehr schön erklärt.

FREMDER: Wenn nun die Reichen jenen nachahmen, so nennen wir einen solchen Staat Aristokratie; wenn sie sich aber um die Gesetze nichts bekümmern, dann Oligarchie.

SOKRATES D. J.: So scheint es.

FREMDER: Und wiederum, wenn ein einziger nach Gesetzen
herrscht, den Wissenden nachahmend, so nennen wir ihn König, b
ohne also durch den Namen den, der mit Erkenntnis, von dem zu unterscheiden, der nur nach guter Meinung den Gesetzen gemäß allein herrscht.

SOKRATES D. J.: So machen wir es wohl.

FREMDER: Und nicht wahr, auch wenn ein wahrhaft Kundiger allein herrschte, so wird er doch auf alle Weise mit demselben Namen ‹König› und mit keinem anderen genannt werden; weshalb auch die fünf Namen für die jetzt aufgestellten Verfassungen nur *einer* geworden sind.

SOKRATES D. J.: So scheint es ja.

FREMDER: Wie aber, wenn ein Alleinherrschender weder nach
Gesetzen noch nach Gewohnheiten handelt, sondern sich anstellt c
wie der Wissende, als müsse er nämlich auch gegen das Vorgeschriebene das Bessere tun, es leitet ihn aber Begierde oder Unkunde bei dieser Nachahmung, muß nicht jeder solcher ein Tyrann heißen?

SOKRATES D. J.: Wie könnte er anders?

40. *Unglaube der Menschen an die Existenz eines einsichtigen Alleinherrschers und Unglück der Staaten*

FREMDER: Auf diese Weise also, sagen wir, entstehen uns der König und der Tyrann, die Oligarchie und Aristokratie und Demokratie, wenn die Menschen jenen *einen*, den Alleinherrscher, verschmähen und nicht glauben, es könne jemals einen geben, der einer solchen Macht würdig sei, so daß er, mit Tugend und
Erkenntnis regierend, allen, was gerecht und gewissenhaft ist, richtig d
austeilen wolle und könne, sondern annehmen, er werde vielmehr jedem von uns, wie er wolle, Leides antun und ihn töten oder ihm

sonst Schaden zufügen. Denn gäbe es nur einen, wie wir ihn meinen, so würde er wohl empfangen werden und glückselig sein Leben verbringen, indem er den genau genommen allein richtigen Staat beherrschte.

SOKRATES D. J.: Wie sollte er nicht!

FREMDER: Nun aber, da es, wie wir ja sagen, in den Staaten
e keinen König so gibt, wie in den Bienenschwärmen einer auf-
wächst, der sich gleich nach Leib und Seele als einziger unterscheidet: so müssen sie eben zusammentreten, wie es scheint, um
Schriften zu verfassen, und dabei der Spur des wahrhaften Staates
nachgehen.

SOKRATES D. J.: So scheint es.

FREMDER: Wundern wir uns also noch, Sokrates, wie doch in
solchen Staaten soviel Übles geschehen kann und noch geschehen
wird, da sie auf einem solchen Grunde beruhen, daß sie nach Schriften und Gewohnheiten, nicht nach Erkenntnis ihre Geschäfte ver-
302a richten, da ja jeder sieht, daß in jeder andern Verwaltung, wenn sie
sich dessen bedienen wollte, alles untergehen müsse, wobei man so
zu Werke ginge? Oder wollen wir uns vielmehr darüber wundern,
wie stark doch ein Staat von Natur ist? Denn gar viele Staaten sind
seit undenklicher Zeit in diesem Falle gewesen, und doch bestehen
einige davon noch immer und gehen nicht zugrunde. Viele freilich
gehen auch unter, wie leck gewordene Schiffe, und sind untergegangen und werden noch untergehen wegen des Steuermanns und
der Schiffsleute Schlechtigkeit, die in den größten Dingen die größte
b Unwissenheit besitzen und, ungeachtet sie in Staatssachen von gar
nichts etwas verstehen, doch meinen, in allen Stücken unter allen
Wissenschaften diese gerade am sichersten innezuhaben.

SOKRATES D. J.: Vollkommen wahr.

41. *Prüfung der Staatsverfassungen darauf, wie gut und schlecht man in ihnen lebt*

FREMDER: In welchem nun unter diesen nicht vollkommenen Staaten am wenigsten schwer ist zu leben – denn schwer ist es in allen – und welcher dagegen der unleidlichste ist, sollen wir das wohl untersuchen? Denn wenn es auch für das, was wir uns jetzt vorgenommen haben, nur eine Nebensache ist, so tun wir alle wohl im ganzen alles in solcher Hinsicht.

SOKRATES D. J.: Wir wollen. Warum auch nicht?

FREMDER: Dieselbige also von den dreien, sage getrost, sei zu- c
gleich ausgezeichnet vor allen die unleidlichste und auch die leidlichste.

SOKRATES D. J.: Wie meinst du das?

FREMDER: Nichts anderes meine ich als nur, daß die Alleinherrschaft und die Herrschaft der Wenigen und die der Menge die drei seien, deren wir am Anfang der uns jetzt zugeflossenen Untersuchung erwähnten.

SOKRATES D. J.: Das waren sie freilich.

FREMDER: Diese schneiden wir nun einzeln entzwei und machen sechs daraus, indem wir die vollkommene gänzlich von ihnen abgesondert lassen als die siebente.

SOKRATES D. J.: Wie das?

FREMDER: Aus der Alleinherrschaft schneiden wir das König- d
tum und die Tyrannei, und wiederum aus der Herrschaft der Wenigen die wohlbedeutende Aristokratie und dann die Oligarchie, und endlich die Herrschaft der Vielen setzten wir damals zwar nur einfach als Demokratie, jetzt aber müssen wir auch diese als zweifach setzen.

SOKRATES D. J.: Wie aber, und wonach wollen wir diese teilen?

FREMDER: Gar nicht anders als die übrigen; denn wenn sie auch
keinen zwiefachen Namen hat, so findet doch das nach Gesetzen e
Herrschen und gesetzlos bei ihr ebensogut statt wie bei den übrigen.

SOKRATES D. J.: Das freilich.

FREMDER: Damals nun, als wir den vollkommenen Staat suchten, war uns dieser Schnitt zu gar nichts nutz, wie wir auch vorher gezeigt haben. Nachdem wir nun aber jenen ganz herausgenommen und die andern als unvermeidlich gesetzt haben, so teilt nun doch das Gesetzmäßige und Gesetzwidrige jede von diesen in zwei Hälften.

SOKRATES D. J.: Das erhellt wohl, nun die Erklärung davon gegeben ist.

FREMDER: Die Alleinherrschaft nun, in gute Vorschriften, die wir Gesetze nennen, eingespannt, ist die beste unter allen sechsen, gesetzlos aber ist sie beschwerlich und die allerlästigste darin zu leben.

SOKRATES D. J.: Das mag wohl sein. 303a

FREMDER: Die Herrschaft der Wenigen nun wollen wir, wie denn wenige das Mittel ist zwischen eins und vielen, so auch selbst für die mittlere nach beiden Seiten hin halten. Die Herrschaft der Menge aber für ganz schwach und weder im Guten noch im Bösen etwas Großes vermögend im Vergleich mit den übrigen, weil nämlich die Gewalten in ihr unter viele ins kleine zerteilt sind. Darum, sind alle diese Staaten gesetzmäßig, so ist sie unter allen der schlechteste; sind sie aber insgesamt gesetzlos, dann ist diese die
b beste. Und sind alle zügellos, so trägt es den Preis davon, in der Demokratie zu leben; sind sie aber wohlgeordnet, dann muß man am wenigsten in dieser leben, sondern in der ersten ist es dann bei weitem am besten und vorzüglichsten, mit Ausnahme der siebenten. Denn die muß man, wie einen Gott unter Menschen, aus allen anderen Staatsverfassungen aussondern.

SOKRATES D. J.: So scheint es allerdings zu werden und zu folgen, und wir müssen tun, wie du sagst.

FREMDER: Also müssen wir auch alle, welche sich mit diesen
c Staatsverfassungen außer der einsichtigen zu tun machen, aussondern, daß sie nicht Staatsmänner sind, sondern Parteimänner, und daß sie als die größten Nachahmer und Tausendkünstler auch die größten Sophisten unter den Sophisten werden.

SOKRATES D. J.: Ganz richtig scheint jetzt dieses Wort gegen die sogenannten Staatsmänner gedreht worden zu sein.

FREMDER: Gut. Dies ist nun also geradezu wie ein Schauspiel, wie ich auch vorher sagte, ein Kranz von Kentauren und Satyrn zu
d schauen, den wir von der Staatskunst absondern müßten und nun endlich glücklich abgesondert haben.

SOKRATES D. J.: So scheint es.

FREMDER: Es ist uns aber noch etwas anderes, Schwierigeres als dieses übrig, weil es sowohl der königlichen Gattung näher verwandt als auch schwerer festzuhalten ist. Und es gemahnt mich, als ginge es uns wie denen, die das Gold reinigen.

SOKRATES D. J.: Wie das?

FREMDER: Erde und Steine und vieles andere sondern auch jene Arbeiter zuerst aus. Nach diesem aber bleibt ihnen noch in der
e Mischung das dem Golde Verwandte, das kostbare, nur im Feuer abzusondernde Erz und Silber, bisweilen auch Stahl, welches durch wiederholte Schmelzungen und Läuterungen mit Mühe

abgesondert uns endlich das reine Gold an und für sich sehen läßt.

SOKRATES D. J.: So sagt man ja, daß es geschehe.

42. Abtrennung der Redekunst von der Staatskunst

FREMDER: Auf dieselbe Weise nun scheint auch jetzt das übrige zwar, was fremdartig und nicht befreundet ist, schon von der Wissenschaft des Staates abgesondert, das Kostbare und Verwandte aber noch zurück zu sein. Dazu gehört nun die Kriegskunst und die Rechtswissenschaft und jene mit der königlichen Kunst in Verbindung stehende Rednergabe, welche durch überzeugende Emp- 304
fehlung des Gerechten die Verhandlungen im Staate leiten hilft; welche man nun, so leicht es eben gehen will, ausscheiden muß und dann erst jenen von uns Gesuchten bloß und allein für sich aufzeigen kann.

SOKRATES D. J.: Offenbar muß man irgendwie versuchen, dies zu bewirken.

FREMDER: Soweit es vom Versuch abhängt, soll er wohl ans Licht kommen. Und zwar durch die Tonkunst muß man versuchen ihn darzustellen. Sage mir also.

SOKRATES D. J.: Was denn?

FREMDER: Es gibt doch ein Erlernen der Tonkunst und über- b
haupt aller mit einer Geschicklichkeit der Hände verbundenen Künste?

SOKRATES D. J.: Das gibt es.

FREMDER: Und wie nun dies? Ob wir irgendeine von allen diesen erlernen sollen oder auch nicht, sollen wir sagen, daß auch dies eine Erkenntnis sei in Bezug auf eben diese Dinge, oder wie?

SOKRATES D. J.: So, daß es eine sei, wollen wir sagen.

FREMDER: Und daß sie eine andere sei als jene Künste selbst, werden wir doch zugeben?

SOKRATES D. J.: Ja.

FREMDER: Und sollte wohl keine von ihnen über die andere herrschen dürfen? Oder etwa jene verschiedenen über diese letz- c
tere? Oder sollen wir sagen, daß diese Aufsicht führend die übrigen insgesamt beherrschen solle?

SOKRATES D. J.: Diese letztere über jene.

FREMDER: Die, ob man etwas lernen soll oder nicht, über die, welche gelernt wird und lehrt, behauptest du, daß uns herrschen müsse?

Sokrates d. J.: Gar sehr.

Fremder: Und so auch wohl die, ob man überreden soll oder nicht, über die, welche zu überreden versteht?

Sokrates d. J.: Wie anders?

Fremder: Wem sollen wir nun zuschreiben, daß er mit Erkennt-
d nis der Menge und des Volkes dieses zu überreden verstehe vermittels sinnlicher Darstellung, nicht aber ordentlicher Belehrung?

Sokrates d. J.: Offenbar müssen wir auch dies der Redekunst zuschreiben.

Fremder: Zu wissen aber, ob man etwas bei diesem oder jenem durch Überredung oder durch Gewalt durchsetzen solle, oder vielleicht ganz und gar damit innehalten, welcher Wissenschaft sollen wir dies wiederum beilegen?

Sokrates d. J.: Offenbar der, welche über die sprechende und überredende herrscht.

Fremder: Und das wäre doch wohl keine andere, denke ich, als die des Staatsmannes?

Sokrates d. J.: Ganz richtig.

Fremder: Auch dies Rednerische scheint sich also schnell abge-
e sondert zu haben von dem Staatskünsterlerischen als eine andere Art, jener jedoch dienend?

Sokrates d. J.: Ja.

43. *Ausscheidung der Feldherrn und Richter. Die Staatskunst als Herrscherin*

Fremder: Was sollen wir nun aber von dieser Geschicklichkeit denken?

Sokrates d. J.: Von welcher?

Fremder: Der, wie wir mit allen Krieg führen sollen, mit denen wir beschlossen haben Krieg zu führen? Sollen wir diese für eine kunstlose oder für eine künstlerische erklären?

Sokrates d. J.: Und wie könnten wir wohl die für kunstlos halten, welche die Feldherrnkunst und alle anderen kriegerischen Verrichtungen ausüben?

Fremder: Die aber, welche, ob man Krieg führen oder sich freundschaftlich auseinandersetzen solle, imstande ist kundigerweise zu entscheiden, sollen wir diese für eine andere als jene setzen oder für dieselbe mit ihr?

SOKRATES D. J.: Dem vorigen zufolge notwendig für eine andere.

FREMDER: Also werden wir auch annehmen müssen, daß letz- 305a
tere über die erstere herrscht, wenn wir es dem vorigen gemäß bestimmen wollen.

SOKRATES D. J.: Das denke ich.

FREMDER: Welche nun sollen wir wohl wagen einer so gewaltigen und großen Kunst, wie die gesamte Kriegskunst ist, zur Herrin zu setzen, ausgenommen jene wahrhaft königliche?

SOKRATES D. J.: Keine andere.

FREMDER: Also nicht als die Staatswissenschaft dürfen wir, da sie ja nur eine dienende ist, die Wissenschaft der Feldherren setzen?

SOKRATES D. J.: Nicht füglich.

FREMDER: Wohl, laß uns nun auch die Wirksamkeit der Rich- b
ter, welche gehörig richten, betrachten.

SOKRATES D. J.: Das wollen wir.

FREMDER: Vermag sie nun wohl etwas mehr, als daß sie in bezug auf allerlei Verkehr alles Gesetzliche, was von dem gesetzgebenden Könige festgestellt ist, zusammenfassend ihr Urteil fällt mit Hinsicht darauf, was als Recht festgestellt ist und was als Unrecht, ihre eigentümliche Tugend darin beweisend, daß sie niemals, durch Geschenke oder Furcht oder Mitleid oder irgend andere Feindschaft oder Freundschaft bewogen, irgend gegen des Gesetzgebers c
Anordnung die gegenseitigen Beschuldigungen schlichten will?

SOKRATES D. J.: Nichts anderes; sondern wie du es erklärt hast, so weit geht eigentlich das Gebiet ihrer Wirksamkeit.

FREMDER: Also auch von der Stärke der Richter finden wir, daß sie nicht die königliche ist, sondern eine Wächterin der Gesetze und eine Dienerin von jener.

SOKRATES D. J.: So scheint es ja.

FREMDER: Und soviel ist zu sehen, wenn man alle die bisher beschriebenen Künste betrachtet, daß keine von ihnen sich irgend
als Staatskunst gezeigt hat. Denn die wahrhaft königliche soll d
nicht selbst etwas verrichten, sondern nur über die, welchen Verrichtungen obliegen, soll sie herrschen, indem sie den Anfang und Antrieb zu allem Wichtigsten im Staat nach Zeit und Unzeit er-

kennt; die andern aber sollen, was ihnen aufgetragen ist, verrichten.

SOKRATES D. J.: Richtig.

FREMDER: Deshalb auch herrschen auch die jetzt durchgenommenen weder über einander noch jede über sich selbst, sondern mit einem eigenen Geschäft hat es jede von ihnen zu tun und führt daher auch ihren besonderen Namen von der Eigentümlichkeit dieses Geschäftes.

e SOKRATES D. J.: So scheint es wenigstens.

FREMDER: Aber die über alle diese herrschende Kunst, die Gesetze und alles andere im Staate besorgende und alles auf das richtigste zusammenwebende, diese könnten wir doch, wenn wir ihr Geschäft mit ihrem Namen umfassen wollten, mit dem größten Rechte, wie mich dünkt, die Staatskunst nennen?

SOKRATES D. J.: Allerdings.

44. *Die zwieträchtige und gegensätzliche Natur der Tapferkeit und der Besonnenheit*

FREMDER: So könnten wir sie jetzt wohl auch nach dem Muster der Webekunst durchgehen, nun uns auch alle Gattungen, die im Staate vorkommen können, bekannt geworden sind?

SOKRATES D. J.: Gar sehr gern.

306a FREMDER: Also die königliche Zusammenflechtung, scheint es, müssen wir erklären, wie sie beschaffen ist, auf welche Weise sie ineinander flicht, und was für ein Gewebe sie uns dadurch liefert.

SOKRATES D. J.: Offenbar.

FREMDER: Ein gar schwer darzulegendes Geschäft ist uns also nun notwendig geworden, wie es scheint.

SOKRATES D. J.: Auf alle Weise doch muß es erklärt werden.

FREMDER: Daß nämlich ein Teil der Tugend mit einer andern Art derselben gewissermaßen im Streit sein könne, werden die in Reden Streitbaren gar leicht angreifen können mit Bezug auf die geltenden Meinungen.

SOKRATES D. J.: Das verstehe ich nicht.

FREMDER: Vielleicht so. Die Tapferkeit, denke ich doch, hältst
b du dafür, daß sie *ein* Teil der Tugend sei?

SOKRATES D. J.: Freilich.

FREMDER: Und die Besonnenheit für verschieden zwar von der Tapferkeit, aber auch sie für *einen* Teil derselben wie jene?

SOKRATES D. J.: Ja.

FREMDER: Über diese beiden nun muß ich einen wunderbaren Satz aufzustellen wagen.

SOKRATES D. J.: Was für einen?

FREMDER: Daß die beiden auf gewisse Wiese gar sehr miteinander in Feindschaft und Zwietracht stehen in gar vielen Dingen.

SOKRATES D. J.: Wie meinst du das?

FREMDER: Keineswegs freilich eine gewöhnliche Meinung. Denn man sagt ja, daß alle Teile der Tugend untereinander freund c sind.

SOKRATES D. J.: Ja.

FREMDER: Laß uns also, aber recht wohl aufmerkend, zusehen, ob dies so ganz allgemein gilt, oder ob es nicht auf alle Weise etwas darunter gibt, was mit dem Verwandten im Streit liegt.

SOKRATES D. J.: Ja, sagtest du nur, wie wir es untersuchen sollen!

FREMDER In allen Dingen müssen wir wohl alles das aufsuchen, was wir zwar schön nennen, es aber in zwei entgegengesetzte Arten setzen.

SOKRATES D. J.: Erkläre dich noch deutlicher.

FREMDER: Schnelligkeit und Schärfe, sowohl körperlich als in der Seele und in den Bewegungen der Stimme, und sowohl in die- d sen selbst als in den Bildern davon und allem, was die Tonkunst nachahmend und die Malerkunst in Abbildern darstellt, hiervon hast du wohl selbst schon etwas gelobt oder andere es loben hören.

SOKRATES D. J.: Wie sollte ich nicht?

FREMDER: Erinnerst du dich auch wohl, auf welche Weise sie dies bei allen dergleichen Dingen tun?

SOKRATES D. J.: Nein.

FREMDER: Wenn ich nun nur imstande wäre, so, wie ich es denke, es dir auch deutlich zu machen durch die Rede.

SOKRATES D. J.: Wie solltest du das nicht? e

FREMDER: Du scheinst so etwas für leicht zu halten. Laß es uns also an den einander fast entgegengesetzten Gattungen betrachten. In gar vielen Handlungen nämlich und gar oft, wenn wir uns der Schnelligkeit, Kräftigkeit und Beweglichkeit des Gedankens oder des Leibes oder auch der Stimme erfreuen, benennen wir dies alles lobend mit einem und demselben Namen, nämlich der Tapferkeit.

SOKRATES D. J.: Wieso?

FREMDER: Das ist kräftig und tapfer, pflegen wir ja zu sagen, und schnell und mannhaft und derb ebenso; und sooft wir die erwähnte Benennung gemeinsam allen diesen Naturen beilegen, loben wir sie damit.

SOKRATES D. J.: Ja.

307a FREMDER: Wie aber? Die ruhige Art des Werdens, loben wir die nicht ebenfalls in vielen Handlungen?

SOKRATES D. J.: Und gar sehr.

FREMDER: Und sprechen wir dieses nicht, indem wir das entgegengesetzte wie von jenem aussagen?

SOKRATES D. J.: Wie das?

FREMDER: Sooft wir als ruhig und besonnen, was im Gemüt
vorgeht, bewundernd anführen, und was in Handlungen, als langsam und sanft, und was an der Stimme vorkommt, als gedämpft
und tief, und jede gemessene Bewegung und alles in schönen Kün-
b sten, wobei zur rechten Zeit Langsamkeit angewendet wird, dann
legen wir diesem insgesamt nicht den Namen der Tapferkeit bei,
sondern den der Anständigkeit.

SOKRATES D. J.: Vollkommen wahr.

FREMDER: Wiederum aber, wenn beiderlei zur Unzeit geschieht, dann wenden wir um und tadeln auch beides, indem wir ihm auch so entgegengesetzte Namen beilegen.

SOKRATES D. J.: Wie das?

FREMDER: Was sich schärfer und schneller und härter, als erfordert wird, beweist, das nennen wir übermütig und wahnsinnig,
c das Schwerfälligere und Weichere aber feigherzig und träge. Und
gewiß werden wir fast immer finden, daß dies letztere nebst der
besonnenen Natur und andererseits die tapfere Natur des Entgegengesetzten als feindselige Zwietracht hegende Kräfte sich weder
miteinander vermischen in den für sie gehörigen Handlungen,
noch auch werden wir diejenigen, welche sie in der Seele haben,
anders als sehr uneins untereinander erblicken, wenn wir ihnen
nachgehen.

45. *Die darauf beruhende Verschiedenheit der Menschen und ihre verderblichen Folgen*

SOKRATES D. J.: Wo meinst du denn?

FREMDER: In allem solchen, was wir jetzt anführten, und, wie du ja denken kannst, in noch vielem anderen. Denn sie loben jeder d
nach seiner Verwandtschaft einiges als das ihnen eigentümliche und tadeln das der Andersgesinnten als ihnen fremdartig und geraten dadurch gar sehr und über viele Dinge in Feindschaft.

SOKRATES D. J.: Das scheinen sie wohl.

FREMDER: Oft nun ist die Uneinigkeit dieser Eigenschaften nur ein Scherz, in wichtigeren Dingen aber wird sie die verhaßteste Krankheit unter allen für die Staaten.

SOKRATES D. J.: In was für welchen meinst du?

FREMDER: Wo es auf die Anordnung des gesamten Lebens an- e
kommt. Denn die ausgezeichnet Sanften sind auch immer darauf bedacht, ein stilles Leben zu führen, indem sie ganz für sich nur ihre eigenen Angelegenheiten besorgen und sowohl zu Hause mit allen auf diese Art umgehen als auch mit andern Staaten gleichermaßen bemüht sind, immer auf irgendeine Art Frieden zu halten. Und vermöge dieser Neigung, wenn sie unzeitiger ist, als sie sollte, werden sie, wenn sie nach ihrem Willen handeln können, unvermerkt selbst unkriegerisch, wie sie auch die Jünglinge gleichfalls zu solchen machen, und fallen daher jedem Angreifenden anheim, wodurch sie dann in gar wenig Jahren mit ihren Kindern und dem gesamten Staate oft aus Freien unvermerkt Knechte geworden 308a
sind.

SOKRATES D. J.: Einen bösen und schlimmen Erfolg gibst du an.

FREMDER: Wie aber die mehr zur Tapferkeit sich Neigenden? Reizen die nicht ihren Staat immer zu irgendeinem Kriege an wegen ihrer mehr, als gut ist, heftigen Begierde nach einem solchen Leben, und verwickeln ihn dadurch mit Vielen und Mächtigen in Feindschaft, ja bringen wohl gar ihr Vaterland ins Verderben und in die Knechtschaft und Gewalt seiner Feinde?

SOKRATES D. J.: Auch das geschieht. b

FREMDER: Wie sollten wir also nicht sagen, daß hierin beide Arten immer viel Feindschaft und Streit gegeneinander unterhalten von der heftigsten Art?

SOKRATES D. J.: Auf keine Weise können wir das leugnen.

FREMDER: Also, was wir von Anfang suchten, das haben wir gefunden, daß nicht unwichtige Teile der Tugend untereinander uneins sind von Natur und auch die, welche sie besitzen, eben dazu machen.

SOKRATES D. J.: Das scheinen sie in der Tat.

FREMDER: Laß uns nun auch dies dazunehmen.

SOKRATES D. J.: Welches?

46. Die Aufsichtstätigkeit der königlichen Kunst bei der Erziehung

c FREMDER: Ob wohl eine von den zusammensetzenden Künsten irgendeines ihrer Werke, wenn es auch das unbedeutendste wäre, gutwillig aus Schlechtem und Gutem bilden wird? Oder ob nicht jede Kunst überall das Schlechte nach Vermögen verwirft und nur das Tüchtige und Gute nimmt, um aus diesem dann, Ähnliches und Unähnliches in eines verarbeitend, eine bestimmte Kraft oder Gestalt hervorzubringen?

SOKRATES D. J.: Wie sollte sie nicht das letzte?

d FREMDER: Also wird auch die ihrer Natur nach wahre Staatskunst niemals gutwillig aus guten und schlechten Menschen irgendeinen Staat bilden, sondern offenbar wird sie sie zuerst beim Kinderspiel prüfen und nach der Prüfung denen, die sich darauf verstehen, zum Unterricht und zur Besorgung übergeben unter ihrer eignen Anordnung und Aufsicht, wie die Weberei über die Wollkämmer und andere, welche die zu ihrem Gewebe notwendigen Vorarbeiten verrichten, immer die Aufsicht führt,
e ihr Geschäft begleitend anordnet und ihnen solche Arbeit aufgibt zu verrichten, wie sie glaubt, daß zu ihrem Gewebe tüchtig sein werde.

SOKRATES D. J.: Allerdings.

FREMDER: Ebenso scheint mir auch die königliche Kunst selbst die Oberaufsicht zu führen über alle gesetzlichen Erzieher und Lehrer und ihnen nicht zu gestatten, etwas zu üben, außer wenn einer im Hinblick auf ihre Mischung wirkend eine dieser angemessene Gesinnung hervorbringt, sondern darin allein zu unterrichten befiehlt sie; und die, welche nicht vermögen, an tapferer und besonnener Gesinnung teilzunehmen, und was sonst zur Tugend

führt, sondern in Gottlosigkeit, in Frevel und Ungerechtigkeit 309a
durch die Gewalt einer bösartigen Natur hineingestoßen werden,
diese stößt sie aus durch Todesstrafen und durch Verweisungen
oder züchtigt sie durch die härtesten Beschimpfungen.

SOKRATES D. J.: So soll es wenigstens sein.

FREMDER: Die aber wiederum in Torheit und großer Niedrigkeit des Sinnes sich herumwälzen, unterjocht sie in das Sklavengeschlecht.

SOKRATES D. J.: Ganz richtig.

FREMDER: Von den übrigen aber, deren Naturen zu dem Edle-
ren mit Hilfe der Erziehung fähig sind gebildet zu werden und b
kunstmäßig Vermischung miteinander einzugehen, von diesen
versucht sie, die zur Tapferkeit mehr sich Hinneigenden, deren
derbere Gemütsart ihr als das für die Kette geeignete erscheint,
und die anderen, zum Sittsamen Neigenden, welche nach dem vorigen Bilde gleichsam das fettere, weichere, einschlagartige Gespinst sind, wie auch beide einander entgegenstreben, dennoch auf
folgende Weise miteinander zu verbinden und zu verflechten.

SOKRATES D. J.: Auf welche denn?

FREMDER: Zuerst, indem sie, wie es der Verwandtschaft gemäß c
ist, den ewigen Teil ihrer Seele durch ein göttliches Band vereinigt,
und nächst dem göttlichen auch den tierischen durch ein menschliches.

SOKRATES D. J.: Wie meintest du das wieder?

47. *Die wahre politische Verflechtung der Seelen*

FREMDER: Die wahrhaft wahre Vorstellung von dem Gerechten, Schönen und Guten und dessen Gegenteil, wenn sie wohl begründet der Seele einwohnt, nenne ich eben das Göttliche in einem dämonischen Geschlecht.

SOKRATES D. J.: Das gehört sich auch wohl so.

FREMDER: Und von dem Staatskundigen und dem guten Ge- d
setzgeber wissen wir, daß ihm allein gebührt, mit Hilfe der Muse
der königlichen Kunst eben dies denen einzubilden, welche einer
richtigen Erziehung teilhaftig geworden, wie wir eben von ihnen
gesagt?

SOKRATES D. J.: Man sollte es denken.

FREMDER: Wer aber dies, o Sokrates, zu bewirken unvermögend ist, dem wollen wir nie den Namen beilegen, dessen Bedeutung wir jetzt untersuchen.

SOKRATES D. J.: Ganz richtig.

FREMDER: Wie also? Wenn eine tapfere Seele jene Wahrheit
e ergreift, wird sie nicht gezähmt und begehrt dann, vorzüglich mit dem Gerechten Gemeinschaft zu haben; hat sie aber jene nicht ergriffen, neigt sie sich dann nicht vielmehr zu einer wilderen Natur?

SOKRATES D. J.: Wie anders?

FREMDER: Und wiederum die sittsame Natur, wenn sie jener Vorstellungen sich bemächtigt, wird sie dann nicht das wahrhaft Besonnene und Sittliche, wie es im Staate sein soll, werden; wenn sie aber mit dem, was wir meinen, nicht in Gemeinschaft tritt, dann mit größtem Recht in den schimpflichen Ruf der Stumpfsinnigkeit kommen?

SOKRATES D. J.: Allerdings.

FREMDER: Aber für Böse unter sich oder auch für Gute mit Bösen wollen wir nicht sagen, daß diese Verflechtung und Verbindung jemals haltbar sein, noch daß sich deren irgendeine Kunst im Ernst für solche bedienen werde.

SOKRATES D. J.: Wie sollte sie auch!

310a FREMDER: Aber den schon von ihrer Geburt an gutgearteten und ihrer Natur gemäß gebildeten Gemütern allein werden diese Vorstellungen durch die Gesetze sich einbilden und eben unter diesen dies nun das kunstmäßige Heilmittel und, wie wir gesagt haben, das göttlichere Band sein für die von Natur einander unähnlichen und entgegengesetzt fortstrebenden Teile der Tugend.

SOKRATES D. J.: Vollkommen wahr.

FREMDER: Die übrigen Bande menschlicher Art sind, wenn nur dieses göttliche vorhanden ist, weder schwer zu sehen noch, wenn man sie gesehen hat, schwer in Anwendung zu bringen.

b SOKRATES D. J.: Wieso aber, und welche sind es?

FREMDER: Durch die Eheverträge und Verbindungen der Kinder zwischen Staaten und auch einzeln durch die Verheiratungen und Ausstattungen. Denn die meisten binden hierbei nicht richtig zusammen zum Behuf der Kindererzeugung.

SOKRATES D. J.: Wieso?

FREMDER: Daß auf Reichtum und Macht hierbei Jagd gemacht wird, weshalb sollte man sich nur die Mühe geben, dies noch ernsthaft zu tadeln?

SOKRATES D. J.: Für nichts freilich.

48. Die Verflechtung der besonnenen mit der tapferen Gemütsart als Vollendung der Staatskunst

FREMDER: Eher wäre es billig, über diejenigen, welche hierbei auf
die Abkunft sehen, etwas zu sagen, ob auch diese der Sache nicht c
gemäß handeln.

SOKRATES D. J.: Das wäre wohl billig.

FREMDER: Und freilich handeln sie nach gar keinem richtigen Grunde, wenn sie, nur der augenblicklichen Bequemlichkeit nachgehend, mit denen sich gefallen, die ihnen ganz ähnlich sind, und die Unähnlichen nicht leiden mögen, weil sie auf das Beschwerliche dabei allzuviel Rücksicht nehmen.

SOKRATES D. J.: Wie das?

FREMDER: Die Sittsamen und Bescheidenen suchen wiederum ihre Gemütsart, heiraten, soviel es sich tun läßt, nur von solchen
und geben auch ihre Töchter wiederum nur an solche aus. Ebenso d
macht es auch das tapfere Geschlecht und geht *seiner* Natur nach, obwohl beide Arten hiervon ganz das Gegenteil tun sollten.

SOKRATES D. J.: Wie, und weshalb?

FREMDER: Weil die Tapferkeit, wenn sie viele Geschlechter hindurch, ohne sich mit der besonnenen Natur vermischt zu haben, wieder erzeugt wird, anfänglich zwar sich durch Kräftigkeit hervortut, am Ende aber ganz in Tollheiten ausschlägt.

SOKRATES D. J.: Wahrscheinlich.

FREMDER: Und wiederum die schamhafte Seele, wenn sie sich
ganz unvermischt mit mannhafter Keckheit viele Geschlechter e
hindurch erzeugt, muß träger werden, als recht ist, und damit endigen, ganz und gar zu verkümmern.

SOKRATES D. J.: Auch das wird sich wahrscheinlich so ereignen.

FREMDER: Diese Bande nun, sagte ich, wären gar nicht schwer zu knüpfen, wenn nur über das Schöne und Gute beide Arten dieselben Vorstellungen haben. Denn dies ist einzig und allein das ganze Geschäft jener königlichen Zusammenwebung, daß sie niemals lasse die besonnene und die tapfere Gemütsart sich vonein-

ander trennen, sondern sie durch Gleichgesinntheit und Ehre und
Schande und öffentliche Meinung und durch Geiseln, die sie einander ausgeben, zusammenschlägt, und wenn sie so jenes glatte
311a und feine Gewebe aus ihnen verfertigt hat, dann ihnen gemeinschaftlich alle Gewalten in den Staaten überläßt.

SOKRATES D. J.: Wie das?

FREMDER: Indem sie, wo nur *ein* Herrscher nötig ist, einen solchen, der beides in sich vereinigt, zum Vorsteher wählt; wo aber
mehrere, da beides miteinander vermischt. Denn besonnener
Herrscher Gemütsart wird zwar für das Vorsichtige, Gerechte und
Heilsame sorgen, aber einer gewissen durchgreifenden Schärfe
und Keckheit des Handelns ermangeln.

SOKRATES D. J.: Das dünkt mich freilich auch.

b FREMDER: Die Tapferkeit hingegen wird in Absicht auf Gerechtigkeit und Vorsichtigkeit hinter jener zurückstehen, aber im
Handeln selbst sich sehr auszeichnen. Daß es aber um den Staat in
allen Dingen, was das Allgemeine und was die einzelnen betrifft,
wohlstehen könne, wenn diese nicht beide vorhanden sind, ist
ganz unmöglich.

SOKRATES D. J.: Wie sollte es auch nicht!

FREMDER: Dies also, wollen wir sagen, sei die Vollendung des
Gewebes der ausübenden Staatskunde, daß ineinander einge-
schossen und verflochten werde der tapferen und der besonnenen
Menschen Gemütsart, wenn die königliche Kunst, durch Überein-
c stimmung und Freundschaft beider Leben zu einem gemeinschaft-
lichen vereinigend, das herrlichste und trefflichste aller Gewebe
bildend, alle übrigen Freien und Knechte in den Staaten umfassend, sie unter diesem Geflechte zusammenhält und, wieweit es
einem Staate gegeben sein kann glückselig zu werden, davon nirgend etwas ermangelnd herrsche und regiere.

SOKRATES: Vortrefflich, o Fremdling, hast du uns nun auch
den königlichen und Staatsmann dargestellt.

PHILEBOS

A. Einleitung

B. Vorentscheidung über den ersten Platz

C. Untersuchung von Lust und Erkenntnis in Hinsicht auf ihre Gattung, ihr Entstehen und ihre Wahrheit und Reinheit

Sokrates. Protarchos. Philebos

1. Die beiden Thesen über das Gute: Das Gute liegt in der Lust (Philebos). Gut ist das Vernünftigsein (Sokrates)

Sokrates: Sieh also zu, Protarchos, was für eine Rede du jetzt 11 a
vom Philebos übernehmen willst und gegen was für eine von unserer Seite streiten, falls sie dir nicht zu Sinne sollte gesprochen sein. b
Wollen wir sie uns beide noch einmal wiederholen?

Protarchos: Allerdings.

Sokrates: Philebos nämlich sagt, daß für alles Lebendige das
Wohlbefinden gut sei und die Lust und das Vergnügen, und was
sonst mit dieser Gattung zusammenstimmt. Von unserer Seite
aber ist das Bedenken, daß vielleicht doch nicht dieses, sondern
das Vernünftigsein und das Erkennen und Sicherinnern und was
wiederum hiermit verwandt ist, richtige Meinung und wahrhafte
Folgerungen, besser sein mag als Lust und trefflicher für alles, was
nur daran teilnehmen kann, und daß es für die, so es können, das c
vorteilhafteste von allem sei, hieran teilzuhaben, für die jetzigen
sowohl als für die künftigen. Behaupten wir nicht dies ungefähr,
o Philebos, von beiden Seiten?

Philebos: Ganz unstreitig, o Sokrates.

Sokrates: Und übernimmst du diesen dir jetzt übertragenen Satz, o Protarchos?

Protarchos: Ich muß ihn wohl übernehmen; denn Philebos der Schöne ist uns ja ermüdet.

Sokrates: Und auf alle Weise soll doch das Wahre darüber herausgebracht werden?

Protarchos: Das soll freilich. d

2. Die Aufgabe: Darstellung der zwei entsprechenden Verfassungen der Seele. Möglichkeit einer besseren dritten Verfassung

SOKRATES: Wohlan! So laß uns außer dem Vorigen auch noch dieses feststellen.

PROTARCHOS: Was doch?

SOKRATES: Daß jetzt auch jeglicher von beiden unternehmen muß, eine gewisse Beschaffenheit und Verfassung der Seele als diejenige aufzuzeigen, welche allen Menschen das Leben glückselig zu machen vermag. Nicht so?

PROTARCHOS: Allerdings so.

SOKRATES: Also ihr die des Wohlbefindens und wir dagegen die des Vernünftigseins?

PROTARCHOS: So ist es.

SOKRATES: Wie aber, wenn sich noch eine andere besser zeigt als diese? Werden nicht dann, falls sie sich der Lust verwandter zeigt, zwar wir beide von der jene Beschaffenheit festhaltenden Lebensweise überwunden werden, doch aber dann das Leben der
12a Lust den Sieg davontragen über das der Erkenntnis?

PROTARCHOS: Ja.

SOKRATES: Falls aber der Vernünftigkeit verwandter, dann siegt doch die Vernunft über die Lust, und diese wird überwunden. Gebt ihr zu, daß dies so feststehe, oder wie?

PROTARCHOS: Mir wenigstens gefällt es.

SOKRATES: Wie aber dem Philebos? Was meinst du?

PHILEBOS: Mir ist auf alle Weise annehmlich und wird es immer sein, daß die Lust siegt. Du aber, Protarchos, wirst ja selbst wissen.

PROTARCHOS: Nachdem du uns die Rede übergeben, o Philebos, bist du auch nicht mehr Herr darüber, dem Sokrates dies zuzugestehen oder nicht.

PHILEBOS: Richtig gesprochen. Ich will mich auch nur lossa-
b gen und rufe jetzt die Göttin selbst zum Zeugen.

PROTARCHOS: Auch wir wollen dir dies wohl gern mitbezeugen, daß du das gesagt hast, was du sagst. Allein das weitere, o Sokrates, wollen nun wir, mit Philebos' Beistimmung oder wie er es sonst halten will, durchzuführen versuchen.

3. Gibt es einander unähnliche und entgegengesetzte Arten der Lust?

SOKRATES: Das wollen wir versuchen, und zwar von der Göttin selbst anfangend, welche zwar Aphrodite genannt wird, wie dieser behauptet, ihr eigentlicher Name aber sei Lust.

PROTARCHOS: Ganz richtig.

SOKRATES: Meine Angst aber, Protarchos, die ich immer habe c
wegen der Benennungen der Götter, ist gar nichts Gewöhnliches,
sondern ärger als jede Furcht. So auch jetzt die Aphrodite will ich,
wie es dir selbst lieb ist, benennen; Lust aber, weiß ich, ist ein gar
krauses Ding, und eben von dir, wie gesagt, müssen wir anfangen
daranzugehen und zuzusehen, was für eine Natur sie eigentlich
hat. Denn wenn man es so hört, ist sie freilich ganz einfach nur
Eins, aber vielfältige Gestalten nimmt sie doch an, und die einander auf gewisse Weise unähnlich sind. Denn sieh nur: Lust zu empfinden, schreiben wir dem ausschweifenden Menschen zu, und d
Lust auch wiederum dem besonnenen, eben inwiefern er besonnen
ist; und ebenso Lust dem Unvernünftigen und mit unvernünftigen
Meinungen und Hoffnungen Erfüllten, und Lust zu empfinden,
auch wiederum dem Vernünftigen, eben inwiefern er vernünftig
ist; und wer nun von diesen beiden Arten der Lust, daß sie einander ähnlich wären, behaupten wollte, wie sollten wir den nicht mit
vollem Recht für unvernünftig halten?

PROTARCHOS: Freilich entstehen diese, o Sokrates, aus entgegengesetzten Dingen, doch aber sind sie selbst einander nicht entgegengesetzt. Denn wie sollte nicht Lust der Lust, dieselbe Sache e
sich selbst, am ähnlichsten sein unter allen Dingen?

SOKRATES: Freilich auch Farbe, du Wunderlicher, wird von der
Farbe, wenigstens was dieses selbst betrifft, das Farbesein, auch
ganz und gar nicht einmal verschieden sein; aber das Weiße, wissen wir doch alle, ist dem Schwarzen außer der Verschiedenheit
auch noch das Allerentgegengesetzteste. Ebenso Gestalt ist mit der
Gestalt in derselben Hinsicht der Gattung nach ganz eins, die Arten aber sind den Arten teils ganz entgegengesetzt, teils haben sie 13 a
tausendfältige Verschiedenheiten voneinander. Und vieles andere
werden wir finden, daß es sich ebenso verhält, so daß du dieser
Rede nicht trauen darfst, welche auch das Entgegengesetzteste zu
einem macht. Ich fürchte aber, daß wir manche Lust der andern
entgegengesetzt finden werden.

PROTARCHOS: Vielleicht! Aber wie soll das unserem Satze schaden?

SOKRATES: Weil du sie, werden wir sagen, unähnlich, wie sie einander sind, doch alle noch mit einem andern Namen benennst. Denn du sagst ja, alles Angenehme sei gut. Daß nun das Angenehme nicht alles angenehm wäre, dagegen kann kein Satz auftre-
b ten. Aber da vieles davon schlecht ist und auch gut, wie wir sagen,
sagst du doch von allen aus, sie seien gut, obgleich du zugibst, daß sie einander unähnlich sind, wenn dir es jemand in der Rede abdringen will. Indem nun was als dasselbe den schlechten gleichermaßen wie den guten einwohnt, schreibst du aller Lust zu, daß sie Gutes ist?

PROTARCHOS: Wie sagst du, Sokrates? Glaubst du wohl, irgend jemand werde einräumen, nachdem er einmal festgesetzt, die Lust sei das Gute, daß er sich hernach gefallen lassen werde, wenn
c du sagst, einige gewisse Arten der Lust wären zwar gut, andere
gewisse Arten aber schlecht?

SOKRATES: Doch aber unähnlich wirst du gestehen, daß sie einander sind, und einige auch entgegengesetzt.

PROTARCHOS: Nicht doch, sofern sie Lust sind.

SOKRATES: Da werden wir wieder auf dieselbe Rede getrieben, o Protarchos, und werden auch nicht einmal, daß eine Lust von der andern verschieden sei, sondern daß sie alle ähnlich sind, behaupten müssen. Und alle die eben angeführten Beispiele tun uns nichts; sondern wir werden dasselbe auf uns nehmen und vorbrin-
d gen, was die schlechtesten unter allen, und die zugleich in solchen
Reden ganz neu sind.

PROTARCHOS: Was doch meinst du?

SOKRATES: Daß, falls ich dich nachahmend mich wehren wollte, indem ich etwa das Herz hätte zu sagen, daß das Unähnlichste dem Unähnlichsten von allen am ähnlichsten sei, ich nur dasselbe wie du zu sagen brauchte, und wir zeigen uns dann wohl jünger als billig, und unsere Rede wird uns festsitzen und draufgehen. Also laß sie uns nur wieder umwenden. Und vielleicht, wenn wir auf dieselben Wendungen zurückkommen, werden wir miteinander einig werden.

e PROTARCHOS: Sage wie?

4. *Anerkennung der Verschiedenheit in Lust und Erkenntnis*

SOKRATES: Nimm an, daß ich nun meinerseits von dir gefragt würde, o Protarchos.

PROTARCHOS: Wonach doch?

SOKRATES: Einsicht und Erkenntnis und Vernunft und alles übrige, was ich am Anfang als gut setzte, wird dem nicht, wenn ich nun weiter ausgefragt werde, was doch das Gute ist, eben dasselbe begegnen wie deiner Rede?

PROTARCHOS: Wieso?

SOKRATES: Als viele werden uns die sämtlichen Erkenntnisse
erscheinen und einige unähnlich. Und werden einige gar auch irgendwie entgegengesetzte: würde ich wohl wert sein, jetzt Ge- 14a
spräch zu führen, wenn ich eben dies scheuend sagen wollte, keine
Erkenntnis werde je der andern unähnlich, so daß demnach diese
Rede uns wie eine Fabel verlorenginge und wir selbst uns nur auf
irgendeiner Unvernunft retteten?

PROTARCHOS: Aber das darf ja keineswegs geschehen, außer das Retten. Und eben dies Gleiche deines und meines Satzes gefällt mir. Vielerlei Lust und unähnliche soll es geben, und vielerlei Erkenntnis und verschiedene.

SOKRATES: Diese Verschiedenheit nun, o Protarchos, in mei- b
nem Gut und in deinem wollen wir uns nicht verbergen, sondern
den Mut haben, sie vor uns hinzustellen, ob sie nicht irgendwie
weiter durchgeprüft uns zeigen sollte, ob man sagen muß, Lust
oder Einsicht sei das Gute, oder ob etwas anderes Drittes. Denn
jetzt ist es uns doch wohl nicht darum zu tun, daß das, was ich
sage, den Sieg davontragen soll, oder das, was du; sondern für das
Richtigste müssen wir doch wohl beide streiten.

PROTARCHOS: Das müssen wir freilich.

5. *Die gewöhnliche und die philosophische Problematik des Einen und Vielen*

SOKRATES: Laß uns also zuerst diesen Satz noch mehr durch c
Übereinkunft befestigen.

PROTARCHOS: Welchen doch?

SOKRATES: Der allen Menschen zu schaffen macht mit ihrem Willen und auch wider ihren Willen manchen und manchmal.

PROTARCHOS: Erkläre dich deutlicher.

Sokrates: Ich meine den, auf den wir jetzt eben gestoßen sind, der von Natur ganz wunderbar geartet ist. Denn daß Eins das Viele ist und Vieles das Eins, ist doch wunderbar zu sagen, und es ist wohl leicht zu streiten mit dem, der welches auch von beiden behauptet.

Protarchos: Meinst du, wenn jemand sagte, daß ich, Protar-
d chos, der ich von Natur *einer* bin, doch auch wieder *viele* wäre und einander entgegengesetzte, indem er mich als groß und klein setzte und als leicht und schwer und dergleichen noch tausenderlei?

Sokrates: Du bringst nur das vor, Protarchos, was schon gewöhnlich geworden ist von diesen Wunderbarkeiten über das Eine und Viele, und, um es kurz zu sagen, von allen schon eingestanden ist, daß man daran nicht rühren dürfe, welche annehmen, dies sei kindisch und leicht und gereiche nur den Reden sehr zur Verwicklung. Ja auch das nicht einmal, wenn einer von einer Sache alle
e Glieder, die zugleich Teile sind, der Erklärung gemäß teilend, nachdem er mit jemandem übereingekommen ist, dies alles sei eben zusammen jenes Eins, dann den auslachte und tadelte, daß er wunderliche Dinge einzuräumen genötigt wäre, daß nämlich das Eins Vieles ist und Unendliches, und das Viele wiederum nur Eins.

Protarchos: Was meinst denn du, o Sokrates, was noch nicht so zugestanden und gewöhnlich ist über denselben Satz?

15a Sokrates: Wenn jemand, mein Kind, das Eins nicht aus dem Werdenden und Vergehenden nimmt, wie wir jetzt eben taten. Denn hiervon und von einem solchen Eins, wie wir jetzt eben besprachen, ist schon eingestanden, daß man es nicht prüfen darf. Wenn aber jemand den Menschen als Einen setzt, und den Ochsen als Einen, und das Schöne als Eins, und das Gute als Eins, über diese und ähnliche Einheiten wird bei ernsterer Behandlung und Auseinanderlegung leicht Streitigkeit entstehen.

Protarchos: Wie meinst du?

b Sokrates: Zuerst, ob man wohl annehmen darf, daß es dergleichen Einheiten gebe als wahrhaft *seiend*. Dann aber auch, wie man diese Einheiten – mag immerhin eine jede von ihnen immer dieselbe sein und weder Werden noch Untergang zulassen –, wie man dennoch eine solche als am sichersten *Eine* seiend annehmen muß. Hernach aber, ob sie in dem Werdenden und Unbegrenzten wiederum als zerrissen und *Vieles* geworden zu setzen ist oder als

ganz in ihnen außerhalb ihrer selbst, was doch für das Unmöglich-
ste von allem zu halten wäre, indem dann diese Selbe und Eine
zugleich in Einem sowohl als in Vielen auftritt. Dies ist es, das in
dergleichen Dingen Eine und Viele, nicht aber jenes, o Protarchos,
was aller Zweifel Ursache ist, wenn es nicht richtig bestimmt wird, c
aber auch wieder aller Sicherheit, wenn richtig.

PROTARCHOS: Also müssen wir wohl, o Sokrates, für jetzt zuerst dieses verarbeiten.

SOKRATES: Wie ich wenigstens raten möchte.

PROTARCHOS: Und nimm nur immer an, daß wir hier alle dir in dergleichen folgen. Den Philebos aber wäre wohl am besten, für jetzt nicht durch Fragen aufzustören, da er ruhig liegt.

6. *Falscher und rechter Gebrauch des beim Reden über Seiendes entstehenden Einen und Vielen*

SOKRATES: Wohl! Wobei soll man nun aber wohl diesen großen d
und vielfältigen Streit über das Bezweifelte anfangen? Etwa hierbei?

PROTARCHOS: Wobei?

SOKRATES: Wir sagen doch, daß das Selbe als Eines und Vieles
unter der Rede werdend überall herumlaufe, wo nur immer etwas
geredet wird, schon lange so wie jetzt. Und daß das weder jemals
aufhören wird, noch auch jetzt erst angefangen hat; sondern es ist
dies, soviel ich sehe, ein unsterbliches und nie veraltendes Begegnis
der Reden selbst unter uns. Wer aber von jungen Leuten zuerst
davon kostet, der, froh als hätte er einen ganzen Schatz von Weisheit gefunden, ist ganz begeistert vor Freude und lüstern, jegliche e
Rede aufzustöbern, indem er die Sache bald auf die eine Seite
wälzt und in Eins zusammenrührt, bald wieder sie aufwickelt und
zerteilt, zuerst und am meisten sich selbst in Ratlosigkeit stürzend,
zunächst aber auch, wen er jedesmal festhält, sei es nun ein jün-
gerer oder ein älterer oder von gleichem Alter mit ihm, ohne weder
des Vaters zu schonen noch der Mutter, noch irgendeines andern 16a
Hörers, ja fast auch nicht einmal der andern Tiere, nicht nur der
Menschen nicht. Denn von Barbaren würde er gewiß keinen schonen, wenn er nur irgendwoher einen Dolmetscher bekommen
könnte.

PROTARCHOS: Aber siehst du denn nicht, Sokrates, wieviel wir

unserer sind, und alles Jünglinge? Und fürchtest du nicht, daß wir mit dem Philebos über dich herfallen, wenn du uns schmähst? Jedoch, denn wir verstehen recht gut, was du meinst, wenn es eine Art gibt und einen Rat, um eine so große Verwirrung aus unserer Rede
b ganz gelinde loszuwerden und einen besseren Weg als diesen zu unserm Satze zu finden: so sinne du es nur aus, und wir wollen dir nach Vermögen folgen. Denn nichts Geringfügiges ist unsere jetzige Rede, o Sokrates.

SOKRATES: Freilich nicht, ihr Kinder, wie euch Philebos immer anredet; und einen schöneren Weg gibt es nicht und kann es nicht geben als diesen, den ich zwar immer liebe, oft aber auch schon, wenn ich ihn verloren hatte, ließ er mich in der Irre und ratlos zurück.

PROTARCHOS: Welcher ist dieser? Er werde uns nur angezeigt.

c SOKRATES: Der zu beschreiben zwar gar nicht schwer ist, einzuschlagen aber sehr schwer. Denn alles, was jemals mit einer Kunst Zusammenhängendes gefunden worden ist, hat man durch ihn entdeckt. Siehe nun, welchen ich meine.

PROTARCHOS: Sage nur.

SOKRATES: Als eine Gabe der Götter an die Menschen, wofür ich es wenigstens erkenne, ist er einmal von den Göttern herabgeworfen worden durch irgendeinen Prometheus, zugleich mit einem glanzvollsten Feuer. Und die Alten, besser als wir und den Göttern näher wohnend, haben uns diese Sage übergeben, aus Eins und Vielem sei alles, wovon jedesmal gesagt wird, daß es ist, und habe Bestimmung und Unbestimmtheit in sich verbunden. Deshalb nun
d müßten wir, da dieses so geordnet ist, immer *einen* Begriff von allem jedesmal annehmen und suchen; denn finden würden wir ihn gewiß darin. Wenn wir ihn nun ergriffen haben, dann sei nächst dem *einen*, ob etwa *zwei* darin sind, zu betrachten, wo aber nicht, ob drei oder irgendeine andere Zahl, und mit jedem von jenen Eins ebenso, bis man von dem ursprünglichen Eins nicht nur, daß es Eins und Vieles und Unendliches ist, sieht, sondern auch wie vieles; des Unendlichen Begriff aber dürfe man an die Menge nicht eher anlegen, bis einer die Zahl derselben ganz übersehen hat, die zwischen
e dem Unendlichen und dem Eins liegt, und dann erst jedes Eins von allem in die Unendlichkeit freilassen und verabschieden. So nun haben, wie ich sagte, die Götter uns überliefert zu untersuchen und

zu lernen und einander zu lehren. Die jetzigen Weisen unter den Menschen hingegen setzen ein Eins, wie sie es eben treffen, schnel- 17a
ler oder langsamer, als es sich gehörte, nach dem Eins aber gleich Unendliches; das in der Mitte hingegen entgeht ihnen, wodurch doch eben zu unterscheiden ist, ob wir in unsern Reden dialektisch oder nur streitsüchtig miteinander verfahren.

7. Erläuterung des Einen und Vielen an Laut, Ton und Bewegung

PROTARCHOS: In einigem, o Sokrates, glaube ich dich wohl zu verstehen, von anderem aber muß ich erst noch deutlicher vernehmen, wie du es meinst.

SOKRATES: Ganz deutlich, o Protarchos, ist, was ich meine, an den Buchstaben; fasse es also nur an dem, worin du selbst unter- b
richtet bist.

PROTARCHOS: Wieso?

SOKRATES: Der Laut ist uns doch wohl *einer*, der durch unsern Mund ausgeht, und unendlich mannigfaltig ist er auch wiederum bei allen und jedem.

PROTARCHOS: Wie sollte er nicht!

SOKRATES: Aber durch keines von diesen beiden verstehen wir doch irgend etwas, weder weil wir das Unendliche desselben kennen, noch weil das Eine, sondern weil das Wievielerlei und Welcherlei, dies ist es, was jeden von uns zum Sprachkundigen macht.

PROTARCHOS: Vollkommen richtig.

SOKRATES: Und ebenso, was zum Tonkünstler macht, ist ganz dasselbe.

PROTARCHOS: Wieso?

SOKRATES: Der Laut oder Ton ist doch wie in jener Kunst nur c
einer in ihr?

PROTARCHOS: Wie sollte er nicht!

SOKRATES: Laß uns nun aber auch als Zwei darin setzen, Hohes und Tiefes, und das Einstimmige als das Dritte. Oder wie?

PROTARCHOS: Allerdings so.

SOKRATES: Aber noch lange verständest du nichts von der Tonkunst, wenn du nur dieses wüßtest; wenn du aber auch dies noch nicht einmal weißt, bist du, um es geradeheraus zu sagen, gar nichts wert in dieser Sache.

Protarchos: Freilich nicht.

Sokrates: Aber, Freund, wenn du die Zwischenräume der
Töne aufgefaßt hast, wieviel deren sind der Zahl nach und wel-
d cherlei an Höhe und Tiefe, und die Erklärungen dieser Zwischenräume, und wie viele Verbindungen wieder aus ihnen entstehen,
welche eben die Älteren erkannt und uns, ihren Nachfolgern,
überliefert haben, sie Tonarten zu nennen, und ebenso ähnliche
Verhältnisse, die sich in den Bewegungen des Leibes finden, welche man in Zahlen gemessen, wie sie sagen, wiederum Takte und
Maße nennen muß, und zugleich bedenken, daß man eben so jedes, was Eins und Vieles ist, untersuchen muß: wenn du dies so
aufgefaßt hast, dann bist du der Sache kundig geworden, und
wenn du irgendein anderes der Eins auf eben die Weise untersucht
e und gefaßt hast, dann bist du darin zur Einsicht gelangt. Das
Unendliche aber jedes Begriffes und in jeglichem Dinge macht jedesmal, daß du in der Kenntnis auch nicht zu Ende kommst und
nicht zu nennen bist in der Sache noch mitzuzählen, da du ja in
keiner Sache jemals irgend auf die Zahl siehst.

8. Wichtigkeit der bestimmten Zahl beim Übergang vom Eins zum Unendlichen und vom Unendlichen zum Eins

Protarchos: Sehr schön, o Philebos, scheint mir Sokrates, was
er jetzt gesagt hat, vorgetragen zu haben.

18a Philebos: Auch mich dünkte es ebenso. Allein, was geht uns
doch diese Rede an, daß sie an uns ist gerichtet worden, und was
will sie von uns?

Sokrates: Ganz mit Recht, o Protarchos, hat uns Philebos hiernach gefragt.

Protarchos: Allerdings, und antworte ihm also.

Sokrates: Das will ich tun, sobald ich nur noch ein Weniges
über eben dieses werde auseinandergesetzt haben. Nämlich wie,
wenn jemandem irgendein Eins vorgekommen ist, dieser, wie wir
sagen, danach nicht gleich auf das Unendliche sehen muß, sondern
zuvor irgendeine Zahl suchen; so auch auf der andern Seite, wenn
jemand genötigt wäre, das Unendliche zuerst zu nehmen, muß er
b nicht gleich auf das Eins hinsehen, sondern wiederum auf eine
Zahl, die doch jede eine bestimmte Menge zum Begreifen in sich
enthält, und so von allen bei dem Eins endigen. Laßt uns aber
wiederum an den Buchstaben das jetzt Gesagte betrachten.

PROTARCHOS: Wie das?

SOKRATES: Nachdem nämlich zuerst den Laut als ein Unendliches aufgefaßt hatte, war es nun ein Gott oder irgendein göttlicher Mensch – wie denn in Ägypten eine Sage geht, welche sagt, es sei dies ein gewisser Theuth gewesen, welcher zuerst die Selbstlauter in diesem Unendlichen unterschied, daß sie nicht Eins, sondern mehrere sind, und dann wiederum andere, die zwar eigentlich keinen c
Laut, wohl aber ein gewisses Geräusch geben, und daß diese ebenfalls eine gewisse Zahl ausmachen, und der endlich noch eine dritte Art der Buchstaben unterschied, die wir jetzt ‹stumme› nennen; nächstdem aber zerteilte er sowohl die laut- und geräuschlosen bis hin zu jedem Eins, als auch die Selbstlauter und die mittleren auf dieselbe Weise, bis er, ihre Zahl innehabend, jeden einzeln und alle insgesamt Buchstaben nannte. Und da er sah, daß niemand von uns auch nicht *einen* für sich allein ohne sie insgesamt verstehen kann, so faßte er wiederum dieses ihr Band als *eines* zusammen und als d
diese alle vereinigend, und benannte es daher als das *eine* zu diesen die Sprachkunst.

PHILEBOS: Dies habe ich nun noch deutlicher als jenes, nämlich in seiner Beziehung unter sich, verstanden, o Protarchos. Dieselbe Kleinigkeit aber fehlt mir an der Rede auch jetzt noch wie vorher.

SOKRATES: Etwa, o Philebos, was dies wohl zur Sache beiträgt?

PHILEBOS: Ja, das ist es, wonach Protarchos und ich schon lange suchen.

SOKRATES: Wahrhaftig, ihr seid schon eben dabei und sucht es doch, wie du sagst, noch immer? e

PHILEBOS: Wie doch?

9. *Wiederaufnahme der ursprünglichen Frage*

SOKRATES: War uns nicht von Anfang an die Rede von Vernünftigkeit und Lust, welche von beiden zu wählen wäre?

PHILEBOS: Wovon anders?

SOKRATES: Und jede von beiden, sagen wir doch, ist Eins?

PHILEBOS: Freilich.

SOKRATES: Eben dieses also fragt die vorige Rede uns ab, wie doch jede von beiden Eins ist und Vieles, und wie nicht gleich unendlich, sondern zuvor jede bestimmte Zahl hat, ehe das Ein- 19a
zelne in ihnen unendlich geworden ist.

PROTARCHOS: In eine gar nicht schlechte Aufgabe, o Philebos,
hat uns, ich weiß nicht auf welche Weise rings herumführend, Sokrates hineingeworfen. Siehe daher zu, welcher von uns beiden
das jetzt Gefragte beantworten soll. Denn vielleicht ist es wohl
lächerlich, wenn ich, der ich die Rede vollständig zu übernehmen
mich erklärt habe, nun, weil ich das jetzt Gefragte nicht zu beantworten vermag, es dir wieder zurückschiebe; noch lächerlicher
b aber bei weitem, glaube ich, wenn keiner von uns beiden es vermöchte. Überlege also, was wir tun sollen. Nach den Arten der
Lust nämlich scheint mir Sokrates jetzt zu fragen, ob es deren gibt
oder nicht und wie viele und was für welche, und nach der Einsicht
ebenso auf dieselbe Weise.

SOKRATES: Vollkommen richtig, o Sohn des Kallias. Denn
wenn wir dies nicht mit jedem Einen und Ähnlichen und Selben zu
tun wissen und ebenso mit dem Gegenteil davon, so wird, wie die
eben durchgeführten Rede uns nachgewiesen hat, keiner von uns
zu irgend etwas irgendwann auch nur irgend etwas wert sein.

c PROTARCHOS: So scheint es fast wohl, o Sokrates, sich zu verhalten. Allein schön ist es freilich, alles zu wissen, für den Weisen;
doch die nächstbeste Fahrt wenigstens scheint zu sein, daß man
sich selbst nicht verkenne. Was mir damit jetzt gesagt sein soll, will
ich dir erklären. Du hast uns allen, o Sokrates, diese Unterredung
hier zugestanden und dich selbst, um zu bestimmen, welches wohl
unter den menschlichen Besitztümern das vortrefflichste sei. Denn
da Philebos behauptete, Lust, Vergnügen und Freude und alles,
was es dergleichen gibt, seien es, so hast du dem widersprochen,
d nicht dies wäre es, sondern jenes, was wir uns oft absichtlich wiederholen, und mit Recht, damit dem Gedächtnis wohl eingeprägt
beides geprüft werde. Du behauptest nämlich, wie zu sehen ist,
was mit Recht ein besseres Gut als die Lust wenigstens genannt
werden könne, sei Vernunft, Erkenntnis, Verstand, Kunst und alles damit Verwandte, welches man müsse zu erlangen suchen,
nicht aber jenes. Da nun beide Meinungen nicht ohne Widerspruch vorgebracht worden sind, haben wir dich scherzhafter-
weise bedroht, wir würden dich nicht nach Hause lassen, bis diese
e Reden so zu Ende gekommen, daß etwas Genügendes darüber bestimmt wäre. Und du hast eingewilligt und hierzu uns dich selbst
hergegeben. Also sagen wir wie die Kinder, was einmal ordentlich

geschenkt ist, kann nicht zurückgenommen werden. Höre demnach auf, dem jetzt Gesagten auf diese Weise zu begegnen.

SOKRATES: Auf welche meinst du?

PROTARCHOS: Daß du uns in die Enge treibst und immer wei- 20a
ter zurück nach solchen Dingen fragst, worauf wir dir im Augenblick keine befriedigende Antwort zu geben wissen. Denn das wollen wir nicht gelten lassen, daß jetzt die Sache mit unser aller Ratlosigkeit endigen soll; sondern wenn wir es auszurichten unvermögend sind, mußt du es ausrichten, denn du hast es versprochen. Gehe also nun selbst mit dir zu Rate, ob du die verschiedenen Arten der Lust und der Erkenntnis aufstellen sollst oder es lassen, falls du etwa auf eine andere Weise kannst und das jetzt unter uns Streitige irgend anderswie deutlich machen willst.

SOKRATES: Nun habe doch ich nichts Arges mehr zu erwar- b
ten, da du dich hierüber so erklärst. Denn dies ‹wenn du willst› macht aller Furcht über alles ein Ende. Überdies aber hat mir wohl ein Gott selbst etwas in Erinnerung gebracht, zu unserem Besten.

PROTARCHOS: Wieso? Und was?

10. Das Gute als vollendet, hinreichend und Ziel des Strebens. Prüfung des Lebens der Lust

SOKRATES: Reden, die ich schon lange gehört habe im Traume oder auch wachend, fallen mir jetzt ein über Lust und Einsicht, daß keines von beiden das Gute ist, sondern ein anderes Drittes, das von ihnen verschieden ist und besser als beide. Zeigte sich uns nun dieses jetzt deutlich, so wäre es mit der Lust schon vorbei und c
sie könnte nicht siegen, denn das Gute wäre nicht mehr einerlei mit ihr. Oder wie?

PROTARCHOS: Allerdings so.

SOKRATES: Und der Anstalten zur Bestimmung der Arten der Lust bedürften wir dann gar nicht mehr, wie ich meine und die Sache selbst im Fortgang es noch deutlicher zeigen wird.

PROTARCHOS: Vortrefflich gesagt, und führe es nun auf diese Art weiter.

SOKRATES: Nur einiges Wenige laß uns vorher noch miteinander ausmachen.

PROTARCHOS: Was doch?

d SOKRATES: Ist es wohl notwendig, daß die Ordnung des Guten vollendet ist oder nicht vollendet?

PROTARCHOS: Vor allem andern offenbar doch das vollendetste, o Sokrates.

SOKRATES: Und wie? Ist das Gute hinreichend?

PROTARCHOS: Wie sollte es nicht! Und noch dazu übertrifft es hierin alles andere.

SOKRATES: Und dies muß man doch am allerwenigsten davon sagen, daß alles Erkennende danach trachtet und strebt, es zu gewinnen und für sich zu haben, und sich um alles übrige nicht kümmert, sondern nur um das, was mit dem Guten zugleich vollendet wird.

PROTARCHOS: Dagegen ist nichts zu sagen.

e SOKRATES: Betrachten wir also und beurteilen nun das Leben der Lust und das der Einsicht, indem wir sie getrennt ansehen.

PROTARCHOS: Wie meinst du das?

SOKRATES: Weder soll in dem der Lust irgend Einsicht sein noch in dem der Einsicht irgend Lust. Denn wenn eines von beiden das Gute ist, darf dies weiter sonst gar nichts bedürfen. Zeigt sich
21 a aber eines von beiden noch bedürftig, so kann uns dies nicht mehr das wahrhaft Gute sein.

PROTARCHOS: Wie sollte es auch!

SOKRATES: Wollen wir also den Versuch machen, an dir dieses zu prüfen?

PROTARCHOS: Immerhin.

SOKRATES: So antworte denn!

PROTARCHOS: Sprich nur.

SOKRATES: Möchtest du wohl so leben, o Protarchos, daß du dein ganzes Leben hindurch an allen größten Vergnügungen dich vergnügtest?

PROTARCHOS: Warum nicht?

SOKRATES: Würdest du wohl glauben, daß dir noch etwas fehle, wenn du dies ganz vollkommen hättest?

PROTARCHOS: Keineswegs.

SOKRATES: Sieh doch zu! Von Einsehen und Wissen und Erwä-
b gen des Nötigen und was dazu gehört, davon hättest du doch wohl nichts nötig?

PROTARCHOS: Und wozu? Denn ich hätte ja alles, weil ich das Vergnügtsein hätte.

Sokrates: Auf diese Art also lebend würdest du zwar immer an jeglicher größten Lust dich vergnügen –

Protarchos: Freilich.

Sokrates: Von Vernunft aber und Erinnerung, von Erkenntnis und richtiger Meinung auch nicht das mindeste habend, mußt du doch zuerst schon dieses, ob du vergnügt bist oder nicht, offenbar nicht wissen, da du ja aller Einsicht leer bist.

Protarchos: Notwendig.

Sokrates: Und ebenso, da du ja gar kein Gedächtnis besitzt, c
kannst du offenbar weder dessen, daß du einst vergnügt warst, dich erinnern, noch kann dir von der Lust, die dir im Augenblick zufällt, auch nur das mindeste Andenken zurückbleiben. Wiederum, da du auch keine richtige Meinung hast, kannst du nicht einmal, indem du dich freust, urteilen, daß du dich freust. Und da du aller Erwägung beraubt bist, wirst du auch nicht einmal, daß du in Zukunft noch vergnügt sein wirst, berechnen können und so nicht ein menschliches Leben leben, sondern irgendeines Polypen oder eines Schaltieres, wie man sie im Meer findet. Ist es so, oder
können wir uns die Sache irgend anderswie vorstellen? d

Protarchos: Wie nur!

Sokrates: Ist uns nun wohl ein solches Leben zu wählen?

Protarchos: Ganz zum Verstummen hat mich diese deine Rede jetzt gebracht.

Sokrates: Laß uns nur noch nicht abstehn, sondern nun auch das Leben der Vernunft vornehmen und betrachten.

11. Weder das Leben der Lust noch das Leben der Vernunft hat das Gute, sondern ein aus beiden gemischtes. Anspruch der Vernunft auf den zweiten Platz

Protarchos: Was für eines meinst du?

Sokrates: Ob wohl einer von uns so leben möchte, daß er zwar alle Einsicht und Vernunft und Wissenschaft und Erinnerung von allem hätte, Lust aber weder viel noch wenig genösse e
und ebensowenig Unlust, sondern für dieses alles ganz unempfänglich wäre?

Protarchos: Keine von diesen beiden Lebensweisen ist mir wünschenswert, noch wird sie wohl irgendeinem andern, glaube ich, so vorkommen.

22a SOKRATES: Wie aber eine beiderseitige, o Protarchos, aus beiden durch Mischung gemeinschaftlich gewordene?

PROTARCHOS: Aus Lust meinst du und aus Vernunft und Einsicht?

SOKRATES: So, und eben eine solche meine ich.

PROTARCHOS: Diese wird wohl jeder eher als irgendeine von jenen wählen, und auch außer diesen hier nicht etwa nur einer und ein anderer wieder nicht.

SOKRATES: Verstehen wir nun wohl, was uns aus der bisherigen Rede folgt?

PROTARCHOS: Allerdings; es sind uns drei Lebensweisen vor-
b gelegt worden, von ihrer zweien aber war keine genügend noch
wünschenswert, weder für Menschen noch für irgendein anderes
lebendes Wesen.

SOKRATES: Ist nun nicht von diesen schon soviel gewiß, daß keine von beiden das Gute in sich hatte? Denn sonst müßte sie ja hinreichend sein und vollständig und allen Gewächsen und Tieren wünschenswert, denen es nur irgend möglich wäre, so ihr ganzes Leben hinzubringen. Und wenn dennoch jemand von uns etwas anderes wählte, so ergriffe er das gegen die Natur des wahrhaft Erwählenswerten wider Willen aus Unwissenheit oder vermöge sonst einer unseligen Notwendigkeit.

PROTARCHOS: So muß es sich allerdings wohl verhalten.

c SOKRATES: Daß man also des Philebos Göttin und das Gute
nicht für einerlei halten darf, das dünkt mich hinlänglich gezeigt
zu sein.

PHILEBOS: Aber auch deine Vernunft, o Sokrates, ist nicht das Gute, sondern unterliegt wohl denselben Einwendungen.

SOKRATES: Vielleicht, o Philebos, die meinige wohl, die wahrhafte und göttliche Vernunft aber glaube ich wohl nicht, sondern
mit der wird es sich wohl ganz anders verhalten. Um den ersten
Preis also streite ich mich nicht mit jenem gemeinsamen Leben für
die Vernunft. Wegen der zweiten Stelle aber müssen wir nun zuse-
d hen und überlegen, was wir tun wollen. Denn von diesem gemeinsamen Leben könnten wir nun jeder, der eine die Vernunft für die
Ursache halten, der andere die Lust. Und so wäre zwar keine von
diesen beiden das Gute selbst, aber für die Ursache desselben
könnte doch einer eine von beiden ansehen. Darüber nun möchte

ich noch um so lieber mit unserem Philebos streiten, daß, was das
auch sei in diesem gemischten Leben, wodurch es zugleich erwäh-
lungswert ist und gut, diesem nicht die Lust, sondern die Vernunft
das Verwandtere und Ähnlichere ist. Und sonach könnte man von
der Lust, weder daß ihr die erste, noch daß ihr die zweite Stelle e
zukäme, irgend mit Recht sagen, ja auch noch weiter als die dritte
steht sie zurück, wenn meiner Vernunft für jetzt irgend zu glauben
ist.

PROTARCHOS: Allerdings, o Sokrates, scheint mir wenigstens
jetzt die Lust gefallen zu sein, gleichsam tödlich getroffen von diesen jetzigen Reden. Denn um den ersten Preis kämpfend unterliegt
sie. Der Vernunft aber muß man, wie es scheint, nachsagen, daß 23a
sie sehr weislich um den ersten Preis sich nicht beworben hat;
denn ihr wäre dasselbe begegnet. Geht nun die Lust auch des zweiten Preises verlustig, so würde ihr das ja auf alle Weise zur Schande
gereichen bei ihren Verehrern, denn nicht einmal denen würde sie
dann noch so schön wie sonst erscheinen.

SOKRATES: Wie also? Ist es nun nicht besser, sie lieber gleich zu lassen und nicht, indem wir sie auf die schärfste Probe nehmen und ganz durchprüfen, ihr wehe zu tun?

PROTARCHOS: Das ist nichts gesagt, Sokrates!

SOKRATES: Etwa weil ich etwas Unmögliches ausgesprochen, b
der Lust weh tun?

PROTARCHOS: Wenigstens nicht darum allein, sondern auch weil du nicht bedenkst, daß keiner von uns dich loslassen wird, bis du dies ganz zu Ende führst in deiner Rede.

SOKRATES: Weh also, Protarchos, über die vielen Reden, die wir noch vor uns haben und die gar nicht leicht sind für jetzt. Denn es zeigt sich wohl, daß noch anderer Künste bedarf, wer für die Vernunft auf den zweiten Preis losgehen will, um andere Pfeile zu haben als unsere vorigen Reden. Doch vielleicht sind einige auch wohl dieselben. Also wollen wir nur.

PROTARCHOS: Wie sollten wir auch nicht.

12. *Ansetzung von vier Arten des Seienden: das Unbegrenzte, das mit Grenze, das Gemischte, die Ursache der Vermischung. Erläuterung der zwei ersten Arten*

SOKRATES: Den Anfang aber laß uns ja versuchen recht vorsichtig c
festzustellen.

PROTARCHOS: Was für einen meinst du?

SOKRATES: Laß uns alles, was jetzt ist in dem Ganzen, in zwei Teile teilen oder lieber, wenn du willst, in drei.

PROTARCHOS: Wolltest du wohl erklären, wonach?

SOKRATES: Einige von den vorigen Reden wollen wir wieder aufnehmen.

PROTARCHOS: Welche denn?

SOKRATES: Gott, sagten wir ja wohl, habe von dem Seienden einiges als unbegrenzt gezeigt, anderes als Grenze.

PROTARCHOS: Allerdings.

SOKRATES: Diese also setzen wir als zwei von diesen Arten; als
d die dritte aber ein aus diesen beiden zusammengemischtes Eins. Ich werde aber, wie es scheint, lächerlich, wenn ich nach Arten etwas gehörig auseinanderstelle und zusammenzuzählen versuche.

PROTARCHOS: Wie meinst du das, Guter?

SOKRATES: Mir kommt schon wieder vor, als ob noch eine vierte Gattung nötig wäre.

PROTARCHOS: Sage welche.

SOKRATES: Sieh doch auf die Ursache der Vermischung dieser beiden miteinander und setze mir diese zu jenen als die vierte.

PROTARCHOS: Wirst du etwa auch eine fünfte noch brauchen, welche ihre Trennung bewirkt?

SOKRATES: Vielleicht, doch glaube ich für jetzt wohl nicht. Sollte es indes nötig sein, so wirst du mir schon nachsehen, wenn
e ich noch auf eine fünfte Jagd mache.

PROTARCHOS: Warum auch nicht.

SOKRATES: Zuerst nun laß uns von diesen vieren die drei aussondern und versuchen, da wir die zwei von ihnen jedes als Vieles zerspalten und zerrissen sehen, ob wir, wenn wir sie wiederum jedes in Eins zusammengebracht haben, bemerken können, wie wohl jedes von ihnen Eins und Vieles war.

PROTARCHOS: Wenn du mir dies noch deutlicher erklärtest, könnte ich vielleicht folgen.

24a SOKRATES: Die zwei also, die ich vorlege, sollen sein die eben genannten, das eine das Unbegrenzte, das andere das mit Grenze. Daß nun das Unbegrenzte gewissermaßen Vieles ist, will ich versuchen, dir zu erklären, das mit Grenze aber soll auf uns warten.

PROTARCHOS: Es warte.

SOKRATES: Sieh also. Es ist freilich schwierig und strittig, was ich dich auffordere zu betrachten, aber betrachte es doch. Zuerst an dem Wärmeren und Kälteren sieh doch, ob du wohl eine Grenze bemerken kannst, oder ob nicht das Mehr und Weniger,
welches diesen Gattungen einwohnt, solange es ihnen einwohnt, b
gar kein Ende entstehen läßt; denn sobald ein Ende entstände, wäre es selbst auch zu Ende.

PROTARCHOS: Vollkommen richtig.

SOKRATES: Und immer, behaupten wir doch, ist in dem Kälteren sowohl als Wärmeren das Mehr und Weniger.

PROTARCHOS: Allerdings.

SOKRATES: Immer also, deutet unsere Rede an, werden diese beiden kein Ende haben, und da sie ohne Ende sind, sind sie doch auf alle Weise unbegrenzt.

PROTARCHOS: Und das gar stark, o Sokrates.

SOKRATES: Sehr gut, lieber Protarchos, hast du dies aufgefaßt
und mich erinnert, daß auch dieses ‹Gar stark›, was du jetzt ausge- c
sprochen hast, und das ‹Gar schwach› ganz dieselbe Bedeutung haben, wie das Mehr oder Weniger. Denn worin sie sich befinden, das lassen sie nicht bestimmter Größe sein, sondern indem sie in jegliche Handlung ein Stärkeres als das Schwächere und umgekehrt einzeichnen, bewirken sie ein Mehr und Minder und machen die bestimmte Größe verschwinden. Denn, wie wir eben sagten, wenn sie die bestimmte Größe nicht verschwinden machten,
sondern diese und das Gemessene in die Stelle des Mehr und Min- d
der und Stark und Schwach eintreten ließen: so müßten diese selbst aus ihrer Stelle verlorengehn, in der sie sich befanden. Denn sie wären nicht mehr Wärmeres und Kälteres, wenn sie die bestimmte Größe aufnähmen. Denn immer vorwärts schreitet das Wärmere und bleibt nicht, und ebenso auch das Kältere. Das von bestimmter Größe aber steht still und ist aufgehalten im Fortschreiten. Demzufolge also wäre das Wärmere unbegrenzt, und sein Gegenteil auch.

PROTARCHOS: Das leuchtet freilich ein, o Sokrates; aber, wie du auch sagtest, es ist nicht leicht zu folgen. Wird es indes wieder
und immer wieder vorgetragen, so muß wohl erhellen, daß Fra- e
gender und Gefragter hinreichend darüber einverstanden sind.

SOKRATES: Sehr wohl bemerkt, und wir müssen versuchen es

so zu machen. Jetzt aber sieh doch zu, ob wir nicht dieses als ein Merkmal der Natur des Unbegrenzten annehmen wollen, um nicht alles durchgehend die Sache in die Länge zu ziehen.

PROTARCHOS: Welches meinst du?

SOKRATES: Alles, woran wir sehen, daß es mehr oder weniger wird, und das Stark und Schwach und Sehr und alles dergleichen
25a annimmt, dies alles müssen wir unter die Gattung des Unbegrenzten als unter Eins zusammenstellen nach unserer vorigen Rede, da wir sagten, daß wir alles Zerspaltene und Zerrissene nach Vermögen müßten unter *einen* Begriff einzuzeichnen suchen, wenn du dich erinnerst.

PROTARCHOS: Wohl erinnere ich mich.

SOKRATES: Also was nun dieses nicht annimmt, sondern alles Entgegengesetzte hiervon annimmt, zuerst das Gleiche und die Gleichheit, und nach dem Gleichen das Zwiefache und was sonst
b Zahl ist im Verhältnis zu Zahl und Maß im Verhältnis zu Maß, wenn wir dies alles unter die Grenze rechneten, würden wir wohl ganz recht daran tun. Oder wie meinst du?

PROTARCHOS: Ganz vortrefflich, o Sokrates.

13. Erklärung des aus Unbegrenztem und aus Grenze in sich Habendem erzeugten Geschlechts

SOKRATES: Wohl! Aber das Dritte aus diesen beiden gemischte, welche Gestalt sollen wir sagen, daß dieses habe?

PROTARCHOS: Auch das, denke ich, wirst du mir wohl sagen.

SOKRATES: Ein Gott wohl, wenn anders einer meine Bitten erhören will von den Göttern.

PROTARCHOS: So bete denn und sieh zu.

SOKRATES: Ich sehe schon, und es dünkt mich allerdings, o Protarchos, einer von ihnen uns jetzt gewogen zu sein.

c PROTARCHOS: Wie meinst du das, und woran erkennst du es?

SOKRATES: Das will ich dir eben sagen; folge du nur meiner Rede.

PROTARCHOS: So sage denn.

SOKRATES: Wir nannten doch eben etwas Wärmeres und Kälteres. Nicht wahr?

PROTARCHOS: Ja.

SOKRATES: Nimm nun auch noch Trockeneres und Feuchteres dazu, und Mehr und Weniger, und Schnelleres und Langsameres und Größeres und Kleineres, und was wir sonst noch vorher unter den das Mehr und Minder annehmenden Begriff zusammengestellt haben.

PROTARCHOS: Du meinst unter den des Unbegrenzten? d

SOKRATES: Ja. Und mit diesem vermische hierauf wiederum die Familie der Grenze.

PROTARCHOS: Was für eine?

SOKRATES: Die wir auch vor kurzem, obwohl wir, wie wir die des Unbegrenzten in Eins zusammenbrachten, so auch die des Grenzartigen hätten zusammenbringen sollen, nicht zusammengebracht haben. Aber vielleicht wird es uns auch jetzt genügen, wenn bei der Zusammenbringung dieser beiden auch jene Familie deutlich werden wird.

PROTARCHOS: Welche und wie meinst du?

SOKRATES: Ich meine die des Gleichen und Zwiefachen, und jede, welche sonst noch macht, daß das Entgegengesetzte aufhört, e
sich zu einander ungleich zu verhalten, und welche durch Einbringung des Gleichmäßigen und Zusammenstimmenden eine Zahl hervorbringt.

PROTARCHOS: Ich verstehe. Du willst nämlich offenbar sagen, daß, wenn man diese mischt, gewisse Erzeugnisse aus jedem derselben herauskommen werden.

SOKRATES: Das will ich offenbar.

PROTARCHOS: Sprich also weiter.

SOKRATES: Pflegt also nicht bei Krankheiten die richtige Gemeinschaft beider das Wesen der Gesundheit zu erzeugen?

PROTARCHOS: Allerdings. 26a

SOKRATES: Und wenn in Hohes und Tiefes, in Schnelles und Langsames, die als unbestimmte sind, eben dieses selbige hineinkommt, wird es nicht, indem es Grenze bewirkt, zugleich die gesamte Tonkunst aufs vollkommendste darstellen?

PROTARCHOS: Allerdings.

SOKRATES: Und wenn es in Kälte und Hitze hineinkommt, so wird das Allzuheftige und Unbegrenzte aufgehoben und darin das Angemessene und Ebenmäßige bewirkt.

PROTARCHOS: Wie anders?

b Sokrates: Hieraus also entstehen uns die geregelten Zeiten und
alles, was nur schön ist, wenn das Unbegrenzte und das die Grenze
in sich Habende vermischt werden.

Protarchos: Wie anders?

Sokrates: Und tausenderlei anderes übergehe ich anzuführen,
wie nächst der Gesundheit auch Schönheit und Stärke und in der
Seele wiederum vielerlei anderes Herrliches. Denn Übermut und
jegliche Schlechtigkeit aller Art sah diese Göttin wohl, schöner
Philebos, daß keine Grenze, weder der Lust noch der Sättigung, in
ihnen sei, und hat daher Gesetz und Ordnung als Grenze in sich
c habend eingerichtet; und du zwar sagtest, sie erschöpfe, ich aber
behaupte, sie erhalte. Wie aber erscheint es dir, o Protarchos?

Protarchos: Gar sehr, o Sokrates, ist es so auch nach meinem Sinne.

Sokrates: Diese drei also hätte ich abgesprochen, wenn du dich besinnst.

Protarchos: Ich glaube wohl es zu verstehen; eines nämlich, denke ich, erklärst du als das Unbegrenzte, eines, das zweite nämlich, als die Grenze in den Dingen, als dritte aber habe ich noch nicht recht inne, was du damit sagen willst.

Sokrates: Die Menge hat dich eben verwirrt, o Bester, des
Werdens dieses Dritten. Wiewohl ja auch das Unbegrenzte uns viele
d Arten darbot, doch aber eingezeichnet unter den Begriff des Mehr
und seines Gegenteils erschien es uns als Eins.

Protarchos: Richtig.

Sokrates: Die Grenze aber hatte weder Vieles unter sich, noch waren wir auch im mindesten schwierig, daß sie vielleicht nicht Eins wäre ihrer Natur nach.

Protarchos: Wie konnten wir auch!

Sokrates: Gar nicht freilich. Unter dem Dritten aber, sage nur, meinte ich, das gesamte Erzeugnis dieser beiden als *eines* setzend, das Werden zum Sein aus den mit der Grenze bewirkten Maßen.

Protarchos: Ich habe verstanden.

14. *Die vierte Gattung der Ursache. Das gemischte Leben als Teil der dritten Gattung*

e Sokrates: Aber wir behaupteten, es sei noch eine vierte Gattung
zu den dreien zu untersuchen; und das ist eine gemeinsame Un-

tersuchung. Denn sieh nur, ob dich notwendig dünkt, daß alles Werdende kraft einer Ursache werde.

Protarchos: Allerdings; denn wie könnte es wohl ohne dies werden?

Sokrates: Ist nun nicht der Begriff des Bewirkenden nur dem Namen nach von dem der Ursache verschieden, und das Bewirkende und Ursächliche würde mit Recht *eines* genannt?

Protarchos: Mit Recht.

Sokrates: Ebenso das Bewirkte und das Werdende finden wir 27a
gewiß auch, wie das obige, nur dem Namen nach verschieden. Oder wie?

Protarchos: Allerdings so.

Sokrates: Und das Bewirkende führt doch immer an, seiner Natur nach, das Bewirkte aber folgt als Werdendes jenem.

Protarchos: Freilich.

Sokrates: Ein anderes also und nicht dasselbe ist die Ursache und das der Ursache zum Werden Dienende.

Protarchos: Wie anders?

Sokrates: Stellten uns nun nicht das Werdende und das, woraus alles wird, jene drei Gattungen dar?

Protarchos: Allerdings.

Sokrates: Was aber nun alles dieses bildet, erklären wir für b
das Vierte, die Ursache, als hinlänglich für verschieden von jenen anerkannt.

Protarchos: Als verschieden allerdings.

Sokrates: Gut wäre es nun wohl, nachdem wir sie alle vier bestimmt haben, wenn wir sie wegen besserer Erinnerung jedes einzelnen noch einmal der Reihe nach aufzählten.

Protarchos: Sehr gut.

Sokrates: Als Erstes also nenne ich das Unbegrenzte, als Zweites die Grenze, dann als Drittes aus diesen das gemischte und gewordene Sein; und wenn ich nun der Mischung und des Werdens Ursache als Viertes nenne, würde ich dann wohl fehlen? c

Protarchos: Wie solltest du?

Sokrates: Wohl! Worauf geht nun weiter unsere Rede, und weshalb sind wir hierauf gekommen? War es nicht dieses, daß wir, wem der zweite Preis zukäme, untersuchen wollten, ob der Lust oder der Vernünftigkeit? War es nicht so?

PROTARCHOS: So war es freilich.

SOKRATES: Können wir nun nicht jetzt, nachdem wir dies so unterschieden, vielleicht auch das Urteil richtiger abfassen über das Erste und Zweite, worüber wir vorher im Streit waren?

PROTARCHOS: Vielleicht.

d SOKRATES: Wohlan! Als Sieger erkannten wir doch das gemischte Leben aus Lust und Vernunft. War es nicht so?

PROTARCHOS: Es war.

SOKRATES: Und dieses Leben sehen wir doch leicht, was für eines es ist und von welcher Gattung.

PROTARCHOS: Wie sollten wir nicht!

SOKRATES: Und werden wohl, denke ich, behaupten, es sei ein Teil unserer dritten Gattung. Denn nicht aus irgend zweien gemischt ist jene, sondern aus allen Unbegrenzten von der Grenze Gebundenen, so daß mit Recht dieses gekrönte Leben ein Teil von jener wäre.

PROTARCHOS: Mit ganz vollkommenem Recht.

15. Zugehörigkeit von Lust und Unlust zur Gattung des Unbegrenzten. Frage nach der Gattung der Vernunft

e SOKRATES: Wohl! Wie aber nun deines, o Philebos, das angenehm und ungemischt ist? Unter welche von den beschriebenen Gattungen würden wir es zu setzen haben, um es richtig zu setzen? Antworte mir aber so, ehe du dich erklärst.

PHILEBOS: Sprich nur.

SOKRATES: Haben wohl Lust und Unlust eine Grenze, oder gehören sie zu dem das Mehr und Minder Aufnehmenden?

PHILEBOS: Ja, zu dem das Mehr, o Sokrates. Denn die Lust wäre ja auch nicht ganz gut, wenn sie nicht unbegrenzt wäre, sowohl der Menge als dem Grade nach.

28a SOKRATES: Und so doch auch die Unlust, o Philebos, nicht ganz schlecht. So daß wir wohl auf etwas anderes sehen müssen, als auf die Natur des Unbegrenzten, das den Lüsten einen Anteil an dem Guten sichert. Dies also sei dir aus dem Unbegrenzten hervorgegangen. Vernunft aber und Erkenntnis und Einsicht, welchem von den vorherbeschriebenen, o Protarchos und Philebos, müssen wir diese wohl beigesellen, um nicht zu freveln? Denn es dünkt mich nicht wenig darauf zu beruhen, ob wir über diese Frage richtig entscheiden oder nicht.

PHILEBOS: Du willst eben deinen Gott recht hervorheben und b
verherrlichen, o Sokrates.

SOKRATES: Auch du, Freund, deine Göttin. Das Gefragte aber ist uns doch zu beantworten.

PROTARCHOS: Daran sagt Sokrates ganz recht, und wir müssen ihm gehorchen.

PHILEBOS: Für mich aber hast du dich ja schon anheischig gemacht zu reden, Protarchos.

PROTARCHOS: Freilich wohl. Jetzt aber weiß ich fast keinen Rat und bitte dich, Sokrates, du wollest selbst unser Wortführer sein, damit wir nicht gegen deinen Kämpfer uns versündigend etwas Mißtöniges vorbringen.

SOKRATES: Damit muß ich dir Folge leisten, o Protarchos; auch c
legst du mir nichts Schweres auf, sondern ich habe in der Tat, wie Philebos sagt, dich im Scherz durch Feierlichkeit aus der Fassung gebracht, als ich fragte, zu welcher Gattung Vernunft und Erkenntnis gehörten.

PROTARCHOS: Das hast du freilich sehr, o Sokrates.

SOKRATES: Es ist aber gar leicht. Denn alle Weisen stimmen darin zusammen, um sich selbst wahrhaft zu verherrlichen, daß die Vernunft der König ist Himmels und der Erden. Und vielleicht haben sie recht. Laß uns aber ausführlicher die Untersuchung über ihre Gattung anstellen.

PROTARCHOS: Führe sie nur, wie du willst, und wende nicht d
vor, sie wäre zu lang; denn dadurch wirst du uns nicht zuwider sein.

16. Darlegung, daß die Vernunft zur Gattung der Ursache gehört

SOKRATES: Wohl gesprochen! Und laß uns etwa mit dieser Frage anfangen.

PROTARCHOS: Mit welcher?

SOKRATES: Ob wir wohl, o Protarchos, sagen wollen, über alles insgesamt und über dies sogenannte Ganze walte die Gewalt des Vernunftlosen und des Zufälligen und das Ungefähr, oder im Gegenteil, wie auch unsere Vorfahren gesagt haben, eine wundervolle Vernunft und Einsicht beherrsche alles anordnend?

PROTARCHOS: Gar nicht ist ja beides zu vergleichen, du wun- e derbarer Sokrates; denn was du jetzt sagst, ist ja nicht einmal erlaubt. Zu sagen aber, daß Vernunft es alles anordnet, ist dem Anblick von Welt und Sonne, Mond und Sternen und dem ganzen Umschwung angemessen, und nie möchte ich etwas anderes darüber sagen oder glauben.

SOKRATES: Willst du also, daß auch wir mit den Früheren ein-
29a stimmend behaupten, dies verhalte sich so, und zwar nicht nur in der Meinung, wir könnten wohl Fremdes ohne Gefahr nachsagen, sondern so, daß wir auch mit die Gefahr tragen und den Tadel teilen, wenn ein gewaltiger Mann sagt, es verhalte sich so nicht, sondern ganz unordentlich?

PROTARCHOS: Wie sollte ich das nicht wollen!

SOKRATES: So komm und sieh, was uns hierüber nun weiter folgt.

PROTARCHOS: Sage nur.

SOKRATES: Was zur Natur der Leiber aller Lebendigen gehört, Erde, Feuer, Wasser und auch Luft, wie die Beklommenen rufen, finden wir doch in der Zusammensetzung des Ganzen.

b PROTARCHOS: Gar recht. Denn beklommen sind wir wahrhaftig auch aus Ratlosigkeit in unsern jetzigen Verhandlungen.

SOKRATES: Wohl! Von dem allen nun, wie es in uns ist, nimm dieses an.

PROTARCHOS: Was doch?

SOKRATES: Daß von diesen jegliches sich nur gar sparsam in uns findet und schlecht, und nirgend irgend etwas rein und den seiner Natur eigenen Kräften ganz entsprechend. Nimm es nur an *einem* recht wahr, und sieh dann, wie es überall dasselbe ist. Zum Beispiel Feuer ist doch in uns und ist auch in dem Ganzen?

PROTARCHOS: Wie sollte es nicht?

c SOKRATES: Und nicht wahr, wenig ist doch dessen in uns und schwaches und schlechtes; das aber in dem Ganzen ist bewundernswürdig viel und schön und in der vollen Kraft, welche dem Feuer zukommt?

PROTARCHOS: Ganz richtig ist, was du sagst.

SOKRATES: Wie aber? Nährt sich etwa und entsteht aus diesem und wird beherrscht das Feuer des Ganzen von dem Feuer in uns? Oder hat nicht im Gegenteil von jenem das meinige und deinige und das aller andern Lebendigen eben alles dieses?

PROTARCHOS: Diese Frage verdient nicht einmal eine Antwort.

SOKRATES: Ganz recht; und dasselbe, denke ich, wirst du auch d
sagen von der Erde in den Lebendigen hier und der im Ganzen, und von allem übrigen, wonach ich eben fragte. Antwortest du so?

PROTARCHOS: Wen dürfte man wohl für ganz bei Sinnen halten, wenn er anders antwortete?

SOKRATES: Wohl niemanden. Aber folge nun auch dem nächsten. Alles eben Erwähnte, wenn wir es in Eins verbunden sehen, nennen wir es dann nicht Leib?

PROTARCHOS: Wie sollten wir nicht?

SOKRATES: Dasselbe nimm nun auch an von dem, was wir Welt e
nennen. Denn ganz auf dieselbe Weise wäre es doch auch ein Leib, da er zusammengesetzt ist aus demselben.

PROTARCHOS: Vollkommen richtig.

SOKRATES: Wird nun wohl von diesem Leibe insgesamt unser Leib oder von dem unsrigen jener genährt werden und, was wir vorhin schon davon sagten, erhalten haben und haben?

PROTARCHOS: Auch dies, o Sokrates, ist gar nicht der Frage wert.

SOKRATES: Etwa aber folgendes mehr? Oder was wirst du sa- 30a
gen?

PROTARCHOS: Laß nur hören, was.

SOKRATES: Unser Leib, wollen wir nicht sagen, der habe eine Seele?

PROTARCHOS: Offenbar wollen wir das.

SOKRATES: Woher aber, o lieber Protarchos, sollte er sie erhalten haben, wenn nicht auch des Ganzen Leib beseelt wäre, dasselbe habend wie er und noch in jeder Hinsicht Trefflicheres?

PROTARCHOS: Offenbar wohl nirgends anders her, o Sokrates.

SOKRATES: Denn wir glauben doch nicht, o Protarchos, daß jene vier, die Grenze und das Unbegrenzte und das Gemeinsame
und die Gattung der Ursache, welche allen insgesamt als das vierte b
einwohnt – daß diese letztere bei uns zwar, die Seele bildend und die Leibesstärke hervorbringend und des kränkelnden Leibes Heilkunst und anderwärts anderes zusammensetzend und herstellend, deshalb die gesamte und vielfältige Weisheit genannt wird, daß aber, wiewohl eben dasselbe alles im ganzen Himmel sich findet in großen Massen und noch dazu schön und rein, es dort nicht

sollte Rat gewußt haben für die Hervorbringung des Schönsten und Vortrefflichsten?

c PROTARCHOS: Das ließe sich ja keineswegs denken.

SOKRATES: Also, wenn das nicht ist, würden wir wohl jener Rede folgend richtiger sagen, daß, wovon wir nun schon so oft gesprochen haben, Unbegrenztes in dem Ganzen gar viel ist, und auch Grenze genug, und außer diesen eine nicht schlechte Ursache, welche Jahre und Jahreszeiten und Monate ordnet und bestimmt und mit vollem Rechte Weisheit und Vernunft genannt werden kann.

PROTARCHOS: Mit vollen Rechte freilich.

SOKRATES: Weisheit und Vernunft aber können doch ohne Seele unmöglich sein?

PROTARCHOS: Freilich nicht.

d SOKRATES: Also in der Natur des Zeus, wirst du sagen, wohne eine königliche Seele und königliche Vernunft von wegen der Kraft der Ursache, und anderes Schöne in anderen, nenne man es, wie es jeglichem lieb ist.

PROTARCHOS: Gewiß.

SOKRATES: Und von dieser Rede, o Protarchos, glaube ja nicht, daß wir sie etwa umsonst herbeigeführt haben, sondern sie ist zuerst jenen schon längst ausgesprochenen, daß immer über das Ganze Vernunft herrscht, genau verbündet.

PROTARCHOS: Das ist sie gewiß.

SOKRATES: Und dann hat sie auch die Antwort hergegeben auf
e meine Frage, daß nämlich die Vernunft zu der als das Ursächliche in allem beschriebenen Gattung gehört. Unter den vieren war uns aber eine auch diese. Denn nun hast du ja schon unsere Antwort.

PROTARCHOS: Und ganz befriedigend, wiewohl ich nicht gemerkt hatte, daß du antwortetest.

SOKRATES: Es gewährt ja eine Erholung von dem Ernst, o Protarchos, bisweilen zu scherzen.

PROTARCHOS: Wohl gesprochen.

31a SOKRATES: Zu welcher Gattung also die Vernunft gehört und welche Kraft sie besitzt, das ist uns nun ja wohl gehörig erklärt.

PROTARCHOS: Allerdings.

SOKRATES: Und die Gattung der Lust hat sich uns ja auch schon längst gezeigt.

PROTARCHOS: Ja freilich.

Sokrates: Laß uns aber auch dieses von beiden wohl im Sinne behalten, daß die Vernunft der Ursache verwandt war und aus dieser Gattung, die Lust aber selbst unbegrenzt und aus der weder Anfang noch Mitte, noch Ende von selbst in sich habenden, noch je haben werdenden Gattung.

Protarchos: Das wollen wir behalten. Wie sollten wir auch b
nicht!

17. Das Entstehen von Lust und Unlust: Unlust als Auflösung, Lust als Wiederherstellung

Sokrates: Nächstdem müssen wir, worin jedes von beiden ist und durch welches Ereignis es wird, wenn es wird, wohl erwägen. Zuerst von der Lust: wie wir ihre Gattung zuerst erforscht haben, so auch dieses zuerst. Abgesondert jedoch von der Unlust möchten wir die Lust wohl schwerlich jemals gehörig erforschen können.

Protarchos: Also wenn wir diesen Weg gehen müssen, laß ihn uns gehen.

Sokrates: Dünkt dich nun wohl von ihrer Entstehung dasselbe wie mich?

Protarchos: Was doch? c

Sokrates: In der Gattung des Gemeinsamen scheinen mir ihrer Natur gemäß Lust und Unlust zugleich zu entstehen.

Protarchos: Das Gemeinsame, lieber Sokrates, bringe uns nochmals in Erinnerung, welches von den vorher beschriebenen du dadurch bezeichnen willst.

Sokrates: Das soll nach Vermögen geschehen, du Wunderbarer.

Protarchos: Wohl gesprochen.

Sokrates: Unter dem Gemeinsamen also wollen wir das verstehen, was wir unter den vieren als das dritte aufgeführt haben.

Protarchos: Was du nach dem Unbegrenzten und der Grenze aufstelltest, wohin du auch die Gesundheit, glaube ich, und die Zusammenstimmung rechnetest?

Sokrates: Sehr schön gesagt. Nun aber merke möglichst auf. d

Protarchos: Rede nur.

Sokrates: Ich sage also, daß, wenn die Zusammenstimmung in den Lebendigen aufgelöst wird, zugleich auch eine Auflösung der Natur und eine Erzeugung von Schmerz alsdann erfolge.

PROTARCHOS: Das läßt sich hören.

SOKRATES: Wird sie aber wiederum gestimmt und geht in ihre eigentümliche Natur zurück, dann, müssen wir sagen, entsteht Lust, wenn wir über Größtes in wenigen Worten aufs schleunigste uns erklären sollen.

e PROTARCHOS: Ich glaube wohl, daß du richtig erklärst, o Sokrates. Laß uns aber doch versuchen, dasselbe noch einleuchtender zu sagen.

SOKRATES: Also, das Alltägliche und Augenscheinliche ist doch am leichtesten zu erkennen?

PROTARCHOS: Welches?

SOKRATES: Der Hunger ist doch eine Auflösung und Unlust.

PROTARCHOS: Ja.

SOKRATES: Das Essen aber, das wieder eine Erfüllung darstellt, ist Lust.

PROTARCHOS: Ja.

SOKRATES: Der Durst wiederum ist Verderben und Unlust; und
32a die das Ausgetrocknete wieder mit Feuchtigkeit anfüllende Tätigkeit ist Lust. Wiederum die Zergehung und widernatürliche Auflösung, welche in der Hitze bewirkt wird, ist Unlust, die naturgemäße Wiederherstellung aber und Erfrischung ist Lust.

PROTARCHOS: Allerdings.

SOKRATES: Auch im Frost ist die dem Lebendigen widernatürliche Erstarrung der Feuchtigkeiten Unlust; treten sie aber wieder in den vorigen Zustand zurück und zergehen, so ist diese naturgemäße Veränderung Lust. Und mit einem Wort, sieh zu, ob dir die Erklärung gerecht ist, welche aussagt, daß, wenn die aus dem Un-
b begrenzten und der Grenze gemäß der Natur entstandene beseelte Art, wie ich in dem Vorigen schon erklärt habe, verdirbt, ihre Verderbnis Unlust sei, der Weg aber in ihr Sein und Bestehen, diese Rückkehr wiederum sei in allem Lust.

PROTARCHOS: So sei es; denn das scheint mir doch ein Gepräge zu haben.

SOKRATES: Dies also wollen wir setzen als *eine* Art von Lust und Unlust in diesen beiderlei Zuständen.

PROTARCHOS: Es stehe fest.

18. Die zweite Art von Lust und Unlust: das aus Erwartung des Angenehmen und Unangenehmen entstehende Gefühl der Seele selbst. Der von Lust und Unlust freie Zustand der Seele

SOKRATES: Denke dir nun aber auch in bezug auf die Erwartung
dieser Zustände das Vorgefühl der Seele selbst vor dem Angeneh- c
men angenehm und ermutigend, das vor dem Unlustigen aber
fürchtend und schmerzlich.

PROTARCHOS: Dies ist also eine andere Art von Lust und Unlust, welche ganz abgesondert von dem Leibe der Seele allein durch die Erwartung entsteht.

SOKRATES: Richtig aufgefaßt. Und an diesen Erwartungen
glaube ich, nach meiner Meinung wenigstens, da beide rein entstehen, wie es scheint, und unvermischt Lust mit Unlust wird offenbar werden, wie es um die Lust steht, ob die ganze Gattung begeh- d
rungswert ist, oder ob dieses wohl nur einer andern von unsern
vorher beschriebenen Gattungen beizulegen ist, der Lust und Unlust aber nur, wie dem Warmen und Kalten und allem dergleichen,
daß sie bisweilen wohl begehrungswert sind, bisweilen aber auch
wieder nicht, weil sie nämlich Güter wohl nicht sind, bisweilen
aber doch und einige von ihnen die Natur des Guten annehmen
können.

PROTARCHOS: Ganz richtig sagst du, daß auf diesem Wege irgendwie das herauskommen muß, worauf wir Jagd machen.

SOKRATES: Zuerst nun laß uns dieses bedenken, daß, wenn
wirklich, wie wir sagten, Schmerz ist, wenn das Lebende verdirbt, e
und wenn es sich wieder herstellt, Lust, wir doch in bezug auf die,
welche eben jetzt weder verderben noch sich wiederherstellen,
überlegen müssen, was für eine Beschaffenheit wohl jedes Lebendige dann an sich haben muß, wenn es ihm auf diese Art ergeht.
Gib aber sehr wohl acht und sage: Ist es nicht ganz notwendig, daß
in dieser Zeit jegliches Lebendige ebensowenig Lust haben kann
als Unlust, weder viel noch wenig?

PROTARCHOS: Notwendig freilich.

SOKRATES: Also gibt es für uns doch einen dritten solchen Zustand, außer dem des Vergnügtseins und dem des Betrübtseins. 33a

PROTARCHOS: Wie sollte es nicht!

SOKRATES: Wohlan, also diesen suche nur im Sinn zu behalten. Denn es kommt nicht wenig darauf an bei der Beurteilung der

Lust, ob wir diesen im Sinne haben oder nicht. Ein weniges aber laß uns, wenn du willst, von ihm durchgehen.

PROTARCHOS: Sage nur was.

SOKRATES: Den, der die Lebensweise der Einsicht gewählt hat, weißt du wohl, daß nichts hindert auf diese Weise zu leben.

b PROTARCHOS: Du meinst so, daß er weder vergnügt sei noch unlustig?

SOKRATES: Denn es wurde damals gesagt bei der Vergleichung der Lebensweisen, daß, wer die der Vernunft und der Einsicht gewählt habe, der Lust weder viel noch wenig haben müsse.

PROTARCHOS: So ist freilich gesagt worden.

SOKRATES: So könnte es demnach um jenen stehen, und vielleicht ist es nichts Wunderbares, wenn unter allen Lebensweisen diese die göttlichste ist.

PROTARCHOS: Wahrscheinlich ist es wenigstens nicht, daß die Götter Lust haben oder das Gegenteil.

SOKRATES: Gar nicht wahrscheinlich. Unziemlich für sie wäre wenigstens beides. Allein dies wollen wir hernach noch bedenken,
c wenn es zur Sache gehört, und wollen es der Vernunft zum zweiten Preise, wo wir doch zum ersten nicht können, zulegen.

PROTARCHOS: Sehr richtig gesagt.

19. *Erklärung der Wahrnehmung, des Gedächtnisses und der Erinnerung*

SOKRATES: Nun aber, jene andere Art der Lust, welche wir der Seele allein zuschrieben, entsteht doch ganz durch das Gedächtnis.

d PROTARCHOS: Wie das?

SOKRATES: Es scheint, wir werden wohl zuerst vornehmen müssen, was Gedächtnis ist, und noch früher als Gedächtnis wohl die Wahrnehmung, wenn uns diese Dinge irgend deutlich werden sollen.

PROTARCHOS: Wie meinst du das?

SOKRATES: Nimm an, daß von den jedesmaligen Vorkommenheiten an unserm Leibe einige in dem Leibe selbst sich verlieren, ehe sie zur Seele hindurch gelangen, so daß sie jene unteilnehmend lassen, andere aber, durch beide hindurchgehend, gleichsam eine eigentümliche und beiden gemeinschaftliche Erschütterung zurücklassen.

Protarchos: Das stehe fest.

Sokrates: Wenn wir nun sagen, daß die nicht durch beide hindurch sich erstreckenden unserer Seele entgehen, die aber durch beide ihr nicht entgehen, würden wir dann wohl ganz richtig sprechen?

Protarchos: Warum nicht? e

Sokrates: Denn verstehe nur das Entgehen nicht so, als meinte ich hier das Entstehen eines Vergessens; denn das Vergessen ist das Aufhören der Erinnerung, und diese ist da, wovon jetzt die Rede ist, noch nicht entstanden. Und von einem Verlust dessen zu reden, was weder ist noch schon geworden ist, wäre ungereimt. Nicht wahr?

Protarchos: Allerdings.

Sokrates: Also vertausche nur die Namen.

Protarchos: Wie?

Sokrates: Anstatt zu sagen, daß etwas der Seele entgehe, wenn sie unteilnehmend bleibt an den Erschütterungen des Leibes, so nenne dies, was du jetzt Entgehen nanntest, Wahrnehmungslosig- 34a
keit.

Protarchos: Ich verstehe.

Sokrates: Wenn aber in *einer* Erregung Seele und Leib gemeinschaftlich begriffen sind und so auch gemeinschaftlich bewegt werden, wenn du dann diese Bewegung Wahrnehmung nennen wolltest, würdest du nicht aus der Weise reden.

Protarchos: Vollkommen richtig.

Sokrates: Also nun verstehen wir schon, was wir Wahrnehmung nennen wollen?

Protarchos: Wie sollten wir nicht.

Sokrates: Und wenn nun einer das Bewahren der Wahrnehmung Gedächtnis nennte, würde er nach meiner Meinung wohl richtig reden.

Protarchos: Freilich richtig. b

Sokrates: Sagen wir aber nicht, daß vom Gedächtnis die Erinnerung verschieden sei?

Protarchos: Vielleicht.

Sokrates: Nicht etwa so?

Protarchos: Wie denn?

Sokrates: Wenn, was der Seele mit dem Leibe zugleich begegnet ist, sie dieses ohne den Leib für sich allein soweit möglich zurückholt, dann sagen wir doch, daß sie sich erinnert. Nicht wahr?

PROTARCHOS: Allerdings.

SOKRATES: Aber auch wenn sie, nachdem das Andenken, sei es nun einer Wahrnehmung oder einer Kenntnis, verlorengegangen
c war, sie dies wiederum selbst bei sich selbst wiederholt, auch dies insgesamt nennen wir doch Erinnerung.

PROTARCHOS: Richtig.

SOKRATES: Weshalb aber dieses alles gesagt worden, das ist dies.

PROTARCHOS: Welches doch?

SOKRATES: Damit wir die Lust der Seele, abgesondert von dem Leibe, so richtig und deutlich als möglich auffassen könnten, und zugleich auch die Begierde. Denn um deswillen gewiß ist dieses beides erklärt worden.

20. *Wesen und Entstehung der Begierde*

PROTARCHOS: So laß uns also, o Sokrates, das nächste uns vornehmen.

SOKRATES: Vieles von der Entstehung der Lust und ihrer gan-
d zen Gestalt müssen wir, wie es scheint, notwendig besprechen. Und jetzt müssen wir offenbar zuerst vornehmen, was wohl die Begierde ist und wo sie entsteht.

PROTARCHOS: So laß es uns überlegen. Wir verlieren ja nichts dabei.

SOKRATES: Allerdings verlieren wir, o Protarchos, wenn wir gefunden haben, was wir jetzt suchen, die Ratlosigkeit über all diese Dinge.

PROTARCHOS: Gut abgewehrt. Versuchen wir nun aber das folgende zu sagen.

SOKRATES: Sagten wir also nicht eben, Hunger und Durst und
e vielerlei anderes dergleichen wären Begierden?

PROTARCHOS: Gar sehr.

SOKRATES: Was ist also dieses selbige in ihnen, worauf wir sehen, indem wir so sehr verschiedene Dinge mit *einem* Namen benannten?

PROTARCHOS: Beim Zeus, das ist wohl nicht leicht zu sagen, o Sokrates, doch aber muß es versucht werden.

SOKRATES: Holen wir es nur wieder eben von dort her.

PROTARCHOS: Von wo?

SOKRATES: Wir sagen doch immer, daß etwas durstet?

PROTARCHOS: Freilich.

SOKRATES: Und das heißt doch, daß es sich leer befindet.

PROTARCHOS: Was denn sonst?

SOKRATES: Ist nun der Durst eine Begierde?

PROTARCHOS: Ja, nach Getränk doch.

SOKRATES: Nach Getränk oder nach Anfüllung mit Getränk? 35a

PROTARCHOS: Ich glaube wohl, nach Anfüllung.

SOKRATES: Wer also von uns leer geworden ist, wie es scheint, der begehrt das Gegenteil von dem, das ihm begegnet. Denn ausgeleert wünscht er angefüllt zu werden.

PROTARCHOS: Ganz offenbar.

SOKRATES: Wie nun aber? Kann wohl, wer zum erstenmal ausgeleert ist, sei es nun mit der Wahrnehmung oder sei es mit dem Gedächtnis, auf die Anfüllung treffen, auf etwas, was ihm weder in der gegenwärtigen Zeit begegnet noch ihm jemals vorher begegnet ist?

PROTARCHOS: Wie sollte das doch?

SOKRATES: Aber der Begehrende begehrt ja doch etwas, sagen b
wir?

PROTARCHOS: Wie sollte er nicht!

SOKRATES: Also auch nicht dasselbe, was ihm begegnet, begehrt er. Denn er hat Durst, und das ist Ausleerung, er aber begehrt nach Anfüllung.

PROTARCHOS: Ja.

SOKRATES: Irgend etwas also an dem Durstenden muß doch irgendwie auf die Anfüllung treffen.

PROTARCHOS: Notwendig.

SOKRATES: Der Leib aber unmöglich, denn der ist ja ausgeleert.

PROTARCHOS: Ja.

SOKRATES: Also bleibt nur übrig, daß die Seele die Anfüllung
trifft, vermittels des Gedächtnisses offenbar. Denn womit anders c
sollte sie sie treffen?

PROTARCHOS: Es gibt wohl kaum etwas.

21. Trieb und Begierde als allein der Seele zukommend. Möglichkeit, gleichzeitig Lust und Unlust zu empfinden

SOKRATES: Merken wir nun wohl, was uns aus diesen Reden folgt?

PROTARCHOS: Was doch?

SOKRATES: Diese Rede behauptet, daß es eine Begierde des Leibes nicht gibt.

PROTARCHOS: Wieso?

SOKRATES: Weil sie immer ein den Zuständen jenes entgegengesetztes Streben andeutet.

PROTARCHOS: Allerdings.

SOKRATES: Und der Trieb, weil er auf das Gegenteil des jedesmaligen Zustandes führt, offenbart doch, daß ein Gedächtnis da ist von dem Gegenteil dieses Zustandes.

PROTARCHOS: Freilich.

d SOKRATES: Indem also unsere Rede die zu dem Begehrten hinführende Erinnerung aufgewiesen hat, hat sie zugleich gezeigt, daß Trieb und Begierde sowohl als die gesamte Regierung eines jeglichen Lebendigen der Seele angehören.

PROTARCHOS: Ganz richtig.

SOKRATES: Daß also unser Leib hungere oder durste oder dergleichen etwas erleide, das nimmt unsere Rede keineswegs an.

PROTARCHOS: Völlig der Wahrheit gemäß.

SOKRATES: Auch dieses aber laß uns noch über dasselbe bemerken. Diese Rede nämlich scheint uns einen eigenen Lebenszustand eben hierin offenbaren zu wollen.

e PROTARCHOS: Worin, und von was für einem Leben redest du?

SOKRATES: In dem Angefülltwerden und Ausgeleertsein und allem, was sich so auf die Erhaltung und das Verderben der Lebendigen bezieht, und wenn jemand von uns, in einem von beiden begriffen, Unlust hat und dann wieder Lust, je nachdem es wechselt.

PROTARCHOS: So ist es.

SOKRATES: Wie aber nun, wenn einer sich in der Mitte von beiden befindet?

PROTARCHOS: Wieso in der Mitte?

SOKRATES: Vermöge seines gegenwärtigen Zustandes hat er zwar Unlust, erinnert sich aber des Angenehmen, durch dessen Entstehung er vom Schmerz Ruhe haben könnte, er wird aber

noch nicht angefüllt. Wie dann? Sollen wir behaupten oder leug- 36a
nen, daß er sich in der Mitte zwischen beiden Zuständen befindet?

PROTARCHOS: Behaupten wollen wir es freilich.

SOKRATES: Als lauter Unlust habend, oder Lust?

PROTARCHOS: Beim Zeus nein, sondern als von doppelter Unlust gequält, dem Leibe nach durch den unmittelbaren Zustand, der Seele nach durch das Sehnsüchtige der Erwartung.

SOKRATES: Wie doch, o Protarchos, hast du das gemeint mit der
doppelten Unlust? Kann nicht bisweilen einer von uns, der ausgeleert ist, in der sicheren Erwartung stehen angefüllt zu werden, ein b
anderes Mal aber im Gegenteil sich hoffnungslos befinden?

PROTARCHOS: Freilich wohl.

SOKRATES: Und dünkt dich nun nicht, daß er als hoffend, angefüllt zu werden, sich freut wegen der Erinnerung, zugleich aber, weil ausgeleert, in derselben Zeit auch Unlust umpfindet?

PROTARCHOS: Notwendig.

SOKRATES: Dann also wird der Mensch und die anderen Tiere zu gleicher Zeit Unlust haben und Lust.

PROTARCHOS: So kommt es heraus.

SOKRATES: Wie nun aber, wenn der Ausgeleerte ohne alle Hoffnung ist zur Anfüllung zu gelangen, wird nicht dann erst jener
zwiefache Zustand der Unlust eintreten, welchen du eben vorhin
wahrnehmend in der Meinung standest, er finde schlechthin statt? c

PROTARCHOS: Vollkommen richtig, o Sokrates.

SOKRATES: Diese Untersuchung also über diese Zustände wollen wir hierzu anwenden.

PROTARCHOS: Wozu?

SOKRATES: Wollen wir sagen, diese Empfindungen der Lust und Unlust wären wahr oder falsch? Oder einige wahr, andere nicht?

PROTARCHOS: Wie aber, o Sokrates, könnte wohl Lust oder Unlust falsch sein?

SOKRATES: Wie aber, o Protarchos, wäre dann Furcht wahr oder falsch, und Erwartungen wahr oder nicht, und Vorstellungen wahr oder falsch?

PROTARCHOS: Vorstellungen möchte ich wohl zugeben, das an- d
dere aber nicht.

SOKRATES: Wie sagst du? Da werden wir wieder eine gar nicht kurze Rede aufregen müssen.

PROTARCHOS: Darin kannst du Recht haben.

SOKRATES: Aber ob sie auch zu dem vorigen sich schickt, o Sohn jenes Mannes, das müssen wir doch überlegen.

PROTARCHOS: Das wohl gewiß.

SOKRATES: Allen übrigen Weitläufigkeiten also wollen wir absagen und allem und jedem über das Gebührliche Hinausgehenden in der Rede.

PROTARCHOS: Richtig.

e SOKRATES: Sage mir also, denn ich wundere mich immerfort über diese Schwierigkeiten, die wir jetzt vorgelegt haben.

PROTARCHOS: Wie meinst du?

SOKRATES: Also Lust könnte nicht einige wahr sein und andere falsch?

PROTARCHOS: Wie ginge das wohl?

SOKRATES: Also weder wachend noch im Traum gibt es nach deiner Behauptung noch im Wahnsinn oder sonst einem Zustand von Unvernunft irgendeinen, der wohl einmal glaubt, sich wohl zu befinden, befindet sich aber gar nicht wohl, noch auch wiederum glaubt, Unlust zu haben, hat aber gar keine.

PROTARCHOS: Alle nehmen wir immer an, o Sokrates, daß sich dies alles so verhalte.

SOKRATES: Aber auch mit Recht? Oder müssen wir erst untersuchen, ob dies richtig so gesagt wird oder nicht?

22. *Gibt es wahre und falsche Lust und Unlust?*

PROTARCHOS: Untersuchen muß man es wohl, würde ich wenigstens behaupten.

37a SOKRATES: Bestimmen wir aber noch genauer das eben Gesagte von Lust und Vorstellung. Wir nennen doch etwas vorstellen?

PROTARCHOS: Ja.

SOKRATES: Und etwas Lust empfinden?

PROTARCHOS: Ja.

SOKRATES: Und das Vorgestellte ist doch auch etwas?

PROTARCHOS: Wie sollte es nicht!

SOKRATES: Und doch auch das, worüber das Lustempfindende Lust empfindet?

PROTARCHOS: Ei freilich.

SOKRATES: Und dem Vorstellenden, mag es nun richtig oder

auch nicht richtig vorstellen, geht doch das niemals verloren, daß es in der Tat vorstellt?

PROTARCHOS: Wie wäre das auch möglich! b

SOKRATES: So auch dem Lustempfindenden, mag es nun richtig oder auch nicht richtig empfinden, wird doch, daß es in der Tat Lust empfinde, niemals verlorengehen?

PROTARCHOS: Richtig, auch dies verhält sich so.

SOKRATES: Auf welche Weise nun uns die Vorstellung zwar wohl falsch werden kann oder wahr, die Lust aber allein wahr, in der Tat vorstellen jedoch und Lust haben beiden gleichermaßen zukommt, das müssen wir bedenken.

PROTARCHOS: Etwa daß zur Vorstellung immer Wahrheit und Falschheit hinzukommt und sie dadurch nicht nur Vorstellung, c
sondern auch jede eine von einer gewissen Beschaffenheit wird, meinst du, wir müssen dies bedenken?

SOKRATES: Ja. Nächstdem aber müssen wir auch, ob denn diese zwar von gewisser Beschaffenheit sind, Lust aber und Unlust nur, was sie sind, nicht aber von einer gewissen Beschaffenheit werden, auch darüber uns einigen.

PROTARCHOS: Offenbar.

SOKRATES: Allein, das ist ja gar nicht schwer zu sehen, daß auch sie von gewisser Beschaffenheit sind. Denn schon lange sagen wir ja, daß Lust und Unlust beide auch groß und klein und heftig werden.

PROTARCHOS: Allerdings wohl. d

SOKRATES: Wenn nun, o Protarchos, einer von ihnen Schlechtigkeit zukommt, so werden wir doch sagen, daß so die Vorstellung schlecht wird und auch die Lust schlecht.

PROTARCHOS: Wie könnten wir wohl anders, o Sokrates.

SOKRATES: Wie nun, wenn Richtigkeit oder das Gegenteil der Richtigkeit einer von ihnen zukommt? Werden wir etwa nicht die Vorstellung, wenn sie Richtigkeit hat, eine richtige nennen, und die Lust ebenso?

PROTARCHOS: Notwendig.

SOKRATES: Wenn aber das Vorgestellte verfehlt ist, dann müs- e
sen wir doch die verfehlende Vorstellung nicht als richtig anerkennen, noch für richtig vorstellend?

PROTARCHOS: Wie könnten wir auch!

SOKRATES: Und wie, wenn wir ebenso eine Lust oder Unlust in Hinsicht auf das, woran Unlust empfunden wird oder das Gegenteil, fehlen sehen, sollen wir sie dann richtig oder gut oder mit sonst einem schönen Namen nennen?

PROTARCHOS: Das ist freilich nicht möglich, wenn nur die Lust wird fehlen können.

SOKRATES: Aber es ist doch klar, daß die Lust uns oft nicht mit einer richtigen, sondern mit einer falschen Vorstellung entsteht.

PROTARCHOS: Wie sollte sie nicht? Und die Vorstellung, o So-
38a krates, nennen wir ja in einem solchen Falle dann falsch; nur die Lust selbst wird doch wohl nie jemand als falsch beschreiben.

SOKRATES: Du verteidigst ja jetzt die Sache der Lust gar eifrig.

PROTARCHOS: Gar nicht; ich sage nur, was ich gehört habe.

SOKRATES: Soll uns denn gar kein Unterschied sein, o Freund, zwischen der Lust, die mit richtiger Vorstellung und mit Erkenntnis, und der, welche mit falscher und mit Unwissenheit oftmals jedem von uns einwohnt?

b PROTARCHOS: Sie müssen ja wohl nicht wenig verschieden sein.

23. *Die Entstehung der wahren und falschen Vorstellungen und Bilder*

SOKRATES: So laß uns denn zur Betrachtung ihrer Verschiedenheit schreiten.

PROTARCHOS: Führe, wie es dir gut dünkt.

SOKRATES: So will ich denn so führen.

PROTARCHOS: Wie?

SOKRATES: Vorstellung, sagen wir doch, gibt es falsche und gibt auch wahre.

PROTARCHOS: Die gibt es.

SOKRATES: Und diesen, wie wir auch eben sagten, folgen Lust und Unlust gar oftmals, der wahren Vorstellung meine ich und der falschen.

PROTARCHOS: Allerdings.

SOKRATES: Und nicht wahr, aus dem Gedächtnis und der Wahrnehmung entsteht uns jedesmal die Vorstellung und das Bestreben, durch Vorstellung zu unterscheiden.

c PROTARCHOS: Ganz gewiß.

SOKRATES: Dünkt es uns nun nicht notwendig, daß wir uns hierbei so verhalten?

PROTARCHOS: Wie?

SOKRATES: Manchmal, wenn einer etwas von weitem Erblicktes nicht recht genau sieht, kommt es doch wohl vor, sagst du das nicht auch, daß er beurteilen will, was er sieht?

PROTARCHOS: Das sage ich auch.

SOKRATES: Und dann möchte wohl ein solcher sich selbst so anreden.

PROTARCHOS: Wie?

SOKRATES: Was ist doch wohl das, was mir da bei dem Felsen zu stehen scheint unter einem Baume. Meinst du nicht, daß einer d so zu sich selbst redet, dem irgend einmal dergleichen zu Gesicht kommt?

PROTARCHOS: Wie sollte er nicht?

SOKRATES: Und demnächst könnte er wohl gleichsam sich selbst antwortend bei sich sagen: Es ist ein Mensch, womit er das Wahre trifft.

PROTARCHOS: Sehr leicht.

SOKRATES: Verfehlt er aber die Sache, dann möchte er vielleicht sagen, was er gesehen, sei ein Schnitzwerk, das einige Hirten gemacht.

PROTARCHOS: Ganz wohl.

SOKRATES: Und wenn jemand mit ihm wäre, dann würde er das e bei sich selbst Gesagte dem Anwesenden durch die Stimme darstellen, und so würde er wiederum ganz dasselbe wirklich aussprechen, und was wir vorher eine Meinung nannten, wäre dann eine Rede geworden.

PROTARCHOS: Wie könnte es anders sein?

SOKRATES: Ist er aber allein und denkt dieses nur für sich selbst, so geht er vielleicht längere Zeit hin und behält es bei sich.

PROTARCHOS: Allerdings.

SOKRATES: Wie nun? Kommt dir dieses wohl ebenso vor wie mir?

PROTARCHOS: Wie doch?

SOKRATES: Unsere Seele scheint mir dann einem Buche zu gleichen.

PROTARCHOS: Wie das?

39a SOKRATES: Das mit den Wahrnehmungen übereinkommende Gedächtnis und jene Begegnisse, die mit diesen verbunden sind, scheinen mir dann in unsere Seelen gleichsam Reden einzuschreiben; und wenn dieses Vorkommnis Wahres schreibt, dann ist die Vorstellung wahr und es gehen aus ihm wahre Reden in uns hervor, wenn aber dieser Schreiber bei uns Falsches schreibt, so entsteht das Gegenteil von dem Richtigen.

b PROTARCHOS: Allerdings scheint mir das auch, und ich nehme das so Gesagte an.

SOKRATES: So nimm dann auch an, daß noch ein anderer Meister sich zu derselben Zeit in unseren Seelen befindet.

PROTARCHOS: Was für einer?

SOKRATES: Ein Maler, der nächst dem Schreiber des Gesprochenen die Bilder davon in der Seele zeichnet.

PROTARCHOS: Wie tut das der nun wieder und wann?

SOKRATES: Wenn einer, von dem Gesicht, oder welcher Sinn es
sonst sei, das damals Vorgestellte und Ausgesprochene losma-
c chend, die Bilder des Vorgestellten und Gesprochenen irgendwie
in sich selbst sieht. Oder geschieht das etwa nicht bei uns?

PROTARCHOS: Gar sehr freilich.

SOKRATES: Sind nun nicht der richtigen Vorstellungen und Reden Bilder auch richtige, die der falschen aber falsche?

PROTARCHOS: Auf alle Weise.

SOKRATES: Wenn wir nun dies richtig bestimmt haben, so laß uns auch noch dieses dazu untersuchen.

PROTARCHOS: Welches doch?

SOKRATES: Ob uns mit dem Gegenwärtigen und Vergangenen dieses zwar notwendig so begegnet, mit dem Künftigen aber nicht.

PROTARCHOS: Mit allem aus allen Zeiten gewiß auf gleiche Weise.

d SOKRATES: Nun ist doch von der Lust und Unlust der Seele in dem Vorigen gesagt worden, daß sie vor der Lust und Unlust des Leibes vorher entstehen könnten, so daß uns also eine Vorlust und eine Vorunlust in bezug auf die künftige Zeit entsteht.

PROTARCHOS: Sehr wahr.

SOKRATES: Gibt es nun solche Schriften und Bilder, wie wir
kurz zuvor in uns entstehen ließen, zwar von der vergangenen und
e gegenwärtigen Zeit, von der künftigen aber nicht?

PROTARCHOS: Ganz gewiß doch.

SOKRATES: Sagst du etwa ganz gewiß, weil sie ja alle, auf die künftige Zeit bezogen, Hoffnungen sind und wir unser ganzes Leben hindurch immer voll sind von Hoffnungen?

PROTARCHOS: Auf alle Weise freilich.

24. *An den Hoffnungen geführter Beweis, daß es falsche Lust gibt. Ist die Falschheit auch Grund der Schlechtigkeit?*

SOKRATES: Wohlan denn, zu dem jetzt Erklärten beantworte mir auch noch dieses.

PROTARCHOS: Was doch?

SOKRATES: Ein gerechter und frommer und durchaus guter Mann, ist der nicht gottgeliebt?

PROTARCHOS: Wie sollte er nicht!

SOKRATES: Und der ungerechte und ganz und gar schlechte, ist der nicht ganz das Gegenteil von jenem? 40a

PROTARCHOS: Wie sollte er nicht!

SOKRATES: Und vieler Hoffnungen, wie wir eben sagten, ist jeder Mensch voll?

PROTARCHOS: Wie könnte einer anders!

SOKRATES: In jedem von uns also sind solche Reden, welche wir Hoffnungen nannten.

PROTARCHOS: Ja.

SOKRATES: Und doch auch die gemalten Bilder. Und so kann einer oftmals sehen, daß er ungeheuer viel Gold hat und dabei große Lust, und auch sich selbst kann er in sich abgemalt sehen als gar höchlich erfreut.

PROTARCHOS: Gar leicht. b

SOKRATES: Sollen wir nun hiervon sagen, daß, was die guten Menschen so geschrieben in sich tragen, größtenteils wahr ist, weil sie gottgeliebt sind, was aber die schlechten, ganz im Gegenteil. Oder wollen wir das nicht sagen?

PROTARCHOS: Gar sehr wollen wir es sagen.

SOKRATES: Und auch die Schlechten haben ebensogut Lust bei sich abgemalt, nur ist es falsche.

PROTARCHOS: Freilich wohl.

SOKRATES: An falscher Lust also ergötzen sich meistenteils die Schlechten, die guten unter den Menschen aber an wahrer. c

PROTARCHOS: Ganz notwendig ist es so, wie du sagst.

SOKRATES: Es gibt also nach dieser unserer jetzigen Rede allerdings in den Seelen der Menschen falsche Lust, welche der wahren nur ins Lächerliche sich nachbildet, und ebenso auch Unlust.

PROTARCHOS: Es gibt.

SOKRATES: Mußte nun nicht, wer nur überhaupt vorstellt, allerdings immer in der Tat vorstellen, aber doch bisweilen, was nicht ist noch war noch auch sein wird?

PROTARCHOS: Freilich.

d SOKRATES: Und dies war es eben, glaube ich, woraus uns dann die unrichtige Vorstellung und das unrichtig Vorstellen entstand; nicht wahr?

PROTARCHOS: Ja.

SOKRATES: Und wie? Müssen wir nicht der Lust und Unlust eine diesen ganz ähnliche Beschaffenheit unter jenen Umständen beilegen?

PROTARCHOS: Wie das?

SOKRATES: Daß allerdings, wer nur überhaupt, sei es auch noch so eitler Weise, Lust hat, in der Tat jedesmal wirklich Lust hat, bisweilen jedoch an dem, was nicht ist und nicht gewesen ist, und oft, ja vielleicht meistenteils an dem, was auch niemals sein wird.

e PROTARCHOS: Auch das, o Sokrates, verhält sich notwendig so.

SOKRATES: Und dasselbe würde wohl auch gelten von Furcht und Ereiferung und allem ähnlichen, daß alles dergleichen auch bisweilen falsch ist.

PROTARCHOS: Allerdings.

SOKRATES: Und wie? Können wir wohl anders Vorstellungen schlecht und gut nennen, als weil sie wahr sind oder falsch?

PROTARCHOS: Nicht anders.

SOKRATES: Und auch Lust, meine ich, können wir nicht merken, daß sie auf andere Weise schlecht ist als dadurch, daß sie falsch ist.

41a PROTARCHOS: Wohl ganz das Gegenteil von dem, was du sagst, Sokrates. Denn des Falschen wegen würde einer Lust und Unlust wohl gar nicht für schlecht halten, wohl aber, wenn sie in viele andere große Schlechtigkeit hineingeraten.

SOKRATES: Von der schlechten Lust also, welche durch Schlechtigkeit eine solche ist, wollen wir hernach bald reden,

wenn es uns noch so bedünkt; wie aber die falschen auch noch auf andere Weise viel und oft uns beschleichen und einwohnen, muß b
erwähnt werden; denn dies werden wir vielleicht brauchen zu unserer Beurteilung.

PROTARCHOS: Warum nicht? Wenn es nur welche gibt!

SOKRATES: Aber, Protarchos, es gibt deren wohl nach meiner Meinung; und solange diese Annahme uns vorliegt, kann sie unmöglich ununtersucht bleiben.

PROTARCHOS: Schön.

25. *Entstehung des Falschen von Lust und Unlust beim Nebeneinanderstellen beider*

SOKRATES: So laß uns denn wie Kämpfer auch gegen diesen Satz uns wieder stellen.

PROTARCHOS: Komm.

SOKRATES: Wir haben doch vor kurzem in dem vorigen, wenn wir uns dessen erinnern, gesagt, daß wenn, was wir Begierden nen- c
nen, in uns sind, der Leib ganz getrennt und gesondert von der Seele in seinen Zuständen abgeteilt ist.

PROTARCHOS: Dessen erinnere ich mich, und es ist vorher gesagt worden.

SOKRATES: Und nicht wahr, das, was begehrt, nämlich die den Beschaffenheiten des Leibes entgegengesetzten Beschaffenheiten, war die Seele, das aber, was den Schmerz oder irgendeine aus einer Erregung hervorgehende Lust darbietet, war der Leib.

PROTARCHOS: So war es freilich.

SOKRATES: So rechne denn zusammen, was dabei geschieht.

PROTARCHOS: Sprich.

SOKRATES: Es geschieht dabei, daß, wenn sich dies so verhält, d
alsdann Lust und Unlust zugleich in uns liegen, und daß das Bewußtsein beider, die doch entgegengesetzt sind, uns miteinander entsteht, was sich uns auch eben gezeigt hat.

PROTARCHOS: Das scheint freilich wohl.

SOKRATES: War nun nicht auch dieses gesagt worden und steht uns fest als vorher eingestanden?

PROTARCHOS: Welches doch?

SOKRATES: Daß Lust und Unlust beide das Mehr und Minder aufnehmen und zum Unbegrenzten gehören.

PROTARCHOS: Das ist gesagt. Warum?

SOKRATES: Was ist nun wohl für Rat, um dieses richtig zu beurteilen?

e PROTARCHOS: Was nur und wie?

SOKRATES: Wenn doch unsere Absicht, dieses zu beurteilen, in dergleichen jedesmal dahin geht zu unterscheiden, welche von ihnen wohl mit den andern verglichen größer ist und kleiner, und welche es in höherem Grade ist und stärker, sowohl Unlust mit Lust verglichen als auch Unlust mit Unlust und Lust mit Lust.

PROTARCHOS: So ist es allerdings, und dies ist die Absicht der Beurteilung.

SOKRATES: Wie also? Beim Gesicht leidet die Wahrheit, wenn
42a man Größen von nahe und von fern sieht, und dies bewirkt falsche Vorstellungen, und bei Lust und Unlust sollte nicht dasselbe eintreten?

PROTARCHOS: Noch weit mehr wohl, o Sokrates.

SOKRATES: Ganz entgegengesetzt kommt aber das Jetzige her aus dem kurz Vorherigen.

PROTARCHOS: Welches meinst du?

SOKRATES: Damals nämlich waren es die Vorstellungen, welche, je nachdem sie wahr oder falsch ausfielen, auch die Lust und Unlust mit dem, was ihnen selbst begegnet war, anfüllten.

b PROTARCHOS: Vollkommen wahr.

SOKRATES: Jetzt aber, weil sie selbst abwechselnd bald von weitem, bald von nahem gesehen und zugleich eine neben die andere gestellt wird, erscheint die Lust neben das Unangenehme gestellt größer und stärker, die Unlust aber neben das Angenehme gestellt im Gegenteil.

PROTARCHOS: Dergleichen erfolgt wohl notwendig aus dieser Ursache.

SOKRATES: Wenn du also das, um wieviel jede von ihnen größer oder kleiner erscheint, als sie wirklich ist, dieses Erscheinende aber
c nicht Seiende von beiden abschneidest: so wirst du weder von ihm selbst sagen können, daß es richtig erscheine, noch auch wirst du dich jemals, was von Lust und Unlust auf diesen Teil fällt, getrauen richtig und wahr zu nennen.

PROTARCHOS: Freilich nicht.

SOKRATES: Gleich nach diesem laß uns nun sehen, ob wir nicht darauf treffen, daß noch ärgere falsche Lust und Unlust als diese in den lebendigen Wesen erscheint und ist.

PROTARCHOS: Wie doch, und was für welche meinst du?

26. *Aufstellung von drei Lebenszuständen: das angenehme, das unangenehme und das weder angenehme noch unangenehme Leben*

SOKRATES: Es ist doch schon oft gesagt worden, daß, wenn die Natur eines jeden zerstört wird durch Vermischungen und Aussonderungen, durch Anfüllungen und Ausleerungen oder gewisse d
Vermehrungen und Abnahmen, alsdann Unlust, Beschwerde, Schmerz und alles, was dergleichen Namen führt, zu entstehen pflege.

PROTARCHOS: Ja, das ist oft schon gesagt.

SOKRATES: Wenn es aber wieder zu seiner eigenen Natur zurückkehrt, diese Rückkehr, setzten wir bei uns fest, sei Lust.

PROTARCHOS: Richtig.

SOKRATES: Wie nun aber, wenn an unserm Leibe keines von beiden wirklich vorgeht?

PROTARCHOS: Wann könnte das aber wohl sein, o Sokrates?

SOKRATES: Die Frage tut gar nichts zur Sache, die du jetzt vor- e
bringst.

PROTARCHOS: Wieso nicht?

SOKRATES: Weil sie mich doch nicht hindert, meine Frage dir noch einmal aufzuwerfen.

PROTARCHOS: Welche?

SOKRATES: Wenn nun dergleichen gar nicht stattfände, werde ich immer sagen, was würde uns daraus notwendig folgen?

PROTARCHOS: Du meinst, wenn der Leib auf keine von beiden Seiten bewegt würde?

SOKRATES: Eben das.

PROTARCHOS: Offenbar doch wohl dieses, o Sokrates, daß in einem solchen dann weder Lust wäre noch auch irgendeine Unlust.

SOKRATES: Sehr richtig gesagt. Nur meinst du, glaube ich, es 43a
müsse dergleichen immer etwas in uns sein, wie die Weisen sagen; denn es fließt alles immer nach oben oder unten.

PROTARCHOS: Das sagen sie freilich, und es dünkt mich gar nicht schlecht.

SOKRATES: Wie sollte es auch, da sie selbst nicht schlecht sind! Aber ich möchte dieser Rede gern ausweichen, die mir entgegenkommt. Hierher denke ich deshalb zu fliehen, und fliehe du nur mit.

PROTARCHOS: Sage nur wie.

SOKRATES: Das soll freilich so sein, wollen wir zu ihnen spre-
b chen. Du aber beantworte mir nur dieses, ob denn immer alles, was nur einem beseelten Wesen begegnet, auch von dem wahrgenommen wird, dem es begegnet, und wir auch nicht einmal wachsen, ohne es zu merken, noch sonst etwas dergleichen so mit uns vorgeht, oder ganz das Gegenteil?

PROTARCHOS: Ganz im Gegenteil freilich. Denn fast alles dieser Art entgeht uns gänzlich.

SOKRATES: Also war uns das noch eben Gesagte nicht ganz richtig gesagt, daß die Veränderungen nach oben und unten Lust und Unlust bewirken.

PROTARCHOS: Wieso nicht?

c SOKRATES: Besser und untadelhafter wäre es so ausgedrückt.

PROTARCHOS: Wie doch?

SOKRATES: Die großen Veränderungen verursachen uns Lust und Unlust, die mittelmäßigen und kleinen aber ganz und gar keines von beiden.

PROTARCHOS: Richtiger als jenes ist dieses allerdings, o Sokrates.

SOKRATES: Und ist nun dieses so, so kommt ja der eben angeführte Lebenszustand schon wieder.

PROTARCHOS: Welcher doch?

SOKRATES: Von dem wir sagten, er sei schmerzlos und auch ohne Vergnügungen.

PROTARCHOS: Du hast ganz recht.

SOKRATES: Wollen wir uns nun hieraus dreierlei Leben bilden,
d das eine unangenehm, das andere angenehm, das dritte keins von beiden? Oder wie wolltest du es anders sagen?

PROTARCHOS: Gar nicht anders, sondern so, daß es diese dreierlei gibt.

SOKRATES: Und nicht Unlust haben ist doch niemals dasselbe wie Lust haben?

PROTARCHOS: Wie sollte es auch?

SOKRATES: Wenn du also hörst, es sei das angenehmste,

schmerzlos sein ganzes Leben hinzubringen, was denkst du dir wohl, daß ein solcher dann sagt?

PROTARCHOS: Mir wenigstens scheint ein solcher das Nicht-Unlusthaben für das Angenehme auszugeben.

SOKRATES: Von drei verschiedenen Dingen beliebiger Art nun e
setze mir, damit wir nur schönere Namen dafür haben, das eine als Gold, das andere als Silber, das dritte als keines von beiden.

PROTARCHOS: Das steht nun fest.

SOKRATES: Jenes ‹keines von beiden› nun, kann das wohl eines von den beiden andern werden, Gold oder Silber?

PROTARCHOS: Wie wäre es möglich!

SOKRATES: Also auch der mittlere Zustand kann niemals mit Recht angenehm oder schmerzlich vorgestellt werden, wenn ihn sich einer vorstellen will, noch genannt werden, wenn ihn einer so nennen wollte, nach richtiger Weise wenigstens nicht.

PROTARCHOS: Wie ginge das auch!

SOKRATES: Aber doch, o Freund, merken wir welche, die dieses 44a
sagen und sich so vorstellen.

PROTARCHOS: Gar sehr.

SOKRATES: Glauben sie also dann Lust zu haben, wenn sie ohne Unlust sind?

PROTARCHOS: Sie sagen es wenigstens.

SOKRATES: Also glauben sie doch, dann Lust zu haben. Denn sie würden es ja nicht sagen.

PROTARCHOS: Das scheint wohl.

SOKRATES: Und Falsches denken sie also von der Lust, wenn doch ‹nicht Unlust haben› und ‹Lust haben› jedes etwas Besonderes für sich ist.

PROTARCHOS: Etwas Besonderes sind ja beide ganz gewiß.

SOKRATES: Wollen wir nun bei uns festsetzen, wie eben, daß
dieses dreierlei ist, oder nur zweierlei, indem die Unlust das Übel b
für die Menschen und die Befreiung von der Unlust, weil eben dieses das Gute ist, das Angenehme genannt wird?

27. *Die These derjenigen, die leugnen, daß es überhaupt Lust gibt*

PROTARCHOS: Wie denn, o Sokrates, werden wir dies nun von uns selbst gefragt? Denn ich verstehe nicht.

SOKRATES: Du verstehst eben in der Tat die rechten Feinde unseres Philebos nicht, o Protarchos.

PROTARCHOS: Welche, meinst du denn, sind es?

SOKRATES: Gar gewaltige Leute in Sachen der Natur, welche behaupten, es gebe ganz und gar keine Lust.

PROTARCHOS: Wieso doch?

c SOKRATES: Dies insgesamt wären nur Abwesenheiten der Unlust, was Philebos und die Seinigen jetzt Lust nennen.

PROTARCHOS: Rätst du nun, daß wir diesen folgen, o Sokrates, oder wie?

SOKRATES: Gar nicht; aber wir wollen sie gebrauchen wie
Wahrsager, die nicht aus Kunst, sondern aus einer gewissen verdrießlichen Strenge ihrer nicht unedlen Natur wahrsagen, gewaltig erbittert gegen die Kraft der Lust und sie für nichts Gesundes
haltend, so daß auch eben dieser ihr Reiz ein Zaubermittel sei,
d nicht Lust. Diese kannst du hierzu gut brauchen, wenn du erst
auch ihre andern verdrießlichen Reden noch erwogen hast. Nachher aber sollst du, was ich für wahrhafte Lust halte, erfahren, damit wir so nach Maßgabe beider Reden die Kraft der Lust in Betrachtung und zum Spruch ziehen.

PROTARCHOS: Richtig gesprochen.

SOKRATES: Laß uns also diesen wie Bundesgenossen auf den
Spuren ihrer Verdrießlichkeit nachgehen. Ich denke mir nämlich,
daß sie irgendwoher von oben anfangend ungefähr so sagen:
e Wenn wir irgend eines Begriffes Natur in Betracht ziehen wollten,
wie zum Beispiel die des Harten, würden wir, wenn wir auf die
härtesten Dinge sähen, sie so am besten auffassen, oder wenn auf
die, welche nur ein kleinstes Teilchen Härte haben? Du mußt aber,
o Protarchos, wie vorher mir, so auch nun diesen Gestrengen antworten.

PROTARCHOS: Allerdings, und ich sage ihnen also, auf das größte in seiner Art.

SOKRATES: Also auch, wenn wir nun den Begriff der Lust, was
für eine Natur sie wohl hat, betrachten wollten, müßten wir nicht
45a auf die kleinsten Lüste sehen, sondern auf die, welche für die
schärfsten und stärksten gelten.

PROTARCHOS: Das würde dir jetzt wohl jeder zugeben.

SOKRATES: Sind nun nicht, die wir gleich bei der Hand haben, welche auch die größten Lüste sind, wie wir oft sagen, diese, die den Leib angehen?

PROTARCHOS: Wie sollten sie nicht!

SOKRATES: Sind nun diese und werden größer bei den Kranken oder bei den Gesunden? Wir wollen uns aber in acht nehmen, daß wir nicht voreilig antwortend fehltreten. Wir könnten nämlich leicht sagen: bei den Gesunden. b

PROTARCHOS: Wahrscheinlich wohl.

SOKRATES: Wie aber? Ragen nicht diejenigen hervor unter den Lüsten, denen auch die größten Begierden vorangehen?

PROTARCHOS: Das ist wohl wahr.

SOKRATES: Aber haben nicht die Fieberkranken und mit ähnlichen Übeln Behafteten mehr Durst und Frost, und was sie sonst am Leibe zu leiden pflegen, und beständig mehr Bedürfnisse und deshalb auch, wenn diese befriedigt werden, größere Lust? Oder sollen wir nicht sagen, daß das wahr sei?

PROTARCHOS: Allerdings leuchtet das jetzt sehr ein.

SOKRATES: Wie also? Scheinen wir nun wohl richtig zu sagen, c
daß, wenn jemand die größte Lust sehen will, er nicht zur Gesundheit, sondern zur Krankheit gehen muß, um sie da zu betrachten? Sieh aber zu, daß du nicht etwa glaubst, ich meinte mit meiner Frage, daß die Kranken mehr Vergnügen hätten als die Gesunden; sondern denke, ich suche nur die Größe der Lust und das Heftige derselben, wo sich das wohl jedesmal findet. Denn wir müssen einsehen, welche Natur sie hat und was doch die von ihr meinen, welche behaupten, es gebe sie ganz und gar nicht.

PROTARCHOS: Ich folge nun wohl deiner Rede. d

28. Beispiele der Mischung größter Lust und Unlust in krankhaften Zuständen

SOKRATES: Bald, o Protarchos, wirst du es nicht weniger an den Tag legen. Antworte nur. Siehst du größere Lust – ich sage nicht mehrere, sondern an Heftigkeit und Stärke hervorragende – im Übermut oder in dem besonnenen Leben? Nimm dich aber gut zusammen bei der Antwort.

PROTARCHOS: Ich verstehe schon, was du meinst, und sehe einen großen Unterschied. Denn die Besonnenen hält schon das Sprichwort zurück, welches ihnen jedesmal das ‹Nicht zuviel› ein- e schärft, und dem sie gehorchen. Die Unsinnigen aber und Übermütigen nimmt die heftige Lust bis zum Wahnsinn ein und macht sie ganz verrufen.

SOKRATES: Schön! Und wenn sich dies so verhält, ist doch offenbar, daß in einer gewissen Verderbtheit des Leibes und der Seele, und nicht in ihrer rechten Tüchtigkeit, die größte Lust und Unlust entsteht.

PROTARCHOS: Allerdings.

SOKRATES: Von diesen also müssen wir uns einige vornehmen und betrachten, wie sie sich doch verhalten, daß wir sagen, sie seien die größten.

46a PROTARCHOS: Notwendig.

SOKRATES: So betrachte denn die Lüste in solchem krankhaften Zustande, auf welche Weise sie sich verhalten.

PROTARCHOS: In was für welchem?

SOKRATES: Die Lust in ekelhaften Krankheiten, die eben von unsern vorigen Verdrießlichen so ausnehmend gehaßt wird.

PROTARCHOS: Was für welche?

SOKRATES: Nun, wie sie sich zum Beispiel die Krätze heilen durch Reiben und mehreres dergleichen, was keines andern Mittels bedarf; denn eben dieses Gefühl, bei den Göttern, was sollen wir denn sagen, daß es in uns ist? Lust oder Unlust?

PROTARCHOS: Ein gemischtes Übel, o Sokrates, scheint dies zu sein.

b SOKRATES: Gar nicht des Philebos wegen habe ich diese Rede vorgebracht, o Protarchos; allein ohne diese Lust und die damit zusammenhängenden, wenn man sie nicht beachtet, würden wir fast nicht imstande sein, das zu entscheiden, wonach jetzt gefragt wird.

PROTARCHOS: So laß uns denn weitergehen zu den mit diesen verwandten.

SOKRATES: Welche an der Mischung teilhaben, meinst du.

PROTARCHOS: Eben die.

SOKRATES: Es gibt also einige Mischungen, die nur den Leib
c betreffen, in den Leibern selbst, andere der Seele allein in der Seele; die aber, worin des Leibes und der Seele Lust und Unlust untereinander gemischt vorkommen, werden wir finden, daß sie zusammengenommen bald Lust, bald Unlust genannt werden.

Protarchos: Wieso?

Sokrates: Wenn einer in der Wiederherstellung oder in der
Störung Entgegengesetztes zugleich erleidet, als ein Frierender
sich wärmt oder als ein Erhitzter sich abkühlt, indem er eigentlich
sucht, so denke ich, das eine zu haben und das andere loszuwerden: so verursacht dieses gemischte sogenannte Bittersüße, wenn
es anhält, weil das eine nicht verschwinden will, Unwillen und d
hernach eine heftige Spannung.

Protarchos: Sehr richtig trifft das eben Erklärte.

Sokrates: Sind nun nicht diese Mischungen teils aus gleicher Lust und Unlust, teils aus einer von beiden überwiegend?

Protarchos: Wie sollten sie nicht.

Sokrates: So sage denn, die, in welchen mehr Unlust als Lust
sich findet, seien eben diese jetzt angeführten von der Krätze und
dem Gurgeln: wenn das Brennende und Entzündete inwendig ist
und einer mit Reiben und Kratzen nicht dazu kommt, sondern nur
die äußere Oberfläche reizt, dann, indem man sie in das Feuer e
bringt und in das Gegenteil, aus Ratlosigkeit wechselnd, erregt
man bisweilen überschwengliche Lust, bald aber im Gegenteil den
inneren Teilen im Verhältnis zu den äußeren mit Lust vermischte
Unlust, wohin es nun auch ausschlage, wobei man bald Verbundenes mit Gewalt trennt, bald Gesondertes mischt und somit der 47a
Unlust Lust beigesellt.

Protarchos: Vollkommen richtig.

Sokrates: Und nicht wahr, wenn bei allem diesem ein größerer Anteil Lust eingemischt wird, so verursacht die beigemischte Unlust nur gelinden Reiz und Unruhe, die weit reichlicher eingeflößte Lust aber spannt an und macht bisweilen springen, und indem sie allerlei vielfach wechselnde Farben und Gebärden und Atemzüge herausbringt, bringt sie unsinniges Entzücken und Geschrei hervor?

Protarchos: So ist es freilich. b

Sokrates: Und macht, daß einer von sich selbst sagt und auch andere, es sei fast zum Sterben, wie diese Lüste ergötzen. Und diesen geht nun jeder um so mehr nach, je unbändiger und unvernünftiger er ist, und nennt diese die größten, und wer in diesen am meisten lebt, den schätzt er für den glückseligsten.

Protarchos: Alles, o Sokrates, was sich bei den Menschen aus der Menge als Meinung ergibt, hast du ausgeführt.

c Sokrates: Von den Lüsten jedenfalls, o Protarchos, bei denen
in den gemeinsamen Erregungen des Leibes allein die inneren und
äußeren vermischt werden. Von denen aber, wobei die Seele dem
Leibe Entgegengesetztes beiträgt, Unlust sowohl zur Lust als Lust
zur Unlust, so daß beides in eine Mischung eingeht, haben wir
dieses zwar vorher schon ausgeführt, daß, wenn einer ausgeleert
ist, er nach Anfüllung strebt und, sofern er hofft, sich zwar freut,
sofern er aber ausgeleert ist, Schmerz hat; dieses aber haben wir
d damals nicht erklärt, sagen es aber jetzt, daß, wo die Seele von dem
Leibe abweicht, in allen diesen unzähligen Fällen, alles in *eine* Mischung von Lust und Unlust zusammenfällt.

Protarchos: Du scheinst vollkommen richtig zu reden.

29. *Die Mischung von Lust und Unlust in der Seele selbst. Erklärung des Lächerlichen und des Neides*

Sokrates: Von allen Mischungen der Lust und Unlust ist uns also nur noch eine übrig.

Protarchos: Welche meinst du?

Sokrates: Welche wir sagten, daß die Seele selbst für sich oftmals annimmt.

Protarchos: Wie aber meinen wir dies eigentlich?

e Sokrates: Zorn und Furcht und Verlangen und Wehmut und
Liebespein und Eifersucht und Neid und was dergleichen ist, setzt du das nicht als Unlust der Seele selbst?

Protarchos: Ich allerdings.

Sokrates: Und werden wir dies alles nicht unsäglicher Lust
voll finden? Oder ist erst Not uns zu erinnern an das ‹der selbst
auch den Weiseren pflegt zu erbittern, der weit süßer zuerst denn
48a sanft eingleitender Honig›, und an die Lust, welche bei Wehmut
und Sehnsucht mit der Unlust gemischt ist?

Protarchos: Nein, sondern nur so und anders nicht kann dieses sich verhalten.

Sokrates: Und wenn sie die Tragödien sehen, erinnerst du dich wohl, wie sie zugleich sich ergötzend doch weinen?

Protarchos: Wie sollte ich nicht!

Sokrates: Wie aber unsere Seele bei den Komödien bewegt ist, weißt du wohl, daß auch darin eine Mischung von Lust und Unlust liegt?

PROTARCHOS: Das verstehe ich nicht recht.

SOKRATES: Ganz gewiß ist es auch gar nicht leicht, o Protarchos, hierin den jedesmaligen Zustand dieser Art zu erkennen. b

PROTARCHOS: Freilich nicht, wie mir wenigstens scheint.

SOKRATES: Nehmen wir indes dies um so lieber vor, je dunkler es ist, damit einer auch in anderen Fällen desto leichter eine Mischung von Lust und Unlust erkennen könne.

PROTARCHOS: So erkläre es denn.

SOKRATES: Was wir eben vorher auch nannten, Neid, verstehst du unter diesem Worte eine Unlust der Seele, oder wie?

PROTARCHOS: So.

SOKRATES: Wer aber neidet, der wird sich wohl immer über die Übel des Nächsten erfreut zeigen.

PROTARCHOS: Gar sehr allerdings. c

SOKRATES: Und ein Übel ist doch Unwissenheit, und was wir sonst Unfähigkeit nennen?

PROTARCHOS: Wie sollte sie nicht!

SOKRATES: Hieraus nun sieh, welches eigentlich die Natur des Lächerlichen ist.

PROTARCHOS: Sprich nur.

SOKRATES: Es ist also eine Schlechtigkeit, die von einer gewissen Beschaffenheit den Beinamen hat, und zwar von der gesamten Schlechtigkeit der Teil, welcher den entgegengesetzten Zustand enthält des von dem delphischen Spruch ausgedrückten.

PROTARCHOS: Meinst du das ‹Kenne dich selbst›, o Sokrates?

SOKRATES: Allerdings. Und offenbar wäre doch sich selbst nie zu kennen das Gegenteil von jenem. d

PROTARCHOS: Wie sollte es nicht?

SOKRATES: O Protarchos, versuche also eben dieses dreifach zu teilen.

PROTARCHOS: Auf welche Weise meinst du? Ich werde es wohl nicht können.

SOKRATES: Du meinst also wohl, für diesmal soll ich es nur abteilen?

PROTARCHOS: Und bitte dich darum außer dem, daß ich es meine.

SOKRATES: Muß nun nicht denen, welche sich selbst verkennen, dies in Hinsicht auf drei Stücke begegnen?

PROTARCHOS: Wieso?

e SOKRATES: Zuerst in Hinsicht auf Geld und Gut, daß sich einer für reicher hält als sein Vermögen beträgt.

PROTARCHOS: Sehr vielen begegnet dieses.

SOKRATES: Und noch mehreren wohl, daß sie sich für größer und schöner und, was sonst den Leib betrifft, für ausgezeichneter halten, als ihnen der Wahrheit nach zukommt.

PROTARCHOS: Freilich.

SOKRATES: Bei weitem die meisten aber, glaube ich, verfehlen es in Hinsicht des dritten Stückes, nämlich dessen, was in der Seele ist, indem sie sich selbst für besser halten in der Tugend, ohne es zu sein.

PROTARCHOS: Bei weitem allerdings.

49a SOKRATES: Und unter allen Tugenden ist es nicht vorzüglich auf die Weisheit, daß die Menge auf alle Weise Anspruch macht und deshalb voll Streites ist und falscher Dünkelweisheit?

PROTARCHOS: Wie könnte es anders sein.

SOKRATES: Und wer nun jeden solchen Zustand ein Übel nennte, würde ihn wohl ganz recht benennen.

PROTARCHOS: Gar sehr gewiß.

SOKRATES: Dieser nun muß noch halbiert werden, o Protarchos, wenn wir den scherzhaften Neid sehen und darin eine wunderbare
b Mischung von Lust und Unlust erkennen sollen. Wie nun halbieren wir, sagst du? Alle, welche diese falsche Meinung von sich selbst unsinnigerweise hegen, von denen muß doch, wie von allen anderen Menschen, so auch ganz notwendigerweise von ihnen, einigen Stärke und Macht zukommen und andern, denke ich, das Gegenteil.

PROTARCHOS: Notwendig.

SOKRATES: Hiernach also teile, und so viele von ihnen aus Schwachheit solche sind und unvermögend, wenn sie ausgelacht werden, sich zu rächen, wenn du von diesen sagst, daß sie lächerlich sind, wirst du wohl ganz richtig reden; die sich aber rächen können, wenn du die als furchtbar und schändlich und feindselig bezeich-
c nest, wirst du dir selbst die richtigste Erklärung über sie geben. Denn die Unwissenheit der Mächtigen ist feindselig und schändlich, denn sie ist auch den Nächsten verderblich, sie selbst und ihre Abbilder; die schwache aber fällt uns in die Natur und das Gebiet des Lächerlichen.

Protarchos: Vollkommen richtig. Allein die Mischung der Lust und Unlust darin ist mir noch nicht deutlich.

Sokrates: Nimm also zuerst das Wesen des Neides vor.

Protarchos: Erkläre es nur.

Sokrates: Er ist doch eine ungerechte Unlust und Lust? d

Protarchos: Das wohl notwendig.

Sokrates: Nun ist doch über der Feinde Übel weder ungerecht noch neidisch sich zu freuen!

Protarchos: Wie sollte es!

Sokrates: Wenn man aber Übel der Freunde sieht, dann bisweilen sich nicht zu betrüben, sondern zu freuen, ist das nicht ungerecht?

Protarchos: Wie sollte es nicht?

Sokrates: Und die Unwissenheit, sagen wir doch, ist ein Übel für alle?

Protarchos: Richtig.

Sokrates: Der Freunde Dünkelweisheit nun und Dünkelschönheit, und was wir eben anführten als unter drei Arten ver- e
teilt, ist doch lächerlich, soviel davon schwach ist, verhaßt aber, soviel davon stark ist? Oder wollen wir nicht mehr zugeben, was ich vorhin sagte, daß diese Beschaffenheit, wenn einer der Freunde sie auf eine für andere unschädliche Art an sich hat, lächerlich ist?

Protarchos: Allerdings wollen wir.

Sokrates: Und erkennen wir sie nicht als ein Übel an, da sie doch Unwissenheit ist?

Protarchos: Gar sehr.

Sokrates: Freuen wir uns nun oder sind wir betrübt, wenn wir über sie lachen?

Protarchos: Offenbar freuen wir uns. 50a

Sokrates: Und Lust an der Freunde Übel, sagten wir nicht, daß der Neid es sei, der diese bewirke?

Protarchos: Notwendig.

Sokrates: Wenn wir also über unserer Freunde Lächerlichkeiten lachen, sagt die Rede, daß wir Lust dem Neide beimischend die Lust der Unlust beimischen; denn der Neid sei uns schon lange bestimmt als eine Unlust der Seele, das Lachen aber als Lust, und beides sei hierbei zu gleicher Zeit vorhanden.

Protarchos: Richtig.

b SOKRATES: Und so deutet uns die Rede an, daß auch in Klagge-
dichten und Trauerspielen, nicht denen auf der Bühne nur, sondern auch in dem gesamten Trauerspiel und Lustspiel des Lebens,
Unlust mit Lust zugleich gemischt sei und so in tausend anderen
Dingen.

PROTARCHOS: Es ist unmöglich, dies nicht einzugestehen, o Sokrates, wenn einer auch ganz hartnäckig auf dem Gegenteil bestehen wollte.

30. Allgemeines Vorkommen der mit Unlust gemischten Lust

SOKRATES: Und Zorn und Sehnsucht und Wehmut und Furcht
c und Liebe und Eifersucht und Neid hatten wir uns doch vorgehal-
ten, daß darin, wie wir behaupteten, das nun schon so oft Genannte sich müßte vermischt finden. Nicht wahr?

PROTARCHOS: Ja.

SOKRATES: Und wir sehen doch ein, daß von Wehmut und Neid und Zorn das jetzt Durchgeführte alles wirklich handelt.

PROTARCHOS: Wie sollten wir das nicht einsehen?

SOKRATES: Viel anderes aber ist doch noch übrig?

PROTARCHOS: Gar sehr.

SOKRATES: Weshalb nun denkst du wohl, daß ich dir vorzüglich die Mischung in der Komödie gezeigt habe? Nicht um glaub-
d lich zu machen, daß in Furcht und Liebe und dem Übrigen noch
leichter ist die Mischung aufzuweisen, und damit, wenn du dies
bei dir selbst festgestellt hättest, du mir erlassen möchtest, erst zu
jenen auch zu gehen und die Rede dadurch in die Länge zu ziehen,
sondern dieses schlechthin annehmen, daß sowohl der Leib ohne
die Seele als die Seele ohne den Leib und beide miteinander in ihren
Zuständen voll sind der mit Unlust gemischten Lust? Nun sage
also, ob du es mir erläßt, oder ob du Mitternacht heranbringen
willst. Ich denke aber, wenn ich nur noch weniges gesagt habe,
von dir zu erlangen, daß du mich gehen läßt. Denn von diesem
e allen insgesamt will ich dir morgen Rechenschaft ablegen; jetzt
aber möchte ich auf das übrige lossteuern zu dem Urteile, welches
Philebos fordert.

PROTARCHOS: Wohl gesprochen, o Sokrates. Also nimm nur durch, was wir noch vor uns haben, wie es dir lieb ist.

31. *Die reine Lust an Gestalt, Farben, Tönen, Gerüchen und Kenntnissen*

SOKRATES: Der Natur gemäß sollten wir nun nach den gemischten Vergnügungen vermöge einer Art von Notwendigkeit zu den ungemischten an ihrem Teil übergehen.

PROTARCHOS: Wohl gesprochen. 51a

SOKRATES: Ich will also versuchen, umwendend sie uns zu bezeichnen. Denn denen, welche sagen, daß alle Lust nur Aufhören der Unlust sei, kann ich nicht recht glauben; sondern wie ich schon sagte, ich brauche sie nur zu Zeugen dafür, daß es allerlei scheinbare Lust gibt, welche wirklich keine ist, und daß noch vielerlei andere gar groß erscheint, welche aber zugleich gemischt ist mit Unlust und mit Erholungen von den größten Schmerzen in Ratlosigkeit Leibes und der Seelen.

PROTARCHOS: Aber welche, o Sokrates, könnte wohl einer als b
wahr annehmen, der richtig darüber denken wollte?

SOKRATES: Die an den schönen Farben und Gestalten und die meisten, die von Gerüchen herrühren und Tönen, und alles, was nach einem unmerklichen und schmerzlosen Bedürfnis uns eine merkliche und angenehme Befriedigung rein von Unlust gewährt.

PROTARCHOS: Wie ist das nun wieder eigentlich, o Sokrates?

SOKRATES: Freilich ist wohl nicht sogleich deutlich, was ich
meine, man muß aber versuchen, es deutlich zu machen. Ich versu- c
che also als Schönheit der Gestalten dir nicht, was wohl die meisten glauben möchten, zu erklären, etwa die der lebenden Körper oder die gewisser Gemälde; sondern ich nenne etwas gerade, sagt meine Erklärung, und etwas rund, und aus diesen wiederum die Flächen und Körper, welche gedreht werden oder durch Richtschnur und Winkelmaß bestimmt, wenn du mich verstehst. Denn diese, sage ich, sind nicht in Beziehung auf etwas schön wie anderes, sondern immer an und für sich sind sie ihrer Natur nach schön
und haben eine eigentümliche Lust, die nichts mit der des Kitzels d
zu schaffen hat; und so auch Farben sind nach dieser selben Weise schön und haben ihre Lust. Aber verstehen wir es auch, oder wie?

PROTARCHOS: Ich bemühe mich wohl, o Sokrates; bemühe nur auch du dich, es noch deutlicher zu erklären.

SOKRATES: Ich sage also, daß auch von den Tönen jene sanften und hellen Klänge, welche *einen* bestimmten reinen Gesang von sich geben, nicht in bezug auf etwas schön sind, sondern an und für sich, und daß ihnen mitgeborene Lust sie begleitet.

PROTARCHOS: Auch das ist allerdings so.

e SOKRATES: Die an den Gerüchen ist nun freilich eine weniger göttliche Art von Lust als diese; aber daß ihnen doch keine notwendige Unlust beigemischt ist, wo immer und woran uns dieses sich zeigt, das setze ich insgesamt jenen entgegen. Also, wenn du es verstehst, nennen wir dieses die zwei Arten der Lust.

PROTARCHOS: Ich verstehe.

SOKRATES: Laß uns nun diesen noch beifügen die Lust an
52a Kenntnissen, wenn doch auch diese uns bedünken, nicht einen
Hunger nach dem Erkennen bei sich zu haben noch ursprüngliche,
aus dem Hunger nach Kenntnissen entstehende Schmerzen.

PROTARCHOS: So dünkt es mich freilich auch.

SOKRATES: Und wie? Wenn nun denen, die mit Erkenntnissen angefüllt sind, hernach Verlust derselben eintritt durch Vergessen, siehst du darin einigen Schmerz?

PROTARCHOS: Nicht von Natur wenigstens, sondern nur in den
b Betrachtungen des Zustandes, wenn einer, dem sie verlorengegangen, sich betrübt, weil sie ihm fehlen.

SOKRATES: Aber, o Bester, wir haben es jetzt nur mit dem Zustande selbst zu tun, wie er seiner Natur nach ist, abgesehen von der Betrachtung darüber.

PROTARCHOS: Dann hast du also ganz recht, daß jedesmal bei unseren Kenntnissen das Vergessen uns ohne alle Unlust kommt.

SOKRATES: Diese Lust also an den Kenntnissen sei unvermischt mit Unlust, müssen wir sagen, und keineswegs für die Menge der Menschen, sondern nur für gar wenige.

PROTARCHOS: Wie sollten wir das nicht sagen.

32. *Die Reinheit einer Lust als Maßstab für ihre Wahrheit, Schönheit und Annehmlichkeit*

c SOKRATES: Nun wir also schon ziemlich abgesondert haben die reine Lust und die, welche man mit Recht unrein nennen kann: so laß uns nun in der Erklärung noch hinzufügen für die heftigen Lüste Ungemessenheit, für die, welche es nicht sind, im Gegenteil Abgemessenheit; und welche das Groß und Heftig annehmen, mögen sie nun oft oder selten solche werden, denen wollen wir

hinzufügen, daß sie von jener unbegrenzten, bald mehr, bald weniger durch Leib und Seele sich bewegenden Art sind, die aber d
nicht, daß sie zu den abgemessenen gehören.

PROTARCHOS: Vollkommen richtig, o Sokrates.

SOKRATES: Nun ist also nächst diesem noch dies von ihnen genau zu betrachten.

PROTARCHOS: Welches?

SOKRATES: Was man wohl als im Verhältnis zur Wahrheit stehend bezeichnen muß? Das Reine und Lautere oder das Starke und Viele und Große und Überflüssige?

PROTARCHOS: Was willst du eigentlich, o Sokrates, mit dieser Frage?

SOKRATES: Ich will nur, o Protarchos, nichts versäumen in der Prüfung der Lust und der Erkenntnis, wenn etwa an jeder von e
beiden etwas rein ist und etwas unrein, damit dann jede rein vor Gericht komme und also mir und dir und allen diesen das Urteil erleichtere.

PROTARCHOS: Ganz richtig.

SOKRATES: Wohlan, über alles, was wir reine Arten nennen, laß uns so nachdenken, daß wir zuerst irgendeine von ihnen vor uns nehmen und betrachten.

PROTARCHOS: Welche also wollen wir vor uns nehmen? 53a

SOKRATES: Ich denke, wir wollen das Weiße zuerst uns ansehen.

PROTARCHOS: Ganz wohl.

SOKRATES: Wie nun und welches wäre uns die Reinheit des Weißen? Etwa das recht Viele und Große, oder das Unvermischteste, worin auch nicht der mindeste Teil irgendeiner anderen Farbe sich fände?

PROTARCHOS: Offenbar das, welches das unvermischteste ist.

SOKRATES: Richtig. Wollen wir also, o Protarchos, nicht dieses als das wahrste und zugleich als das schönste unter allem Weißen b
setzen, nicht aber das größte noch das meiste?

PROTARCHOS: Vollkommen richtig.

SOKRATES: Wenn wir also sagen, ein weniges reines Weiß sei weißer und zugleich schöner und wahrer als vieles gemischte Weiß, so werden wir auf alle Weise richtig reden.

PROTARCHOS: Vollkommen richtig ganz gewiß.

SOKRATES: Wie nun? Es wird wohl nicht erst noch vieler solcher Beispiele bedürfen für unsere Erklärung über die Lust, sondern es genügt uns schon hieraus einzusehen, daß auch insgesamt
c jede kleine und geringe, aber von Unlust reine Lust angenehmer und wahrer und schöner sein muß als viele und große gemischte.

PROTARCHOS: Gar sehr, und das Beispiel reicht hin.

SOKRATES: Wie aber nun dieses? Haben wir von der Lust nicht gehört, daß sie immer nur ein Werden ist und daß es ein Sein der Lust ganz und gar nicht gibt? Denn einige treffliche Leute wagen uns diesen Satz darzustellen, denen man Dank wissen muß.

PROTARCHOS: Wie das?

SOKRATES: Dieses eben will ich fragend mit dir durchgehen, o
d lieber Protarchos.

PROTARCHOS: Sprich nur und frage.

33. *Die Lust als ein Werden befindet sich nicht in der Ordnung des Guten*

SOKRATES: Nimm also zweierlei an, das eine an und für sich, das andere immer eines anderen begehrend.

PROTARCHOS: Wie und von welcherlei meinst du das?

SOKRATES: Das eine ist stets das Herrlichere seiner Natur nach, das andere hinter jenem zurückbleibend.

PROTARCHOS: Erkläre es noch deutlicher.

SOKRATES: Wir haben doch wohl schöne und vortreffliche Lieblinge gesehen und zugleich tapfere Liebhaber derselben?

PROTARCHOS: Gar viel.

SOKRATES: Diesen zweien ähnlich nun suche zweierlei anderes
e in allem, wovon wir sagen, es sei.

PROTARCHOS: Soll ich es noch zum drittenmal sagen? Erkläre deutlicher, o Sokrates, was du meinst.

SOKRATES: Gar nichts Krauses, o Protarchos, sondern die Rede scherzt nur mit uns beiden und meint nur, daß einiges immer um eines Seienden willen ist, anderes aber eben dasjenige, wegen dessen jedesmal das um eines andern willen Werdende wird.

PROTARCHOS: Ich habe es kaum verstanden, weil es so oft gesagt worden.

SOKRATES: Vielleicht, Kind, werden wir es noch besser verste-
54a hen, wenn unsere Rede fortschreitet.

Protarchos: Warum auch nicht!

Sokrates: Nun laß uns auch diese andern zwei nehmen.

Protarchos: Was für welche?

Sokrates: Eines das Werden von allem, und das Sein das andere.

Protarchos: Diese beiden nehme ich an, das Sein und das Werden.

Sokrates: Ganz richtig. Welches nun von diesen beiden ist um welches willen? Sollen wir sagen, das Werden sei wegen des Seins, oder das Sein sei wegen des Werdens?

Protarchos: Das, was das Sein genannt wird, ob das wegen des Werdens das ist, was es ist, danach fragst du jetzt?

Sokrates: Offenbar.

Protarchos: Bei den Göttern, fragst du mich etwa derglei- b
chen: Sage mir, o Protarchos, ob du wohl behauptest, daß der
Schiffsbau mehr der Schiffe wegen da ist oder die Schiffe wegen
des Schiffsbaues, und was sonst alles dem ähnlich ist?

Sokrates: Eben dieses meine ich, o Protarchos.

Protarchos: Warum antwortest du dir darauf nicht selbst, o Sokrates?

Sokrates: Daran hindert freilich nichts; nimm du nur teil an der Rede.

Protarchos: Allerdings.

Sokrates: Ich behaupte also, daß um des Werdens willen alle c
Hilfsmittel, Werkzeuge und alles, was man Stoff nennt, überall
angewendet werde, daß aber jegliches Werden wegen eines Seins,
jedes wegen eines anderen, geschehe, und das gesamte Werden
wegen des gesamten Seins.

Protarchos: Ganz offenbar freilich.

Sokrates: Also auch die Lust, wenn sie ein Werden ist, muß notwendig irgendeines Seins wegen werden.

Protarchos: Wie sollte sie nicht!

Sokrates: Nun aber muß doch dasjenige, wegen dessen jedesmal das um eines andern willen Werdende wird, in der Ordnung des Guten befindlich sein: das eines andern wegen Werdende aber, o Bester, müssen wir in eine andere Ordnung setzen.

Protarchos: Ganz notwendig.

Sokrates: Also auch die Lust, wenn sie doch ein Werden ist, d stellen wir ganz richtig, wenn wir sie in eine andere als die Ordnung des Guten stellen?

PROTARCHOS: Vollkommen richtig freilich.

SOKRATES: Also, was ich schon am Anfang dieser Rede sagte, dem, der uns von der Lust dieses angedeutet hat, daß es nur ein Werden, aber auch nicht im mindesten ein Sein derselben gäbe, müssen wir es Dank wissen. Denn offenbar lacht dieser diejenigen aus, welche behaupten, die Lust sei das Gute.

PROTARCHOS: Gar sehr.

e SOKRATES: Und so auch die, welche sich jedesmal nur in dem Werden befriedigt fühlen, wird er ebenfalls auslachen.

PROTARCHOS: Wieso? Und was für welche meinst du?

SOKRATES: Die, welche, wenn sie sich Hunger und Durst und Ähnliches ausheilen, was durch ein Werden kann geheilt werden, sich an diesem Werden freuen, weil es eben eine Lust ist, und sagen, sie möchten nicht leben, wenn sie nicht hungerten und dursteten und, was man weiter dem anhängend anführen könnte, empfänden.

55a PROTARCHOS: So scheinen sie freilich.

SOKRATES: Und das Gegenteil des Werdens, sagen wir doch alle, sei das Vergehen.

PROTARCHOS: Notwendig.

SOKRATES: Also das Vergehen und Werden würde wählen, wer jenes wählt, nicht jene dritte Lebensweise, in welcher weder Lust noch Unlust war, sondern ein soviel als möglich reines Vernünftigsein.

PROTARCHOS: Gar viele Unvernunft also, wie es scheint, o Sokrates, folgt daraus, wenn einer die Lust als das Gute setzt.

SOKRATES: Gar viele. Denn laß uns das nämliche auch noch so vortragen.

PROTARCHOS: Wie?

b SOKRATES: Wie sollte es nicht unvernünftig sein, daß es nichts Gutes noch Schönes geben sollte, weder in den Leibern noch in vielen andern Dingen, sondern nur in der Seele, und auch in dieser nur die Lust; Tapferkeit aber und Besonnenheit und Vernunft, und was sonst Gutes der Seele zuteil geworden ist, sollte gar nichts solches sein? Und außerdem noch, wer nicht Lust hat, sondern Schmerz, daß der genötigt wäre zu sagen, er sei schlecht dann, wenn er Schmerz hat, und wenn er auch der Beste von allen wäre, und wiederum, wer Lust hat, sei, je mehr er Lust hat, dann, wenn er Lust hat, um desto vortrefflicher und tugendhafter? c

PROTARCHOS: Dies alles, o Sokrates, ist aufs möglichste ungereimt.

34. Einteilung der Erkenntnisse nach ihrer Reinheit

SOKRATES: Aber daß wir nun auch nicht die Lust zwar so genau als möglich durchzuprüfen versuchen, dagegen aber scheinen der Vernunft und der Erkenntnis gleichsam gar sehr zu schonen! Sondern ungescheut laß uns auch hier überall anklopfen, ob vielleicht etwas Schlechtes daran ist, bis wir, was davon das reinste ist seiner Natur nach, dies erkennen und uns dann dessen und der wahrhaftesten Teile der Lust bei der gemeinsamen Entscheidung bedienen.

PROTARCHOS: Richtig.

SOKRATES: Nun ist uns doch ein Teil der auf bestimmte Gegen- d
stände gerichteten Erkenntnis werkbildend, ein anderer gehört zur Ausbildung und Erziehung. Oder wie?

PROTARCHOS: So ist es.

SOKRATES: Erwägen wir nun erst an den ausübenden Künsten dieses, ob ein Teil von ihnen mehr an der Erkenntnis hängt, ein anderer weniger, und wir also einige für die reineren erklären müssen, andere für die unreineren.

PROTARCHOS: Das wollen wir.

SOKRATES: Diejenigen nun, welche den einzelnen zur Regel dienen, haben wir wohl abzusondern.

PROTARCHOS: Welche doch und wie?

SOKRATES: Zum Beispiel, wenn jemand aus allen Künsten die e
Rechenkunst und die Meßkunst und die Waagekunst ausscheidet, so ist es, geradeheraus zu sagen, nur etwas Geringfügiges, was von einer jeden dann noch übrigbleibt.

PROTARCHOS: Geringfügiges freilich.

SOKRATES: Es bleibt wenigstens nach diesem nichts übrig als Abschätzen nach Gutdünken und Einübung der Sinne durch Erfahrung und Gewöhnung, indem man dazu nimmt, was nur die glückliche Mutmaßung vermag, welche viele auch eine Kunst nennen, die durch Anstrengung und Sorgfalt ihre Stärke erreicht. 56a

PROTARCHOS: Ganz notwendig ist es so, wie du sagst.

SOKRATES: Ist nun nicht hiervon voll zuerst die Tonkunst, indem sie das Wohlklingende nicht nach Maß zusammenfügt, sondern nur, wie man es durch Übung geschickt zu treffen weiß, und so auch der gesamte Teil von ihr, welcher die Kunst, die Instrumente zu schlagen, begreift, sucht das Maß, wie jegliche Saite bewegt werden soll, nur durch solche Versuche zu treffen; so daß viel Unsicheres in ihr eingemengt ist und wenig Festes.

PROTARCHOS: Sehr richtig.

b SOKRATES: Und mit der Heilkunst und dem Ackerbau und der Kunst des Seefahrers und des Heerführers werden wir finden, daß es sich ebenso verhält.

PROTARCHOS: Allerdings.

SOKRATES: Die Baukunst aber, glaube ich, welche sich der meisten Maße und Werkzeuge bedient, wird durch das, was ihr so viele Genauigkeit sichert, auch kunstreicher als die meisten andern.

PROTARCHOS: Wie das?

SOKRATES: Sowohl wenn sie Schiffe baut als wenn sie Häuser aufführt und auch in vielen andern Zweigen, welche in Holz arbeiten. Denn sie bedient sich da des Richtscheites, denke ich, und des
c Rundhobels und des Zirkels und der Schnur und noch eines anderen preiswürdigen Werkzeuges.

PROTARCHOS: Das ist vollkommen richtig, o Sokrates, was du sagst.

SOKRATES: Teilen wir also die genannten Künste zwiefach, in solche, welche der Tonkunst folgend in ihren Werken nur geringerer Genauigkeit fähig sind, und in solche, die der Baukunst folgend größerer.

PROTARCHOS: So sei es.

SOKRATES: Sagen aber, daß genauere als diese Künste diejenigen sind, welche wir vorher zuerst genannt haben.

PROTARCHOS: Du scheinst mir die Rechenkunst zu meinen, und die du vorher mit dieser zugleich ausgesprochen hast.

d SOKRATES: Allerdings; aber, o Protarchos, müssen wir nicht sagen, daß auch diese wiederum zweifach sind, oder wie?

PROTARCHOS: Auf welche Weise meinst du?

SOKRATES: Die Rechenkunst zuerst, muß man nicht gestehen, daß eine ganz andere ist die der Vielen und eine ganz andere wiederum die der Wissenschaftlichen?

Protarchos: Wodurch aber soll man sie unterscheiden und die eine als eine solche setzen, die andere aber wiederum als eine solche?

Sokrates: Die Unterscheidung ist nicht klein, o Protarchos. Die einen nämlich zählen immer ungleiche Einheiten dessen, was Zahl hat, zusammen, wie zwei Lager oder zwei Ochsen und zwei Allerkleinste oder auch zwei Allergrößte, die andern aber gehen e
gar nicht mit, wenn einer nicht eine Einheit setzt, welche von jeder anderen Einheit der zahllosen Einheiten durchaus nicht verschieden ist.

Protarchos: Da hast du sehr recht, daß dies kein geringer Unterschied ist zwischen denen, die mit der Zahl zu tun haben, so daß es Grund genug hat, sie als zwiefach zu setzen.

Sokrates: Und wie? Die Berechnungskunst und die Meßkunst, wie sie von den Baukünstlern und Handelsleuten gebraucht wird, und wie von denen, die auf eine wissenschaftliche Weise Messung und Berechnungen treiben, sollen wir diese jede nur für 57a
eine erklären oder als zwei setzen?

Protarchos: Dem Vorigen folgend würde ich wenigstens meine Stimme dazu geben, sie als zwei zu setzen.

Sokrates: Richtig. Weshalb wir dies aber hier beigebracht haben, hast du auch das inne?

Protarchos: Vielleicht. Aber ich will doch lieber, daß du das jetzt Gefragte bestimmt erklärst.

Sokrates: Mich dünkt nämlich diese Rede noch immer, nicht minder als da wir sie anfingen, ein Gegenstück zu der Lust suchend hierhergekommen zu sein; sie ist nämlich in der Untersuchung begriffen, ob auch eine Erkenntnis wohl reiner ist als die b
andere, eben wie einige Lust als die andere.

Protarchos: Das ist freilich ganz deutlich, daß sie deswegen dies unternommen hat.

35. *Die dialektische Wissenschaft als reinste, wahrste und genaueste Erkenntnis*

Sokrates: Wie nun? Fand sie nicht in dem Vorigen für verschiedene Dinge verschiedene Künste, und zwar die eine als gewisser und ungewisser als die andere?

Protarchos: Allerdings.

Sokrates: Und hatte sie nicht von diesen eine Kunst als gleichnamig ausgesprochen und also auch die Meinung aufgestellt, als
c ob sie eine wäre, und fragt doch nun weiter, als ob es zwei wären, danach, ob das Gewisse und Reine in diesen Dingen die der Wissenschaftlichen oder die der Nichtwissenschaftlichen genauer enthält?

Protarchos: Freilich scheint sie mir eben dieses auszufragen.

Sokrates: Was für eine Antwort also, o Protarchos, wollen wir ihr geben?

Protarchos: Wir sind ja schon, o Sokrates, zu einem wunderbar großen Unterschied in Hinsicht auf Gewißheit der Erkenntnisse gelangt.

Sokrates: Werden wir also nicht desto leichter antworten können?

Protarchos: Wie sollten wir nicht? Und so sei denn gesagt, daß diese zwar bei weitem sich auszeichnen vor den übrigen Künsten, unter ihnen selbst aber die, welche in dem Geschäft der wahrhaft
d Wissenschaftlichen vorkommen, unbegreiflich weit an Genauigkeit und Wahrheit in Maßen und Zahlen sich auszeichnen.

Sokrates: So sei es, dir zufolge und dir vertrauend wollen wir getrost denen antworten, welche Meister sind im Abwägen der Erklärungen –

Protarchos: Was doch?

Sokrates: Daß es eine zwiefache Rechenkunst gibt und eine zwiefache Meßkunst, und daß diesen ebenso mehrere andere solche folgen und dieselbe Zwiefältigkeit enthalten, wiewohl nur *eines* Namens teilhaftig.

e Protarchos: Geben wir denn mit gutem Glücke diese Antwort denen, welche du als solche Meister beschreibst, o Sokrates.

Sokrates: Diese Wissenschaften also, sollen wir sagen, wären die am meisten genauen?

Protarchos: Allerdings.

Sokrates: Aber, o Protarchos, würde nicht die dialektische Kunst uns verleugnen, wenn wir irgendeine andere ihr vorzögen?

Protarchos: Wie aber sollen wir diese wiederum beschreiben?

58a Sokrates: Offenbar doch dürfte wohl jeder die jetzt genannte kennen. Denn die sich mit dem wahrhaft Seienden und immer auf gleiche Weise Gearteten beschäftigt, glaube ich, werden doch auf alle Weise alle insgesamt, denen auch nur ein wenig Vernunft anhängt, bei weitem für die wahrste Erkenntnis halten. Was aber du? Wie würdest du, o Protarchos, den Rang bestimmen?

PROTARCHOS: Ich meinesteils, o Sokrates, habe immer vom
Gorgias vielfältig gehört, daß die Kunst zu überreden vor allen
andern bei weitem den Vorzug verdiene. Denn sie mache sich alles
unterwürfig freiwillig und nicht mit Gewalt und sei also bei wei- b
tem die trefflichste unter allen Künsten. Nun aber möchte ich mit
dir nicht, aber auch mit ihm nicht gern brechen.

SOKRATES: ‹Eine Lanze brechen› schon im Begriff zu sagen, schienst du mir dann beschämt wieder abzulassen.

PROTARCHOS: Es sei also dies so, wie du es meinst.

SOKRATES: Bin ich aber auch etwa schuld, daß du es nicht richtig gefaßt hast?

PROTARCHOS: Was denn?

SOKRATES: Nicht danach, lieber Protarchos, fragte ich, welche
Kunst oder Wissenschaft vor allen andern den Vorzug verdiene c
deshalb, weil sie die größte und stärkste und uns am meisten Nutzen bringende ist; sondern welche das Gewisse und Genaue und das Wahrste im Auge hat, wenn sie auch nur gering ist und geringes nutzt: das ist es, wonach wir jetzt fragen. Aber sieh nur zu, du wirst es auch mit dem Gorgias nicht verderben, wenn du seiner Kunst zugibst, daß sie für die Bedürfnisse der Menschen den Rang behauptet, von der Beschäftigung aber, von der ich jetzt rede, laß uns – eben wie ich damals von dem Weißen sagte, wenn es auch nur gering aber rein ist, daß es vor dem vielen aber nicht solchen
den Vorzug habe eben dadurch, durch die größere Wahrheit –, so d
auch jetzt nach genauer Überlegung und hinlänglichem Durchdenken, nicht auf irgend Vorteile der Erkenntnisse sehend reden oder auf das Ansehen, worin sie etwa stehen; sondern, wenn in unserer Seele von Natur ein Vermögen ist, das Wahre zu lieben und alles um seinetwillen zu tun, laß uns von diesem sagen, da wir die Reinheit der Vernunft und der Einsicht untersuchen, ob wohl diese Erkenntnis es wahrscheinlich am meisten besitzen werde, oder ob wir noch eine andere, vortrefflichere, werden suchen müssen?

PROTARCHOS: Das überlege ich, und es dünkt mich hart zu ge- e stehen, daß irgendeine andere Wissenschaft oder Kunst genauer an der Wahrheit halte als diese.

SOKRATES: Hast du etwa auch, als du das eben Gesagte aussprachst, bei dir bedacht, daß die meisten Künste, und soviele
59a Menschen sich mit diesen Dingen abmühen, zuerst nur Vorstellungen gebrauchen und der Vorstellung Angehöriges mit Eifer untersuchen? Und wenn auch einer glaubt, Untersuchungen über die Natur anzustellen, so weißt du doch, daß er immer nur von dieser Welt hier, wie sie geworden ist und wie sie dies und jenes erleidet und tut, sein Leben lang untersucht? Sollen wir das behaupten, oder wie?

PROTARCHOS: Vollkommen so.

SOKRATES: Also nicht auf das immer Seiende, sondern auf das Werdende und Werdensollende und Gewordene hat ein solcher seine ganze Arbeit verwendet.

PROTARCHOS: Ganz richtig.

SOKRATES: Und hiervon, sollen wir glauben, könne irgend
b etwas nach der vollkommensten Wahrheit deutlich werden, wovon doch niemals irgend etwas auf gleiche Weise sich weder verhalten hat noch verhalten wird, noch auch nur in dem gegenwärtigen Augenblick verhält?

PROTARCHOS: Und wie wäre das möglich?

SOKRATES: Von dem also, was auch nicht die mindeste Beharrlichkeit in sich hat, wie könnte uns da wohl auch nur irgend etwas Beharrliches zukommen?

PROTARCHOS: Ich glaube, auf keine Weise.

SOKRATES: Also gibt es auch keinen Verstand davon noch eine Erkenntnis, die wirklich das Wahrste enthielte.

PROTARCHOS: Nein, wie es wohl scheint.

36. Rückgang zur ursprünglichen Frage und Wiederholung der beiden Thesen

SOKRATES: Dich also und mich und den Gorgias und Philebos wollen wir gänzlich gehen lassen, unserer Rede aber dieses nachzeugen.

c PROTARCHOS: Was doch?

SOKRATES: Daß entweder bei jenem es für uns das Beharrliche, das Reine und Wahre und, was wir das Lautere nannten, gibt, bei dem immer Seienden und auf gleiche Weise unvermischtest sich Verhaltenden, oder was wenigstens jenem am meisten verwandt ist, alles übrige aber erst für das zweite und geringere zu erklären ist.

PROTARCHOS: Du sprichst vollkommen wahr.

SOKRATES: Und von den Benennungen, die es für dergleichen gibt, ist es nicht am billigsten, die schönste dem Schönsten beizulegen?

PROTARCHOS: Das ist ja einleuchtend.

SOKRATES: Und Vernunft und Einsicht sind doch wohl die Be- d
nennungen, die einer am meisten in Ehren halten müßte?

PROTARCHOS: Jawohl.

SOKRATES: Wenn diese also dem Wissen um das wahrhaft Seiende angepaßt werden, kann man sagen, daß sie richtig angewandt sind?

PROTARCHOS: Allerdings.

SOKRATES: Und was ich damals zur Beurteilung stellte war doch nichts anderes als eben diese Benennungen?

PROTARCHOS: Nichts anderes, o Sokrates.

SOKRATES: Wohl. Wenn einer also sagte, daß jetzt, was Vernunft und Lust betrifft in Hinsicht auf ihre Mischung miteinander, e
uns gleichsam wie Künstlern das, woraus oder worin sie etwas arbeiten sollen, vorliege, so würde er die Sache ganz richtig bezeichnet haben.

PROTARCHOS: Gar sehr.

SOKRATES: Sollen wir nun nächstdem nicht versuchen zu mischen?

PROTARCHOS: Warum nicht?

SOKRATES: Richtiger aber würde es wohl gehen, wenn wir uns dieses erst vorsagten und in Erinnerung brächten.

PROTARCHOS: Was doch?

SOKRATES: Woran wir auch vorher schon erinnert hatten. Das
Sprichwort aber scheint wohl recht zu haben, daß man auch zwei- 60a
und dreimal das Richtige wieder durchgehen müsse in der Rede.

PROTARCHOS: Warum auch nicht?

SOKRATES: Wohlan also, beim Zeus! Ich glaube, das damals Gesagte war so ausgedrückt worden.

PROTARCHOS: Wie doch?

Sokrates: Philebos behauptet, die Lust sei das richtige Ziel für
alles Lebendige, und ein jedes müsse dahin zu treffen suchen. Und
eben dasselbe sei auch das Gute für alle, und für ein Eins und eine
Natur seien die beiden Namen, das Gute und das Angenehme, mit
b Recht festgesetzt. Sokrates aber leugnet, daß dieses eins sei, und
sagt, es sei zweierlei wie auch die Namen, und das Gute und Angenehme habe jedes eine von dem andern verschiedene Natur, mehr
teil aber habe an dem Gebiet des Guten die Einsicht als die Lust. Ist
nicht und war dies das damals Gesagte, o Protarchos?

Protarchos: Gar sehr allerdings.

Sokrates: Wäre nun nicht auch dieses damals sowohl als jetzt zu bejahen?

Protarchos: Was doch?

Sokrates: Daß die Natur des Guten sich vor allem andern hierdurch unterscheide?

c Protarchos: Wodurch?

Sokrates: Daß, welchem Lebendigen dieses beständig auf alle Weise und überall beiwohnt, dieses nichts anderes mehr bedürfe, sondern das Hinreichende aufs vollständigste habe. Nicht so?

Protarchos: So allerdings.

Sokrates: Versuchten wir nun nicht in unserer Rede, jedes von beiden abgesondert vom andern in das Leben eines jeglichen zu stellen, Lust unvermischt mit Einsicht, und ebenso auch Einsicht, ohne daß sie das allermindeste von Lust bei sich hätte?

Protarchos: So war es.

Sokrates: Schien uns nun wohl damals eines von beiden hin-
d länglich für jemand?

Protarchos: Wie könnte es auch!

37. *Vorschlag, zur Erlangung des Guten in dem gemischten Leben die wahrste Lust und die wahrste Erkenntnis miteinander zu mischen*

Sokrates: Sollten wir aber auch damals etwas übersehen haben, so nehme jetzt, wer nur will, jenes zurück und trage Richtigeres vor, überlegend, wenn er Erinnerung, Erkenntnis, Vernünftigkeit, richtige Vorstellung in Eins zusammenfaßt, ob wohl jemand ohne alles dieses überhaupt irgend etwas, was es auch sei, haben oder bekommen möchte, geschweige denn Lust, wieviel ihrer und wie

stark sie auch wäre, wenn er weder in Wahrheit die Vorstellung hätte, daß er sich ergötzte, noch überhaupt wüßte, in was für einem Zustande er sich eigentlich befände, noch auch wiederum auch nur die kleinste Zeit lang eine Erinnerung seines Zustandes e
hätte. Und dasselbe sage denn auch von der Vernunft, ob jemand diese ohne alle, auch die kleinste Lust lieber haben möchte als mit einiger Lust, oder alle Lüste ohne Vernunft lieber als mit doch einiger Vernunft.

PROTARCHOS: Nicht möglich, o Sokrates, und es ist gar nicht nötig, dies noch wiederholt durchzufragen.

SOKRATES: Also das Vollendete und allen Wünschenswerte und 61a
durchaus Gute wäre keines von diesen beiden.

PROTARCHOS: Wie könnte es wohl!

SOKRATES: Wir müssen aber doch das Gute entweder genau oder doch einen Umriß davon uns vorzeichnen, damit wir, wie gesagt, bestimmen können, wem wir den zweiten Preis geben sollen.

PROTARCHOS: Vollkommen richtig.

SOKRATES: Einen Weg nun haben wir doch schon zu dem Guten.

PROTARCHOS: Was doch für einen?

SOKRATES: Wie, wenn einer einen Menschen suchte und zuerst nur seine Wohnung, wo er wohnt, richtig erkundete, daran schon b
etwas Großes hätte zum Auffinden des Gesuchten.

PROTARCHOS: Wie sollte er nicht?

SOKRATES: So hat nun uns auch jetzt die Rede angedeutet, wie schon im Anfang, das Gute nicht in dem ungemischten Leben zu suchen, sondern in dem gemischten.

PROTARCHOS: Allerdings.

SOKRATES: Und so ist doch größere Hoffnung, daß das Gesuchte sich in dem wohl gemischten deutlicher wird finden lassen als in dem nicht so?

PROTARCHOS: Bei weitem.

SOKRATES: So laß uns denn, o Protarchos, die Götter anflehen, mag es nun Dionysos sein oder Hephaistos oder welchem andern c
das Geschäft des Mischens zugeteilt ist, und so laß uns mischen.

PROTARCHOS: Das wollen wir.

SOKRATES: So haben wir nun wie Weinschenken zwei Quellen

vor uns stehen – der Süßigkeit des Honigs könnte man die der Lust vergleichen, die ganz nüchterne und unberauschende der Einsicht aber einem strengen und gesunden Wasser –, welche beide wir nun versuchen müssen, aufs beste untereinander zu mischen.

PROTARCHOS: Das sollen wir freilich.

d SOKRATES: So sprich denn zuerst: werden wir wohl, wenn wir jede Lust mit jeder Einsicht mischen, das Beste am meisten treffen?

PROTARCHOS: Vielleicht.

SOKRATES: Aber nicht sicher. Wie wir aber gefahrloser mischen können, darüber glaube ich eine Meinung mitteilen zu können.

PROTARCHOS: Sage was für eine.

SOKRATES: Es war doch, wie wir glaubten, eine Lust mehr wahr als die andere, und so auch eine Kunst genauer als die andere.

PROTARCHOS: Wie könnte es anders sein?

SOKRATES: Und auch eine Erkenntnis vorzüglich vor der an-
e dern, die eine auf das Werdende und Vergehende sehend, die andere auf das weder Werdende noch Vergehende, sondern einerlei und auf gleiche Weise immer Seiende. Die letzte nun hielten wir, wenn wir auf das Wahre sehen wollen, für wahrer als die erste.

PROTARCHOS: Vollkommen richtig.

SOKRATES: Wenn wir nun zusähen, zuerst die wahrsten Abschnitte von beiden zusammenmischend, ob diese Mischung wohl hinreicht, um das wünschenswürdigste Leben zu bereiten, oder ob wir auch noch von dem übrigen, was nicht so beschaffen ist, etwas mit bedürfen?

62a PROTARCHOS: Mich wenigstens dünkt, wir sollten es so machen.

38. Notwendigkeit, auch unreinere Erkenntnisse zur Mischung zuzulassen

SOKRATES: Wohl! Es sei uns also ein Mensch richtig denkend in Hinsicht der Gerechtigkeit selbst, was sie ist, und habe auch den seiner Einsicht angemessenen Begriff davon; und auch in Hinsicht auf alles übrige, was ist, habe er eben solche Einsicht.

PROTARCHOS: Wohl, der sei uns.

SOKRATES: Wird der nun wohl Erkenntnis genug haben, wenn er von der göttlichen Kugel und dem Kreise selbst den Begriff hat, diese menschliche Kugel hier aber und diese Kreise nicht kennt,

und sich nun in der Baukunst doch der andern Richtmaße und b
Kreise bedienen soll?

PROTARCHOS: Da käme ja, o Sokrates, ein lächerlicher Zustand heraus, wenn wir nur die göttlichen Erkenntnisse allein innehätten.

SOKRATES: Wie meinst du? Sollen wir etwa des falschen Richtmaßes und Kreises unsichere und unreine Kunst insgesamt mit hineinwerfen und beimischen?

PROTARCHOS: Notwendig doch, wenn einer von uns auch nur jedesmal den Weg nach Hause finden soll.

SOKRATES: Etwa auch die Tonkunst, von der wir vor kurzem c
noch sagten, daß sie, weil voll Nachahmung und nur durch Mutmaßung treffend, der Reinheit ermangele?

PROTARCHOS: Notwendig scheint das mir wenigstens, wenn unser Leben auch nur irgendwie ein Leben sein soll.

SOKRATES: Willst du also, daß ich wie ein Türsteher, der von anströmender Menge gedrängt und überwältigt wird, bezwungen die Türen öffnen und alle Erkenntnisse einströmen lassen soll, so daß auch die dürftigere sich unter die reinere mische?

PROTARCHOS: Ich wenigstens weiß nicht, o Sokrates, was für d
Schaden einer davon haben könnte, wenn er auch die übrigen alle bekäme, sofern er nur die ersten Erkenntnisse hat.

SOKRATES: Also soll ich sie nur sämtlich einlassen, um sich in des Homeros sehr poetischen ‹gemeinsamen Tales› Becken zu ergießen?

PROTARCHOS: Allerdings.

39. Bestimmung, welche Lust in die Mischung aufzunehmen ist

SOKRATES: Sie sind hiermit eingelassen. Und nun laß uns wiederum zu der Quelle der Lüste gehen. Denn wie wir gedachten sie zu mischen, zuerst die wahrsten Teile von beiden, so ist es uns nicht geraten; sondern weil uns jede Erkenntnis recht war, haben
wir sie zusammen eingelassen ohne Unterschied insgesamt vor den e
Lüsten.

PROTARCHOS: Du hast vollkommen recht.

SOKRATES: Nun ist es also Zeit für uns, auch eine Bestimmung zu fassen über die Lüste, ob wir auch diese alle auf einmal einlassen sollen, oder auch von ihnen zuerst nur die, welche wahr sind?

PROTARCHOS: Bei weitem ist es doch der Sicherheit wegen besser, zuerst die wahren einzulassen.

SOKRATES: So sollen denn diese eingelassen sein. Was aber nun weiter? Werden wir nicht, wenn nun einige notwendig sind wie dort, auch diese mit beimischen müssen?

PROTARCHOS: Wie sollten wir nicht? Die notwendigen doch offenbar.

63a SOKRATES: Und wenn nun, eben wie dort alle Künste zu verstehen uns im Leben unschädlich war und nützlich, so wir auch jetzt dasselbe sagen von den Lüsten; wenn an allen Lüsten lebenslang uns zu ergötzen uns allen heilsam und unschädlich ist, dann müssen wir auch alle mit einmengen.

PROTARCHOS: Was sollen wir nun aber eben von ihnen sagen und wie es mit ihnen halten?

SOKRATES: Nicht von uns, o Protarchos, müssen wir das erfragen, sondern von den Lüsten und Einsichten selbst, indem wir von ihnen gegenseitig dieses zu erkunden suchen.

b PROTARCHOS: Was eigentlich?

SOKRATES: Ihr Lieben! Mag man euch nun Lüste benennen sollen oder mit irgend welchem andern Namen, solltet ihr es wohl nicht eher zufrieden sein, mit aller Einsicht zusammenzuwohnen, als abgesondert von aller Vernunft? Und ich glaube, hierauf werden sie ganz notwendig so antworten müssen.

PROTARCHOS: Wie doch?

SOKRATES: Daß, wie schon vorher erklärt ist, es weder recht gut möglich noch auch nützlich ist, daß ganz lauter irgendeine Gattung einsam und allein sei; von allen Gattungen aber halten wir es
c bei weitem fürs beste, daß diejenige uns beiwohne, welche alles übrige und so auch jede von uns selbst soviel möglich vollständig erkennt.

PROTARCHOS: Daran habt ihr sehr wohl gesprochen, wollen wir sagen.

SOKRATES: Richtig. Nun aber haben wir auch wiederum die Einsicht und die Vernunft zu fragen. Braucht ihr etwas von Lüsten in der Mischung? würden wir etwa sagen, indem wir nun Vernunft und Einsicht fragten. – Was doch, würden sie vielleicht antworten, für Lüste?

PROTARCHOS: Wahrscheinlich.

SOKRATES: Und dann würde unsere weitere Rede etwa diese d
sein. Außer jenen wahren Lüsten, würden wir sagen, habt ihr etwa
nötig, auch die größten Lüste bei euch wohnen zu haben und die
heftigsten? – Und woher doch, o Sokrates, würden sie wohl sagen,
da ja diese uns tausendfältige Hindernisse in den Weg legen, indem sie die Seelen, in denen wir wohnen, nur in Verwirrung bringen durch unsinnige Bewegungen und uns am liebsten überhaupt
nicht entstehen lassen, auch die von uns erzeugten Kinder größ- e
tenteils, indem sie aus Sorglosigkeit Vergessenheit veranlassen,
ganz und gar verderben. Die Lüste aber, welche du als wahr und
rein angeführt hast, sieh nur an als uns verwandt, und außer ihnen
noch die, welche mit der Gesundheit und der Besonnenheit bestehen können, und so auch, soviele ihrer, der gesamten Tugend
gleich wie einer Göttin Dienerinnen geworden, ihr gänzlich folgen. Diese mische ein; die aber immer mit der Unvernunft und
andern Schlechtigkeiten gesellt sind, solche der Vernunft beizumi-
schen, wäre doch wohl großer Unverstand für den, welcher, da er
die schönste und ruhigste Mischung und Verbindung gesehen hat,
nun versuchen will, an dieser zu erfahren, was doch wohl in dem 64a
Menschen und dem Ganzen überhaupt gut sei von Natur und was
man wohl ahnen soll, das der Begriff des Guten sei. Sollen wir
nicht sagen, daß die Vernunft ganz verständigerweise und mit Anwendung ihrer selbst dieses eben Gesagte für sich und für die Erinnerung und die richtige Vorstellung antworten werde?

PROTARCHOS: Auf alle Weise freilich.

SOKRATES: Aber auch dieses ist wohl notwendig, und anders käme wohl nicht *eines* zustande.

PROTARCHOS: Was doch? b

SOKRATES: Wem wir nicht Wahrheit beimischen, das kann doch auch nicht wahrhaft werden noch auch, wenn es geworden wäre, sein.

PROTARCHOS: Wie könnte es wohl!

40. *Die Ursache des Gutseins jeder Mischung: das Gute als Schönheit, Verhältnismäßigkeit und Wahrheit*

SOKRATES: Gar nicht. Allein, wenn nun noch etwas erfordert wird zu dieser Mischung, so sagt ihr es, du und Philebos, denn mir scheint, wie eine unkörperliche Ordnung, die schön über einen belebten Körper herrschen soll, die gegenwärtige Rede vollendet zu sein.

PROTARCHOS: Sage nur immer, o Sokrates, daß dies auch meine Meinung sei.

c SOKRATES: Wenn wir also nun sagten, daß wir jetzt schon an dem Eingange der Wohnung des Guten ständen, würden wir wohl ganz richtig reden.

PROTARCHOS: Das dünkt mich wenigstens.

SOKRATES: Was ist nun wohl in dieser Mischung das Vorzüglichste, und was am meisten Ursache zu sein scheint, daß eine solche Beschaffenheit allen erwünscht ist? Denn wenn wir dies gesehen haben, können wir hernach erwägen, ob dies in dem Ganzen mehr als der Lust oder als der Vernunft anhängend und eigentümlich sich findet.

d PROTARCHOS: Richtig; denn das muß uns am nützlichsten sein für unsere Entscheidung.

SOKRATES: Und das ist gewiß gar nicht schwer, die Ursache zu sehen bei allen Mischungen, weshalb irgendeine entweder ganz vortrefflich wird oder gar nichts wert.

PROTARCHOS: Wie meinst du das?

SOKRATES: Das weiß ja wohl jeder Mensch.

PROTARCHOS: Was aber doch?

SOKRATES: Daß jede Mischung, welche es auch sei, wenn sie irgendwie kein Maß und an der Natur des Abgemessenen keinen Teil hat, notwendig das Gemischte sowohl als auch zuerst sich selbst verdirbt. Denn eine solche kann man ja gar nicht eine or-
e dentliche Mischung nennen, sondern sie ist jedesmal in Wahrheit nur ein unordentlich zusammengewehtes Wehe für alle, denen sie zukommt.

PROTARCHOS: Ganz wahr.

SOKRATES: Jetzt also entflieht uns wieder das Wesen des Guten in die Natur des Schönen. Denn Abgemessenheit und Verhältnismäßigkeit wird uns doch überall offenbar Schönheit und Tugend.

PROTARCHOS: Allerdings.

SOKRATES: Und Wahrheit, sagten wir doch auch, wäre in der Mischung mit beigemengt.

PROTARCHOS: Freilich.

SOKRATES: Wenn wir also nicht in *einer* Form das Gute auffangen können, so wollen wir es in diesen dreien zusammenfassen: Schönheit und Verhältnismäßigkeit und Wahrheit, und wollen sagen, daß diese als *eines* mit Recht als Ursache angesehen werden können, dessen, was in der Mischung ist, und daß um dieses als des Guten willen sie auch eine solche geworden ist. 65a

PROTARCHOS: Vollkommen richtig.

41. *Aufweis, daß die Vernunft dem Guten näher verwandt ist als die Lust. Die Ordnung der Güter*

SOKRATES: Und nun, o Protarchos, kann uns ja wohl jeder ein hinreichender Richter sein über Lust und Einsicht, welche von ihnen beiden dem Besten verwandter und also das Vorzüglichere ist b
bei Menschen und Göttern.

PROTARCHOS: Gewiß freilich; doch ist es besser, auch dies in der Rede ordentlich auszuführen.

SOKRATES: So laß uns denn einzeln jedes von den dreien in Hinsicht auf Lust und Vernunft beurteilen. Denn wir müssen sehen, welcher von beiden wir jedes von diesen als mehr verwandt beilegen sollen.

PROTARCHOS: Du meinst Schönheit, Wahrheit und Verhältnismäßigkeit?

SOKRATES: Ja. Zuerst also nimm die Wahrheit, sieh dann auf diese drei, Vernunft und Wahrheit und Lust, lasse dir Zeit genug c
und antworte dann dir selbst, ob die Lust oder die Vernunft verwandter ist mit der Wahrheit.

PROTARCHOS: Was bedarf es dazu für Zeit? Denn der Unterschied ist, denke ich, sehr groß. Denn die Lust ist das unzuverlässigste unter allen Dingen, so daß, wie die Rede geht, in den Lüsten des Geschlechtstriebes, welche für die größten gehalten werden, sogar der Meineid die Verzeihung der Götter erhält, weil nämlich die Lüste wie Kinder auch nicht die mindeste Vernunft haben. Die d
Vernunft aber ist entweder ganz dasselbe wie die Wahrheit oder ihr doch unter allen am ähnlichsten und das Wahrste.

SOKRATES: Nächstdem nun betrachte ebenso auch die Verhältnismäßigkeit, ob die Lust mehr als die Einsicht, oder die Einsicht mehr als die Lust davon hat?

PROTARCHOS: Auch das ist eine sehr leichte Untersuchung, die du mir vorgelegt hast. Denn ich glaube, etwas seiner Natur nach Maßloseres als Lust und Ergötzung wird wohl nicht leicht jemand finden können, und so auch wohl nichts Abgemeßneres als Vernunft und Erkenntnis.

e SOKRATES: Sehr wohl gesprochen. Doch aber sage uns auch noch das dritte. Hat die Vernunft mehr Anteil an der Schönheit als die Lust, so daß die Vernunft schöner ist als die Lust, oder umgekehrt?

PROTARCHOS: Aber Vernunft und Einsicht, o Sokrates, hat doch wohl niemand jemals weder wachend noch schlafend häßlich gesehen oder irgendwie vorgestellt, daß sie so würde oder wäre oder sein würde.

SOKRATES: Richtig.

PROTARCHOS: Allerdings aber, wenn wir jemand in Lüsten begriffen sehen, und zwar in den größten am meisten, und wir das
66a Lächerliche davon oder das Allerschändlichste, was dabei herauskommt, zu sehen bekommen: so schämen wir uns selbst und suchen es aus dem Gesicht zu bringen und zu verbergen soviel als möglich, indem wir dergleichen alles der Nacht überlassen, als dürfe es das Licht nicht sehen.

SOKRATES: Also du wirst auf alle Weise sagen, o Protarchos, magst du es nun durch Boten bestellen müssen oder es Anwesenden erklären können, daß die Lust nicht das erste Besitztum ist und auch nicht das zweite; sondern das erste ist das Maß und das Abgemessene und Zeitige, und wem ähnlichem man sonst noch zuschreiben muß, daß es die ewige Natur erwählt habe.

PROTARCHOS: Das ist allerdings einleuchtend aus dem eben Gesagten.

b SOKRATES: Das zweite aber ist das Gleichmäßige und Schöne und Vollendete und Hinlängliche und alles, was wiederum zu diesem Geschlecht gehört.

PROTARCHOS: So scheint es allerdings.

SOKRATES: Und wenn du als das dritte nach meiner Ahnung Vernunft und Einsicht setztest, würdest du wohl nicht weit von der Wahrheit vorbeikommen.

PROTARCHOS: Wahrscheinlich.

SOKRATES: Wird nun nicht, was wir in der Seele selbst gesetzt haben als Erkenntnisse und Künste und richtige Vorstellungen, dies nächst den dreien das vierte sein müssen, wenn sie doch dem Guten näher verwandt sind als die Lüste? c

Protarchos: Vielleicht wohl.

Sokrates: Das fünfte also sind die Lüste, welche wir als schmerzlose bestimmt haben und reine Lüste der Seele allein genannt, welche teils den Kenntnissen, teils den Wahrnehmungen folgen.

Protarchos: Vielleicht.

Sokrates: ‹Aber im sechsten Geschlecht›, sagt Orpheus, ‹laßt ruhen den Kreis des Gesanges.› Gleichermaßen nun scheint auch unsere Rede bei dem sechsten Punkt von ihrem Gericht zu ruhen, und es ist uns sonach nichts weiter übrig, als nur dem Gesagten die d
Krone aufzusetzen.

Protarchos: Das müssen wir also.

42. *Zusammenfassung*

Sokrates: Wohlan denn, das dritte Mal dem Retter, laßt uns dieselbe Rede durchgehen und bezeugen.

Protarchos: Welche doch?

Sokrates: Philebos behauptete, das Gute sei uns die Lust, die ganze und vollständige.

Protarchos: Zum dritten Male, scheint es, meintest du diesmal, Sokrates, sollten wir unsere anfängliche Rede wieder aufnehmen.

Sokrates: Ja, und so laß uns das Weitere hören. Ich nun sah e
schon das, was ich jetzt durchgegangen bin, und aufsässig gegen des Philebos nicht nur, sondern vieler tausend anderer öftere Rede, sagte ich, daß die Vernunft weit besser sei und trefflicher als die Lust für des Menschen Leben.

Protarchos: So war es.

Sokrates: Und ahnend, daß es noch vieles andere gebe, sagte ich, daß, wenn uns das sich zeigte, was besser wäre als beides, wollte ich doch um den zweiten Preis für die Vernunft gegen die Lust mitkämpfen, und die Lust sollte des zweiten Preises verlustig gehen.

Protarchos: Das sagtest du allerdings. 67a

Sokrates: Und nachher ja zeigte sich uns von diesen beiden keines als allgemein auf die zulänglichste Weise zulänglich.

PROTARCHOS: Ganz richtig.

SOKRATES: Also wurde in dieser Rede gänzlich sowohl die Vernunft abgewiesen als die Lust, daß keines von ihnen beiden das Gute selbst sein könne, da sie der Selbständigkeit ermangelten und der Kraft des Hinreichenden und Vollkommenen.

PROTARCHOS: Vollkommen richtig.

SOKRATES: Nachdem sich nun aber ein drittes Trefflicheres als jegliches von diesen gezeigt hatte, so zeigte sich nun doch wiederum die Vernunft tausendmal mehr als die Lust dem Wesen dieses Siegenden verwandt und anhänglich.

PROTARCHOS: Wie sollte sie nicht!

SOKRATES: Also das fünfte nach der Entscheidung, welche unsere Rede kundgemacht hat, wäre dann die Lust.

PROTARCHOS: So zeigte es sich.

b SOKRATES: Das erste aber doch auch nicht, wenn alle Ochsen und Pferde und die andern Tiere insgesamt es behaupteten dadurch, daß sie dem Vergnügen nachgehen; welchen, eben wie die Wahrsager den Vögeln vertrauend, die meisten das Urteil fällen, die Lust sei uns das Vorzüglichste im Leben, und die Neigungen der Tiere für gültigere Zeugen halten als die Neigungen derer, welche mit philosophischer Muse jedesmal weissagen.

PROTARCHOS: Nun sagen wir gewiß alle, o Sokrates, daß du es vollkommen richtig erklärt habest.

SOKRATES: Und laßt mich also auch los.

PROTARCHOS: Ein Weniges nur ist noch übrig, o Sokrates; und du wirst doch nicht eher ermüden wollen als wir. Ich will dich aber an dieses Rückständige schon erinnern.

BRIEFE

GLIEDERUNG SIEBTER BRIEF

A. Einleitung

B. Platons frühere politische Erfahrungen

C. Ratschläge an die Freunde Dions

D. Die Ereignisse beim zweiten Besuch bei Dionysios. Exkurs über philosophische Erkenntnis

E. Schluß

Erster Brief

Rücksendung des Reisegelds und Ermahnungen an Dionysios

Platon dem Dionysios fröhliches Gedeihen! 309a

Nachdem ich so lange Zeit bei euch verweilte und vor allen andern bei Verwaltung eurer Herrschaft durch Vertrauen ausgezeichnet ward, ließ ich, während ihr davon den Nutzen zogt, über mich Verleumdungen ergehen, so drückend sie auch waren; wußte ich doch, daß ihr die Meinung hegen würdet, nichts Allzugrausames sei mit meiner Zustimmung geschehen; denn alle Mitverwalter eures Staates, von denen ich vielen gerichtlichen Beistand leistete und ihre b
Befreiung von nicht unbedeutenden Strafen bewirkte, bezeugen mir das – und nachdem ich oft, mit unumschränkter Gewalt ausgerüstet, euren Staat erhielt, wurde ich in schimpflicherer Weise fortgeschickt, als es euch ziemte, einen Bettler zu entlassen, der so lange bei euch verweilt hätte, und ihm den Befehl zum Einschiffen zu erteilen. Darum werde ich selbst für die Zukunft zu einer vom menschlichen Verkehr mehr zurückgezogenen Lebensweise mich entschließen, du aber wirst, wenn du so als Gewaltherrscher waltest, ein vereinsamtes Leben führen. Das schöne Geld, welches du bei meiner Entlassung mir gabst, bringt dir Bakcheios, der Über- c
bringer dieses Briefes, zurück; war es doch weder als Reisegeld ausreichend noch meiner ferneren Lebenseinrichtung förderlich, gereichte aber dir, dem Geber, zu großer Schmach und auch mir, dem Empfänger, zu nicht viel geringerer; darum nehme ich es nicht an. Für dich aber macht es offenbar keinen Unterschied, ob du eine so geringe Summe auszahlst oder empfängst. Deshalb nimm es zurück und begnadige damit einen andern deiner Anhänger wie mich; wurde doch auch ich in gar stattlicher Weise von dir begnadigt. d

Auch an die Worte des Euripides zu erinnern ist jetzt an der Zeit, daß du, sollte deine Lage sich einmal anders gestalten,

An deine Seite solchen Mann dir wünschen wirst,

So will ich auch daran dich erinnern, daß nicht minder die meisten andern Tragödiendichter, lassen sie einen Gewaltherrscher auftreten, der durch jemanden seinen Tod findet, ihm den Ausruf in den Mund legen:

310a Von Freunden, ach, verlassen komm' ich Ärmster um!

An Mangel des Goldes ließ aber kein Dichter jemanden untergehen.

Auch jenen Dichterworten versagen Verständige nicht ihren Beifall:

Nicht funkelndes Gold, in dem Leben der Menschen an
Hoffnungen arm ein seltner Besitz,
Nicht edles Gestein, noch Silbergeschirr, höchst wert-
voll, wie es den Menschen bedünkt,
Strahlt uns entgegen, noch weiten Gefilds frucht-
schwangr' allnährende Fluren,
Wie tüchtiger Männer einmütiger Sinn.

b Gehabe dich wohl und erkenne, daß du gegen uns einen solchen Fehlgriff begingst, damit du gegen andere verständiger verfahrest.

Zweiter Brief

Über die wünschenswerte Beschaffenheit des Verhältnisses zwischen Platon und Dionysios

Platon dem Dionysios fröhliches Gedeihen!

Wie mir Archedemos sagte, meinst du, nicht bloß ich, sondern auch die mir Befreundeten haben sich über dich ruhig zu verhalten und nichts Nachteiliges gegen dich zu tun oder zu äußern. Nur den
c Dion nimmst du davon aus. Die Äußerung aber, daß du den Dion ausnimmst, gibt zu erkennen, daß ich über die mir Befreundeten keine Gewalt übe; denn übte ich sie über die andern und namentlich über dich und den Dion, dann wäre es, wie ich behaupte, um euch insgesamt sowie um die andern Hellenen besser bestellt. Jetzt aber habe ich nur das Verdienst, daß ich mich als meiner Vernunft folgend bewähre. So erkläre ich mich aber, insofern an dem, was Kratistolos und Polyxenos dir berichtet haben, kein wahres Wort
d ist, von denen der eine behaupten soll, er habe zu Olympia gar

manche meiner Anhänger dich lästern gehört; der mag wohl ein
schärferes Gehör haben als ich, denn ich habe es nicht gehört.
Meinem Bedünken nach mußt du es in der Folge so machen: wenn
jemand so etwas über einen von uns berichtet, dann mußt du einen
Brief an mich absenden, um darüber mich zu befragen, denn ich
werde weder zögern noch mich scheuen, die Wahrheit zu sagen.

Mir und auch dir widerfährt aber, was unser gegenseitiges Benehmen anbetrifft, folgendes: Weder gibt es einen Hellenen,
möchte ich sagen, welcher uns nicht kennt, noch bleibt unser
Wechselverkehr unbesprochen. Es entgehe dir aber nicht, daß er e
auch in zukünftiger Zeit nicht unbesprochen bleiben wird, ist er
doch zur Kenntnis so angesehener Männer gelangt, da er weder
ein vorübergehender noch im Verborgenen stattfindender war.
Was beabsichtigt dann aber meine Rede? Das will ich dir vom
ersten Anfang ausgehend sagen.

Es liegt in der Natur, daß tiefe Einsicht und große Macht zu
einem sich verbinden; beide streben gegenseitig das eine nach dem
andern, suchen sich auf und vereinigen sich; ferner mögen auch
die Menschen gern unter sich darüber sich besprechen und von
andern es sich berichten lassen, sowohl im Einzelverkehr als in
dichterischen Erzeugnissen, wie sie z. B., wenn sie vom Hieron 311 a
und dem Lakedaimonier Pausanias sprechen, ihres Umganges mit
dem Simonides erwähnen, wie dieser gegen jene sich benahm und
äußerte; so pflegen sie auch des Korintherfürsten Periandros und
des Milesiers Thales nebeneinander lobend zu gedenken, des Pe-
rikles und Anaxagoras und des Kroisos und Solon als weiser Männer sowie des Kyros als eines Großmächtigen. Das ahmen die
Dichter nach und führen den Kreon und Teiresias nebeneinander
auf, so wie den Polyeidos und Minos, Agamemnon und Nestor, b
Odysseus und Palamedes. Meinem Bedünken nach brachten die
ersten Menschen auf irgendeine solche Weise auch den Prometheus und den Zeus in Verbindung. Von diesen singen sie, wie die
einen in Zwiespalt, die andern in Freundschaft, andere bald in
Freundschaft, bald in Zwiespalt und sowohl einträchtigen als
zwiespältigen Sinnes miteinander verkehrten. Das alles erwähne
ich aber, um nachzuweisen, daß nach unserem Tode nicht auch c
das Reden über uns verstummen wird, so daß wir darauf Rücksicht nehmen müssen. Sind wir doch, scheint es, genötigt, auch die

Zukunft uns zu Herzen zu nehmen, da es gewissermaßen in der
Natur liegt, daß die am sklavischsten Gesinnten um dieselbe sich
nicht kümmern, die Vernünftigsten aber alles aufbieten, um eine
gute Nachrede für die Zukunft zu erlangen. Darin finde fürwahr
auch ich einen Beweis, daß die Abgeschiedenen von dem hier sich
d Begebenden sich berührt fühlen, denn die edelsten Gemüter haben
ein Vorgefühl, daß das so sich verhalte, die schlechtesten dagegen
behaupten: nein; die Ahnungen gottähnlicher Männer sind aber
gewichtiger als die derer, die das nicht sind. Ich wenigstens bin der
Meinung, daß, wenn es den Früherlebenden, deren ich erwähne,
gestattet wäre, ihrem Umgang eine bessere Richtung zu geben, sie
eifrig danach streben würden, daß ihre Nachrede günstiger laute
als jetzt. Uns aber ist es mit Gottes Hilfe noch gestattet, wenn bei
unserem früheren Verkehr etwas versehen wurde, durch Wort
und Tat das wiedergutzumachen. Denn meiner Behauptung nach
e wird das der Wahrheit entsprechende Ansehen der Philosophie ein
besseres sein, wenn wir vernünftig verfahren, umgekehrt aber, lassen wir uns gehen. Und doch können wir wohl nichts Gottgefälli-
geres tun, als dafür Sorge tragen, noch etwas Gottvergesseneres,
als darum uns nicht kümmern. Was aber stattfinden und wie von
Rechts wegen unser Verhältnis beschaffen sein müsse, das will ich
dir angeben.

Als ich nach Sizilien kam, stand ich in dem Rufe, ein sehr ausgezeichneter Philosoph zu sein; da ich aber, den Wunsch hegend,
312a daß auch du, gleich andern, das mir bezeugtest, damit mir die Philosophie auch bei der großen Menge zu Ehren gelange, in Syrakusai erschien, war der Erfolg davon kein günstiger. Den Grund davon suche ich aber nicht darin, worin viele ihn wohl suchen dürften, sondern weil du offenbar kein großes Vertrauen auf mich
setztest, sondern aus Mißtrauen, wie mich bedünkt, damit um-
gingst, irgendwie mich zu entlassen und andere herbeizurufen und
nachzuforschen, was ich denn beabsichtige. Und es gab viele, welche darüber ein Geschrei erhoben und sagten, du habest mich ge-
b ring geachtet und deine Wißbegier anderem gewidmet. Das ist die
Rede, die sich verbreitet hat.

Vernimm nun, was nach diesem von Rechts wegen geschehen
müsse, damit ich auch das, wonach du mich fragtest, beantworte,
wie wir, ich und du, uns gegeneinander zu benehmen haben. Hast

du überhaupt die Philosophie wertzuschätzen aufgehört, so laß sie
laufen; hast du aber Besseres, als was ich dich lehrte, von einem
anderen vernommen oder selber ausgesonnen, dann halte das in
Ehren. Demnach mußt du auch, wenn das von mir Ausgehende
deinen Beifall hat, mich vor allen in Ehren halten. Jetzt also gehe,
wie es auch anfangs geschah, du voraus, ich aber werde nachfolgen. Von dir geehrt, werde auch ich dich ehren, nicht geehrt aber c
mich ruhig verhalten; ferner wirst du auch, wenn du mich in Ehren hältst und darin mir vorausgehst, die Philosophie in Ehren zu
halten scheinen, und gerade der Umstand, daß du auch anderwei-
tig Untersuchungen anstelltest, wird dir bei vielen die günstige
Meinung erzeugen, daß du ein Philosoph seist. Ehre aber ich dich,
ohne daß du mich ehrst, dann werde ich den Reichtum wert zu
achten und ihm nachzustreben scheinen; doch das, wissen wir,
erwirbt bei allen keine gute Nachrede. Um es in eins zusammenzufassen, das Inehrenhalten deinerseits ist für uns beide rühmlich,
meinerseits aber ein für beide Teile schimpfliches. Soviel also über d
diesen Gegenstand.

Die kleine Kugel ist nicht, wie sie sein soll, beschaffen; das wird
dir Archedemos, wenn er angelangt sein wird, erklären. Auch darüber, was beachtungswerter und göttlicher ist als das, weshalb du,
darüber in Zweifel, an mich schicktest, wird er sich in sehr gründ-
licher Weise erklären müssen. Du behauptest nämlich, durch seine
Auseinandersetzung sei dir noch kein befriedigender Beweis über
die Beschaffenheit des ursprünglichen Ersten zuteil geworden.
Darüber dich zu belehren, muß ich rätselhafter Ausdrücke mich
bedienen, damit, sollte dieses Schreiben in den Tiefen des Meeres
oder in einer Kluft des Festlandes verlorengehen, der Leser es nicht
verstehe. Es verhält sich nämlich so: e

Den König aller umgibt Alles, und Alles ist seinetwegen, und in
ihm liegt der Grund alles Schönen. Ein Zweites bezieht sich auf ein
Zweites, ein Drittes auf ein Drittes. Nun begehrt der Geist des
Menschen darüber, wie es wohl beschaffen sei, sich zu belehren,
indem er seine Aufmerksamkeit auf das ihm Verwandte richtet,
welches insgesamt der Vollkommenheit ermangelt. Das findet 313a
hinsichtlich des Königs und des von mir zuerst Erwähnten durchaus nicht statt; von dem ihnen Nachfolgenden aber behauptet es
die Seele.

Wie steht es aber, Sohn des Dionysios und der Doris, um die
Frage, welche aller Übel Grund ist? Vielmehr aber sind es die Ge-
burtswehen, welche durch sie in der Seele entstehen. Nimmer
wird, wer von diesen sich nicht befreit, wirklich zur Wahrheit gelangen. Du aber erklärtest mir unter den Lorbeerbäumen in dei-
b nem Lustgarten, darüber habest du selbst nachgedacht und das sei
etwas von dir ausfindig Gemachtes. Und ich sagte dir, wenn du zu
dieser Überzeugung gediehen wärest, dann werdest du wohl vieler
Besprechungen mich überhoben haben. Ich sei aber fürwahr, behauptete ich, noch nie mit jemandem zusammengetroffen, welcher das ausfindig gemacht, sondern bemühe mich sehr darum.
Du aber hast dies vielleicht von jemand gehört, vielleicht auch bist
du durch göttliche Schickung darauf gekommen, hast dann aber,
als deiner Sache gewiß, die Beweise nicht in den gehörigen Zusammenhang gebracht, sondern umgaukelst das Erzeugnis deiner Ein-
c bildungskraft bald von dieser, bald von jener Seite, dieses ist aber
nicht von solcher Beschaffenheit. Und nicht dir allein ist es so ergangen, sondern sei überzeugt, daß keiner, der meine Vorträge
zuerst vernahm, jemals anfänglich in einer andern Lage sich be-
fand; dem einen schuf es der Schwierigkeiten mehr, dem anderen
weniger, bis er davon mit Mühe loskommt, fast keinem einzigen
geringe. Da nun das so sich begab und ungefähr so sich verhält,
haben wir, meiner Ansicht nach, so ziemlich die Antwort auf die
Frage ermittelt, die du brieflich an mich richtest, wie unser gegenwärtiges Verhältnis beschaffen sein müsse. Da du nämlich sowohl
mit andern über diese Gegenstände dich besprichst als auch im
Vergleich mit den Ansichten anderer an und für sich sie in Betrach-
d tung ziehst, wirst du, wenn du die Prüfung in richtiger Weise an-
stellst, diese dir aneignen und dich mit ihnen und mit uns vertraut
machen. Wie sollte nun dieses und alles, was wir besprochen haben, nicht eintreten?

Jetzt hast du ganz recht daran getan, daß du den Archedemos an mich schicktest, und vielleicht werden, wenn er zu dir zurückkehrt und meinen Bescheid dir berichtet, in Zukunft noch andere Bedenklichkeiten in dir sich erheben. Nun wirst du, wenn du wohl mit dir zu Rate gehst, wiederum den Archedemos an mich absenden, dieser aber wird mit einer neuen Fracht zu dir zurückkehren; tust du das ein zweites und ein drittes Mal und prüfst sorgfältig

meine Sendungen, dann sollte es mich wundernehmen, sollten sich e
nicht deine früheren oder deine gegenwärtigen Bedenklichkeiten
ganz anders gestalten.

So verfahre also getrosten Mutes. Denn ein besseres und gott-
gefälligeres Geschäft wirst nimmer du veranlassen noch Archedemos machen. Sieh dich aber vor, daß diese Belehrungen nicht zur 314a
Kenntnis ungebildeter Menschen kommen. Denn meinem Bedünken nach gibt es für die große Menge fast keine lächerliche-
ren, für die von Natur Begabten dagegen keine bewundernswür-
digeren und mehr sie begeisternden Belehrungen. Diese aber
werden, oft vorgetragen und fort und fort und zwar viele Jahre
hindurch vernommen, kaum, dem Golde vergleichbar, mit großer Anstrengung geläutert. Doch vernimm, was dabei zu verwundern ist. Es gibt nämlich manche, und zwar mehrere, welche
das mit anhörten, befähigt, es zu begreifen, befähigt, es im Ge- b
dächtnis zu bewahren und darüber nach allseitiger Prüfung ein
Urteil zu fällen, die, als bereits Ergraute, nachdem sie es seit 30
Jahren wenigstens mit angehört, erklären, daß jetzt ihnen das,
was ihnen damals höchst unglaubwürdig erschien, als höchst
glaubwürdig und überzeugend sich darstelle; das damals höchst
Glaubwürdige dagegen als von der entgegengesetzten Beschaffenheit. Mit Rücksicht darauf sieh dich vor, daß du nicht einmal
zu bereuen habest, was du jetzt in einer deiner unwürdigen Weise
veröffentlichtest. Das sicherste Mittel, das zu verhüten, ist, es
nicht niederzuschreiben, sondern es wohl sich anzueignen; denn c
bei dem Niederschreiben läßt sich die Veröffentlichung nicht vermeiden.

Darum habe ich nie etwas darüber niedergeschrieben, noch gibt es eine Schrift Platons oder wird es eine geben; das jetzt Ausgesprochene sind Gedanken des schöner dargestellten und verjüngten Sokrates.

Gehabe dich wohl, folge mir und verbrenne diesen Brief, nachdem du jetzt zuvor ihn zu wiederholten Malen durchlasest.

Das genüge hierüber. Hinsichtlich des Polyxenos wunderst du
dich, daß ich ihn dir sende. Mein Urteil über den Lykophron und d
die anderen bei dir Weilenden war und bleibt aber dasselbe, daß
du an Redegewandtheit, Naturanlage und durch den Weg, den du
bei Untersuchungen einschlägst, sie bei weitem übertriffst, und

daß keiner von ihnen, wie manche glauben, sich freiwillig, sondern jeder nur mit Widerstreben widerlegen läßt. Und doch scheinst du ganz freundlich mit ihnen zu verkehren und sie beschenkt zu haben. Doch soviel über diese Menschen, ja schon zu viel über Menschen der Art.

e Suchst du aus eigenem Antriebe Belehrung beim Philistion, so suche sie eifrig und suche sie, wo möglich, auch beim Speusippos und entsende ihn dann. Auch Speusippos bedarf deiner Unterstützung. Philistion aber versprach mir, entläßt du ihn, gern nach Athen zu kommen.

Daß du den in den Steinbrüchen Verhafteten freigabst, daran
hast du recht getan. Leicht zu erfüllen war auch die die Sklaven
desselben und den Hegesippos, den Sohn Aristons, betreffende
315a Bitte; schreibst du mir doch, wenn jemand diesen oder jene beleidige und es zu deiner Kenntnis komme, werdest du es nicht gestatten. Auch dem Lysikleides muß ich bezeugen, was der Wahrheit gemäß ist; denn er allein unter allen, die aus Sizilien nach Athen kamen, entstellte nichts in der Erzählung über deinen Verkehr mit mir, sondern äußert sich stets gut darüber und stellt das Vorgefallene von der besten Seite dar.

Dritter Brief

Verteidigung gegen Verleumdungen

Platon an Dionysios.

Wenn Platon dem Dionysios Freude wünscht, sollten dann diese
b Worte wohl die richtige Begrüßung treffen? Oder indem ich meiner Gewohnheit nach fröhliches Gedeihen dir wünsche, mit welchem Wunsche ich in meinen Briefen meine Freunde zu begrüßen pflege? Du freilich redetest, wie die damals Wallfahrenden berichteten, selbst den Gott zu Delphi mit eben dieser schmeichelnden Begrüßung an und schriebst, wie man sagt:

Freude dir und bewahre ein fröhlich Gedeihn dem Gewaltherrn.

c Ich dagegen würde nicht einmal einem Menschen, geschweige denn einem Gotte die Freude anempfehlen; einem Gotte nicht,

weil es ein seiner Natur zuwiderlaufender Zuruf wäre – ist doch
das göttliche Wesen fern von Lust und Schmerz –, keinem Menschen aber, weil Lust und Schmerz oft Schaden bringt, indem sie in
der Seele Befangenheit, Vergeßlichkeit, Unverstand und Übermut
erzeugen. Das sind meine Ansichten über die Anrede; lies sie und
eigne sie dir insoweit, wie es dir gefällt, an.

Nicht wenige berichten, du äußerest gegen manche der an dich
Abgesandten, ich habe, als ich einst dich sagen hörte, du wollest d
die Städte hellenischen Ursprungs in Sizilien wiederherstellen und
den Syrakusiern durch Umgestaltung der Gewaltherrschaft in eine
königliche eine Erleichterung gewähren; davon also habe ich damals, wie du behauptest, dich, obschon du lebhaft es wünschtest,
abgehalten, jetzt aber weise ich den Dion an, ebendasselbe zu tun,
und so trachteten wir danach, dir durch deine eigenen Ratschläge
die Herrschaft zu entziehen. Ob solche Reden dir von Nutzen e
seien, weißt du selbst, doch gegen mich handelst du unrecht, indem du das Gegenteil von dem sagst, was geschah. Wurde ich
doch schon genugsam vom Philistides und vielen anderen bei deinen Söldlingen und dem Volke von Syrakusai angeschwärzt, weil
ich fortwährend auf der Burg meinen Aufenthalt hatte, die außerhalb derselben Wohnenden aber jeden Fehlgriff, wenn einer be-
gangen wurde, mir beimaßen, indem sie behaupteten, du folgest in
allem meinen Ratschlägen. Du selber aber weißt am besten, daß
ich aus freiem Antriebe in der Staatsverwaltung anfangs, wie ich 316a
dadurch noch etwas zu fördern vermeinte, nur in wenigem dir
beistand, so in manchen andern Kleinigkeiten als auch, indem ich
ziemlich Eifer auf die Eingänge zu den Gesetzen verwendete, neben dem, was du selbst oder irgendein anderer ihnen voraus-
schickte; höre ich doch, daß später einige von euch dieselben über-
arbeiteten. Von wem nun das eine und das andere herrühre, wird
gewiß denjenigen klar sein, welche meine Denkweise herauszufinden vermögen. Demnach bedarf es gegen mich, wie ich eben sagte,
nicht weiterer Anschwärzung bei den Syrakusiern und wenn du
noch bei anderen für dergleichen Rede Glauben findest, sondern
weit mehr einer Verteidigung wegen der früher gegen mich erho- b
benen Verleumdungen sowie wegen der jetzt nach jenen ärger und
nachdrücklicher verbreiteten.

Gegen eine doppelte Verleumdung muß ich notwendig auch in

zweifacher Weise mich verteidigen; erstens, daß ich mit Fug es
vermied, an den Staatsgeschäften mit dir mich zu beteiligen;
zweitens aber, daß der von dir erwähnte Rat und Widerstand
nicht von mir herrührte; als ob ich dir widerstrebt habe, als du
c willens warst, die Städte hellenischen Ursprungs wiederaufzu-
bauen. Zuerst nun vernimm von dem, wovon ich zuerst gesprochen habe.

Ich kam nach Syrakusai, eingeladen von dir und dem Dion,
einem von mir wohl erprobten und längst durch Gastfreundschaft
mir verbundenen Manne, der in mittlerem und gesetztem Lebensalter stand, was in den Augen selbst mit nur geringer Einsicht Begabter erforderlich ist, wenn es gilt, über so wichtige Angelegenheiten, wie die deinigen damals, sich zu beraten; du aber warst
d noch sehr jung, sehr wenig erfahren in diesen Dingen, in denen du
es hättest sein sollen, und mir ganz unbekannt. Später veranlaßte,
ob nun ein Mensch oder ein Gott oder ein Zufall neben dir die
Vertreibung Dions, und du bliebst allein zurück. Hältst du nun
wohl ein Zusammenwirken deiner- und meinerseits für den Staat
damals für möglich, nachdem ich den verständigen Genossen verloren hatte, und nachdem nur der Unverständige, verbunden mit
vielen schlechten Menschen, mir geblieben war, der nicht, wie er
meinte, herrschte, sondern von Menschen solchen Schlags sich beherrschen ließ?

Was sollte nun ich unter diesen Umständen tun? Nicht etwa
das, was ich unter dem, was mir noch übrig war, zu wählen genö-
e tigt wirklich tat, indem ich, aus Besorgnis vor den Verleumdungen
der Mißgunst, um die Staatsverwaltung mich nicht bekümmerte,
in aller Weise es aber versuchte, euch beide, obschon ihr von einander geschieden und in Zwiespalt geraten wart, zu inniger gegenseitiger Freundschaft zu vereinigen? Auch du selbst bist hier mein
Zeuge, daß ich nie aufhörte, das zu erstreben. Und wir kamen,
obschon nicht ohne Schwierigkeit, dahin überein, ich sollte, da
317a Krieg zwischen euch bestand, heimschiffen, komme es aber wieder zum Frieden, solle ich und Dion nach Syrakusai zurückkehren,
du aber dazu uns einladen.

Das war der Verlauf der Dinge hinsichtlich meiner ersten Reise
nach Syrakusai und meines Entkommens nach der Heimat; zum
zweitenmal ludest du mich nach Wiederherstellung des Friedens

ein und fordertest mich brieflich auf, nicht unserer Übereinkunft
gemäß, sondern allein zu kommen; den Dion aber versprachst du
später nachkommen zu lassen. Deshalb kam ich nicht und stieß
damals auch beim Dion an; denn er hielt es für besser, ich reise b
und folge deiner Einladung. Ein Jahr später trafen ein Dreiruderer und Briefe von dir ein; der Hauptinhalt deiner Briefe aber
war, wenn ich käme, würde sich die Angelegenheit mit dem Dion
ganz meinen Wünschen gemäß gestalten, komme ich aber nicht,
in entgegengesetzter Weise. Ich scheue mich aber zu sagen, wie
viele Briefe damals von dir und auf deinen Antrieb von anderen
aus Italien und Sizilien an mich gelangten und an wie viele andere c
meiner Angehörigen und Bekannten, welche alle in mich drangen, abzureisen und durchaus dir Folge zu leisten. Die Meinung
aller nun sowie vor allen die Dions war, ich müsse zu Schiffe gehen und den Mut nicht sinken lassen, obschon ich bei ihnen auf
mein hohes Alter mich berief und hinsichtlich deiner sie versi-
cherte, du werdest denen, welche mich verleumdeten und uns zu
verfeinden suchten, nicht zu widerstehen vermögen; erkannte ich
doch auch damals, wie ich es jetzt erkenne, daß der große und
übermäßige Reichtum, so einzelner Bürger, als fast aller Fürsten,
um so zahl- und einflußreicher üble Nachredner erzeuge, je be- d
deutender er ist, und Menschen, die, jenen zu schmachvollem
Verderben, ihnen in allem zu gefallen suchen – der größte Schaden, den Reichtum bringt und der sonstige Einfluß großer
Macht. Dessen ungeachtet kam ich, ohne alle diese Bedenklichkeiten zu berücksichtigen, in der Erwägung, ich dürfe keinem
meiner Freunde den Vorwurf gestatten, durch meine Fahrlässig-
keit seien sie um ihre ganze Habe, die ich ihnen zu erhalten ver- e
mochte, gekommen.

Nach meiner Ankunft – du weißt ja alles, was von der Zeit an
geschah – drang ich erst, der Zusage deiner Briefe zufolge, auf die
Zurückberufung des Dion, nachdem ich dich ihm versöhnt hätte,
indem ich eure Verwandtschaft geltend machte. Hättest du mir,
diese berücksichtigend, damals Gehör gegeben, dann wäre es vielleicht, wie ein Blick in die Zukunft mich ahnen läßt, besser um
dich bestellt und um Syrakusai und um die anderen Hellenen. Ferner begehrte ich, das Vermögen Dions solle seinen Verwandten
bleiben, nicht aber diejenigen, die du wohl kennst, sich, wie sie es 318a

taten, darein teilen. Außerdem müsse er, glaubte ich, das ihm jährlich Ausgesetzte erhalten, und du müssest es ihm, nach meiner
Ankunft, in noch reichlicherem, nicht geringerem Maße überma-
chen. Als ich von diesem allen nichts erlangte, wollte ich wieder
abreisen. Darauf beredetest du mich, noch ein Jahr zu bleiben,
indem du erklärtest, du wolltest, nachdem du den gesamten Besitz
des Dion verkauft, die Hälfte ihm nach Korinthos nachsenden,
das übrige aber für seinen Sohn zurückbehalten.

b Ich könnte noch vieles anführen, was du mir versprachst, aber
nicht erfülltest, ich fasse mich aber wegen der Menge solcher Ver-
sprechungen kurz. Nachdem du nämlich alle Besitztümer verkauft, ohne Zustimmung des Dion, dem du nicht ohne seine
Zustimmung sie zu veräußern versprachst, setztest du, mein Seltsamer, im jugendlichen Übermut allen deinen Verheißungen die
Krone auf. Du ersannst nämlich einen Kunstgriff, der weder
rühmlich, noch anständig, noch gerecht oder ersprießlich war, um
mich, als mit dem damals Geschehenen unbekannt, einzuschüch-
tern, damit selbst ich mich nicht darum bemühe, daß das Geld ihm
c übersendet werde. Als du nämlich den Herakleides verjagtest, was
weder den Syrakusiern als rechtmäßig erschien noch mir, vereinigte ich meine Bitten mit denen des Theodotes und Eurybios, es
nicht zu tun; das aber bedünkte dich ein ausreichender Grund, zu
erklären, es sei schon längst dir offenbar, daß ich für dich keine
Teilnahme hege, wohl aber für Dion und Dions Freunde und Angehörige; und ich, da nun Theodotes und Herakleides als Vertraute des Dion verdächtigt wären, auf alle Mittel sinne, diese der
d Strafe zu entziehen.

Das ist der Verlauf unseres gemeinsamen Wirkens für den
Staat; bemerktest du aber auch noch eine andere Entfremdung
meinerseits gegen dich, so glaubst du mit Recht, daß daraus alles
hervorging. Und laß es dich nicht verwundern; denn mit Fug
würde ich wohl einem verständigen Manne als schlecht erscheinen, wollte ich, bestimmt durch die Größe deiner Herrschaft, den
alten Herzens- und Gastfreund, der sich durch dich in einer
schlechten Lage befindet und der, um es gerade herauszusagen, in
e nichts dir nachsteht, wollte ich diesen aufgeben und dich, der du
unrecht gegen ihn verfährst, ihm vorziehen und alles tun, wie du es
beföhlest, offenbar um mich zu bereichern; nichts anderes würde

man dann für den Grund meiner Sinnesänderung, wenn diese stattfände, erklären. Indem also dieses in dieser Weise sich begab, bewirkte es unsere Wolfsfreundschaft und das Aufhören unseres gemeinsamen Wirkens.

Fast in unmittelbarem Zusammenhang mit dem eben Ausgesprochenen bietet sich mir das, weshalb ich mich, wie ich sagte,
zweitens zu verteidigen habe. Erwäge aber und gib wohl acht, ob 319a
ich irgend etwas Falsches und Unwahres dir zu sagen scheine. Ich
behaupte nämlich, daß, während etwa 20 Tage vor meiner Abreise von Syrakusai nach meiner Heimat Archedemos und Aristokritos im Garten zugegen waren, du mir denselben Vorwurf
machtest wie jetzt, daß meine Teilnahme an dem Herakleides und
jedem anderen größer sei als an dir. Ferner stelltest du in Gegenwart dieser beiden an mich die Frage: ob es mir erinnerlich sei, daß
ich sogleich nach meiner Ankunft dich aufforderte, die Städte hel- b
lenischen Ursprungs wieder aufzubauen. Ich aber gab dir zu, daß
ich dessen mich erinnere und daß noch jetzt das mir als das Beste
erscheine.

Aber auch die darauf folgenden Reden kann ich, lieber Dionysios, nicht umhin zu wiederholen. Ich fragte dich nämlich, ob das
der einzige Ratschlag sei, den ich dir erteilt habe, oder außer diesem noch einen anderen? Du aber erwidertest hoch erzürnt und
auf eine für mich, wie du meintest, verletzende Weise – welche
Gesinnung die damals vermeinte Kränkung jetzt zu einer wirklichen machte – und sagtest mit unverstelltem Hohngelächter, c
«wenn ich mich noch erinnere, hast du mich aufgefordert, dies
alles nach empfangener Unterweisung auszuführen oder nicht
auszuführen».

Du hast ein gutes Gedächtnis, erwiderte ich.

Nicht wahr, in der Meßkunst unterwiesen? entgegnetest du, oder wie?

Ich aber unterdrückte die Antwort, die sich mir aufdrängte, in der Besorgnis, ein flüchtiges Wort möge die Aussicht auf meine Abreise, der ich entgegensah, mir sehr verkümmern.

Der letzte Zweck von allem, was ich sagte, ist aber folgender:
Gib mir nicht fälschlich schuld, ich habe es nicht geschehen lassen,
daß du die durch die Barbaren ihrem Untergange entgegengeführ-
ten Städte hellenischen Ursprungs wiederherstelltest, oder den Sy- d

rakusiern, durch Umgestaltung der Gewaltherrschaft in ein Königtum, Erleichterung schaffest. Denn etwas meiner Sinnesart minder Angemessenes als das könntest du wohl nimmer mir andichten, und außer dem Gesagten vermöchte ich, sähe ich irgendwo einen zur Entscheidung befähigten Gerichtshof, noch einleuchtendere Beweise als die angegebenen aufzustellen, daß ich dazu dich antrieb, du aber es nicht ausführen wolltest; und gewiß war es nicht schwer, überzeugend nachzuweisen, daß dessen Ausführung für dich und die Syrakusier und die Sizilioten insgesamt das Beste war.

e Doch, mein Vortrefflicher, erklärst du das, was du gesagt hast, nicht gesagt zu haben, so habe ich Genugtuung; bekennst du dich aber dazu, dann wirst du, indem du hinfort die Weisheit des Stesichoros anerkennst und seinen Widerruf nachahmst, an die Stelle einer falschen Aussage die wahre treten lassen.

Vierter Brief

Ratschläge an Dion

320a Platon dem Syrakusier Dion fröhliches Gedeihen!

Meine fortwährende Teilnahme an dem, was sich begeben, liegt, denke ich, zutage, und daß ich mit großem Eifer das Gelingen deines Unternehmens mitbeförderte, durch nichts anderes mehr dazu bewogen als durch mein Streben für das Gute; halte ich es doch für
b recht, daß den wahrhaft Wackergesinnten und ihren Grundsätzen gemäß Handelnden der ihnen gebührende Ruhm zuteil werde. Was die gegenwärtige Lage der Dinge anbetrifft, so ist es, gestatte uns Gott diese Rede, eine erfreuliche; für die Zukunft aber steht der größte Kampf bevor. Denn es möchte wohl scheinen, es gelinge auch manchem andern, durch Tapferkeit, Schnelligkeit und Stärke sich auszuzeichnen; durch Wahrheitsliebe dagegen und Gerechtigkeit und Hochherzigkeit sowie ein damit verbundenes
c wohlanständiges Benehmen – da möchte man wohl mit Recht einräumen, daß diejenigen, welche auf diese Dinge einen Wert zu legen bemüht sind, vor andern sich hervortun. Was hier meine Meinung ist, liegt zutage; dennoch müssen wir es uns selbst in das Gedächtnis zurückrufen, daß es sich ziemt, daß sie, du weißt ja

wohl wer, vor den anderen Menschen sich mehr auszeichnen, als
Männer vor den Knaben. Wir müssen also zeigen, daß wir wirklich die Männer sind, für die wir uns ausgeben, insbesondere da es,
Gott gestatte uns die Rede, leicht ist. Denn andere nötigen ihre
Verhältnisse, weite Gegenden, wollen sie sich bekannt machen, zu d
durchschweifen, deine gegenwärtige Lage aber ist so beschaffen,
daß die Bewohner der ganzen Erde, sollte diese Behauptung auch
jugendlich keck erscheinen, ihre Blicke nach einer Gegend und
hier vor allen auf dich richten.

Schicke dich also, als einer, auf den aller Augen sehen, an, jenen
alten Lykurgos darzustellen und den Kyros und wenn sonst jemand irgend einmal durch seinen Charakter und seine Staatsein-
richtungen sich auszuzeichnen schien, insbesondere da viele und
fast alle Bewohner hiesigen Landes sagen, es sei sehr wahrschein- e
lich, daß nach dem Sturze des Dionysios das Unternehmen infolge
deiner Ehrsucht sowie der des Herakleides, Theodotes und der
übrigen Häupter scheitern werde. Lasse also, was das beste wäre,
keiner von dieser Sucht sich hinreißen; sollte es aber bei einem
geschehen, dann zeige du dich als Arzt, und ihr dürftet wohl das
beste Ziel erreichen. Daß ich das sage, erscheint dir vielleicht lä- 321 a
cherlich, weil es dir selbst nicht unbekannt ist; sehe ich aber doch,
daß auch in den Theatern die Wettkämpfer von der Jugend aufge-
regt werden, geschweige denn von ihren Freunden, von welchen
man glaubt, daß sie im Ernste wohlwollend ihnen zurufen. Darum
besteht selbst diesen Wettkampf und wendet euch erforder-
lichenfalls brieflich an uns.

Hier stehen die Dinge ziemlich ebenso, wie als ihr noch zugegen
wart. Schreibt uns auch, was ihr ausgeführt habt oder eben aus- b
führen wollt; denn ungeachtet vieler Gerüchte, die an uns gelangen, wissen wir nichts Bestimmtes. Auch jetzt kamen Briefe vom
Theodotes und Herakleides nach Lakedaimon und Aigina, wir
aber hören, wie gesagt, vieles über die dortigen Begebnisse, ohne
etwas Bestimmtes zu wissen.

Bedenke auch, daß manche dich für minder leutselig halten, als
dir geziemte; darum vergiß nicht, daß auf unserem Beliebtsein bei
den Menschen unsere Wirksamkeit beruht, daß aber mit einem
unfreundlichen Wesen Vereinzeltstehen verbunden ist. c

Glück auf!

Fünfter Brief

Empfehlung des Euphraios an den makedonischen König Perdikkas III.

Platon dem Perdikkas fröhliches Gedeihen!

Dem Euphraios riet ich, deiner Angelegenheiten, wie du mir
schriebst, sich anzunehmen und ihnen seine Zeit zu widmen; mir
selbst aber kommt es von Rechts wegen zu, dir einen gastfreund-
schaftlichen und, wie man sagt, heiligen Rat sowohl über anderes,
d dessen du etwa erwähnst, als auch darüber zu erteilen, wozu du
den Euphraios jetzt zu benutzen hast. Denn der Mann ist zu vielem
zu gebrauchen, hauptsächlich aber zu einer Sache, die jetzt auch
dir not tut deiner Jugend wegen und weil junge Männer hierin
nicht viele Ratgeber finden.

Jede Staatsverfassung hat nämlich, wie es auch bei manchen
Tieren der Fall ist, ihre eigene Sprache, die Volksherrschaft eine
andere, eine andere die Herrschaft Weniger und desgleichen auch
e die Alleinherrschaft. Sehr viele dürften sich wohl dieser Sprache
kundig zu sein anmaßen, sind aber mit Ausnahme einiger weniger weit entfernt, sie zu verstehen. Derjenige Staat nun, welcher
in der ihm eigentümlichen Sprache zu Göttern und Menschen
spricht und sein Verfahren ihr gemäß einrichtet, der gedeiht und
erhält sich, geht aber zugrunde, wenn er eine andere nachahmt.
Dazu könnte dir wohl Euphraios vorzüglich von Nutzen sein,
obschon er auch in anderer Hinsicht tüchtig ist. Denn von ihm
322a erwarte ich, daß er unter denen, welche deine Umgebung ausmachen, vor allen beitragen wird, die der Alleinherrschaft zukommenden Reden zu ermitteln. Indem du nun dazu ihn gebrauchst,
wird das dir selbst Nutzen bringen und auch ihn wirst du dadurch sehr fördern.

Sollte aber jemand, der das hört, sagen: Platon gibt sich das
Ansehen, als verstehe er das der Volksherrschaft Ersprießliche;
obgleich es ihm aber gestattet ist, vor dem Volke zu sprechen und
die besten Ratschläge zu erteilen, trat er doch nie auf oder ließ
seine Stimme vernehmen; so läßt sich darauf erwidern: Platon
wurde für sein Vaterland zu spät geboren; er fand das Volk bereits
b in einem vorgerückten Lebensalter und von den Früherlebenden

gewöhnt, gar manches den von ihm zu erteilenden Ratschlägen Widersprechendes zu tun. Nichts wäre ihm lieber gewesen, als ihm, wie ein Sohn dem Vater, Ratschläge zu geben, hätte er nicht geglaubt, er werde dadurch sich vergeblich in Gefahr stürzen und gar nichts ausrichten.

Das würde, denke ich, wohl auch der Erfolg des etwa mir erteilten Rates sein. Denn schiene unsere Sinnesweise eine unheilbare zu sein, dann würde der Ratgeber sich von mir losgesagt und sich
ferngehalten haben von jedem Rat über mich und meine Angele- c
genheiten.

Glück auf!

Sechster Brief

Aufforderung zur Freundschaft

Platon dem Hermeias, Erastos und Koriskos fröhliches Gedeihen!

Der Götter einer versetzt euch, scheint es mir, wohlwollend und zur Genüge in eine, wenn ihr sie wohl benutzt, glückliche Lage. Denn ihr wohnt in nachbarlicher Nähe und so, daß ihr einander, wenn es not tut, in den wichtigsten Angelegenheiten von Nutzen
sein könnt. Steht doch dem Hermeias weder in einer großen Rei- d
terschar noch in anderer kriegerischer Bundesgenossenschaft, noch durch des Goldes Gewinn eine größere Macht zu Gebote als durch zuverlässige, redlich gesinnte Freunde. Erastos und Koriskos aber bedürfen, behaupte ich, so alt ich auch bin, neben unserer schönen Kenntnis der Ideen der Befähigung, vor schlechten und ungerechten Menschen sich vorzusehen und gegen sie sich zu verteidigen; entbehren sie doch der Erfahrung, weil sie einen großen e
Teil ihres Lebens mit uns das rechte Maß haltenden und nicht unredlichen Männern verbrachten.

Aber darum erklärte ich, daß ihnen das noch not tue, damit sie sich nicht genötigt sehn, die echte Weisheit zu vernachlässigen und größere Sorgfalt, als sie sollten, auf die menschliche und durch das Bedürfnis bedingte zu wenden. Diese Klugheit scheint nun Hermeias mir, soweit ich, der noch nicht mit ihm zusammenkam, dies
beurteilen kann, sowohl von der Natur begünstigt als durch auf 323a
Erfahrung gegründete Kunst erlangt zu haben.

Was ist nun der Zweck meiner Rede? Dir, lieber Hermeias, erkläre ich, der ich in längerer Zeit als du den Erastos und Koriskos
kennenlernte, und mache es dir kund und bezeuge es dir, daß du
gegenwärtig nicht leicht deines Vertrauens würdigere Menschen
finden werdest; und ich rate dir, in jeder zu Recht bestehenden
Weise diese Männer, ohne es für etwas Geringfügiges anzusehn,
an dich zu fesseln; umgekehrt erteile ich auch dem Erastos und
Koriskos den Rat, an den Hermeias sich anzuschließen und sich zu
b bemühen, durch dieses gegenseitige Anschließen zu einer freund-
schaftlichen Vereinigung zu gelangen. Sollte aber einer von euch
dieses Band irgendwie zu lösen scheinen, sind doch menschliche
Ansichten nicht etwas durchaus fest Bestehendes, dann schickt
hierher an mich und meine Anhänger ein Schreiben, welches über
das, was Anstoß gibt, Beschwerde führt; denn unsere auf Rechts-
gefühl und fromme Scheu gegründeten Vorstellungen werden,
glaube ich, wenn die Entzweiung nicht eben eine allzu entschie-
dene ist, die Trennung kräftiger als irgendein Zauberspruch wieder aufheben und euch wieder zu der vorher bestehenden Freundschaft und Gemeinschaft vereinigen, in Bezug auf welche, wenn
c wir insgesamt, so wir wie ihr, der Weisheit, soviel wir können und
es die Lage eines jeden gestattet, nachstreben, das orakelmäßig
oben Vorausverkündete in Erfüllung gehen wird. Was aber geschehen wird, wenn wir das nicht tun, mag ich nicht aussprechen:
denn Worte guter Vorbedeutung soll meine Vorausverkündigung
enthalten, und ich behaupte, daß wir, unter der Gottheit Beistand,
so einen durchaus guten Erfolg haben werden.

Diesen Brief müßt ihr drei insgesamt lesen, am besten zusammen, wo nicht, zu zweien gemeinschaftlich, insoweit es möglich
und tunlich ist, zu vielen Malen, und an der Verbindung und dem
d euch bindenden Gesetze festhalten, es beschwörend, wie es recht
ist, mit einem nicht unwissenschaftlichen Eifer und dem ihm verschwisterten heitern Geistesspiele und bei dem alles, das Seiende
wie das Werdende, lenkenden Gotte und dem echten Vater dieses
Lenkers und Urhebers, euch dazu verpflichten, zu dessen deutlicher Erkenntnis wir, wenn wir wirklich der Weisheit nachstreben, alle, soweit die Kräfte von Gott begünstigter Menschen es
vermögen, gelangen werden.

Siebter Brief

Platon den Vertrauten und Freunden Dions seinen Gruß!

1. Zusage der Unterstützung der Freunde Dions. Platons Vertrautheit mit Dions Gesinnungen

Eure Gesinnung müsse, schriebt ihr mir, dieselbe bleiben, welche auch Dion hegte, und fordertet vor allem mich dringend auf, durch Wort und Tat, insofern ich es vermag, dabei euch zu unter- 324a
stützen. Ich aber sage euch, wenn eure Meinung und euer Streben mit dem jenes übereinstimmt, meine Teilnahme zu, daß ich es aber, ist das nicht der Fall, zuvor reiflich überlegen werde. Welcher Art aber seine Gesinnung und sein Streben war, kann ich euch im allgemeinen nicht nach bloßer Vermutung, sondern nach genauer Kenntnis berichten.

Als ich nämlich, in einem Alter von fast vierzig Jahren, zuerst nach Syrakusai kam, stand Dion in dem Alter wie jetzt Hipparinos, und der Meinung, die er damals faßte, ist er fortwährend treu
geblieben, dem Glauben nämlich, es komme den Syrakusern zu, b
frei zu sein und der besten Gesetze sich zu erfreuen. Sonach ist es nicht zu verwundern, wenn der Götter einer auch ihn mit mir zu denselben Ansichten über Staatsverwaltung vermochte.

In welcher Weise erzeugte sich aber diese in mir? Das zu vernehmen möchte wohl der Teilnahme von jung oder alt nicht unwert sein, und ich will es, da es jetzt an der Zeit ist, euch darzulegen versuchen.

2. Erste politische Erfahrungen in Athen bewirken vorläufige Zurückhaltung von praktischer Betätigung

Dereinst, als ich noch jung war, ging es mir ebenso wie vielen. Ich war gesonnen, sobald ich zur Selbständigkeit gelangt sein würde, sogleich zur Teilnahme an den öffentlichen Angelegenheiten mich
anzuschicken. Da traten für mich hinsichtlich der öffentlichen An- c
gelegenheiten manche Zufälligkeiten ein. Es fand nämlich, da unsere Staatsverfassung dem Tadel vieler unterlag, eine Umgestaltung derselben statt, und diese Umgestaltung leiteten, als Urheber derselben, einundfünfzig Männer, von denen elf in der Stadt, zehn im Peiraieus, beiderseitig das, was es auf dem Markte anzuordnen

gibt, anordneten; dreißig aber bestimmten sie zu unumschränkten
d Oberherren des ganzen Staats. Nun traf es sich, daß von diesen
einige mir verwandt und bekannt waren; diese forderten mich alsbald auf, an den Staatsgeschäften als etwas mir Zukommendem
mich zu beteiligen. Wie es bei meiner Jugend mir erging, war nicht
zu verwundern. Ich glaubte nämlich, sie würden den Staat so verwalten, daß sie aus einem Zustande der Ungerechtigkeit zu einer
gerechteren Lebensweise ihn hinführten, so daß ich mit großer
Spannung erwartete, was sie ausrichten würden. Da ich nun aber
sah, daß diese Männer in kurzer Frist die frühere Verfassung als
eine goldene erscheinen ließen, unter anderm einen mir befreunde-
e ten älteren Mann, den Sokrates, den ich fast unbedenklich für den
gerechtesten aller damals Lebenden erklären möchte, nebst andern nach einem Bürger aussandten, um diesen mit Gewalt seiner
Hinrichtung entgegenzuführen, damit jener, ob er nun wolle oder
325a nicht, bei ihrem Tun sich beteilige; er aber gab ihnen kein Gehör
und setzte sich lieber der äußersten Gefahr aus, als daß er an ihrem
frevelhaften Treiben teilnahm; – da ich das alles sowie noch manches dem Ähnliche von nicht geringer Bedeutung sah, da erfüllte es
mich mit Unwillen, und ich selbst zog mich von dem damaligen
schlechten Regimente zurück.

Nicht lange darauf erlitt aber die Herrschaft der Dreißig und die
ganze damalige Staatsverfassung einen Umsturz. Nun fühlte ich
wieder, obwohl in langsamerer Entwicklung, die Begierde, bei den
b gemeinsamen und öffentlichen Angelegenheiten mich zu beteiligen; doch auch hier geschah, der eingetretenen Verwirrung zufolge, gar manches, was jemandes Unwillen erregen konnte, und
es war nicht zu verwundern, wenn, bei mancher Veränderung,
ihre Rache an ihren Feinden das rechte Maß überschritt, obschon
die damals Zurückgekehrten mit vieler Mäßigung verfuhren.

Unglücklicherweise zogen einige Gewalthaber wieder unsern
schon erwähnten Freund, den Sokrates, vor Gericht, indem sie
c eines großen, am allerwenigsten dem Sokrates zuzutrauenden Fre-
vels ihn ziehen: denn die einen klagten der Gottlosigkeit ihn an,
die andern erkannten ihn für schuldig und richteten einen Mann
hin, der zuvor an dem frevelhaften Verfahren gegen einen ihrer
damals, als das Unglück der Verbannung sie selbst betroffen hatte,
vertriebenen Freunde nicht hatte teilnehmen wollen.

Indem ich nun darauf und auf die die öffentlichen Angelegenheiten leitenden Männer sowie auf Gesittung und Gesetze mein
Augenmerk richtete, erschien mir die Leitung der Staatsgeschäfte,
je mehr ich dieser Betrachtung mich hingab und je weiter ich in
den Jahren fortschritt, um so schwieriger; denn es sei unmöglich, d
etwas ohne Freunde und zuverlässige Genossen, welche unter den
schon Befreundeten nicht leicht aufzufinden waren, auszurichten – wurde unser Staat doch nicht mehr den Sitten und Einrichtungen unserer Väter gemäß verwaltet –, andere, neue aber ohne
große Schwierigkeit sich zu erwerben ergab sich als unmöglich;
die schriftlich abgefaßten Gesetze und das Herkömmliche aber
hatten ihr Ansehen verloren, und das nahm über die Maßen überhand; so daß mir, der ich anfangs mit großem Eifer zur Verwal- e
tung der Staatsgeschäfte mich anschickte, als ich das berücksich-
tigte und das Gemeinwesen in jeder Hinsicht in vollständiger
Verwirrung sah, zuletzt schwindelte und ich zwar es nicht aufgab,
darüber, wie es wohl in eben dieser Hinsicht und in betreff der
gesamten Staatsverwaltung sich besser gestalten könne, nachzu-
sinnen, fortwährend aber wieder für meine wirkliche Beteiligung 326a
auf günstigere Umstände wartete und zuletzt von allen jetzt bestehenden Verfassungen erkannte, daß dieselben insgesamt schlecht
verwaltet werden – denn ihre Gesetzgebung befindet sich in
einem ohne wundersam günstige, vom Glück unterstützte Veran-
staltungen fast heillosen Zustande –, und daß ich zu der Äußerung mich gedrungen sah, daß, indem ich die echte Weisheit
lobpries, nur aus ihr alles, was in Bezug auf die öffentlichen Angelegenheiten sowie die aller einzelnen das Recht erheische, sich erkennen lasse, und daß demnach die Bedrängnis der menschlichen
Gattung nicht aufhören werde, bis entweder die Genossenschaft b
der echten und wahren Weisen zur Herrschaft im Staate gelange
oder bis die der Machthaber in dem Staate durch eine göttliche
Fügung wirklich der Weisheit sich befleißige.

3. *Eindrücke der ersten Reise nach Italien und Sizilien (389/88). Zusammentreffen mit Dion*

In dieser Überzeugung begab ich mich, als es zum erstenmal geschah, nach Italien und Sizilien. Als ich dorthin kam, sagte mir das, was man dort bei reichlichen italischen und sizilischen Lecke-

reien ein glückliches Leben nennt, keineswegs und in keiner
Weise zu, dahinzuleben, indem man zweimal des Tags sich voll-
c pfropft und keine einzige Nacht allein schläft und welche Gewohnheiten sonst an ein solches Leben sich knüpfen. Könnte und
würde doch von allen Menschen unter der Sonne keiner – denn
so glückliche Temperamente wird es nicht geben – jemals bei
einer solchen Lebensweise zu einem Verständigen und Besonnenen werden. Dieselbe Behauptung möchte wohl auch von den
übrigen Tugendgattungen gelten, und kein Staat dürfte, seien
seine Gesetze beschaffen wie sie wollen, zur Ruhe gelangen,
wenn seine Bürger meinen, alles im Übermaß vergeuden und
d nichts anderes der Bemühung wert achten zu müssen als
Schmäuse und Zechgelage und eifrig erstrebte Liebesgenüsse. Es
erschien mir notwendig, daß bei solchen Staaten der Wechsel
zwischen Gewaltherrschaft und der Herrschaft Weniger und der
des Volks nimmer aufhöre, und daß die Gewalthaber in demselben es nicht ertragen, daß einer gerechten, auf gleichen Gesetzen
ruhenden Verfassung auch nur gedacht werde. Indem ich solche
Betrachtungen an die frühern knüpfte, setzte ich meine Wande-
e rung bis nach Syrakusai fort, zum Glücke vielleicht, scheint das
doch damals manchem, der eine Herrschaft der Bessern beabsichtigte, den Anstoß zu dem gegeben zu haben, was jetzt mit
Dion und Syrakusai sich begab; doch fürchte ich, auch zu noch
weitern Unruhen, wenn nicht ihr mir, indem ich zum zweitenmal
als Ratgeber auftrete, Gehör verleiht.

Mit welchem Rechte behaupte ich denn nun, daß meine An-
327a kunft in Sizilien den Anstoß zu allem damals Geschehenen gegeben habe?

Indem ich mit dem Dion, damals einem jungen Manne, ver-
kehrte, scheint es mir selbst, als ich ihn über das, was ich für das
Beste für die Menschen halte, belehrte und es ihm zu üben riet,
entgangen zu sein, daß ich gewissermaßen einen davon zu erwar-
tenden Umsturz der Gewaltherrschaft vorbereitete. Denn der so
im übrigen wie für die von mir damals ausgesprochenen Äußerungen mit leichter Fassungskraft begabte Dion gab mir schnell und
b so willig Gehör wie kein anderer der Jünglinge, mit denen ich je in
Verbindung kam, und nahm sich vor, für sein übriges Leben eine
von der der Mehrzahl der Italioten und Sizilioten verschiedene

Lebensweise insofern zu wählen, als ihm die Tugend mehr galt als Wollust und sonstige Schlemmerei. Darum führte er ein denjenigen, deren Lebensweise den gewaltherrscherischen Einrichtungen entsprach, anstößiges Leben, bis Dionysios seinen Tod fand.

4. *Erster Besuch bei Dionysios (366/65). Seine Gründe und sein Verlauf*

Nach diesem Ereignis sann er darauf, daß die Ansicht, welche er
selbst durch richtige Belehrung gewonnen hatte, nicht bloß in ihm c
selbst vorwalte, und da er erkannte, daß sie auch in einigen andern, obgleich wenigen, sich erzeuge, meinte er, vielleicht gehöre durch der Götter Beistand zu diesen auch Dionysios, und wenn das geschehen sei, werde demzufolge dessen und der übrigen Syrakusier Lebensweise zu einer über die Maßen glückseligen sich gestalten. Außerdem glaubte er, ich müsse durchaus sobald wie möglich, um an seinen Bestrebungen teilzunehmen, nach Syrakusai kommen, eingedenk, wie leicht unser beiderseitiger Umgang d
bewirkte, daß in ihm die Begierde nach dem schönsten und besten Leben erwachte; gelang es ihm, das jetzt auch, wie er es versuchte, beim Dionysios zu erreichen, dann hegte er große Hoffnungen, ohne Blutvergießen und Hinrichtungen und all das Unheil, was jetzt sich begeben hat, ein glückseliges und wahrhaftes Leben im ganzen Lande herbeizuführen. Indem Dion mit Recht das hoffte, bewog er den Dionysios, nach mir auszusenden, und er selbst ersuchte mich durch eine besondere Botschaft, baldmöglichst zu e
kommen, bevor andere zu dem Dionysios sich fänden und seinen Sinn von der besten Lebensweise ablenkten. Durch folgende Vorstellungen – sollte ich auch in meiner Erzählung etwas weitschweifig werden – unterstützte er seine Bitte. Auf welche Umstände, sagte er, günstiger als die durch der Götter Beistand jetzt eingetretenen, wollen wir warten? Nun schilderte er die Herrschaft desselben in Sizilien und Italien und seinen eigenen Einfluß
auf sie, das jugendliche Alter des Dionysios und seine lebhafte Be- 328a
gierde nach Weisheit und Geistesbildung, indem er dabei anführte, wie seine eigenen Neffen und Anverwandten gar leicht zu den Grundsätzen und der Lebensweise, wie ich sie anempfahl, zu bestimmen und sehr geeignet seien, eben dafür auch den Diony-

sios zu gewinnen, so daß, wenn je, auch gegenwärtig die Hoffnung
vollständig sich erfüllen werde, Weise und Oberhäupter großer
b Staaten in denselben Männern vereinigt zu sehen. Darauf und auf
gar manches dem Ähnliche gründete sich seine Aufforderung; bei
meinem Entschlusse aber trat die Besorgnis ein, wie der Beistand
der jungen Leute beschaffen sein werde – denn die Neigungen solcher Menschen sind vorübergehend und nehmen oft eine entgegengesetzte Richtung; dagegen kannte ich die seiner Sinnesart angemessene Festigkeit des Dion und wußte, daß er bereits in den
mittleren Jahren sich befinde. Als ich daher die Sache erwog und
schwankte, ob ich die Reise unternehmen und ihm Gehör geben
solle oder nicht, entschied ich mich für die Ansicht, es tun und jetzt
c versuchen zu müssen, ob irgend jemand es unternehmen werde,
einmal meine Gedanken über Gesetze und Verfassung auszuführen: denn wenn ich nur den einen vollständig überzeugte, würde
ich so alles Gute bewirkt haben.

Mit diesen Gedanken und solchem Vertrauen segelte ich von
Hause ab, nicht in der Absicht, die manche mir beilegten, sondern
hauptsächlich, weil ich Scheu vor mir selber hegte, mein ganzes
Wesen möchte mir selbst geradezu als bloße Worte erscheinen,
ohne irgend aus freier Wahl Hand an irgendeine Tat zu legen, und
zunächst möchte ich an der Gastfreundschaft und Genossenschaft
d des Dion, der wirklich in nicht geringe Gefahr geraten war, zum
Verräter zu werden scheinen. Sollte ihm also entweder etwas
Menschliches widerfahren oder sollte er, vom Dionysios und seinen übrigen Widersachern vertrieben, als Verbannter zu uns kommen und solche Worte an mich richten: «Da komme ich nun zu
dir, Freund Platon, als Vertriebener, nicht weil es mir gegen meine
Widersacher an Schwergerüsteten und Reiterei fehlte, sondern an
überzeugender Rede, von der ich wußte, daß du vor allen imstande seist, durch sie junge Männer zu dem, was gut und gerecht
ist, zu vermögen und unter allen Umständen zu gegenseitiger
Freundschaft und Genossenschaft zu vereinigen; dessen durch
e deine Schuld ermangelnd siehst du mich jetzt, nachdem ich Syrakusai verließ, hier. Doch zu geringerer Schande gereicht dir mein
Schicksal; wie bist du aber nicht, so wie an mir, an der Philosophie, insoweit es von dir abhing, zum Verräter geworden, deren
Lob du stets preist und von der du behauptest, sie werde von den

übrigen Menschen gering geachtet? Und wäre Megara mein Auf-
enthaltsort gewesen, dann wärst du gewiß als Helfer zu dem, 329a
wozu ich dich aufforderte, gekommen, um nicht aller Achtung vor
dir selbst verlustig zu gehen; jetzt aber glaubst du wohl, indem du
der weiten Reise und der Größe der Fahrt und des Mühsals die
Schuld beimißt, irgend dem Vorwurfe der Zaghaftigkeit zu entgehen? Das wenigstens wird keineswegs der Fall sein.»

Welche ehrenhafte Antwort hätte ich auf solche Reden? Die
gibt es nicht. Vielmehr machte ich mich, bestimmt durch Gründe
der Vernunft und des Rechts, wie sie irgend unter den Menschen b
gelten, auf und verließ solcher Ursachen wegen meine nicht un-
rühmlichen Beschäftigungen, indem ich mich unter die Gewalt
einer meiner Lehre und mir selbst nicht angemessenen Herrschaft
begab. Durch meine Reise machte ich mich frei von Schuld gegen
den gastlichen Zeus und rein vom Tadel des Weisen, der mich
betroffen haben würde, hätte ich aus Bequemlichkeitsliebe und
Zaghaftigkeit mit arger Schmach mich beladen. Bei meiner Ankunft, denn ich muß mich kurz fassen, fand ich des Dionysios
ganze Umgebung mit Zwiespalt erfüllt und mit Verleumdungen
Dions bei dem Gewaltherrscher. So nahm ich also seiner mich an, c
konnte aber nur wenig ausrichten, sondern es setzte, vielleicht
etwa im vierten Monate, Dionysios den Dion, den er heimlicher
Anschläge gegen die Gewaltherrschaft beschuldigte, auf ein kleines Fahrzeug und entfernte ihn in unehrenvoller Weise. Nach diesem Vorfall waren wir Freunde Dions insgesamt in Furcht, Dionysios möge an einem, der Teilnahme an den Anschlägen Dions ihn
beschuldigend, Rache nehmen, ja über mich verbreitete sich sogar
ein Gerücht in Syrakusai, ich habe, als der Urheber von allem, was
damals geschehen war, durch Dionysios meinen Tod gefunden.
Als dieser aber dieser Stimmung bei uns allen inne ward, suchte er, d
in der Besorgnis, das könne etwas Größeres herbeiführen, durch
seine Freundlichkeit alle zu ermutigen; vor allem sprach er mir
selbst Trost zu, hieß mich guten Mutes sein und auf jeden Fall
bleiben; denn floh ich vor ihm, gereichte ihm das keineswegs zur
Ehre, wohl aber, wenn ich blieb, darum stellte er sich auch, als sei
das sein lebhafter Wunsch. Wir wissen aber, daß die Bitten der
Gewaltherrscher mit einiger Nötigung verbunden sind. In dieser
Absicht hinderte er entschieden meine Abfahrt, indem er nach der e

Burg mich führte und mir eine Wohnung anwies, von wo aus kein Schiffsherr ohne einen ausdrücklichen Befehl des Dionysios dazu, geschweige denn wider seinen Willen, mich weggeführt haben würde; auch kein Handelsmann, kein den Ausgangspässen des Landes Vorgesetzter hätte mich nur ziehen lassen, ohne sofort mich zu verhaften und wieder zum Dionysios zurückzubringen, da daneben das dem vorigen entgegengesetzte Gerücht sich ver-
330a breitet hatte, daß Dionysios den Platon mit ganz besonderer Liebe umfasse.

Wie aber war dieses Verhältnis beschaffen? Denn ich muß der Wahrheit treu bleiben. Er gewann mich im Verlaufe der Zeit, durch das Bekanntwerden mit meiner Lebensweise und meinem Charakter, immer lieber, wünschte aber, daß ich mehr sein Lob als das des Dion preise und entschieden mehr ihn als jenen für meinen Freund halte, und zeigte das zu erreichen einen entschiedenen Wetteifer. Wodurch aber das, war es zu erreichen, am schönsten
b zu erreichen gewesen wäre, indem er durch Lernbegier und Anhören meiner die Philosophie betreffenden Reden sich mir befreundete und mir näher trat, das scheute er, weil die Reden meiner Verleumder ihn besorgt machten, es möge eine Falle ihm gelegt sein und so Dion vollständig seinen Zweck erreicht haben. Ich aber ließ mir alles gefallen, dem ersten Gedanken, der mich hierher führte, treu, ob sich irgend in ihm die Neigung zu einem der Philosophie angemessenen Leben erzeuge. Aber sein Widerstreben machte denselben zunichte.

5. Platons Ansicht über das Erteilen von Ratschlägen

So geschah es, daß diese Bestrebungen insgesamt mich das erste-
c mal nach Sizilien führten und dort mich beschäftigten. Späterhin begab ich mich wieder auf die Reise und traf zum zweitenmal ein, indem Dionysios sehr dringend nach mir sandte; welche Absichten ich aber hatte und wie angemessen und dem Rechten gemäß ich verfuhr, darüber will ich, nachdem ich zuvor euch meinen Rat erteilt, was nach den jetzigen Ereignissen zu tun sei, später sprechen, den weitern Fragen, in welcher Absicht ich zum zweitenmal mich einfand, zu begegnen, damit ich nicht in den Fall komme, die Nebensache als Hauptsache zu behandeln. Mein Rat ist aber folgender.

Muß, sage ich, derjenige, welcher einem kranken und eine der
Gesundheit nachteilige Lebensweise führenden Manne einen Rat d
erteilt, etwas anderes raten, als daß dieser zunächst seine Lebensweise ändere, und nur, wenn derselbe ihm Gehör geben will, ihm
weitere Ratschläge erteilen? Will aber derselbe das nicht, dann
würde ich den, welcher einer solchen Beratung sich entzieht, für
einen männlich Entschlossenen und Heilkundigen halten, doch
für unmännlich und nicht sachverständig, wer das sich gefallen
läßt. Dasselbe gilt auch vom Staate, ob nun einer oder mehrere
über ihn walten; kann er nämlich, wenn der Staat in seiner Verfassung den geziemenden und richtigen Weg einschlug, irgendeinen
ersprießlichen Rat geben, dann zeugt es von Einsicht, dem Bürger e
eines solchen Staats einen Rat zu erteilen; es aber bei denjenigen
zu tun, welche durchaus die richtige Verfassung verschmähen und
diese Bahn keineswegs einschlagen mögen, sondern im voraus von
dem Ratgeber verlangen, er solle die Verfassung bestehen lassen
und daran nicht rütteln, da, rüttele er daran, der Tod ihn bedrohe, 331a
und begehren, daß er, ihren Wünschen und Begierden schmei-
chelnd, wie sie für immerdar auf das leichteste und schnellste sie
befriedigen können, seinen Rat erteilt – wer auf ein solches Rat-
erteilen sich einläßt, den würde ich wohl für unmännlich, für
mannhaft aber denjenigen halten, welcher nicht darauf eingeht.
Nachdem ich nun zu dieser Einsicht gelangt, erteile ich ihm, wenn
jemand über die wichtigsten, auf die eigene Lebenseinrichtung bezüglichen Angelegenheiten mich um Rat fragt, wie etwa über das
Erwerben von Schätzen oder die auf Leib oder Seele zu wendende b
Sorgfalt, bereitwillig meinen Rat und lasse mich nicht nach bloß
formaler Erledigung davon abhalten, sobald sein tägliches Leben
ein geziemendes mir zu sein scheint oder er bereit ist, mir in dem,
worüber er sich mit mir bespricht, Folge zu leisten; zieht er aber
mich durchaus nicht zu Rate oder legt er deutlich zutage, daß er in
nichts mir Gehör geben wird, zu einem solchen komme ich nicht
aus freiem Antriebe, um ihm Rat zu erteilen, um aber Gewalt zu
brauchen nicht einmal, wenn es mein Sohn wäre. Einem Sklaven
aber würde ich auch wider seinen Willen Rat erteilen, daneben
auch Gewalt brauchen. Bei Vater und Mutter dagegen, wenn sie c
nicht an dem Siechtum der Geistesverwirrung leiden, halte ich
auch Gewalt anzuwenden nicht für etwas Gottgefälliges. Ist aber

ihre Lebensweise eine feststehende, die wohl *ihnen*, doch nicht
mir behagt, dann gilt es, weder durch vergebliche Zurechtwei-
sungen ihnen Verdruß zu erregen, noch auch schmeichlerisch
sich ihnen dienstfertig zu erweisen, indem man zur Befriedigung
von Begierden ihnen behilflich ist, von denen erfüllt ich selbst
nicht leben möchte. Desselben Sinnes muß der Verständige auch
hinsichtlich des Staats, dem er angehört, sein; er muß, wenn die
d Verfassung desselben ihm nicht gut erscheint, es aussprechen,
sobald seine Rede keine vergebliche sein noch auch sein Leben
bedrohen würde, der Gewalt aber gegen sein Vaterland zur Umgestaltung der Verfassung sich nicht bedienen, wenn es nicht
möglich ist, ohne Landesverweisungen und Blutvergießen die
beste Verfassung herbeizuführen, vielmehr sich ruhig verhalten
und auf gute Wünsche für sich und sein Vaterland sich beschränken.

6. Platons und Dions Ratschläge an Dionysios

So beschaffene Ratschläge möchte ich wohl auch euch erteilen
und erteilte sie, in Verbindung mit Dion, dem Dionysios; erstens
sein tägliches Leben so einzurichten, daß er möglichst sich selbst
e beherrsche, und zuverlässige Freunde und Anhänger sich zu erwerben, damit es ihm nicht ergehe wie seinem Vater, welcher,
nachdem er vieler großer, von den Barbaren verheerter Städte sich
bemächtigte, nicht imstande war, den einzelnen von neuem einge-
richteten durch seine Anhänger festbestehende Verfassungen zu
332a verleihen, ob er nun anderswoher stammenden Fremden oder seinen Brüdern das übertrug, welche er, da sie jünger waren, selbst
auferzog und aus dem Bürgerstande zu Machthabern sowie aus
der Dürftigkeit zu großen Reichtümern erhoben hatte. Von diesen
vermochte er in keinem durch Überredung, Belehrung, Wohltaten
oder vermittels der Verwandtschaft einen Beistand in seiner Herrschaft sich zu erziehen und zeigte sich so um das Siebenfache ohn-
mächtiger als Dareios, welcher nicht Brüdern oder von ihm selbst
Auferzogenen sein Vertrauen schenkte, sondern bloß denjenigen,
b welche mit ihm den Meder und Verschnittenen bewältigt hatten,
der dann sein Reich in sieben Teilen, deren jeder einzelne größer
war als ganz Sizilien, an sie verteilte und so an ihnen treue Bei-
stände hatte, die weder ihm noch sich untereinander nachstellten,

und ein Muster gab, wie der gute Gesetzgeber und König beschaffen sein müsse; denn durch die Gesetze, welche er aufstellte, hat er
die Herrschaft der Perser auch bis auf heute noch erhalten. Ferner
behaupteten auch die Athener, welche viele von den Barbaren ihrer Bewohner beraubte Städte der Hellenen nicht selbst neu grün-
deten, sondern bereits eingerichtet überkamen, siebzig Jahre lang
die Herrschaft über sie, indem sie in jedem einzelnen Staate Män- c
ner sich zu Freunden machten; Dionysios dagegen, welcher ganz
Sizilien zu einem Staate vereinigte, erhielt sich kaum, weil er aus
Weisheit keinem vertraute; denn er war arm an Freunden und ihm
treu Ergebenen, für den Wert oder Unwert eines Mannes gibt es
aber kein sichereres Kennzeichen, als ob er solcher Männer ent-
behre oder nicht. Den Rat gaben wir, ich und Dion, auch dem
Dionysios, weil die Lage seines Vaters sich so gestaltet hatte, daß
derselbe so sehr des Umgangs Gebildeter sowie zu ihm passender d
Vertrauter entbehrt hatte, erstens sich darum zu bemühen, unter
seinen Verwandten und Altersgenossen andere von gleicher Liebe
zur Tugend Beseelte sich zu Freunden zu machen, vorzüglich aber
sich mit sich selbst zu befreunden; denn daran fehlte es ihm in so
hohem Grade, was wir nicht so unumwunden aussprachen, denn
das konnten wir nicht mit Sicherheit, wohl aber darauf hindeute-
ten und in unsern Reden es verfochten, daß auf diese Weise ein
jeglicher sich und diejenigen, die er seiner Leitung unterwirft, erhalte, schlägt er aber einen andern Weg ein, von diesem allen das e
Gegenteil bewirken wird; verfolgt er dagegen die von uns angege-
bene Bahn und gründet von neuem, nachdem er Einsicht und Besonnenheit sich aneignete, die ihrer Bewohner entblößten Städte
Siziliens und verbindet sie untereinander durch Gesetze und Verfassungen, so daß er sie zu dem gegen die Barbaren zu leistenden
Beistand sich selbst und untereinander geneigt macht, dann werde
er die vom Vater ererbte Gewaltherrschaft nicht bloß verdoppeln, 333a
sondern in der Tat vervielfachen; geschehe nämlich das, statt ihnen, damit im Widerspruch, wie sein Vater einen Tribut aufzuerle-
gen, dann stehe es in seiner Gewalt, die Karchedonier mit weit
leichterer Mühe zu unterjochen, als es unter Gelons Herrschaft
geschah.

7. Einschub über die Schicksale Dions

So äußerten wir uns, dazu forderten wir ihn auf, die wir dem Dionysios nachstellen sollten. Dergleichen Behauptungen wurden von vielen Seiten her verbreitet, welche auch beim Dionysios die
b Oberhand gewannen und den Dion verjagten, uns aber Furcht einjagten.

Um aber kurz das nicht Wenige, was in weniger Zeit sich begab, zusammenzufassen, Dion kehrte aus dem Peloponnes und Athen zurück und brachte durch die Tat den Dionysios zur Besinnung. Nachdem nun Dion dem Staate zweimal die Freiheit verliehen hatte und seinen Bürgern ihre zurückgab, ging es den Syrakusiern damals mit dem Dion ebenso wie auch dem Dionysios, als jener es versuchte, durch Unterweisung und Heranbildung ihn zu einem der Herrschaft würdigen Könige zu gestalten, um dann für sein ganzes Leben an seinen Bestrebungen teilzunehmen; er (Diony-
c sios) aber maß jenen Verleumdern Glauben bei, welche behaupteten, Dion tue alles, was er damals tat, indem er insgeheim nach der Gewaltherrschaft strebe, damit Dionysios, vom Zauber der Geistesbildung umstrickt, um die Herrschaft sich nicht kümmere, sondern ihm sie überlasse, er aber derselben sich bemächtigen und den Dionysios verjagen könne. Solche Reden machten damals sich geltend, siegten, unter den Syrakusern verbreitet, zum zweitenmal und führten einen seltsamen, für die Urheber desselben schimpflichen Sieg herbei. Denn wie dies sich zutrug, müßt ihr, die ihr
d mich zur Teilnahme an den jetzigen Ereignissen auffordert, vernehmen.

Ich, ein Athener, kam, ein Freund Dions, als sein Verbündeter zu dem Gewaltherrscher, um statt des Kriegs Freundschaft zu stiften; aber im Kampfe mit seinen Verleumdern unterlag ich. Indem jedoch Dionysios durch Ehrenbezeugungen und Geldgeschenke mich zu vermögen suchte, als sein Zeuge und Freund zur Rechtfertigung seiner Vertreibung des Dion gegen diesen aufzutreten, mißlang das durchaus.

Als Dion später die Rückkehr in seine Heimat beabsichtigte,
e nahm er sich zwei Brüder aus Athen mit, welche nicht die Philosophie ihm befreundet hatte, sondern die weitverbreitete Genossenschaft, welche man durch gastfreundschaftliche Verbindungen und die Einweihung in die Mysterien ersten und zweiten Grades

herbeizuführen pflegt; dadurch waren auch diese beiden, die ihn
bei seiner Rückkehr in die Heimat unterstützten, sowie durch die
ihm dabei geleisteten Dienste seine Freunde geworden. Diese kamen nach Sizilien; als sie aber inne wurden, daß Dion bei den von 334a
ihm befreiten Siziliern verdächtigt sei, als sei insgeheim sein Streben auf die Gewaltherrschaft gerichtet, da verrieten sie nicht bloß
ihren Freund und Genossen, sondern vollzogen, gewissermaßen
eigenhändig, seine Ermordung, indem sie mit bewaffneter Hand
seinen Mördern Beistand leisteten. Das Schmähliche und Ver-
ruchte dieser Tat will ich aber weder unerwähnt lassen noch auch
hervorheben; denn viele andere ließen es sich angelegen sein, wiederholt ihren Tadel darüber auszusprechen, und werden auch in b
der Folge es tun, was aber von den Athenern gesagt wird, daß sie
Schande über ihre Stadt brachten, dem widerspreche ich; denn
auch der Mann, behaupte ich, ist ein Athener, welcher an eben-
demselben nicht zum Verräter wurde, obschon er große Geschenke und andere Auszeichnungen dadurch erlangen konnte;
hatten doch nicht niedrige Beweggründe ihn zu Dions Freunde
gemacht, sondern die Gemeinschaft edler Geistesbildung, welcher
allein der Verständige mehr vertrauen muß als der Verwandtschaft der Gesinnungen und des Blutes; so daß die Mörder des
Dion keine Schande über ihre Vaterstadt brachten, als hätten sie c
eines besondern Ansehens sich erfreut.

8. Die Ratschläge an Dions Freunde

Das alles wurde angeführt, um den Freunden und Verwandten
Dions meinen Rat zu erteilen; demnach gebe ich euch denselben
Rat und führe, bereits zum drittenmal befragt, zum drittenmal
dieselbe Rede: Meinen Ansichten zufolge nicht der Herrschaft
herrschsüchtiger Menschen Sizilien oder sonst einen Staat, sondern der der Gesetze zu unterwerfen; denn jener Versuch ist ein
weder für die Unterjochenden noch für die Unterjochten, für sie d
selbst, ihre Kinder und die Nachkommen ersprießlicher, sondern
ein durchaus verderblicher, und der Seelen niedriger und unfreier
Sinn pflegt dergleichen Vorteile an sich zu reißen, ohne von dem
menschlich und göttlich Guten und Gerechten für Zukunft und
Gegenwart etwas zu wissen. Davon suchte ich zuerst den Dion,
zweitens den Dionysios, und davon suche ich jetzt drittens euch zu

überzeugen. Gebt mir aber um Zeus' des Erretters willen, dem wir
das dritte Trankopfer weihen, Gehör, und indem ihr ferner auf
den Dionysios und den Dion hinblickt, deren einer, weil er dem
e kein Gehör gab, jetzt ein nicht rühmliches Leben führt, der andere
dagegen, der ihm Gehör gab, eines rühmlichen Todes starb. Ist es
doch recht und rühmlich zugleich, bei dem Streben nach dem für
uns und unser Vaterland Rühmlichsten zu erdulden, was irgend zu
erdulden ist. Denn Unsterblichkeit verlieh keinem von uns die Natur, noch würde ihn das, würde es ihm zuteil, wie die große Mehrzahl meint, glückselig machen.

Gibt es doch für das Unbeseelte kein erhebliches Gut oder Übel,
335a sondern das widerfährt jeder Seele, indem sie entweder mit dem
Körper verbunden oder von ihm getrennt ist; man muß aber stets
in der Tat an die alten und heiligen Überlieferungen glauben, welche uns die Unsterblichkeit der Seele verkünden, und daß Richter
ihrer harren und daß sie, würde sie vom Körper befreit, die streng-
ste Buße zu bestehen habe; deshalb muß man es auch für ein ge-
ringfügigeres Übel halten, große Vergehungen und Ungerechtig-
keiten zu erdulden, als sie zuzufügen. Davon hört der geldgierige
b und geistesbeschränkte Mensch nichts oder findet es, wenn er davon hört, seiner Meinung nach lächerlich und reißt schamlos aller-
wärtsher alles an sich, wovon er, wie das Tier, glaubt, daß er durch
seine Unersättlichkeit den Genuß des Essens und Trinkens sowie
der niedrigen, aller Anmut entbehrenden, mit Unrecht aphrodi-
tisch genannten Wollust sich verschaffen werde, indem er verblen-
det ist und nicht erkennt, welches Tun die Gottvergessenheit und
welches Unheil stets das Unrechttun zur Folge hat; welche Gottvergessenheit dem Unrechthandelnden notwendigerweise stets
anhaftet, solange er auf Erden verweilt und wenn er, in die Unter-
c welt zurückkehrend, seine schmachvolle und in jeder Hinsicht
durchaus jammervolle Wanderung antritt.

Durch solche und ähnliche Reden suchte ich den Dion zu überzeugen und könnte wohl mit dem größten Recht auf diejenigen,
welche ihn umbrachten, ganz in gleicher Weise zürnen wie auf den
Dionysios. Denn beide fügten mir und den andern Menschen, fast
allen insgesamt, möchte ich sagen, den größten Schaden zu, die
einen, weil sie den aus dem Wege räumten, welcher die Gerechtig-
d keit walten lassen wollte, der andere aber, weil er, mit der größten

Macht ausgerüstet, durchaus die Gerechtigkeit während seiner
ganzen Regierung nicht walten lassen mochte; hätte aber hier Philosophie und Herrschgewalt in demselben sich vereinigt, dann
hätte das der richtigen Ansicht vor allen Menschen, Hellenen und
Barbaren, den ausreichenden Glanz verliehen, daß nimmerdar
weder ein Staat noch ein Einzelner glückselig werden könne, welcher nicht einsichtsvoll in Gerechtigkeit sein Leben verbringe, die
er entweder selbst sich zu eigen machte oder weil er in der Lebensweise über ihn herrschender, gottseliger Menschen auferzogen
und unterwiesen wurde. Diesen Schaden stiftete Dionysios. Ein e
Schaden, mit dem verglichen wohl jeder andere Schaden mir geringfügig erscheinen würde. Der Mörder des Dion aber weiß
nicht, daß er dasselbe bewirkte wie jener. Denn vom Dion weiß ich
gewiß, insofern ein Mensch von Menschen etwas mit Gewißheit
behaupten kann, daß er, hätte er die Herrschaft behauptet, niemals einer anderen Gestaltung dieser Herrschaft sich zugewendet 336a
haben würde als dieser; er hätte zuerst Syrakusai, seiner eigenen
Vaterstadt, nachdem er sie von ihrer Knechtschaft befreite und
dadurch erfreute, eine freie Verfassung gegeben, hätte darauf seiner Bürger Wohl mit Aufbietung aller Mittel durch die angemessenen und besten Gesetze gefördert und, nachdem dies geschehen,
sich zu bewirken bemüht, ganz Sizilien mit Ansiedlern zu bevöl-
kern und von den Barbaren, indem er die einen verjagte, die andern mit größerer Leichtigkeit als Hieron sich unterwarf, frei zu
machen. Geschähe das nun durch einen gerechten, tapfern, beson- b
nenen und weisen Mann, dann werde sich im Volke dieselbe Ansicht von der Tugend erzeugen, welche sich, ließ Dionysios sich
überzeugen, wohl bei *allen* Menschen, möchte ich sagen, erhalten
hätte. Nun aber hat entweder ein Dämon oder ein Frevler mit Gesetzlosigkeit, Gottvergessenheit und, was das Schlimmste ist, mit
dem kecken Mute der Unwissenheit, in welcher alles Unheil wur-
zelt und keimt und später denen, welche sie erzeugten, die herbste
Frucht trägt, wiederum alles zum zweitenmal über den Haufen
geworfen und zunichte gemacht. Doch jetzt wollen wir zum drittenmal, der guten Vorbedeutung willen, von frohen Hoffnungen c
sprechen. Demungeachtet rate ich euch, den Freunden, den Dion,
die wohlwollende Gesinnung desselben gegen sein Vaterland und
die besonnene Einrichtung seiner Lebensweise in erhöhtem Maße

nachzuahmen und es zu versuchen, seine Absichten unter besseren
Vorzeichen zu vollenden. Worin diese aber bestanden, das habt
ihr deutlich von mir vernommen; doch wer von euch nicht in dori-
scher Weise, der vaterländischen Sitte getreu, zu leben vermag,
d sondern der der Mörder des Dion und der sizilischen nachstrebt,
den fordert nicht zur Teilnahme auf und glaubt nicht, daß von ihm
je etwas Zuverlässiges und Beständiges sich erwarten läßt; die andern aber fordert auf, Gleichheit vor dem Gesetze und den Anbau
ganz Siziliens zu bewerkstelligen, sowohl aus Sizilien selbst als aus
der gesamten Peloponnesos, und scheut selbst Athen nicht, denn
auch dort gibt es vor allen andern durch Tugend sich auszeichnende Männer und solche, welche die Verwegenheit an dem Leben ihrer Gastfreunde frevelnder Menschen hassen. Sollte nun in
der Folge das sich ereignen – es bedrohen euch aber die zahlrei-
e chen und mannigfaltigen täglich aus Aufständen entspringenden
Zerwürfnisse –, dann muß wohl ein jeglicher, dem eine göttliche
Fügung auch nur einigermaßen richtige Ansichten zuteil werden
ließ, wissen, daß für die Aufständischen es kein Aufhören ihres
Ungemachs gibt, bevor die in den Schlachten Obsiegenden aufhören, durch Verjagen und Niedermetzeln von Menschen des erlitte-
337a nen Unheils zu gedenken und auf an ihren Feinden zu nehmende
Rache bedacht zu sein, sondern mit Besiegung der eigenen Leiden-
schaften allen gemeinsame Gesetze geben, welche nicht mehr ihren eigenen Wünschen als denen der Besiegten entsprechen, und
diese durch einen zweifachen Zwang, durch Scheu und Furcht,
nötigen, dieser Gesetze sich zu bedienen; durch Furcht, indem sie
zeigen, daß sie an Macht ihnen überlegen seien, ferner aber auch
durch Scheu, indem sie sich der Sinnenlust überlegen bewähren
und als Männer, die vielmehr den Gesetzen sich zu unterwerfen
bereitwillig und imstande sind. Anders kann nimmerdar ein durch
b innere Aufstände beunruhigter Staat des Unheils ledig werden,
sondern in dazu geneigten Staaten pflegen Feindschaften, Haß
und Mißtrauen der Bürger untereinander einzutreten. Stets muß
aber die Partei, welche die Oberhand gewann, wenn glückliches
Bestehen ihr Streben ist, Männern aus ihrer Mitte vor den andern
den Vorzug geben, von denen sie in Erfahrung bringt, daß es die
besten seien; zuerst Bejahrteren, welche daheim Frauen und Kinder
haben und sehr viel wackere und im besten Rufe stehende Vorel-

tern und alle im Besitz eines ausreichenden Vermögens sind; fünfzig solcher Männer möchten eine für eine Stadt von zehntausend c
Bürgern ausreichende Zahl sein. Diese mögen sie durch Bitten und
die ausgezeichnetsten Ehrenbezeigungen aus ihrer Heimat zu sich
einladen und, nachdem sie erschienen, sie bitten und von ihnen
begehren, Gesetze zu geben, nachdem sie eidlich sich verbindlich
machten, weder die Sieger noch die Besiegten zu bevorzugen, sondern das Gleiche und Gemeinsame für den gesamten Staat anzuordnen. Sind aber die Gesetze gegeben, so beruht darauf alles. Zeigen nämlich die Sieger selbst sich abhängiger von den Gesetzen als
die Besiegten, dann verheißt alles in vollem Maße Glückseligkeit d
und Fortbestehen und Rettung von allem Unheil; wo aber nicht,
dann ladet weder mich noch einen andern zur Genossenschaft mit
demjenigen ein, welcher den jetzt aufgestellten Vorschriften kein
Gehör gibt. Sind doch diese mit dem verwandt, was Dion und ich,
Syrakusais Wohlfahrt beabsichtigend, als einen zweiten Versuch
auszuführen unternahmen; das erste allen gemeinsame Heil
wurde mit dem Dionysios selbst zu erwirken versucht, doch dies
vereitelte das Menschenkräften überlegene Schicksal. Jetzt aber e
versucht ihr es mit größerm Glücke, von den Umständen und gött-
lichem Beistande mehr begünstigt, zu bewerkstelligen.

9. Die Motive für den zweiten Besuch bei Dionysios

Soviel genüge über den Rat, den ich euch erteile, über das, was ich
euch an das Herz lege, und meine erste Reise zum Dionysios. Wie
zweckgemäß aber und mit wie gutem Vorbedacht meine zweite
Seefahrt und Reise stattfand, das vernehme nun derjenige, dessen
Teilnahme das erregt. Die Zeit meiner ersten Reise verlief nämlich
so, wie ich erzählte, bevor ich euch, den Freunden und Verwand- 338a
ten Dions, meinen Rat erteilte. Nach den erzählten Vorgängen
überredete ich, so gut ich es irgend vermochte, den Dionysios,
mich ziehen zu lassen. Wir kamen aber beide überein, wäre der
Frieden geschlossen, denn damals war Krieg in Sizilien. Dionysios
erklärte, er werde mich und den Dion zurückrufen, sobald er seine
Herrschaft sich mehr gesichert habe; den Dion bat er aber, das
Frühere nicht als eine Verweisung, sondern nur als eine Ortsver- b
änderung anzusehen, ich aber versprach, solchen Äußerungen
zufolge, wieder zurückzukehren. Nach geschlossenem Frieden

sandte er nach mir, den Dion ersuchte er, noch ein Jahr zu warten,
ich dagegen solle, begehrte er, jedenfalls kommen. So forderte
mich nun auch Dion auf und bat mich, mich einzuschiffen, denn
aus Sizilien verlautete es vielfältig, daß Dionysios jetzt von einem
wundersamen Eifer für die Philosophie ergriffen sei; darum bat
mich Dion auf das dringendste, der an uns ergangenen Einladung
nicht zu widerstreben. Ich aber wußte zwar, daß es jungen Leuten
c in der Philosophie wohl oft so ergehe, hielt es aber demungeachtet
für sicherer, mich jetzt mit Dion und Dionysios durchaus nicht zu
befassen, und erregte bei beiden Anstoß, indem ich antwortete:
Ich sei teils ein alter Mann, teils entspreche von dem, was jetzt
geschehe, nichts den mir gewordenen Zusagen. Nach diesem
scheint Archytas beim Dionysios gewesen zu sein – denn bevor
ich abreiste, hatte ich eine gastliche Verbindung und Freundschaft
d zwischen Archytas und denen in Tarentum und zwischen Dionysios vermittelt; auch befanden sich einige andere zu Syrakusai, die
manches aus Dions Munde vernommen hatten, und wieder andere, die von einigen halbbegriffenen philosophischen Behauptungen erfüllt waren; diese scheinen mir, als sei Dionysios bereits
von allem, was ich beabsichtige, unterrichtet, es versucht zu haben, mit ihm Gespräche über dergleichen Gegenstände anzuknüpfen. Ihm aber fehlte es nicht an der Fähigkeit zum Lernen, und er
war in hohem Grade ehrgeizig, nun gefiel ihm vielleicht, was er
hörte, und er schämte sich, würde es offenbar, daß er, als ich bei
ihm verweilte, mir kein Gehör gegeben habe; daher erwachte in
e ihm teils der Wunsch, das Genauere zu hören, teils trieb daneben
der Ehrgeiz dazu ihn an. Weshalb er aber bei meinem früheren
Aufenthalt mir keine Aufmerksamkeit schenkte, das ergibt sich
aus dem, was ich eben weiter oben erzählt habe. Als ich daher
glücklich nach Hause zurückgekehrt war und, wie ich eben sagte,
seine zweite Einladung ausschlug, scheint es Dionysios durchaus
als eine Ehrensache betrachtet zu haben, daß nicht in manchen die
Meinung sich erzeuge, ich achte ihn, nachdem ich aus Erfahrung
339a seine Anlagen, seine Gesinnung und seine Lebensweise kennenlernte, gering und wolle, damit unzufrieden, nicht wieder zu ihm
kommen. Meine Pflicht aber ist es, die Wahrheit zu berichten und
es mir gefallenzulassen, wenn jemand, nachdem er das Vorgefallene vernahm, von meiner Philosophie verächtlich denkt und den

Gewaltherrscher für einen verständigen Mann ansieht. Es schickte nämlich Dionysios, einen dritten Versuch zu machen, einen Dreiruderer, die Reise mir zu erleichtern, nach mir, auch sandte er den Archedemos, einen der Anhänger des Archytas, von dem er glaubte, daß er bei mir vor allen in Sizilien das meiste b
gelte, sowie andere meiner Bekannten in Sizilien. Diese berichteten mir insgesamt dasselbe; es sei zu verwundern, welche Fortschritte Dionysios in der Philosophie gemacht habe. Er sandte mir auch einen sehr langen Brief, da er mein Verhältnis zum Dion und den lebhaften Wunsch desselben kannte, ich möge unter Segel gehen und nach Syrakusai mich begeben; denn auf das alles bezog sich dieser Brief, dessen Anfang ungefähr so lautete: «Dionysios seinen Gruß dem Platon.» Indem er darauf das Gewöhnliche folgen läßt, hat er nichts Angelegentlicheres zu schreiben c
als: «Wenn du jetzt, unseren Wünschen nachgebend, nach Sizilien kommst, wird zuerst alles auf den Dion Bezügliche sich so gestalten, wie du selbst es wünschst. Ich weiß aber, daß deine Wünsche angemessen sein werden, und diese werde ich gewähren; kommst du aber nicht, dann wird von den Angelegenheiten Dions, ob sie auf anderes oder auf ihn selbst sich beziehen, nichts deinen Wünschen entsprechen.» So äußerte er sich hierüber; zu weitschweifig und nicht hierher gehörig würde es sein, auch das d
übrige anzuführen.

Auch andere Briefe von Archytas und den Freunden in Tarent erhielt ich, welche das Weisheitsstreben des Dionysios lobpriesen und daß, komme jetzt ich nicht, ich die von mir zwischen ihnen und dem Dionysios gestiftete Freundschaft, die von nicht geringem politischem Einfluß sei, vollständig auflösen werde. Indem also zu damaliger Zeit die Aufforderung in der Weise an mich erging, daß sie von Sizilien und Italien aus mich heranzuziehen suchten, die athenischen Freunde aber geradezu mit ihren Bitten mich forttrieben, so bekam ich wieder dasselbe anzuhören: ich e
dürfe nicht die Sache Dions und der Gastfreunde und Genossen zu Tarent aufgeben. Mir selbst aber erschien es in der Erinnerung als nichts Wundersames, daß ich einem Befähigten, der als junger Mann das über wichtige Dinge Gesagte wenig beachtete, die Liebe zu einem tugendhaften Leben erwache. Das also, ob es so oder so damit bestellt sei, habe ich gründlich zu erforschen, um

das Ermittelte in keiner Weise unbeobachtet zu lassen, noch selbst einen gegründeten Vorwurf mir zuzuziehen.

340a So machte ich also, indem ich durch solche Überlegung mich
täuschte, unter vielfältigen Befürchtungen und indem mir natürlich nicht ganz Gutes ahnte, mich auf. Demnach übergab ich mich
zum drittenmal dem Retter Zeus und erlangte das wenigstens
wirklich; denn glückliche Rettung wurde mir zuteil, und das muß
ich, nächst dem Gotte, dem Dionysios danken, welcher die Absicht vieler, mich zu verderben, vereitelte und sich einigermaßen
durch die Rücksicht auf meine Verhältnisse bestimmen ließ.

b *10. Prüfung der angeblich philosophischen Neigungen des Dionysios*

Als ich aber angelangt war, glaubte ich zuerst dies meiner Prüfung
unterwerfen zu müssen, ob Dionysios wirklich von der Liebe zur
Weisheit wie von einem zündenden Funken ergriffen, oder ob dieses weitverbreitete Gerücht als ein grundloses nach Athen gelangt
sei. Dergleichen in Erfahrung zu bringen gibt es aber ein nicht
unedles, sondern bei Gewaltherrschern und zumal solchen, die
mit halbverstandenen Behauptungen überfüllt sind, wovon auch
ich sogleich nach meiner Ankunft merkte, daß es bei Dionysios gar
sehr der Fall sei, wirklich angemessenes Mittel. Solchen Männern
muß man zeigen, worin das ganze Unternehmen bestehe, von wel-
c cher Beschaffenheit, mit welchen Anstrengungen und Beschwer-
den es verbunden sei. Ist nämlich, wer dies hört, wirklich ein Weis-
heitliebender, führt er als ein Gottbegeisterter der Weisheit sich
verwandt und des Unernehmens würdig, dann meint er, eine
vortreffliche Anweisung vernommen zu haben und jetzt sich an-
strengen zu müssen, sonst werde ihm, tue er das nicht, das Leben
unerträglich; und nun strengt er sich an und läßt nicht von dem,
welcher die Bahn ihm vorzeichnet, los, bis er entweder seinen
Zweck vollständig erreichte oder die Befähigung erlangte, ohne
einen, der ihm den Weg zeigt, sein eigener Führer zu sein. In diesem
d Sinne und solches beabsichtigend lebt so einer, indem er bei allem,
was er irgend schafft, es berücksichtigt, in allem stets an der Philosophie festhält und an der täglichen Lebensweise, die ihn, bei der
ihm innewohnenden Nüchternheit, so leicht fassend, merksam
und zum Nachdenken geschickt wie möglich mache; und indem

die dieser entgegengesetzte Lebensweise ihm stets zuwider ist. Die
jedoch keine echten Weisheitsfreunde, sondern, wie der von der
Sonne gebräunte Körper, mit Meinungen übertüncht sind, und die
da sehen, wieviel des zu Erlernenden und wie groß die erforder-
liche Anstrengung sei und wie angemessen dem Unternehmen die e
wohlanständige tägliche Lebensweise, diese halten es für etwas
Schwieriges und ihnen Unmögliches und sind außerstande, ein
solches Leben zu führen; einige von ihnen aber überreden sich 341 a
selbst, das Ganze zur Genüge vernommen zu haben, und achten
sich keiner weitere Bemühungen bedürftig.

Das ist die augenscheinliche und vor allem zuverlässige Prüfung der dem Wohlleben Ergebenen und zur Anstrengung Unfähigen, damit einer nicht dem ihm den Weg Zeigenden, sondern sich selbst die Schuld beimesse, weil er nicht imstande ist, alles dem Unternehmen Ersprießliche auszuführen.

11. Unmöglichkeit der Darstellung philosophischer Erkenntnis

So wurde das hier Ausgesprochene auch gegen den Dionysios ausgesprochen. Doch alles trug weder ich dem Dionysios vor, noch
begehrte er es; denn er gab sich den Anschein, als sei er von vielem b
des Wichtigsten durch die unzureichenden Belehrungen anderer
zur Genüge unterrichtet. Später, höre ich, habe er selbst über das,
was er damals hörte, geschrieben, indem er es für sein eigenes
Kunstwerk, aus nichts von dem, was er hörte, zusammengefügt,
ausgab; doch ist mir davon nichts bekanntgeworden. Wohl aber
kenne ich einige andere, die über eben diese Gegenstände geschrieben haben, die nicht einmal zur Kenntnis ihrer selbst gelangten.
Soviel kann ich aber über alle, welche geschrieben haben und noch
schreiben werden, indem sie das zu wissen behaupten, worauf c
mein Bestreben gerichtet ist, ob nun, als haben sie es von mir oder
von andern gehört, oder auch selbst ausgesonnen, sagen, daß sie
meiner Meinung nach nichts von der Sache verstehen. Von mir
selbst wenigstens gibt es keine Schrift über diese Gegenstände,
noch dürfte eine erscheinen; läßt es sich doch in keiner Weise, wie
andere Kenntnisse, in Worte fassen, sondern indem es, vermöge
der langen Beschäftigung mit dem Gegenstande und dem Sichhin-
einleben, wie ein durch einen abspringenden Feuerfunken plötzlich entzündetes Licht in der Seele sich erzeugt und dann durch d

sich selbst Nahrung erhält. Soviel wenigstens weiß ich, daß ich, wenn ich es ausspräche oder niederschriebe, auf das sorgfältigste es tun und es mir gewiß vor allen andern leid sein würde, wäre es schlecht abgefaßt. Ergäbe es sich mir aber, daß es sich in einer der Mehrzahl verständlichen Weise niederschreiben und aussprechen ließe, was könnte dann von uns im Leben Schöneres geschehen, als etwa den Menschen zu großem Heile Gedeihendes niederzuschreiben und das Wesen der Dinge für alle an das Licht zu ziehen? Nun
e aber halte ich das, was sich für einen Versuch hierüber ausgibt, für nichts den Menschen Ersprießliches, mit Ausnahme einiger weniger, welche selbst es vermittels eines leisen Fingerzeiges aufzufinden imstande wären; von den übrigen aber würde es die einen, wie es nicht sollte, mit einer keineswegs angemessenen Geringschätzung erfüllen, die andern aber mit einem hochfliegenden und törichten Dünkel, als haben sie irgendwelche erhabene Wahrheiten begriffen.

12. Der Stufenweg der Erkenntnis

342a Doch ist in mir der Gedanke erwacht, noch ausführlicher darüber mich zu verbreiten, denn vielleicht dürfte, ist das geschehen, manches von dem, worüber ich spreche, deutlicher werden. Es gibt nämlich eine der Wahrheit entsprechende, demjenigen, der sich über irgend etwas der Art zu schreiben erdreistet, widerstrebende Lehre, die von mir vorher zu wiederholten Malen ausgesprochen ward und die ich auch jetzt aussprechen zu müssen glaube. Jedes von dem, was da ist, umfaßt dreierlei, wodurch seine Kenntnis erlangt werden muß. Das vierte aber ist diese selbst, als fünftes
b muß man das annehmen, was da erkennbar und wahrhaft ist; das eine von diesen ist der Name, das zweite der Begriff, das dritte das Abbild, das vierte die Erkenntnis. Nun nimm, wenn du das jetzt Gesagte zu begreifen begehrst, das Einzelne vor und denke dir alles in folgender Weise:

Wir bezeichnen etwas als Kreis, was den eben von uns angegebenen *Namen* führt; sein in Worten und Redeweisen ausgedrückter *Begriff* ist das zweite. Wo nämlich das Umgrenzende allerwärts von der Mitte gleichweit absteht, das dürfte der Begriff von dem sein, was den Namen des Runden, des Umringenden und des Krei-
c ses führt. Das dritte ist, was da hingemalt und wieder ausgelöscht,

abgerundet und dieser Eigenschaft wieder beraubt wird; von diesem allen widerfährt dem Kreise an sich, um den sich unsere ganze
Rede dreht, als einem davon Verschiedenen, nichts.

Das vierte ist die Kenntnis, die Einsicht und die richtige Meinung in diesen Dingen. Ferner muß man das Ganze als ein Einheit-
liches ansehen, welches nicht in Lauten und körperlicher Gestaltung, sondern in den Seelen seinen Sitz hat, woraus hervorgeht,
daß es etwas von der Natur des Kreises an sich und den vorher
erwähnten dreien Verschiedenes ist. Am nächsten kommt, ver- d
möge seiner Verwandtschaft und Ähnlichkeit, der Geist dem fünften unter diesen, von den übrigen ist er mehr verschieden.

Dasselbe gilt von dem Geraden und Umkreisenden, von Gestalt
und Farbe, von dem Guten, Schönen und Gerechten, von jedem,
ob nun durch Kunst erzeugten oder von Natur entstandenen Körper, von Feuer, Wasser und allem derartigen, von jedem Lebenden
und der den Seelen innewohnenden Gesinnung und von dem gesamten Tun und Leiden; denn nimmer wird, wer nicht von den e
Gegenständen irgendwie jenes Vierfache erfaßt, einer vollständi-
gen Kenntnis des fünften teilhaftig werden. Denn außer jenen vieren unternimmt er es ebensowohl, die Beschaffenheit und das Sein
eines jeden vermittels der Ohnmacht der Sprache darzulegen. Die- 343 a
ser Ohnmacht wegen wird kein Verständiger es wagen, in ihr seine
Gedanken niederzulegen und noch dazu in unwandelbarer Weise,
was bei dem schriftlich Abgefaßten der Fall ist.

13. Grund der Schwierigkeit der Darstellung von Erkenntnis

Ferner gilt es auch das, was wir jetzt anführen, zu erwägen. Jeder
in der Wirklichkeit gezeichnete oder abgerundete Kreis ist mit
dem dem fünften Widersprechenden erfüllt. Denn allerwärts
streift er an das Gerade. Aber der Kreis an sich, behaupten wir,
begreift weder viel noch wenig von der entgegengesetzten Beschaffenheit in sich. Auch ein bestimmter Name, behaupten wir, gelte b
für nichts, und es hindere nichts, das, was jetzt krumm heißt, gerade zu nennen und das Gerade krumm, und es werden diejenigen,
welche die Benennung umwechseln und die entgegengesetzte vorziehen, zu nichts Bestimmterem gelangen. Gewiß gilt auch vom
Begriffe dieselbe Behauptung, wenn Worte und Redeweisen ihn
ausdrücken, daß nichts in genügend bestimmter Weise bestimmt

sei. Ferner läßt es sich in bezug auf jegliches der vier in tausendfacher Weise nachweisen, wie unklar es sei; das Wichtigste aber ist
folgendes: indem, wie wir kurz zuvor bemerkten, ein Zweifaches
c vorliegt, das Sein und die Beschaffenheit, und die Seele nicht das
Wie, sondern das *Was* zu wissen strebt, hält jedes der vier der Seele
das nicht Gesuchte in Wort und Wirklichkeit vor, so daß jedes
Gesagte und Gezeigte ständig leicht durch die Sinne widerlegt
werden kann und in jedem ohne Ausnahme, möchte ich sagen,
jede Art von Unklarheit und Ungewißheit erregt. Bei Erörterungen
also, bei welchen wir, einer schlechten Erziehung zufolge, nicht
gewohnt sind, der Wahrheit nachzuforschen, und wo man mit
dem aufgestellten Abbild sich begnügt, erscheinen wir uns gegenseitig nicht lächerlich, die Befragten nämlich den Befragenden,
d welche jene vier Auffassungen zu verwerfen und zu widerlegen
imstande sind; wo wir uns aber genötigt sehen, in unserer Antwort auf jenes fünfte uns zu beziehen und es darzulegen, da siegt
wer da will von den zum Verwerfen Befähigten und bewirkt, daß
derjenige, welcher etwas durch Rede, Schrift oder Erwiderung zu
erläutern sucht, der Mehrzahl der Zuhörer nichts von dem, worüber er zu schreiben oder zu sprechen versucht, zu wissen scheine,
welche bisweilen nicht wissen, daß nicht der Geist des Schriftstel-
lers oder des Sprechenden widerlegt wird, sondern die von Natur
e schlechte Beschaffenheit einer jeden der vier Auffassungen. Aber
das Durchführen durch diese alle, welches zu jedem Einzelnen hin-
auf- oder herabsteigt, erzeugt doch endlich ein Wissen des seiner
Natur nach Richtigen in dem seiner Natur nach Befähigten. Ist
jemand aber schlecht befähigt, wie es von Natur die Geistesanlage
der meisten für das Erlernen und die erwähnte Gesinnung ist,
dann sind es verlorene Worte, und dann vermöchte solchen Men-
344a schen selbst kein Lynkeus die Augen zu öffnen. Mit einem Worte:
den der Sache sich nicht verwandt Fühlenden wird weder Geleh-
rigkeit noch Gedächtnis dazu machen; denn bei einer dem wider-
strebenden Gemütsbeschaffenheit erzeugt sich das von vornherein
nicht. So daß diejenigen, welchen von Natur das Gerechte und
andere Schöne nicht innewohnt und welche diesem nicht verwandt sind, von denen aber die einen das, die andern jenes leicht
fassen und behalten, sowie solche, die zwar etwas dem Verwandtes haben, aber von schwacher Fassungskraft und Erinnerungsfä-

higkeit sind, so daß von diesen beiden keine das wahre Wesen
der Tugend oder Untugend, insoweit es sich begreifen läßt, be- b
greifen. Denn sowohl das haben sie zu erlernen, als auch durch
allseitige Übung und mit großem Zeitaufwand, wie ich anfangs
sagte, das Täuschende und das Wahrhafte des gesamten Seins.
Indem nun das Einzelne, Namen, Begriffe, Anschauungen und
Wahrnehmungen untereinander verglichen und in guter Absicht
durch aller Mißgunst entbehrende Fragen und Antworten geprüft wird, so flammt über jedes Einsicht auf und Denken, wenn
man sich anstrengt, wie es nur menschlichen Kräften möglich ist. c
Darum ist jeder Mann, dem es Ernst ist, weit entfernt, dadurch,
daß er als Schriftsteller über ernste Dinge unter den Menschen
auftritt, in Mißgunst und Zweifel sie zu verwickeln. Es läßt sich,
mit einem Worte, daraus erkennen, daß, sieht man die Aufzeich-
nungen jemandes, des Gesetzgebers etwa in den Gesetzen oder
sonstwo, niedergelegt, diese ihm nicht, wenn er selbst die Sache
mit Ernst betreibt, das des größten Ernstes Würdige waren, daß
es aber doch dem schönsten Teile seiner Besitzungen angehört.
Wurde aber dieses wirklich als ein mit Ernst zu behandelnder Gegenstand in seinen Schriften niedergelegt, dann raubten ihm d
nicht die Unsterblichen, wohl aber sterbliche Menschen die Besinnung.

14. Erweis der philosophischen Unfähigkeit des Dionysios

Wer nun dieser Rede und Abschweifung aufmerksam folgte, der
wird recht gut wissen, daß, ob nun Dionysios etwas über das Erste
und Höchste in der Natur schriftlich verfaßte oder ein mehr oder
minder Begabter, dieser von dem, was er niederschrieb, nichts
meinen Ansichten zufolge Haltbares gehört oder sich angeeignet
hatte, sonst hätte ihn eine gleiche Scheu wie mich davon abgehalten und er nicht gewagt, es durch Mangel an Zusammenhang und
angemessener Darstellungsweise zu entstellen. Denn sich dessen
zu erinnern schrieb er es nicht nieder, ist doch nicht zu besorgen,
daß jemand es, hat er es einmal im Geiste aufgefaßt, vergesse; es e
beruht ja auf der vor allem kürzesten Darlegung; er schrieb es
aber, wenn er es tat, von einem schimpflichen Ehrgeiz getrieben
nieder, indem er es als etwas ihm Eigenes hinstellte oder als sei eine
Unterweisung ihm zuteil geworden, welcher er nicht wert war, da

345a er den aus solcher Teilnahme ihm erwachsenden Ruf erstrebt. Erlangte das Dionysios durch das einmalige Gespräch, so möge es
darum sein; wie er es aber erlangte, «dat weet Zeus», sagt der
Thebaner; denn ich besprach es in der angeführten Weise und einmal nur, später aber niemals wieder. Nun mag derjenige, welchem
daran liegt, den Hergang der Sache zu ermitteln, erwägen, wie es
doch geschah, daß wir es nicht zum zweiten und dritten oder zu
öftern Malen besprachen; ob Dionysios, nachdem er es einmal
b hörte, es nun begriffen zu haben glaubt und zur Genüge begriff, sei
es nun, daß er selbst es auffand oder auch früher von andern er-
lernte, oder weil er das Gesagte geringschätzte oder drittens es
seinen Verhältnissen nicht angemessen und darüber hinausgehend
fand und als fühle er sich wirklich nicht imstande, im Leben nach
Weisheit und Tugend zu streben.

Achtete er nämlich es für gering, dann wird er gar manche Ge-
währsmänner zu bekämpfen haben, denen in dergleichen Dingen
ein weit gewichtigeres Urteil zusteht als dem Dionysios; glaubt er
aber, es aufgefunden und begriffen zu haben, und hält es für etwas
der Ausbildung eines freien Geistes Angemessenes, wie hätte er
c dann, ohne als ein seltsamer Mensch zu erscheinen, seinen Weg-
weiser und den Inhaber dieser Wahrheiten mit so leichtsinniger
Geringschätzung behandelt? Inwiefern mit Geringschätzung, das
könnte ich wohl angeben.

15. Die Ereignisse beim zweiten Besuch und der Bruch mit Dionysios

Ohne darauf lange zu zögern, gestattete er nun, während er vorher
den Dion im ruhigen Besitz und dem Nießbrauch seines Vermögens ließ, den Geschäftsführern desselben nicht mehr, nach dem
Peloponnes dasselbe ihm zu senden, als sei jener Brief ganz seinem
Gedächtnis entschwunden; denn nicht dem Dion gehöre es, son-
d dern dessen Sohne, seinem Neffen, dessen gesetzmäßiger Vormund er sei. So weit hatte er es damals getrieben; ich aber hatte
nach solchen Vorfällen deutlich erkannt, wie es mit dem Eifer des
Dionysios für die Philosophie bestellt sei, und es stand mir frei, ob
ich Lust habe, ihm zu zürnen oder nicht; denn es war damals bereits Sommer und die Abfahrtszeit der Schiffe. Ich glaubte aber,
nicht mehr Ursache zu haben, auf den Dionysios zu zürnen als auf

mich selbst und diejenigen, welche mich nötigten, zum drittenmal e
die Meerenge der Skylla zu befahren,

Daß ich zurück noch kehrte zur unheilvollen Charybdis

um Dionysios erklären zu müssen, es sei mir unmöglich zu bleiben, da Dion so geringschätzig behandelt werde. Er aber suchte mich zu beruhigen und bat mich zu bleiben, in der Meinung, es werde ihm nicht zum Ruhme gereichen, wenn ich selbst sogleich als der Überbringer solcher Nachrichten zurückkehre; da er mich aber nicht zu überreden vermochte, versprach er, selbst für meine Rückfahrt
Sorge zu tragen. Ich war nämlich, erbittert und in der Meinung, ich 346a
müsse, wolle man mich abhalten, jeder Gefahr mich aussetzen, da ich offenbar kein Unrecht irgend beging, wohl aber erduldete, gesonnen, die Frachtschiffe zu meiner Rückfahrt zu benutzen.

Als er aber sah, daß ich zum Zurückbleiben nicht zu bewegen sei, ersann er folgende List, damit ich die damalige Abfahrt nicht benutze. Er kam am Tage nach jener Erörterung zu mir und ließ sich in annehmlicher Weise so gegen mich vernehmen: «Es höre für mich
und dich Dion und dessen Angelegenheiten auf, eine Veranlassung b
wiederholten Streites zu sein. Deinetwegen», fuhr er fort, «will ich das für Dion tun. Ich forderte ihn auf, nachdem er das ihm zustehende Vermögen zurückempfing, im Peloponnes zu leben, nicht aber als ein Landesverwiesener, sondern als einer, dem es gestattet sei, selbst hierher zurückzukehren, wenn es sein und mein und euer, seiner Freunde, gemeinsamer Beschluß ist; das finde aber nur statt, wenn er gegen mich keine Anschläge macht. Dafür jedoch müßt ihr, du und deine Freunde und die hiesigen Freunde Dions, mir Bürgen sein, er aber gewähre auch dafür Sicherheit. Das Geld aber, was er
empfängt, werde im Peloponnes und in Athen in die Hände derer c
niedergelegt, die ihr irgend dazu auserseht, und Dion habe den Nießbrauch, sei aber nicht berechtigt, ohne eure Zustimmung davon etwas aufzunehmen. Dem Dion nämlich traue ich nicht recht, ob er, wenn er über das Geld zu verfügen hätte, gegen mich verfahren werde, wie es recht ist; ist doch die Summe keine geringe; in dich dagegen und deinen Anhang setze ich größeres Vertrauen. Erwäge nun, ob das deinen Beifall hat, und bleibe dann unter diesen Bedingungen dieses Jahr, beim Eintritt der guten Jahreszeit aber reise mit
diesen Geldern zurück, und ich bin überzeugt, daß Dion dir es d
großen Dank wissen wird, daß du das für ihn auswirktest.»

Als ich diese Worte vernahm, verdroß es mich zwar, demungeachtet erklärte ich, ich wolle tags darauf, nachdem ich es mir überlegte, meinen Entschluß ihm kundtun. Das war unsere damalige Übereinkunft.

Darauf überlegte ich, mir selbst überlassen, die Sache nicht
ohne große Unruhe. Zuerst sprach ich bei dieser Überlegung so zu
e mir selbst: Wohlan, wenn Dionysios von dem, was er verspricht,
nichts zu halten gesonnen ist, nach meiner Abreise aber über mich
in ganz scheinbarer Weise an den Dion schreibt, er selbst und seine
zahlreichen Freunde, denen er das dem Dion zu melden anbefiehlt,
was er jetzt gegen mich äußert, als sei er bereitwillig, ich aber habe
mich zu dem, wozu er mich aufgefordert, nicht verstehen wollen,
sondern um Dions Angelegenheit nicht im geringsten mich gekümmert; wenn er außerdem mich nicht abreisen lassen will, in-
347a dem er selbst keinen Schiffsherrn damit beauftragt und alle deut-
lich merken läßt, es sei sein Wille nicht, daß ich abreise, wird dann
ein Schiffsherr mich, der aus dem Hause des Dionysios kommt,
mitnehmen wollen? Ich wohnte nämlich, neben andern Beschränkungen, in dem an dieses Haus stoßenden Garten, aus dem nicht
einmal der Türhüter ohne einen vom Dionysios dazu erhaltenen
Befehl mich hätte entlassen mögen. Bleibe ich aber noch dieses
Jahr, dann werde ich an den Dion schreiben können, wie meine
Lage beschaffen ist und wie es mir ergeht. Und erfüllt Dionysios
etwas von dem, was er verspricht, dann wird, was ich tat, nicht
b ganz lächerlich erscheinen; denn vielleicht beläuft sich das Vermögen des Dion, wenn man es richtig abschätzt, auf nicht weniger
als hundert Talente. Sollte aber, wie wahrscheinlich, was jetzt sich
vermuten läßt, geschehn, dann bin ich zwar in Verlegenheit, was
ich anfangen soll, es dürfte aber wohl dennoch notwendig sein,
daß ich noch ein Jahr ausharre und es versuche, den Dionysios
durch die Tat seiner Anschläge zu überführen.

Da ich für den folgenden Tag diesen Entschluß gefaßt hatte,
c erklärte ich dem Dionysios, ich sei zu bleiben entschlossen; doch
wünsche ich, fuhr ich fort, nicht, daß du glaubst, ich habe über den
Dion zu gebieten, sondern daß du mit mir einen Brief ihm sendest,
der von unserm Beschluß ihn benachrichtigt und ihm die Frage
vorlegt, ob ihm das genüge, wo aber nicht und wenn er etwas
anderes wünscht und begehrt, daß er auch das schleunigst brief-

lich erkläre und daß du in dem auf ihn Bezüglichen noch keine
Änderung triffst.

So besprachen wir uns, und das war, ungefähr so wie es jetzt
erzählt wurde, unsere Übereinkunft. Darauf segelten die Schiffe
ab und es war mir nicht mehr möglich abzureisen, als Dionysios
gegen mich sich erklärte, nur die eine Hälfte des Vermögens d
komme dem Dion, die andere dessen Sohne zu; er werde es, sagte
er, veräußern und die Hälfte mir für den Dion mitgeben, die andere Hälfte aber werde hier für dessen Knaben zurückbleiben, das
Verfahren sei nämlich das rechtmäßigste. Durch das mir Mitge-
teilte verletzt, hielt ich es zwar für höchst lächerlich, noch etwas
darauf zu erwidern, sagte aber dennoch, wir müßten den Brief
Dions abwarten und dann wieder das ihm schreiben. Er aber ver-
äußerte darauf in sehr leichtsinniger Weise das ganze Besitztum e
Dions, um welchen Preis, in welcher Weise und an wen er wollte;
doch mit mir sprach er nicht darüber, so wie auch ich nicht weiter
die Angelegenheiten Dions mit ihm besprach, glaubte ich doch
dadurch nichts auszurichten.

Insoweit war ich in dieser Weise für die Philosophie und meine
Freunde tätig gewesen. Von nun an aber war unser Verhältnis, das
meinige und das des Dionysios, so beschaffen: Ich blickte, wie ein 348a
Vogel, der dem Käfig zu entfliehen begehrt, nach außen; er aber
sann darauf, wie er mich wegscheuche, ohne etwas von dem Vermögen des Dion mir zu übergeben; dessen ungeachtet galten wir
in ganz Sizilien für Freunde.

Dionysios versuchte es, den Sold seiner ältern Söldner, dem von
seinem Vater Eingeführten zuwider, herabzusetzen; die Krieger
aber versammelten sich, darüber erbittert, haufenweise und erklärten sich abgeneigt, das sich gefallenzulassen. Er aber versuchte, das zu erzwingen, indem er die Tore seiner Burg schloß, sie b
aber drangen alsbald, unter Anstimmung eines Kriegsgesangs in
fremder Sprache, auf die Mauern los, was dem Dionysios solche
Furcht einjagte, daß er alles und den damals versammelten Leichtbewaffneten noch ein Mehreres zugestand. Nun verbreitete sich
bald das Gerücht, das alles sei vom Herakleides ausgegangen. Als
davon Herakleides hörte, machte er sich auf die Seite und hielt sich
verborgen, Dionysios aber suchte seiner habhaft zu werden und
beschied, weil er nicht wußte wie, den Theodotes in den Garten, in c

welchem aber auch ich gerade auf einem Spaziergang begriffen war. Doch von ihrem übrigen Gespräch weiß ich nichts noch hörte ich es mit an; was aber Theodotes in meiner Gegenwart zum Dionysios sagte, das weiß ich und dessen erinnere ich mich. «Ich suche nämlich, o Platon», sagte er, «den Dionysios da zu vermögen, daß Herakleides, sollte es mir möglich sein, denselben zu einer Verantwortung wegen der jetzt ihm gemachten Anschuldigungen hierher zu bringen, und sollte es dem Dionysios bedünken, daß derselbe
nicht in Sizilien bleiben dürfe, seinen Sohn und sein Weib mit sich
d nehme, nach dem Peloponnes schiffe und dort, ohne etwas gegen
den Dionysios zu tun, seine Einkünfte verzehre. Nun forderte ich
den Herakleides früher auf und will auch jetzt ihn auffordern, ob
er der früheren oder der jetzigen Aufforderung Folge leistet. Vom
Dionysios aber begehre und erbitte ich, daß, sollte jemand den
Herakleides, ob nun hier oder auf dem Lande, finden, demselben
e sonst kein Leid widerfahre, sondern daß er, bis Dionysios seine
Meinung ändert, das Land meide. Gestehst du das zu?» fuhr er, an
den Dionysios sich wendend, fort.

Ich gestehe es zu, erwiderte er, kein Leid soll ihm, meiner jetzigen Zusage zuwider, widerfahren, sollte er sogar in der Nähe deiner Wohnung betroffen werden.

Am Abend des folgenden Tages kamen Theodotes und Eurybios eilig und in großer Aufregung zu mir. Du warst doch, sagte Theodotes, gestern bei dem zugegen, Platon, was Dionysios gegen mich und dich in betreff des Herakleides zusagte?

Freilich, erwiderte ich.

Nun aber, fuhr er fort, streifen seine Leichtbewaffneten umher,
den Herakleides aufzugreifen; und dieser mag sich wohl hier in
349a der Nähe befinden; du aber begleite uns in aller Eile zum Dionysios.

So machten wir uns also auf und traten bei ihm ein. Die beiden aber standen stillschweigend da und weinten, ich aber sagte: Diese Männer befürchten, du mögest, deinen gestrigen Zusagen zuwider, irgend sonst etwas über den Herakleides verfügen; er ist nämlich, glaube ich, auf seiner Flucht hier in der Nähe gesehen worden.

Als er das hörte, loderte er auf und wechselte, wie es wohl ein in Zorn Geratender zu tun pflegt, die Farbe; Theodotes aber warf

sich, indem er seine Hand ergriff, vor ihm nieder, weinte und b
flehte dringend, so etwas nicht zu tun.

Nur getrost, Theodotes, nahm ich beruhigend das Wort, wird doch Dionysios es nicht über sich vermögen, etwas seinen gestrigen Zusagen Zuwiderlaufendes zu tun.

Er aber warf auf mich einen höchst gewaltherrscherischen Blick. Dir, sagte er, habe ich weder Großes noch Kleines zugesagt.

Ja bei den Göttern, versetzte ich, über das, was dieser nicht zu tun jetzt dich bittet. Und nach diesen Worten wandte ich mich um und entfernte mich.

Er machte hierauf auf den Herakleides Jagd; Theodotes aber c
sandte diesem Botschaft und forderte ihn dringend zu flüchten
auf. Dionysios dagegen sandte den Tisias mit Leichtbeschildeten
ihn zu verfolgen aus, Herakleides aber kam ihnen, wie es hieß, um
wenige Stunden, indem er auf das Gebiet der Karchedonier flüch-
tete, zuvor.

Nach diesem Vorfall glaubte wohl Dionysios, bei seinem lang-
gehegten Anschlage, das Vermögen des Dion nicht herauszuge-
ben, einen scheinbaren Vorwand zu einer gegen mich feindseligen
Gesinnung zu haben, und zwar entfernte er zuerst mich aus der
Burg, indem er das Vorgeben aussann, in dem Garten, wo ich d
wohnte, haben die Frauen ein zehntägiges Opferfest zu begehen.
Diese Zeit befahl er mir außerhalb, beim Archedemos, zuzubrin-
gen.

Während ich da mich aufhielt, ließ mich Theodotes rufen, äußerte vielfach seinen Unwillen über jenen Vorfall und sprach sich
tadelnd über Dionysios aus. Als dieser aber hörte, daß ich das
Haus des Theodotes betreten habe, ließ er das wieder für einen
zweiten, dem ersten verwandten Vorwand, mit mir sich zu ent- e
zweien, gelten, sandte einen an mich ab und ließ mich fragen: Ob
ich wirklich eine Zusammenkunft mit Theodotes, von diesem aufgefordert, gehabt habe?

Ja, allerdings, war meine Antwort.

Sonach läßt er, sagte jener, dir sagen, es sei von dir nicht recht getan, daß dir stets Dions Freunde mehr gelten als er.

Diese Erklärung wurde mir. Er ließ mich nun nicht mehr in seine Wohnung bescheiden, als ob es bereits zutage liege, daß ich ein Freund des Theodotes und Herakleides und sein Feind sei, und nahm an, daß ich, da Dions Vermögen ganz verloren war, nicht fürder ihm wohlwolle.

350a Fortan wohnte ich nun außerhalb der Burg, inmitten seiner Söldner. Es kamen aber andere und insbesondere auch meine Landsleute, die zur Dienerschaft gehörigen Athener, zu mir und benachrichtigten mich, ich sei bei den Leichtbewaffneten verleumdet und manche stießen die Drohung gegen mich aus, mich es, würden sie irgend meiner habhaft, entgelten zu lassen. Zu meiner Rettung ersann ich folgenden Ausweg. Ich sende zum Archytas und den andern Freunden in Tarent und schildere ihnen meine Lage. Diese aber wußten es dahin zu bringen, daß sie eine Gesandtschaft von Staats wegen vorschützen konnten, und senden
b einen Dreißigruderer und den Lamiskos, einen aus ihrer Mitte, der sich zum Dionysios begab, um eine Fürbitte für mich einzulegen, indem er meinen Wunsch abzureisen aussprach, was er doch ja nicht hindern möge. Dieser aber willigte ein und versah mich mit Reisegeld; von den Geldern Dions dagegen forderte weder ich etwas zurück noch zahlte jemand mir etwas aus.

16. Platons Absage an Dion, am Rachewerk gegen Dionysios teilzunehmen

Als ich nun nach dem Peloponnes zurückgekehrt war und den Dion auf einer Festreise begriffen in Olympia antraf, berichtete ich ihm, was geschehen war. Er aber forderte, indem er den Zeus zum Zeugen seiner Worte nahm, mich und meine Vertrauten und
c Freunde auf, Rache am Dionysios zu nehmen, wir der Gastrechtsverletzung wegen, denn das war seine Meinung und so drückte er sich aus, er selbst aber des Unrechts der Ausstoßung und Landesverweisung halber. Als ich das vernahm, riet ich ihm, die Freunde, wenn sie dazu geneigt wären, aufzufordern. Was mich aber anbetrifft, fuhr ich fort, so hast du und die andern mich gewissermaßen mit Gewalt zum Tisch- und Hausgenossen des Dionysios und zum Teilnehmer an seinen Opferfesten gemacht. Dieser glaubte vielleicht, auf die Verleumdungen vieler hin, ich stelle mit dir ihm und seiner Gewaltherrschaft nach, und tötete mich dessen ungeachtet nicht, sondern scheute sich dessen. Nun
d bin ich aber fast zu alt, um irgend jemandem im Kriege beizustehen, und stehe zwischen euch beiden, wollt ihr etwa, gegenseitiger

Freundschaft Bedürfnis fühlend, etwas Gutes euch erzeigen; solange ihr aber auf Böses sinnt, fordert andere dazu auf. Diese Antwort gab ich im Verdruß über meine Irrsale und Widerwärtigkeiten in Sizilien. Doch da sie widerstrebten und meinen Vorstellungen kein Gehör gaben, führten sie selbst über sich die eingetretenen Unglücksfälle herbei, deren keiner menschlicher Voraussicht nach eingetreten wäre, hätte Dionysios dem Dion sein Besitztum zurückerstattet oder überhaupt sich mit ihm ausgesöhnt. Denn e
den Dion hätte ich durch meine Wünsche und meinen Einfluß leicht in Schranken gehalten. Nun aber gingen sie aufeinander los und brachten über alles des Unheils Fülle.

17. Verteidigung Dions. Seine Vorbildlichkeit

Und doch bezweckte Dion eben das, wovon ich behaupten 351 a
möchte, daß ich selbst es bezwecken und worauf auch ein anderer sinnen müsse, der in Bezug auf das eigene Ansehn, seine Freunde und sein Vaterland mit Mäßigung verfährt, um durch die größten diesen erzeigten Wohltaten zu Ansehn und den höchsten Ehrenstellen zu gelangen. Das ist aber nicht möglich, wenn jemand, durch Nachstellung und Mitverschworene, die er sich gewinnt, sich selbst und seine Genossen und sein Vaterland bereichert als ein Dürftiger, welcher, ohne Herrschaft über sich selbst, in seiner Schwäche von seinen Begierden sich hinreißen läßt und nun die Vermögen Besitzenden, welche er für seine Feinde erklärt, tötet, b
ihrer Reichtümer sich bemächtigt und seine Helfer und Genossen auffordert, das ihm, dem Dürftigen, wie er sich nennt, nicht zum Vorwurf zu machen; so auch, wenn er solche Wohltaten seiner Vaterstadt erweist und von ihr hoch geehrt wird, indem er durch Beschlüsse die Habe weniger unter die vielen verteilt; oder wenn er an der Spitze eines großen, über viele kleine herrschenden Staates seinem eigenen in widerrechtlicher Weise die Habe der klei- c
nern zuwendet. Denn weder ein Dion noch sonst einer wird je aus freier Willkür so einer ihm selbst und seiner Sippschaft für immerdar verderblichen Macht nachstreben, sondern einer Verfassung und der Aufstellung der besten und gerechtesten Gesetze, ohne die geringste Anwendung von Hinrichtungen oder Landesverweisungen. Indem nun auch Dion dies jetzt beabsichtigte und Unrecht zu erdulden dem es Zufügen vorzog, dabei aber dem es zu Erdulden

vorzubeugen suchte, kam er dennoch, ohne daß es zu verwundern
d war, zu Falle, als er bereits ganz nahe daran war, seinen Feinden obzusiegen. Denn ein gottergebener Mann im Kampfe mit den Gottlosen, ein Besonnener und Verständiger, dürfte sich zwar über die Gesinnung solcher Menschen überhaupt niemals täuschen, es wäre aber vielleicht nicht zu verwundern, wenn es ihm ebenso erginge wie einem tüchtigen Steuermann, dem zwar ein bevorstehender Sturm wohl nicht verborgen bleiben, den aber doch der Stürme plötzliche und unvorhergesehene Heftigkeit, die er nicht erwarten konnte, gewaltsam dem Untergange entgegenführen dürfte. Dasselbe brachte auch den Dion ins Verderben; denn daß die ihm Verderben Bereitenden schlecht seien, war ihm gar nicht verborgen, wohl aber, welche Höhe ihre Verblendung
e sowie ihre übrige Schlechtigkeit und Habgier erreicht hatte; dadurch gestützt unterlag er und versetzte Sizilien in unendliche Trauer.

352a Welche Ratschläge ich euch, nachdem das jetzt Erzählte geschah, erteile, ist so ziemlich von mir schon ausgesprochen, und das möge genügen. Weshalb ich aber meine zweite Reise unternahm, glaubte ich wegen der Seltsamkeit und Widersinnigkeit des Vorgefallenen notwendigerweise berichten zu müssen.

Schien aber manchem das Erzählte vernunftgemäßer zu sein und zur Erklärung des Geschehenen ausreichende Gründe anzugeben, dann dürfte wohl unsere jetzige Erklärung als eine hinreichende und ihrem Zwecke genügende sich bewähren.

Achter Brief

Ratschläge an Dions Freunde im Sinne Dions

b Platon den Vertrauten und Freunden Dions fröhliches Gedeihen!

Worauf jedoch euer Sinn gerichtet sein muß, um wirklich fröhlich zu gedeihn, das will ich euch, so gut ich es vermag, darzulegen versuchen. Mein Rat soll aber, hoffe ich, das Ersprießliche nicht bloß für euch darlegen, doch allerdings zunächst für euch, zwei-
c tens aber für alle Bewohner Syrakusais und drittens auch für eure besondern und eures Vaterlandes Feinde, es sei denn, daß einer bis

zur Verruchtheit herabsank; denn dann wird es unheilbar und niemand vermöchte wohl solchen Schandfleck auszuwaschen. Er-
wägt denn, was ich jetzt euch sage.

Ihr habt in ganz Sizilien nach der Aufhebung der Gewaltherrschaft eben darüber einen Kampf zu bestehen, indem die einen die
Herrschaft wiederzuerlangen, die andern dagegen die Auflösung
der Gewaltherrschaft vollständig auszuführen trachten. Die meisten glauben in solcher Hinsicht jedenfalls das anraten zu müssen, d
was den Gegnern das größte Unheil, den Freunden aber den größten Vorteil bringt. Es ist aber keineswegs leicht zu vermeiden, daß
man, indem man andern viel Übles zufügt, nicht selbst viel andres
der Art erfahre. Und dieses deutlich zu erkennen, braucht ihr gar
nicht weit zu gehen, sondern könnt euch auf das beschränken, was
jetzt eben in Sizilien geschah, indem die einen Böses zuzufügen, die
anderen es von sich abzuwehren versuchten; durch dessen Erzäh- e
lung ihr bei jeder Gelegenheit auch unter anderen als tüchtige
Lehrmeister auftreten könntet. An Belegen dafür fehlt es wohl
kaum; was da aber geschehen könnte, was entweder allen Freunden und Gegnern zum Vorteil oder zum möglichst geringen Nachteil gereichte, das zu erkennen oder, nachdem man es erkannte,
auszuführen ist nicht leicht; ein solcher Rat oder der Versuch einer
solchen Belehrung ist mehr einem frommen Wunsche zu vergleichen. Sei es nun durchaus nur ein frommer Wunsch – ziemt es uns 353a
doch, bei allen unseren Reden und Gedanken von den Göttern
auszugehen – er gehe aber in Erfüllung, indem er uns etwa folgenden Rat eingibt.

Jetzt herrscht über euch und zumeist auch über die euch, seit der
Krieg ausbrach, Verfeindeten fortwährend eine Sippschaft, denen
dereinst eure Väter die Herrschaft damals übertrugen, als die
größte Gefahr über den von Hellenen bewohnten Teil Siziliens
kam, er möge ganz, von den Karchedoniern aus seinen Wohnsitzen vertrieben, dem Barbarentum anheimfallen. Damals wählten
sie nämlich, wie man sagt, zur Rettung Siziliens den Dionysios, als
einen jungen kriegslustigen Mann, zu den ihm angemessenen krie- b
gerischen Unternehmungen, zu seinem Ratgeber und älteren Beistand aber den Hipparinos, und zwar mit unumschränkter Gewalt, indem sie ihnen den Namen Tyrannen beilegten. Und ob nun
jemand annimmt, daß göttliche Fügung und ein Gott oder daß die

Tüchtigkeit der Herrschenden oder auch beides, unterstützt durch
den Beistand der damaligen Bürger, die Rettung herbeiführte, das
bleibe dem Dafürhalten eines jeden anheimgestellt; Rettung er-
folgte fürwahr durch das, was damals sich begab. Bei solchem
Verlauf der Dinge also mußten von Rechts wegen alle denen, die
c sie retteten, es Dank wissen. Hat aber in der folgenden Zeit die
Gewaltherrschaft nicht den rechten Gebrauch von dem vom
Staate ihr Verliehenen gemacht, so hat sie zum Teil dafür gebüßt,
teils büße sie noch.

Welche verdiente Buße dürfte nun wohl notwendig unter diesen
Umständen sie treffen? Wäret ihr imstande, leicht und ohne Gefahren und Anstrengungen ihren Angriffen zu entgehen, oder jene,
ohne Schwierigkeit der Herrschaft wiederum sich zu bemächtigen, dann wäre es nicht einmal tunlich, den Rat, den ich euch
d auszusprechen im Begriff bin, euch zu erteilen. Nun aber müßt ihr
beiderseits bedenken und ins Gedächtnis euch zurückrufen, wie
oft ihr beide die Hoffnung hegtet, glauben zu können, daß es stets
an einer Kleinigkeit mangele, um in allem eure Wünsche erfüllt zu
sehen, und daß es dann sich jedesmal zuträgt, daß diese Kleinigkeit die Veranlassung großer und tausendfacher Widerwärtigkeiten wird, und daß es nie zu einer endlichen Entscheidung kommt,
sondern daß das, was schon längst das Ende zu sein schien, stets an
einen neu sich erzeugenden Anfang sich knüpft, und daß durch
e diesen Kreislauf die gesamte wie die gewaltherrscherische so die
volksherrschaftliche Partei in Gefahr gerät unterzugehen und
ganz Sizilien, wenn etwas von dem geschehen sollte, was wahrscheinlich, aber unerwünscht ist, der griechischen Sprache fast
verlustig geht, indem es seinen jetzigen Zustand mit einer Herrschaft und Obmacht der Phöniker oder Opiker vertauscht. Doch
auf ein Heilmittel dagegen müssen alle Hellenen mit allem Eifer
bedacht sein. Kennt nun jemand ein richtigeres und besseres, als
was ich anraten will, dann dürfte er, wenn er es zum besten gibt,
354a mit dem größten Rechte ein Hellenenfreund heißen; was irgend
aber ich jetzt dafürhalte, will ich euch freimütig und mit das beiderseitige Recht berücksichtigenden Worten darzulegen versuchen.

Ich spreche nämlich gewissermaßen als ein Schiedsrichter, als
wiederhole ich zwei Gegnern, einem die Gewaltherrschaft Üben-

den und einem ihm Unterworfenen, jede Partei als einen einzelnen
betrachtend, meinen schon längst ausgesprochenen Rat. Auch
jetzt dürfte mein jedem Gewaltherrscher zu erteilender Rat wohl
dahin lauten, diesen Namen und das Verfahren eines solchen zu
meiden und seine Herrschaft womöglich zu einem Königtume um- b
zugestalten. Möglich aber ist es, wie durch die Tat ein weiser und
tugendhafter Mann, Lykurgos, bewies. Als dieser sah, daß die
Sippschaft seiner Verwandten in Argos und Messene von der königlichen zur gewaltherrscherischen Macht gelangt war und jeder
der beiden sich und seinen Staat in das Verderben gestürzt hatte,
wendete er, um seinen eigenen Staat und seine Sippschaft besorgt,
das Heilmittel der Herrschaft der Alten und der die königliche
Gewalt durch die Ephoren erhaltenden Beschränkung an, so daß
sie bereits seit so vielen Menschenaltern ruhmvoll besteht, indem
die vom Gesetze geübte Herrschaft zum Könige der Menschen, c
nicht aber die Menschen zu Gewaltherrschern der Gesetze wurden.

Das ist es, was auch jetzt meine Rede allen anrät, sowohl denen,
deren Sinn auf Gewaltherrschaft steht: das vermeinte Glück uner-
sättlich begehrlicher, unverständiger Menschen zu scheuen und
eifrigst zu fliehen, es vielmehr zu versuchen, die Herrschaft zu der
Weise des Königtums umzugestalten und einem König angemessenen Gesetzen sich zu unterwerfen, indem sie im Besitz der
höchsten Ehrenstellen mit Zustimmung der Menschen und Gesetze sich befinden: so wie ich auch denen, welche einer freieren d
Lebensweise nachstreben und dem Sklavenjoch als einem Unheil
zu entfliehen suchen, wohl Vorsicht anraten möchte, nicht durch
die unersättliche Begierde nach einer der Lage der Dinge nicht angemessenen Freiheit in den krankhaften Zustand ihrer Vorfahren
zu geraten, in welchen die damals Lebenden, von maßloser Frei-
heitsliebe getrieben, durch eine übertriebene Unbeschränktheit
verfielen. Denn die Sizilioten, welche vor Dionysios und Hipparinos die Herrschaft übten, lebten damals, wie sie meinten, glücklich, in Üppigkeit und ihre Befehlshaber befehligend: steinigten sie
doch die zehn Feldherrn vor Dionysios, ohne sie nach irgendeinem e
Gesetze gerichtet zu haben, natürlich um keinem Herrn nach
Recht und Gesetz untertan und ganz und gar frei zu sein: daraus
entstanden für sie die Gewaltherrschaften.

Denn Untertänigkeit und Freiheit sind im Übermaße beide ganz
schlecht, im rechten Maße aber ganz trefflich: im rechten Maße
aber ist man der Gottheit, maßlos den Menschen untertan: Gott-
355a heit aber ist für die Vernünftigen das Gesetz, für die Unvernünftigen aber die eigene Lust.

Unter diesen Umständen also ermahne ich die Freunde des
Dion, das, was ich allen Syrakusiern rate, als einen von jenem und
mir gemeinsam ausgehenden Rat auszusprechen; ich aber werde,
was jener, wäre er noch am Leben und vermöchte er es, jetzt euch
sagen würde, verdolmetschen. Welche Lehre nun, könnte jemand
sagen, zeigt euch in betreff der gegenwärtigen Lage der Rat des
Dion? Folgende: «Nehmt vor allem zuerst, ihr Syrakusier, Ge-
b setze an, von denen ihr erkennt, daß sie euern Sinn und euer Verlangen nicht auf Gelderwerb noch Reichtum hinlenken werden,
sondern von den drei Gütern, die es gibt, Seele, Leib und Besitz,
der Trefflichkeit der Seele den höchsten Wert beilegen, demnächst
der des Leibes, welche der der Seele nachsteht, als drittes und letztes den Wert des Besitzes aufstellen, welcher dem Leib und der
c Seele untertan ist. Und eine Satzung, die dies bewirkte, wäre für
euch ein richtig gegebenes Gesetz, welches diejenigen, welche ihm
folgen, wahrhaft glücklich macht; die Ausdrucksweise aber, welche die Reichen glücklich nennt, ist selbst unselig, ein törichtes
Weiber- und Kindergerede, und macht die, welche ihr folgen,
ebendazu. Daß aber das, wozu ich euch ermahne, wahr ist, werdet
ihr, wenn ihr das, was jetzt über die Gesetze gesagt wird, erprobt,
durch die Tat erkennen: und dies scheint mir doch in jeder Beziehung der wahrhafteste Prüfstein zu sein.

Habt ihr aber solche Gesetze angenommen, so würde, da Sizi-
d lien in Gefahr ist und ihr weder genügend die Oberhand habt noch
auch entschieden unterliegt, es für euch alle recht und nützlich
sein, einen Mittelweg einzuschlagen, für euch sowohl, die ihr die
Strenge der Herrschaft vermeiden wollt, als für die, welche die
Herrschaft wiederzuerlangen begehren, deren Vorfahren damals,
was die Hauptsache ist, die Hellenen vor den Barbaren retteten, so
daß es uns überhaupt vergönnt ist, jetzt über die Staatseinrichtung
zu sprechen; denn wärt ihr damals untergegangen, so bliebe nirgends und in keinerlei Weise Besprechung oder Hoffnung übrig.
e Jetzt nun möge den einen Freiheit unter königlicher Herrschaft

werden, den andern verantwortliche königliche Gewalt, so daß
die Gesetze Herr sind wie über die übrigen Bürger, so über die
Könige selbst, wenn sie etwas Ungesetzliches tun. Unter allen diesen Voraussetzungen stellt mit aufrichtigem, gesundem Sinne in
der Götter Namen als König auf zuerst meinen Sohn, aus doppelter Rücksicht, auf mich und meinen Vater. Denn dieser befreite zu
jener Zeit die Stadt von den Barbaren, ich aber nun zweimal von 356a
den Gewaltherrschern, wovon ihr selbst Zeugen geworden seid.
Zum zweiten König macht den, der mit meinem Vater denselben
Namen führt, aber des Dionysios Sohn ist, mit Rücksicht auf die
jetzt geleistete Hilfe und auf seinen tugendhaften Charakter; denn
dieser, obschon eines Gewaltherrschers Sohn, befreit jetzt die
Stadt, indem er sich und seinem Geschlechte statt einer kurzen und
ungerechten Gewaltherrschaft ewig dauernden Ruhm erwirbt.
Als dritten muß man auffordern, daß er mit seiner und des Staates
Einwilligung König von Syrakusai werde, den, der jetzt das feind-
liche Heer befehligt, Dionysios des Dionysios Sohn, ob er sich viel- b
leicht entschließt, freiwillig seine Lage in die eines Königs umzu-
ändern, aus Furcht vor Wechselfällen des Geschicks, aber auch
aus Mitleid mit seiner Vaterstadt, mit der Vernachlässigung der
Heiligtümer, mit den Gräbern, damit er nicht aus Streitsucht dies
alles gänzlich vernichtet, den Barbaren zur Schadenfreude; diese
drei aber setzet als Könige ein, mögt ihr ihnen nun die Gewalt der
Lakonischen Könige geben oder ihnen noch Macht nehmen und
euch mit ihnen darüber einigen, etwa auf folgende Art, die auch
freilich schon früher auseinandergesetzt worden; indessen hört sie c
auch jetzt noch einmal.

Wenn das Geschlecht des Dionysios und Hipparinos zum Heile
Siziliens sich entschließt, den gegenwärtigen Leiden ein Ende zu
machen, nachdem sie für sich und ihr Geschlecht Ehren für die
Zukunft und für die Gegenwart empfangen, so beruft auf die vorher angegebenen Bedingungen bevollmächtigte Gesandte behufs
der Versöhnung, seien es nun Leute von hier oder von auswärts
oder beides, und in solcher Zahl, wie sie sich darüber einigen. Diese
nun, nachdem sie gekommen, sollen zuerst Gesetze geben und d
eine solche Staatsverfassung festsetzen, mit der es übereinstimmt,
daß Könige die höchste Entscheidung über Opfer und alles übrige
haben, worüber denen die Entscheidung gebührt, die sich als

Wohltäter des Staates vormals gezeigt haben: zu Herren über
Krieg und Frieden aber sollen sie neben Volk und Rat Gesetzes-
wächter machen, fünfunddreißig an der Zahl: verschiedene Gerichtshöfe soll es über verschiedene Sachen geben, wo es sich aber
um Tod oder Verbannung handelt, sollen die Fünfunddreißig
Richter sein und außer diesen auserlesene Richter aus den jedesmaligen Beamten des vorigen Jahres, einer aus jeder Behörde, der
e für den besten und gerechtesten gilt: diese sollen das folgende Jahr
hindurch Recht sprechen in allem, wo es sich um Tod, Gefängnis
und Verbannung der Bürger handelt: einem Könige aber soll es
357a nicht gestattet sein, in solchen Prozessen zu richten, da er wie ein
Priester rein sein muß von Mord und Gefängnis und Verbannung.

Daß dies euch zuteil würde, war, als ich lebte, meine Absicht
und ist es noch jetzt. Und damals hätte ich, mit eurer Hilfe der
Feinde Herr geworden, die Verhältnisse meiner Absicht entsprechend eingerichtet, wenn nicht die Erinnyen in Gestalt meines
Gastfreundes es gehindert hätten, und hätte dann das übrige Sizilien, wenn der Erfolg der Absicht entsprochen hätte, kolonisiert,
nachdem ich den Barbaren das Land, das sie jetzt haben, abgenommen, soweit sie nicht für die gemeinsame Freiheit den Kampf
b gegen die Gewaltherrschaft durchgekämpft, die früheren Bewohner aber der hellenischen Gegenden in den alten Wohnsitzen ihrer
Väter angesiedelt. Dieses selbe rate ich aber auch jetzt allen gemeinsam zu erwägen und auszuführen und alle zur Ausführung
aufzufordern; wer es aber nicht will, den gemeinsam als Feind zu
betrachten.

Unmöglich aber ist dies nicht: denn wer das für unmöglich hält,
was sich in zwei Seelen vorfindet und was ganz geeignet ist, von
solchen, die darüber nachgedacht haben, als das Beste erfunden zu
c werden, der ist wohl nicht recht bei Verstande. Mit den beiden
Seelen aber meine ich die des Hipparinos, des Sohnes des Dionysios, und die meines Sohnes; denn wenn diese beiden sich geeinigt
haben, werden, meine ich, auch alle übrigen Syrakusier, soweit
ihnen der Staat am Herzen liegt, ebenso darüber denken.

Erweist aber allen Göttern Ehren unter Gebeten und allen andern, denen dies nächst den Göttern gebührt, dann aber sucht
Freund und Feind zu überreden und fordert sie auf, freundlich und
auf jede Weise, lasset nicht ab, bis ihr das jetzt von uns Gesagte wie

von Gott gesandte Träume, die an die Wachenden herangetreten, d
leibhaftig ausgeführt habt, vollendet und glücklich.»

Neunter Brief

Pflicht zur Beschäftigung mit dem Gemeinwesen

Platon dem Tarentiner Archytas fröhliches Gedeihen!

Archippos, Philonides und ihre Begleiter kamen zu uns, über-
brachten den Brief, den du ihnen mitgabst, und mündliche Nach- e
richten von dir.

Ihre öffentlichen Aufträge erreichten sie mit Leichtigkeit, denn diese erheischten keine großen Bemühungen; dann besprachen sie mit mir das von dir ihnen Aufgetragene, indem sie erklärten, es sei dir einigermaßen unangenehm, daß du dich nicht von der Beschäftigung mit dem Gemeinwesen loszumachen vermagst. Freilich begreift so ziemlich jeder, daß es das Angenehmste ist, im Leben mit
seinen eigenen Angelegenheiten sich zu beschäftigen, vorzüglich,
wenn jemand Ähnliches wie du als seine Angelegenheit betrachtet. 358a
Aber du mußt auch bedenken, daß jeder von uns nicht bloß für sich selbst geboren ist, sondern daß einen Teil unseres Lebens das Vaterland beansprucht, einen Teil unsere Eltern, einen andern die übrigen Freunde, und daß vieles auch von den unser Leben betreffenden Ereignissen abhängig ist. Aber ungehörig ist es wohl, wenn das Vaterland selbst uns zur Teilnahme an dem Gemeinwesen auffordert, dieser Aufforderung keine Folge zu leisten; denn dabei
geschieht es auch, daß wir statt unserer schlechte Menschen ein- b
treten lassen, welche nicht in der besten Absicht sich mit dem Gemeinwesen befassen.

Soviel genüge über diesen Gegenstand. Für den Echekrates aber tragen wir schon jetzt Sorge und werden es auch in Zukunft tun, sowohl dir, als seinem Vater Phrynion und dem Jünglinge selbst zuliebe.

Zehnter Brief

Lob für Freundschaft mit Dion

Platon dem Aristodoros fröhliches Gedeihen!

c Ich höre, daß du jetzt vor allen an den Dion dich anschließt und stets anschlossest, indem du die dem Weisheitsjünger angemessenste Gesinnung zeigst. Denn das Zuverlässige, Treue, Ungefälschte begründet, wie ich behaupte, die echte Weisheit, andere und anderes bezweckende Arten der Weisheit und Tüchtigkeit aber glaube ich mit Recht als eitlen Schmuck bezeichnen zu müssen.

Du aber bleibe gesund und bleibe dieser Gesinnung treu, wie du auch jetzt ihr treu verharrst.

Elfter Brief

Unwirksamkeit einer bloßen Aufstellung von Gesetzen

d Platon dem Laodamas fröhliches Gedeihen!

Schon früher habe ich dir geschrieben, es sei für alles, was du sagst, sehr wichtig, daß du selbst nach Athen kommst; da du aber behauptest, dies sei unmöglich, so wäre demnächst das Beste, daß womöglich entweder ich oder Sokrates kämen, wie du schreibst.
e Jetzt aber leidet Sokrates am Harnzwang, für mich aber dürfte es nicht anständig sein, wenn ich, dort angekommen, nicht durchführte, wozu du mich aufforderst. Ich habe aber wenig Hoffnung, daß dies geschehen würde: weshalb aber, das bedürfte eines andern langen Briefes, wenn jemand alles anführen wollte. Und zugleich befinde ich mich nicht einmal körperlich meines Alters wegen in der Lage, herumzureisen und zu Wasser und zu Lande Gefahren, wie sie vorkommen, zu bestehen: und zumal jetzt ist auf den Reisen alles voll Gefahren.

359a Einen Rat jedoch zu erteilen dir und deinen Kolonisten vermag ich, der vielleicht, wenn ich ihn ausgesprochen, wertlos und schwer verständlich, wie Hesiodos sagt, erscheinen dürfte. Denn wenn man meint, daß ein Staat jemals infolge der Festsetzung ir-

gendwelcher Gesetze wohl eingerichtet sein werde, ohne daß eine
Gewalt vorhanden ist, welche sich im Staate um die tägliche Lebensweise kümmert, daß dieselbe mäßig sei und mannhaft bei
Sklaven und Freien, so hat man keine richtige Einsicht. Dies aber
dürfte wohl geschehen, wenn bereits dieses Amtes würdige Männer vorhanden sind; wenn es aber zur Heranbildung an jemand b
fehlt, dann habt ihr, wie ich meine, weder einen, der euch heran-
bildet, noch solche, die heranzubilden sind, sondern es bleibt nur
übrig, die Gnade der Götter anzuflehen. Denn auch die früheren
Staaten haben sich etwa auf dieselbe Weise gebildet und dann
sich wohl befunden infolge des Zusammentreffens wichtiger Ereignisse im Kriege und in andern Verhältnissen, wenn in solcher
Lage ein wackerer Mann im Besitze großer Macht auftrat.

Im voraus aber müßt ihr notwendig danach mit Eifer streben, c
freilich auch das erwägen, was ich euch sage, und nicht unverständig sein, indem ihr meint, ihr würdet mit leichter Mühe etwas ausrichten. Sei glücklich!

Zwölfter Brief

Dank für empfangene Schriften

Platon dem Tarentiner Archytas fröhliches Gedeihen!

Mit unaussprechlicher Freude empfingen wir die von dir uns
übersandten Aufsätze, bewunderten im höchsten Grade ihren d
Verfasser und hielten ihn für einen würdigen Sprößling seiner bekannten alten Vorfahren. Denn man erzählt von diesen, sie seien
Mysier – diese aber gehörten zu den Troern, die unter Laomedon
ihre Heimat verließen –, wackere Männer, wie die über sie über-
lieferte Sage kundgibt.

Die von mir verfaßten Aufsätze, über die du mir schreibst, genügen mir zwar noch nicht, doch übersende ich dir sie so, wie sie
eben sind.

Über die zu beobachtende Vorsicht sind wir beide einverstan- e
den, so daß es keiner Aufforderung dazu bedarf.

Bleibe gesund.

Dreizehnter Brief

Rechenschaft über Verwendung von Geldern

360a Platon dem Tyrannen Dionysios von Syrakusai fröhliches Gedeihen!

Dies sei der Anfang meines Briefes und zugleich ein Zeichen,
daß er von mir ist: als du einst die Jünglinge aus Lokroi bewirte-
test, standest du, weil du weit von mir deinen Platz hattest, auf,
tratest zu mir heran und sprachst freundlichen Sinnes verständige
b Worte zu mir, wie es mir und meinem Tischnachbarn schien, der
aber war der Gebildeten einer. Er nun sagte damals: Wahrhaftig,
Dionysios, du hast von Platon in bezug auf Weisheit viel gewonnen! Du aber sagtest: Auch in vielen anderen Beziehungen, da ich
seit seiner Berufung eben schon daraus, daß ich ihn zu mir berief,
sofort Nutzen zog.

Dies nun müssen wir festhalten, damit der gegenseitige Nutzen,
den wir voneinander haben, immer mehr zunehme. Und ich
schicke dir jetzt, indem ich eben dafür sorge, etwas von den Pytha-
goreischen Schriften und von den Einteilungen, auch einen Mann,
c wie wir damals beschlossen, den du und Archytas (wenn anders
Archytas zu dir gekommen ist) werdet brauchen können. Sein
Name ist Helikon, er stammt aus Kyzikos, ist ein Schüler des Eu-
doxos und in dessen ganzer Lehre wohl bewandert; ferner aber ist
er auch mit einem der Schüler des Isokrates umgegangen und mit
Polyxenos, einem Schüler des Bryson. Was aber selten damit verbunden ist, er ist auch nicht ohne Anmut im Umgange und allem
Anschein nach von keinem schlechten Charakter, vielmehr dürfte
d er sanft und gutherzig erscheinen. Doch sage ich dies nicht ohne
Besorgnis, da ich eine Meinung über einen Menschen ausspreche,
kein schlechtes, aber, wenige einzelne – und auch diese nur in gewissen Beziehungen – ausgenommen, ein leicht veränderliches
Wesen. Da ich nun auch dieses Mannes wegen besorgt war und
nicht recht traute, beobachtete ich ihn selbst, wenn ich ihn traf,
und erkundigte mich bei seinen Mitbürgern, und niemand sagte
etwas Nachteiliges von ihm. Beobachte ihn aber auch selbst und
sei vorsichtig. Vorzugsweise also, wenn du irgend Muße hast,
e lerne von ihm und strebe auch sonst nach Weisheit: wenn nicht, so

laß jemand von ihm unterrichten, damit du, in Muße lernend, besser wirst und in guten Ruf kommst, damit der Nutzen, den du von mir ziehst, nicht aufhöre.

Soviel davon. Was aber das betrifft, was du mir zu schicken 361a
auftrugst, so habe ich den Apollon anfertigen lassen, und Leptines
bringt ihn dir, von einem jungen und tüchtigen Künstler, er heißt
Leochares. Es war aber bei ihm ein anderes, nach meiner Ansicht
sehr zierliches Werk; ich kaufte es in der Absicht, es deiner Frau zu
schenken, weil sie für mich, als ich gesund und als ich unwohl war,
meiner und deiner würdig Sorge trug; gib es ihr nun, wenn du
nicht anderer Meinung bist. Ich schicke aber auch zwölf Krüge
süßen Weines für deine Kinder und zwei mit Honig. Bei der
Feigenernte kamen wir zu spät, die zurückgelegten Myrhtenbee- b
ren aber waren gefault, ein andermal wollen wir uns besser vorsehen. In betreff der Pflanzen wird dir Leptines berichten.

Das Geld aber dazu, für diese Einkäufe und für gewisse Abgaben an den Staat entnahm ich vom Leptines, indem ich angab, was
mir für mich das Anständigste und doch der Wahrheit gemäß
schien, es sei mein Eigentum, welches ich auf das Leukadische
Schiff verwandt, etwa sechzehn Minen. Dies empfing ich also, gebrauchte es dann selbst und schickte euch diese Gegenstände. Was c
nun sonst die Geldverhältnisse betrifft, deine in Athen und die
meinigen, so höre, wie es steht. Ich werde, wie ich dir damals
sagte, dein Geld wie das meiner andern Freunde benutzen; ich
brauche aber möglichst wenig davon, nur soweit es mir notwendig
oder gerecht oder anständig erscheint für mich und für den, von
dem ich es nehme. Mir geht es nun jetzt so. Ich habe vier Töchter
meiner Nichten, die damals gestorben waren, als ich trotz deiner d
Aufforderung keinen Kranz aufsetzte; die eine ist jetzt heiratsfähig, die zweite achtjährig, die dritte etwas über drei Jahre, die
jüngste noch nicht ein Jahr alt. Diese muß ich und meine Angehörigen ausstatten, soweit ich es erlebe: die, bei denen ich es nicht
erlebe, gehen mich nichts an. Auch die brauche ich nicht auszustatten, deren Väter reicher werden als ich; für jetzt aber habe ich
mehr Mittel als sie. Auch ihre Mütter habe ich im Verein mit Dion
und mit andern ausgestattet; die erste nun heiratet den Speusip- e
pos, dessen Schwestertochter sie ist: für diese sind nicht mehr als
dreißig Minen nötig, denn das ist für unsere Verhältnisse eine an-

gemessene Ausstattung. Ferner aber, wenn meine Mutter stirbt,
brauche ich wieder nicht mehr als zehn Minen zur Errichtung des
Grabmals. Und darauf beschränken sich etwa meine gegenwärtig
notwendigen Ausgaben; wenn aber mit Bezug auf meine Reise zu
dir ein anderer Aufwand zu machen ist, für mich oder an den
Staat, so muß ich es machen, wie ich damals sagte, ich muß mich
bemühen, daß der Aufwand möglichst gering werde, was ich aber
362a nicht ändern kann, das mußt du bestreiten.

Weiter aber spreche ich über die Verwendung deiner Gelder in
Athen. Erstens, wenn ich auf eine Choregie oder dergleichen Geld
verwenden muß, hast du keinen Gastfreund, der es, wie wir doch
meinten, hergeben wird; denn auch wenn dir noch so viel daran
liegt, daß eine einmal gemachte Ausgabe auch sofort Nutzen
bringt, nicht gemacht aber und aufgeschoben, bis jemand von deinen Leuten kommt, Schaden: so ist doch dieser Zustand nicht
b bloß lästig, sondern auch schimpflich für dich. Da ich nämlich den
Erastos zum Andromedes von Aigina schickte, von dem als eurem
Gastfreunde du mich auffordertest Geld zu entnehmen, wenn ich
etwas brauchte, habe ich dies erprobt, indem ich auch andere be-
deutendere Gegenstände nach deinem Auftrage dir schicken
wollte. Der aber sagte, wie man es eben von einem Menschen erwarten kann: er habe schon früher für deinen Vater Geld aus-
gelegt und es mit Mühe wiederbekommen; er werde auch jetzt
Kleinigkeiten geben, Größeres nicht. So entnahm ich es denn vom
Leptines, und das muß ich am Leptines loben, er gab es nicht nur,
er gab es auch gern, und mit derselben Bereitwilligkeit sprach und
c tat er offenbar für dich alles, was er als Freund vermochte. Denn
ich muß dir solche Erfahrungen und auch die entgegengesetzten
mitteilen, wie sich jeder in seinen Beziehungen zu dir zeigt.

Über die Geldangelegenheiten nun werde ich frei mit dir sprechen: denn so ist es recht, und dabei kann ich darüber sprechen, da
ich deine Leute kenne. Diejenigen, welche in jedem einzelnen Falle
dir zu melden haben, welche Ausgaben sie für nötig halten, entschließen sich nicht, es dir zu melden, in der Meinung, dir dadurch
d unangenehm zu werden. Gewöhne sie nun und zwinge sie, dir dies
und alles übrige mitzuteilen: denn du mußt, soweit möglich, alles
wissen und entscheiden und der Kenntnis davon nicht aus dem
Wege gehen. Denn das wird für deine Herrschaft das beste sein:

daß ein richtig gemachter und richtig bezahlter Aufwand vorzüglich auch für den Gelderwerb selbst von gutem Einfluß ist, sagst
auch du und wirst es künftig noch mehr sagen. Darum mögen dich
die, welche vorgeben, auf dich Rücksicht zu nehmen, nicht bei den
Leuten in übeln Ruf bringen; denn dies scheint weder ein vorteil-
haftes noch rühmliches Kennzeichen für dich zu sein. e

Ferner möchte ich über Dion sprechen. Im übrigen nun habe
ich, bevor dein besprochener Brief gekommen, noch nichts zu
sagen: jene Dinge jedoch, welche du mir nicht gegen ihn zu erwähnen erlaubtest, habe ich nicht erwähnt und nicht mit ihm besprochen; doch machte ich einen Versuch, ob er wohl, wenn sie einträ-
ten, es sich ungern oder gern gefallen lassen würde, und es kam
mir vor, als würde er vorkommendenfalls es gewaltig übel empfinden. Sonst schien mir Dion gegen dich in Wort und Tat gemäßigt
zu sein.

Dem Kratinos, dem Bruder des Timotheos und meinem 363a
Freunde, laß uns einen sehr schönen Brustharnisch für Schwerbe-
waffnete zu Fuß schenken und den Töchtern des Kebes drei Gewänder von je sieben Ellen, nicht von den kostbaren von Amor-
gos, sondern von den sizilischen linnenen. Des Kebes Namen aber
kennst du zur Genüge: denn er kommt in den Sokratischen Ge-
sprächen vor, wie er neben Simmias sich mit Sokrates in dem Gespräche über die Seele unterhält; der Mann ist uns allen befreundet und wohlwollend.

Was das Kennzeichen dafür betrifft, mit welchen meiner Briefe b
ich es ernstlich meine und mit welchen nicht, so wirst du, meine
ich, dich dessen erinnern, doch merke es wohl und achte darauf,
denn es gibt viele, die mich auffordern, dir zu schreiben, die ich
nicht leicht zurückweisen kann. Den Anfang jedes ernstlich ge-
meinten Briefes bildet das Wort *Gott, Götter* den eines weniger
ernstlichen.

Die Gesandten baten auch, dir von ihnen zu schreiben, und dies
ist billig; denn sehr eifrig preisen sie überall dich und mich, und
nicht am wenigsten Philagros, der damals an der Hand litt. Auch
Philaides, der vom Großkönige gekommen ist, sprach von dir; c
wenn es aber nicht eines sehr langen Briefes bedürfte, hätte ich dir
geschrieben, was er sagte; so aber erfrage es vom Leptines.

Wenn du den Brustharnisch oder etwas anderes von meinen Bestellungen schickst, so gib es, wem du selbst willst; wenn du aber sonst niemand hast, dem Terillos; er gehört zu denen, die regelmäßig die Fahrt machen, ist mein Freund und neben andern Vorzügen auch philosophisch gebildet. Er ist aber mit Tison verschwägert, der damals, als ich absegelte, Stadtverwalter war.

Bleib gesund und ein Freund der Weisheit, ermahne auch die
d andern jüngeren Leute dazu, grüße in meinem Namen die Genossen beim Ballspiel und trage vor allen dem Aristokritos auf, wenn eine Schrift oder ein Brief von mir zu dir kommt, dafür zu sorgen, daß du es baldigst erfahrest, und dich zu erinnern, daß du für meine Aufträge Sorge trägst. Auch jetzt versäume es nicht, dem Leptines das Geld wiederzugeben; gib es ihm möglichst bald, damit auch die andern im Hinblick auf diesen um so eifriger sind, uns zu dienen.

e Jatrokles, den ich damals zugleich mit Myronides freiließ, fährt jetzt mit dem, was ich sende; gib ihm nun irgendeine Belohnung, da er dir wohlgesinnt ist, und brauche ihn, wenn du Lust hast, zu irgend etwas. Und was den Brief betrifft, entweder das Original oder eine Abschrift desselben bewahre auf und bleibe derselbe.

BIBLIOGRAPHIE

1. Gesamtausgaben

Platonis opera, hrsg. von J. Burnet, Oxford 1899–1907, 5 Bde. (Oxford Classical Text).

Platon, Œuvres complètes, hrsg. und übers. von E. Chambry u. a., Paris 1920–1956, 13 Bde. (z. T. jetzt in neuen Bearbeitungen) (Coll. Budé).

Platon, Sämtliche Dialoge, 7 Bde., übers. von O. Apelt, (Nachdruck) Hamburg 1988.

Platon, Studienausgabe, 8 Bde., griech./deutsch, hrsg. von G. Eigler, Darmstadt 1970–1983.

Platon, Sämtliche Werke, 10 Bde., griech./deutsch, hrsg. von K. Hülser, Frankfurt a. M. 1991.

Platon, Werke. Übersetzung und Kommentar, hrsg. von E. Heitsch und C. W. Müller, Göttingen 1993 ff.

2. Hilfsmittel, Literaturberichte etc.

Ast, F., Lexikon Platonicum sive vocum Platonicarum Index, Leipzig 1835–1838.

Brandwood, L., A word index to Plato, Leeds 1976.

Brandwood, L., The chronology of Plato's dialogues, Cambridge 1990.

Deschoux, M., Comprendre Platon. Un siècle de bibliographie platonicienne de langue française 1880–1980, Paris 1981.

Ledger, G. R., Re-counting Plato: A computer analysis of Plato's style, Oxford 1989.

MacKirahan Jr., R. D., Plato and Socrates. A comprehensive bibliography 1958–1973, New York/London 1978.

Manasse, E. M., Bücher über Platon, I dt. Lit., II engl. Lit., III franz. Lit., in: Philos. Rundschau Beihefte 1 (1957), 2 (1961) und 7 (1976).

3. Einführungen und Gesamtdarstellungen

Bormann, K., Platon, Freiburg/München [3]1993 (1973).
Bröcker, W., Platos Gespräche, Frankfurt a. M. [2]1967.
Field, G. C., The Philosophy of Plato, Oxford 1949; dt.: Die Philosophie Platons, Stuttgart 1952.
Friedländer, P., Platon, 3 Bde., Berlin [3]1964–1975.
Gosling, J. C. B., Plato, London 1973.
Guthrie, W. K. C., A History of Greek Philosophy, Bd. IV und V: Plato, Cambridge 1975, 1978.
Hare, R. M., Plato, Oxford 1982; dt.: Platon. Eine Einführung, Stuttgart 1990.
Kraut, R. (Hrsg.), The Cambridge Companion to Plato, Cambridge 1992.
Leisegang, H., Platon, in Pauly-Wissowas Realenzyklopädie, Stuttgart 1950, Bd. 20, 2, Sp. 2342–2537.
Martin, G., Platon. Mit Selbstzeugnissen und Bilddokumenten, Reinbek 1969.
Patzig, G., Platon, in: Klassiker des philosophischen Denkens Bd. 1, hrsg. von N. Hoerster, München 1992, 9–52.
Ritter, C., Platon. Sein Leben, seine Schriften, seine Lehre, 2 Bde., München 1910, 1923.
Robin, L., Platon, Paris 1935.
Ryle, G., Plato, in: The Encyclopedia of Philosophy, hrsg. von P. Edwards, New York 1967, Bd. 6, 314–333.
Shorey, P., What Plato Said, Chicago 1933.
Taylor, A. E., Plato. The Man and His Work, London 1926.

4. Monographien und Sammelbände zu Platons Philosophie im ganzen

Crombie, I. M., An Examination of Plato's Doctrines, 2 Bde., London 1962–1963.
Findlay, J. N., Plato. The Written and Unwritten Doctrines, New York 1974.
Gadamer, H.-G., Die Idee des Guten zwischen Plato und Aristoteles, Heidelberg 1978.

Gaiser, K., Platons ungeschriebene Lehre. Studien zur systematischen und geschichtlichen Begründung der Wissenschaften in der Platonischen Schule, Stuttgart [2]1968.
Gundert, H., Dialog und Dialektik. Zur Struktur des platonischen Dialogs, Amsterdam 1971.
Havelock, E., Preface to Plato, Cambridge (Mass.) 1963.
Jaeger, W., Paideia. Die Formung des griechischen Menschen, Bd. 2 und 3, Berlin 1944, 1947.
Krämer, H. J., Arete bei Platon und Aristoteles. Zum Wesen und zur Geschichte der platonischen Ontologie, Heidelberg 1959.
Moravcsik, J. M. E. (Hrsg.), Patterns in Plato's Thought, Dordrecht/Boston 1973.
Randall, J. H., Plato. Dramatist of the Life of Reason. New York 1970.
Reale, G., Zu einer neuen Interpretation Platons. Eine Auslegung der Metaphysik der großen Dialoge im Lichte der «ungeschriebenen Lehren», Paderborn u. a. 1993.
Shorey, P., The Unity of Plato's Thought, Chicago 1903.
Szlezák, Th. A., Platon und die Schriftlichkeit der Philosophie, Berlin/New York 1985.
Vlastos, G. (Hrsg.), Plato. A Collection of Critical Essays, 2 Bde., Garden City (NY) 1971.
Vlastos, G., Platonic Studies, Princeton 1973.
Wieland, W., Platon und die Formen des Wissens, Göttingen 1982.

5. Literatur zu den Spätdialogen

5.1 Allgemein

Allen, R. (Hrsg.), Studies in Plato's Metaphysics, London 1965.
Denyer, N., Language, Thought and Falsehood in Ancient Greek Philosophy, London 1991.
Graeser, A., Platons Ideenlehre: Sprache, Logik, Metaphysik, Bern 1975.
Gulley, N., Plato's Theory of Knowledge, London 1962.
Nehamas, A., Episteme and Logos in Plato's Later Thought, Archiv für Geschichte der Philosophie 66 (1984), 11–36.

Oehler, K., Die Lehre vom noetischen und dianoetischen Denken bei Platon und Aristoteles. Ein Beitrag zur Erforschung der Geschichte des Bewußtseinsproblems in der Antike, Hamburg [2]1985 (1962).

Pelletier, F. J., Parmenides, Plato and the Semantics of Not-being, Chicago/London 1990.

Prauss, G., Platon und der logische Eleatismus, Berlin 1966.

Ross, W. D., Plato's Theory of Ideas, Oxford 1951.

Runciman, W. G., Plato's Later Epistemology, Cambridge 1962.

Sayre, K. M., Plato's Analytic Method, Chicago/London 1969.

Sayre, K. M., Plato's Late Ontology. A Riddle Resolved, Princeton 1983

White, N. P., Plato on Knowledge and Reality, Indianapolis 1976.

5.2 Zu den einzelnen Dialogen

5.2.1 Kratylos

Annas, J., Knowledge and Language: the Theaetetus and the Cratylus, in: M. Schofield u. a. (Hrsg.), Language and Logos, Studies in Ancient Greek Philosophy Presented to G. E. L. Owen, Cambridge 1982, 95–114.

Baxter, T. M. S., The Cratylus. Plato's Critique of Naming, Leiden 1992.

Gaiser, K., Name und Sache in Platons Kratylos, Heidelberg 1974.

Heitsch, E., Willkür und Problembewußtsein in Platons Kratylos, Stuttgart 1984.

Kahn, Ch. H., Language and Ontology in the Cratylus, in E. N. Lee u. a. (Hrsg.), Exegesis and Argument. Studies in Greek Philosophy Presented to G. Vlastos, Assen 1973, 152–176.

Lorenz, K./Mittelstrass, J., On Rational Philosophy of Language. The Programme in Plato's Cratylus Reconsidered, Mind 76 (1967), 1–20.

Rijlaarsdam, J. C., Platon über die Sprache. Ein Kommentar zum Kratylos, Utrecht 1978.

5.2.2 Parmenides

Allen, R. E., Plato's Parmenides. Transl. and Analysis, Oxford 1983.
Brumbaugh, R. S., Plato on the One. The Hypotheses in the Parmenides, New Haven 1961.
Cornford, F. M., Plato and Parmenides. Parmenides' Way of Truth and Plato's Parmenides, London 1939.
Gloy, K., Einheit und Mannigfaltigkeit, Berlin 1981.
Iber, Ch., Platons eigentliche philosophische Leistung im Dialog Parmenides, in: E. Angehrn u. a. (Hrsg.), Dialektischer Negativismus. Michael Theunissen zum 60. Geburtstag, Frankfurt a. M. 1992, 185–212.
Link, Ch., Der Augenblick. Das Problem des platonischen Zeitverständnisses, in: Die Erfahrung der Zeit. Gedenkschrift für Georg Picht, Stuttgart 1984, 51–84.
Lynch, W. F., An Approach to the Metaphysics of Plato through the Parmenides, Georgetown 1959.
Meinwald, C. C., Plato's Parmenides, Oxford/New York 1991.
Sayre, K. M., Plato's Late Ontology, Princeton 1983.
Speiser, A., Ein Parmenideskommentar, Stuttgart 1959 (1937).
Vlastos, G., The Third Man Argument in Plato's Parmenides, in R. Allen (Hrsg.), Essays in Plato's Metaphysics, London 1965, 231–63.
Wundt, M., Platons Parmenides, Stuttgart 1935.

5.2.3 Theaitetos

Bostock, D., Plato's Theatetus, Oxford 1988.
Burnyeat, M., The Theatetus of Plato. With a Transl. by M. J. Levett, Rev. by M. Burnyeat, Indianapolis 1990.
Cornford, F. M., Plato's Theory of Knowledge. The Theaetetus and the Sophist of Plato Trans. with a Running Comm., London 1979 (1935).
Desjardins, R., The Rational Enterprise: Logos in Plato's Theatetus, Albany 1990.
Detel, W., Platons Beschreibung des falschen Satzes im Theätet und Sophistes, Göttingen 1972.
Fine, G., False Belief in the Theaetetus, Phronesis 24 (1979), 70–80.

Heitsch, E., Überlegungen Platons im Theaetet, Stuttgart 1988.
McDowell, J., Plato: Theaetetus. Transl. with notes, Oxford 1973.
Ricken, F., Ontologie und Erkenntnistheorie in Platos Theaitetos, in: O. Muck (Hrsg.), Sinngestalten. Metaphysik in der Vielfalt menschlichen Fragens. Festschrift für E. Coreth, Innsbruck/Wien 1989.
Runciman, W. G., Plato's Later Epistemology, Cambridge 1962.
Sayre, K. M., Plato's Analytic Method, Chicago/London 1969.

5.2.4 *Sophistes*

Ackrill, J., Plato and the Copula: Sophist 251–59, in G. Vlastos (Hrsg.), Plato, Bd. 1, 210–22.
Aubenque, P. (Hrsg.), Etudes sur le Sophiste de Platon, Neapel 1991.
Campbell, L., The Sophistes and Politicus of Plato. With a rev. text and English notes, Oxford 1867.
Cornford, F. M., Plato's Theory of Knowledge. The Theaetetus and the Sophist of Plato. Trans. with a Running Comm., London 1979 (1935).
Detel, W., Platons Beschreibung des falschen Satzes im Theätet und Sophistes, Göttingen 1972.
Frede, M., Prädikation und Existenzaussage. Platons Gebrauch von «... ist...» und «...ist nicht...», Göttingen 1967.
Frede, M., Plato's Sophist on False Statements, in: R. Kraut (Hrsg.), The Cambridge Companion to Plato, Cambridge 1992, 397–424.
Kamlah, W., Platons Selbstkritik im Sophistes, München 1964.
Lee, E. N., Plato on Negation and Not-being in the Sophist, The Philos. Rev. 81 (1972), 267–304.
Lorenz, K./Mittelstrass, J., Theaitetos fliegt. Zur Theorie wahrer und falscher Sätze bei Platon, Archiv f. Gesch. d. Philos. 48 (1966), 113–151.
Marten, R., Der Logos der Dialektik. Eine Theorie zu Platons Sophistes, Berlin 1965.
Moravcsik, J. M. E., Being and Meaning in the Sophist, Acta Philosophica Fennica, Fasc. 14, Helsinki 1962.
Pelletier, F. J., Parmenides, Plato and the Semantics of not-being, Chicago/London 1990.

Rijk, L. M. de, Plato's Sophist. A Philosophical Commentary, Amsterdam 1986.

Rosen, S., Plato's Sophistes. The Drama of Original and Image, New Haven 1983.

Sayre, K. M., Plato's Analytic Method, Chicago/London 1969.

Vlastos, G., An Ambiguity in the Sophist, in G. Vlastos, Platonic Studies, Princeton [2]1981, 270–322.

5.2.5 Politikos

Ackrill, J., In Defense of Platonic Division, in G. Pichter u. a. (Hrsg.), Ryle: A Collection of Critical Essays, Garden City (NY) 1970, 373–92.

Campbell, L., The Sophistes and Politicus of Plato. With a rev. text and English notes, Oxford 1867.

Griswold, Politike episteme in Plato's Statesman, in J. P. Anton/A. Preus (Hrsg.), Essays in Ancient Greek Philosophy, Bd. III, New York 1989.

Marten, R., Ousia im Denken Platons, Meisenheim 1962.

Miller, M. H., Jr., The Philosopher in Plato's Statesman, The Hague 1980.

Moravcsik, J. M. E., The Anatomy of Plato's Devisions, in E. N. Lee u. a. (Hrsg.), Exegesis and Argument: Studies in Greek Philosophy Presented to G. Vlastos, Assen 1973, 324–348.

Owen, G. E. L., Plato on the Undepictable, in E. N. Lee (Hrsg.), Exegesis and Argument, Assen 1973, 349–361.

Scodel, H. R., Diaeresis and Myth in Plato's Statesman, Göttingen 1987.

Skemp, J. B., Plato's Statesman. A Transl. of the Politicus of Plato, with Introd. Essays and Footnotes, London [2]1987.

5.2.6 Philebos

Benitez, E. E., Forms in Plato's Philebus, Assen 1989.

Bury, R. G., The Philebus of Plato, ed. with introd., notes and append., Cambridge 1897 (ND New York 1973).

Frede, D., Disintegration and Restoration: Pleasure and Pain in Plato's Philebus, in R. Kraut (Hrsg.), The Cambridge Companion to Plato, Cambridge 1992, 425–463.

Gadamer, H.-G., Platos dialektische Ethik. Phänomenologische Interpretation zum Philebos, Leipzig 1931. Neudruck in: Gadamer, Platos dialektische Ethik und andere Studien zur platonischen Philosophie, Hamburg 1968.

Gosling, J. C. B., Plato: Philebus, trans. with notes and comm., Oxford 1975.

Gosling, J. C. B./Taylor, C. C. W., the Greeks on Pleasure, Oxford 1982.

Hackforth, R., Plato's Examination of Pleasure. A translation of the Philebus with introd. and comm., Cambridge 1945.

Hampton, C., Pleasure, Knowledge and Being: An Analysis of Plato's Philebus, Albany (NY) 1990.

Kenny, A., False Pleasures in the Philebus: A Reply to Mr. Gosling, Phronesis 5 (1960), 45–92.

Löhr, G., Das Problem des Einen und Vielen in Platons Philebos, Göttingen 1990.

Shiner, R., Knowledge and Reality in Plato's Philebus, Assen 1974.

Striker, G., Peras und Apeiron. Das Problem der Formen in Platons Philebos, Göttingen 1970.

5.2.7 Briefe

Edelstein, L., Plato's Seventh Letter, Leiden 1966.

Fritz, K. von, Die philosophische Stelle im siebten Brief und die Frage der ‹esoterischen Philosophie Platons›, Phronesis 11 (1966), 117–153.

Gadamer, H.-G., Dialektik und Sophistik im siebenten platonischen Brief, in: Gadamer (s. 5.2.6), 221–247.

Graeser, A., Philosophische Erkenntnis und begriffliche Darstellung: Bemerkung zum erkenntnistheoretischen Exkurs des VII. Briefs, Stuttgart 1989.

Gulley, N., The Authenticity of Plato's Epistles, Pseudoepigrapha I, Kap. V, Genf 1972.

Gundert, H., Zum philosophischen Exkurs im 7. Brief, in: H.-G. Gadamer u. a. (Hrsg.), Idee und Zahl. Studien zur platonischen Philosophie, Heidelberg 1968, 85–105.

Morrow, G. R., Plato's Epistles. A translation with crit. essays and notes, Indianapolis/New York 1962.

Thurnher, R., Der siebte Platonbrief: Versuch einer umfassenden philosophischen Interpretation, Meisenheim 1975.

Manfred Geier
Die Liebe der Philosophen

Von Sokrates bis Foucault

352 Seiten

Liebe ist ein Dauerbrenner der Philosophie. Doch was geschah wirklich, wenn Philosophen nicht nur dachten, sondern auch liebten, von den anfänglichen Spielen der Verführung bis zum Höhepunkt der sexuellen Lust? Manfred Geier hat dem Lustprinzip nachgeforscht, das in Leben und Werk der großen Denker als Antriebskraft wirksam war. An elf sexualbiographischen Fällen, von Sokrates und Augustinus bis Martin Heidegger und Michel Foucault, dokumentiert das Buch, dass die Philosophen ohne ihre erotische Lust keine Liebhaber der Weisheit geworden wären.
Ein ungewöhnlicher, faszinierender und erhellender Einblick in den libidinösen Untergrund philosophischer Höchstleistungen.

Julia Korbik

Oh, Simone!

Warum wir Beauvoir wiederentdecken sollten

Simone de Beauvoir – eine schillernde Persönlichkeit, die ihr Leben konsequent nach eigenem Gusto lebte und schon zu Beginn des 20. Jahrhunderts emanzipiert für ihre Freiheit kämpfte. Doch heute kennen viele junge Menschen kaum mehr ihren Namen. Dabei hat Beauvoir vor allem jüngeren Leserinnen noch eine Menge zu sagen – sie ist ein Vorbild und zeigt: Es lohnt sich, kritisch zu denken und das zu tun, wofür man brennt. Julia Korbik will mit ihrem erfrischenden Buch erreichen, dass Beauvoirs Werk und seine Vielfalt und Qualität ausreichend gewürdigt werden.

320 Seiten